北京大學《儒藏》編纂與研究中心 編

《儒藏》精華編選刊

春秋本義

〔元〕程端學 撰
錢永生 吴志堅 校點

北京大學出版社
PEKING UNIVERSITY PRESS

圖書在版編目(CIP)數據

春秋本義 /（元）程端學撰；北京大學《儒藏》編纂與研究中心編. —北京：北京大學出版社，2023.11

（《儒藏》精華編選刊）

ISBN 978-7-301-34566-5

Ⅰ.①春… Ⅱ.①程…②北… Ⅲ.①《春秋》－研究 Ⅳ.①K225.04

中國國家版本館CIP數據核字（2023）第202618號

書　　名	春秋本義 CHUNQIU BENYI
著作責任者	（元）程端學 撰 錢永生　吴志堅 校點 北京大學《儒藏》編纂與研究中心 編
策劃統籌	馬辛民
責任編輯	周　粟
標準書號	ISBN 978-7-301-34566-5
出版發行	北京大學出版社
地　　址	北京市海淀區成府路205號　100871
網　　址	http://www.pup.cn　　新浪微博：@ 北京大學出版社
電子郵箱	編輯部 dj@pup.cn　總編室 zpup@pup.cn
電　　話	郵購部 010-62752015　發行部 010-62750672 編輯部 010-62756449
印 刷 者	三河市北燕印裝有限公司
經 銷 者	新華書店
	650毫米×980毫米　16開本　42.25印張　465千字 2023年11月第1版　2023年11月第1次印刷
定　　價	180.00元

目録

校點説明……一
春秋本義牒文……一
提調姓氏……三
張天祐序……四
程端學序……五
春秋本義序……六
春秋傳名氏……八
春秋綱領……二〇
春秋本義點抹例……四二
春秋本義通論……四三
春秋本義問答……四七
春秋本義卷第一……一
隱公元年—三年……一
春秋本義卷第二……一九
隱公四年—六年……一九
春秋本義卷第三……三一
隱公七年—十一年……三一
春秋本義卷第四……四四
桓公元年—八年……四四
春秋本義卷第五……六九
桓公九年—十八年……六九
春秋本義卷第六……九〇
莊公元年—九年……九〇
春秋本義卷第七……一〇九
莊公十年—二十一年……一〇九
春秋本義卷第八……一二七

莊公二十二年—三十二年……一二七
春秋本義卷第九……一五一
閔公元年—二年……一五一
春秋本義卷第十……一五八
僖公元年—八年……一五八
春秋本義卷第十一……一八〇
僖公九年—十五年……一八〇
春秋本義卷第十二……一九七
僖公十六年—二十七年……一九七
春秋本義卷第十三……二二〇
僖公二十八年—三十三年……二二〇
春秋本義卷第十四……二四二
文公元年—十年……二四二
春秋本義卷第十五……二六八
文公十一年—十八年……二六八
春秋本義卷第十六……二八九
宣公元年—九年……二八九
春秋本義卷第十七……三一二
宣公十年—十八年……三一二
春秋本義卷第十八……三三三
成公元年—九年……三三三
春秋本義卷第十九……三六二
成公十年—十八年……三六二
春秋本義卷第二十……三八七
襄公元年—九年……三八七
春秋本義卷第二十一……四〇九
襄公十年—十六年……四〇九
春秋本義卷第二十二……四三〇
襄公十七年—二十四年……四三〇
春秋本義卷第二十三……四五三

襄公二十五年—三十一年……四五三
春秋本義卷第二十四……四七七
昭公元年—九年……四七七
春秋本義卷第二十五……四九八
昭公十年—二十二年……四九八
春秋本義卷第二十六……五二六
昭公二十三年—三十二年……五二六
春秋本義卷第二十七……五四七
定公元年—七年……五四七
春秋本義卷第二十八……五六二
定公八年—十五年……五六二
春秋本義卷第二十九……五八三
哀公元年—七年……五八三
春秋本義卷第三十……五九九
哀公八年—十四年……五九九

校點説明

《春秋本義》是元儒程端學的著作。

程端學（一二七八—一三三四），字時叔，號積齋，慶元（今浙江寧波）人。至治三年（一三二三）通過江浙行省鄉試，本經爲《春秋》。泰定元年（一三二四）參加會試、殿試，獲左榜二甲第一名。初調仙居縣丞，旋改授國子助教，任滿，授翰林院編修。三年後，回鄞縣鄉居。後外放爲瑞州路經歷。兩年後，以太常博士見召，命未下而卒，年五十七歲。

程端學四十六歲方應試，入仕後宦情甚薄，一生致力於《春秋》經。程端學《春秋》學在朱子基礎上，按照朱子的觀點，完善《春秋》經的解釋體系。《春秋本義》是其主要著作。《通論》部分系統闡發其反對褒貶義例，主張屬辭比事以探求義理的主旨。體例「仿朱子《集注》之意，先訓詁，而後事實，而後議論。議論即本義也」。諸家之説，凡程端學認爲合於經旨者，録附於經文之後，間附己意於其末，而以「愚謂」二字標出。正文前有「《春秋》傳名氏」、「《春秋》綱領」、「《春秋》通論」和「《春秋》問答」，内容分别是引用書目、前賢論《春秋》主旨、全書凡例和重點問答。

四庫館臣對《春秋本義》基本持否定態度，主要原因是程端學盡棄三傳之學。「孫復《尊王發微》以下棄傳而不駁傳者也，劉敞《春秋權衡》以下駁三傳之義例者也，葉夢得《春秋讞》以下駁三傳之典故者也，至於端學乃兼三派而用之。」（《四庫全書總目提要》卷二十八《春秋三傳辨疑》）四庫館臣這一批判，揭示出程端學作爲宋代《春秋》學總結者的地位。

《春秋本義》共三十卷，徵引文獻達一百七十餘家之多，凡前代，尤其宋代治《春秋》諸家，囊括殆盡。這些著作「佚者十之九，此書猶略見其梗概」（《四庫全書總目提要》卷二十八《春秋本義》）。朱彝尊《經義考》論及宋代《春秋》經學，頻引《春秋本義》，體現出這部書重大的文獻價值。與《春秋本義》相輔而行，程端學還撰有《三傳辨疑》、《春秋或問》，內容分別爲「訂三傳之疑」、「校諸儒之異同」。

《春秋本義》最早的刻本是元至正三年（一三四三）慶元路官刻本。該本已殘缺不全，今存國家圖書館、臺北故宫博物院、浙江圖書館和寧波天一閣四處。其中天一閣藏本十二卷，分別是卷十三—卷十八，卷二十五—卷三十；浙江圖書館存六卷，分別爲卷十六、卷十七，卷二十七—卷三十，三册。天一閣藏本字跡清晰，浙江圖書館藏本部分版面字跡模糊。天一閣還藏有一個明代甬東書屋抄本，卷數、内容和文字與所藏元刻本殘本完全相同，顯爲元刻本的抄本。

《春秋本義》現存最完整且較早的刻本是清康熙十九年（一六八〇）《通志堂經解》本。《通志堂經解》由著名學者徐乾學主持，底本採擇較佳，刻印頗爲精良。《通志堂經解》本《春秋本義》卷首有至正三年浙東道廉訪司責令慶元路刊刻此書的牒文，及張天祐序和程端學《本義》、《辨疑》、《或問》三部《春秋》學著作的總序和程端學《春秋本義序》等三篇序，説明底本是至正慶元路官刻本。康熙十九年《通志堂經解》：「流傳既久，原版或剥蝕不全，乾隆五十年（一七八五），遂由四庫館臣將版片漫漶斷缺者補刊齊全，訂正譌誤，是書復臻于完善。」乾隆手諭曰：「是書薈萃百家，典贍賅博，實足以表章六經。」該版藏江寧藩署，印本漸稀，故同治十二年（一八七三），粤東鹽政鍾謙鈞爲廣其傳，重付梨棗，鳩工庀材，甫期年而完事。唯時日短促，校勘草率，遠不及原刻。

文淵閣《四庫全書》本《春秋本義》著録爲「兩江總督採進本」，並照例删去卷首部分序言，只保留程端學自序。其卷十七内容與《通志堂經解》本同樣完整，上所舉《通志堂經解》本兩處錯誤也爲《四庫全書》本沿襲。這些都説明文淵閣《四庫全書》本《春秋本義》的底本是《通志堂經解》本。《四庫全書》本更正了《通志堂經解》本的許多錯誤。這樣的例子很多，如卷五，《通志堂經解》本頁十三「御廩之災，在致災三日之前」，元刻本同，「致災」，《四庫全書》本作「致齋」，是；卷二十二，《通志堂經解》本頁二十二「乃伐之殿」，《四庫全書》本「伐」作「代」；卷二十三，《通志堂經解》本頁七「敬似」，《四庫全書》本作「敬姒」。

就《春秋本義》版本源流而言，元至正三年慶元路官刻本是祖本，《通志堂經解》本據元刻本校訂，而文淵閣《四庫全書》本又是根據《通志堂經解》本删改並校訂。

本次校點，以乾隆五十年《通志堂經解》本爲底本，校以元至正三年慶元路官刻本（簡稱元刻本）、影印文淵閣《四庫全書》本（簡稱四庫本）。底本原缺《春秋本義點抹例》，今據康熙十九年《通志堂經解》本補。底本原無目録，今據各卷卷首補，並標明每卷魯國國君統治年限。卷首「春秋本義牒文」、「提調姓氏」、「張天祐序」、「程端學序」各標題亦各據其文補。

校點者　錢永生　吴志堅

春秋本義牒文

皇帝聖旨裏，浙東海右道肅政廉訪司：據江浙等處儒學提舉司申該：承奉翰林國史院劄付該：「准學士朵爾只班資善、歐陽資善咨：『切見故進士出身、國史院編修官程端學，嘗本程、朱之意，折衷百家之言，作《春秋本義》三十卷；訂三傳得失，作《辨疑》二十卷；又明其去取之意，作《或問》十卷，合六十卷。爲國子助教時，嘗以傳授諸生，議論純正，攷覈精詳。如蒙行移彼處官司，即其家繕鈔是書，校正刻梓，呈進經筵，以廣其傳，庶於世教有所補益。咨請照驗。』准此。本院看詳：程編修所著《春秋本義》等書，探聖人之奥旨，集儒先之格言，作爲成書，以淑後學。如將學士等官所咨，相應除已移咨江浙行省外，翰苑仰依上刊梓施行。」奉此。又承奉國子監旨揮該：「准祭酒李朝請、監丞陳文林關：『切見故進士程端學所註《春秋本義》、《三傳辨疑》、《春秋或問》，通六十卷，一本正經之旨，折衷傳註之説，義理明暢，辭意切直，以發聖人經世之志，以足程、朱未備之書。近江浙儒學提舉司、浙東道宣慰司已行繕抄較正，發下慶元路儒學刊梓。如蒙轉申上司，行移江浙行省催督刻就，庶博其傳，以惠學者。關請照驗。』准此。除外，使監仰依上刊梓施行。」奉此。申乞施行，得此。當司合行移牒，請照驗依上施行。須至牒者。牒具如前事。須牒浙東道宣慰使司都元帥府請照驗。謹牒。

至正元年閏五月二十五日牒書吏劉世英等承

僉浙東海右道肅政廉訪司事

朝列大夫、僉浙東海右道肅政廉訪司事虎魯别

僉浙東海右道肅政廉訪司事

將仕郎、僉浙東海右道肅政廉訪司事贍思

太中大夫、浙東海右道肅政廉訪副使暢

浙東海右道肅政廉訪副使溥達失理

浙東海右道肅政廉訪使張

浙東海右道肅政廉訪使慶喜

提調姓氏

提調刊行《春秋本義》各官姓氏

憲司所委提調官：

中大夫、慶元路總管府達魯花赤兼管内勸農事帖木迭兒　字德玉　號　上都人

帥府所委提調官：

通議大夫、慶元路總管府總管兼管内勸農事劉修德　字天爵　號壽岩　獻州人

慶元路總管府提控案牘兼照磨承發架閣張天祐　字吉甫　號隱菴　婺州人

路吏　毛庸　葉懋

總府所委提調官：

慶元路儒學教授趙佐　字進思　號存齋　大名人

慶元路録事司判官張義　字仁甫　號誠齋　濟南人

張天祐序

四明時叔程先生以《春秋》一經諸儒議論不一，未有能盡合聖人作經之初意，於是本程、朱之論，殫平生心力，輯諸説之合經旨者，爲《本義》以發之；訂三傳之不合於經者，爲《辨疑》以正之；又推本所以去取諸家之説者，作《或問》以明之。書成而先生卒。翰苑諸公欲進於朝，繇是移文浙東憲司，俾鋟梓以傳遠。遂牒本道帥府，於概管七路儒學出帑以助之。至正三年夏五月命工，因循未克就。五年冬十一月，僉憲索公士岩巡歷至郡，久知是書能折衷諸説，辨析精詳，深得聖人之旨，不可緩也，委自監郡與天祐提督刊梓。愚不敏，仰承所託，朝夕視事，不一月而工畢。實是年之十二月甲子也。天祐備員府幕，與先生之兄敬叔父交且久，今又獲見此書之成，故樂而道之也。然此特紀其歲月云爾，若夫是書之發揮聖經，嘉惠後學，則亦不待贅述。至正五年十二月望日，金華張天祐書。

程端學序

科詔《詩》以朱氏爲主，《書》以蔡氏爲主，《易》以程、朱氏爲主，三經兼用古註疏。《春秋》許用三傳及《胡氏傳》，《禮記》用古註疏。欽詳「爲主」之意，則凡程、朱、蔡氏之説一字不可違，必演而伸之可也。若夫「許用」之意，則猶以三傳、胡氏之説未可盡主也。是則合於《春秋》之經者，用之可也；其不合者，直求之經意而辨之可也。謹案：程子曰：「以傳攷經之事迹，以經别傳之真僞。」朱子曰：「《春秋》不過直書其事。」「而以爵氏、名字、日月、土地爲褒貶，若法家之深刻，乃傳者之鑿説。」今以程、朱之論攷正三傳、胡氏，其得失如指諸掌。合於程、朱之論，則合於經之旨矣。故此編用三傳、胡氏之有合者爲《本義》，諸説之合者亦附見焉。其相戾者，爲《辨疑》以正之。又摘諸説之害經者爲《或問》，以明所以去取之由。庶幾士之讀此經者可因程、朱以得孔子作經之微旨，又可以仰遵設科之初意，非敢苟爲求異也。元統元年五月既望，程端學書。

春秋本義序

孔子何爲修《春秋》？明禮義，正名分，辨王伯，定夷夏，防微慎始，斷疑誅意。其書皆天下國家之事，其要使人克己復禮而已。三代盛時，禮義明，名分正，上明下順，内修外附，民志既安，姦僞不作。孔子生乎此時，《春秋》無作也。周綱墮，諸侯縱，大夫專，陪臣竊命，四夷内侵。人道悖於下，天運錯於上，災異荐臻，民生不遂，孔子既不得出而正之，則定《詩》、《書》，正禮樂，贊《周易》，而常道著矣。復修《春秋》，即事以立教，而其所書皆非常之事。人知其事之非常，則常道有在。夫知非常，則知己之所當克。知常道有在，則知禮之所可復。故《春秋》不書常事，屬辭比事，使人自見其義而已。孟子曰「其文則史」，孔子曰「其義則丘竊取之」，此之謂也。若邵子謂「録實事而善惡形於其中」，朱子謂「直書其事而善惡自見」者，蓋有以識夫筆削之意。若董子謂「正其義，不謀其利；明其道，不計其功」者，又此經之大旨也。三傳者之作，固不可謂無補於經也。然而攻其細而捐其大，泥一字而遺一事之義，以日月、爵氏、名字爲褒貶，以抑揚、予奪、誅賞爲大用，執彼以例此，持此以方彼，少不合則輾轉生意，穿鑿附會，何、范、杜氏又從而附益之。聖人經世之志泯矣。後此諸儒雖多訓釋，大凡不出三家之緒。積習生常，同然一辭，使聖人明白正大之經，反若晦昧譎怪之説。可歎也已！幸而啖叔佐、趙伯循、陸伯沖、孫太山、劉原父、葉石林、陳岳氏者出，而有以辨三傳之非。至其所自爲説，又不免褒貶凡例之敝。復得吕居仁、鄭夾漈、吕朴鄉、李秀巖、戴岷隱、趙木訥、黄東發、趙浚南諸儒，傑然欲埽陋習，而未暇致詳也。端學之愚，病此久矣。竊嘗采輯諸傳之合於經者，曰《本義》，而間附己意於其末。復作《辨疑》以訂三傳之疑似，作《或問》以校諸儒之異同。廿年始就，猶未敢取正於人。蓋以此經之大，積漸之久，非淺見末學所能究也。嘗謂讀《春秋》者，但取經文平易其心，研窮其歸，則二百四十二年之事之義，小大相維，首尾相應。支離破碎、刻巧變詐之説，自不能惑。聖人惻怛之誠、克己復禮之旨，粲然具見，而鑒戒昭矣。則是編也，雖於經濟心法不敢窺測，然知本君子或有取焉爾。泰定丁卯四月既望，四明程端學序。

春秋傳名氏

左氏《傳》《外傳》二傳，或謂楚左史倚相作者近是。謂左丘明者非也。

齊公羊氏高，漢初人。《傳》

魯穀梁氏赤，秦孝公時人。《傳》

杜陵杜氏預　元凱《傳集解》《釋例》

任城何氏休　邵公《膏肓》

順陽范氏甯　武子《集解》

孔氏穎達《正義》

徐氏彦《疏》或云不知撰人。

楊氏士勛《疏》

荀子卿《公子姓譜》或謂依託其人。

廣川董子仲舒《決事比》《繁露》或謂非董子之書。

劉氏向　子政

鄭氏玄　康成《鍼》

賈氏逵　光伯《大義》

鄭氏衆《長義》

景城劉氏炫《述議略》

雲陽韋氏昭　弘嗣《注外傳》

趙郡啖氏助　叔佐《集傳》《例説》

河東趙氏匡　伯循《闡微纂類》《義統》

吴陸氏淳　改名質　伯沖《集傳》《纂例》《辨疑》《微旨》

吴郡陸氏希聲　居陽遁叟《通例》

楊氏藴　藏機《公子譜》

盧氏仝　玉川《摘微》

黄氏敬　密《春秋圖》

李氏瑾　子玉《指掌》《碎玉》

陳氏岳《折衷論》《通例》

蜀馮氏繼先《名號歸一圖》《名字同異録》

海陵胡氏瑗　翼之《口義》

徂徠石氏介　守道《説》

平陽孫氏復　明復《尊王發微》《總論》《三傳辨失解》

長洲葉氏清臣　道卿《纂類》

江氏休復　鄰幾《世論》

京兆杜氏《譜》

廬陵歐陽氏修　永叔《論》《或問》

館陶王氏沿　聖源《集傳》《箋義》

王氏晳《通義》《異義》《皇綱論》

李氏堯俞《集議略論》

朱氏定《索隱》授於師道先生。

江陽杜氏諤　獻可《會議》

楊氏《辨要》

齊氏賢良《旨要》

陳氏洙《索隱論》

眉山蘇氏轍　子由　潁濱《傳》

臨江劉氏敞　原父　公是《傳》《意林》《權衡》《説例》

臨江劉氏攽　贛父　公非

常山劉氏絢　質夫《説》
高郵孫氏覺　莘老《經解》《經社要義》《學纂》
河南程子頤　正叔　伊川《傳》
大梁張子載　子厚　横渠
濟北晁氏以道　説之　景迂
山陰陸氏佃　農師《後傳》
河南楊氏彦齡　衍之《年表》《蒙求》
沈氏括　存中《機括》
長安趙氏瞻　大觀《經解義例》
荆南唐氏既　潛亨《邦典》與其子孜問答。
濟南晁氏補之　无咎《雜論》
三山孫氏子平《人譜》與練同撰。
閩山練氏鳴道
吴郡朱氏長文　伯原《通志》
巴川家氏安國《通義》
張氏暄《龜鑑圖》

馬氏擇言《要類》

四明高氏閌　抑崇　息齋《集註》

襄陵許氏翰

吴興張氏大亨　嘉父《五禮列宗》《通訓》

楊氏時　中立

浦城章氏拱之《統微》

括蒼葉氏夢得　少藴《讞》《攷》《傳》《旨要》《統例》

蜀黎氏錞　希聲《經解》

王氏棐《義解》

丁氏副《演聖統例》《三傳異同》

涪陵崔氏子方　彦直　西疇《經解》《本例》《例要》

吕氏奎《要旨》

定襄劉氏易《經解》

彭門吴氏元緒《鼓吹》

南城范氏柔中《見微》

會稽吴氏孜《折衷義》

謝氏子房《備對》

應天朱氏振《正名賾隱旨要并敘論》不拘類例，專取經意。《指要》

沈氏滋仁《興亡國鑑》

四明陳氏禾　秀實《傳》《統論》

長樂鄭氏昂　尚明《臣傳》

延平鄧氏驥　德稱《指蹤》

會稽石氏公孺《類例》

東萊吕氏本中　居仁《解》

建安胡氏安國　康侯《傳》《通旨》

廬陵胡氏銓　邦衡《集善》

蜀李氏棠　子思《時論》

朱氏震　子發《講義》

鄱陽余氏安行《新傳》

潁川韓氏璜　叔夏《人表》

成都范氏沖　元長《左氏講義》

鄱陽洪氏皓　元弼《紀詠》

臨川鄧氏名世　元亞《四譜》《辯論譜説》

長樂劉氏本《中論》

東平畢氏良史　少董《正辭》《通例》

廣信周氏彦熠《明義》

三衢毛氏邦彦《正義》

舒城王氏日休《明例》

丹陽洪氏興祖　慶善《本旨》

廬陵董氏自任《總鑑》

夏氏休《素志》《麟臺獨講》

黄氏叔敖《講義》

淮陽環氏中　應仲《二十國年表》《列國臣子表》

鄭氏樵　漁仲　夾漈《地名講》《傳》《考》《六經圖辯》

新安朱子熹　元晦《語録》《文集》

廣漢張子拭　敬夫

林氏之奇　少穎《通解》

東萊吕氏祖謙　伯恭《集説》《類説》《續説》《左氏國語類編》門人所編。

睢陽程氏迥　可久　沙隨《顯微例目》
龍川陳氏亮　文伯《比事》
九峰蔡氏沉　仲默
永嘉陳氏傅良　君舉　止齋《章旨》《類説》《後傳》
眉山任氏伯雨　德翁《繹聖新傳》
饒州張氏根　知常　吴園《指南》
吴興章氏沖　茂深《左氏類事始末》
彭城晁氏公武　子政《故訓傳》
延陵先生《講義》
江陵項氏安世　平甫《家説》
建安真氏德秀　景元
林氏拱辰《傳》
泉州徐氏定　德操《解》
臨江徐氏得之　思叔《國紀》
河東薛氏
林氏栗　黄中《經傳集解》

王氏鎡《門例通解》

吴氏仁傑　斗南《論》

永嘉薛氏士龍　季宣《旨要》《經解》

任氏公輔《集解》

王氏汝猷《外傳》不用三傳。

師氏協《解》

何氏涉　濟川《本旨》

宋氏宜春《新義》

蜀程氏公説　伯剛《分記》

竹隱趙氏鼎　承之

襄陽謝氏

永嘉吕氏大圭　朴鄉《傳》《或問》《五論》

虞氏復之《大義》

清江張氏洽　主一　元德《集注》《集解》

莆田陳氏《説》

趙氏鵬飛　企明　木訥《經筌》

戴氏溪　岷隱《講義》
江氏熙
朱氏由義《解》
孔氏《書法》
張氏應　霖心《纂説》
徐氏東海《經旨》
范氏《斷例》
王氏《直解》
陳氏《解義》
巴川陽氏恪　以齋《夏時攷正》
莆田方氏《集解》
李氏燾　秀岩《集註》《攷》
李氏《要旨》
鄒氏《筆記》
三山林氏《類攷》
神童江氏《説》

敬氏鉉《備忘》

陳氏《世家》

張氏《列傳》

方氏九思《或問》

家氏鉉翁　則堂《集傳詳説》

四明王氏貫道《傳》

四明趙氏與權　説道　存耕《奏議》

四明黄氏震　東發《日鈔》

四明王氏應麟　厚齋《困學紀聞》

四明趙氏孟何　浚南《法度編》

四明戴氏銓　少胡《微》

四明戴氏培父《誌》

　　氏《紀傳》

　　氏《四傳》

　　氏《類》

　　氏《例》

氏《表記》
氏《王侯世家》
氏《地名譜》

春秋綱領

《論語》：「堯曰：『咨，爾舜！天之曆數在爾躬，允執其中。四海困窮，天禄永終。』舜亦以命禹，曰：『予小子履敢用玄牡，敢昭告于皇皇后帝：有罪不敢赦，帝臣不蔽，簡在帝心。朕躬有罪，無以萬方。萬方有罪，罪在朕躬。』周有大賚，善人是富。雖有周親，不如仁人。百姓有過，在予一人。謹權量，審法度，修廢官，四方之政行焉。興滅國，繼絶世，舉逸民，天下之民歸心焉。所重民食、喪、祭，寬則得衆，信則民任焉，敏則有功，公則説。」　子曰：「晉文公譎而不正，齊桓公正而不譎。」　「管仲之器小哉！」　「天下有道，則禮樂征伐自天子出；天下無道，則禮樂征伐自諸侯出。自諸侯出，蓋十世希不失矣。自大夫出，五世希不失矣。陪臣執國命，三世希不失矣。天下有道，則政不在大夫；天下有道，則庶人不議。」　「禄之去公室五世矣，政逮於大夫四世矣！故夫三桓之子孫微矣。」　「陳成子弒簡公。孔子沐浴而朝，告於哀公曰：『陳恒弒其君，請討之。』公曰：『告夫三子。』孔子曰：『以吾從大夫之後，不敢不告也。君曰：「告夫三子者！」』之三子告，不可。孔子曰：『以吾從大夫之後，不敢不告也。』」　「齊景公問政於孔子。孔子對曰：『君君，臣臣，父父，子子。』」

《禮記》曰：「屬辭比事，《春秋》教也。」比，必二切。

孟子見梁惠王。王曰：「叟，不遠千里而來，亦將有以利吾國乎？」孟子對曰：「王何必曰利，亦有仁義而已矣。王曰何以利吾國，大夫曰何以利吾家，士庶人曰何以利吾身。上下交征利而國危矣。萬乘之國，弑其君者必千乘之家；千乘之國，弑其君者必百乘之家。萬取千焉，千取百焉，不爲不多矣，苟爲後義而先利，不奪不厭。未有仁而遺其親者也，未有義而後其君者也。王亦曰仁義而已矣，何必曰利。」〇孟子曰：「世衰道微，邪説暴行有作。臣弑其君者有之，子弑其父者有之。孔子懼，作《春秋》。《春秋》，天下之事也。浚南趙氏曰：「天子之事，乃繼天立極之事。後世以褒貶賞罰爲天子之事者失之。」是故孔子曰：『知我者其惟《春秋》乎？罪我者其惟《春秋》乎？』昔者禹抑洪水而天下平，周公兼夷狄、驅猛獸而百姓寧，孔子成《春秋》而亂臣賊子懼。」項氏曰：「説者謂《春秋》書其罪於策以示萬世，故亂臣賊子懼焉，非也。夫名之善惡，足以懲勸中人，非亂臣賊子之所畏也。彼父與君且不顧，又何名之顧哉！且弑逆之罪，夫人知之，非必孔子書之而後明也。莽、卓、操、昭之罪，不經孔子之筆，而閭巷小人至今知其爲亂臣賊子也。子謂一書生操筆書之，而能生其懼心者，此真小兒童之見也。然則孟子之言非歟？曰：孔子之意惟孟子知之爾！《春秋》之法，謹名分，防幾微，重兵權，惡世卿，禁外交，嚴閨閫，是一統，非二政。凡所謂杜賊亂於未然者，其理無不具也；誅賊亂於已然者，其法無不舉也。此義一明，亂臣賊子環六合而無所容其身。爲人君而知此義，則未爲者不得發；爲人臣而知此義，則已爲者不得免。譬之居山林而備虎豹者，高垣墉，謹門闔，廣道路，去菑翳，嚴導從，簡出入，彼固無所伺吾隙矣；而又厲戈戟，羅弓弩，掘擭穽，張籠檻以待之，雖有異能之獸，絶力之禽，亦將惴栗而遠遁也。此《春秋》之所以作，而姦雄之所以懼也。噫！非孔子，孰能修之，非孟子，孰能知之。」〇「王者之迹熄而《詩》亡，《詩》亡然後《春秋》作。晉之《乘》，楚之《檮杌》，魯之《春秋》，一也。其事則齊桓、晉文，其文則史。孔子曰：『其義則丘竊取之矣。』」〇「《春秋》無義戰，彼善於此則有之矣。征者上伐下也，敵國不相征也。」〇「以力假仁者霸，霸必有大國。以德行仁者王，王不待大。以力服人者非心服也，力不贍也。以德服人者中心説而誠服也。」○「五霸者，三王之罪人也。天子適諸侯曰『巡狩』。諸侯朝於天子曰『述職』。一不朝則貶其爵，再不朝則削其地，三不朝則六師移之。是故天子討而不伐，諸侯伐而不討。五霸者，摟諸侯以伐諸侯者也。故曰：『五霸者，三王之罪人也。』」○「堯舜性之也，湯武身之也，五霸假之也。久假而不歸，惡知其非有也。」○「仲尼之徒無道桓、文之事者。」○「公孫丑曰：『夫子當路於齊，管仲、晏子之功可復許乎？』孟子曰：『子誠齊人也，知管仲、晏子而已矣！曾西曰：「管仲得君如彼其專也，行乎國政如彼其久也，功烈如彼其卑也。爾何曾比予於是。」曰：管仲，曾西之所不爲也，而子爲我願之乎！』」

莊周曰：「《春秋》經世，先王之志也。聖人議而不辯。」又曰：「《春秋》以道名分。」

公羊曰：「君子曷爲爲《春秋》？撥亂世，反諸正，莫近諸《春秋》。」

董子曰：「孔子知言之不用，道之不行也，是非二百四十二年之中，以爲天下儀表。子曰：『我欲載之空言，不如見之於行事之深切著明也。』夫《春秋》，上明三王之道，下辨人事之紀，别嫌疑，明是非，定猶豫，存亡國，繼絶世，補敝起廢，王道之大者也。《春秋》辨是非，故長於治人。撥亂世，反之正，莫近於《春秋》。《春秋》文成數萬，其指數千。萬物之散聚皆在《春秋》。《春秋》之中弑君三十六，亡國五十二，諸侯奔走不得保社稷者，不可勝數。察其所以，皆失其本已。故《易》曰：『失之毫釐，差以千里。』故曰：臣弑其君，子弑其父，非一旦一夕之故也，其漸久矣。故有國者不可以不知《春秋》，前有讒而弗見，後有賊而不知。爲人臣者不可以不知《春秋》，守經事而不知其宜，遭變事而不知其權。爲人君父而不通於《春秋》之義者，必蒙首惡之名。爲人臣子而不通於《春秋》之義者，必陷簒弒之誅，死罪之名。其實皆以爲善，爲之而不知其義，被之空言，而不敢辭。夫不通禮義之旨，至於君不君，臣不臣，父不父，子不子。君不君則犯，臣不臣則誅，父不父則無道，子不子則不孝。此四者，天下之大過也。以天下之大過予之，則受而弗敢辭。故《春秋》者，禮義之大宗也。夫禮禁未然之前，法施已然之後。法之所爲用者易見，而禮之所爲禁者難知。壺遂曰：『孔子之時，上無明君，下不得任用，故作《春秋》，垂空文以斷禮義。』」又曰：「夫仁人者，正其誼不謀其利，明其道不計其功。朱子曰：「此《春秋》之大指也。」是以仲尼之門，三尺之童子羞稱五伯，謂其先詐力而後仁義也。」真氏曰：「孟子之後其能深闢五伯者，惟仲舒爲然。仁人知正誼而已，利之有無不論也；知明道而已，功之有無不計也。義謂事物當然之理，道謂天下通行之路，其實一也。伯者，惟利是謀，而於義有不暇顧；惟功是計，而於道有不暇恤。此所以見黜於孔氏之門也。」「《春秋》甚幽而明，無傳而著。」「《春秋》無達例。」

杜氏曰：「《春秋》不以日月爲例。」孫氏曰：「《春秋》互以日月爲例，多所不通。」

王通氏曰：「《春秋》之於王道，是輕重之權衡，曲直之繩墨也，舍則無取衷矣。」

韓氏曰：「《春秋》謹嚴。」

邵子曰：「《春秋》，孔子之刑書也，功過不相掩。五伯者，功之首，罪之魁也。先定五伯之功過而學《春秋》，則大意立矣。《春秋》之間，有功者未有大於四國，有過者亦未有大於四國者也。不先治四國之功過，則事無統理，不得聖人之心矣。《春秋》爲君弱臣强而作，故謂之名分之書。夫聖人之經渾然無迹如天道焉。《春秋》録實事，而善惡形於其中矣。」又曰：「《春秋》書實事而善惡自見。此之謂天理自然，而非一人之私意也。」

歐陽氏曰：「孔子，聖人也，萬世取信一人而已。若公羊、穀梁、左氏三子者，博學而多聞矣，其傳不能無失者也。孔子之於經，三子之於傳，有所不同，則學者寧捨經而從傳。不信孔子而信三子，甚哉！其惑也。」又曰：「夫傳之於經勤矣。其述經之事，時有賴其詳焉。至其失，傳則不勝其戾也。其述經之意，亦時有得焉。及其失也，欲大聖人而反小之，欲遵經而反卑之。取其詳而得者，廢其失者可也。嘉其尊大之心可也，取其卑小之説不可也。問者曰：傳有所廢，則經有所不通。奈何？曰：經不待傳而通者十七八，因傳而惑者十五六。日月，萬物皆仰，然不爲盲者明，而有物蔽之者亦不得見也。聖人之意，皎然乎經，惟明者見之，不爲他説蔽者見之也。」

程子曰：「天之生民，必有出類之才起而君長之，治之而争奪息，導之而生養遂，教之而倫理明，然後人道立，天道成，地道平。二帝而上，聖賢世出，隨時有作。順乎風氣之宜，不先天以開人，各因時而立政。暨乎三王迭興，三重既備，忠、質、文之更尚，人道備矣。聖王既不復作，有天下者雖欲倣古之迹，亦私意妄爲而已。道之悖，漢專以智力持世，豈復知先王之道也。夫子當周之末，以聖人不復作也，應天順人之治不復有也，於是作《春秋》，爲百王不易之大法，所謂『考諸三王而不謬，建諸天地而不悖，質諸鬼神而無疑，百世以俟聖人而不惑』者也。先儒之傳曰『游、夏不能贊一辭』，辭不待贊也，言不能與於斯耳。後世以史視《春秋》而已，至於經世之大法，則不知也。夫觀百物，然後識化工之神；聚衆材，然後知作室之用。於一事一義而欲窺聖人之用心，非上智不能也。故學《春秋》者，必優游涵泳，默識心通，然後能造其微也。後王知《春秋》之義，則雖德非禹、湯，尚可以法三代之治。」又曰：「五經之有《春秋》，猶法律之有斷例也。律、令惟言其法，至於斷例，則始見其法之用也。」楊氏曰：「孔子之於六經言其理，《春秋》著其行事。若得六經之理，《春秋》誠不難知。」「五經如藥方，《春秋》如用藥治病。聖人之用，全在此書，所謂『不如載之行事深切著明』者也。有重疊言者，如征伐、盟會之類，蓋欲成書，勢須如此。不可事事各求異義。或上下文異，則義須別。」「《春秋》一句即一事，是非便見。於此亦窮理之要。《春秋》以何爲準？無如《中庸》。」「以傳考經之事跡，以經別傳之真僞。」朱子曰：「左氏曾見國史，只是不知大義，專去小處理會，往往不曾講學。左氏説禮，皆是周末衰亂不經之禮，無足取者。陳君舉所以説禮多錯者，緣其多本左氏也。公、穀考事甚疎，二人乃經生，傳得許多説話，往往却不見國史。」又曰：「左氏有淺陋處，如『君子曰』之類，病處甚多。」又曰：「左氏之病，是以成敗論是非，而不本於義理之正。」又曰：「左氏乃趨時避害之人，要置身於穩地，而不識道理。於大倫處皆錯。《大學》論所止，便説君臣、父子，左氏豈知此如。云周、鄭交質，而曰：『信不由中，質無益也。』使孔子議此，肯如此否？尚得謂與聖人同好惡哉！」又曰：「《左氏傳》是箇博記人作，只是以世俗見識斷當他事，皆功利之説。」又曰：「近時言《春秋》者，皆是計較利害，大義却不曾見。如陸淳、孫明復之徒，雖未深於聖經，然觀其推言治道，凜凜可畏，終是得聖人意思。」晁氏曰：「《左氏》之失專而縱，《公羊》之失雜而拘，《穀梁》不縱不拘，而失之隨。」「《春秋》大率所書事同則辭同，後人因謂之例。然有事同辭異者，蓋各有義，非可例拘也。」

張子曰：「《春秋》之書，在古無有，乃仲尼所自作，惟孟子能知之。非理明義精殆未可學。先儒未及此而治之，故其説多鑿。」

龜山楊氏曰：「《春秋》昭如日星。但説者斷以己意，故有異同之論。若義理已明，《春秋》不難知也。」又曰：「學者若得五經之理，《春秋》誠不難知。」

康侯胡氏曰：「古者列國各有史官掌記時事。《春秋》，魯史耳。仲尼就加筆削，乃史外傳心之要典也。

而孟子發明宗旨，以爲天子之事者。周道衰微，乾綱解紐，亂臣賊子接迹當世，人欲肆而天理滅矣。仲尼，天理之所在，不以爲己任而誰可？五典弗惇，己所當敘；五禮弗庸，己所當秩。故曰：『文王既没，文不在茲乎？天之將喪斯文也，後死者不得與於斯文也。天之未喪斯文也，匡人其如予何？』聖人以斯文之興廢在己而由人乎哉！故曰：『我欲載之空言，不如見諸行事之深切著明也。』空言獨能載其理，行事然後見其用。是故假魯史以寓王法，撥亂世反之正。敘先後之倫，而典自此可惇。秩上下之分，而禮自此可庸，善自此可勸，惡自此可懲。其志存乎經世，其功配於抑洪水、膺戎狄、放龍蛇、驅虎豹。其大要則皆天子之事也。故曰：『知我者，其惟《春秋》乎！罪我者，其惟《春秋》乎！』是故《春秋》見諸行事，非空言比也。百王之法度，萬世之繩準，皆在此書。學是經者，信窮理之要矣。不學是經，而處大事、決大疑，能不惑者鮮矣。」又曰：「《春秋》二百四十二年，其行事備矣。仲尼因事屬辭，深切著明，非五經比也。本夫周室東遷，禮樂征伐自諸侯出。及平王末年，王迹既熄，故《春秋》作於隱公之初，逮莊、僖而下，五伯迭興，假仁義而行，以戴宗周爲天下之共主，號令征伐莫敢不從。伯德既衰，諸侯放恣，政在大夫，專權自用。官之失德，寵賂益章。然後陪臣執國命，夷狄制諸夏，皆馴致其道，是以致此極耳。仲尼自以無位與時，道不行於天下也，制《春秋》之義，見諸行事，垂訓方來。蓋『洪水滔天，下民昏墊』與『簫韶九成，百獸率舞』並載於《虞書》，『大木斯拔』與『嘉禾合穎』、『鄙我周邦』與『六服承德』同垂於周史。此上世帝王紀事之例。至《春秋》，則凡慶瑞之符，禮文常事，皆削而不書，而災異之變，政事闕失，則悉書之，以示後世，使鑒觀天人之理，有恐懼祗肅之意。若事斯語，若書諸紳，若列諸座右，若几杖盤盂之有銘有戒，乃史外傳心之要典，於以反身，日加脩省。

及其既久，積善成德，上下與天地同流，自家刑國，措之天下。」「學《春秋》者，必知綱領，然後衆目有條而不紊。」

呂氏曰：「《春秋》之書，凡以使克己復禮而反人道之正云爾。毫髮不合於禮，則於心術之微必有不得者。惟能自克以義而求合於禮，則心廣氣盛，其終必可以至於聖人也。此《春秋》之所由作也。」

夾漈鄭氏曰：「以《春秋》爲褒貶者，亂《春秋》者也。」

朱子曰：「《春秋》大旨，其可見者，誅亂臣、討賊子、内中國、外夷狄、貴王賤伯而已。未必如先儒所言，字字有義也。」又曰：「《春秋》正義明道，貴王賤伯，尊君抑臣，内夏外夷，乃其大義。而以爵氏、名字、日月、土地爲褒貶之類，若法家之深刻，乃傳者之鑿説。」「聖人作《春秋》，不過直書其事，善惡自見。」「定、哀之時，聖人親見，據實而書。隱、桓之世，時世既遠，史册亦有簡略處，夫子亦但據史册而寫出爾。」又曰：「《春秋》即是直載當時之事。要見當時治亂興衰，非是於一字上定褒貶。當時大亂，聖人據實書之。其是非得失，付諸後世公論。蓋有言外之意。若必於一字間求褒貶所在，竊恐不然。」又曰：「孔子只是要備二三百年之事，故取史文，略加修定。何嘗云某事用某法，某事用某例邪！且如會盟、征伐，不過見諸侯擅興自肆耳。郊禘不過見魯僭禮耳。至如三十、四十，牛傷、牛死，是失禮之中又失禮也。書不郊猶三望，是不必望而猶望也。書仲遂卒猶繹，是不必繹而猶繹也。如此看，却分明。」又曰：「聖人光明正大，不應以一字爲褒貶於人。不過直書其事，善者、惡者了然可見。」「《春秋傳》例多不可信。聖人記事安有許多義例。」《春秋》一事各發明一例，如看風水移步換形。但以今人之心求聖人之意，未到聖人灑然處，不能無失也。朱子謂得之延平先生者如此。「《春秋》本明道正義之書。今人止較齊、晉伯業優劣，反成謀利，大義晦矣。」「齊桓尚自白直恁地做將去，至晉文做了千般嶢崎，所以夫子有正譎之論。」又曰：「且如興滅繼絶，誅殘禁暴，懷諸侯而尊周室，百般好事都做，只是無惻隱之心。他本欲他事之行，又恰有這題目，故不得不舉行。」真氏曰：「齊桓之伐衛，若尊王也，而心則在於取賂。其省難於魯，若恤鄰也，而心則在於覘國。就其名義之最正者，無如救邢之舉、葵丘之盟，然其心則仗義以服諸侯而成己之伯。若此之類，皆所謂假仁者也。其於小國，則滅譚、滅遂、降鄣、遷陽，是皆以力服之也。然遂既滅矣，而亡國遺民猶能殲其師，則人心之不服可知矣。至於大國，則於楚也雖仗諸侯之衆，執王祭之名，能使其受盟於召陵，曾未數年，伐吾與國之黄，又從而滅之，齊卒不能救也；既又伐吾與國之徐，齊雖救之，終莫止其敗也。其於晉也，未嘗能使之一與盟會，蓋嘗取虢與虞矣，不聞其以滅同姓問之也。又嘗殺太子申生矣，不聞其以易嫡子正之也。葵丘之會，將來會而還，亦不聞其致詰之也。蓋其力之所至，則有以服之；力之所不及，則無以服之。迨其末年，城緣陵而散，城鄫而不果。狄侵衛又侵鄭，而不能遏。魯滅項，雖討其罪，而不能終。是雖易服者，亦無以服之矣。又其甚也，身没未幾而曹、衛、邾之師已見伐矣。若晉文之譎，其視齊桓之正又不逮焉。本無義也，而假一事示之義；本無信也，而假一事示之信；本無禮也，而假一事示之禮。曰示云者，表而揚之以誇衆也。故一朝王之頃而遽請隧焉，是名爲勤王，而實窺大物也。陽樊不服則圍之，原不服又圍之，名雖受地於王，實則以力取也。五伯莫盛於桓、文，然皆以力假仁，而不本於德。故能屈人之力，而無以服其心。視昔成湯之興也，東征而西夷怨；文王之作也，大畏而小懷，爲如何哉！」「《春秋》是末後事。惟理明義精方見得。」

黄氏曰：「孔子曰：『吾志在《春秋》。』孟子曰：『《春秋》，天子之事。孔子作《春秋》，而亂臣賊子懼。』蓋方是時，王綱解紐，篡奪相尋。孔子不得其位以行其權，於是約史記而修《春秋》，隨事直書，亂臣賊子無所逃其罪，而王法以明。所謂『撥亂世而反之正』，此其爲志，此其爲天子之事。故《春秋》無出於夫子之所自道及孟子所以論《春秋》者矣。自褒貶凡例之説興，讀《春秋》者往往穿鑿聖經以求合其所謂凡例，又變移凡例以遷就其所謂褒貶。如國各有稱號，書之所以別也。今必曰以某事也，故國以罪之。及有不合，則又遁其辭。人必有姓氏，書之所以别也。今必曰以某事也，故名以誅之。及有不合，則又遁其辭。事必有日月，至必有地所，此記事之常，否則闕文也。今必曰以某事也，故致以危之，故不月以外之，故不日以略之。及有不合，則又爲之遁其辭。是則非以義理求聖經，反以聖經釋凡例也。聖人豈先爲凡例，而後作經乎？何乃一一以經而求合凡例也！《春秋》，弑君弑父書，殺世子、殺大夫者書，以其邑叛、以其邑來奔者書，明白洞達，一一皆天子之事也。今必謂其陰寓褒貶，使人測度而自知，如優戲之所謂隱者，已大不可曉。況又於褒貶生凡例邪？理無定形，萬變而不齊。後世法吏深刻，始於敕律之外立所謂例，士君子尚羞用之。果誰爲《春秋》先立例，而聖人必以是書之，而後世以是求之邪？以例求《春秋》，動皆逆詐億不信之心也。」

朴鄉吕氏曰：「《春秋》之作何爲乎？曰：《春秋》者，扶天理而遏人欲之書也。《春秋》，魯史爾，聖人從而修之，則其所謂『扶天理而遏人欲』者何在？曰：惟皇上帝降衷于下民，若有恒性，而綏猷之責，則后實任之。堯、舜、禹、湯之聖，達而在上，所以植立人極，維持世道，使太極之體常運而不息，天地生生之理常發達而不少壅者，爲其能明天理以正人心也。周轍東，王迹熄，政教失，俗敗壞。修道之教不立，而天命之性、率性之道幾若與之俱泯泯昧昧而不存者。君臣之道不明也，上下之分不辨也，義利之無别也，真僞之溷淆也。諸侯僭天子，大夫僭諸侯，而世莫知其非也。臣弑君，子弑父，强并弱，下篡上，而世莫知其亂也。其所施爲，盡反王制而失人道之正，而世莫知其不然也。孔子雖聖，不得位，則綏猷修道之責誰實尸之？然而不忍絶也，於是以其明天理、正人心之責而自任焉。六經之書，皆所以垂世教也，而《春秋》一書尤爲深切。故曰：『我欲載之空言，不如見諸行事之深切著明也。』魯史之所書，聖人亦書之。其事未嘗與魯史異也，而其義則異矣。魯史所書，其君臣之義或未明也，而吾聖人則一正之以君臣之義。魯史所書，其上下之分或未辨也，而吾聖人則一正之以上下之分。夷夏之辨有未明者，吾明之。長幼之序有未正者，吾正之。義利之無別也，吾別之。真僞之溷淆也，吾析之。其大要則主於扶天理於將微，遏人欲於方熾而已。此正人心之道也。故曰：『禹抑洪水而天下平。周公膺戎狄、驅猛獸而百姓寧。孔子成《春秋》而亂臣賊子懼。』孔子之成《春秋》，不過空言爾，而其功配於抑洪水、膺戎狄，豈非以其正人心之功尤大於放龍蛇、驅虎豹之功乎！故曰：『《春秋》，天子之事也。』何者？人性之動，始於惻隱而終於是非。惻隱發於吾心，而是非公乎天下。世之盛也，天理素明，人心素正，則天下之人以是非爲榮辱。世之衰也，天理不明，人心不正，則天下之人以榮辱爲是非。世之所謂亂臣賊子，恣睢跌蕩，縱人欲以滅天理者，豈其悉無是非之心哉？故雖肆意所爲，莫之或制，而其心實未嘗不知其非，而意夫人之議己，此其一髮未亡之天理也。惟其一髮未亡之天理，不足以勝其浸淫日滋之人欲，是以迷而不復，爲而不厭，而其所謂自知其非者終自若也。則其心未嘗不欲變亂天下之是非，以託己於莫我議之地。既幸而上無明君爲之正王法以定其罪，而又幸而世教不明，人心不正，習熟見聞以爲當然，曾莫有議其非者，則爲亂臣賊子者又何其幸之又幸邪！是故唐虞三代之上，天理素明，人心素正，是非善惡之論素定，則人之爲不善者，有不待刑罰加之，刀鋸臨之，而自幾若無所託足於天地間者。世道衰微，天理不明，人心不正，是非善惡之論幾於倒置，然後亂臣賊子始得以自容於其間，而不特在於禮樂征伐之無所主而已也。孔子之作《春秋》也，要亦明是非之理，以詔天下與來世而已。是非者，人心之公理，而聖人因而明之，則固有犁然當乎人心者。彼亂臣賊子聞之，固將不懼於身，而懼於心；

不懼於明，而懼於暗；不懼於刀鋸、斧鉞之臨，而懼於倏然自省之頃；不懼於人欲浸淫日滋之際，而懼於天理一髮未亡之時。此其扶天理、遏人欲之功，顧不大矣乎！孟子斷然以爲有一治之效，蓋真有見乎此。夫使先王之紀綱法度既已蕩然不存，天子之禮樂征伐既已不能自制，其所恃以僅不泯者，獨有人心是非之公理爾，而又顛倒錯亂，貿貿不明，則三極果何恃以立，人道果何恃以存乎！此固《春秋》一書所以有功於萬世也。自世儒不明乎孟子之説，遂以爲《春秋》之作，乃聖人賞善罰惡之書，而所謂天子之事者，謂其能制賞罰之權而已。夫謂天子之事止於制賞罰之權，而綏猷修道之責乃不暇問，則是劉漢以後之天子，而非唐虞三代之天子矣。爲是説者不惟不知《春秋》，抑亦不知所謂天子之事者也。彼徒見夫《春秋》一書或書名、或書字、或書人、或書爵、或書氏、或不書氏，於是爲之説，曰：其書字書爵書氏者，褒之也。其書名書人不書氏者，貶之也。褒之，故予之。貶之，故奪之。予之，所以代天子之賞。奪之，所以代天子之罰。賞罰之權，天王不能自執而聖人執之，所謂『章有德，討有罪』者，聖人固以自任也。夫《春秋》，魯史也；夫子，匹夫也。以魯國而欲以僭天王之權，以匹夫而欲以操賞罰之柄，借曰道之所在，獨不曰位之所不可得乎？夫子本惡天下諸侯之僭天子，大夫之僭諸侯，下之僭上，卑之僭尊，爲是作《春秋》以正名分，而己自蹈之，將何以律天下？聖人宜不如是也。蓋是非者，人心之公，不以有位無位，而皆得以言。故夫子得以因魯史以明是非賞罰者，天王之柄非得其位則不敢專也。故夫子不得假魯史以寓賞罰。是非，道也。賞罰，位也。夫子者，道之所在，而豈位之所在乎？或曰：夫子之爲是也，非以私諸己也。夫子以魯有可以變而至道之質，是以託諸魯以律天下之君大夫。其賞之也，非曰吾賞之也，魯賞之也。其罰之也，非曰吾罰之也，魯罰之也。魯，周公之後，而聖人之祚嗣也。賞罰之權，夫子不以自執，推而予之於魯，魯亦不能以自有，推而本之於周。周之典禮，周公之爲也。以周公之後而行周公之典禮，或者其庶幾乎？此聖人意也。且夫夫子，匹夫也，固不得以擅天王之賞罰。魯，諸侯之國也，獨可以擅天王之賞罰乎？魯不可以擅天王賞罰之權，而夫子乃固推而予之，則是夫子爲其實，而魯獨受其名。夫子不敢以自僭，而乃使魯僭之，聖人尤不如是也。大抵學者之患，往往在於尊聖人太過，而不明乎義理之當然，於是過爲之論，意欲尊聖人，而實背之。或謂《春秋》爲聖人變魯之書，或謂變周之文、從商之質，或謂兼三代之制，其意以爲夏時、商輅、周冕、韶樂，聖人之所以告顔淵者，不見諸用，而寓其説於《春秋》。此皆一切繆妄之論。其大要則皆主於以禮樂賞罰之權爲聖人自私之具爾。夫四代禮樂，孔子之所以告顔淵者，亦謂其得志行道，則當如是爾。豈有無其位，而修當時之史，乃遽正之以四代之制乎！夫子，魯人也，故所修者魯史。其時，周也，故所用者時王之制。此則聖人之大法也。謂其於修《春秋》之時，而竊禮樂賞罰之權，以自任變時王之法，兼三代之制，不幾於誣聖人乎？學者學不知道，妄相傳襲，其爲傷教害義，於是爲甚。後之觀《春秋》者，必知夫子未嘗以禮樂賞罰之權自任，而後可以破諸儒之説。諸儒之説既破，而後吾夫子所以修《春秋》之旨，與夫孟子所謂『天子之事』者，皆可得而知之矣。」○又曰：「六經之不明，諸儒穿鑿害之也，而《春秋》爲尤甚。《春秋》穿鑿之患，其原起於三傳，而後之諸儒又從而羽翼之，横生意見，巧出義理，有一事而或以爲褒，或以爲貶，彼此互相矛盾者矣。有事同而前以爲褒，後以爲貶，前後自相抵捂者矣。紛紛聚訟而聖人之意益以不明。然其大端，不過有二：一曰以日月爲褒貶之説，二曰以名稱爵號爲褒貶之説。彼徒見夫盟一也，而有日者，有不日者。卒一也，而有日者，有不日者。葬宜書日也，而或書時。入宜書日也，而或書月。若是其不同也，於是有以日月爲襃貶之説。又見夫國君一也，而或書子，或書侯，或書伯。夷狄一也，而或書州，或書國，或書人。或一事而前爵後人，或一行而前氏後名，又若是其有異也。於是有以名稱爵號爲襃貶之説。愚請有以折之。蔑之盟不日，則曰其盟渝也。柯之盟不日，則曰信之也。將以渝者爲是乎？信之者爲是乎？桓之盟不日，而葵丘之盟則日之。或曰危之也，或曰美之也。將以危之者爲是乎？美之者爲是乎？公子益師卒不日，《左氏》曰公不與小斂也。然公孫敖卒於外，而公在内，叔孫婼卒於内，而公在外。其不與小斂明矣，又何以書日乎？《公羊》曰公子益師不日，遠也。然公子彄亦遠矣，又何以日乎？《穀梁》曰不日，惡也。然公子牙、季孫意如亦惡矣，又何以書日乎？葬必書月日，而有不書月日者，則曰不及時而日，渴葬也。不及時而不日，慢葬也。過時而日，隱之也。過時而不日，謂之不能葬也。當時而不日，正也。當時而日，危，不得葬也。然過時而日，直指齊桓公而言，當是時公子爭國，隱之可也。衛穆公、宋文公無齊桓之賢，無爭國之患，過時而日，有何可隱之乎？宋穆公之日葬，又有何危乎？凡此者皆疑誤而難通者也。孰謂《春秋》必以日月爲襃貶乎！至於來歸仲子之賵，而宰書名，則曰貶之也。使榮叔歸成風之含賵，而王不書天，則亦曰貶之也。豈歸仲子之賵，罪在冢宰，而不在天王乎？歸成風之含賵，咎在天王，而不在榮叔乎？《春秋》書王，本以正名分，而夫子乃自貶王而去其天，則將以是爲正名分，可乎？穀伯、鄧侯稱名，説者曰朝弑逆之人，故貶之。滕子、紀侯獨非朝弑逆之人乎？滕、薛來朝稱侯，説者曰滕、薛，微國也，以其先朝隱公，故襃之。朝隱公有何可襃而襃之乎？若以隱爲始受命之王，則尤繆妄之甚者也。或曰滕本侯爵也，朝弑逆之人，貶而稱子。朝桓公可貶也，終春秋之世，不復稱侯，豈皆以朝桓公之故而貶之乎？或曰爲時王所黜也。夫使時王而能升黜諸侯之爵，則是禮樂刑賞之權天王自能執矣，安得爲春秋之世乎？先書荆，繼書楚，已而書楚子，說者曰進夷狄也。聖人作經，本以辨夷夏之分，而顧乃進夷狄而退中國乎？若此之類，不可以一二數。要皆疑誤而難通者也。孰謂《春秋》以名稱爵號爲褒貶乎？大抵《春秋》以事繫日，以日繫月，以月繫時。事成於日者書日，事成於月者書月，事成於時者書時，故凡朝覲、蒐狩、城築、作毁凡如此者，皆以時成也。會、遇、平、如、來、至、侵、伐、圍、取、救、次、遷、戍、襲、奔、叛、執、放、水、旱、雨、雹、冰、雪、彗、孛、螽、螟凡如此者，或以月成，或以時成也。崩、薨、卒、弑、葬、郊、廟之祭，盟、戰、敗、入、滅、獲，日食、星變、山崩、地震、火災凡如此者，皆以日成也。其或宜月而不月，宜日而不日者，皆史失之也。假如某事當書月，而魯史但書其時，某事當書日，而魯史但書其月，則聖人安得虚增甲子乎？是《春秋》不以日月爲例也。《春秋》據事直書而善惡自見，名稱從其名稱，爵號從其爵號，而是非善惡則繫乎其文，非必書名者皆貶，而書字者皆褒也。假令某與某在所褒，而舊史但著其名，某與某在所貶，而舊史只著其字，則聖人將奔走列國以求其名與字，而後著之於經乎？是《春秋》不以名稱爵號爲褒貶也。若夫因其所書日月前後而知其是非，因其名稱爵號之異同而知其事實，則固有之矣，非聖人固以是爲褒貶也。有如《莊三十一年》「春，築臺于郎」，「秋，築臺于秦」，《三十二年》「春，城小穀」，則有以見纔閲三時而土功屢興也。《宣十五年》「秋，螽」，「冬，蝝生」，則有以見連歷二時而災害荐作也。《莊八年》「春，師次于郎」，「夏，師及齊師圍郕」，「秋，師還」，則有以見其閲三時而勞兵於外也。若此之類，蓋於書時見之。《桓二年》「秋七月，杞侯來朝」，「九月，入杞」，則有以見來朝方閲一月，而遽興兵以入之也。《昭七年》『三月，公如楚』，『九月，公至自楚』，則有以見其朝夷狄之國閲七月之久，而勞於行也。《僖二年》『冬十月，不雨』，《三年》『春王正月，不雨』，『夏四月，不雨』，『六月，雨』，則有以見其閲九月日而後雨也。若此之類，蓋於書月見之。『癸酉，大雨震電』，『庚辰，大雨雪』，則有以見八日之間而再見天變也。『辛未，取郜』，『辛巳，取防』，則有以見旬日之間而取其二邑。『壬申，御廩災』，『乙亥，嘗』，則有以見其嘗於災餘之爲不敬。『己丑，葬敬嬴』，『庚寅，而克葬』，則有以見明日乃葬之爲無備。『己未，同盟于雞澤』，『戊寅，及陳袁僑盟』，則有以見晉人之先盟諸侯而後盟大夫。若此之類，蓋於書日見之。然以是爲聖人以日月之書不書寓褒貶，則誤矣。若夫名稱爵號之異同，則有以事之大小而其辭因之以詳略者，亦有前目而後凡者，有蒙上文而殺其辭者，固難以一例盡。而時變之升降，世道之盛衰，亦有因之以見者。楚，一也，始書荆，再書楚，已而書楚子。吴，一也，始書吴，再書吴人，已而書吴子。於以見夷狄之浸盛矣。魯柔、溺，鄭宛、詹，始也，大夫猶不氏，於後則大夫無有不氏者。於以見大夫之浸强矣。始也，吴、楚君大夫皆書人，於後則吴、楚之臣亦書名。於以見夷狄之大夫皆往來於中國矣。諸侯在喪稱子，有書子而預會、預伐者。於以見居喪會伐之爲非禮也。杞，公爵也，而書伯。滕，侯爵也，而書子。於以見其不用周爵而以國之大小爲强弱也。會于曹，蔡先衛。伐鄭，則衛先蔡。於以見當時諸侯皆以目前之利害，則不復用周班也。幽之盟，男先伯。淮之會，男先侯。戚之會，子先伯。蕭魚之會，世子長於小國之君。於以見伯者爲政，皆以私意爲輕重，而無復禮文也。垂隴之盟，内之則公孫敖會諸侯。召陵侵楚之師，外之則齊國夏會伯主。於以見大夫敵於諸侯而莫知其非也。凡此者莫非名稱從其名稱，爵號從其爵號，而是非善惡乃因而見之。初非聖人特以是爲褒貶也，學者必欲於名稱爵號之間而求聖人褒貶之意，則窒礙不通矣。於其不通也，而强爲之説，則務爲新巧，何所不至。恐非聖人明白正大之心也。學者之觀《春秋》，必先破《春秋》以日月爲例之説，與夫以名稱爵號爲褒貶之説，而後《春秋》之旨可得而論矣。」「或曰：子謂《春秋》不以日月、名稱、爵號爲褒貶則信然矣，若是則《春秋》所書皆據舊史爾？所謂『門人高弟不能贊一辭』者，其義安在？曰：《春秋》有日則書日，有月則書月。名稱從其名稱，爵號從其爵號。與夫盟則書盟，會則書會，卒則書卒，葬則書葬，戰則書戰，伐則書伐，弒則書弒，殺則書殺。一因其事實而吾無加損焉，故曰：『其事則齊桓、晉文，其文則史。其義則某竊取之矣。』愚嘗深惟《春秋》之義，竊以爲其大旨有三：一曰明分義，二曰正名實，三曰著幾微。所謂『明分義』者何也？每月書王，以明正朔之所自出，所以序君臣。内齊而外楚，内晉而外吴，所以别夷夏。書陳黄、衛縶，所以明兄弟之義。書晉申生、許止，所以明父子之恩。曹羈、鄭忽，長幼之序也。成風、仲子，嫡庶之别也。凡此之類皆所以明分義。所謂『正名實』者何也？傳稱許止不嘗藥，而經曰弒，則非不嘗藥矣。於夷臯之弒，既歸獄於趙穿，而經曰盾，則趙盾之情不能掩矣。齊無知、陳佗，踰年之君也，而經曰殺，正討賊之名也。凡此之類皆所以正名實。所謂『著幾微』者何也？天王狩于河陽。壬申，公朝于王。所明因狩而後朝也。公自京師，遂會晉侯、宋公、衛侯、鄭伯、曹伯、邾人、滕人伐秦。明因會伐而如京師也。公子結媵陳人之婦于鄄，遂及齊侯、宋公盟。著公子結之專也。葵丘之會，宰周公與焉。已而書曰：『戊辰，諸侯盟于葵丘。』明宰周公之不與盟也。湨梁之會，諸侯咸在，已而書曰：『戊寅，大夫盟。』明大夫之自盟也。凡此之類，皆所以著幾微。其他書法，蓋亦不一而足。然其大者則不出於三者之外矣。聖人之筆如化工，隨物賦形，洪纖高下各得其所，而生生一意常流行於其間。雖其所紀事實不出於魯史之舊，而其精神風采則異矣。若曰《春秋》但約魯史之文，使其文簡事核而已，則夫人皆能之矣，何以爲《春秋》？」「讀《春秋》者先明大義，其次觀世變。所謂世變者何也？《春秋》之始，是世道之一變也。《春秋》之終，是世道之一變也。劉知幾有云：孔子述史，始於《堯典》，終於獲麟。蓋《書》之終，《春秋》之始也。孔子述《書》至《文侯之命》而終者，平王之始年也。隱公之初，平王之末年也。平王之始，不共戴天之讎未報也，而其命文侯之辭曰『汝多修，扞我于艱』，患已弭矣。『用賚爾秬鬯一卣』，功已報矣。『其歸視爾師，寧爾邦』，國家無復事矣。即此一篇而觀之，已無興復之望。然而聖人猶不忍絶也。蓋遲之四十九年，而無復一毫振起之意，聖人於是絶望矣。由是而上，則爲西周，而下則爲春秋。此獨非世道一變之會乎？此春秋之所以始也。入春秋，而夷狄横，然猶時有勝負也。蓋至於獲麟之前歲，而吴以被髮文身之俗，儼然與晉侯爲會矣。入春秋而大夫强，然猶未至於竊位也。蓋至於獲麟之歲，而齊陳恒報其君，齊自是爲田氏矣。在魯則自季孫逐君之後，魯國之政盡在三家，而魯君如贅旒矣。在晉則自趙鞅入戚之後，晉國之政盡在六卿，而趙籍、韓虔、魏斯爲諸侯之漸已具矣。向也夷狄之交於中國者，其大莫如楚。而今也以魯國東方之望，而奔走於偏方下國之越，以求自安矣。向也諸侯猶有伯，而今也伯主不競而諸侯之争城争地者日以擾擾，而無一息寧矣。故自獲麟之前，其世變爲春秋。自獲麟之後，其世變爲戰國。此又非世道一變之會乎？是春秋之所以終也。然不特此也，合《春秋》一經觀之，則有所謂隱、桓、莊、閔之《春秋》，有所謂僖、文、宣、成之《春秋》，有所謂襄、昭、定、哀之《春秋》。隱、桓之《春秋》，伯主未興之時也。莊、閔之《春秋》，伯主未盛之時也。莊之十三年而會于北杏，二十七年而同盟于幽。於是合天下而聽命於一邦矣。合天下而聽命於一邦，古無有也。僖之四年，伐楚。五年，會世子。九年，盟葵丘。而安中夏、攘夷狄之權皆在伯主矣。伯主之未興，諸侯無所統也，而天下猶知有王。伯主之既興，諸侯有所統也，而天下始不知有王。伯主之興，固世道之一幸，而王之迹熄，獨非世道之衰邪！僖之十七年而小白卒，小白卒，而楚始橫，中國無伯者十餘年。二十八年，而有城濮之戰。於是中國之伯，昔之在齊桓者，今轉而歸晉文矣。晉襄繼之，猶足以嗣文公之業。靈、成、景、厲不足以繼。悼公再伯，而得鄭駕楚，尚庶幾焉。自是而後，晉伯不競。蓋至於襄之二十七年，而宋之會，晉、楚之從交相見。昭之元年，再會于虢，於是晉、楚夷矣。四年，而楚靈大會于申，晉蓋不預中國之事者十年。平丘之盟，雖曰再主夏盟，而晉之合諸侯由是止。鄟陵以後，參盟見矣。參盟見而諸侯無主盟者矣。天下之有伯非美事也，天下之無伯非細故也，天下無伯而《春秋》終焉。故觀隱、桓、莊、閔之《春秋》，固已傷王迹之熄，觀襄、昭、定、哀之《春秋》，尤以傷伯業之衰。此特其大者耳。其他如荆人來聘，外域之臣始未有名字也，於後則有名字著於經矣。無駭、挾卒，諸侯之大夫始未有名氏也，於後則有生而賜氏者矣。始也諸侯盟諸侯，於後則大夫盟諸侯矣。始也諸侯自相盟，於後則大夫自相盟矣。始也諸侯僭天子，於後則大夫僭諸侯矣。始也大夫竊諸侯之柄，於後則陪臣據大夫之邑矣。合《春秋》一經觀之，大抵愈趨愈下，愈久愈薄。遡之而上，而文、武、成、康之盛可以接堯、舜之傳。沿之而下，則七雄分裂之極不至於秦不止。學《春秋》者既能先明大義，以究理之精，又能次觀世變，以研事之實，則《春秋》一經，亦思過半矣。」〇「學《春秋》者，捨三傳無所考。而士之有志者，類欲盡束三傳，獨抱遺經，豈非以其互相抵捂，更相矛盾，而不一其説乎？竊嘗思之，左氏熟於事，而公、穀近於理。蓋左氏曾見國史，而公、穀乃經生也。惟其曾見國史，故雖熟於事，而理不明。惟其出於經生，所傳故雖近於理，而事多繆。二者合而觀之，可也。然左氏雖曰備事，而其間有不得其事之實。公、穀雖曰言理，而其間有害於理之正者，不可不知也。蓋左氏每述一事，必究其事之所由，深於情僞，熟於世故，往往論其成敗而不論其是非，習於勢之所趨，而不明乎大義之所在。言周、鄭交質，而曰：『信不由中，質無益也。』論宋宣公立穆公，而曰：『可謂知人矣。』鬻拳强諫，楚子臨之以兵，而謂鬻拳之爲愛君。趙盾亡不越境，反不討賊，而曰：『惜也，越境乃免。』此皆其不明理之故。而其敘事失實者尤多。有如楚自得志漢東，駸駸荐食上國，齊桓出攘之，晉文再攘之，其功偉矣。此正孟子所謂『彼善於此』者。然其所以攘楚者，豈能驟舉而攘之哉，必先翦其手足，破其黨與，而後攘之易耳。是故桓公將攘楚，必先有事於蔡。文公將攘楚，必先有事於曹、衛。此事實也。而左氏不達其故，於侵蔡則曰爲蔡姬故，於侵曹、伐衛則曰爲觀裸浴與塊故。此其病在於推尋事由，毛舉細故，而二公攘夷安夏之烈皆晦而不彰。其他紀事，往往類此。然則左氏之紀事，固不可廢而未可盡以爲據也。宗左氏者，以爲丘明受經於仲尼，所謂好惡與聖人同者，然左氏大旨多與經戾，安得以爲好惡與聖人同乎！觀孔子所謂『左丘明恥之，某亦恥之』，乃『竊比老彭』之意，則其人當在孔子之前，而左氏傳《春秋》，其事終於智伯，乃在於孔子之後。説者以爲與聖人同者爲左丘明，而傳《春秋》者爲左氏，蓋有證矣。或以爲六國時人，或以爲楚左史倚相之後，蓋以所載『虞不臘』等語，蓋秦人以十二月爲臘月，而《左氏》所述楚事極詳，蓋有無經之傳，而未有無傳之經，亦一證也。若夫公、穀二氏，固非親受者。其所述事多是采之傳聞，又不親見國史，故其事多繆誤。略其事而觀其理有精到者，而其害於理者亦甚衆。此尤致知者之所以當明目而深辨之也。《公羊》論隱、桓之貴賤而曰：『子以母貴，母以子貴。』夫謂子以母貴可也，謂母以子貴可乎？推此言也，所以長後世妾母陵僭之禍者，皆此言基之也。《穀梁》論世子蒯聵之事，則曰：『信父而辭王父，則是不尊王父也。其弗受，以尊王父也。』夫尊王父可也，不受父命可乎？推此言也，所以啓後世父子争奪之禍者，未必不以此言藉口。晉趙鞅入于晉陽以叛，趙鞅歸于晉，《公》、《穀》皆曰：『其言歸何？以地正國也。』後之臣子有據邑以叛而以逐君側之小人爲辭者矣。公子結媵陳人之婦于鄄，遂及齊侯、宋公盟。《公羊》曰：『大夫受命不受辭。出境有可以安社稷利國家者，專之可也。』後之人臣有生事異域，而以安社稷利國家自諉者矣。『紀侯大去其國』，聖人蓋傷之也，而《公羊》則以爲齊襄復九世之讎。春秋之後世有窮兵黷武，而以《春秋》之義自許者矣。祭仲執而鄭忽出，其罪在祭仲也，而《公羊》則以爲合於反經之權。後世蓋有廢置其君如弈棋者矣。聖人作經，本以明理也。自傳者學不知道，妄爲之説，而是非易位，義利無别，其極於下僭上，卑陵尊，父子相夷，兄弟爲仇。爲人臣而稱兵以向闕，出境外而矯詔以行事，國家易姓而爲其大臣者反以盛德自居，而無所媿。君如武帝，臣如雋不疑，皆以《春秋》定國論而不知其非也。此其爲害，豈不甚於敘事失實之罪哉！故嘗以爲《公》、《穀》、《左》三傳要皆有失，而失之多者莫如《公羊》。何、范、杜三家各自爲説，而説之繆者莫如何休《公羊》之失。既已略舉其一二，而何休之繆爲尤甚。『元年春，王正月』，《公羊》不過曰『君之始年』爾，而何休則曰『《春秋》紀新王受命於魯』。『滕侯卒』，《公羊》不過曰『滕微國而侯，不嫌也』，而何休則曰：『《春秋》王魯，託隱公以爲始受命之王。滕子先朝，故褒之。』黜周王魯，《公羊》未有明文也，而何休乃唱之。其誣聖人也甚矣！《公羊》曰『母弟稱弟，母兄稱兄』，此其言已有失矣，而何休又從爲文説，曰『《春秋》變周之文，從商之質。質家親親，明當親於羣公子也』，使後世有親厚於同母之兄弟，而薄於父之枝者，未必不斯言啓之。《公羊》曰『立嫡以長不以賢，立子以貴不以長』，此其言固有據也。而何休乃爲之説，曰『嫡子有孫而死，質家親親先立弟，文家尊尊先立孫』，使世有惑於質、文之異，而嫡庶互争者未必不斯語禍之。其釋會戎之義，則曰：『王者不治夷狄，録戎，來者勿拒，去者勿追也。』《春秋》之作，本以正夷夏之分，乃謂之不治夷狄，可乎？其釋天王使來歸賵之義，則曰：『王者據土，與諸侯分職，俱南面而治，有不純臣之義。』《春秋》之作，本以正君臣之分，乃謂之有不純臣之義，可乎？《隱三年》『春二月己巳，日有食之』，《公羊》不過曰『記異也』，而何休則曰：『是後衛州吁弑其君。諸侯初僭。』《桓元年》『秋，大水』，《公羊》不過曰『記災也』，而何休則曰：『先是桓篡隱，與專易朝宿之邑，陰逆與怨氣所致。』凡而地震、山崩、星雹、雨雹、螽螟、彗孛之類，莫不推尋其致變之由，考驗其爲異之應。其不合者，必强爲之説。《春秋》記災異，而其説不書曾若是其瑣碎磔裂乎？若此之類，不一而足。凡皆《公羊》之妄也。愚觀三子之釋傳，惟范甯差少過。其於《穀梁》之義，有未安者輒曰『甯未詳』，蓋譏之也。而何休則曲爲之説，適以增《公羊》之過爾。故曰：范甯《穀梁》之忠臣也，何休《公羊》之罪人也。」

春秋本義點抹例

一　句讀發音依陸氏《音義》及兄伯敬父《讀書分年日程》書。

一　凡正經如盟字、伐字初見者紅側抹。

一　凡註文提解經文及所以書不書及《或問》中間目及設難以問者紅側抹。

一　通發明全段正意及大圈後發明本段未盡之意及問外之意而于正文有所發明者、繳上正意者紅測點。繳處或分節目者紅測圈。

一　原先王盛時綱紀、典禮及攷證實事及引證他年所書、他經正文、他人之説及倣此、始此、又見等黑側抹。他人之説止抹姓名，引左氏止抹事實。

一　説者既引證事實，正文之下又自敘演補足索引文義者黑測點。

一　諸説之差誤者青測點。

一　説者循差誤之説而推以顯彼之誤者青測點。

一　綱要、斷制、精微之語黄測點。

一　提解經文細節意盡紅半截。

一　通解經文全段正意起處紅全截。

春秋本義通論

《春秋》之不明，凡例褒貶害之也。聖人曷嘗先定凡例而修《春秋》哉。或曰：子之《本義》有云「義見某年某事」者，非凡例邪？曰：非也。《春秋》有自然之法，因是事而著是理，以爲法於天下，曷嘗設凡例以待其事而書之哉。如朱子謂「何嘗某事用某法，某事用某例」者得之。若當時史氏之作，則凡例之説或有之矣，亦未必若今之説《春秋》者拘拘執彼以比此也。及乎孔子借魯史以作經，因事設教。凡非天子之事，而私相盟者，其私盟之罪無不同也，而其爲盟則各有所因。即其因以見其情，則其罪有輕重焉。私相會者，其私會之罪無不同也。而其爲會亦各有所因，即其因以見其情，則其罪有輕重焉。私相侵伐者，其侵伐之罪無不同也。而其侵伐亦各有所因，即其因以見其情，則其罪有輕重焉。此孟子有「彼善於此」之説也。惟其罪之無不同，故有「義見某年某事」之云。惟其情之有淺深，罪之有輕重，故本事之下各附先儒之論，以見其義。此亦理一分殊之謂。學《春秋》者，即此而推之，則凡入、滅、圍、取、朝、聘、奔、如，凡非王事而諸侯僭焉、大夫攘焉者，其罪皆可見，而其情罪之輕重等差亦不能逃焉。曰：然則孔子徒議其罪而已乎？曰：未也。議其罪將以懲其惡，懲其惡將使之反諸無惡而已矣。故曰「克己復禮」。克己，所以復禮也。不克己，則不能以復禮。不懲惡，則不能以遷善。故《春秋》爲克己復禮之書，而後世但知聖人議人罪惡而已，此凡例褒貶之所由興也。自凡例褒貶之説興，而聖人之心不白於世，其書雖存，其用則泯矣。此非細故也。此説《春秋》之大弊也。人能痛埽其弊，以至於無《春秋》，其庶幾乎！愚所言者，凡例之陋，若夫褒貶之繆，則邵子、朱子、鄭夾漈、吕朴鄉諸家之説，已悉於《綱領》，兹不復論。

弑君之賊，夫人所能知也，然致弑之由則有漸。自某君之失其道而肆意侵伐入滅，民困而財耗也，馴而至於戕其身。自某君之家不齊，妻淫而子奢也，馴而至於滅其家。自某君之失其馭，而使大夫專國，君若贅旒也，馴而至於禄去公室。自某君之失其權，而使某卿帥師，軍政之在臣也，馴而至於弑其君。《春秋》皆歷書之，以爲天下之大戒，使凡爲君者，防微慎始，兢兢業業而不敢肆。此正所謂「屬辭比事」之法。惟其弑其君，罪大惡極，夫人所能知，故《本義》但云：「義見《隱四年》衛州吁事。」惟其屬辭比事，有以著其見弑之由，故本事之下各附先儒之説以明之，而非舍弑君之罪，但著人君之過而已也。

大凡先儒傳此一經，必有一得，特以褒貶凡例之説汩其心思，故不得盡善耳。是以先儒之説，不敢妄加去取，必究其指歸，而取其所長。二家説同，則取其前説。前略後詳，前晦後明，則取其後説。其或大段甚當而一二句害理者，可删則删之；一二字害理者，可改則改之。如吕朴鄉《五論》，正大明白，而於「明分義」、「正名分」、「著幾微」三條之下，所引《春秋》事時或與經意不合，未免去其一二。如程子《春秋序》子、丑、寅建正之類，不能無疑，故闕而不録。竊倣朱子所謂「不敢於注脚上添注脚」之法，使觀者簡明易見云爾，非敢自執己見，凡非己意者一切去之也。所以敢爾者，以其有經爲之主也。經意本渾成明白，因傳而益明者，因有之矣，因傳而晦且鑿者，亦不少也。故説之合於經者取之，其不合者去之，其法甚約也。其或取兩説者，以一説之意未足以盡此事之旨，故必兼見而其義始備。其或必附己意云者，亦以先儒之説與經相違云爾，非敢舍先儒之説而主一己之見，亦非敢勦先儒之意以爲己之意也。

曰：子之引諸家之説，其亦有重複者，何也？曰：此編竊倣朱子《集註》之意，先訓詁而後事實，而後議論。議論即本義也。其圈下復引諸家之説者，其餘意也，或其前後始末也。蓋《春秋》一事兼數義，本義之外别有餘意，又有前後始末，一家之言豈能盡該？故引諸家之説以足之。諸家之説豈免重複哉？欲其成文，故不得盡删也。所謂前後始末者，一事必有首尾，必合數十年之通而後見。或自《春秋》之始至中、中至終，而總論之，正所謂「屬辭比事」者也。大凡《春秋》一事爲一事者常少，一事而前後相聯者常多。其事自微而至著，自輕而至重，始之不慎，至卒之不可救者，往往皆是，而先儒或略之，乃於一字之間而究其義，此其穿鑿附會、想像測度之説所由生也。今似此者悉埽除之，使經文渾成明白，即始而見終，庶學者可以理義推詳，不得以小巧私智窺聖人之意者，《本義》之旨也。

傳稱「屬辭比事」者，《春秋》之大法，此必孔門傳授之格言，而漢儒記之耳。而説《春秋》者終莫之省，甚可惜也。夫《春秋》有大屬辭比事，有小屬辭比事。其大者，合二百四十二年之事而比觀之。《春秋》之始，諸侯無王，未若是之甚也，終則天王不若一列國之君。始也諸侯之大夫，未若是之張也，終則專國而無諸侯。始也夷狄未若是之横也，終則伯中國、滅諸侯。始也諸侯之伐國未甚也，終則至於滅同列之國。其小者，合數十年之事而比觀之。始也大夫執一國之權，終則至於弑其君。始也子弟預一國之政，終則至於篡其位。始也諸侯專恣而妄動，終則至於滅其身。始也夫人昏姻之不正，終則至於淫亂而奔亡。又如魯桓見殺於齊，而莊公忘父之讎，主王姬昏，與齊人狩。文姜之喪未除而如齊納幣。書子同生於前，至三十七年而始娶。又如躬如齊逆女，先至而後夫人入，其終卒有姜氏弑閔、遜邾之亂。又如書王人子突救衛，而衛侯朔入于衛，又書「公至自衛」，又書「齊人來歸衛俘」。又如書「大無麥禾」而「築郿」，「告糴于齊」而「新延廄」。凡《春秋》之事無不皆然。人知此法，則一字褒貶與先定凡例而作《春秋》之説，久當自廢，不必多辨也。

《春秋》二百四十二年，皆非常之事。此説自三傳至於今，凡傳《春秋》者，皆能言之。其亦孔門弟子聞於聖師之言歟？然而三傳卒不能守其言，《左氏》多以《春秋》之事爲禮，《公》、《穀》亦有以爲喜之嘉之者。夫既得禮矣，喜之嘉之矣，則是常事也。豈有非常之事，而聖人以爲禮，爲可喜爲可嘉哉？諸儒踵三傳之繆而不察，同然一辭，甚可怪也。其辯既各見於《本義》、《辨疑》、《或問》，茲不復論。

春秋本義問答

問：「元年春，王正月。」此《春秋》開卷第一義。而正朔一事，亦吾儒所當明辨者。今《本義》以正月者建寅之月。《或問》中引用蔡氏《書傳》，謂「三代改正朔而不改月數」，辨證甚明。然竊詳朱、蔡之説，月數雖不改，正朔則必改。商建丑，則正朔必用十二月；周建子，則正朔必用十一月。特紀月之數不改耳。故《商書》「元祀十有二月」，以十二月爲歲首；《七月》之詩「二之日鑿冰」，以十一月爲歲首。凡朝會大事，必以正朔行事。今既以正月爲建寅之月，則是周未嘗改夏正也，而又引趙氏云「王正月者，王者之所班」，葉氏云「王者以正朔一天下」，豈有周爲天子，而乃班夏之正朔乎？周改正朔矣，而乃仍以夏之正朔一天下乎？大概如左、杜、胡、張諸儒之以建子爲正月，則於「王正月」三字甚順，而於「春」之一字有未安。若以建寅之月爲正月，則於「春」字甚安，而於「王正月」三字有所未妥。此乃千古不斷之疑，請更詳之。

答：「隱公元年春，王正月。」改正朔不改月數，不必疑。所可疑者，魯公即位之在正月也。何謂改正朔不改月數不必疑？蓋商改夏正，以十二月爲歲首矣。而《書》稱「元祀十有二月，伊尹奉嗣王祗見厥祖」，未嘗改十二月爲正月也。周改夏正，以十一月爲歲首矣。而《周禮》一書、《七月》一詩，皆用夏正數月。其曰「一之日觱發」，正指十一月，亦未嘗改十一月爲正月也。其他如「四月惟夏」、「六月徂暑」等詩，顯然可考。秦改夏正，以十月爲歲首矣。而《史記》云：「始皇三十一年十二月，更名臘曰『嘉平』，又每歲首先書冬十月。」漢用秦正，每歲首亦先書十月，未嘗改十月爲正月也。至漢武帝改曆法，用夏正，每歲首始書正月。此皆不改月數之明驗。而所謂「改正朔」者，惟即位與朝覲、會同，則商以十二月、周以十一月、秦以十月行事，以新天下耳目耳。葉氏所謂「王者以正朔一天下」，如此而已。然其敬授民時，使民春耕、夏耘、秋斂、冬藏，天子諸侯春祠、夏禴、秋嘗、冬烝，春蒐、夏苗、秋獮、冬狩，則仍用夏正。觀《詩》、《書》、《易》、《周禮》及《月令》、《汲冢》等書與《春秋》，凡非時必書之事可見矣。蓋四時斷不可易，天子順時以施政，斯民依時以興作。向使周以十一月爲春，以二月爲夏，五月爲秋，八月爲冬，則二十四氣皆差，而農作非時，祭祀非節，蒐狩非名。夫夏之孟夏，天子嘗麥，庶人薦麥。夏之孟秋，農乃登穀，天子嘗新。若周之孟夏，豈有麥？周之孟秋，豈有穀？而《月令》、《王制》言之乎？蒐者，仲春擇取禽獸之名；苗者，仲夏除獸害苗之名；獮者，仲秋順時殺物之名；狩者，仲冬圍守取物之名。若周改四時行之，則違時害物，名實錯亂，聖人肯爲之乎？惟其四時民事不可移易，故班律授時仍用夏正，而建丑十二月不改爲春正月，建子十一月亦不改爲春正月。惟其商周即位、朝覲、會同等事在十二月、十一月，故有改正朔之名。況「改正朔」三字乃漢儒所自言，於經無見。凡商、周、秦於歲首稱十二月、十一月、十月者，即其所改正朔也。凡商、周、秦稱正月者，皆建寅月也。由是觀之，「春」在「王正月」之上，既甚順；而「王」在「正月」之上，亦甚妥。此朱子晚年之論始定，欲改《孟子註》「周七、八月爲夏五、六月，周十一、十二月爲夏九、十月」之説。而其書已偏行於世，故蔡氏解《書》，親承朱子之教，而有「改正朔不改月數」之説，不然，何敢背其説而反《孟子集註》之論哉？今陽恪《夏正辨》實出於朱子門人晏淵親聞其師之論。愚所以敢於《本義》、《或問》用夏正而取趙氏、葉氏之云者，以此也。何謂可疑者？魯公即位在正月也。蓋商既以「元祀十有二月，伊尹奉嗣王，祗見厥祖」，及三年終喪即吉，「十有二月朔，伊尹又以冕服奉嗣王，歸于亳」，則是凡商王即位，必在十有二月也。蓋古者君喪，嗣子踰年始即位，改元必在所建之歲首。次第推之，周之王與諸侯即位，亦當在十有一月，何獨《春秋》在建寅正月即位乎？此其可疑者也。及考《唐志》，春秋時晉、魯、宋各自有曆法，當獻、惠之世，大抵皆用夏正。由是知春秋時，魯公不奉周王正朔，不於建子十一月即位，而以建寅正月即位。故孔子因舊史而不革，直書之，以見當時諸侯之僭亂也。故曰：「其文則史，其義則某竊取之。」然《唐志》之外，更無他書可考，不敢質言之，而其可疑者，亦粗通其一二矣。愚所以敢於《本義》引朱子晚年答叜氏之説以明之者，此也。夫夏正、周正之説，雖爲《春秋》開卷第一義，固不可以不講，而《春秋》大義，則在於正義明道，尊君抑臣，貴王賤伯，内夏外夷，防微慎始，因事立教，以正人心，以扶綱常。其夏正、周正之説，乃後儒自爲異論，自相矛盾。《春秋》先務，正不在此也。曰：班曆授時，亦國之大事，周亦當在十一月。然則《本義》引趙氏云「古者天子嘗以今年冬班明年正朔於諸侯」，所謂「今年冬」者，果在何月也？曰：此無明文可考。今依蔡氏説，則周當在冬十月。其或班曆授時在冬十二月，亦不可知也。曰：商、周既以寅月爲正月，安在其爲改正朔，安在其爲諸侯奉天子正朔乎？曰：古之班曆授時，猶今之授時曆。自漢武帝歷魏、晉、隋、唐以至於今，皆用夏正。國之大事，皆在寅月。今之授時曆，雖與古異制，然使民依時作事則同也。天下孰敢不遵？孰敢自定曆法哉？此即古者奉天子正朔之義，斷不可因漢武以來不改正朔而遂廢班曆也。夫夏之四時，非夏之四時也，天之四時也。夏不敢違天而授時，周敢違天而授時乎？由是觀之，商、周雖改正朔，而班夏之時，亦何傷哉？

問：「九年，齊人取子糾，殺之。」此一節，孔子不以桓公爲非。程子斷然謂桓公爲兄，子糾爲弟。朱子一依程説。今《本義·序》自謂祖述程、朱，而於此一事，乃取荀卿而不從程子，何也？此正人倫之大節，綱常所係，恐必合從程、朱爲是。

答：《莊公九年》：「公伐齊，納子糾，齊小白入于齊。齊人取子糾，殺之。」謂桓公爲弟、子糾爲兄者，《公羊》、《穀梁》之論，而荀卿、司馬遷、杜預、孫太山、胡安定、劉原父、胡邦衡、孫莘老、呂東萊凡三十餘家之説也。愚所以取之，蓋亦有爲。大凡《春秋》書子某者，必當立之子也。其單稱名者必庶孽不當立者也。又《春秋》凡書入于某者，簒位者也。「公伐齊，納子糾」，《左氏》有「子」字，《公》、《穀》雖無「子」字，而「齊人取子糾殺之」之文，則《左氏》、《公》、《穀》皆有「子」字。桓公於此單書「小白」之名，又書「入于齊」，故《公羊》曰：「其書『入于齊』何？簒也。」《穀梁》曰：「惡之也。」程子以大義推之，而疑桓公爲兄，非有所考也。雖引薄昭之言以爲證，而朱子乃云「荀卿謂桓公殺兄以争國」，其言固在薄昭之前。《論語集註》雖取程子之説，而又嘗舉荀卿之言，則亦不能無疑於其間矣。不特荀卿之言也，《史記·齊世家》亦云：「襄公立，殺誅數不當。羣弟恐禍及，故次弟糾奔魯，小白之莒。」杜預亦曰：「子糾，小白庶兄。」鄧驥亦曰：「桓公，襄公之季弟。」馬遷謂子糾爲次弟，鄧驥謂小白爲季弟，其亦有所據矣。夫孔子非不以桓公爲非也，蓋取其厥後有仁者之功耳，豈真許其仁哉？其不足於桓公、管仲者甚多也，故曰「管仲之器小哉」，而孟子亦謂「仲尼之徒，無道桓、文之事」。今《本義》祖述程、朱，而此一事，未敢盡從程子之説者，以《春秋》書法決之也。蓋大綱大領，一宗程、朱，而一事之有疑，一義之未安，豈可雷同其説而不之辨乎？夫孟子，願學孔子者也，孔子許桓公、管仲之功如此，而孟子闢五霸爲三王之罪人。朱子，遠宗孟子者也，而《集註》引楊氏之言，謂孟子以己之長方人之短，猶有此等氣象。又朱子近學程子者也，而作《中庸或問》，辨程子之言不少假。其辨修道，謂程子「養之以福，修而求復之」，云「未合子思本文之意」，其辨隱微，謂以心言之，則程子不若吕、游、楊三家之密。其辨程、吕中字問答，則曰：「聖賢之言固有發端而未竟者，學者尤當虚心悉意，以審其歸，未可執其一言而遽以爲定。」其辨程子謂「中字因過不及而立名」，則曰「未得爲定論」。其辨程子謂「事上之道莫若忠，待下之道莫若恕」，則曰「此則不可曉」。如是者數十條。及觀朱子《易本義》與伊川《易傳》，相悖者不可勝紀，不可謂朱子不學程子也。蓋程子嘗謂義理無窮，或一時之論而未及定，或其門人傳授之訛。學者當守其大綱大領而辨其一二疑義。若一概以程子之言而稱一好字，不究指意之所歸，不求吾心之所安，亦非程子所以教人之意。昔唐之王珪、魏徵，建成太子之臣也。及太宗殺兄，而王、魏事之，固有大罪，然近代論治者不可謂王、魏爲小人。王、魏忘君事讎之罪，固不可縱，而其匡太宗致貞觀治，功亦不可泯。故朱子謂「王、魏功過不以相掩」，似未取程子謂「王、魏後雖有功，何足贖」之語。此豈非人倫大節綱常所係。而朱子言之，是或一道也。今以子糾爲兄，桓公爲弟，而管仲事之，正與王、魏事太宗之事相似。又以孔子與人爲善之意，與孔子不得已而與齊、晉之旨觀之，則《論語》許管仲之功未爲害義。若孔子作《春秋》則嚴矣。《春秋》者，正義明道之書也。故《論語》許其功而《春秋》定其罪，觀其上書子糾以正其名，下書小白以正其篡，又書殺子糾以正其忍，而聖人之情，亦可見矣。愚於《或問》辨之頗詳，亦不贅述。

春秋本義卷第一

四明程端學學

杜氏曰：「《春秋》者，魯史記之名也。史之所記，必表年以首事。年有四時，故錯舉以爲所記之名也。」

隱 **公**名息姑，惠公之庶子。

隱，私謚也。魯侯爵而稱公者，康侯胡氏曰：「臣子之辭，《春秋》從周之文而不革者也。」啖氏曰：「西周紀傳皆以本爵，春秋時則皆稱公，夫子因而書之，以明其僭也。」愚謂：《春秋》，魯史也。在魯稱公，爲臣子之辭。若書「葬某國某公」者，皆僭稱公也。後倣此。程子曰：「夫子道既不行於天下，於是因魯《春秋》立百王不易之大法。平王東遷，在位五十一年，卒不能復興先王之業，王道絶矣。孟子曰『王者之迹熄而《詩》亡，《詩》亡然後《春秋》作』，適當隱公之初，故始於隱公。」○孫氏曰：「《春秋》之始於隱公者，非他，以平王之所終也。平既不王，東遷之後，周室微弱，諸侯强大，朝覲不修，貢職不奉，號令無所束，賞罰無所加，壞法易紀，變禮亂樂，弑君戕父，攘國竊號，征伐四出，蕩然不禁。天下之政，皆諸侯分裂之。平王莫能中興，逮隱而死。故《詩》自《黍離》而降，《書》自《文侯之命》而絶，《春秋》自隱公而始也。」木訥趙氏曰：「凡諸儒欲以一事當《春秋》之始者，皆妄也。」

元年春，王正月。

《公羊》曰：「元年者何？君之始年也。春者何？歲之始也。曷爲先言王而後言正月？王正月也。何言乎王正月？大一統也。」趙氏曰：「天子常以今年冬班明年正朔於諸侯，諸侯受之，每月奉月朔甲子以告於廟，所謂『稟正朔』也。故曰『王正月』，言王之所以班也。」葉氏曰：「王者以正朔一天下，故協時月正日者，天下無不同。諸侯繼世而有其國，故即位建始者，各得稱元年以自異。」後倣此。○朱子曰：「三王之正不同。周用天正矣，而《七月》一詩又皆以人正爲紀，何也？所謂改正朔者，改歲首爾，月不可易也。」愚案：此朱子晚年之説。以此推之，則正月者，建寅之月也。凡事繫日，日繫月，月繫時，時繫年，古今紀事之常法也。孔子因魯史之舊，無所加損，亦未嘗寓意於其間。孟子曰「其文則史」，敘事且然，況敘年、時、月、日乎？凡言「春」、「王」二字爲孔子所加者，求之過者也。又案：《春秋》凡一時無事，必書首月以正四時。惟此及莊元年三月雖有事而亦書正月者，以一公之始也。義又見《六年》「秋七月」。王氏曰：「不書即位，禮之不舉者也。蓋隱公不行即位之禮，魯史不書。故孔子不得而益耳。」然未詳其所以不舉之故。餘見《辨疑》、《或問》。

三月，公及邾儀父盟于蔑。亡結切。邾，《公羊》作邾婁，與《禮記·檀弓》同。蓋齊人語也。後皆同。蔑，《公羊》、《穀梁》作眛。

程子曰：「或不日，因舊史也。古史記事簡略，日月或不備。《春秋》因舊史，有可損而不能益也。」愚謂：或有闕文，亦有事當繫月，繫時，如螟、螽、旱、饑、無冰、無麥禾之類是也。後倣此。《公羊》曰：「及，與也。」程子曰：「內爲主稱及。」莘老孫氏曰：「及者，以內而及外，因此而及彼。」愚謂：亦有直訓與者，如「公及宋公遇于清」、「平莒及郯」、「城邾及防」之類是也。後倣此。范氏曰：「邾，附庸國。」孔氏曰：「曹姓，顓頊之後。武王封其苗裔邾俠爲附庸，居邾。」《王制》曰：「不能五十里，不合於天子，附於諸侯，曰『附庸』。」杜氏曰：「魯國鄒縣。」張氏曰：「後爲襲慶府鄒縣。」《公羊》曰：「儀父者，字也。」高氏曰：「附庸稱字，同命卿也。」少胡戴氏曰：「儀父，邾大夫，如慶父、歸父、行父、丕鄭父、陽處父之類。」愚謂：後書「邾子卒」，則邾本子爵。小國一卿，邾自當有大夫。戴説近是。《周禮・天官・玉府職》曰：「若合諸侯，則共珠盤、玉敦。」《夏官・戎右職》曰：「盟，則以玉敦。辟盟，遂役之贊牛耳、桃茢。」《秋官・司盟職》曰：「掌盟載之法。凡邦國有疑，會同則掌其盟約之載。及其禮儀，北面詔明神。」故春秋諸侯之盟倣此而損益耳。杜氏曰：「蔑，姑蔑，魯地。魯國卞縣南有姑城。」鄭樵云：「兖州瑕丘縣有姑蔑城。」獻可杜氏曰：「《周禮・司盟》：『凡邦國有疑，則掌其盟載之約。』」蓋天子設諸侯會盟之禮，而諸侯不得專之。周衰，會同禮廢，列國擅相盟會，而不務信。孫氏曰：「盟者，亂世之事。故聖王在上，闃無聞焉。斯蓋周道陵遲，衆心離貳，忠信殆絶，譎詐交作，於是列國始有歃血要盟之事。凡書盟，皆惡之也。」仲培戴氏曰：「隱公居父喪而講嘉禮，廢王覲而崇私交。」後凡書盟倣此。而此又爲七年「伐邾」起文也。〇高氏曰：「諸侯各守疆域，非有王事不得自出境。邾與魯伉盟則能病魯，故隱公屈己而與之盟。」趙氏曰：「王綱壞，則諸侯恣而仇黨行。故干戈以敵讎，盟誓以固黨。天下行之，遂若恒焉。若王政舉，則諸侯莫敢相害；君道立，則信著而義達，盟何爲焉。觀《春秋》之盟，有以見王政之不行，而天下無賢侯也。」胡氏曰：「《周禮》『珠盤玉敦』之制皆妄言也。大抵盟者亂世之事，豈有天子與諸侯歃血爲盟之事哉？」未詳是否。

夏五月，鄭伯克段于鄢。於晚切。趙氏曰：「當作鄔。」

「夏五月」者，凡一時無事，書首月；有事，則書其事之月。魯史常法也。後倣此。鄭伯，莊公寤生也。孔氏曰：「鄭國，伯爵，姬姓。宣王封母弟桓公友於鄭，京兆鄭縣是也。」杜氏曰：「在滎陽宛陵縣西南。」張氏曰：「後爲鄭州新鄭縣。」朴鄉呂氏曰：「克，勝其徒衆若敵國云爾。」《公羊》曰：「段，鄭伯弟也。」愚謂：段不稱公子，再命大夫也。杜氏曰：「鄢，潁川鄢陵縣。」張氏曰：「後屬開封府。」《左氏》曰：「初，鄭武公娶于申，曰武姜，生莊公及共叔段。莊公寤生，驚姜氏，遂惡之。愛共叔段，欲立之，亟請於武公。公弗許。及莊公即位，爲之請制。公曰：『制，巖邑也，虢叔死焉。他邑唯命。』請京，使居之，謂之京城大叔。祭仲曰：『都城過百雉，國之害也。先王之制：大都不過參國之一，中五之一，小九之一。今京不度，非制也。君將不堪。』公曰：『姜氏欲之，焉辟害？』對曰：『姜氏何厭之有？不如早爲之所，無使滋蔓，蔓難圖也。蔓草猶不可除，況君之寵弟乎？』公曰：『多行不義必自斃。子姑待之。』既而大叔命西鄙、北鄙貳於己。公子呂曰：『國不堪貳，君將若之何？欲與大叔，臣請事之；若弗與，則請除之，無生民心。』公曰：『無庸，將自及。』大叔又收貳以爲己邑，至於廩延。子封曰：『可矣！厚將得衆。』公曰：『不義不暱，厚將崩。』大叔完聚，繕甲兵，具卒乘，將襲鄭。夫人將啓之。公聞其期，曰：『可矣！』命子封帥車二百乘以伐京。京叛大叔段。段入於鄢。公伐諸鄢。」孫氏曰：「段，鄭伯弟。以鄭伯之力始勝之者，見段驕悍難制，鄭伯至於用兵。此鄭伯不兄，段不弟，交譏之。」○張氏曰：「仁人之於弟不藏怒，不宿怨，親愛之而已矣。其或不中不才，亦必正之以義，使不格姦；厚之以恩，使不離富貴。今莊公之於叔段，無念鞠子哀之心，而懷其母偏愛欲奪己位之恨，❶授之大都而不爲之所，縱使失道，以至於亂。方其居京收邑之時，可制而不制，如鷙鳥將擊而匿形於未發之先，稔其惡以待其成。及其逆節已露，然後以寇讎之法討之，以力勝爲事，必誅爲期。莊公非特以段之不才棄之，乃其心實欲養成其惡，待以寇賊，無復天倫之念。書曰『克段于鄢』，然後忮忍之心施於同氣者舉形見於筆削之間矣。」愚謂：「鄭伯克段于鄢」之辭，亦史氏立言之法。孔子因事立教，録之爲後世鑒。故曰：「其文則史，其義則某竊取之矣。」

秋七月，天王使宰咺來歸惠公仲子之賵。咺音烜，吁阮切。賵，芳鳳切。

天王，平王也。程子曰：「王者，奉若天道，故稱天王。」愚謂：此魯史舊法，非孔子加天字也。《公羊》曰：「宰，士也。咺者，名也。」孔氏曰：「《周禮・宰夫職》曰：『凡邦之弔事，掌其戒令與其幣器財用。』鄭玄云：『弔事，弔諸侯諸臣。幣，所用賻也。』既掌弔事，或即充使。此蓋宰夫也。」劉氏曰：「何以名？上士也。」愚謂：來歸，來魯歸賵也。《公羊》曰：「仲子者何？桓之母也。」程子曰：「惠公之仲子，妾稱

---

❶「之」，原重文，今據文義刪其一。

也。」君舉陳氏曰：「古者諸侯不再娶，再娶亦妾也。」與《公羊》合。《穀梁》曰：「母以子氏。仲子者何？惠公之母，孝公之妾也。」劉氏曰：「妾母繫子，與僖公成風同。」與《穀梁》合。前説近是。《公羊》曰：「喪事有賵。賵者，蓋以乘馬束帛。車馬曰賵。」張氏曰：「《士喪禮》：『公賵，玄纁，束馬兩。』天子賵諸侯之制未聞。」康侯胡氏曰：「天王之尊，下賵諸侯之妾，加冠於屨，人道之大經拂矣。天王，法紀之宗也，賵諸侯之妾，是壞法亂紀，自王朝始也。」趙氏曰：「是啓僭也。」○程子曰：「夫婦，人倫之本，最當先正。春秋之時，嫡妾僭亂，聖人尤謹其名分。男女之配，終身不變者也，故無再娶之禮。大夫以下，内無主則家道不立，故不得已而再娶。天子、諸侯内職具備，后夫人亡，可以攝治，無再娶之禮。《春秋》之始，尚有疑焉，故仲子羽數特異。僖公而後，無復辨矣。《春秋》書之，以志僭亂。以夫人禮賵人之妾，亂倫之甚也。」張氏曰：「天子於諸侯有賵禮，所以褒有功德而厚其終也。惠公牽於私愛，寵庶妾之仲子，而立爲夫人，正犯以妾爲妻之戒。瀆亂夫婦之綱，乃天討所當加。九伐之法所謂『犯令陵政』者，蓋此類也。平王不能正惠公之辠，反厚其送終之禮。」

九月，及宋人盟于宿。

《公羊》曰：「孰及之？内之微者也。」《穀梁》曰：「宋人，外卑者也。」程子曰：「稱及稱人，皆非卿也。」孫氏曰：「外稱人，内稱及，不可言魯人。」孔氏曰：「宋國，子姓，公爵。商紂國滅，周封微子於宋，都商丘。穆公和七年，即隱之元年也。」杜氏曰：「宋，梁國睢陽縣。」張氏曰：「後爲應天府宋城縣。」杜氏曰：「宿，小國，東平無鹽縣。凡盟以國地者，國主亦與盟。」未詳是否。《左氏》曰：「惠公之季年，敗宋師于黃。公立而求成焉。及宋人盟于宿，始通也。」未詳信否。愚謂：此與「盟于蔑」同義。而此則大夫自盟，其僭尤甚。又爲十年「伐宋」起文也。○張氏曰：「七年伐邾，十年伐宋，敗師取邑。盟之不足恃，斷可識矣。」

冬十有二月，祭伯來。祭，側界切。

祭伯，孔氏曰：「周公之胤。」張氏曰：「祭，周畿内采地。伯，爵也。畿内諸侯爲王卿士。來，來魯也。」《左氏》曰：「非王命也。」《穀梁》曰：「寰内諸侯，非有天子之命不得出會諸侯。聘弓鍭矢不出竟場，束脩之肉不行竟中。有至尊者，不貳之也。」○張氏曰：「案：内外之辨，所以殊尊卑也。朝必有玉帛，聘必有幣篚。諸侯可以相交，而王臣之與侯甸不可以相授受，所以絶人慾往來之私，而嚴尊君事上之禮。成周盛時，防微杜漸之意殆必如穀梁氏之説矣。經書『祭伯來』，所以見周室法度至此蕩然。」程子曰：「當時諸侯不修朝覲之禮，失人臣之義，王所當治也。祭伯爲王臣，不能輔王正典刑，而反與之交。」康侯胡氏曰：「人臣無私交，大夫非君命不越境。所以然者，杜朋黨之原，爲後世事君而有二心者之明戒也。」

公子益師卒。

劉氏曰：「公之子曰公子。公子之尊視大夫。大夫三命然後氏。」後皆倣此。益師，名也，字衆父，孝公子。此蓋譏諸侯之世卿也。大意見左方。○孫氏曰：「《春秋》内大夫卒則書之，豈徒記其歲時、著其名氏而已？古者諸侯歲貢於天子，天子親命之，使還其國爲卿大夫。故《周禮》：『公之孤四命，卿三命，大夫再命，士一命。侯伯之卿、大夫、士亦如之。』周室既東，其禮遂廢。故魯三桓子孫終於定、哀之世並執其政，不復請於天子。故孔子書之也。」朴鄉吕氏曰：「大夫何以或卒或不卒？其卒者，必世卿也。益師何以卒？衆仲之先也。公子彄何以卒？臧氏之先也。無駭何以卒？展氏之先也。」愚案：《春秋》内大夫之見於經者四十有七，其書卒者三十。或書氏，或書名。聖人因舊史書大夫卒而不少革者，一則可通考《春秋》始終以觀世變，二則可各考其事以見失禮。古者諸侯之卿、大夫受命於天子，三命者氏，再命者名。隱、桓之世，猶有無駭、翬、俠、柔、溺之徒以名見者。僖、文以後，諸侯專恣，無復請命，故皆自賜氏。此可通考《春秋》始終以觀世變者也。禮，王爲三公六卿錫衰，諸侯緦衰，大夫、士疑衰，首服皆弁絰。諸侯爲卿、大夫服，雖無明文，然以義推之可知也。如仲遂卒而猶繹，則是不爲服也。其書「公子牙、公子友卒」，「公子慶父奔莒」，以著三桓之始。書「公子彄卒」，以著臧氏之始。書「仲遂卒」，以著東門氏之始。書「叔肸卒」，以著叔氏之始。其後連書仲孫、叔孫、季孫、臧氏、東門氏、叔氏，若子若孫之卒，以著世卿之權。隨事見義，非一例可求。此可各考其事，以見失禮者也。故曰：「屬辭比事，《春秋》教也。」

二年春，公會戎于潛。

不書首月與繫事之月者，此會失其月日，故但書春而已。若亦書首月，則疑此會爲正月事，故并首月不書。此亦魯史常法也。後凡但書時者倣此。會，與之爲會，禮也。劉氏曰：「西方曰戎。」啖氏曰：「凡戎狄不分爵號，而君臣同辭。」杜氏曰：「陳留濟陽縣東南有戎城。潛，魯地。」《左氏》曰：「修惠公之好也。戎請盟，公辭。」程子曰：「周室既衰，蠻夷猾夏，有散居中國者，方伯大國明大義而攘斥之，義也。其餘列國，慎固封守可也。若與之和好，以免侵暴，非所謂『戎狄是膺』，乃所以容其亂華也。故《春秋》尤謹華夷之辨。公之會戎，非義也。」孫氏曰：「諸侯非有天子之事，不得出會諸侯，況會戎乎。凡書會，皆惡之也。」高氏曰：「隱公居喪之際，未會諸侯於王朝，而先與戎會。春會而秋與之盟，故書此以見事始也。及戎伐凡伯，則知魯會盟戎，適以貽王室之患耳。」○康侯胡氏曰：「《費誓》稱『淮夷、徐戎』，此蓋徐州之戎久居中國、在魯之東郊者也。中國之有戎狄，猶君子之有小人。内君子、外小人爲泰，内小人、外君子爲否。内中國而外四夷，使之各安其所也，無不覆載者，王德之體。内中國、外四夷者，王道之用。是故以諸夏而親戎狄，致金繒之奉，首顧居下也。以戎狄而朝諸夏，位王侯之上，亂常失序也。以羌胡而居塞内，無出入之防，非我族類，其心必異，萌猾夏之階也。知此説者，其知内外之旨，而明於馭戎之道。正朔所不加也，奚會同之有？」

夏五月，莒人入向。舒亮切。

孔氏曰：「《譜》云莒，嬴姓，少昊之後。武王封兹輿期於莒。《世本》：『自紀公以下爲己姓。』十一世兹丕公方見《春秋》。」杜氏曰：「莒國，城陽莒縣。」張氏曰：「後爲密州莒縣。」《公羊》曰：「將卑師少稱人。」程子曰：「不知衆寡，將帥名氏亦曰『某人』。」愚謂：亦有衆辭，如「衛人殺州吁」之類是也。亦有汎稱人，如「齊人執鄭詹」之類是也。各隨文見義，不可執一例以求之。希聲陸氏曰：「克内曰入。」後倣此。孔氏曰：「向，姜姓。」張氏曰：「炎帝之後。」杜氏曰：「小國也。譙國龍亢縣東南有向城。」張氏曰：「《漢志》向屬沛郡，《寰宇記》屬應天府穀熟縣。」《左氏》曰：「莒子娶于向，向姜不安莒而歸。夏，莒人入向，以姜氏還。」未詳信否。程子曰：「天下有道，禮樂征伐自天子出。春秋之時，諸侯擅相侵伐。侵人之境且爲暴，況入人之國乎。」康侯胡氏曰：「非王命而入人國邑，逞其私意，見諸侯之不臣也。擅興兵而征討不加焉，見天王之不君也。據事直書，義自見矣。」○程子曰：「《春秋》書其事，而被侵伐者亦不免焉。蓋彼加兵於己，則當引咎，或自辨，諭之以禮義。不得免焉，則固其封疆，告於天子、方伯。若忿而與戰，則以與戰者爲主，處己絶亂之道也。」

無駭帥師入極。駭，户楷切。《穀梁》作侅，後同。帥，《公羊》作率。

無駭，魯大夫，《公羊》曰：「展無駭也。」陸氏曰：「公子展之孫也。」劉氏曰：「何以不氏？再命也。諸侯大國，三卿皆命於天子；次國三卿，二卿命於天子；小國三卿，一卿命於天子。大國之卿三命，次國再命，小國一命。二千五百人爲師。」《公羊》曰：「凡將尊師衆曰『某帥師』。」康侯胡氏曰：「書『帥師』，用大衆也。」王氏曰：「凡書『帥師』，書其專也。」後皆倣此。杜氏曰：「極，附庸小國。」張氏曰：「擅興大衆，陵蔑小國，義與入向同。」○愚案：古者元侯之卿有軍，作師以承天子。諸侯之卿無軍，教衛以聽元侯。大夫帥師，則大夫專兵，亂王制，撓君權，國非其國矣。故君舉陳氏曰：「諸侯專征，而後千乘之國有弑其君者矣。大夫專將，而後百乘之家有弑其君者矣。」後凡書「帥師」，義皆倣此。孫氏曰：「外莒人入向，内無駭帥師入極。天子不能誅，周室陵遲可知矣。」

秋八月庚辰，公及戎盟于唐。

此稱「及」，與「公及邾儀父」之「及」同義。後不復解。范氏曰：「唐，魯地。」杜氏曰：「高平方與縣北有武唐亭。」張氏曰：「後爲單州魚臺縣。」《左氏》曰：「戎請盟。秋，盟于唐，復修戎好也。」程子曰：「戎猾夏而與之盟，非義也。」孫氏曰：「公與中國盟猶曰不可，與戎盟于唐，甚矣！」○張氏曰：「盟者，刑牲以相示，謂之神殛倍約者當如此牲。同類爲之，尚以長亂。戎狄豺狼而與之詛，一有間隙，惟利是視，則求小疵而責大信，必肆豺狼之暴，爲中國之大禍。故《春秋》於唐之盟，深罪隱公之失道而容其亂華也。」康侯胡氏曰：「《春秋》謹嚴，夷狄而猾夏則膺之。與戎狄歃血以約盟，非義也。後世乃有結戎狄以許婚，而配偶非其類，如西漢之於匈奴。約戎狄以求援，而華夏被其毒，如肅宗之於回紇。信戎狄以與盟，而臣主蒙其恥，如德宗之於尚結贊。雖悔於終，亦將奚及。《春秋》謹唐之盟，垂戒遠矣。」邦衡胡氏曰：「聖人不辠戎而辠致戎者，先自治之道也。」愚謂：隱公不能謹，會戎於其始，故不免盟戎於其終。是以《春秋》慎始。

九月，紀履緰來逆女。陸氏曰：「履緰，《左氏》作裂繻，誤也。」

孔氏曰：「紀，姜姓，侯爵。」杜氏曰：「紀在東莞劇縣。」張氏曰：「漢屬北海郡，後屬青州壽光縣，即益都府。」《釋文》曰：「逆，迎也。」《公羊》曰：「履緰者，紀大夫也。不氏，與無駭同。」程子曰：「在魯，故稱女。」愚謂：逆，當使命卿，不當使大夫。紀以大夫逆國母，魯亦不能以禮卻之，故書以示戒。○張氏曰：「天子諸侯無出疆親迎之禮，必使上卿往迎於其國，至於館所，然後親迎以入。」呂氏曰：「婚姻之禮，男女之別見矣。王政以此爲本。故《春秋》内女之歸，其禮不備者，必謹書之，所以使天下知婚姻之禮爲重，古聖人之意也。否則淫慝邪僻生焉。」

冬十月，伯姬歸于紀。

伯姬，隱公姊妹也。伯，字；姬，姓。葉氏曰：「以姓繫字，婦人之通稱。逆稱女，別婦也。歸稱伯姬，別異姓也。」《公羊》曰：「婦人謂嫁曰歸。」愚謂：逆非命卿。魯又順其非禮，即使伯姬隨其大夫以往，非禮矣。又爲《莊四年》「齊侯葬紀伯姬」起文也。

紀子伯、莒子盟于密。伯，《左氏》作帛。《公羊》、《穀梁》作伯。程子從《公》、《穀》，曰：「闕文也。當云：『紀侯某伯、莒子盟于密。』」《左氏》附會作帛。杜預以爲裂繻之字。《春秋》無大夫在諸侯上者。孫氏曰：「紀本侯爵，此稱子伯，闕文也。」

杜氏曰：「密，莒邑。陽城淳于縣東有密鄉。」義見《元年》「盟于蔑」。

十有二月乙卯，夫人子氏薨。

《穀梁》曰：「夫人者，隱公之妻也。」胡氏曰：「子者，宋姓也。」程子曰：「薨，上墜之聲。諸侯國内稱之，小君同。」劉氏曰：「薨者，臣子之辭。」此義未詳。竊疑妾母與再娶者不得稱夫人，而未有所考也。

○《穀梁》曰：「夫人薨，不地。」范氏曰：「夫人無出境之事，薨有常處。」

鄭人伐衛。

稱「人」，見「莒人入向」。陸氏曰：「聲臯致討曰伐。」趙氏曰：「凡侵伐，不書勝敗，殺掠而還也。」孔氏曰：「衛國，侯爵，姬姓，文王子康叔封之後，居殷墟。桓公十三年，隱之元年也。」杜氏曰：「衛在汲郡朝歌縣。」張氏曰：「濬州黎陽也。」《左氏》曰：「鄭共叔之亂，公孫滑出奔衛。衛人爲之伐鄭，取廩延。鄭人以王師、虢師伐衛南鄙。二年，鄭人伐衛，討公孫滑之亂也。」未詳信否。胡氏曰：「禮樂征伐者，天下國家之大經。天子失道，而諸侯攘之。諸侯錯命，而大夫奪之。東遷之後，無諸侯無大夫皆專行之。其無王甚矣。」後凡書伐倣此。其辠之重輕，則各見於後。此則大夫伐人之國也。○莘老孫氏曰：「孟子曰：『春秋無義戰。彼善於此則有之矣。征者，上伐下也，敵國不相征也。』故春秋之時，侵、伐、圍、入，一切書之，以見辠焉。」《春秋》書伐二百一十三。

三年春，王二月己巳，日有食之。

程子曰：「月，王月也。事在二月，則書『王二月』；在三月，則書『王三月』；無事，則書時，書首月。」愚謂：亦魯史常法也。後倣此。言日不言朔，或食後朔後，或史失之也。朱子曰：「曆法，周天三百六十五度四分度之一。左旋於地，一晝一夜，則其行一周，而又過一度。日月皆右行於天，一晝一夜則日行一度，月行十三度十九分度之七。故日一歲而一周天，月二十九日有奇而一周天，又逐及於日而與之會。一歲凡十二會。方會，則月光都盡而爲晦。已會，則月光復蘇而爲朔。朔後晦前各十五日。日月相對，則月光正滿而爲望。晦朔而日月之合東西同度，南北同道，則月掩日，而日爲之食。望而日月之對同度、同道，則月亢日，而月爲之食。是皆有常度矣。然王者修德行政，用賢去姦，能使陽盛，足以勝陰。陰衰不能侵陽，則日月之行雖或當食而月常避日，故其遲速高下必有參差而不正相合、不正相對者，所以當食而不食也。若國無政，不用善，使臣子背君父，妾婦乘其夫，小人陵君子，夷狄侵中國，則陰盛陽微，當食必食。雖日行有常度，而實爲非常之變矣。」《禮記》曰：「男教不修，陽事不得，則謫見於天，日爲之食。天子必素服修職，以蕩滌天下之陰事。」康侯胡氏曰：「日者，衆陽之宗，人君之表。而有食之災，咎之象也。克謹天戒，則雖有其象，而無其應。弗克畏天災，咎之來必矣。《春秋》必書以戒，人君不可忽天象也。」後倣此。○張氏曰：「《唐·曆志》曰：『四序之中，分同道，至相過，交而有食，天道之常。以曆推，《春秋》日食大概多入食限。於曆應食而《春秋》不書者尚多，則日食必在交限，其入限者不必盡食。若過至未分，月或變行以避之，或涉交數淺，或在陽曆，陽盛陰微，則不食。或德之休明而有小眚焉，則雖交而不食。此德之所生也。』今案：曆家之言如此，則凡日食者不可歸之常度，而災之所生，乃德之不修也，明矣。況象見乎上，而災應於下。自是而後，王政日微，夷狄僭竊，禍亂滋起，此《春秋》書之，以啓人主恐懼修省之心，庶幾乎以德消災而弭天下之禍亂也。」高氏曰：「日月之食有常數焉。此巧曆者所能推也，而《周官》乃有救日月食之法。至於《春秋》乃獨數日食，何也？曰，君道也，而被侵害，必有以也。《春秋》書之，必曰有食之者，蓋歸咎於人事而不以爲常數也。是以人君遇其食，則恐懼修省，而百官修輔厥后，更不推之於數也。後世推求億度，指陳某事之應，則失之矣。」葉氏曰：「有一國之異，有天下之異。一國之異繫一國，故『大災』可繫齊，『六鷁退飛』可繫宋，『鸜鵒來巢』可繫魯。天下之異繫天下，故『梁山崩』、『沙鹿崩』皆晉也，而不可繫晉。日者，有目之所共覩，其繫非以天下歟？春秋之時，臣弑君，子弑父，妻弑夫，夷狄侵中國，則陽之傷也多矣。謂其無以致之，不可也。」

三月庚戌，天王崩。

天王，平王也。《公羊》曰：「天子曰崩。」程子曰：「崩，上墜之形。」愚謂：諸侯爲天子喪，斬衰、裳，苴絰、杖、絞帶，冠繩纓，菅屨。同軌畢至。周衰禮廢，諸侯不臣。故《春秋》書「天王崩」，一見魯不供職貢，而武氏子求賻；二見齊、鄭以嘉禮盟石門；三見莒、宋、陳、蔡、魯、衛伐國不止；四見魯、宋以嘉禮遇于清；五見隱公盤遊觀魚于棠。三年之内，凡諸侯有不居喪之事，皆譏也。以後凡書「天王崩」，大略倣此。其書葬者又爲書葬起文也。○葉氏曰：「葬以義，見『天子七月而葬』。桓以七年，則緩。匡以四月，簡以五月，景以二月，則速。葬天子，諸侯親之可也。文公以叔孫得臣葬襄王，昭公以叔鞅葬景王，非其禮也。故書崩書葬。」愚謂：《春秋》歷十有三王，其一崩在春秋之後。平、惠、定、靈志崩不志葬。其志崩者，諸侯不行喪禮，如前五見之説。其不志葬者，或公自往會葬，而葬得其時，常事不書耳。桓、襄、匡、簡、景志崩志葬。其志崩者義同平、惠、定、靈，其志葬者如葉氏之説。莊、僖、頃崩葬皆不志者，或赴告不及於魯，而魯不會葬；或事偶得常，而《春秋》不書。無他，常事不書，非常則書之故也。或謂死生人之大變，而《春秋》必書者，誤矣。

夏四月辛卯，尹氏卒。尹，陸氏曰：「《左氏》作君，誤也。」張氏曰：「當以《公》、《穀》爲正。」葉、吕諸家同。

《公羊》曰：「尹氏者何？天子之大夫也。其稱尹氏何？譏世卿也。」程子曰：「古者使以德，爵以功，世禄而不世官。是以俊傑在位，庶績咸熙。及周之衰，士皆世官，政由是敗。尹氏世爲王官，故於其卒書曰『尹氏』，見其世繼也。」愚謂此譏天子之世卿也。○孫氏曰：「言氏者，起其世也。《泰誓》曰『辠人以族，官人以世』，夏、商之亂政也。周既失道，其政亦然。」案：《節南山》，家父刺幽王之詩也，稱『尹氏太師，維周之氏』，則尹氏世卿，其來久矣。」康侯胡氏曰：「功臣之世世世其禄，世卿之官嗣其位。禄以報功也，故其世可延。位以尊賢也，故其官當擇。官不擇人，世授之柄，黨與既衆，威福下移。大姦根據而莫除，人主孤立而無助，國不亡，幸爾。《春秋》於周書尹氏、武氏、仍叔之子，於魯書季友、仲遂，皆志其非禮也。」厚齋王氏曰：「書『尹氏卒』，此尹氏立王子朝之始。書『齊崔氏出奔衛』，此崔杼弑其君之始。比事觀之，履霜堅冰之戒明矣。聖人絶惡於未萌，必謹其微。」

秋，武氏子來求賻。音附。

程子曰：「武氏，王之卿士。稱武氏，見其世官。」貫道王氏曰：「武氏，世卿也。武氏子未命爲卿也。」《公羊》曰：「何以不稱使？當喪，未君也。」《穀梁》曰：「歸死者曰賵，歸生者曰賻。歸之者正也，求之者非正也。周雖不求，魯不可以不歸。魯雖不歸，周不可以求之。交譏之。」程子曰：「天王崩，諸侯不供其喪。故武氏子徵求於四國。書之以見天子失道、諸侯不臣也。」○存耕趙氏曰：「案禮，凡君之喪，臣致禭，曰『致廢衣於賈人』，不敢戚君也。致賻，曰『納甸於有司』，不敢以貨取也。今魯不供葬，失臣子之禮。」貫道王氏曰：「周凡三求，皆以喪故。求賻，以平王崩；求車，以桓王將崩；求金，以襄王崩。其有所求者，喪事之有闕也。諸侯貢享之不至，賻賵之不供也。」張氏曰：「入隱公，三年間，經書周室止四事爾。而人亡政熄，王道之不能復興，蓋已具見。此《春秋》所以爲簡明也。」愚謂：一見諸侯不供王事，二見王失馭下之道，三見官人以世，四見不使其官而使其子。一言而四義見。《春秋》凡書子與弟者，多子弟干政之漸。

八月庚辰，宋公和卒。

宋以王者後，故得稱公。禮，諸侯不生名。死而名之者，別其爲何君也。諸侯書卒，正也。書薨者，臣子之辭也。故内書薨，而外書卒。將書其葬，不可不書其卒，以見葬期之緩速，將著其私謚與諸侯之僭。稱公，不可不書其本爵，以見臣子之僭亂。又因其卒而書之，可以考其凡見於《春秋》者實爲某侯。又可見臣子居喪，而會盟、侵伐，以瀆喪禮。然其文則舊史所有，而義則孔子所取。後皆倣此。餘見《五年》「葬衛桓公」。○案：宋殤公居喪，而與魯遇于清，及與魯、陳、蔡、衛兩伐鄭。三年之喪廢矣。比事而觀，義自見也。朱子曰：「魯君書薨，外諸侯書卒。劉原父答温公書謂：薨者，臣子之辭。温公亦以爲然。以卒爲貶辭者，恐亦未然。」

冬十有二月，齊侯、鄭伯盟于石門。

齊侯，僖公禄父也。孔氏曰：「齊國侯爵，姜姓，太公望之後。成王封太公於營丘，臨淄是也。」僖公九年即隱之元年也。張氏曰：「齊國，青州臨淄縣。」杜氏曰：「石門，齊地。或曰濟北盧縣故城西南，濟水之門。」張氏曰：「在濟南府臨邑縣。」《左氏》曰：「尋盧之盟。」義見《元年》：「盟于蔑。」○張氏曰：「隱公十一年間，盟而不食言者惟此盟。二君終身未嘗相伐。蓋齊方强盛，而鄭莊姦猾。鄭之深仇專在於宋，故恃齊以敵之。二國好合，宋與許、紀諸國交受入、伐。《春秋》詳書於策，將使後人考其本末，而知鄭莊多詐，齊僖不義而强。王政不綱，諸侯放恣。二國相與之固，列國並受其禍也。」君舉陳氏曰：「齊、鄭合也。齊、鄭合，天下始多故矣。天下之無王，鄭爲之也。天下之無伯，齊爲之也。是故書『齊、鄭盟于石門』以志諸侯之合，書『齊、鄭盟于鹹』以志諸侯之散。是《春秋》之終始也。」

癸未，葬宋穆公。穆，《公羊》、《穀梁》作繆。

不曰「宋葬穆公」，而曰「葬宋穆公」者，自魯書之也。啖氏曰：「諸侯告喪，魯往會葬，則書。」愚謂：穆，謚也；宋稱公，本爵也；他國稱公，皆僭也。胡氏曰：「諸侯薨，則請命於天子。」程子曰：「春秋之時，皆不請而私謚。稱私謚，所以辠其臣子。」後倣此。○劉氏曰：「賤不誄貴，幼不誄長。天子崩，誄於郊。諸侯薨，誄於王。大夫卒，誄於君。孔子曰：『諸侯相誄，非禮也。』」程子曰：「送終，大事也。必就正寢，不没於婦人之手。曾子易簀而没，豈苟然乎？死而加之不正之謚，知忠孝者肯爲乎？」孫氏曰：「訃、告、弔、會，史策之常也。直書見惡，聖師之筆也。《春秋》書諸侯之卒、葬者，豈徒紀其歲時，從其訃、告、弔、會而已哉？蓋以周室陵遲，諸侯僭亂，變古易常，驕蹇不道，故聖人書之也。」高氏曰：「因魯往會葬而著其臣子私謚之辠。」

春秋本義卷第二

隱　公

四年春，王二月，莒人伐杞，取牟婁。杞音起。牟，亡侯切。

孔氏曰：「杞，姒姓，公爵，夏禹之苗裔。武王克殷，求禹之後，得東樓公而封之於杞。九世，成公遷陵。此年杞國未知定是何君，當是成公父祖也。」杜氏曰：「杞國本都陳留雍丘縣。」張氏曰：「周之三恪國，在開封府雍丘縣。」趙氏曰：「凡力得之曰取，不當取也。不是其專奪，雖復本邑，亦無異詞。」葉氏曰：「凡國曰滅，邑曰取。無宗廟社稷君長屬之，以爲己有，謂之取。」《公羊》曰：「牟婁者，杞之邑也。」張氏曰：「征伐，天子之權。土地，諸侯所受之封。莒人擅興兵以伐人，又取其地，王法所當誅也。」後倣此。《穀梁》曰：「諸侯相伐取地於是始。」〇孫氏曰：「二年，莒人入向。天子不能誅，故肆然伐杞取牟婁，甚之也。」存耕趙氏曰：「莒雖小國，東夷之雄者也。爲諸侯害不減於荆、吴。自入春秋，未有入人之國者，而莒入向；未有取人之地者，而莒取杞牟婁。上無天子，下無方伯，使莒恣焉而無忌。」莘老孫氏曰：「伐而後言取者，先聲其辠以伐之，又奪取其邑以爲己有也。諸侯受天子之地以爲國，失德於民，得辠於君，則有黜地之罰、降爵之責。非天子，雖方伯不得擅黜諸侯之地，擅易諸侯之封。諸侯能有其國，不能以其國與人。以國與人者，猶以爲辠，況不義而取之乎？凡書取者，皆辠其擅取諸侯之地，以入於己也。」又曰：「春秋强者侮弱，大者加小，率然不顧時王之命。是故二百四十二年之間，其志襲者一，侵者六十六，取者二十一，滅者三十一。皆所以示後世王法也。」

戊申，衛州吁弑其君完。州，《穀梁》作祝。

州吁不氏，與二年無駭同。弑，下殺上之名。完，衛桓公名也。《左氏》曰：「衛莊公娶於齊東宮得臣之妹，曰莊姜，美而無子。其娣戴嬀生桓公，莊姜以爲己子。公子州吁，嬖人之子也，有寵而好兵。公弗禁，莊姜惡之。石碏諫曰：『臣聞愛子，教之以義方，弗納於邪。驕、奢、淫、泆所自邪也。四者之來，寵禄過也。夫寵而不驕，驕而能降，降而不憾，憾而能眕者，鮮矣。且夫賤妨貴、少陵長、遠間親、新間舊、小加大、淫破義，所謂六逆也。君義、臣行、父慈、子孝、兄愛、弟敬，所謂六順也。去順效逆，所以速禍也。君人者，將禍是務去。而速之，無乃不可乎？』弗聽。其子厚與州吁遊，禁之，不可。桓公立，乃老。州吁弑桓公而立。」張氏曰：「弑逆之事，人道之大變。聖人於《易·坤》之初六言其理，以爲臣子而至於弑君父，『非一朝一夕之故，其所由來者漸矣，由辯之不早辯也』。衛國之禍始於莊公之寵州吁，縱其好兵而不知禁。公存之時，妾上僭，夫人失位，見於《衛詩》，則亂根之萌久矣。殖之滋長，以致篡弑成於桓公既立之後。《春秋》據事直書，亦將使讀者原禍敗之所由起，而嚴履霜之戒也。夫君臣、父子、夫婦之分，一失其正，貽禍後嗣，可謂慘矣。」愚謂：君雖不君，臣不可以不忠。父雖不父，子不可以不孝。人而至於弑君，不言而辠惡極矣。故董子曰：「爲人君父，而不通於《春秋》之義者，必蒙首惡之名。爲人臣子，而不通於《春秋》之義者，必陷簒弑誅死之罪。其實皆以善爲之，而不知其義。」此弑君之賊，人人得而殺之也。後倣此。〇康侯胡氏曰：「《春秋》在於端本清源。以《衛·緑衣》諸篇考之，所謂『前有讒而不見，後有賊而不知』者，莊公是也。」

夏，公及宋公遇于清。

此「及」猶與也。後倣此。宋公，殤公也。遇，杜氏曰：「草次之期，二國各簡其禮，若道路相逢遇也。」程子曰：「非《周禮》『冬見曰遇』之『遇』。」杜氏曰：「清，衛邑。濟北東阿縣有清亭。」存耕趙氏曰：「清水界齊、衛之間。」張氏曰：「古者諸侯出疆朝天子，若罷朝卒然相遇，則近者爲主，遠者爲客。稱先君以相接，所以崇禮讓，絶慢易也。春秋諸侯雖非相遇而欲從簡易，則以遇禮相見，而不行朝會之禮，故亦曰遇。《春秋》因事而書，以譏其非王事出境，無國君之禮。」愚案：禮，父母之喪斬衰，不脱經帶，不與人坐。宋公居父喪，未及期而出境會，遇諸侯。隱公亦不以其居喪而與之遇，皆辠也。〇康侯胡氏曰：「古有遇禮。不期而會，以明造次亦有恭肅之心。《春秋》書遇，私爲之約，自比於不期而遇者，直欲簡其禮耳。簡略慢易，莫適主矣。」常山劉氏曰：「王室衰微，典法廢壞。諸侯各逞其欲，盟會紛然。舍此又簡易其事，若道路相逢遇。《春秋》書遇者七。」

宋公、陳侯、蔡人、衛人伐鄭。

孔氏曰：「陳國，嬀姓，虞舜之後。武王封有虞遏父之子滿於陳，賜姓嬀，號胡公。桓公二十三年，即隱之元年也。」杜氏曰：「陳國，陳縣。」張氏曰：「即陳州宛丘縣。」孔氏曰：「蔡國，侯爵，姬姓。文王子叔度，武王封爲蔡侯，作亂失國。其子蔡仲，成王復封之。宣侯二十八年，即隱之元年也。」杜氏曰：「蔡，汝南上蔡縣。」張氏曰：「縣屬蔡州。」胡氏曰：「蔡、衛稱人，微者也。」後不復解。《左氏》曰：「宋殤公之即位也，公子馮出奔鄭。鄭人欲納之。及衛州吁立，將修先君之怨於鄭，而求寵於諸侯以和其民。使告於宋曰：『君若伐鄭以除君害，君爲主，敝邑以賦與陳、蔡從，則衛國之願也。』宋人許之。於是陳、蔡方睦於衛，故宋公、陳侯、蔡人、衛人伐鄭。」程子曰：「摟諸侯以伐鄭，固爲辠矣。而衛弑其君，天下所當誅也，乃與修好而同伐人，其惡甚矣。」義又見《隱二年》「鄭伐衛」。此則諸侯與大夫伐人之國也。○張氏曰：「州吁弑逆，内懷見討之懼，而欲納交殤公。苟能拒其邪説，告於王而討之，則一舉而父子君臣之倫定，中國之禍未至如後日之慘。今乃怵於州吁之邪説，合陳、蔡以助逆賊之黨，而首修怨於鄰國，於是馮得以自固於鄭，而宋國之人不復知君臣逆順之正理。自是日從事於兵，而弑逆之事卒及其身，皆殤公不能早辯於此役也。」

秋，翬帥師會宋公、陳侯、蔡人、衛人伐鄭。翬，許歸切。

翬，羽父也。不氏，與《二年》無駭同。大夫帥師見二年。後不復解。劉氏曰：「會者，聚辭也。」程子曰：「宋虐用其民，衛當誅之賊，而與之伐人，其罪大矣。二國搆怨，而他國與之同伐，其辠均也。」○張氏曰：「宋殤、陳、蔡黨亂賊以虐無辜，視弑君之大變不知夷狄禽獸所不爲者，而以爲可親。魯隱又從而翼之，遂使中國之人視之爲常事。宋、魯、陳、衛淪胥繼亂。學者於此當知聖人傷世變、扶天理之深旨。」

九月，衛人殺州吁于濮。音卜。

《公羊》曰：「其稱人何？討賊之辭也。」程子曰：「稱衛人，衆辭也。舉國殺之也。」杜氏曰：「濮，陳地，水名。」張氏曰：「濮在曹、衛之間。」《穀梁》曰：「『于濮』，譏失賊也。」《左氏》曰：「州吁未能和其民。厚問定君於石子。石子曰：『王覲爲可。』曰：『何以得覲？』曰：『陳桓公方有寵於王，陳、衛方睦，若朝陳使請，必可得也。』厚從州吁如陳。石碏使告於陳曰：『衛國褊小，老夫耄矣，無能爲也。此二人者，實弑寡君，敢即圖之。』陳人執之，而請涖於衛。九月，衛人使右宰醜涖殺州吁于濮。石碏使其宰獳羊肩涖殺石厚于陳。」陸氏曰：「凡作亂自立爲君，而國人殺之者皆稱人以殺，言衆所共棄，不君之也。且無所累也。」《禮記》曰：「臣弑君，凡在官者殺無赦。殺其人，壞其室，汙其宮而豬焉。」○莘老孫氏曰：「《春秋》之法，雖弑君自立者，有人焉以弑君之賊討，則雖君不謂君也。殺之，雖臣不謂臣也。『于濮』者，譏遠地，又以責衛之臣子也。」康侯胡氏曰：「『于濮』者，不但記地而已，亦閔衛國之人，著諸侯之辠也。夫州吁二月弑君，而不能即討者，由四國連兵欲定其位，故久然後殺之于濮耳。夫以討賊許衆人，而以失賊辠鄰國，與賊者寡矣。故曰：『《春秋》成而亂臣賊子懼。』」存耕趙氏曰：「州吁弑君而立，已踰三時，幾免於討矣。雖奉五國以伐鄭，而不能定其位。未能和其民，是國人不與也。董子曰：『衛人殺州吁，齊人殺無知，明君臣之義、守國之政也。』」

冬十有二月，衛人立晉。

《公羊》曰：「稱人，衆立之辭也。」葉氏曰：「晉，桓公弟也。」《左氏》曰：「衛人逆公子晉于邢，宣公即位。」孫氏曰：「嗣子有常位，故不言立，言立非正也。州吁既死，衛國無君，故國人取公子晉而立之。諸侯受國乎天子，非國人得立也。故曰：『衛人立晉。』」○莘老孫氏曰：「晉，國人衆立，宜其有得立之理。《春秋》於疑似之間，衆人以爲功，一時以爲善者，聖人必立大辨以正之，所以示皇極、著王法也。」愚謂：諸侯之立必嫡長子受命於天子與先君。衛桓之後未聞嫡長，晉爲桓弟，使天子詢可立之君，則晉在其選。況衛桓已死，不可責其不受命於先君也。但立君之權在天子，職在方伯，司寇擇當立之君而請於天子，天子命之，則正也。若衛人自立之，則天下無復有共主，而君不得爲臣綱矣。「衛人立晉」猶曰衛人自立晉矣，不辭費而聖人傷世尊王之心昭然可見。

五年春，公觀魚于棠。朱子曰：「《左氏》『矢魚』，是將弓矢去射之，如漢武帝射江中鮫之類。」張氏曰：「《左氏》作矢，非也。」

孫氏曰：「棠，魯地。」杜氏曰：「高平方與縣北有武唐亭，魯侯觀魚臺。」張氏曰：「在單州魚臺縣。」《左氏》曰：「公將如棠觀魚者。臧僖伯諫曰：『凡物不足以講大事，其材不足以備器用，則君不舉焉。君將納民於軌物者也。故講事以度軌量謂之軌，取材以章物采謂之物，不軌不物謂之亂政。亂政亟行，所以敗也。故春蒐、夏苗、秋獮、冬狩，皆於農隙以講事也。三年而治兵，入而振旅，歸而飲至，以數軍實、昭文章，明貴賤、辨等列、順少長、習威儀也。鳥獸之肉不登於俎，皮革齒牙、骨角毛羽不登於器，則公不射，古之制也。若夫山林川澤之實、器用之資，皂隸之事、官司之守，非君所及也。』公曰：『吾將略地焉。』遂往。僖伯稱疾不從。」程子曰：「諸侯非王事、民事不遠出。遠出觀魚，非道也。」莘老孫氏曰：「去治所而遠至于棠以觀魚，公之動不以禮，而從耳目之娱也。」○《穀梁》曰：「禮，尊不親小事，卑不尸大功。魚，卑者之事也，公觀之非正也。」孫氏曰：「觀魚非諸侯之事也。天子、諸侯無非事者，動必有爲也。故《孟子》曰：『天子適諸侯曰巡狩。巡狩者，巡所守也。諸侯朝於天子曰述職。述職者，述所職也。是故春省耕而補不足，秋省斂而助不給。』隱公怠棄國政，觀魚于棠，可謂非事者矣。」啖氏曰：「凡公行，書其事者皆非常也。」

夏四月，葬衛桓公。

桓，謚也。衛侯爵而稱公者，僭也。《左氏》曰：「衛亂，是以緩。」獻可杜氏曰：「衛桓十四月而葬，不得五月之正。」康侯胡氏曰：「謚者，行之跡，所以紀實德、垂勸戒也。名之曰幽厲，雖孝子慈孫不能改也。失位見弒，何以爲桓？衛本侯爵，何以稱公？」義又見《三年》「葬宋穆公」。○周持敬曰：「案《春秋》見弒之君二十五，有書葬者，有不書葬者。自《公》、《穀》倡『賊討書葬』之説，而諸儒從之。然竟不可通。至蔡般、許買書葬，則又以爲聖人宥其辠。夫賊討書葬，惟衛桓、齊襄、陳靈。賊不討不書葬，惟魯隱、閔二公。竊謂内不書葬，則《左氏》不成喪之説近之。外則或不來赴，或内不會葬耳。」

秋，衛師入郕。音成。《公羊》作盛。

《公羊》曰：「將卑師衆稱師。」郕，孔氏曰：「《史記·管蔡世家》稱，郕叔武，文王子，武王之母弟。無世家，不知其君號、謚。《文十二年》書『郕伯來奔』，則伯爵也。」杜氏曰：「東平剛父縣西南有郕鄉。」張氏曰：「單州任城縣也。」《左氏》曰：「衛之亂也，郕人侵衛，故衛師入郕。」未詳信否。程子曰：「衛晉乘亂得立，不思安國保民之道，以尊王爲先，居喪爲重，乃興戎修怨，入人之國。書其失道也。」義又見《二年》「莒人向」。○《公羊》曰：「曷爲或言『帥師』，或不言『帥師』？將尊師衆稱『某帥師』，將尊師少稱『將』，將卑師衆稱『師』，將卑師少稱『人』。君將不言『帥師』，書其重者也。」愚謂：此舊史之法，大略如此。然此事本義則在入人之國，其他亦各有本義。後倣此。

九月，考仲子之宮，初獻六羽。

張氏曰：「『考』猶『考室』之『考』，成也。仲子，見《元年》。」康侯胡氏曰：「存則以氏繫姓，以姓繫號；没則以謚繫號，以姓繫謚者，夫人也。存不稱號，没不稱謚，單舉姓字者，妾也。諸侯不再娶，於禮無二嫡。孟子入惠公之廟，仲子無祭享之所，爲别立宫以祀之，非禮也。初獻六羽者，始用六佾也。不謂之佾而曰羽者，佾，干羽之總稱也。羽以象文德，干以象武功。婦人無外事，則獨奏文樂，故謂之羽而不曰佾也。」君舉陳氏曰：「古者妾祔於妾祖姑，無妾祖姑則易牲而祔於女君。别廟，非禮也。隱改築而用備樂焉，禮末之有也。是故書『初』。」《公羊》曰：「初者何？始也。六羽者何？舞也。初獻六羽，書始僭諸公也。天子八，諸公六，諸侯四。」愚謂：以諸侯夫人用六羽猶爲僭，今妾用之，聖人所以傷周禮之大壞也。○堯俞李氏曰：「《禮·喪服小記》云『妾母不世祭』，鄭氏釋之曰『於子祭，於孫止』，是則妾母之宜祭者，由子之爲也。君既死，則廢之，況未爲君而有廟乎？言仲子，正其賤也。主書者所以譏隱也。」孫氏曰：「天王歸仲子之賵，非禮也。此又考仲子之宮祭之，甚矣。夫宗廟有常，故公夫人之廟皆不書。考仲子之宮，立武宮，立煬宮，皆變常也。」

邾人、鄭人伐宋。

杜氏曰：「郛主兵，故序鄭上。」蘇氏曰：「凡班序上下以國之大小，而盟會侵伐以主者先。」獻可杜氏曰：「兵者，古人不得已而用之。《春秋》諸侯專之，不問乎得已不得已，故主兵者首專伐之辠。」義又見《二年》「鄭伐衛」。

螟。

杜氏曰：「螟，蟲食苗心者。」《公羊》曰：「記災也。」康侯胡氏曰：「國以民爲本，民以食爲天。聖人以是爲國之大事也，故書。」後倣此。○莘老孫氏曰：「春秋之時，天下人物皆失其所。人倫之逆，則至於君篡父弑。物理之繆，則至於焚丘獲麟。悖戾不和之氣上干陰陽。天行失其度，而日爲之食，星爲之隕。地道反其常，而地爲之震，山爲之崩。四時失其和，而大旱不雨，無冰雨雹。五行錯其性，而大災、大水、雨木冰，以至禽魚草木爲怪爲災，則螽螟生，蜚蜮有，李梅冬實，鸜鵒來巢。書之所以見人道亂於下，而天辰錯於上。物理失其常，則災異爲之出。當時之亂，已不可救，後世之君，尚足爲戒也。」

冬十有二月辛巳，公子彄卒。彄，苦侯切。

彄，名，字子臧，孝公之子，隱公之叔父僖伯也。高氏曰：「其子臧孫達嗣，是爲哀伯。自是至春秋末，臧氏世預魯國之政。」愚謂：此記臧氏之始。彄之後臧孫達、臧孫辰、臧孫許、臧孫紇，魯史記其卒，聖人因録之以見世卿之始也。大意又見《元年》「益師卒」。

宋人伐鄭，圍長葛。

康侯胡氏曰：「圍，環其城也。」莘老孫氏曰：「守而取之。」後倣此。長葛，鄭邑。杜氏曰：「潁川長社縣北有長葛城。」張氏曰：「潁昌府長葛縣。」程子曰：「伐國而圍邑，肆其暴也。」○存耕趙氏曰：「邾、鄭伐宋。宋伐鄭圍邑。不能懲忿於一時，而互爲報復，奚有窮已！」康侯胡氏曰：「書『圍』於此，而書『取』於後，宋人之惡彰矣。」《春秋》志圍四十三，伐國而圍邑者四。

六年春，鄭人來輸平。輸，春朱切。《左氏》作渝。

康侯胡氏曰：「輸者，納也；平者，成也。」孫氏曰：「平者，釋怨之辭。平四年翬會諸侯伐鄭之怨也。」愚謂：聖王在上，諸侯無怨可平。春秋之時，列國兵爭互爲釁隙，故鄭有來魯輸平之事。然其輸平，又非有繼好息民之本心，不過爲合黨相傾之詭計。黨合則天下愈多事矣。○康侯胡氏曰：「鄭人曷爲納成於魯？以利相結，解怨釋仇，離宋、魯之黨也。公之未立，與鄭人戰于狐壤，止焉。元年及宋盟于宿，四年遇于清，其秋會師伐鄭。即宋、魯爲黨，與鄭有舊怨明矣。五年鄭人伐宋，入其郛。宋來告命，魯欲救之。使者失辭，公怒而止。其冬，宋人伐鄭，圍長葛。鄭伯知其適有用間可乘之隙也，是以來納成爾。然則善之乎？曰：平者，解怨釋仇，固所善也。輸平者，以利相結也，曷爲知其相結之以利也？後此，鄭伯使宛來歸祊，而魯入其地。會鄭人伐宋，得郜及防，而魯又取其二邑。是知輸平者，以利相結也。諸侯修睦以蕃王室，所主者義爾。苟爲以利，不至於簒弒奪攘則不厭矣。故稱輸平，以明有國者必正其義，不謀其利，杜亡國敗家之本也。」張氏曰：「鄭莊不憚屈己求和於魯，所以爲敗宋入許之權輿，魯隱亦入於其術而不悟也。」君舉陳氏曰：「書『鄭輸平』以志諸侯之合，書『及鄭平』以志諸侯之散。是《春秋》之所終始也。」

夏五月辛酉，公會齊侯盟于艾。五蓋切。

外爲主稱會，若此之類是也。後倣此。杜氏曰：「泰山牟縣東南有艾山。」張氏曰：「襲慶府奉符縣也。」《左氏》曰：「始平于齊也。」義見《元年》「盟于蔑」。○存耕趙氏曰：「齊與鄭爲好，宋與魯相睦，鄭未合魯，故魯無齊好也。莊公以隱絶宋使，而亟與爲平，惟恐失其歡心也。故託齊爲艾之盟，以固魯之好。魯既平鄭，又盟齊，則宋之交分矣。鄭莊之計行矣。」未詳是否。

秋七月。

一時無事，必書首月者。黄氏曰：「備四時也。」程子曰：「天時王月備而後成歲也。」愚謂：亦魯史之常法，聖人因之耳。後凡書四時倣此。○存耕趙氏曰：「《春秋》無事書首月五十有九。《莊二十二年》書『夏五月』，《昭十二年》書『十有二月』，意者其脱誤歟？」黄氏曰：「或不書者，傳授脱之。」愚謂：凡夏秋冬無事必書首月，本與春無事書首月同義。但春以一歲之始，王所頒之正朔而多一「王」字耳。

冬，宋人取長葛。

杜氏曰：「上有『伐鄭圍長葛』，鄭邑可知，故不言鄭也。」孫氏曰：「天子所封，非宋可得取也。」程子曰：「宋人之圍長葛，歲且周矣。其虐民無道之甚，而天子弗治，方伯弗征。鄭視其民之危困不能保有赴訴，卒喪其邑，皆辠也。宋人强取，不可勝誅矣。」○康侯胡氏曰：「宋人恃强圍邑，久役大衆，取非所有，其辠著矣。以王法言，不可勝誅。以天理言，不善之積著矣。初，穆公屬國於與夷，使其子馮出居於鄭。殤公既立，忌馮而伐鄭。不亦逆天理乎？其見弑於亂臣，豈一朝一夕之故哉！案其行事，而善惡之應可考而知，天理之不誣也。」張氏曰：「自圍長葛，經年不解，志於必取。鄭莊不赴於天子、方伯、同列，以求保其土地人民，反結交於魯，以爲後日報復之計，而委長葛於宋，稔禍長惡。宋殤雖若得志，而後日終受鄭莊報復，蹙國喪師，以及其身。《春秋》所深誅也。」

春秋本義卷第三

隱　公

七年春，王三月，叔姬歸于紀。

康侯胡氏曰：「叔姬，伯姬之妹，非夫人也。」存耕趙氏曰：「書叔姬，爲『歸于酅』起也。」胡氏曰：「《春秋》不書媵，爲其賤者也。此何以書？《莊三十年》『葬叔姬』，故起而書之。」○存耕趙氏曰：「伯姬歸紀踰五年，而叔姬歸焉。卒之『紀侯去其國』，而『伯姬葬于齊』。『紀季以酅入于齊』，而『叔姬歸于酅』。二姬皆不得其所終。《春秋》之法，有其終必有以見其始也。」又曰：「《春秋》録紀事何詳也！《二年》書『逆女』，書『伯姬歸』，今書『叔姬歸』。《桓五年》書『如紀』，《六年》書『會成』，書『來朝』，庶魯之能救也。《八年》書『逆王后于紀』，《九年》書『季姜歸京師』，庶天王之足依也。魯不能救，王不足依，此紀所以終困於齊也。故終伯姬葬，叔姬歸酅，書其卒、葬，以見魯不存紀而二姬失所也。」愚案：二説皆一義也。大義又在王政不綱，强吞弱，衆暴寡，滅國絶世，而無所忌憚也。各詳見於後。

滕侯卒。

孔氏曰：「滕，姬姓，文王子錯叔繡之後。武王封之於滕。自叔繡至宣公十七世，乃見《春秋》。」杜氏曰：「在沛國公丘縣東南。」張氏曰：「徐州滕縣也。」程子曰：「卒不名，史闕也。」愚謂：凡此不書葬而亦書卒者，蓋因其卒而書之。可以考其凡以事見於《春秋》者，實爲某侯也，觀其書名可見矣。而此則又爲《桓二年》「滕子來朝」起文也。○康侯胡氏曰：「滕侯書卒，何以不葬？怠於禮，弱其君，而不葬者，滕侯、宿男之類是已。古者邦交有常制，不以國之强弱而有謹慢也，不以情之踈密而有厚薄也。春秋之時，則異於是。晉，北國也；楚，南邦也，地非同盟而親往俟其葬。滕，鄰境也；宿，同盟也，赴告雖及而魯不之恤。豈非以其壤地褊小乎？無其事而闕其文，此魯史之舊也。聖人無加損焉。存其卒，闕其葬，義自見矣。」愚謂：如胡氏説，則其後晉侯書卒而不書葬者，豈當時魯專事齊而不事晉歟？然《春秋》以實書其事見義者多，以不書其事見義者少，故未敢必然其説也。

夏，城中丘。

程子曰：「凡書『城』者，完舊也。」中丘，杜氏曰：「在琅邪臨沂縣東北。」張氏曰：「即沂川臨沂縣。」《公羊》曰：「内邑也。何以書？以重書也。」程子曰：「爲民立君，所以養之也。養民之道，在愛其力。民力足，則生養遂。生養遂，則教化行，而風俗美。故爲政以民力爲重也。《春秋》凡用民力必書。其所興作，不時害義，固爲辠也。雖時且義，必書，見勞民爲重事也。後之人君知此義，則知慎重於民力矣。『城中丘』，使民不以時，非人君之心也。」後倣此。○孫氏曰：「城邑、宫室高下大小皆有王制，不可妄作。是故城一邑、新一廄、作一門、築一囿，時與不時，皆詳而録之。然得其時者其惡小，非其時者其惡大。此聖人愛民力、重興作、懲僭忒之深旨也。」葉氏曰：「城郭雖立以爲國，非恃以守國。故先王歲因農隙修之於無事之時。而城多出於畏齊、畏晉、畏邾、畏莒。不然，則大夫强而自城其邑。或過其度，未有無故而爲也。既不能愛恤其民，以時舉其政事，至而旋爲之備，以奪其時。此經之所以書也。」程子曰：「有用民力之大而不書者，爲教之意深矣。僖公修泮宮，復閟宮，非不用民力也，然而不書。二者復古興廢之大事，爲國之先務。如是而用民，乃所當用也。人君知此義，則知爲政之先後輕重矣。」愚謂：《春秋》不書常事，觀程子之説益驗。

齊侯使其弟年來聘。

趙氏曰：「禮以通好曰聘。」孔氏曰：「聘禮，使者執圭以致命，束帛加璧以致享。」《左氏》曰：「齊使夷仲年來聘，結艾之盟也。」趙氏曰：「將國命，大夫之事。此譏弟也。」張氏曰：「聘者，諸侯遣大夫通好與國，見於《儀禮》之篇詳矣。然古者諸侯間於天子之事，則有邦交殷聘之禮。自隱公即位以來，未嘗朝聘於天子。以魯推之，則諸侯蓋可知矣。而齊僖因艾之盟，遽遣使于魯以結好，忘君臣之大義，植同列之私黨。故觀年之聘，則凡《春秋》書聘，可以例推矣。書『其弟』，又著齊侯寵愛之私也。親親之道，尊其位，重其禄，非賢則不及以政。齊僖公愛其弟，聘魯致女，交政鄰國，一一使之。愛之之過，遂致亂嫡庶之辨，以啓年之子無知篡弑之禍。聖人以其過於溺愛之私，而失親親之義，以著後日之禍，始於僖公之不早辯也。後凡書聘倣此。而此又兼使其弟之一義耳。」〇愚案：諸侯雖世繼，然其國非所得私也。大夫士皆天子之官，各司其職，不可侵也。兄之愛弟，秉彜之心，人倫之至也。使齊侯之弟賢，則將請命天子而爲大夫矣。如其不賢，當如舜之處象，禄之而不任以政，愛弟之道也。今僖公過寵其弟，使聘鄰國，若庶人使其子弟幹父兄之蠱者，任使失道，而僭亂作。書此亦爲他日見弒起也。同甫陳氏曰：「此及『鄭伯使其弟語來盟』，諸侯以國事爲家事，而聖人以國事爲王事。」木訥趙氏曰：「弟之書於經者十有二，不奔則叛，不叛則弒。惟齊侯之弟年不叛不奔，而年之子無知亦弒僖公而亂齊。寵而私之，果有益乎？」

秋，公伐邾。

《公羊》曰：「君將不言帥師，書其重者也。」高氏曰：「君行師從不待言也。」後倣此。獻可杜氏曰：「《詩》曰：『君子屢盟，亂是用長。』言盟適足以長亂耳。公於元年爲蔑之盟，至此而伐之。其義自見。義又見《二年》『鄭伐衛』。此則諸侯伐人之國也。」

冬，天王使凡伯來聘。

天王，桓王也。凡伯，《公羊》曰：「天子之大夫也。」杜氏曰：「周卿士，凡國，伯爵也。汲郡共縣東南有凡城。」張氏曰：「濬州黎陽縣之境。」聘見前。程子曰：「《周禮・大行人》『時聘以結諸侯之好』，王法之行，時加聘問，以懷撫諸侯，乃常禮也。春秋諸侯不修臣職，朝覲之禮廢絶。王法所當治也，不能正典刑而反聘之，又不見答，失道甚矣。」〇孫氏曰：「桓王不能興衰振治，統制四海，以復文武之業，反同列國之君，使凡伯來聘。桓王之爲天子可知也。」木訥趙氏曰：「《春秋》書天王下聘者凡八，責諸侯不朝而坐受天子之聘也。隱在位十一年而天王聘魯者二，亦何有一介之使如京師以答天王之勤哉？」愚謂：所謂「君不君、臣不臣」者也。

戎伐凡伯于楚丘以歸。

張氏曰：「戎見《隱二年》。或曰：此戎州己氏之戎，本昆吾氏之别種，周衰，入居中國者也。楚丘，今拱州之楚丘縣。漢爲梁國己氏縣。此非衛之楚丘。杜註衛地，非也。」愚謂：以「僖二年城楚丘」推之，當是魯邑耳。「以歸」，以凡伯歸于戎也。程子曰：「伐，見其以衆。」《左氏》曰：「初，戎朝于周，發幣于公卿，凡伯弗賓。冬，王使凡伯來聘。還，戎伐之楚丘以歸。」未詳信否。邦衡胡氏曰：「桓王不能以信交於下，區區聘魯，威令不行，戎伐其使。先王盛時，諸侯翊戴天子，以隆中國之勢。四夷請命不暇，雖樵蘇不敢犯，況敢伐天子之使乎？今至於錯居中土，無所忌憚。是中國不能攘正夷狄。」張氏曰：「天子之使入境而不衛，地主之辠大矣。」孫氏曰：「録『以歸』者，惡凡伯不死位也。」黄氏曰：「凡皆直書而意自明白。」○木訥趙氏曰：「古者王臣涖事，事畢，衛以出境。單襄公適陳以聘楚，候不在疆，宰不致膳。單子知陳之將亡。今凡伯來聘，而魯不加衛，戎得伐之以歸。所謂司寇詰姦之法安在乎？」愚謂：聖王之馭夷狄，膺擊驅逐，使各安其所而已，禮義所不加也。今使之雜居中國，固天子方伯不能攘斥之過。魯隱又從而會之、盟之，引爲醜類，致使驕矜犯分，以伐天子之使。書之，一見王政之不行，二見諸侯之衰弱，三見夷狄之縱恣，四見地主之不敬王使，五見周無死節之臣，六見魯之盟戎適所以致寇。片言而六義見。嗚呼！兹其爲《春秋》乎！

八年春，宋公、衛侯遇于垂。

衛侯，宣公也。杜氏曰：「垂，衛地。濟陰句陽縣東北有垂亭。」劉氏曰：「魯近邑也。」前説近是。義見

《四年》「遇于清」。

三月，鄭伯使宛來歸祊。庚寅，我入祊。宛，於阮切。祊，必彭切。《公羊》、《穀梁》作邴。

宛，鄭大夫。祊，杜氏曰：「鄭桓公，周宣王之母弟，封鄭，有助祭太山湯沐邑，在琅邪費縣東南。」張氏曰：「沂州之屬縣也。入者，使吏治其地，政而主有之也。」愚謂：凡言我者，魯也，内辭也。孫氏曰：「祊，天子所封，非魯土地，鄭不可歸，魯不可入也。鄭人歸之，魯人受之，其辠一也。」○高氏曰：「鄭以天子不復巡狩，而祊爲無用，且欲急得魯援，故使宛來歸焉。自入祊之後，繼好尋盟，史不絶書。『入郜』、『入防』，悉歸於我。終隱之世，無釁可觀。來歸之意，斷可識矣。」愚謂：祊者，先王所封，先祖所受，而與人爲締交之具，可以見王政衰，諸侯恣。鄭姦魯貪，而宛從君之欲。聖人書之，爲後世戒深矣。

夏六月己亥，蔡侯考父卒。

義見《三年》「宋公卒」。

辛亥，宿男卒。

吕氏曰：「不名，史失之。」大意見《七年》「滕侯卒」。

秋七月庚午，宋公、齊侯、衛侯盟于瓦屋。

杜氏曰：「瓦屋，周地。」存耕趙氏曰：「入王畿而爲盟，諸侯無忌憚之甚。」義又見《元年》「盟于蔑」。○張氏曰：「此宋、衛欲成於齊，而齊侯與之盟也。春秋之初，皆離盟。至此三君共要質於神，以示明信。然宋殤王者之後，齊僖東方之大國，衛亦北州之大國。夫民無信不立，而三君合以要言，宜可因此以率諸侯爲講信修睦之事，成鳩民息肩之圖。而明年齊、魯會防之後，齊侯遂從魯以黨鄭。又明年，與二國伐宋取邑。視今日盟誓之言不復顧忌。比諸小人平時指天日爲誓，而他日臨小利害不一引手救，反擠之又下石者，正相似也。嗚呼！《春秋》於瓦屋之盟，所以謹世變之甚，悼人理之失者，可勝言哉！」君舉陳氏曰：「春秋之初，宋、魯、衛、陳、蔡一黨也，齊、鄭一黨也。鄭輸平於魯，齊亦爲艾之盟以平魯，爲瓦屋之盟以平宋、衛，是成三國也。東諸侯之交盛矣。」

八月，葬蔡宣公。

宣，謚也。杜氏曰：「三月而葬，速。」程子曰：「諸侯五月而葬。不及期，簡也。」義又見《三年》「葬宋穆公」。

九月辛卯，公及莒人盟于浮來。浮，《公羊》、《穀梁》作包。

此稱「人」，與《元年》「盟于宿」同。杜氏曰：「浮來，紀邑。東莞縣北有邳鄉，邳鄉西有公來山，號曰邳來。」張氏曰：「莒地。沂州沂水縣有浮來山。」張説近是。義見《元年》「盟于蔑」。

螟。

義見《五年》。〇案：三年復螟，見人道悖亂而災害複出，民之窮困可知矣。

冬十有二月，無駭卒。

譏世卿也。大意見《元年》「益師卒」。

九年春，天王使南季來聘。

《穀梁》曰：「南，氏姓也；季，字也。」劉氏曰：「曷爲字？ 下大夫也。 天子之下大夫四命。」義見《七年》「凡伯來聘」。○存耕趙氏曰：「魯隱得國不請命，朝聘不至於京師，時事不歸於宰旅，周室之皐人也。王使求賻，而不恤王之喪。 凡伯來聘，而不救戎之伐。 宜加貶削之罰矣。 南季來聘何？ 可已而不已歟？ 用見王室衰微，威柄已去，惟持福惠以結人。」張氏曰：「隱公十年之間，宰咺、凡伯、南季三至魯庭，以魯爲周公之胄而欲親之也。 公不明尊王之義以正其國，而朝聘之禮不復行於王室。 於是諸侯視效而王靈竭，臣子則象而簒弑萌。《春秋》詳王使之來，以待讀者之自考。」愚謂：兩譏之。 然本義譏天王之意多，而宰咺、凡伯、南季之爲臣亦可知矣。

三月癸酉，大雨震電。 庚辰，大雨雪。 電，徒練切。 雨雪之雨，于付切。

高氏曰：「大者，非常之辭。」《説文》曰：「震，霹靂。 震物者，雷之甚者也。 電，陰陽激曜，雷之光也。」「雨雪」之「雨」，孔氏曰：「自上下者。」《穀梁》曰：「八日之間，再有大變，陰陽錯行。」黄氏曰：「三月而有大雪，又見於大雷之後。 書之記異也。」程子曰：「陰陽運動有常而無忒。 凡失其度，皆人爲感之也。」○康侯胡氏曰：「雷已出，電已見，則雪不當復降。 而大雨雪，此陰氣縱也。《春秋》災異必書。 雖不言其事，而事應具存。 惟明於天人相感之際、響應之理，則見聖人所書之意矣。」

挾卒。 挾，檄頰切。《公羊》、《穀梁》作俠。

《穀梁》曰：「挾者，所俠也。」愚謂譏世卿也。 大意見《元年》「益師卒」。

夏，城郎。

杜氏曰："郎，魯邑。高平方與東南有郁郎亭。"張氏曰："郎，魯近邑。"義見《七年》"城中丘"。○許氏曰："《七年》書『城中丘』，而後『伐邾』；《九年》書『城郎』，而後『伐宋』。皆公不務崇德修政，以戒蕭牆，而念外人之有干。非時勤衆，恃城守國，亦已末矣。"

秋七月。

冬，公會齊侯于防。《公羊》作邴。

此會與"二年會戎"之會同，與《六年》"公會齊侯"之會異義。後倣此。杜氏曰："防，魯地。在琅邪華縣東南。"張氏曰："密州諸城縣有防城。"存耕趙氏曰："魯有東西防，此乃魯之北鄙，近於齊者也。"程子曰："謀伐宋也。"常山劉氏曰："古者諸侯奉天子之命以守疆土，治人民。其朝聘有時，出入有度，無非禮者。自王綱不振，諸侯無法以自守，大者糾合其黨以逞其欲，小者附從不暇以救其危。故列國之會紛然於天下。聖人一以王法正之。凡書『會』者，皆譏也。若夫彼善於此，惡有輕重，則各存乎其事。其意則直皐其非王事相會聚耳。"後倣此。○存耕趙氏曰："是會也，爲鄭會齊，將合謀以病宋也。魯既與宋絶，則與鄭爲親。齊、鄭一黨也。前輸平則爲艾之盟，今受祊而爲防之會。盟艾，魯、鄭猶未厚也。自會防而後，魯惟鄭之命矣。伐宋、敗宋，皆鄭所使。一祊之利，足以動魯若此。"愚謂：齊僖前年方與宋有瓦屋之盟，今復會魯以謀伐宋，齊僖之無信猶魯隱也。

十年春，王二月，公會齊侯、鄭伯于中丘。

中丘，見《七年》。義見"會于防"。○孫氏曰："公末年出入無度，不顧憂患於内，數會諸侯於外。"

夏，翬帥師會齊人、鄭人伐宋。

程子曰：「三國先遣將致伐。」義見《二年》「鄭伐衛」。○劉氏曰：「伐宋、敗宋，取郜、取防，滕侯、薛侯來朝，入許，隱公之所以弑也，德薄而多大功，慮淺而數得意也。備其四境，禍反在内，可不哀歟！孔子曰：『人無遠慮，必有近憂。』『不在顓臾，而在蕭牆也。』」

六月壬戌，公敗宋師于菅。古顔切。

杜氏曰：「菅，宋地。」葉氏曰：「前未有言戰者，此何以敗宋師？内辭也。」愚謂：亦有他國敗他國之師者，蓋多責敗之者之辠也。後倣此。上言「翬帥師」，而此言「公敗宋師」者，時公後至於師，以重書也。不言齊、鄭，獨魯敗之也。諸侯擅興師伐人之國而敗其師，雖僥幸於一時，王法所當誅也。

辛未，取郜。辛巳，取防。郜，古報切。

張氏曰：「郜、防，宋二邑。」杜氏曰：「濟陰成武縣東南有郜城。高平昌邑縣西南有西防城。」義見《三年》「莒取牟婁」。此則十日取二邑，其罪尤大。故書其實以見義焉。

秋，宋人、衛人入鄭。

《左氏》曰：「鄭師入郊，猶在郊，宋人、衛人入鄭。」程子曰：「鄭勞民以務外，而不知守其國，故二國入之。」高氏曰：「宋殤公方喪邑敗師，而連兵不已。殤公之民於是乎不堪命。」愚謂：鄭結齊、魯以伐宋，宋結衛以入鄭，報復不已，由乎王政不綱，諸侯放肆。此春秋之時所以爲大亂，聖人所以傷世變也。義又見《二年》「莒人向」。○存耕趙氏曰：「齊、魯、鄭伐宋，從中丘之謀。宋、衛入鄭，則從垂之謀。」

宋人、蔡人、衛人伐戴。鄭伯伐取之。戴，《公羊》、《穀梁》作載。

存耕趙氏曰：「戴，鄭之附庸。」杜氏曰：「陳留外黄縣。」張氏曰：「在開封府考城縣。」孔氏曰：「《地志》云梁國甾縣，古載國。」應劭曰：「章帝改爲考城。」《公羊》曰：「因宋人、蔡人、衛人之力也。」孫氏曰：「三國之師既退。鄭伯見利忘義，乘戴之弊而取之。其惡甚矣。」○劉氏曰：「其言鄭伯伐取何？甚之之辭也。利人之暴，乘人之危，是以無親於天下。」

冬十月壬午，齊人、鄭人入郕。《公羊》作盛。

義見《二年》「莒入向」。

十有一年春，滕侯、薛侯來朝。

孔氏曰：「薛，任姓，侯爵，黄帝之苗裔奚仲封爲薛侯，遷於邳。仲虺居薛，爲湯左相。武王復以其胄爲薛侯。小國無紀，世不可知。」杜氏曰：「薛，魯國薛縣。」張氏曰：「國都在徐州滕縣。」啖氏曰：「人君相見曰朝，受之於廟，以重禮也。他國來魯朝聘，皆書曰『朝』，以朝禮相見也。」愚謂：累數之，同日來朝也。張氏曰：「《周禮》：『凡諸侯之邦交，殷相聘也，世相朝也。』此乃間於天子之事而講之。」程子曰：「諸侯雖有相朝之禮，而當時諸侯於天子未嘗朝覲，獨相率以朝魯，得爲禮乎？」○劉氏曰：「其兼言之何？旅見也。非天子不旅見諸侯。諸侯相旅見，非禮也。」趙氏曰：「諸侯必有婚姻之好、疆埸之理，故王者不絶其交焉。春秋之代，則多自於黨仇矣。皆國之大事，故君子志之。其邪正則存乎其文。」孫氏曰：「諸侯朝諸侯，斯皆周室不競，干戈日尋，以大陵小，小國不得已而爲之耳。是故齊、晉、宋、衛未嘗朝魯者，齊、晉盛也，宋、衞敵也。滕、薛、郳、杞奔走而不暇者，土地狹陋，兵衆寡弱，不能與魯伉也。《春秋》之法，非王事不得踰境。凡書『朝』，皆惡之也。」

夏五月，公會鄭伯于時來。《左氏》無「五月」二字。時來，《公羊》作祁黎。

杜氏曰：「時來，郲也。滎陽縣東有釐城，鄭地。」張氏曰：「屬鄭州。」《左氏》曰：「公會鄭伯于郲，謀伐許也。」義見《九年》「會于防」。

秋七月壬午，公及齊侯、鄭伯入許。

孔氏曰：「許，姜姓，男爵，與齊同祖，伯夷之後。武王封其苗裔文叔于許。十一世莊公始見《春秋》。」杜氏曰：「許，潁川許昌縣。」張氏曰：「潁昌府長社縣。」《左氏》曰：「公會齊侯、鄭伯伐許。庚辰，傅於許。瑕叔盈取鄭伯之旗蝥弧以先登。周麾而呼曰：『君登矣！』鄭師畢登。壬午，遂入許。齊侯以許讓公，公曰：『君謂許叔不共，故從君討之。許既伏其辠矣，雖君有命，寡人弗敢與聞。』乃與鄭人。鄭伯使許大夫百里奉許叔以居許東偏，乃使公孫獲處許西偏。」戴氏曰：「鄭處許叔於東偏，後十五年復國。故書『入』不書『滅』。」俱未詳是否。義見《二年》「莒入向」。○呂氏曰：「隱公有蕭牆之變而不知，方且及齊侯、鄭伯入人之國，其不明如是，死固宜也。」康侯胡氏曰：「隱公即位十一年，天子遣使者再，而未嘗朝於京師。平王崩，不奔喪會葬，以致求賻。擅興甲兵伐郳，忽天子封守，入祊、取郜、取防，今又入人之國。此五不韙者，人臣之大惡也。然則不善之殃，豈特成於桓，而隱之積亦不可掩矣。故《春秋》所載，是非善惡之跡施設於前，而成敗吉凶之效見於後，不可不察也。」

冬十有一月壬辰，公薨。

杜氏曰：「實弑，書『薨』又不地者，史策所諱也。」《公羊》曰：「不忍言也。」《左氏》曰：「羽父請殺桓公，將以求太宰。公曰：『爲其少故也，吾將授之矣。使營菟裘，吾將老焉。』羽父反譖公于桓公，而請弑之。公之爲公子也，與鄭人戰于狐壤，止焉。鄭人囚諸尹氏。賂尹氏，而禱於其主鍾巫。遂與尹氏歸而立其主。十一月，公祭鍾巫，齊于社圃，館于寪氏。壬辰，羽父使賊弑公于寪氏。立桓公而討寪氏，有死者。」義見《四年》衛州吁事。○程子曰：「人君終於路寢，見卿大夫而終，乃正終也。薨於燕寢，不正其終也。薨不書地，弑也。」莘老孫氏曰：「《春秋》之法，外言弑，内不言弑，所以别内外、遠凶變、養忠孝也。」《左氏》曰：「不書葬，不成喪也。」愚謂：大夫專兵擅政，未有不弑其君而奪其國者。其有存焉者，幸而免耳。《春秋》兩書「翬帥師」於前，著隱公被弑於後，所以戒後世，權不可下移也。若魯隱讓桓之事，則未詳信否。

春秋本義卷第四

桓　公名軌，《史記》又名允，惠公庶子，隱公弟。

元年春，王正月，公即位。

杜氏曰：「嗣子定位於初喪，而改元必須踰年者，繼父之業，成父之志，不忍有變於中年也。諸侯每歲首必有禮於廟。諸侯遭喪繼位者，因此而改元正位，百官以序。故國史亦書即位之事於策。桓公簒立而用常禮，欲自同於遭喪繼位者。」戴氏曰：「桓公志在得國，諱其故而晏然行即位之禮。《春秋》即其實而書之。」張氏曰：「桓公弑君而立，在《周禮》九伐之法，當伏賊殺其親之辠。今書『公即位』，見周王之無政，與魯之臣子忘不共戴天之讎，而推戴弑君之賊，弁冕南面立乎其位也。」〇《穀梁》曰：「繼故不言即位，正也。先君不以道終，則子弟不忍即位也。繼故而言即位，則是與聞乎弑也。先君不以其道終，己正即位之道而即位，是無恩於先君也。」愚案：十二公或書即位，或不書即位，因舊史也。豈徒因舊史哉？各以見義焉耳。夫諸侯嗣位，必受於先君，請於天子，然後即位，以奉天子正朔。文、成、襄、昭、哀五君書即位者，受於先君也。定公不受於先君亦書即位者，爲季氏所立而行即位之禮也。莊、閔、僖不書即位，以繼故不行即位之禮也。隱公非繼故，亦不書即位者，亦以不行即位之禮也。若其所以不行即位之禮，則不可得而知矣。桓、宣雖繼故而亦書即位者，桓、宣事與莊、閔、僖異矣。莊、閔、僖之先君見弒於他人，桓、宣則弒君自立，肆然行即位之禮。舊史安得不書即位哉！聖人安得不書即位以見義哉！故十二公不問書「即位」不書「即位」，皆有不請命天王之辠。惟桓、宣有辠之中重有辠焉。聖人雖因舊史，而其辠惡自不可掩，所以戒後世者深矣。餘見「僖公即位」。

三月，公會鄭伯于垂。

杜氏曰：「垂，犬丘，衞地。」張氏曰：「軌簒立，而懼諸侯之討己，欲外結好以自固。鄭亦欲乘此機以求許田，故會于垂。簒弒之人，凡民罔不憝，而鄭莊首與爲會，辠鄭伯也。」義又見《隱九年》「會于防」。〇莘老孫氏曰：「桓公弒君之賊，天地所不容，人人所同誅者。鄭與魯同好往來之國，不能舉大義、誅凶逆以正王道，以明諸侯討賊之義，而規規於尺寸之土、分毫之利，親去南面之尊，而會弒君之賊。鄭伯之辠，不容誅矣。」葉氏曰：「隱公初，齊、晉猶未强，鄭莊公獨雄諸侯。及使宛來歸祊之後，隱遂舍宋而事鄭，伐宋、入許，無不與之同者。此桓之所畏也，是其首求於鄭者歟？鄭既得賂，然後始同好而爲越之盟。三傳蔽於易祊之言，而不知許田之爲賂。是以并垂之事而失之。」

鄭伯以璧假許田。

假，借也。璧，瑞玉環也。《公羊》曰：「許田者，魯朝宿之邑也。」劉氏曰：「周公之邑也。《詩》云：『居常與許，復周公之宇。』蓋非方伯不得有湯沐之邑，非周公不得世享其地。」愚謂：鄭莊以璧歸魯，以假爲名，實求許田。朴鄉吕氏所謂「鄭將以要魯而爲之辭」者也。孫氏曰：「天子所封，不可假也。擅假天子之田，自恣若此。」高氏曰：「先言『會于垂』，而繼言『假許田』，見鄭伯貪利忘義之甚也。」

夏四月丁未，公及鄭伯盟于越。

杜氏曰：「越近垂，地名。」程子曰：「桓公欲結鄭好以自安，故既與許田，又爲盟也。弑君之人，凡民罔弗憝，而鄭與之盟以定之，其辠大矣。」康侯胡氏曰：「是肆人欲而滅天理，變中國爲夷狄，化人類爲禽獸。聖人所爲懼，《春秋》所以作也。」義又見《隱元年》「盟于蔑」。○愚案：《春秋》先書「隱公薨」而不地，以著其見弑，繼書桓公晏然行即位之禮，繼書「公會鄭伯于垂」，繼書「鄭伯以璧假許田」，繼書「公及鄭伯盟于越」，於是桓公弑逆篡立、鄭伯貪利黨惡之辠顯如日星。所謂「屬辭比事，《春秋》教也」，何俟一字襃貶哉！

秋，大水。

《公羊》曰：「記災也。」莘老孫氏曰：「大者，非常之辭。水非常而爲災，或害禾稼，敗廬舍。凡爲災則書之也。水者，陰也。陰之盛至於大水而爲災，則陽不勝陰而陰專盛矣。聖人既著其爲災之跡，又以見當時天下有召災之實。春秋之間，一魯國之小，而大水者八。天下之災又可勝紀乎！」○董子曰：「水者，陰滅陽也。陰滅陽者，卑勝尊也。日食亦然。皆下犯上，賤傷貴，逆節也。」孫氏曰：「水不潤下也。昔者聖王在上，五事修而彝倫敘，則休徵應之。聖王不作，五事廢而彝倫斁，則咎徵應之。春秋之世多災異者，聖王不作故也。然自隱迄哀，聖王不作久矣，天下之災多矣，悉書之則不勝書。是故孔子惟日食與内災則書之，外災則或舉一二，則天下之異，從可知矣。」康侯胡氏曰：「大水者，陰逆而與怨氣并也。桓行逆德而致陰沴，宜矣。或問堯之時而曰『洚水警予』者，何也？曰：堯，開闢以來，水之行未得其歸，故堯有憂焉。使禹治之，然後人得平土而居之耳。是知天非爲堯有洪水之災。至禹而後，水由地中行耳。後世有人爲不善，感動天變召水災者，必引堯爲解，惑矣！」

冬十月。

二年春，王正月戊申，宋督弒其君與夷及其大夫孔父。

督，大宰華父名也。與夷，殤公名也。高氏曰：「案宋世系，正考父生嘉，字孔父。」孫氏曰：「字者，命大夫也。」劉氏曰：「名也。」前説近是。《左氏》曰：「隱三年，宋穆公疾，召大司馬孔父而屬殤公焉，曰：『先君舍與夷而立寡人，寡人不敢忘。苟以大夫之靈得保首領以没，先君若問與夷，其將何辭以對？請子奉之以主社稷，寡人雖死亦無悔焉。』對曰：『羣臣願奉馮也。』公曰：『不可！先君以寡人爲賢，使主社稷。若棄德不讓，是廢先君之舉也。豈曰能賢，光昭先君之令德，可不務乎？吾子其無廢先君之功！』使公子馮居於鄭。宋穆公卒，殤公即位。桓二年，宋殤公立。十年十一戰，民不堪命。孔父嘉爲司馬，督爲大宰，故因民之不堪命，先宣言曰：『司馬則然。』已殺孔父，而弒殤公。召莊公於鄭而立之，以親鄭。」張氏曰：「華督蓋馮之黨也，將弒與夷而憚孔父，故先殺孔父。」《穀梁》曰：「孔父先死，其曰『及』，何也？書尊及卑也。」康侯胡氏曰：「孔父爲司馬，無能改於其德，非所謂『格君心之非』者。然君弒，死於其難，處命不渝，亦可無媿矣。」愚謂：殤公見弒，已兆於宣公舍殤公而立穆公，穆公又舍馮而立殤公之日；而成於殤公不務修政以實其國，而弊弊焉以伐鄭殺馮爲心，故及此禍。義見《隱四年》

衛州吁事。〇莘老孫氏曰：「春秋之時，見弑之君二十四，死難之臣三人而已：孔父、仇牧、荀息。當是時，天下之爲人臣者，或亡國以自存，或賣君而苟位，滔滔是也。三人者，或投萬死以赴君之難，或持大義以障君之賊。事既不果，以死繼之。君存則與之俱存，君死則與之俱死。食君之禄，立君之朝，義不忍與姦臣賊子並生於時。冒白刃，投死地，以同君之禍，皎然不欺其心，而自得其死所。孔子安得不與之乎？然而三人之中，其節最高者，孔父也。」劉氏曰：「孔父之智則未，孔父之忠則盡矣。託六尺之孤，寄百里之命，可謂處命不渝矣。」君舉陳氏曰：「死節，人臣之極致也，誼與其君存亡者也。苟不然，則不書。故晉欒書、中行偃先殺胥童而後弑君，不言及。楚商臣先殺鬭勃而後弑君，不言及。」愚謂：《春秋》書「及其大夫孔父」，非褒孔父也，傷世變也。何傷世變也？名不正而作亂也，君不仁而累其臣也，賊弑其君又及其臣也，孫氏所謂「甚之者」是也。而説《春秋》者，但褒孔父之賢，而不及臣弑君賊賢之大變，則是論其末而遺其本矣，不可以不辨。後仇牧、荀息事倣此。

滕子來朝。

滕本侯爵，而稱子者，戴氏曰：「小國爵尊而貢重者，多自貶以從其卑。《春秋》從而書之，不没其實也。」存耕趙氏曰：「春秋諸侯放恣，小國往往自卑貶以求容。覲禮廢而班爵不得其正，滕、杞之類是也。」愚謂：二説相兼，其義乃備。「來朝」，見《隱十一年》。康侯胡氏曰：「《春秋》爲誅亂臣討賊子而作。使人人知亂臣賊子之爲大惡而莫之與，則無以立於世，莫敢動於爲惡，而簒弑之禍止矣。今桓公以臣弑君，爲天下之大惡，凡民罔弗憝也。己不能討，又先鄰國而朝之，是反天理，肆人欲，《春秋》之所深惡也。」義又見《隱十一年》「滕、薛來朝」。○朱子曰：「程沙隨作《春秋解》，説『滕子來朝』處最好。如《隱公十一年》方書『滕侯、薛侯來朝』，如何到《桓二年》便書『滕子來朝』？ 先儒爲説甚多。 或以爲時王所黜，故降而稱子。 不知是時時王已不能行黜陟之典，就使能黜陟諸侯，當時亦不止一滕之可黜。或以《春秋》惡其朝桓，特削而書『子』。 自此之後，滕一向書『子』，豈《春秋》惡其朝桓，而并後代子孫削之乎？ 或以當喪未君前，又不見滕侯卒。 皆不通之論。 沙隨則謂：『此見得春秋時小國事大國，其朝聘貢賦之多寡隨其爵之崇卑。 滕子之事魯，以侯禮見則所供者多，故自貶降而以子禮見，庶得貢賦省少，易供之也。』恐是如此。 緣後面鄭朝晉云：『鄭國，男也，而使從公侯之賦。』見得鄭本是男爵，後襲用侯禮以交於大國。 初焉不覺其貢賦之難辦，後來益困於此，方説出此等話。 非獨是鄭，想當時小國多是如此。」孫氏曰：「杞，公爵也。 滕、薛，侯爵也。 春秋時，杞稱公，正也；稱伯、稱子，降也。 滕、薛稱侯，正也；稱伯、稱子，降也。 此蓋周道陵遲，諸侯自恣，朝覲不常。 此三國來朝，禮多不備。 或以侯禮而朝，或以伯禮而朝。 孔子從而録之，以著亂也。」

三月，公會齊侯、陳侯、鄭伯于稷，以成宋亂。

杜氏曰：「稷，宋地。 成，平也。 宋有弑君之亂，故爲會，欲以平之。」愚謂：諸侯當討宋亂，不當平宋亂。宋有弑君之賊，諸侯上告天子，下告方伯，殺華督，詢可立之君而立之，天下庶乎其可理也。 今不討賊而後書「取鼎」，則是平宋亂，乃黨亂賊也。 四國之惡著矣。 聖人據實録之，爲後世有天下國家者之大戒也。 ○君舉陳氏曰：「弑君之禍接跡於天下，於是焉始也。 向也合五國之君大夫以定州吁，而州吁訖於討。今也合四國之君以立華督，遂相宋莊。弑君之禍接跡於天下，四君爲之也。」陸氏曰：「上言『伐衛』，次言『王人救衛』，下言『衛侯朔入于衛』，則知逆王命。上言『成宋亂』，下言『納鼎』，則知貪賂縱辠。凡此類，上下相應而見其理。」愚謂：陸氏之論即《春秋》「屬辭比事」之法，非區區一字褒貶之謂。讀者詳之。

夏四月，取郜大鼎于宋。戊申，納于大廟。郜，古報切。「大廟」之「大」，音泰。

杜氏曰：「濟陰城武縣東南有北郜城。」張氏曰：「郜大鼎，郜所造器也。」莘老孫氏曰：「鼎自宋得之，謂之郜大鼎者，鼎之成自郜也。若和氏之璧、雲和之琴瑟之類是也。」《穀梁》曰：「曰宋，取之宋也。」張氏曰：「大廟，周公之廟也。」《左氏》曰：「會于稷，以成宋亂，爲賂故，立華氏也。以郜大鼎賂公，齊、陳、鄭皆有賂，故遂相宋公。取郜大鼎于宋，納于大廟，非禮也。臧哀伯諫曰：『君人者，將昭德塞違，以臨照百官，猶懼或失之，故昭令德，以示子孫。是以清廟茅屋，大路越席，大羹不致，粢食不鑿，昭其儉也。衮、冕、黻、珽，他頂切。帶、裳、幅、舄，衡、紞、多敢切。紘、獲耕切。綖，音延。昭其度也。藻、率、音律。鞞、補頂切。鞛，布孔切。鞶、厲、游、纓，昭其數也。火、龍、黼、黻，昭其文也。五色比象，昭其物也。鍚鸞和鈴，昭其聲也。三辰旂旗，昭其明也。夫德儉而有度，登降有數。文物以紀之，聲明以發之，以臨照百官，百官於是乎戒懼而不敢易紀律。今滅德立違，而置其賂器於大廟，以明示百官，百官象之，其又何誅焉！國家之敗，由官邪也。官之失德，寵賂章也。郜鼎在廟，章孰甚焉！武王克商，遷九鼎於洛邑，義士猶或非之，而況將昭違亂之賂器於大廟，其若之何？』公不聽。」孫氏曰：「甚之也！桓，弑逆之人，受督弑逆之賂，以事於周公之廟，可謂甚矣！」葉氏曰：「廟之有器，所以尊德。不義薦之，是之謂瀆其祖。」○邦衡胡氏曰：「納于大廟，足以知公無廉恥畏憚，猶欲誇神以爲功也。」康侯胡氏曰：「弑逆之賊不能致討，而受其賂，置于大廟，以明示百官，是教之習爲夷狄禽獸之行也。公子牙、慶父、仲遂之惡，又何誅焉！聖人爲此懼而作《春秋》，其垂訓後世，使知寵賂之行，保邪廢正，能敗人之國家也。亦或知戒矣。」戴氏曰：「書『成亂』於前，書『取鼎』於後，惡自見矣。」

秋七月，紀侯來朝。紀，《左氏》作杞。程子曰：「凡杞稱侯者，當爲紀。杞時爵已非侯，文誤也。及紀侯大去其國之後，杞不復稱侯矣。」

義見「滕子來朝」。

蔡侯、鄭伯會于鄧。

杜氏曰：「潁川召陵縣西南有鄧城。」孔氏曰：「賈、服以鄧爲國，言蔡、鄭會于鄧之國都。」《釋例》以此潁川鄧城爲蔡地。其鄧國，則義陽鄧縣是也。以鄧是小國，去蔡路遠，蔡、鄭不宜遠會其都。且蔡、鄭懼楚，始爲此會，何當反求近楚小國而與之結援？故知非鄧國也。《左氏》曰：「始懼楚也。」莘老孫氏曰：「是時楚方僭號，欲伯中國。蔡、鄭國小而逼於楚，懼而謀自安之計。孔子書之，所以見中國衰而戎狄盛，小國恐懼而盟會不暇也。」義又見《隱九年》「會于防」。○康侯胡氏曰：「楚自西周已爲中國患，宣王蓋嘗命將南征矣。及周東遷，僭號稱王，憑陵江漢。其後卒虜蔡侯，而鄭以王室懿親，爲之服役，終春秋之世。聖人蓋傷之也。夫天下莫大於理，莫强於信義。循天理，惇信義，以自守其國家，荆楚雖大，何懼焉！不知本此，事醜德齊，莫能相尚，則以地之大小、力之强弱分勝負矣。觀諸侯會盟離合之跡，而夷夏盛衰之由可考也。」

九月，入杞。

《穀梁》曰：「我入之也。」程子曰：「將卑師少稱『人』，内則止云『入某』、『伐某』。」義見《隱二年》「入向」。此則弑逆之賊入人之國。見王政之不行而無忌憚之甚也。○高氏曰：「此年入杞，《八年》入邾。其辭雖略，而辠有餘也。夫桓弑君，莫入莫伐而已，乃入人、伐人，是使天下共蒙其恥也。」

公及戎盟于唐。

義見《隱二年》「盟于唐」。

冬，公至自唐。

康侯胡氏曰：「凡爲人子者，出必告，反必面，事亡如事存。故君出必告廟，反必奠而後入，禮也。出必告行，反而告至，常事爾。何以書？誌其去國踰時之久也。」常山劉氏曰：「君行，其至必書，於法當然也。古之諸侯朝會有常節，出入有常期。周衰已後無法，妄行征伐會盟，紛紛四出。棄社稷，委人民，往往越月踰歲而後得返。觀其所書，而其亂自著矣。」愚謂：亦有未踰時而書「至」者。蓋諸侯動必以正，然後有以告於宗廟而書「至」。今會盟、侵伐莫非不正，而亦以告廟，則非所以事其祖也。後倣此。○莘老孫氏曰：「《春秋》書『至』者，皆致其所出之事。以地至者四而已：此年『公至自唐』，《文十七年》『公至自穀』，《定八年》『公至自瓦』，《十年》『夏，公至自夾谷』，四處爾。」朴鄉吕氏曰：「其或不書者，史闕之也。一出而二事致，或致其前，或致其後，致其重者也。」

三年春，正月，公會齊侯于嬴。音盈。

杜氏曰：「嬴，齊邑，泰山嬴縣。」張氏曰：「所謂嬴、博之間，蓋齊之東南邑。」《左氏》曰：「成婚於齊也。」杜氏曰：「公不由介紹，自與齊侯會而成婚，非禮也。」張氏曰：「亂臣賊子與會而爲婚，著齊侯之辠也。」義又見《隱九年》「會于防」。○莘老孫氏曰：「秋七月，遂有『公子翬如齊逆女』之事。是於未婚之前而爲此會也。婚禮有六，皆稱父兄之命以遣使者，所以養廉遠恥，示萬世之嗣不可輕也。今桓公不由介紹之命、媒妁之言，身至齊境，以與齊謀己之婚，醜惡見矣。」存耕趙氏曰：「桓畏不義之誅，申好於齊，以遂終篡。夫婦，人倫之大，而請婚其始也。動不顧義，取輕於齊，終之以文姜之禍，不能謹其始也。」

夏，齊侯、衛侯胥命于蒲。

君舉陳氏曰：「胥命者，交相命也。」宋氏曰：「莫相下也。」杜氏曰：「蒲，衛地。在陳留長垣縣西南。」張氏曰：「開封府長垣縣，古蒲邑。」劉氏曰：「齊，太公之後，東州之侯也。衛，康叔之後，北州之侯也。以事相命也。古者有方伯，有州牧，有連帥。命於天子，正也。自相命，非正也。」○存耕趙氏曰：「王言作命，臣下稟令，命自上出者也。以諸侯而命諸侯，世道之變也。周室雖衰，天命未改，齊禄父、衛晉不能作周孚，先朝京師，以聽王命，乃胥命於蒲。」

六月，公會紀侯于郕。音成。紀，《左氏》、《穀梁》作杞，《公羊》作紀。今依程子作紀。郕，《左氏》、《穀梁》作郕，《公羊》作盛。今從《左》、《穀》作郕。

郕，見《隱五年》。范氏曰「郕，魯地」，恐非。張氏曰：「紀與魯親而求援於魯，以抗齊、鄭，故桓公因其二年來朝而與之會也。」義見《隱九年》「會于防」。○程子曰：「自桓公篡立，無歲不與諸侯盟會，結外援以自固也。」許氏曰：「姻大國，服小國，著得意也。天下無王而亂人得意如此。」

秋七月壬辰朔，日有食之，既。

《穀梁》曰：「言日言朔，食正朔也。既者，盡也。」義見《隱三年》。此則食之既，天變尤大耳。○杜氏曰：「曆家謂日光以望時遥奪月光，故月食。日月同會，月掩日，故日食。食有上下者，行有高下。日光輪存而中食者相掩密，故日光溢出。皆既者，正相當而相掩間疏也。」

公子翬如齊逆女。

高氏曰：「翬至此稱『公子』者，桓公命爲卿故也。」張氏曰：「或曰王命也。」陸氏曰：「女，文姜也。」啖氏曰：「翬以公子而行婚禮，尤不可也。」○葉氏曰：「魯諸公十有二，見逆女者四，皆以違禮失常也。莊書『公如齊逆女』，不正，公親逆也。桓書『公子翬逆女』，宣書『公子遂逆女』。翬，桓公之弟，惠公之子；遂，宣公之弟，文公之子。不正，其以叔逆嫂也。成書『叔孫僑如逆女』，僑如，成公之族叔父，叔孫得臣之子。不正，其以尊逆卑也。古者天子嫁女乎諸侯，以諸侯同姓者主之；諸侯嫁女乎大夫，以大夫同姓者主之。主之以敵大夫可也，逆之於他國不可也。天下之本在國，國之本在家。父父子子，夫夫婦婦，兄兄弟弟，而家道正。魯之亂有如慶父、仲遂之殺嫡者，有如僑如之譖其君於伯主而止之者，皆自其家失之。」

九月，齊侯送姜氏于讙。公會齊侯于讙。呼端切。

杜氏曰：「讙，魯地。濟北蛇丘縣西有下讙亭。」《穀梁》曰：「禮，送女，父不下堂，母不出祭門，諸母兄弟不出闕門。父戒之曰：『謹慎從爾舅之言。』母戒之曰：『謹慎從爾姑之言。』諸母般申之曰：『謹慎從爾父母之言。』送女踰竟，非禮也。」康侯胡氏曰：「爲齊侯來，乃逆而會之于讙。是公之行，其重在齊侯而不在姜氏。豈禮也哉！」〇邦衡胡氏曰：「公果親逆，自當書『逆女』，必不曰『會齊侯』也。此直曰『會』，見公因會齊侯而受姜氏耳。」張氏曰：「聖人制禮不可過，不可不及。僖公之送，桓公之會，皆非所以正大婚而正人倫之始，《春秋》所以書之也。」存耕趙氏曰：「觀『姜氏會讙』之書，則知姜氏失行之所由，實桓公有以啓之。」

夫人姜氏至自齊。

邦衡胡氏曰：「《易》曰：『漸，女歸，待男行也。』女歸必待男乃行。夫人姜氏不與公俱至，故先書『公會齊侯于讙』，次書『姜氏至自齊』，以見公會于讙本非親迎，非《易》待男之義也。」《穀梁》曰：「不言翬之以來，何也？公親受於齊侯也。」康侯胡氏曰：「禮者，所以別嫌明微，制治於未亂，不可不謹也。娶夫人，國之大事，故詳之。」〇愚案：先書「公會齊侯于嬴」，次書「公子翬逆女」，次書「齊侯送姜氏于讙」，次書「公會齊侯于讙」，又書「夫人至自齊」。雖各有失禮之譏，實爲後日文姜淫亂，桓公見殺起也。蓋齊家之道一，不正其始，終必有莫大之禍。屬辭比事，履霜之戒深矣。

冬，齊侯使其弟年來聘。

義見《隱七年》。

有年。

《穀梁》曰："五穀皆熟爲『有年』。"孫氏曰："桓十八年，惟此言有年者，是未嘗有年也。書者，所以見桓公爲國，不能勤民務農若是也。"康侯胡氏曰："桓、宣享國十八年，獨此二年書有年。他年之歉可知也。"〇愚謂：至治之世，人事順，陰陽和，四時序，風雨節，未有無年者也。《中庸》所謂"天地位，萬物育"，《洪範》所謂"五事修，而休徵應"也。春秋之時，人事亂常，陰陽乖戾，四時錯令，風雨不時。《洪範》所謂"五事不修，而咎徵應"，《詩》所謂"天降喪亂，降此蟊賊，稼穡卒痒"者也。故五穀傷耗，荒涼鮮薄。觀夫大旱、大水、螽螟、蝝、蜚、無冰、木冰、殺菽、李梅實可見矣。故此書"有年"，以見其餘未嘗有年，五穀間熟而無全熟也。豈特桓、宣而已哉？

四年春，正月，公狩于郎。

《公羊》曰："狩者何？田狩也。冬曰狩。"郎，見《隱九年》。木訥趙氏曰："郎，今之單父魯臺，地近宋。"愚謂：春蒐夏苗，秋獮冬狩，各以其時，見於《周禮》、《爾雅》、《左氏》者詳矣。春月禽獸生育，當擇取之，故蒐；冬物既成，可圍守取之，故狩。且狩有常所。今當春而狩，不時也；遠狩于郎，非所也。不時非所，害物多矣，不仁甚矣。聖人書此，爲後世戒。〇啖氏曰："蒐、狩合禮者，常事不書。非時及越禮而爲之，則書以示譏也。"李氏曰："田、狩之地，須有常者。古者民多地狹，唯在山澤之間，乃有不植之地。故天子、諸侯必於封内擇隙地而爲之，如鄭之原圃、秦之具囿。是其諸國各有常狩之處也。違其常處，則犯害居民，故書地以譏之。」存耕趙氏曰：「狩必有藪澤。魯有咸丘，狩之常處也。舍之而于郎，非地也。」孫氏曰：「狩，冬田也。天子、諸侯四時必田者，蓋安不忘危，治不忘亂，講武經而教民戰也，豈徒肆盤遊逐禽獸而已哉！然禽獸多則五穀傷，不可不捕也。故田以捕之，上以供宗廟之事，次以除稼穡之害，下以訓軍旅之事。故田必以時，殺必由禮。田不以時謂之荒，殺不由禮謂之暴。惟荒也，妨於農；惟暴也，殄於物。此聖人之深戒也。」莘老孫氏曰：「春謂之蒐者，方春之時，禽獸孳尾生育之際，不可盡殺，蒐言其擇取之也。夏謂之苗。夏之時，田苗盛長，有禽獸害苗則田焉，言其爲苗而田也。秋謂之獮。時方肅殺，可以順天時而殺物也。冬謂之狩。狩猶守也，冬物畢成可以圍守而取之也。天子、諸侯無事則歲田焉。田者，用民以訓軍旅也，取物以祭宗廟也。然而用民不以制則傷乎農，取物不以禮則物害乎性。故在田之以時也。中春教振旅遂以蒐，中夏教茇舍遂以苗，中秋教治兵遂以獮，中冬教大閱遂以狩。所謂四時之田，不傷民，不害物，以示天下之孝與武也。周室既衰，斯禮不講。既不以時，又不以禮。其傷民害物，莫此爲甚。故《春秋》於魯五書其『蒐』，三書其『狩』，皆譏不時不禮也。」康侯胡氏曰：「《春秋》必書，謹於微之意也。」

夏，天王使宰渠伯糾來聘。

杜氏曰：「宰官渠氏。」范氏曰：「伯糾，字也。」康侯胡氏曰：「天子大夫例稱字。」邦衡胡氏曰：「案周有六官，大者曰冢宰，小者曰小宰，曰宰夫。小宰爵大夫，宰夫則大夫、士兼有之。咺稱名者，以士也。伯糾稱字者，大夫也。」程子曰：「桓公弑其君而立。天子不能治，天下莫能討，而王使其宰聘之，示加尊寵。天理滅矣，人道亡矣。」義又見《隱七年》「凡伯來聘」。○莘老孫氏曰：「桓公弒君自立，天下大惡之人，然常恐懼見討於當時。今天王之宰聘之，則是成桓公弒君之辠，而使孤臣孽子含憤忍痛於君父之讎，窮天而不報也。」木訥趙氏曰：「王臣下聘者八，聘允者獨三，允之辠尤著，而周之聘尤亟。以是知周之自取微弱也。」朴鄉呂氏曰：「不書秋、冬，闕文也。」西疇崔氏曰：「桓四年、七年無秋、冬，定十四年無冬，桓十四年書『夏五』而闕其月，莊二十二年書『夏五月』而闕其事，僖二十八年書『壬申』而不繫之月，桓十年書『五月』而不繫之夏，昭十二年書『十二月』而不繫之冬，郭公、仲孫忌與凡日食而不繫日者，皆闕文也。」

五年春，正月甲戌。

孫氏曰：「闕文也。蓋『甲戌』之下有脱事爾。」陸氏曰：「傳云『公疾難作』，此文亦據陳國史而記之。驗此，則『甲戌』下當記陳佗作亂之事，全簡脱之爾。」劉氏曰：「或曰『陳侯之弟佗殺陳世子免』云爾。」未詳是否。

己丑，陳侯鮑卒。

義見《隱三年》「宋公卒」。

夏，齊侯、鄭伯如紀。

陸希聲曰：「自此適彼曰如。」愚謂：如，往也。齊、鄭欲滅紀，故往窺其形勢虚實也。程子曰：「齊爲諸侯而欲爲賊於鄰國，不道之甚。鄭伯助之，其辠均矣。」○莘老孫氏曰：「春秋之時，齊、鄭强大而紀最小，不能當齊、鄭百分之一，此紀侯之朝事不暇者。而齊、鄭往焉，有以窺之也。故桓十三年之戰，而莊元年遷其郱、鄑、郚，三年以酅入齊，而紀亡矣。」張氏曰：「春秋之時，齊、鄭合謀以吞噬小國爲事。自隱三年石門之盟至桓十一年惡曹之盟，二十年之間二國爲一，伐宋，取郜、防，入郕，入許，今又相與謀紀。自二君謀紀之後，紀侯多爲計以謀自免於難，而卒不能止齊、鄭貪噬之心。至莊三年以酅入於齊，四年紀侯去國，然後快於心。故春秋之初，小國困於强暴者，二君之辠居多。《春秋》詳其相與之迹，所以深誅之也。」康侯胡氏曰：「小國恃大國之安靖己，乃包藏禍心以圖之，亦異於興滅國、繼絶世之義矣。故夫子存而不削，以著齊人滅紀之辠，明紀侯去國之由。」

天王使仍叔之子來聘。仍，《穀梁》作任。

莘老孫氏曰：「仍叔，天子之大夫。仍，姓。叔，字也。」君舉陳氏曰：「仍叔之子非見大夫也。」愚謂：使仍叔之子者，仍叔爲大夫，因使其子爲使也。聘使不使大夫，而使大夫之子子弟預國事，敗其政矣，況聘弑逆之賊乎？義又見《隱七年》「凡伯來聘」。○高氏曰：「不稱氏者，世權不重於尹武也。」康侯胡氏曰：「卿大夫子弟以父兄故而見使，則非公選，而政由是敗矣。周之衰，小人得政，視朝廷官爵爲己私，援引親黨，分據要塗，施及童稚。賢者退處於蓽門，身老而不用。公道不行，然後夷狄侵陵，國家傾覆，雖有智者不能善其後矣。《春秋》書『武氏仍叔之子』云者，戒後世人主徇大臣私意，用其子弟居公選之地，以敗亂其國家，欲其深省之也。」存耕趙氏曰：「渠伯糾來聘矣，仍叔之子復來，何王室之不憚煩？蓋王綱解紐，侯度放紛，周望魯以夾輔之舊職，故頻年而加禮焉。桓逆賊，非可望以大義也。用見王室威柄既去，惟有區區之恩意爾。」愚謂：此事大旨在下聘弒逆之賊，其使仍叔之子則一事而兼見者也。蓋子弟預國政，其禍遲；寵弒逆之賊，其禍速。子弟預國政，政之弊也以漸。寵弒逆之賊，則亂臣賊子不旋踵而接跡於天下矣。

葬陳桓公。

高氏曰：「不書月，史失之。」義見《隱三年》「葬宋穆公」。

城祝丘。

孫氏曰：「祝丘，魯邑。」義見《隱七年》「城中丘」。○高氏曰：「莊三十年，夫人會齊侯于祝丘，是齊、魯兩境上邑也。齊將襲紀，公欲助紀，畏齊之來討，故非時城此以備之。以桓之暴逆奪民之力，則旱蝗應矣。」未詳是否。

秋，蔡人、衞人、陳人從王伐鄭。

東萊呂氏曰：「天子得用諸侯之師，故不曰『以』而曰『從』，王臣聽君之辭也。」隱三年《左氏》曰：「鄭武公、莊公爲平王卿士，王貳於虢。鄭伯怨王，王曰：『無之。』故王子狐爲質於鄭，公子忽爲質於周。王崩，周人將畀虢公政。四月，鄭祭足帥師取温之麥。秋，又取成周之禾。」《六年》：「鄭伯如周，始朝桓王，王不禮焉。」《八年》：「虢公忌父始作卿士於周。」《桓五年》：「王奪鄭伯政，鄭伯不朝。秋，王以諸侯伐鄭。」未詳信否。陸氏曰：「三國之君不行，而使微者從王，不待辨而辠見者也。」葉氏曰：「古者諸侯有辠，方伯征之。方伯不能服，二伯征之。二伯不能服，而後王親征之。諸侯而至於王親征之，無以立於天下矣。然則王無辜乎？天下有道，諸侯六年五服一朝，莫敢不來享，莫敢不來王。諸侯不能服，而王親征，王亦病矣。」○康侯胡氏曰：「桓公弒君而自立，宋督弒君而得政。天下大惡，人理所不容也，則遣使來聘而莫之討。鄭伯不朝，貶其爵可也，何爲憤怒自將以攻之也？移此師以加宋、魯，誰曰非天討乎！」

大雩。

《公羊》曰：「大雩者何？旱祭也。然則何以不言旱？言雩則旱見。記災也。」存耕趙氏曰：「孟夏建巳之雩，祈穀之常也。他月之雩，以旱而祭也。」程子曰：「大雩，雩于上帝，用盛樂也。」胡氏曰：「案禮，天子雩於上帝，諸侯雩於山川。今魯爲諸侯，而雩於上帝，僭孰甚焉。」後倣此。○孫氏曰：「建巳之月，常祀也。常祀不書，故二百四十二年無書四月而大雩者，建午建申之月旱祭則書。故書『大雩』者二十一。諸侯旱而雩，禮也。大雩於上帝，非禮也。」賈氏曰：「言『大』，別山川之雩。諸侯雩上帝，於是季氏旅泰山矣。」

螽。《公羊》作蝝。後同。

程子曰：「螽，蝗也。」夾漈鄭氏曰：「古曰螽，今曰蝗。」《公羊》曰：「記災也。」愚謂：螽者，乖戾之氣所生也。生則害五穀。大意與書「螟」同。○程子曰：「既旱又蝗，饑不在書也。」《春秋》書「螽」十一。

冬，州公如曹。

葉氏曰：「州公，寰內諸侯，王之上大夫也。天子三公曰公。嘗爲公而食其邑者亦曰公。州公，嘗爲公而食其邑者也。」孔氏曰：「曹國，伯爵，姬姓，文王子叔振鐸之後也。武王封之陶丘。」杜氏曰：「曹國，濟陰定陶縣。」張氏曰：「在唐爲曹州，宋爲興仁府濟陰縣。」趙氏曰：「州公者，王臣也。譏其外交，故書之。」大意與《隱元年》「祭伯來」同。○葉氏曰：「貳君也。」

六年春，正月，寔來。

寔來，孫氏曰：「闕文也。」

夏四月，公會紀侯于成。《穀梁》作郕，未詳孰是。

杜氏曰：「成，魯地，在泰山鉅平縣東南。」《左氏》曰：「紀來諮謀齊難也。」黄氏曰：「齊欲圖紀。紀，魯甥也。以魯婚於齊，故求魯，而公會之。」莘老孫氏曰：「其後齊終并紀。會盟侵伐自此無已。經書之，所以見强國暴恣，而小國微弱，奔走不暇以救其危者也。」義又見《隱九年》「會于防」。○張氏曰：「此與二年書其朝，三年會于郕同旨。」

秋八月壬午，大閲。

《左氏》曰：「簡車馬也。」戴氏曰：「仲冬教兵，名曰大閲。大閲，非諸侯之所得爲也。況以秋八月行之。」康侯胡氏曰：「書『八月』，不時矣。書『大閲』，非禮矣。」○孫氏曰：「天子殺，則下大綏；諸侯殺，則下小綏。王執路鼓，諸侯執賁鼓。天子、諸侯之田，其禮異矣。周室既微，諸侯不道。故書『大閲』、『大蒐』，皆譏其僭天子之田也。舉魯，則諸侯之僭可知矣。」莘老孫氏曰：「《周禮》大司馬之職，『中春教振旅，中夏教茇舍，中秋教治兵，中冬教大閲』，又因以行田獵之禮。蓋王者一事不兼數者，不爲也。

然而大閲之禮比於三時最爲盛大，蓋當中冬之月，田事已畢，農功間隙之際，又禽獸盛長，取而無擇故也。天子有天下，諸侯有一國，雖尊卑大小之不同，軍旅之事皆不可忘，宗廟之事皆不可忽。故田獵以四時，皆以習兵教戰，取禽獸以供祭祀也。但諸侯而行天子之禮，又非其時，則非也。」劉氏曰：「大閲之禮，虞人萊野，百步一表，以旗致民。選車徒，命旗物，辨鼓鐸，會器械。三鼓而行，三鼓而趨，三鼓而走。不用命者殺無赦。置旗以爲左右和，車徒敘和。表貉獲禽，不越逐，不面傷。大獸公之，小獸私之。冬事也，秋興之，非正也。厲農甚矣。」邦衡胡氏曰：「古大閲必以狩。今不言狩，則知非古矣。桓以兵革不足，大合國人而閲之。籍其不可用者以補卒乘之闕，故曰『大閲』。明年焚咸丘，又明年伐郕。平時不教民戰，至於倉卒之間，乃欲驅市人以戰爾。殘民毒衆，於是爲甚。」此説未詳是否。

蔡人殺陳佗。

《左氏》曰：「陳厲公，蔡出也。故蔡人殺五父而立之。五父即陳佗也。」孫氏曰：「稱『人』，以殺討亂賊也。先儒言陳侯鮑卒，佗殺太子自立，蔡人誘而殺之。經無所見。」程子曰：「佗殺太子自立，不能有其國，故書曰『陳佗』。佗，天下之惡，人皆得而誅之。書『蔡人』，見殺賊者衆人之公也。」未詳是否。○愚謂：《春秋》有一事見一義者，不必兼首尾。其餘有首必有尾，有尾必有首。所謂「屬辭比事」者也。蔡人殺陳佗，事之尾也，而首不經見。《五年》「正月甲戌」之下，趙氏謂「當記陳佗作亂事」，豈其然乎？然不可强解矣。

九月丁卯，子同生。

子，桓公子，文姜所出，即莊公。同，其名也。《穀梁》曰：「疑，故志之。」竹隱趙氏曰：「生子不書，此何以書？《穀梁》所謂『疑，故志之』者，得其説矣。蓋方是時，皆以子同爲齊侯之子也。《猗嗟》所謂『展我甥兮』者，亦詩人據時人之言也。故聖人因其生也，正其名而書之。」高氏曰：「齊襄、文姜之淫亂，蓋在同生之後。當同之生，齊、魯未嘗亂也。莊公母子、夫婦，男女之分，慚德多矣，不書其生，則事不見。」愚謂：自此可考莊公三十七歲而始得娶，則此又爲莊二十四年「公如齊逆女」起文也。〇案：朱子釋《詩》「展我甥兮」，有曰「姊妹之子曰甥」，稱其爲齊侯之甥，又以明非齊侯之子。此詩人之微辭也。〇案《春秋》桓三年「夫人姜氏至自齊」，六年「九月，子同生」，十八年，桓公乃與夫人如齊。則莊公誠非齊侯之子。亦《穀梁》之意也。

冬，紀侯來朝。

程子曰：「紀侯懼齊侯，來朝以求助。不能上訴於天子，近赴於賢侯，和輯人民，效死以守，而欲求援於魯桓，不能保其國，宜矣。」義又見《隱十一年》「滕、薛來朝」。

七年春，二月己亥，焚咸丘。

杜氏曰：「咸丘，魯地。高平鉅野縣南有咸亭。」朱子曰：「咸丘，魯地之近齊者。」貫道王氏曰：「咸丘即鉅野，郎之近地。」康侯胡氏曰：「焚咸丘，焚林而田也。《月令》曰：『仲春毋焚山林。』」程子曰：「古者昆蟲蟄，而後火田。去莽翳以逐禽獸，非竭山林而焚之也。云『焚咸丘』，如盡焚其地，見其廣之甚矣。」戴氏曰：「仲春之月，蟄蟲已啓，萬物孳生。豈容焚林而田邪！」〇康侯胡氏曰：「《易》稱『王用三驅』，在禮『天子不合圍，諸侯不掩羣』，夫子『釣而不綱，弋不射宿』，皆愛物之意也。推此心以及物，至於鳥獸若草木，裕無淫獵之過矣。」

夏，穀伯綏來朝。鄧侯吾離來朝。

孔氏曰：「《世本》：鄧，曼姓。」穀，不知何姓。杜氏曰：「穀國在南鄉筑陽縣北。」張氏曰：「後屬襄陽府穀城縣。」鄧即鄧州。愚案：二君書名未詳，疑羨文。義見《隱十一年》「滕、薛來朝」。○或謂穀、鄧見逼於楚而朝魯，所謂「小國附從不暇，以救其危」者。比之無故而朝篡弑者，其辠爲輕。曰二國茍見逼於楚，宜莫如孟子告滕文公之法，而朝篡弑之賊以覬免難，難以爲智矣。宜其不旋踵而卒滅於楚也。

不書秋、冬，與四年同。

八年春，正月己卯，烝。

《公羊》曰：「烝，冬祭也。春曰祠，夏曰礿，秋曰嘗，冬曰烝。」《穀梁》曰：「烝，冬事也。春興之，志不時也。」○康侯胡氏曰：「《周官·大司馬》『烝以仲冬』。」吕氏曰：「宗廟之禮有常，非大皆不書，惟失時及失禮之大乃書。」存耕趙氏曰：「魯之郊、禘，非禮也。其他有事者二，大事者一，從祀者一，皆非祀禮之正也。桓之烝者再，嘗者一，皆瀆禮不敬之大者。祀者，國之大事。君臣上下狎而用之，欲人知孝敬之實，篤君親之義，難矣！」黄氏曰：「《穀梁》曰：『烝，冬事也。春興之，志不時也。』」趙氏曰：「周雖以建子爲正，至於祭祀，則用夏時本月以行四時之祭。」胡氏曰：「夏數得天，百王所同。其商、周革命改正，示不相沿。至於敬授民時，巡狩烝享，猶自夏焉，蓋無可改之。禮：聖人無謂冬爲春之事。商之建丑以異於夏，周之建子以異於商，皆以革命，欲整一人心，故以此月爲歲首，受朝饗耳。其建丑之爲十二月，建子之爲十一月，固自若也。建丑、建子之爲冬，建寅而後爲春，固自若也。聖人作《春秋》，書『春王正月』、『夏四月』、『秋七月』、『冬十月』，正以順天時，正人時。所謂行夏之時見之行事者也。周實未嘗改天時，孔子亦初非改周制也。自漢儒有三正之説，杜氏有『周正月，今十一月』之説，諸儒遂以《春秋》之春爲今日之冬，每於繫時繫月之事，隨事生説，以爲非時而譏之。今以夏時參之，未見其有非時者。若此所謂『正月烝』，正以烝乃冬祭，春正月行之非禮爾。《春秋》非夏正而何哉？」

天王使家父來聘。

杜氏曰：「家父，天子大夫。家，氏；父，字。」何氏曰：「家，采地也。天子中大夫氏采，故稱字不稱伯仲也。」未詳孰是。莘老孫氏曰：「桓公，大惡之人也。而五年之間來聘者三。《春秋》一切書之，所以見不能討惡而王道之衰，遂使篡人得志也。」○存耕趙氏曰：「五年之中周三聘魯。古者七年一聘，周則過矣。六年一朝，自隱至桓未嘗一至天子之庭，魯之辠將焉逃。《春秋》書之，傷周責魯之意隱然矣。」

夏五月丁丑，烝。

《穀梁》曰：「烝，冬事也，春、夏興之，黷祀也，志不敬也。」《公羊》曰：「常事不書，此何以書？譏亟也。亟則黷，黷則不敬。君子之祭也，敬而不黷。」戴氏曰：「正月烝已非時，況五月而又烝乎？」○存耕趙氏曰：「夏而礿禮也，烝非其時也。歲再烝焉，祭之瀆也，而桓公行之。將以事神，適以慢神；將以寧神，適以瀆神。」莘老孫氏曰：「祖父至尊，神明至幽，而以非禮瀆之，聖人所以深辠也。」

秋，伐邾。

莘老孫氏曰：「不言帥師，微者伐之也。」義見《隱二年》「鄭伐衛」。此則弒逆之賊而以伐人，見王政之益衰也。○高氏曰：「桓自弒立，恃其强惡以陵小國。小國皆畏而從之，故紀、郕、鄧、穀、滕、杞或朝或會。惟邾恃舊好而不顧，至是遂伐之。其曰伐邾，必有辭焉。邾不能奉辭以討桓公弒逆之辠，宜乎其反見伐也。」

冬十月，雨雪。雨，于付切。

戴氏曰：「孟冬之月，陰氣始凝，而驟雨雪，陰氣盛也。」○黄氏曰：「諸家多以冬十月爲今之八月，雨雪非時。今戴氏以夏正冬十月言，理亦未嘗不明。嘻！果八月也，聖人恐未必誣天而易秋爲冬也。」存耕趙氏曰：「人事病乎天，然後天變示乎人。桓之惡德上干天和，未雪而雪，所謂乖氣致異也。」

祭公來，遂逆王后于紀。

《公羊》曰：「祭公者，天子之三公也。」莘老孫氏曰：「天子三公，食采於祭者也。」《穀梁》曰：「遂，繼事之辭也。」存耕趙氏曰：「因而成事也。」《公羊》曰：「大夫無遂事。」程子曰：「祭公受命逆后而至魯，先行私禮，故書『來』。以逆后爲遂事，責其不虔王命，而輕天下之母也。」張氏曰：「天子雖無親迎之禮，然祭公謀於魯，則當復命於王，然後遣於宗廟，以明逆后之重。今使魯爲媒而因是往，輕褻王配如此，何以示正始之道哉！」二説未詳孰是。若當時天子使之來魯，而又使之遂逆后，則過在桓王。祭公特有從命之辠耳。○胡氏曰：「案禮，天子不親迎，使上公逆之。何以書？以遂事書之也。」劉氏曰：「三公者，父師之任也，坐而論道。使之逆女，非正也。」葉氏曰：「天子逆后以卿，而公臨之。祭公逆后，非矣。」與劉氏同。胡、劉二説，亦未詳孰是。

春秋本義卷第五

桓公

九年春，紀季姜歸于京師。

呂氏曰：「史失季姜歸月，《春秋》不得而增益也。」杜氏曰：「季，字。姜，姓也。前年祭公所逆王后也。」戴氏曰：「方其逆也，稱曰『王后』，自王命言之也。及其歸也，謂之『季姜』，自父母家言之也。」歸，見《隱二年》。《公羊》曰：「京師者，天子之居也。京者，大也；師者，衆也。天子之居必以衆大之辭言之。」高氏曰：「古者，后夫人必取嫡女。天子求后於諸侯，對曰：『夫婦所生若而人。』若姑姊妹，則曰：『先君之遺女若而人。』於諸侯則曰：『不腆先君之嫡若而人。』是以伯姬歸于紀，則叔姬爲之娣。今曰季姜，則非嫡矣，不可以母天下。《春秋》書之，以防後人猶有卑人爲后者。」○愚謂：王后爲天下母，必擇諸侯嫡女窈窕貞淑，然後可以配至尊，成内治，爲宗廟社稷主。今紀以畏齊而謀納女，魯以弑賊而主之，桓王亦乘機而娶紀之姪娣，上下皆非正義明道之舉，嗚呼！《春秋》之作，所以爲君子惻怛之心也。

夏四月。

秋七月。

冬，曹伯使其世子射姑來朝。射，音亦，又音夜。

康侯胡氏曰：「案《周官・典命》：『凡諸侯嫡子誓於天子，而攝其君，則下其君之禮一等。未誓，則以皮帛繼子男。』世子固有出會朝聘之儀矣，然攝其君繼子男者，謂諸侯朝於天子有時而不敢後，故老疾者使世子攝己事以見天子，急述職也。諸侯間於王事則相朝，其禮本無時。曹伯既有疾，何急於朝桓，使世子攝哉？大位，姦之窺也；危病，邪之伺也；世子，君之貳也。君疾而儲副出，啓窺伺之心，危道也。踰月而終生卒，其有疾明矣。而使世子來，終生之過也。世子將欲已乎！則方命矣，孝子盡道以事其親者也。不盡道而苟焉，以從命爲孝，又焉得爲孝乎！」○《穀梁》曰：「使世子伉諸侯之禮而來朝，曹伯失正矣。諸侯相見曰朝，以待人父之道待其子，以内爲失正也。内失正，曹伯失正，世子可以已矣，則是放命也。」張氏曰：「《春秋》以討賊望諸侯。今曹伯之使世子，《春秋》所以直書而深責之。」戴氏曰：「使不幸未還而曹伯卒，則國非其國也。」劉氏曰：「此後世所以多子禍也。」

十年春，王正月庚申，曹伯終生卒。

義見《隱三年》「宋公卒」。

夏五月，葬曹桓公。

義見《隱三年》「葬宋穆公」。

秋，公會衛侯于桃丘，弗遇。

《公羊》曰：「會者，期辭也。」杜氏曰：「桃丘，衛地。濟北東阿縣東南有桃城。衛侯與公爲期，中背公更與齊、鄭。故公獨往而不相遇也。」趙氏曰：「書『不遇』者，見諸侯之無信。」朴鄉呂氏曰：「衛不信也。」呂氏曰：「春秋之世，專計利害，不顧義理如此。」〇高氏曰：「在《易・屯》之六三，以陰居陽，其身不正而輕躁妄動。求應於五，五應在二，而弗見納。聖人戒之，曰：『君子幾不如舍。往吝。』《繫辭》曰：『幾者，動之微，吉之先見者也。君子安其身而後動，易其心而後語，定其交而後求。』夫桓公身負弑逆之辠，而又輕躁妄動，爲人所棄，正如《屯》之六三，聖人爲萬世戒也。」黄氏曰：「郎之戰兆此。」

冬十有二月丙午，齊侯、衛侯、鄭伯來戰于郎。

郎，見《隱九年》。程子曰：「『來戰于郎』，三國爲主。」劉氏曰：「外爲志乎此戰也。」常山劉氏曰：「春秋之中，諸侯加兵于魯者爲不少矣，未有書『來戰』者。此不言侵伐而以『來戰』爲文，則彼曲我直，其義坦然。」義又見《隱二年》「鄭伐衛」。〇康侯胡氏曰：「魯桓弑立，天下大惡，人人所得討也。鄭伯則首盟于越以定其位，齊侯則繼會于稷以濟其姦，曾不能修方伯之職，駐師境上，聲辠致討，伸天下之大義也。今特以私忿小怒，親帥其師戰于魯境，尚爲知類也哉。」愚謂：魯、衛兄弟之國，齊、魯累世之姻。桓公又新娶于齊，魯、鄭嘗會盟，假田以締交，一有間隙則忘親背盟，興兵争戰，此春秋之時所以爲大亂。聖人比書其事，爲後世鑒。

十有一年春正月，齊人、衛人、鄭人盟于惡曹。

三國稱「人」，微者也。呂氏曰：「盟，我不與也。其曰『人』，不詳也。」未詳是否。杜氏曰：「惡曹，地闕。」愚謂：諸侯專盟，是無天子；大夫專盟，是無諸侯。王綱之壞極矣，聖人所尤惜也。義又見《隱元年》「盟于蔑」。〇劉氏曰：「齊、衛、鄭相與會盟而君不行，委之大夫。《春秋》正本謹始，知其後必有大夫脅權交政之惡，則又有陪臣執國干上之禍，其勢相召也。」

夏五月癸未，鄭伯寤生卒。

義見《隱三年》「宋公卒」。

秋七月，葬鄭莊公。

杜氏曰：「三月而葬，速。」義見《隱三年》「葬宋穆公」。

九月，宋人執鄭祭仲。突歸于鄭。鄭忽出奔衛。

陸氏曰：「執大夫例稱人。」愚謂：義不在人而在執，略之之辭也。康侯胡氏曰：「祭仲，鄭之命大夫。祭，氏；仲，字也。」蘇氏曰：「名也。」前説近是。愚案：突，莊公庶子，宋雍姞所出，即厲公也。忽，莊公嫡子，鄧曼所出，即昭公也。葉氏曰：「凡出奔者皆書名。蓋迫逐者必有與之争國者。内一君，外亦一君，不名無以爲辨。」後倣此。邦衡胡氏曰：「未踰年，不稱鄭伯。」愚案：居喪未踰年之君稱子，今不稱子，未詳。大凡出奔者多不書子與爵，如曹羈之類是也。《左氏》曰：「鄭昭公之敗北戎也，齊人將妻之，昭公辭。祭仲曰：『必取之。君多内寵，子無大援，將不立。三公子，皆君也。』弗從。夏，鄭莊公卒。初，祭封人仲足有寵於莊公，莊公使爲卿，爲公娶鄧曼，生昭公。故祭仲立之。宋雍氏女於鄭莊公，曰雍姞，生厲公。雍氏宗有寵於宋莊公，故誘祭仲而執之，曰：『不立突，將死。』亦執厲公而求賂焉。祭仲與宋人盟，以厲公歸而立之。秋九月丁亥，昭公奔衛。己亥，厲公立。」《穀梁》曰：「權在祭仲也。死君難，臣道也。今立惡而黜正，惡祭仲也。」愚謂：突以庶孽謀簒。宋莊私突，執祭仲，奪嫡立庶。祭仲執國柄，不死節以輔正。三者皋大惡極矣。然鄭莊之多寵以遺後禍，與鄭忽不能君，舉朝無忠臣而廢置如反掌，與天子、方伯不修其職，以致姦猾肆行而無所忌，舉可見矣。○陳岳氏曰：「忽，太子也，兄也，正也。突，公子也，弟也，非正也。忽既立，則祭仲之君。以君臣之義，顛則扶之，危則持之，力不足則死之。又知突在宋，非會非聘爲宋所誘，其無謀甚矣。往而被執，不能死節，歸立厲公。」

柔會宋公、陳侯、蔡叔盟于折。

孫氏曰：「蔡叔，蔡侯之弟。叔，字也。諸侯母弟未命爲大夫者皆字。」朴鄉呂氏曰：「折，魯地。」義見《隱元年》「盟于蔑」。○張氏曰：「自去年魯與齊、衞爲仇敵，至今年桓公欲合黨以敵之，於是結宋與陳、蔡，要言歃血。初無忠信誠慤相與之心，又以再命大夫敵宋公、陳侯，故盟不足以恃矣。」

公會宋公于夫鍾。夫音扶。鍾，《公羊》作童。

杜氏曰：「夫鍾，郕地。」義見《隱九年》「會于防」。○康侯胡氏曰：「臣與宋公盟于折，君與宋公會于夫鍾、于闞、于虛、于龜，皆存而不削，何其辭費歟？曰：盟者，《春秋》之所惡，而屢盟以長亂；會者，諸侯所不得專，而數會以厚疑。聖人皆存而不削，於以見屢盟而卒叛，數會以卒離。其事可謂著明矣。」

冬十有二月，公會宋公于闞。口暫切。

杜氏曰：「闞，魯地，在東平須昌縣東南。」義見《隱九年》「會于防」。

十有二年春正月。

夏六月壬寅，公會紀侯、莒子，盟于曲池。《公羊》作毆蛇。紀，《左氏》作杞，《公羊》、《穀梁》作紀。今從程子所定作紀。

杜氏曰：「曲池，魯地。魯國汶陽縣北有曲水亭。」義見《隱元年》「盟于蔑」。

秋七月丁亥，公會宋公、燕人，盟于穀丘。

張氏曰：「南燕，姞姓國。漢屬東郡，今爲滑州胙城縣。」存耕趙氏曰：「居宋、鄭之間。」杜氏曰：「穀丘，宋地。」張氏曰：「在應天府穀熟縣。」義見《隱元年》「盟于蔑」。

八月壬辰，陳侯躍卒。

杜氏曰：「厲公也。」大意見《隱七年》「滕侯卒」。○張氏曰：「去年與柔盟于折。不書『葬』，魯不會，不恤同盟也。」

公會宋公于虚。《公羊》作郯。

杜氏曰：「虚，宋地。」義見《隱九年》「會于防」。

冬十有一月，公會宋公于龜。

杜氏曰：「龜，宋地。」義見《隱九年》「會于防」。○高氏曰：「公委宗社人民而五出與宋會。諸侯臨涖一國之民，民不可一日不治，則國不可一日去之。故先王之法，諸侯無事不得出其四境。朝事天子則出境，天子巡狩則出境，方伯率諸侯以征伐則出境。若無事而出境則誅。」葉氏曰：「公始以柔會宋。未幾，復自會于夫鍾，于闞，于穀丘。夫鍾，郕地；闞，魯地；穀丘，宋地也。公之求宋亟矣。及是復會于虚、于龜，皆宋地，而公即之。公之求宋益亟矣。蓋自隱以來，我之相與爲厚爲薄者，惟宋與鄭。黨鄭則伐宋，善宋則伐鄭。至郎之戰，懼鄭之謀己，故亟於求宋。既而求鄭，以爲武父之盟，而成伐宋之役。明年再會，又明年復會，其求於鄭者亦如是其急。鄭適有突之亂，知其不足恃，乃復從而伐之。孰有立國如是而可久者乎？暴戾則無親，失道則寡援，君子是以知桓之不終也。」

丙戌，公會鄭伯，盟于武父。音斧。

鄭伯，突也。東萊吕氏曰：「突篡位而以君書之，不没其實也。」杜氏曰：「武父，鄭地。陳留濟陽縣東北有武父城。」愚謂：魯桓與宋兩盟四會，不浹旬而背之以盟鄭，反覆如是。比事而觀，其義自見。義又見《隱元年》「盟于蔑」。○張氏曰：「與人交之道，忠信誠慤本乎中，則有不期合而合者。其人非有是心，則其相與也不過以利合。一旦争小利，則相視忽如仇敵然。公之會宋而盟鄭，其離合正如是。《春秋》詳書之，以見王政不行。魯桓、宋莊、鄭厲皆以篡國而立，交相盟會，紛紛離合，惟利是視。煩盟瀆信，祇以長亂，王法之所必誅而不以聽者也。」吕氏曰：「此年書盟會之數如此，見諸侯無王，放恣自若。多事屢盟，民不堪命，如此之極也。聖人傷之，以爲世戒。後之人君有意於善者，其知慎始守約，愛民爲急，以合聖人之意乎！」

丙戌，衛侯晉卒。

孫氏曰：「丙戌，羡文也。」此盟與卒同日耳。經未有一日而再書者。義見《隱三年》「宋公卒」。

十有二月，及鄭師伐宋。丁未，戰于宋。

内不出主名，微者也。伐而言戰者，宋不服而逆戰也。言戰而不言敗績，無大勝負也。兩年之間六盟會宋，宜篤好也，一與鄭比，則連鄭伐宋；鄭突亦忘其立己之私恩而與魯比：此宋不服以至於戰，殘民毒衆，辠惡極矣。義又見《隱二年》「鄭伐衛」。○張氏曰：「兵法，争恨小故，不忍憤怒者，謂之憤兵。魯桓、鄭突此役是也。書『及鄭師伐宋』，辠魯、鄭也。又書『丁未戰于宋』，言魯、鄭與宋亟争尋常，殘民暴骨，兩辠之也。」康侯胡氏曰：「來戰者，辠在彼，戰于郎是也。往戰者，辠在内，戰于宋是也。」存耕趙氏曰：「魯軌弑隱，宋馮弑殤，鄭突篡忽，三者皆逆賊，周有常刑，皆戮餘也，敢稱兵爲戰，見王法之不行也。」

十有三年，春二月，公會紀侯、鄭伯。己巳，及齊侯、宋公、衛侯、燕人戰。齊師、宋師、衛師、燕師敗績。

此魯侯來會紀、鄭也。「及」者，三國及之也。燕稱「人」，微者也。戰稱爵，舉重也。敗稱「師」，君存而師敗也。「敗績」者，敗其軍功，大敗也。《公羊》曰：「其不地，於紀也。」趙氏曰：「内兵以紀爲主，外兵以齊爲主。」莘老孫氏曰：「紀爲齊侵削，志欲滅之，舉宋、衛、燕三國之師往伐之。紀於是要魯、鄭之君以爲之敵。」愚謂：齊吞小國，連諸侯以伐紀，自取敗績，辠不勝誅矣。紀不量力，又連魯、鄭以戰，雖儌倖一勝，卒滅宗社。其相從諸侯，各逞私忿，合黨報怨，使無辜之民肝腦塗地，皆辠也。見王政不行，諸侯縱恣甚矣。杜氏曰：「衛宣公未葬，惠公稱侯以接鄰國，非禮也。」義又見《隱二年》「鄭伐衛」。○康侯胡氏曰：「齊爲無道，恃强陵弱。此以紀爲主，何也？彼爲無道以加兵於己，必有引咎責躬之事、禮義辨喻之文。猶不得免焉，則亦固其封疆，效死以守。上訴天子，下告方伯、連帥與鄰國之諸侯。不如是而憤然與戰，豈已亂之道乎？同力度德，動則相時。小國讎大國而幸勝焉，禍之始也。息伐鄭而亡，鄭勝蔡而懼，蔡敗楚而滅。今紀人不度德，不量力，不徵詞，輕與齊戰，而爲之援者，弑君之賊、簒國之人也。不能保其國，自此戰始矣。」

三月，葬衛宣公。

義見《隱三年》「葬宋穆公」。

夏，大水。

義見《元年》。〇存耕趙氏曰：「桓元年大水，今又大水。水，天之所生以活人者也。大而災焉，陰沴之證也。夏見，則妨農矣。」高氏曰：「自堯有洪水之患，使禹治之。禹能疆理天下，正其經界。有畎有澮，有溝有洫，有川有遂，遂無水患，但有其利，故年之豐凶一係農力，水旱不能爲之害。或天時久雨，則由畎注澮，由澮注溝，由溝注洫，由洫入川，由川入遂，以次疏導入河入江，終至於海。蓋以決而不爲災也。或天時久旱，則於溝、澮、川、遂之間，遞引其水以爲灌溉，又得其利焉。春秋之時，暴君汙吏壞其經界，使畎、澮、溝、洫之屬皆蕪而不治，於是遇大水而無以決，遇大旱而無以溉。民爲兵戰所驅，無暇治田畝。聖人書『大水』者，上痛禹跡之亡，下悼井田之廢，生民受其患，無以拯濟之也。」

秋七月。

冬十月。

十有四年，春正月，公會鄭伯于曹。

義見《隱九年》「會于防」。〇高氏曰：「公與鄭伯皆有簒逆之大惡，天下所不容。今相會于曹，曹之容惡可知也。」

無冰。

《穀梁》曰：「時燠也。」戴氏曰：「《詩》曰：『二之日鑿冰沖沖，三之日納于凌陰。』二之日，今之十二月；三之日，今正月也。十二月取冰，正月藏之。今桓公春無冰，無藏冰也。去年十二月時燠無冰，今年之春無冰可納。《春秋》於是時而書之。」愚謂：此年正月爲公會鄭伯于曹，而書若「無冰」，則總繫之春耳。藏冰、出冰俱在其中。與僖二年、三年書「不雨」之法同。義與成元年二月、襄二十八年春書「無冰」同。蓋無冰不可繫月故也。康侯胡氏曰：「《周官》凌人之職頒冰於夏。固陰沍寒，於是乎取；其出之也，賓食喪祭，於是乎用。藏之周，用之徧，然亦理陰陽天地之一事也。今燠而無冰，則政治縱弛不明之所致也。」〇胡氏曰：「雨、雹、冰、雪，何以悉書？天人一理也，萬物一氣也。觀於陰陽寒暑之變，以察其消息盈虚，此制治於未亂，慎於微之事也。每謹於微，然後王德全矣。」黄氏曰：「諸家皆以周之正月爲今之十一月。十一月無冰爲災，故書。然使果十一月無冰，則尚有十二月尤寒，冰之有無方於此決，未可遽以十一月無冰爲災而先書之也。蓋至十二月無冰，及春正月東風解凍，終於無冰，則無冰決矣。始以災而書爾。」

夏五，鄭伯使其弟語來盟。語，《穀梁》作禦。

杜氏曰：「不書月，闕文。」葉氏曰：「經成而後亡也。」愚謂：此及《宣七年》孫良夫皆稱使，來盟前定也。使其弟，見《隱七年》「齊來聘」。此則盟以伉諸侯，甚矣。盟見《隱元年》「盟于蔑」。此則篡賊之合黨，甚矣。〇莘老孫氏曰：「《春秋》諸侯使其弟來者，皆辠其不當使也。弟而可使，則命而使之可也。不命而使之，徒曰『弟』焉，辠之也。『來盟』者，盟於魯也。《春秋》主我，使自外而至盟者，書曰『來盟』。不言其地，盟於我之國都也。」存耕趙氏曰：「請會矣，又請盟焉。突蓋德軌之排宋而黨己也。『來盟』，涖盟彼此之辭也。」

秋八月壬申，御廩災。乙亥，嘗。廩，力錦切。

《公羊》曰：「御廩者，粢盛委之所藏也。」杜氏曰：「藏公所親耕以奉粢盛之倉也。」嘗，祭名。《公羊》曰：「秋曰嘗。」愚謂：災者，火之也。當嘗而火其粢盛之藏，以桓公平日得辠於天，不敬其祖之所致也。不知省身改過以答天譴，卒敢靦然草蕞即復祭之。甚矣！其忽天而慢祖也。〇存耕趙氏曰：「御廩之災，在致齋三日之前。❶《春秋》書之，蓋以嘗之不謹，而災於齋之日也。」趙氏曰：「譏不改卜也。」獻可杜氏曰：「八年書再烝，見其瀆也。此年書『御廩災，乙亥嘗』，見其慢也。」

冬十有二月丁巳，齊侯禄父卒。

義見《隱三年》「宋公卒」。

宋人以齊人、蔡人、衛人、陳人伐鄭。《公羊》衛人在蔡人上。

葉氏曰：「伐，言以己不能敵，假人以爲用也。」愚謂：宋怨突之背己，又有丁未之戰、己巳之敗績，故用

❶「齋」，原作「災」，今據四庫本改。

四國之兵以伐鄭。康侯胡氏曰：「列國之兵皆統乎天子，而敢私用之與？私爲之用，以伐人國，大亂之道也。」義又見《隱二年》「鄭伐衛」。○高氏曰：「折之盟，陳、蔡在焉。紀之戰，齊、衛在焉。皆與宋同惡者也。宋公不道，執人之卿，易人之君，深怨突之背己。而自量其力不足以加之，於是復以齊、蔡、衛、陳之兵伐鄭。宋公之辠，斯爲尤重。」存耕趙氏曰：「是摟諸侯以伐諸侯也。齊子猶在哀疚，相與從宋以興戎。」木訥趙氏曰：「出忽立突者，誰歟？己立之而已疾之。不仁哉！宋莊也。」愚謂：宋莊之罪著矣。然鄭突忘立己之恩，結魯以伐宋，以致交怨報復，殺戮無辜，突真薄德哉！

十有五年春二月，天王使家父來求車。

家父，見《八年》。孫氏曰：「諸侯貢賦不入，周室財用不足也。」《公羊》曰：「王者無求，求車非禮也。」常山劉氏曰：「世之治也，天子命貢賦於天下而無敢不從，無有求也。諸侯奉貢賦於天子而無敢不恭，不至於來求也。世亂反此。書此以見王室之微，而著諸侯之辠也。」義又見《隱三年》「求賻」。○葉氏曰：「天子有賜無求，諸侯有貢無與。古者邦國九貢。車有器貢，用有貨貢。諸侯不貢而伐之，正也。不能伐之，又從而求之。器不足而求車，用不足而求金。以是居人上，非所以王天下也。」獻可杜氏曰：「桓公篡立，天子未嘗討之，反屢聘之。今又有車服之求。聖人所以甚之也。」張氏曰：「家父爲大夫而無所正救，奉使侯國，自取辱命之辠。」

三月乙未，天王崩。

案：此一見魯桓不奔王喪，而會齊僖之葬；二見魯桓以嘉禮會齊侯於艾，會宋、蔡、衛於曹；三見諸侯之伐國不已；四見桓王崩於此年，而葬於六年之後也。所爲「屬辭比事，爲《春秋》教」者，皆此類也，豈徒記其死生之變而已哉？義又見《隱三年》。

夏四月己巳，葬齊僖公。

高氏曰：「魯不供天王之喪，而會齊僖之葬，其顛倒甚矣。」義又見《隱三年》「葬宋穆公」。

五月，鄭伯突出奔蔡。

突，書名，見《十一年》「鄭忽出奔」。《左氏》曰：「祭仲專，鄭伯患之，使其壻雍糾殺之，將享諸郊。雍姬知之，謂其母曰：『父與夫孰親？』其母曰：『人盡夫也，父一而已，胡可比也？』遂告祭仲，曰：『雍氏舍其室而將享子於郊，吾惑之，以告。』祭仲殺雍糾，尸諸周氏之汪。公載以出，曰：『謀及婦人，宜其死也。』夏，厲公出奔蔡。」張氏曰：「突以庶孽奪嫡，固不可以有國。又初與權臣比而篡位，又爲反覆盜賊之計以自取亡。」○陸氏曰：「逐君之臣，其辠易知也。君而見逐，其惡甚矣。聖人之教在乎端本清源。故凡諸侯之奔，皆不書所逐之臣，而以自奔爲名，所以警乎人君。」康侯胡氏曰：「其説是也。夫君實有國，而出於臣，乃自取焉耳。本正而天下之事理矣。」

鄭世子忽復歸于鄭。

葉氏曰：「忽何以稱『世子』？言子則喪已除，言爵則雖踰年而不居位。所以别於突而明正也。何以言『復歸』？凡諸侯出奔，言『復歸』，諸侯世國者也，雖失位不可絶也。」邦衡胡氏曰：「『復歸』者，既絶於國，今始復來，已失國之辭也。」二説相須乃備，然本義則不在此。存耕趙氏曰：「突歸則忽出，突出則忽歸。突、忽之逆順不難知，而出入惟蔡仲之爲聽。權臣擅國命而廢置其君，舉國之人莫之違。祭仲之事不可以訓也。」愚謂：《春秋》書此，見天王失政而諸侯肆，諸侯失權而庶孽亂嫡、大夫執國命也。

許叔入于許。

杜氏曰：「許叔，莊公弟也。」愚謂：「許叔入于許」，事無可考。以書法觀之，必乘許之亂而謀篡者也。夫世子受國於先君，晳於天子，而後爲諸侯。許叔，弟也。乘許之亂竊入而爲君，辠可知矣。

公會齊侯于艾。《公羊》作鄗，《穀梁》作蒿。

艾，見《隱六年》。高氏曰：「魯嘗與齊絶矣。自僖公卒，襄公新立，至是復通好焉。而齊襄居喪出會，越禮畔道，自是與文姜爲鳥獸之行，而桓公之禍兆於此矣。」義又見《隱九年》「會于防」。

邾人、牟人、葛人來朝。牟，亡侯切。

杜氏曰：「牟國，泰山牟縣。」張氏曰：「後爲登州牟平縣。」杜氏曰：「葛國在梁國寧陵縣東北。」張氏曰：「後爲拱州寧陵縣。」愚謂：言「人」，則三國之臣也。三國以臣而行朝禮，魯以弑逆之賊而安受旅朝之儀，見當時禮制之大壞矣。

秋九月，鄭伯突入于櫟。

稱「鄭伯」，嘗君鄭爾。稱名，已奔之君。皆無他義也。「入于櫟」，竊入據邑也。《公羊》曰：「櫟者，鄭之邑也。」杜氏曰：「河南陽翟縣。」張氏曰：「後屬潁昌府。」《左氏》曰：「鄭伯因櫟人殺檀伯而遂居櫟。」

愚謂：突以庶孽奪嫡篡位五年，天子方伯不治之。又不能君而出奔，既奔而又竊入據邑，終始亂鄭。

舉動莫非穿窬之謀，《春秋》直書其事，而辠惡自見矣。○程子曰：「『鄭伯突入于櫟』，突非正也。」存耕趙氏曰：「『世子復歸于鄭』，『突入于櫟』，兩辭之間，逆順見矣。『于櫟』，未得鄭也。然櫟，鄭之險邑，猶制與京也。突雖未得國，其後卒君鄭，實由櫟而入。」許氏曰：「此《詩》所謂『五公子争立，兵革不息』者也。鄭亂如此，《春秋》弗志，志『突入櫟』而已。《語》曰：『櫟人實使鄭子不得其位。』言國邑之大也。忽失其政，不能制突，使斬鄭而居之，以生民心，此亂根也。故君子略其枝葉，使謹夫亂之所自生。」愚案：《莊二十一年》書「鄭伯突卒」，則突終復篡位。比事而觀，春秋之時亂可知矣。

冬十有一月，公會宋公、衛侯、陳侯于袲，伐鄭。袲，余支切。《公羊》作侈。

杜氏曰：「袲，宋地，在沛國相縣西南。先行會禮，而後伐也。」《左氏》曰：「會于袲，謀伐鄭，將納厲公也。弗克而還。」未詳信否。義見《隱三年》「鄭伐衛」。○康侯胡氏曰：「昭公之與突，其是非邪正亦明矣。然昭公雖正，其才不足以君一國之人。復歸於鄭，日以微弱，厲公雖篡，其智足以結四鄰之援。既入于櫟，日以盛强。諸侯不顧是非而計其强弱，相與連兵動衆，納篡國之公子也。」存耕趙氏曰：「宋馮前年方以四國之師伐突，未幾，突出忽歸，又以三國之師納突，馮之無恒心可知矣。」未詳是否。

十有六年春正月，公會宋公、蔡侯、衛侯于曹。

《左氏》曰：「會于曹，謀伐鄭也。」義見《隱九年》「會于防」。

夏四月，公會宋公、衛侯、陳侯、蔡侯伐鄭。

黄氏曰：「冬伐鄭納突，未克，今再納突也。」未詳是否。義見《隱二年》「鄭伐衛」。○吕氏曰：「會于曹，蔡先衛；伐鄭，衛先蔡。蓋當時諸侯皆以一切强弱、目前利害爲先後，不復用周班。《春秋》因事紀實，以見當時之亂，無復禮也。」王氏曰：「突之未出也，宋欲有所責，故嘗伐之；突之既出，宋懼無所得，又欲納之。始鄭不和，魯嘗以鄭伐宋；及突既出，魯又與宋伐鄭。反覆皆私也。」存耕趙氏曰：「突也，馮也，軌也，均篡賊也。背公死黨，奪攘矯虔，此風一倡而奪嫡亂國之事相踵於世。」高氏曰：「鄭國之亂，宋公實爲之。宋爲首惡。」未詳是否。

秋七月，公至自伐鄭。

孫氏曰：「助篡伐正，踰時而返。」義又見《桓二年》「公至自唐」。

冬，城向。

孫氏曰：「下言『十有一月』，則城向在十月矣。」高氏曰：「《春秋》有二向，此我之邑。」木訥趙氏曰：「隱二年，莒所入之向也。計其後爲莒所滅。地在魯莒境上，故城之。魯、莒之争，自城向始。」未詳孰是。義見《隱七年》「城中丘」。此雖得時，然違王制而勞民力，故書。○存耕趙氏曰：「鄭之伐既疲民於鋒鏑，向之城復役民於畚鍤。終歲勤動，民不得休息。」黄氏曰：「《左氏》曰『書時也』，謂城以冬也。自漢儒言三正，而杜預謂周之冬今之秋，諸家遂一變其説，反以爲譏非時。不知周之改正，不過以建子之月行朝饗之禮，以示不沿商也。天之四時豈可改也哉！天豈以周建子而改冬爲春也哉！」

十有一月，衛侯朔出奔齊。

《左氏》曰：「初，衛宣公烝於夷姜，生急子，屬諸右公子。爲之娶於齊而美，公取之，生壽及朔，屬壽於左公子。夷姜縊。宣姜與公子朔搆急子，公使諸齊，使盜待諸莘，將殺之。壽子告之，使行，不可，曰：『棄父之命，惡用子矣。有無父之國，則可也。』及行，飲以酒。壽子載其旌以先，盜殺之。急子至，曰：『我之求也，此何辜？請殺我乎！』又殺之。二公子故怨惠公。十一月，左公子洩、右公子職立公子黔牟。惠公奔齊。」愚謂：衛朔之奔，兆於宣公鳥獸行，殺二子之時，而成於朔爲諸侯之後。蓋朔之君衛五年矣，使能治其國家，尚足以蓋前人之愆。而父喪未葬，伐紀，伐鄭。觀《春秋》所書，莫非悖亂之事，其失國也宜。義又見《十五年》「鄭突奔蔡」。○君舉陳氏曰：「此衛人立公子黔牟而後出奔。則其但書『奔』何以？爲自失國也。《春秋》之法，苟其道足以失國，雖有簒公子，亦以自致之文書之。是故衛立黔牟而朔出，蔡人立東國而邾出，郕人立君而朱儒出，書『奔』而已矣。」

十有七年春正月丙辰，公會齊侯、紀侯盟于黄。

杜氏曰：「黄，齊地。」《左氏》曰：「平齊、紀也。」邦衡胡氏曰：「五年，齊、鄭如紀，謀欲襲之。十三年，紀與齊戰。齊、紀之憾深矣。公爲黄之會以平之。」存耕趙氏曰：「魯不量己之力不足以敵齊，而輕挾紀以爲戰。今不知己之力不足以平齊，而輕會齊以爲盟。」義又見《隱元年》「盟于蔑」。○高氏曰：「紀懼齊之見圖，每爲之備。而齊人多詐，故爲此盟，示之以不疑，俾之弛怠而不我慮。是以尋盟既退，魯遂與齊戰于奚。二年，齊遂遷紀之三邑。足以知盟之無益，而攻伐隨之矣。」

二月丙午，公及邾儀父盟于趡。趡，翠軌切。及，《左氏》作會，陸氏曰：「或作及，故知誤也。」

杜氏曰：「趡，魯地。」義見《隱元年》「盟于蔑」。○戴氏曰：「隱公初與邾盟于蔑，其後躬自伐邾。桓公今與邾盟于趡，未數月即與宋、衛伐邾。」

夏五月丙午，及齊師戰于奚。《穀梁》作郎。《公羊》無「夏」字，闕文也。

杜氏曰：「奚，魯地。」愚謂齊擅興師，其惡可知矣，然魯遽與戰則過矣。故高氏曰：「二國春方盟會，而夏遽交戰。彼興師而來，則魯宜有以諭之。凡戰由主人，主人服辠，則不戰矣。此書『及齊人戰于奚』，又辠魯也。」○存耕趙氏曰：「春盟而夏戰，盟非信盟，戰非義戰也。」孫氏曰：「《莊九年》『及齊師戰于乾時』，《僖二十二年》『及邾人戰于升陘』，皆此義也。」

六月丁丑，蔡侯封人卒。

義見《隱三年》「宋公卒」。

秋八月，蔡季自陳歸于蔡。

季，杜氏曰：「封人弟，即獻舞也。」何氏曰：「獻舞之兄。」前説近是。《穀梁》曰：「自陳有奉焉爾。」愚謂：封人有子無子弗可考。今據經而論，季以弟而倚陳歸國，是不有天子與先君之命也。

癸巳，葬蔡桓侯。

杜氏曰：「三月而葬，速。」義見《隱三年》「葬宋穆公」。此稱本爵爲得正，但爲私謚書耳。○王氏曰：「《隱八年》經『蔡侯考父卒』，葬稱宣公；《宣十七年》『蔡侯申卒』，葬稱文公。其後書葬皆稱公者，若葬景公、靈公、平公、昭公。唯封人卒，葬稱桓侯。案《左氏》，桓侯而下，有哀侯、景侯、靈侯、平侯、昭侯，蓋蔡人謚其君或公或侯，兩稱之耳。」邦衡胡氏曰：「生有黜陟，没有謚。王者柄此以別臣下賢不肖，而使人有勸懲也。晉侯仇卒於平王之時，謚曰『文侯』。以謚加本爵，足以知命於天子也。是後周益衰，諸侯没者不復請謚於王。五等壹稱公，乃臣子之自謚。此稱侯者，亦臣子自謚爾。書者，見其稱公稱侯，皆臣子私爲之也。」「萬人傑問：『蔡桓侯，文定以爲蔡季之賢。知請謚，如何？』朱子曰：『只是文談。』」

及宋人、衛人伐邾。

莘老孫氏曰：「邾前年來朝，又此年盟于趡。今遽帥二國之人伐親附者，所以見會盟無信而朝事不暇，强大縱横而弱小見陵也。」義又見《隱二年》「鄭伐衛」。○張氏曰：「桓公春與齊、邾盟，既而皆背之，戰奚、伐邾，並見於一年之中。反顧前日刑牲詔神，玉帛交錯如敝屣，蓋其爲人瀆信而好盟，不仁而佳兵。人理滅矣，宜其不踰年而見殺於齊也。」

冬十月朔，日有食之。

趙氏曰：「不書日，或史有闕，或傳寫誤。」義見《隱三年》。

十有八年春，王正月，公會齊侯于濼。公與夫人姜氏遂如齊。濼，盧篤切，又力角切。《公羊》無「與」字，蓋闕文。

杜氏曰：「濼水在濟南歷城縣西北，入濟。公本與夫人俱行，至濼。公與齊侯行會禮，故先書『會于濼』。既會而相隨至齊，故曰『遂』。」《左氏》曰：「公將有行，遂與姜氏如齊。申繻曰：『女有家，男有室，無相瀆也，謂之有禮。易此必敗。』公會齊侯于濼，遂及文姜如齊，齊侯通焉。公讁之，以告。」孫氏曰：「《易》稱：『女正位乎内，男正位乎外。男女正，天地之大義也。』今桓公不能内正夫人之位，而與之外如强齊，以致弑逆，宜哉！」○康侯胡氏曰：「案《齊詩》惡魯桓微弱，不能防閑文姜，至使淫亂，爲二國患。爲亂者齊姜，而《春秋》辠桓公，治其本也。《易》曰：『夫夫婦婦而家道正。』夫不夫則婦不婦矣。乾者，夫道也，以乘御爲才；坤者，婦道也，以順承爲事。《易》著於《乾》、《坤》，述其理；《春秋》施於桓公，見其用。」

夏四月丙子，公薨于齊。丁酉，公之喪至自齊。

殺而書「薨」，義同隱公。杜氏曰：「不言戕，諱之也。」《穀梁》曰：「其地於外也。」《左氏》曰：「丙子，享公。使公子彭生乘公，公薨于車。魯人告於齊曰：『寡人畏君之威，❶不敢寧居，來修舊好。禮成而不反，無所歸咎，惡於諸侯，請以彭生除之。』齊人殺彭生。」愚謂：魯軌篡弑，天子不征，諸侯不討，魯人戴之爲君。彼自恃其無誰何也，於是黨亂賊，淩小國，背盟結怨，黷武殘民，不奔王喪，怠忽宗祀，成亂取賂，儼朝同列。身既不正，家遂莫齊，卒殄於淫婦之禍。夫姜氏諸兒之惡，不待言而著矣，然自作孽者，幸免王誅，難違乎天矣。《春秋》比書十八年之事，而終之以此，有以爲永鑒哉！○張氏曰：「魯君見弑有二。在内則不書地，以存其實；在外則不容不書其地，而以上下文見之。此先與夫人姜氏如齊，而明年書『夫人孫于齊』，又莊公不書即位，雖不明書齊人戕公，而桓公之不得其死已昭然矣。蓋本國之事，書之與他國同，則非所以見尊君親上之意。是以桓公見殺，不得不諱，又當不没其實，以示後世

❶「人」，《春秋左傳集解》作「君」。

之傳信。故曰『婉而成章』也。」愚謂：此亦舊史之法，仲尼因之云耳。

秋七月。

冬十有二月己丑，葬我君桓公。

杜氏曰：「九月而葬，緩也。」高氏曰：「稱『我君』，别外喪也；稱『我君』而後舉謚，臣子之敬辭也。」義同《隱三年》「葬宋穆公」。〇獻可杜氏曰：「禮，諸侯薨，請於天子；大夫卒，謚於君。大行受大名，小行受小名，所以懲惡勸善也。周衰，諸侯變古易常，是以外諸侯書葬者九十三，内書葬者九，豈非謹其禮之失邪？」

春秋本義卷第六

莊　公名同，桓公子。

元年春，王正月。

義見《隱元年》。○《公羊》曰：「公何以不言即位？隱之也。」《穀梁》曰：「先君不以道終，則子不忍即位也。」劉氏曰：「即位，授受之道也。先君不以道終而子即位，是無恩於先君也。」莘老孫氏曰：「繼弑而不行即位者三：莊之繼桓，桓見弑於齊也；閔之繼子般，般見弑於慶父也；僖之繼閔，閔見弑於慶父也。」大意已見桓公即位。

三月，夫人孫于齊。

夫人文姜，莊公母也。不稱姜氏，闕文也。朴鄉吕氏曰：「前書『夫人姜氏遂如齊』，則今『孫于齊』者，即如齊之姜氏。前目後凡也。」未詳信否。《公》、《穀》曰：❶「内諱奔，謂之孫。」杜氏曰：「猶孫讓而去。」康侯胡氏曰：「桓公之弑，姜氏與焉。爲臣子者義不共戴天矣。」胡氏曰：「文姜之惡甚矣。臣子雖

❶「公穀」，四庫本作「公羊」，據下引文，作「公羊」是。

不能討，王法其可不誅乎？」愚謂：魯不能討而縱之奔齊，則魯無臣子，莊公無政，天王無法，姜氏自此淫奔愈無忌憚矣。○趙氏曰：「婦人而有與弒其夫之嫌，則子不得母之。《檀弓》曰：『不爲伋也妻者，是不爲白也母。』今姜氏失婦道矣，子不得以爲母，臣不得以爲君。」

夏，單伯逆王姬。逆，《左氏》作送，《公羊》、《穀梁》作逆。葉氏曰：「《左氏》誤作送王姬，遂以爲王之卿，如祭伯然。果爾，即當書天王使單伯送王姬。杜預以爲既命魯爲主，不言使，非是。不如《公》、《穀》得經之正。」張氏曰：「築館在秋，如單伯果以天子大夫送王姬，必俟館成之後方至，豈得預書之？」

伯，字也。《穀梁》曰：「命大夫，故不名也。」張氏曰：「逆，迎也。王姬，桓王女，莊王妹也。」《公》、《穀》曰：❶「單伯者何？吾大夫之命乎天子者也。逆之者何？使我主之也。天子嫁女於諸侯，必使同姓諸侯者主之。」《穀梁》曰：「其義不可受於京師也。躬君弒於齊，使之主婚姻與齊爲禮，其義固不可受也。」莘老孫氏曰：「魯主王姬之婚，且使大夫者逆而爲之主，常事耳，皆不當書而書者，桓公見弒於齊，仇讎未復，而莊公又見在衰絰之中，天子乃於此時使之主王姬之婚，又與仇讎之國爲禮。書之以見天王不當使，魯不當受，而單伯不當逆也。」○高氏曰：「魯不能訴於天王，已無臣子之道。在諒闇之中，而修嘉好之禮，天下固多同姓之國矣，何必在魯？是魯人默順王命，陷王於不義也。」張氏曰：「齊乃寢苫枕戈不可同天之讎，而與之主婚，見魯之君臣無復讎之心，而三綱至是絶矣。」愚謂：齊襄戕殺魯

❶「公穀」，四庫本作「公羊」，據下引文，作「公羊」是。

桓，天王當絶其婚而討其辠。既不能然，又使魯主之。周之不能令諸侯也，宜哉！

秋，築王姬之館于外。

張氏曰：「築館所以待王姬之舍，以俟齊之逆也。然魯主王姬非一，前此必有其所。今特築于外者，知衰麻哭泣不可雜於吉事，故築于外也。然桓公弑于齊未及一年，其創鉅痛深當百倍於先君正終之日，又可以于外爲安，命國人以築齊王姬之館歟？《春秋》所以著其忘父親讎之辠也。」○莘老孫氏曰：「仇讎未復，莊公之喪未除，而天王遽使魯主婚，天王則已失禮矣。爲莊公者，當辭於天王，期於得請而後已。於是之時，非無同姓之諸侯也，非無無喪之鄰國也。蓋莊公未之辭耳。君父之讎未復，儼然在衰絰之中，遽釋怨解仇，與之爲婚姻之主。聖人以莊公事君不盡其誠，居喪不致其哀，忘君父而交仇讎，舍衰絰而親弁冕，雖築館以示變，然不能救其辠也。」葉氏曰：「知其不可而爲之者也。」

冬十月乙亥，陳侯林卒。

義見《隱三年》「宋公卒」。

王使榮叔來錫桓公命。

孫氏曰：「不書『天』者，脱之。」杜氏曰：「榮叔，周大夫。榮，氏；叔，字。錫，賜也。追命桓公，褒稱其德。」蘇氏曰：「命之以策也。」孫氏曰：「賞以勸善，罰以懲惡。善不賞，惡不罰，天下所以亂。桓，弑逆之人，莊王生不能討死，又追錫之，則莊王之爲天子可知也。」○趙氏曰：「寵篡弑以瀆三綱也。」高氏曰：「禮，諸侯嗣位，三年喪畢，以士服朝天子。天子錫之黼冕、圭璧，然後歸以臨其民，謂之受命。桓以篡弒，未嘗入朝，未嘗受命。今王命魯主婚，故追錫桓公以寵之。且魯桓已葬矣，因魯之自謚而錫之，尤爲非禮。」葉氏曰：「魯諸公皆不聞免喪朝王之事，而莊公書『王使榮叔來錫桓公命』，文公書『天王使凡伯來錫公命』，成公書『天子使召伯來賜公命』，凡三見。桓公未嘗朝王受命而追錫之，文公未嘗終喪朝王而先錫之，成公未有功德而加錫之，皆有爲而書。《周官·典命》：『上公九命，侯伯七命，子男五命。其國家、宫室、車旗、衣服、禮儀皆視其命數爲節。』此先王五等諸侯之辨也。秦襄公當犬戎之難，以兵佐周東遷，平王賜之岐以西之地爲諸侯，受顯服。其大夫作《終南》之詩以美之。此始封爲諸侯者也。魯僖公能遵伯禽之法，牧于坰野，魯人尊之。季孫行父請命，而史克作頌。此有功德而加命者也。桓、文、成公皆見於經，而僖公獨不見，何也？凡《春秋》，合禮則以爲常事，不書。桓、文、成公之命，皆禮之不宜有也。可見《春秋》之法。」

王姬歸于齊。

康侯胡氏曰：「魯主王姬之嫁舊矣，在他公時常事，不書。此獨書者，以歸于齊故也。逆于京師，館于外，書『歸于齊』，而後忘親釋怨之辠著矣。」

齊師遷紀郱、鄑、郚。郱，蒲丁切。鄑，子斯切。郚，音吾。

杜氏曰：「齊欲滅紀，故徙其三邑之民而取其地。郱在東莞臨朐縣東南。郚在朱虛縣東南。鄑，北海都昌縣西有訾城。」康侯胡氏曰：「以師遷之者，見紀民猶足與守，而齊人强暴用大衆以迫之爲己屬也。」愚謂：邑者，天子所封。有故而遷民邑者，天子之事也。而諸侯僭之，況非有辠而欲吞其國乎？

齊襄之惡大矣。○高氏曰："紀與齊乃同姓之國，況天子娶后于紀，而王姬又歸于齊。豈無親親之愛？今乃背黄之盟，一舉而遷三邑，蓋自是遂滅紀矣。"朴鄉吕氏曰："經之書遷者九，而義有二焉：有强人而遷之者，有欲自遷者。若齊師遷紀郱、鄑、郚，宋人遷宿，齊人遷陽，此强而遷之也；邢遷于夷儀，衛遷于帝丘，許遷于葉、于白羽、于容城，蔡遷于州來，此其自欲遷者也。凡書『遷』與書『取』異。取者，取其土地爾，未若遷其民之酷也。遷其民則父子兄弟離散而人失其常居。恃衆以遷紀之民，此聖人所以深疾之歟！"

二年春，王二月，葬陳莊公。

義見《隱三年》"葬宋穆公"。

夏，公子慶父帥師伐於餘丘。

慶父，莊公庶兄共仲也。孫氏曰："於餘丘，附庸國。"東萊吕氏曰："夷國也，若於越。"然未詳孰是。張氏曰："莊公是時年才十五，慶父得政，以制一國之權。軍政之本既失，而權移於下，以成異日子般篡弑之禍。故《春秋》詳書以譏之。"戴氏曰："孟氏之孽，基於此。"義又見《隱二年》"鄭伐衛"。○許氏曰："當莊公初，魯未有以勝齊，則當休兵息民，蓄德修政，以俟有間。舍堂堂之讎國弗圖，而用師伐於餘丘，知莊公之無志。"康侯胡氏曰："魯在《春秋》中見弑者三君，其賊未有不得魯國之兵權者。翬弑隱公，慶父弑子般、閔公，公子遂殺惡及視。夫豈一朝一夕之故哉！"

秋七月，齊王姬卒。

《公羊》曰：「曷爲録焉？我主之也。」《檀弓》曰：「齊告王姬之喪，魯莊公爲之大功。或曰：『由魯嫁，故爲之服，姊妹之服。』」孫氏曰：「莊公忘父之讎，既主其嫁，又主其卒，不子之甚也。」○康侯胡氏曰：「王姬何以書？比内女爲之服也。莊公於齊王姬厚矣，如不共戴天之念何？此所謂不能三年之喪而緦小功之察也。」莘老孫氏曰：「魯與天王同姓，天王之女下嫁諸侯者多魯主之。然而十二公二百四十二年之久，王姬之歸，書之最備者齊王姬也。單伯之逆，築館于外，王姬之歸，王姬之卒，見於《春秋》者凡四。《春秋》常事不書，而齊王姬之事書之備者，所以見莊公盡禮於仇讎，而無恩於先君也。皐之大則書之備。惡之積不可掩也。」

冬十有二月，夫人姜氏會齊侯于禚。諸若切。《公羊》作郜。

杜氏曰：「禚，齊地。」《左氏》曰：「書姦也。」愚案：《周禮·司馬》九伐之法，内外亂，鳥獸行，則滅之。齊襄之惡不容誅矣。姜氏與弑而淫縱如此，則莊公之不能齊家治國，王法之不行於天下，舉可見矣。○趙氏曰：「姜氏、齊侯之惡著矣，亦所以病公也。曰：子可以制母乎？夫死從子，通乎其下，況國君乎？君者，人神之主，風教之本也。不能正家，如正國何？若莊公者，哀痛以思父，誠敬以事母，威刑以馭下，車馬僕從莫不俟命。夫人徒往乎？夫人之往也，則公哀敬之不至，威命之不行也。」朱子曰：「《詩·南山》『雄狐』前二章刺襄公居高位而行邪行，後二章刺魯桓娶妻，使之得窮其欲。《載驅》刺文姜乘此車而來會襄公。《敝笱》比莊公不能防閑文姜。《猗嗟》極道莊公威儀技藝之美，而不能以禮防閑其母。」葉氏曰：「《詩》言其情，《春秋》著其法。」

乙酉，宋公馮卒。

義見《隱三年》「宋公卒」。

三年春，王正月，溺會齊師伐衛。

莘老孫氏曰：「不言帥師，師少也。」《穀梁》曰：「惡其會仇讎而伐同姓。」義又見《隱二年》「鄭伐衛」。○胡氏曰：「將納朔也。何以知之？桓十六年，衛侯朔出奔齊，莊五年冬，公會齊、宋、陳、蔡伐衛，卒納朔焉。」

夏四月，葬宋莊公。

義見《隱三年》「葬宋穆公」。

五月，葬桓王。

王氏曰：「緩也。天子七月而葬，同軌畢至。」杜氏曰：「桓公十五年三月，王崩。七年乃葬，故曰緩。」高氏曰：「平王之崩，求賻於諸侯，然後克葬。至於桓王崩，七年乃葬者，蓋承諸侯背叛、王師傷敗之後，力益不足矣。聖人書之，以著天下臣子之辠。」黄氏曰：「周之事勢可知。」

秋，紀季以酅入于齊。酅，户圭切。

杜氏曰：「季，紀侯弟。酅，紀邑，在齊國東安平縣。」張氏曰：「鄆州之境。」《左氏》曰：「紀於是乎始判。」孫氏曰：「諸侯母弟未命者皆字，蔡叔、蔡季之類是也。酅，天子所封，非紀季可得而有。齊欲并紀，季忘兄之親，取兄之邑以事齊，其惡可知也。」○獻可杜氏曰：「古之邦國分授疆土，小大相維，協和親，比一德，以尊天子，爲之屏翰。末世大偪小，衆暴寡，以至滅亡。王不能正，故《春秋》詳書之。」

冬，公次于滑。乎八切。《公羊》、《穀梁》作郎。

《穀梁》曰：「次者，止也。」杜氏曰：「滑，鄭地，在陳留襄邑縣西北。」張氏曰：「或曰滑州也。」常山劉氏曰：「諸侯非王命不出境。卿大夫國政所屬，兵師民命所係。凡非王命，遷延次舍必詳録之，以正非法。」○劉氏曰：「曷爲或以事書，或不以事書？以事書者，止之以事者也；不以事書者，止之不以事者也。君舉於政，師舉於義，止不以事者，亂之道也。」

四年春，王二月，夫人姜氏享齊侯于祝丘。享，《公羊》、《穀梁》作饗。

杜氏曰：「享，食也。祝丘，魯地。兩君相見之禮，非夫人所用。」義又見《二年》「會于禚」，皆淫亂也。享甚矣。○康侯胡氏曰：「享所以訓恭儉也。兩君相見，享于廟中，禮也。犧象不出門，嘉樂不野合，非兩君相見，又去其國而享諸侯，甚矣！」戴氏曰：「甚矣，文姜之惡也。始焉，遜于齊，猶有所媿；中焉，會齊侯，已無所懼；今焉，享齊侯，其無忌憚甚矣！」張氏曰：「假先王之禮爲禽獸之行，大亂之道也。漢人有云：『淫亂之漸，其變爲篡。』魯人習之三十餘年，至子般、閔公兩君見弑，聖人作《易》，以『閑有家』爲《家人》之始，垂訓遠矣。」

三月，紀伯姬卒。

孫氏曰：「紀伯姬，隱二年紀裂繻所逆内女也。禮，諸侯絶傍朞。姑姊妹女子嫁於國君者，尊與己同則爲之服大功九月。常事也，故内女不卒之。此書『卒』者，爲夏紀侯大去其國，齊侯葬紀伯姬起。」○胡氏曰：「内女不卒，如郯伯姬、紀兩伯姬、宋兩伯姬不書卒。惟此伯姬、宋伯姬書，蓋爲齊侯葬紀伯姬起文也。」

夏，齊侯、陳侯、鄭伯遇于垂。

義見《隱四年》「遇于清」。○許氏曰：「齊與陳、鄭遇垂，蓋謀取紀，是以紀侯見難而去也。」未詳是否。

紀侯大去其國。

常山劉氏曰：「大者，紀侯之名。生名之者，失地也。」《左氏》曰：「違齊難也。」孫氏曰：「齊肆吞噬，信不道矣。紀侯守天子土，有社稷之重、人民之衆，暗懦齷齪，不能死難，畏齊强脅，棄之而去，此其可哉！」○張氏曰：「案紀之本末，自《桓五年》書『齊、鄭如紀』，以至莊之元年、三年，凡關紀之存亡者，一一備書之，以見齊、鄭圖紀之淺深有漸，而卒成於今年也。紀之圖存，雖其間不能無失，然而困於强暴之淩逼，委宗社而去之。所以責强大，閔小弱，而寓興滅繼絶之志於言意之表也。」愚謂：齊襄貪肆殘忍，辠不勝誅矣。然助桀爲虐者，鄭伯也。爲紀侯者苟能修德任賢，養民訓兵，上下一心，固守疆土，齊人雖衆，無能爲也。《書》曰：「大邦畏其力。」孔子曰：「能治其國家，誰敢侮之。」乃不務此而求援弱魯，結婚夷王，邀戰爲盟，何益於國哉！　已而紀季先去，國勢遂分。兵未接境，委宗社，棄人民，妻不及葬而爲高士之逃世，大夫之去國，致伯姬見葬於讎人，叔姬寄死於齊境。國君死社稷之義安在哉？　經曰「紀侯大去其國」，聖人惻怛之心，雖以憫時王之無政，强暴之吞齧，然紀侯不能爲國之意在其中矣。

六月乙丑，齊侯葬紀伯姬。

陸氏曰：「葬者，臣子之事，非由鄰國也。齊侯并人之國，而禮葬其妻，是謂豺狼之行，而爲婦人之仁也。」愚謂：齊侯之惡顯矣，然齊兵未至，紀侯與其臣子棄殯去國，使伯姬葬於讎人之手，夫婦之恩、臣子之情薄矣哉！○康侯胡氏曰：「齊襄迫逐紀侯，使之去國，雖其夫人在殯而不及葬，然後襄公之辠著矣。」高氏曰：「齊襄以紀侯自去其國，非我顯滅之，故葬伯姬，以示己之恩，以泯其跡。甚矣！齊人之詐也。」存耕趙氏曰：「不惟紀無臣子，亦以病魯不親親也。」獻可杜氏曰：「春秋之世法度無所稟，强暴者恣其貪，危亡者無所託。紀爲齊所滅，而伯姬爲齊所葬。聖人書之，惡齊而閔紀也。」東萊呂氏曰：「内女不書葬，而書葬者三：宋共姬、紀伯姬與叔姬，皆非常也。」

秋七月。

冬，公及齊人狩于禚。禚，《公羊》、《穀梁》作郜。

狩，見《桓四年》。禚，見《莊二年》。孫氏曰：「父之讎不與共戴天，莊公之父親爲齊殺，而遠與齊人狩。」○杜氏曰：「公越境與微者狩，失禮可知。」存耕趙氏曰：「狩以奉宗廟，教兵守，未有入他國而行之者也。齊有望諸，魯有大野，禚非狩所也。」康侯胡氏曰：「莊公於齊無時可通也，而與之狩，是忘親釋怨，非人子矣。夫狩者，馳騁田獵，其爲樂，下主乎己；一爲乾豆，其事上主乎宗廟。以爲有人心者宜於此焉變矣。」莘老孫氏曰：「莊公元年主其婚，三年臣會其伐，於是又親與其臣狩。蓋公不孝而釋讎也，於此爲甚。」

五年春，王正月。

夏，夫人姜氏如齊師。

杜氏曰：「書姦也。」戴氏曰：「齊侯出師在外，姜氏往會之，故書曰『如齊師』。婦人在兵間，施面目於三軍之中，豈容以人道責哉？」愚謂：齊侯之惡亦著矣。莘老孫氏曰：「姜氏會齊侯之惡，《春秋》皆據實書之，傳信後人也。或會，或享，或如師，一時之跡不侔，而爲行之惡則一。」○康侯胡氏曰：「曰會、曰享，猶爲之名也。至是如齊師，羞惡之心亡矣，夫人之行不可復制矣。《春秋》書此，戒後世謹禮於微、慮患於早之意深矣。」

秋，郳黎來來朝。郳，五兮切。《公羊》作倪黎，《左氏》作犂。

《公羊》曰：「黎來者何？名也。其名何？微國也。」常山劉氏曰：「夷狄附庸書名。」張氏曰：「案宋仲幾云：『滕、薛、郳，吾役也。』則郳蓋宋之附庸，非夷狄也。」未詳孰是。陸氏曰：「曹姓，子爵，挾之後也。夷父顔有功於周，其子友别封爲附庸，居於郳。曾孫黎來始見《春秋》，數從齊桓尊周室，王命爲小邾子。」未詳是否。杜氏曰：「東海昌慮縣有郳城。」義見《隱十一年》「滕、薛來朝」。

冬，公會齊人、宋人、陳人、蔡人伐衛。

《左氏》曰：「伐衛，納惠公也。」葉氏曰：「朔雖宣姜所生，然諸侯不得再娶，則朔不得爲嫡子，況殺二公子乎？」義又見《隱二年》「鄭伐衛」。

六年春，王正月，王人子突救衛。正月，《公羊》、《穀梁》作三月。

張氏曰：「王人，下士也；子突，字也。」莘老孫氏曰：「衛侯朔譖殺二公子即位，數年而見逐於黔牟。黔牟在位八年矣，去年冬，齊帥諸侯之師伐衛而納朔。天王於是使子突救之。」高氏曰：「子突以辭直之師不能勝黨惡之諸侯，見王命之不行也。且王者有征而無救，書『救』以見王室之微矣。」○貫道王氏曰：「朔以狗彘之種，盜天子土地，周公之刑所謂『内外亂，鳥獸行，則滅之』者也。既失天討矣，及諸侯伐衛納朔，而後出救師。吁！惜乎其失機也。」君舉陳氏曰：「救衛無功，而後王命益不行於天下矣。」

夏六月，衛侯朔入于衛。

《左氏》曰：「衛侯入，放公子黔牟于周，放甯跪于秦，殺左公子洩、右公子職，乃即位。」未詳信否。劉氏曰：「爲諸侯受之君，君不命而自取之，雖有鄰國之助，大亂之道也。」存耕趙氏曰：「諸侯抗王命，其逆可知矣。」○胡氏曰：「前年諸侯伐衛，今年卒納朔。天子不克救朔，卒爲諸侯所納。公與諸侯之辠不容誅矣。」孫氏曰：「天子之威命盡矣。」

秋，公至自伐衛。

義見《桓二年》「公至自唐」。此又見侯納朔而後歸也。○存耕趙氏曰：「老師三時而朔卒入，踰四時而告成事。莊公之行十有九，其致者五：三至自齊以求婚於讎，非所以告廟也；一至自伐戎，以遠伐戎也；今至自伐衛，以抗王命也。」胡氏曰：「凡公行一百七十三，至者八十二。悉書之，煩不勝書。止是出入踰時，或釁深惡重即書。此書者，釁深惡重也。」

螟。

義見《隱五年》。

冬，齊人來歸衛俘。芳夫切，《公羊》、《穀梁》作寶。

俘，軍所獲也。張氏曰：「衛俘，衛朔所賂諸侯之貨寶。齊人首惡，故主衛之賂而分於黨惡助亂之國。」邦衡胡氏曰：「諸侯逆王而納朔，志乃在於衛俘。蓋志於利則叛其君矣。《春秋》書『齊人歸俘』，以見諸侯之逆王命，蓋本志於利也。」○康侯胡氏曰：「言歸衛俘，則知四國皆受朔之賂矣。夫以弟弑兄，臣弑君，篡居其位，上逆天王之命，人理所不容矣。彼諸侯者，豈其弗察，而援之甚力，則未有以驗其喪心失志，迷惑之端也。及書『齊人歸俘』，然後知其有欲貨之心，而後動於惡也。世變道微，暴行交作，徇於貨寶，賄賂公行，使君臣、父子、兄弟終去仁義，懷利以相與，不至於篡弑攘奪則不厭也。《春秋》書此，垂戒明矣。」愚謂：先書公「會齊、宋、陳、蔡伐衛」，次書「王人救衛」，次書「衛朔入衛」，次書「公至自伐衛」，及此又書「齊來歸俘」，屬辭比事，雖無有傳，其事豈不顯乎？其惡豈不著乎？

七年春，夫人姜氏會齊侯于防。

杜氏曰：「防，見《隱九年》。」義見《莊二年》「會于禚」。○莘老孫氏曰：「姜氏、齊侯皐均惡等。」

夏四月辛卯，夜，恒星不見。夜中，星隕如雨。見，賢徧切。夜，《穀梁》作昔，陸氏曰：「非也。」隕，《公羊》作霣。

夜，初昏以後也。夜中，夜半也。《公羊》曰：「恒星者，列星也。」孫氏曰：「星之常見者也。星隕如雨，謂隕墜者衆也。」啖氏曰：「奔流如雨之多也。」康侯胡氏曰：「人事感於下，則天變應於上。前此者，五國連衡，旅拒王命；後此者，齊桓、晉文更伯中國，政歸盟主，王室遂虚。其爲法度廢絶，威信陵遲之象著矣。」○戴氏曰：「天者積氣所爲，日月星辰麗焉，故常與是氣流轉於其間。今星隕之多如雨，則氣之消散可知。」吕氏曰：「恒星不見，星隕如雨，變異之極，而當世君臣莫能自省，日趨於亂，先王之道不復行於世矣，堯、舜、禹、湯、文、武之澤不復被於生民矣。變異之極，豈徒然哉！」

秋，大水，無麥苗。

大水，見《桓元年》。黄氏曰：「麥苗，麥之苗也。凡植物始生曰苗。」康侯胡氏曰：「書『大水』，畏天災也。『無麥苗』，重民命也。畏天災，重民命，見王者之心矣。忽天災而不懼，輕民命而不圖，國之亡無日矣。」〇黄氏曰：「案經文本明白，天時無可改之理，周雖建子，無改夏爲秋之事。《春秋》所謂秋，即今之秋。麥種於秋，始種爲苗，秋有大水，故『無麥苗』耳。」家氏曰：「中原之地種麥最早，故《月令》仲秋勸種麥。是歲以大水之故，種麥失時，或已種而爲水所溺。故曰『無麥苗』，非謂已熟之麥也。」

冬，夫人姜氏會齊侯于穀。

杜氏曰：「穀，齊地，濟北穀城縣。」張氏曰：「後屬鄆州東阿縣。」義見《二年》「會于禚」。〇康侯胡氏曰：「初會于禚，次享于祝丘，又次如齊師，又一歲而再會焉，其爲惡益遠矣。明年無知弑諸兒，其禍淫之明驗也。」

八年春，王正月，師次于郎，以俟陳人、蔡人。

《穀梁》曰：「次，止也。俟，待也。」杜氏曰：「期共伐郕，陳、蔡不至，故駐師于郎以待之。」張氏曰：「不由王命，妄興師衆，久次于外，期會莫應也。」〇莘老孫氏曰：「郕與魯爲同姓之國，莊公無親親之恩，率諸侯以伐之。春次于郎以俟陳、蔡，我俟之也。及齊師以圍之，我約之也。其爲志者皆我也，所以見内之辠也。」

甲午，治兵。治，《公羊》作祠，陸氏曰：「非也。《周禮》有治兵。」

康侯胡氏曰：「此治兵于郎也。俟而不至，暴師露衆，役久不用，則有失伍離次逃亡潰散之虞。復申明軍法以整齊之。譏黷武也。」張氏曰：「將以訓齊其衆，而不知師出以律，已失治兵之本矣。雖欲治之，其將能乎？」○劉氏曰：「出曰治兵，入曰振旅。是以秋治兵，春振旅。今魯以春治兵，非其時矣。」又曰：「魯先出兵而後治，治又非其常地。」愚謂：有文事者，必有武備，故治兵於閒暇之時，而用之於不得已之際，則師出以律矣。今莊公輕次於外，俟陳、蔡而不應，蹭蹬無聊，衆心離貳，然後治之，末矣。

夏，師及齊師圍郕。郕降于齊師。降，户江切。郕，《公羊》作成。

康侯胡氏曰：「書『及齊師』者，親仇讎也。『圍郕』者，伐同姓也。『郕降于齊師』者，伐國無義而不能服也。於是莊公之惡著矣。」○張氏曰：「魯與郕皆文王之昭，蓋同姓兄弟之當親者。莊公忘親而志於取郕，始擇易制之陳、蔡，與之同事，而陳、蔡不來，然後不得已而邀齊以圍之，所以郕不服魯，而寧降於齊。《春秋》直書以見其從讎而貪利，資人以虐小，二國同役而不同心，敵遂得以間之。魯師之出，大無功也。」

秋，師還。

崔氏曰：「歷三時而師還，《春秋》所以始終其事而見其惡。」○《索隱》曰：「三時暴兵于外，不修民政而奪其農時。聖人因而書之，以志莊公不臣之罪，爲後世黷武之戒。」常山劉氏曰：「春秋之世用師多矣，未有所書如此之詳者。何則？莊公此師尤爲非義。上既不用天王之命，無故而興師。自正月次于郎以俟陳、蔡，而陳、蔡不至，可謂無名矣。甲午治兵，可謂黷武矣。夏，師及齊師圍郕，郕又降于齊，可謂無義矣。歷三時而師還，可謂害民矣。夫逆天道，親仇讎，圍同姓，勤民力，與國不信，伐國不服，故聖人備書之。」

冬十有一月癸未，齊無知弑其君諸兒。

無知不氏，與州吁同。《左氏》曰：「齊侯使連稱、管至父戍葵丘。瓜時而往，曰：『及瓜而代。』期戍，公問不至。請代，弗許。故謀作亂。僖公之母弟曰夷仲年，生公孫無知，有寵於僖公，衣服禮秩如適，襄公絀之。二人因之以作亂。連稱有從妹在公宫，無寵，使間公曰：『捷，吾以女爲夫人。』齊侯游于姑棼，遂田于貝丘，見大豕，從者曰：『公子彭生也。』公怒，曰：『彭生敢見！』射之，豕人立而啼。公懼，墜于車，傷足喪屨。反誅屨於徒人費。弗得，鞭之，見血。走出，遇賊於門，劫而束之。費曰：『我奚御哉！』袒而示之背，信之。費請先入，伏公而出鬭，死於門中。石之紛如死於階下。遂入，殺孟陽於牀，曰：『非君也，不類。』見公之足於户下，遂弑之而立無知。初，襄公立，無常。鮑叔牙曰：『君使民慢，亂將作矣。』奉公子小白出奔莒。亂作，管夷吾、召忽奉公子糾來奔。」張氏曰：「齊襄之見弑，以禍本言之，則無知之配嫡已積漸於僖公之時，而襄公之惡積不可掩，如抗王、伐衛、殺魯桓公、色荒禽荒、暱比小人。考襄公即位以至於今，《春秋》所書齊事無一非亡國戕身之媒，以至禍發蕭牆，身殲賊手，所謂『積不善之餘殃』者也。」義又見《隱四年》衛州吁事。〇存耕趙氏曰：「連稱之徒，盜賊之靡者。因無知以作亂，君弒而無知爲君，則主弒者無知也。」

九年春，齊人殺無知。

義見《隱四年》「衛人殺州吁」。〇東萊吕氏曰：「無知踰年不稱爵，蓋弒君之賊爾。若不以罪討，則亦不以討賊之辭加之，猶謂之大夫，如里克者是已。蔡世子般則楚子誘而殺之，齊商人則齊人弒而討之，不以其罪，故不加以討賊之辭。」

公及齊大夫盟于蔇。其器切。《公羊》、《穀梁》作暨。

大夫無名氏，衆大夫也。《左氏》、《公》、《穀》曰：❶「齊無君也。」杜氏曰：「蔇，魯地。琅邪繒縣北有蔇亭。」張氏曰：「後爲沂州承縣。」《穀梁》曰：「盟，納子糾也。」趙氏曰：「納讎人之子，損禮。」而盟大夫，義又見《隱元年》「盟于蔑」。〇康侯胡氏曰：「德有輕重，怨有淺深。怨莫甚於父母之仇，而德莫重於安定其國家而圖其後嗣也。有父之讎而不知怨，乃欲以重德報之，則人倫廢，天理滅矣。然則如之何？以直報怨，以德報德。」

夏，公伐齊，納子糾。齊小白入于齊。《公羊》、《穀梁》無「子」字。

子糾、小白皆襄公庶子。孫氏曰：「小白弟也。」《左氏》曰：「公伐齊，納子糾。桓公自莒先入。」杜氏曰：「二公子各有黨，故雖盟而迎子糾，當須伐乃得入。又出在小白之後。」《公羊》曰：「其言『入』何？

---

❶「公穀」，據下引文當作「公羊」。

篡辭也。」邦衡胡氏曰：「齊不受子糾，而公必納之。故先書『公伐齊』，見齊不受子糾也。次書『納糾』，見公黨仇人之子也。齊小白曷書『入』？蓋子糾稱子，當立也。小白不稱子，不當立也。不當立，則爲篡。」○存耕趙氏曰：「魯莊之伐齊似矣，惜乎其以納糾也。使移此以爲復讎之師，魯其庶乎？《春秋》書其故，以其非讎齊而德齊也。」莘老孫氏曰：「莊公忘君父之大讎，伐齊而納讎人之子，書曰『納』者，不宜納也。公子糾雖非嫡長，而桓公之庶兄。莊公納之，雖不得於義，而宜嗣齊襄而爲君者惟糾焉。故曰子糾書『納』者，見莊公納之之辠，書『子糾』者，言其宜爲齊君。」

秋七月丁酉，葬齊襄公。

杜氏曰：「九月乃葬，亂故。」義見《隱三年》「葬宋穆公」。

八月庚申，及齊師戰于乾時，我師敗績。

此戰公也。不言公者，蒙上「公伐齊」之文耳。杜氏曰：「乾時，齊地。時水在樂安界，岐流，旱則竭涸，故曰乾時。」左氏曰：「公喪戎路，傳乘而歸。秦子、梁子以公旗避於下道，是以皆止。」莘老孫氏曰：「齊爲仇讎之國，無時而通。莊公受糾之來奔，志欲納之，已盟其大夫，伐齊而納糾矣，而小白先之。既忘其讎矣，又不量力而與齊戰焉。至於師徒崩喪，而糾不免於死。爲莊公者，其辠如何也。」○吕氏曰：「書『我師敗績』，則凡例謂『内不言敗』者繆矣。《春秋》無義戰，凡相侵伐，皆聖人所辠。曾不是諱，而諱敗乎？」

九月，齊人取子糾殺之。

齊人取子糾殺之者，齊人取之於魯而殺之也。孫氏曰：「子糾當立。桓公争國，取而殺之，甚矣！所以重桓公之篡也。」○康侯胡氏曰：「仁人之於兄弟，不藏怒，不宿怨，親愛之而已矣。糾雖争立，越在他國，置而勿問可也。齊必殺之然後快於心，其不仁亦甚矣！後世以傳讓爲名而取國者，必殺其主，以爲一人心、防後患，意與此同。流毒豈不遠哉！《孟子》曰：『五霸，三王之辠人也。仲尼之徒無道桓文之事者。』」存耕趙氏曰：「小白不能容糾於魯，必置之死，小白辠也。莊公欲納糾，使齊得取而殺之，莊公亦辠也。經書之，見小白器量之不宏，病魯之無主而與之殺也。」愚聞之邵子曰：「五伯者，功之首、辠之魁也，功過不相掩。先定五伯之功過而學《春秋》，則大意立矣。」桓公入齊，首殺子糾，絶滅天倫，辠之尤大者也。其與王者行一不義、殺一不辜而得天下不爲者異矣。此後凡伯者之事，必辨其功過，如邵子云。

冬，浚洙。浚，蘇俊切。

《公羊》曰：「浚之者何？深之也。曷爲深之？畏齊也。」杜氏曰：「洙水在魯城北，下合泗。」康侯胡氏曰：「固國以保民爲本，輕用民力，妄興大作，邦本一摇，雖有長江巨川限帶封域，洞庭、彭蠡、河漢之險，猶不足憑，而况洙乎？書『浚洙』，見勞民於守國之末務而不知本，爲後戒也。」○莘老孫氏曰：「《春秋》之義，凡興作書之皆辠。」

春秋本義卷第七

莊　公

十年春，王正月，公敗齊師于長勺。上酌切。

不書「伐」，而書「敗某師」，書法與《隱十年》「公敗宋師于菅」同。後不復解。杜氏曰：「長勺，魯地。」《左氏》曰：「齊師伐我。公將戰，曹劌請見。其鄉人曰：『肉食者謀之，又何間焉？』劌曰：『肉食者鄙，未能遠謀。』乃入見。問：『何以戰？』公曰：『衣食所安，弗敢專也，必以分人。』對曰：『小惠未徧，民弗從也。』公曰：『犧牲玉帛，弗敢加也，必以信。』對曰：『小信未孚，神弗福也。』公曰：『小大之獄，雖不能察，必以情。』對曰：『忠之屬也。可以一戰，戰則請從。』公與之乘。戰于長勺，公將鼓之，劌曰：『未可！』齊人三鼓，劌曰：『可矣！』齊師敗績，公將馳之，劌曰：『未可！』下視其轍，登軾而望之，曰：『可矣！』遂逐齊師。既克，公問其故。對曰：『夫戰，勇氣也。一鼓作氣，再而衰，三而竭。彼竭我盈，故克之。夫大國，難測也，懼有伏焉。吾視其轍亂，望其旗靡，故逐之。』」未詳信否。存耕趙氏曰：「小白報乾時之役也。魯師敗矣，子糾殺矣，亦可以已乎。」愚謂：魯亦有以召之，其幸而勝，不足論也。義又見《隱二年》「鄭伐衛」。

二月，公侵宋。

侵者，侵其疆界也。康侯胡氏曰：「《詩》曰『侵自阮疆』，《書》曰『侵于之疆』是也。」高氏曰：「公既敗齊師，又乘勝加兵於宋，非義之甚也。」愚謂：諸侯無王命而聲辠致討，辠也。況無王命以侵人之國，殘民黷武，不容誅矣。義與《隱二年》「鄭伐衛」同。○《穀梁》曰：「深其怨於齊，又退侵宋，以衆其敵，惡之。」貫道王氏曰：「所以啓次郎之師也。」《春秋》書「侵」五十八。

三月，宋人遷宿。

遷國者，奪其地利形勢，而徙其國都於他所。或又以爲附庸也。不言遷於某地者，葉氏曰：「以遷人爲辠，義不在地也。」宿，見《隱元年》。孫氏曰：「宿，微國。天子封之，宋人遷之，其惡可知也。」義又見《元年》「齊遷紀郱、鄑、郚」。此則遷國，甚矣。○康侯胡氏曰：「遷宿者，宿非欲遷，爲宋人之所遷也。懷土，常物之大情。遷國，重事也。雖違害就利，去危即安，猶或恐沉於衆不肯率從，而況迫於橫逆，非其所欲。棄久宅之田里，刈新徙之蓬藋，道途之勤，營築之勞，起怨咨，傷和氣，豈不惻然有隱乎？肆行莫之顧也，其不仁亦甚矣。凡書遷，惡自見矣。」

夏六月，齊師、宋師次于郎。公敗宋師于乘丘。

杜氏曰：「乘丘，魯地。」張氏曰：「興仁府乘氏縣。」愚案：齊、宋之師次于郎，而獨敗宋師于乘丘，豈宋師先進于乘丘邪？《左氏》曰：「齊師、宋師次于郎。公子偃曰：『宋師不整，可敗也。宋敗，齊必還。請擊之！』大敗宋師于乘丘。齊師乃還。」常山劉氏曰：「二國揚兵駐師而不名所伐，欲闞利乘便快攻取之意。魯又不能推忠信、奉文告以止齊、宋之師，而覆敗其軍。次者不以義，勝者不以道，交譏之也。」義又見《隱二年》「鄭伐衛」。○獻可杜氏曰：「公不能復讎，而反納子糾，以啓齊之寇，又侵宋以衆其敵，致二國同次于郎。公雖敗宋，不足爲美。」

秋九月，荆敗蔡師于莘，以蔡侯獻舞歸。

杜氏曰：「荆，楚本號，後改爲楚。莘，蔡地。」張氏曰：「成王初封熊繹於丹陽，江陵之枝江縣也。自荆子熊通侵伐漢東諸侯，其國始大，僭號稱王。今其子熊貲始敗蔡，浸猾夏矣。」《左氏》曰：「蔡哀侯娶于陳，息侯亦娶焉。息嬀將歸，過蔡。蔡侯曰：『吾姨也。』止而見之，弗賓。息侯聞之，怒，使謂楚文王曰：『伐我，吾求救於蔡而伐之。』楚子從之。」未詳信否。張氏曰：「於此見王政不行，夷狄憑陵中國。」君舉陳氏曰：「《春秋》書之，見夷夏之大變也。」後倣此。高氏曰：「諸侯死社稷，正也。逃之，皐也。虜，賤甚矣。」義又見《隱七年》「戎伐凡伯」。○愚案：隱公會戎、盟戎，致凡伯見伐，戎禍稍息。而狄伐中國，荆楚伐蔡，皆由王法大壞，諸侯自相侵伐，中國勢分，夷夏莫辨。故荆楚猾夏，而近者首被其禍，不可復制。春秋之末，漸主夏盟，楚衰而吴繼之，吴衰而越繼之，蠻夷之盛至於越，而春秋終矣，王綱盡矣。故君子常防患於未然，而《春秋》比書其本末，爲履霜之戒也。

冬十月，齊師滅譚，譚子奔莒。譚，徒南切。《公羊》作十一月。

杜氏曰：「譚國在濟南平陵縣西南。」張氏曰：「在濟南府歷城縣。滅者，夷其社稷，覆宗絶祀也。」《公羊》曰：「何以不言出？國已滅矣，無所出也。」愚謂：不名，闕文也。存耕趙氏曰：「譚雖小國，先王所封。王封之，惟王滅之，亦必當其辠也。小白亦諸侯也，可滅之乎？」胡氏曰：「言『奔莒』，不死社稷也。」○陳氏曰：「書『滅』，始於此。春秋之際，滅國三十六，五伯爲之也。微桓公，則滅國之禍不接跡於天下。」薛氏曰：「五伯，桓公爲盛。威陵諸侯以圖伯功，首滅天子之建侯以肆威耳。儒者之不道也，宜哉。」

十有一年春，王正月。

夏五月戊寅，公敗宋師于鄑。子斯切。

杜氏曰：「鄑，魯地。」愚謂：齊遷紀鄑邑，當爲紀地，豈偶同名邪？《左氏》曰：「宋爲乘丘之役，故侵我。公禦之，敗諸鄑。」存耕趙氏曰：「宋報復之師也。屢役不勝，可以已矣。莊公以兵始禍，屢勝鄰國，能無悔乎？」義又見《隱二年》「鄭伐衛」。○胡氏曰：「二年之中三敗齊、宋之師，以深其怨。」

秋，宋大水。

康侯胡氏曰：「凡外災，告則書。」東萊吕氏曰：「其顯然爲衆所知者，亦不待告也。」義見《桓元年》。○康侯胡氏曰：「凡志災見《春秋》，有謹天戒，恤民隱之心。」東萊吕氏曰：「春秋之世，災異多矣。聖人不能盡書，取其一二甚者以爲後世戒。」

冬，王姬歸于齊。

劉氏曰：「我主之也。」孫氏曰：「羣公受命主王姬者多矣，唯元年與此年書者，惡公忘父之讎，再與齊接婚也。」○邦衡胡氏曰：「婚姻之道，不正其始，則終必亂。齊再娶王姬，婚姻不正莫甚焉。非惟惡公忘讎而主婚，亦以志小白篡立，王不能正，反薦女以結之也。」存耕趙氏曰：「二姬皆莊王女，一爲姑，一爲婦，非倫也。」未詳是否。

十有二年春，王三月，紀叔姬歸于酅。

叔姬即《隱七年》「歸于紀」者也。孫氏曰：「伯姬之媵也。酅，紀季以入齊之邑也。」啖氏曰：「稱紀，言紀之婦也。」宋氏曰：「國滅夫死，託身讎國。書『歸』，不當歸也。」○獻可杜氏曰：「紀侯去國，則叔姬歸父母之國可也。」愚謂：國君死社稷，其兄弟臣妾可知也。紀國既亡，叔姬死之可也。而歸依於叛兄之叔，失節甚矣。孫氏曰：「歸于酅者，歸于季也。歸者，嫁辭。以伯姬之媵而歸于季，非其所歸，亂也。」未詳是否。

夏四月。

秋八月甲午，宋萬弑其君捷及其大夫仇牧。捷，《公羊》作接。

張氏曰：「萬，南宮長萬，多力之士。捷，閔公名也。」《左氏》曰：「乘丘之役，公以金僕姑射南宮長萬，公右歂孫生搏之。宋人請之，宋公靳之曰：『始吾敬子，今子，魯囚也，吾弗敬子矣。』病之。秋，宋萬弑閔公于蒙澤。遇仇牧於門，批而殺之。遇太宰督於東宮之西，又殺之。立子游。」《公羊》曰：「萬嘗與莊公戰，獲乎莊公。莊公歸，散舍諸宮中數日然後歸之。反，爲大夫於宋。與閔公博，婦人皆在側。萬曰：『甚矣！魯侯之淑，魯侯之美也。天下諸侯宜爲君者，唯魯侯爾。』閔公矜此婦人，妒其言，顧曰：『此虜也！爾虜焉故，魯侯之美惡乎至。』萬怒，搏閔公，絶其脰。仇牧聞君弑，趨而至，遇之於門，手劍而叱之。萬臂撥仇牧，碎其首，齒著乎門闔。」孫氏曰：「『及其大夫仇牧』，甚之也。」劉氏曰：「仇牧之智則未，仇牧之忠則盡矣。疾其疾而忘其力，憂其憂而忘其生，仇牧可謂不畏强禦矣。」愚謂：弑君之賊惡極辠大矣。然宋湣逆王命納衞朔，逼遷宿國，次師取敗，狎近宋萬，皆足以殺其身者也。義又見《桓二年》宋督事。○莘老孫氏曰：「《春秋》死難之臣三人而已，孔子書之無異文。孔子曰：『以道事君，不可則止。』又曰：『既明且哲，以保其身。』事君而至於殺身，君子不爲也。事君之日久，則君必信我，而言必用也。道不行，言不信，猶在其位，苟禄也。苟禄而事君，固位而見殺，孔子又何取乎？三人者之謂善，乃孔子爲不能死者設耳，非孔子之所謂善也。」

冬十月，宋萬出奔陳。

孫氏曰：「弑君之賊，當急討之。萬八月弑湣公，十月出奔。宋之臣子緩不討賊若此。」常山劉氏曰：「弑君叛國，凡民罔不憝，況均諸侯哉？書所奔之國，則受之之辠亦自見也。」

十有三年春，齊侯、宋人、陳人、蔡人、邾人會於北杏。齊侯，《穀梁》作齊人。

杜氏曰：「北杏，齊地。」莘老孫氏曰：「齊侯稱爵，而諸侯皆稱人者，齊桓將伯，諸侯未甚尊之，但遣其臣往爾。然齊方求諸侯，亦不卑之，而與之會也。」黄氏曰：「衣裳之會十有一，北杏實爲之首。自周東遷，諸侯紛紛若鬬獸。今而後知尊周室矣。故孔子曰：『九合諸侯，一匡天下。民到于今受其賜。』」胡氏曰：「桓公徒有尊周之名，無尊周之實。觀其貪土地之廣，恃甲兵之衆，强制諸侯，約之以會，要之以盟，臨之以兵。其有不循者，小則侵之、伐之，甚則執之、滅之。其實假尊周之名，以自封殖耳。」孫氏曰：「案《周禮》『九命作伯，得專征諸侯』，若五伯者，皆非命伯。故孟子曰：『三王之皋人也。』」愚案：伯者之功過如此。義又見《隱九年》「會于防」。○孫氏曰：「二十七年，王使召伯賜齊侯命。僖二十八年，内史叔興父策命晉侯爲侯伯。此亂世之事，非盛王意也。」康侯胡氏曰：「春秋之世，以諸侯而主天下會盟之政，自北杏始。」愚謂：齊桓、晉文盟會侵伐，若有異於其他諸侯合黨報復、貪利黷武之爲，然其相去蓋一間耳。孔子曰：「天下有道，禮樂征伐自天子出。天下無道，禮樂征伐自諸侯出。」桓、文既非命伯，又不請命於天子，其所令於諸侯者，不過假大義以濟私欲。三王之道，其名似存，其實已去。《春秋》一切書之，爲後世鑒。所謂「其事則齊桓、晉文，其義則丘竊取之」者也。蓋自孟子而下，知其意者惟董子焉。故曰：「正其義，不謀其利。明其道，不計其功。」或者乃謂聖人與之而無譏，往往爲説較伯業之大小，而不及聖人之所指，則誤矣。故愚於桓、文之會、盟、侵、伐，一切書之曰「義見某年某事」，明其與其他諸侯之不甚相遠也。若其事之近義者，則各著其説於本文之下，蓋《孟子》所謂「彼善於此」，邵子所謂「功過不相揜」者，在讀者詳焉。

夏六月，齊人滅遂。

《穀梁》曰：「遂，微國也。」存耕趙氏曰：「舜之後也。」杜氏曰：「遂國在濟北蛇丘縣東北。」高氏曰：「北杏之會，諸侯尚有未服者。桓公於是滅遂以示威。」義見《十年》「齊滅譚」，而此又爲《十七年》「齊人殲于遂」起文也。○王氏曰：「桓公圖伯，未爲諸侯所附，當崇禮義以懷來之，而乃伐魯滅譚，今又滅遂，皆强力以報私憾。」張氏曰：「於此見其已亡惻隱之心。故凡其合於仁者，孟子皆以爲假。」

秋七月。

冬，公會齊侯盟于柯。古何切。

杜氏曰：「此柯，濟北東阿齊之阿邑。」張氏曰：「東平府東阿縣。」《左氏》曰：「始及齊平也。」張氏曰：「莊公自齊桓入國，屢與之戰。雖一再勝，而齊方修軍政以圖伯。魯有見伐之虞，至此始及齊平。齊桓亦知魯未可取，故不復以用於譚、遂者待魯。亦足以見桓公屈意和魯，皆伯術也。」愚案：伯者之盟諸侯始此，但此則離盟耳。義又見《隱元年》「盟于蔑」。

十有四年春，齊人、陳人、曹人伐宋。夏，單伯會伐宋。

康侯胡氏曰：「稱『人』者，將卑師少也。」劉氏曰：「伐宋之時，魯本不與謀，後聞，乃遣大夫往耳。」《左氏》曰：「宋人背北杏之會。春，諸侯伐宋，取成於宋而還。」程子曰：「齊自管仲爲政，莊十一年而後，未嘗興大衆也，其賦於諸侯亦寡矣。終管仲之身，息養天下，厚矣。至於秦、晉，使之不競而已，不强致也。是以功卑而易成。」邦衡胡氏曰：「齊桓非天王命而專伐，亦《春秋》之所惡也。孟子曰：『天子討而不伐。五伯摟諸侯以伐諸侯，三王之辠人也。』」義又見《隱元年》「鄭伐衛」。○康侯胡氏曰：「齊蓋以節制用兵，故能南摧强楚，西抑秦、晉。或以爲貶齊稱人，誤矣。」

秋七月，荆入蔡。

義見《莊十年》「荆敗蔡師」。○高氏曰：「十年，荆敗蔡師，執其君，今又入其國，夷狄輕中國如此。」

冬，單伯會齊侯、宋公、衛侯、鄭伯于鄄。音絹，一音真。

孫氏曰：「經以單伯爲文者，凡盟會，公或大夫皆以魯主其會爲文。《春秋》魯史故也。」存耕趙氏曰：「齊序宋上，推齊伯也。」杜氏曰：「鄄，衛也，東郡鄄城也。」張氏曰：「濮州鄄城縣。」《左氏》曰：「宋服故也。」義見《隱九年》「會于防」。○胡氏曰：「夫禮，別嫌明微，制治于未亂，自天子出者也。列國之君，自相會聚，是禮自諸侯出矣。以國君而降班以會大夫，以大夫而出位以伉諸侯，是禮自大夫出矣。君若贅旒，陪臣執命，豈一朝一夕之故哉？故《易》於《坤》之初六曰：『馴致其道，至堅冰也。』《易》言其理，《春秋》見諸行事，若合符節，可謂深切著明矣。」

十有五年春，齊侯、宋公、陳侯、衛侯、鄭伯會于鄄。

陳入春秋居衛下，今先衛者，杜氏曰：「陳侯介於齊、楚之間，爲三恪之客。齊桓因而進之。」未詳是否。《左氏》曰：「春復會焉，齊始伯也。」義見《隱九年》「會于防」。○孫氏曰：「桓公帥諸侯尊周室，其實帥諸侯以尊己，假尊王之名以令諸侯，約之以會，要之以盟，臨之以威，制之以力也。」莘老孫氏曰：「齊桓欲成伯業，故爲鄄之會以帥諸侯。然《春秋》書之，與無事而會盟者等爾。蓋《春秋》之意，以謂齊桓公功則可取，而道猶未也。《春秋》，王道之極致，故桓、文之功，其辭無褒。」

夏，夫人姜氏如齊。

莘老孫氏曰：「姜氏但歸寧耳，然經書之，與齊襄之事等者，蓋婦人以夫家爲歸。一適其夫，則終身不返。父母沒，雖兄弟不往，所以預爲之嫌，而防逆亂之將萌也。齊桓雖無齊襄之事，蓋非禮之跡同也。姜氏之惡，不可勝誅矣。然爲齊桓者，不能無辠。」張氏曰：「文姜播惡於齊襄之時，桓公欲圖伯業，則絶之於齊，義也。以欲求魯之故，而不監覆車之轍，豈非未聞行一不義，雖得天下，不爲之法乎？此孔門所以不道伯者也。」〇許氏曰：「鄄之會，魯尚未從。齊侯以爲未能比近，無以示遠，務在求好於魯。是以於此受文姜而不逆，以昭親親，而齊、魯之交卒合。然禮防一弛，則夫人復啓越境之恣，而遂有如莒之事。」

秋，宋人、齊人、邾人伐郳。五兮切。《公羊》作兒。

范氏曰：「宋主兵，故序齊上也。」愚謂：諸侯親伐，則伯主序宋上。今大夫主兵，則宋仍序齊上耳。《左氏》曰：「諸侯爲宋伐郳。」未詳信否。郳，見《五年》，義見《隱二年》「鄭伐衛」。

鄭人侵宋。

《左氏》曰：「諸侯伐郳，鄭人間之而侵宋。」張氏曰：「間諸侯伐郳而侵宋，不誠於服齊，而背二鄄之會。鄭之反覆於齊、楚之間，蓋始於此。」義又見《十年》「公侵宋」。

冬十月。

十有六年春，王正月。

夏，宋人、齊人、衛人伐鄭。

宋序齊上，與「伐郳」同。《左氏》曰：「諸侯伐鄭，宋故也。」愚謂：鄭有辠矣，齊桓此伐有名矣，惜乎齊桓非受命之伯，以王道正之，猶有辠也。所謂「彼善於此」者，皆此類也。義又見《隱二年》「鄭伐衛」。

秋，荆伐鄭。

義見《十年》「荆敗蔡師」。○莘老孫氏曰：「前年，荆嘗入蔡，於是又伐鄭焉，所以見夷狄之强、中國之衰也。」戴氏曰：「楚將憑陵中國，蔡當其衝，首罹其害。自鄭從幽之盟，楚不敢窺鄭者十有餘年，齊桓之力也。」

冬十有二月，公會齊侯、宋公、陳侯、衛侯、鄭伯、許男、曹伯、滑伯、滕子，同盟于幽。《左氏》、《穀梁》無「公」字。陳岳氏曰：「闕文也。」《左氏》無「曹伯」二字。

杜氏曰：「滑國，都費，河南緱氏縣。或曰今滑州也。幽，宋地。」高氏曰：「許男先於滑伯、滕子者，是時伯主以意升降，或諸國自以强弱相上下。聖人因書之，以見先王之制，不復列於當時也。」劉氏曰：「同盟者，殷同之盟也。古者諸侯之於天子，春見曰朝，夏見曰宗，秋見曰覲，冬見曰遇，時見曰會，殷見曰同。同盟之禮見於覲禮，爲壇祀方明，方伯臨之。古者六歲而會，十二歲而盟。桓非受命之伯，假同盟之禮，率諸侯以尊天子，蓋自是始伯也。」張氏曰：「古者方嶽有同盟，以示其考禮修德，以尊天子之意。桓公至此，以諸侯既授以事，而伯業定，因舉是禮，約束諸侯尊周，以掩其無王命之事，與伐楚而舉召康公之命相似。自此，欲制諸侯而脅從之者，皆稱同盟。其無王命，假古誼以制與國，一也。而善惡則各繫於其事焉。《穀梁》稱桓公未嘗有歃血之盟，而孟子於葵丘之會亦曰：『諸侯束牲載書而不歃血。』夫子所謂『桓公九合諸侯，不以兵車』，此蓋其衣裳大會之始也。揚雄以習亂爲《春秋》，不得已而與齊、晉，蓋得《春秋》之旨矣。」君舉陳氏曰：「王者不作，舉天下而聽命於一邦，古未之有也。」存耕趙氏曰：「桓公無王命而稱伯，儼然於列國之上，諸侯不知有王也。」後倣此。義又見《隱元年》「盟于蔑」。○葉氏曰：「有盟，有同盟者，《周官》曰：『時見曰會，殷見曰同。』又曰：『時會以發四方之禁，殷同以施天下之政。』二者非諸侯見王之節，王合諸侯而見之者也。朝覲宗遇，以禮見王而已。若有征伐，以討不庭，則命方伯、連帥，而諸侯從焉。此之謂『時會』，故曰『發四方之禁』。王十二歲一巡狩，諸侯會於方嶽之下而受命。王不巡狩，則合諸侯受命於王國。此之謂『殷同』，故曰『施天下之政』。小白圖伯，諸侯之從者日衆，故假殷同之禮而行焉。故此年同盟于幽，至二十七年而再同盟，歷十有二年，用天子殷見之禮也。」

郳子克卒。

莘老孫氏曰：「克者，儀父之嗣君。至是始稱子者，嘗從齊桓會盟侵伐，故進之爲子也。」陸氏曰：「克，儀父名。齊桓請王命以爲諸侯，故曰子。」皆無所考。竊謂：郳本子爵。《隱元年》稱郳儀父者，大夫也。大意見《隱七年》「滕侯卒」。

十有七年春，齊人執鄭詹。《公羊》作瞻。

不言何辠執之者，義不在辠，而在於執也。後倣此。胡氏曰：「前年，同盟于幽。今春執之，安用盟？」邦衡胡氏曰：「況無王命而專執乎？」愚謂：又爲鄭詹逃來起文也。○康侯胡氏曰：「惡齊之辭也。以責人之心責己，則盡道。以愛己之心愛人，則盡仁。」張氏曰：「諸侯不服，則修德以來之。而執其大夫，則小國之從齊者，皆出於力不贍，而非有心悦誠服之意可見矣。」

夏，齊人殲于遂。殲，子廉切。《公羊》作瀸。

殲者，滅之盡也。《左氏》曰：「齊人滅遂而戍之。夏，遂因氏、頜氏、工婁氏、須遂氏饗齊戍，醉而殺之，齊人殲焉。」啖氏曰：「不言遂人殲之，言齊人自取其滅也。」○張氏曰：「案十三年滅遂置戍，今乃見殲於亡國之遺民，蓋絶滅社稷以及其君，慮其民之思舊主，而以兵力强制之，不知彼心不服，吾力稍怠，必有出於意料之外者。蓋王者之道貴於興滅繼絶，而齊人滅遂，不止於殺一不辜而已，以至於自殲其衆也。」康侯胡氏曰：「《春秋》書此，見齊人滅遂，恃强陵弱，非伐辠弔民之師。夫以亡國餘民，能殲强齊之戍，則申胥一身，可以存楚，楚雖三户，可以亡秦。固有是理，足爲强而不義之戒，而弱者亦可以省身而自立矣。」莘老孫氏曰：「《春秋》之義，凡自取之者，以自取爲義。齊人爲遂所殺，非遂人之辠，齊自取之爾。梁亡非人亡之，梁自亡爾。鄭棄其師，非他國敗之，鄭自棄爾。殲于遂，辠齊之深，而憫遂之滅也。」

秋，鄭詹自齊逃來。

陸氏曰：「凡言逃者，皆謂義當留而竊去者也。」康侯胡氏曰：「逃，匹夫之事也。詹效匹夫之行，遁逃苟免，不知命也。同盟于幽，而魯首叛盟。受其逋逃，虧信義矣。」○邦衡胡氏曰：「齊桓無王而專執，雖曰非義，詹爲大臣，不能守死以紓國患，而遁逃苟免，非惟身之羞，國之羞也。」劉氏曰：「譏逃也。以爲義，死制云乎；以爲不義，死道云乎。君子不曰幸而免，詹自以爲有辠邪，雖死之可矣；自以爲無辠邪，尚何逃之有？詹恐其無辠見殺，因逃而苟免，不足爲大夫。」

冬，多麋。

張氏曰：「麋，鹿之大者。魯所常有，多則爲異。」山陰陸氏曰：「陰盛所感，惡氣之應也。」《公羊》曰：「記異也。」○莘老孫氏曰：「《春秋》以有爲災則書有，『有蜮』是也；以無爲異則書無，『無冰』是也。至於麋者，常有之物，不可爲異。惟其多，則書之。」康侯胡氏曰：「書此，亦禹放龍蛇、周公遠犀象之意也。」

十有八年春，王三月，日有食之。

存耕趙氏曰：「不書日與朔，舊史失之也。」義見《隱三年》。○莘老孫氏曰：「《春秋》日食有書日、書朔者，有書日而不書朔者，有日與朔皆不書者。書日書朔，日食正朔，舊史之詳備，孔子因之以傳信也。日而不朔者，食不在朔，或在晦，或在二日也。日朔皆不書者，舊史所無。孔子闕之，以傳疑也。春秋之間，日食不書朔與日者，惟二而已。亦足以知舊史所闕者少也。」愚謂：或經成而後闕之，亦不可知也。

夏，公追戎于濟西。

杜氏曰：「戎來侵，魯公逐之於濟水之西。」莘老孫氏曰：「禦戎之道，來則拒之，去則勿追。」啖氏曰：「去社稷，遠追戎也。」

秋，有蜮。影逼切，或作蟚。

康侯胡氏曰：「蜮，魯所無也，故以有書。」陸璣曰：「蜮，短狐也。一名射影。如鼈，三足，在江淮水中。人在岸上，影見水中，投人影則射，故曰射影。或謂含沙射人皮肌，其瘡如疥。」《公羊》曰：「記異也。」

《左氏》曰：「爲災也。」山陰陸氏曰：「蜮，陰物也。麋，亦陰物也。陽淑消而陰慝長，此惡氣之應。」○張氏曰：「是時文姜爲亂，其遺毒餘患至於哀姜，卒成篡弑之禍。物類之感，天之示人顯矣。」

冬十月。

十有九年春，王正月。

夏四月。

秋，公子結媵陳人之婦于鄄，遂及齊侯、宋公盟。

杜氏曰：「公子結，魯大夫。」劉氏曰：「媵者，送女也。陳人者，陳大夫。」《公羊》曰：「大夫無遂事。」莘老孫氏曰：「陳人娶姬姓之女，魯使其臣公子結媵之。結行至鄄，遂盟齊侯、宋公。是時，齊桓方伯，而宋又强國。公子結不終媵事，而欲交歡伯主。終之，齊、宋皆怒，陳亦棄好。是年之冬，三國皆來伐我西鄙，由公子結之遂事召之。」義又見《隱元年》「盟于蔑」。○啖氏曰：「凡媵，常事不書。爲公子結遂事起本也。」東萊吕氏曰：「凡書大夫遂者四：『公子遂如京師，遂如晉』，『仲孫蔑會晉荀罃，遂城虎牢』，『季孫宿救台，遂入鄆』，與此公子結媵婦，遂及齊、宋盟也。」

夫人姜氏如莒。

杜氏曰：「非父母之國而往，書姦。」莘老孫氏曰：「婦人無專行之禮，故雖父母之國，惟父母在，得歸寧，父母没，雖兄弟不往，况他國乎？惡自見矣。」○張氏曰：「文姜比年如莒，《春秋》詳書，蓋與《詩》之變風相應。當時一反《關雎》、《麟趾》之化，而中國之俗，於是大亂。」

冬，齊人、宋人、陳人伐我西鄙。

杜氏曰：「鄙，邊邑。」常山劉氏曰：「諸侯來侵伐，不至國都，皆書某鄙。」高氏曰：「公之事齊後於諸侯，又受鄭詹，而公子結又以私事取怒焉，故齊連陳、宋來討之。」愚謂：齊人摟諸侯以伐諸侯，固有辠也。然魯之君臣，亦有以召之。義又見《隱二年》「鄭伐衛」。○存耕趙氏曰：「《春秋》書魯之被兵，遠不及國，則言鄙，此類是也。近國則書其地，郎、乘丘是也。至言伐我，則寇深矣。」

二十年春，王二月，夫人姜氏如莒。

義見《十九年》。○康侯胡氏曰：「十五年，姜氏如齊，至是再如莒。而《春秋》書者，禮義，天下之防也。其禁亂之所由生，猶防止水之所自來也。衛女嫁於諸侯，父母終思歸寧而不得，故《泉水》賦。許穆公夫人閔衛之亡，思歸唁其兄，而阻於義，故《載馳》作。聖人録於《國風》，以訓後世，使知男女之別，自遠於禽獸也。今夫人如齊，以寧其父母，而父母已終，以寧其兄弟，又義不得。宗國猶爾，而況如莒乎？婦人，從人者也，夫死從子。而莊公失子之道，不能防閑其母，禁亂之所由生。故初會于禚，次享于祝丘，又次如齊師，又次會于防、于穀，又次如齊、如莒，又再如莒。此以舊防爲無所用而廢之者也，是以至此極。觀《春秋》所書之法，則知防閑之道也。」

夏，齊大災。

災，見《桓十四年》。此書大，則災之甚也。人事不理，則責見於天。《春秋》書之，使後世懼天威也。懼天威，則謹人事矣，惡可曰適然而已乎？○莘老孫氏曰：「春秋之時，皇極之道汩没不敘，而天下災異不可勝紀。故《春秋》但取其著者書之。惟宋、齊、陳、鄭三數大國而已。蓋舉近可以明遠，記大可以知小也。」

秋七月。

冬，齊人伐戎。《穀梁》作我。

張氏曰：「戎，在徐州之域，最近齊、魯，故先治之。」許氏曰：「戎自春秋之初即見，荊乃後起。故攘中國之患，宜莫先戎。」真氏曰：「案大災之餘，不知恐懼修省，而遽勤兵以伐戎。」愚謂：戎爲中國患，天子、方伯不能治，而齊桓伐之，中國以寧，此其功也。然桓非受命之伯，不告於王而專伐之，此其辠也。

二十有一年春，王正月。

夏五月辛酉，鄭伯突卒。

夾漈鄭氏曰：「厲公也，立四年，奔，而昭公忽入立。立二年，遇弒，而子亹立。立一年，齊人殺之，而子儀立。立十四年，傅瑕殺之，而納厲公。厲公復入七年，卒，而文公捷立。」未詳信否。張氏曰：「突，鄭莊公之孽子。莊公既卒，即奪忽之位而篡之。中間雖爲祭仲所逐，旋入于櫟，卒取鄭國。故論者以爲始終能君。夫篡弒竊國之人，而《春秋》終始君之，且復記其卒於位，豈真與之哉？所以著小人肆志，亂臣賊子得以終於其位，王法不行，而世之所由亂也。」義又見《隱三年》「宋公卒」。

秋七月戊戌，夫人姜氏薨。

張氏曰：「文姜之行惡矣，而卒以國君之母寵榮終身，一用小君之禮，此魯之禍所以未艾。必至於莊公之終，兩君弑，哀姜、慶父誅，而後魯亂始息也。」○黄氏曰：「文姜之惡極矣。《春秋》終始以夫人之禮書之。然則孰謂《春秋》奪人之爵，或至貶及天王哉？亦實書其事，而善惡自見耳。」

冬十有二月，葬鄭厲公。

杜氏曰：「八月而葬，緩慢也。」義見《隱三年》「葬宋穆公」。

春秋本義卷第八

莊　公

二十有二年春，王正月，肆大眚。《公羊》作省。

趙氏曰：「肆，放也。眚，過也。」孫氏曰：「肆大眚，辠惡無不赦之辭也。」康侯胡氏曰：「《舜典》曰：『眚災肆赦。』《易》曰：『君子以赦過宥辠。』《周官·司刺》：『掌赦宥之法：一宥曰不識，再宥曰過失，三宥曰遺忘。一赦曰孤弱，再赦曰老耄，三赦曰惷愚。』未聞肆大眚也。大眚皆肆，則廢天討、虧國典，縱有辠虐無辜，惡人幸以免矣。後有姑息爲政，數行恩宥，惠姦宄，賊良民，而其弊益滋，蓋流於此。故諸葛孔明曰：『治世以大德，不可以小惠。』其爲政於蜀，軍旅數興，而赦不妄下。蜀人久而歌思，猶周人之思召公也。斯得《春秋》之旨矣。」胡氏曰：「眚災肆赦，天子之制也。辠無大小俱赦，諸侯不得行。莊公肆大眚，亂法易常。」愚謂：肆大眚，天子猶不可，況諸侯乎？○莘老孫氏曰：「莊公一切放縱姦惡，有意於文姜之葬也。莊公以文姜嘗得罪於魯，而播於齊，大惡無道，魯人切齒之深者。莊公欲備禮葬之，乃先赦國中，以悅人心，然後舉葬。故正月肆大眚，而癸丑葬文姜。」愚案：此意或有之，比事可見，然未可以此爲本義也。

癸丑，葬我小君文姜。

《公羊》曰：「文姜，莊公之母也。」愚謂：姜氏弑逆淫亂，得辠宗廟，國人所當誅也。而得成禮而葬，魯之典禮廢矣。其不從夫謚，與七月而葬，乃其細事，不暇論也。

陳人殺其公子禦寇。禦，《左氏》作御。

孫氏曰：「公子，世子母弟也。《春秋》之義，非天子不得專殺。此譏專殺也。是故二百四十二年，無天王殺大夫，而書諸侯殺大夫者四十七。古者諸侯之大夫，皆命於天子，諸侯不得專也。大夫有辠，則請於天子，諸侯不得專殺也。大夫猶不得專殺，況世子、母弟乎？無王甚矣！」義又見後《二十六年》「曹殺大夫」。○康侯胡氏曰：「陳亂無政，衆人擅殺之也。」莘老孫氏曰：「御寇以公子之貴而見殺於國人，御寇有辠矣。陳之君使公子而見殺焉，亦未免乎有辠也。」愚案：後二說從人字上取義，未詳是否。

夏五月。

孫氏曰：「《春秋》未有以『夏五月』首時者，此言五月，蓋五月之下文有脱事爾。」高氏曰：「非五月之下脱簡，則是誤以四月爲五月爾。」

秋七月丙申，及齊高傒盟于防。

及之者，内之微者也。高傒，齊大夫也。木訥趙氏曰：「謀婚也。父讎不報，母喪未除，而求婚於齊，非孝也。」義又見《隱元年》「盟于蔑」。

冬，公如齊納幣。

孫氏曰：「案桓六年，子同生。公十四年即位，二十四年如齊逆女，三十有七歲矣，不得以時而婚，故母喪未終，如齊納幣，圖婚之速也。」莘老孫氏曰：「婚禮有六，惟親迎則諸侯自迎於境。其他五禮，皆使大夫。莊公父弑於齊，有不同戴天之讎。文姜之死，在去年七月，至是之冬，莊公猶在三年之喪也。納幣，大夫之事也，而公親焉。忘君父之讎，娶讎人之子，又在三年之喪而行大夫之職。書『公如齊納幣』，所以見公無恩於母，不孝於父，無廉恥而納幣，一舉事而大惡者三也。」邦衡胡氏曰：「諸侯非朝王述職，而擅越境以納幣，無王甚矣，不止其喪婚娶讎也。」

二十有三年春，公至自齊。

存耕趙氏曰：「莊公踰年而後反，居喪、告朔之禮俱廢焉。」張氏曰：「莊公忘父讎而娶其女，冒母喪而往納幣，以此告廟，以爲有人心者，宜於此焉變矣。此與他日書至，不可同日語也。比事屬辭，示人之意顯矣。」義又見《桓二年》「公至自唐」。

祭叔來聘。

朴鄉呂氏曰：「祭，采地。叔，字也。」劉氏曰：「曷爲邑而字？天子之下大夫也。」存耕趙氏曰：「祭有祭公、祭伯、祭叔，意者叔其弟也，猶蔡季、許叔之類。伯，其爵也。公，其官也。」未詳是否。戴氏曰：「親來聘魯，祭叔之私交也。非有王命，故不稱使。」大意同《隱元年》「祭伯來」，此則聘耳。

夏，公如齊觀社。

朱子曰：「社者，土神。」《左氏》曰：「公如齊觀社，非禮也。曹劌諫曰：『不可。夫禮所以整民也。故會以訓上下之則，制財用之節。朝以正班爵之義，帥長幼之序。征伐以討其不然。諸侯有王，王有巡守，以大習之。非是，君不舉矣。君舉必書，書而不法，後嗣何觀？』」愚謂：諸侯非王事不出境，且諸侯各有其社，舍所事而觀他國之社，已非禮矣，況齊爲讎國，又有新婚之嫌，於比見莊公之棄國政，無君父，壞禮法，忘廉恥，縱遊觀，皐具見矣。○張氏曰：「社者，古人祀地之名。古制惟社事單出里，惟爲社田國人畢作。東遷而後，王制漸變，祀事不存，古意浸爲美觀。襄公二十四年，齊社蒐軍實，使客觀之。其廢祀典而夸愚俗，兆於今矣。《外傳》曹劌曰：『齊棄大公之法，觀民於社。君爲是舉而往觀之，非故業也。』天子祀上帝，諸侯會之受命焉。諸侯祀先公，卿大夫佐之受命焉。不聞諸侯之相會祀也。」愚案：《左氏》、《魯語》載曹劌一時之言不同，而俱有義，故附見焉。獨「觀民於社」一語，未詳是否。

公至自齊。

莊公非王事出境，舍父讎，忘廉恥，事遊觀，其何以告廟乎？義又見《桓二年》「公至自唐」。

荆人來聘。

陸氏曰：「凡夷狄來聘稱人。君臣同辭。」啖氏曰：「言荆來聘，則似舉州皆來，故加人字，無他義。」高氏曰：「是時楚頵方弑其君而自立，中國不能治而反敢來聘。凡受聘，必於宗廟之中，敬之重之也。彼夷狄僭逆之人來聘中國，中國當以禮義外之。《詩》謂『戎狄是膺，荆舒是懲』，周公方且膺之，後世子孫乃受其聘於宗廟之中。此中國衰微無禮義之甚也。」獻可杜氏曰：「《書》云『四夷來王』，《周禮》象胥掌其國使，亦謂其來王也。荆，南夷也，亟病中國。來聘魯而録之者，懲其非來王、來貢。以夷狄而行中國之禮，魯亦不當受其聘也。」○張氏曰：「楚自四、五年來，先加兵於蔡、鄭，而以聘至魯，已用遠交近攻之術。聖人於此書其來聘。《中庸》曰『送往迎來，嘉善而矜不能』，此三代柔遠人之道也。然於此時，以魯而受楚之聘，非有德以懷來之。彼以禮幣至，亦當審所以待之之術。如班彪述漢宣戒邊吏之言，以爲待遇得其情，則却敵折衝；應對入其數，則反爲輕欺。觀《春秋》書荆人來聘，亦可見矣。」

公及齊侯遇于穀。蕭叔朝公。

穀，見《七年》。杜氏曰：「蕭，附庸國。」張氏曰：「徐州蕭縣。」朴鄉呂氏曰：「叔，字也。」《公羊》曰：「其言朝公何？於外也。」高氏曰：「婚嫁猶未定，故往見齊侯于穀。此見公不恤國家之事，唯婚姻之務。公在穀遇齊侯，已無人君相見之禮。蕭叔又從而朝之，失其所矣。」遇，又見《隱四年》「遇于清」。朝，又見《隱十一年》「滕、薛來朝」。○康侯胡氏曰：「爲禮必當其物與其所，而後可以言禮。大夫宗婦覿而用幣，則非其物也。蕭叔朝公于齊之穀，則非其所也。嘉禮不野合，而朝公于外，是委之於野矣。故野非其所，君子有不受，必反之於正而後止。此亦《春秋》撥亂之意也。」

秋，丹桓宮楹。

杜氏曰：「桓宮，桓公廟也。楹，柱也。」存耕趙氏曰：「丹楹，施丹雘也。」《左氏》曰：「丹桓宮之楹。二十四年，刻其桷，皆非禮也。御孫諫曰：『臣聞之：儉，德之共也；侈，惡之大也。先君有共德而君納諸大惡，無乃不可乎？』」《穀梁》曰：「禮，天子諸侯黝堊，大夫倉，士黈。丹楹，非禮也。」高氏曰：「莊公不能爲桓復讎，而反娶其女以奉祭祀，故丹楹刻桷以示孝。甚矣！莊公之行詐也。夫宗廟之飾國有彝典，而妄肆奢麗，加於禰宫，亂王制，瀆先君，不恭莫大焉。聖人直書其事，具文見意。」

冬十有一月，曹伯射姑卒。

義見《隱三年》「宋公卒」。

十有二月甲寅，公會齊侯，盟于扈。

杜氏曰：「扈，鄭地，在滎陽卷縣西北。」孫氏曰：「謀逆姜氏也。公二年之中納幣觀社，及齊侯遇于穀，今又盟于扈，甚矣！」義又見《隱元年》「盟于蔑」。○葉氏曰：「小白已伯矣，公復爲離盟，則非諸侯之政也，以圖婚於我而固其好焉爾。前高傒爲防之盟，而後公如齊納幣；今齊侯爲扈之盟，而後公如齊逆女。」康侯胡氏曰：「程子曰：『遇于穀，盟于扈，皆爲要結姻好也。』傳稱男子二十而冠，冠而列丈夫，三十而不娶，則非禮矣。然天子諸侯十五而冠者，以娶必先冠，而國不可久無儲貳。欲人君早有繼體，故因以爲節也。鰥者，老而無妻之稱。舜方三十，未娶，而師錫帝堯已曰『有鰥在下』矣。妻帝之二女，則不告於父母。以爲告則不得娶，而廢人之大倫。堯亦不告而妻焉，其欲及時而無過如此也。今莊公生於桓公之六年，至是三十有六載矣。以世適之正、諸侯之貴，尚無内主同任社稷之事，故莊公越禮不顧如此。其急娶夫人奉祭祀，爲宗廟之主，而不以大義裁之，至於失時，不孝甚矣。《春秋》詳書於策，爲後戒也。」

二十有四年春，王三月，刻桓宫桷。

杜氏曰：「刻，鏤也。桷，椽也。」《穀梁》曰：「禮，天子之桷，斲之礱之，加密石焉。諸侯之桷，斲之礱之。

大夫斲之，士斲本。刻桷，非正也。夫人所以崇宗廟也。取非禮與非正，而加之宗廟，以飾夫人，非正也。」康侯胡氏曰：「自常情觀之，丹楹刻桷，疑若小失，而《春秋》詳書於策，何也？桓公見殺于齊，則不能復。而盛飾其宫，夸示仇人之女，廢人倫、悖天道而不知正。《春秋》謹禮於微，正後世人主心術者也。故詳書於策，爲後鑒也。」○葉氏曰：「商人戒肜日，曰：『典祀，無豐于昵。』昵，近也。夫祀且不可豐，而況宗廟之飾乎？」

葬曹莊公。

義見《隱三年》「葬宋穆公」。

夏，公如齊逆女。秋，公至自齊。

莘老孫氏曰：「其父見弑於齊，而子婚讎女，是無恩於父而盡禮於仇讎也。公既親迎於齊，當與夫人偕至。夫人未至，而莊公先還，告至於廟。《春秋》志其告廟之實，且辠其先夫人而至也。」義又見《桓二年》「公至自唐」。○張氏曰：「諸侯無越境逆女之禮，然則莊公無父之讎，猶不可以親至齊廷也，況躬君弑於齊，而舍宗廟之守，往受其女於廟乎？昔晉王裒讀《蓼莪》之詩而哀痛終其身；莊公思妃偶之合，兩年之間三至齊廷，而念不及於其父，《春秋》所以詳書而誅其心也。」愚案：親迎之禮，見《隱二年》「紀履緰逆女」。此又見莊公三十七年而始娶。其書「公至自齊」，又爲「姜氏入」起也。君舉陳氏曰：「《春秋》之書夫人，未有詳於此者也。」

八月丁丑，夫人姜氏入。

夫人，哀姜也。不曰「至自齊」而曰「入」者，以莊公先至，夫人後入，故不復言至自齊也。孫氏曰：「公親迎於齊，不俟夫人而至，失夫之道也。婦人，從夫者也，夫人不從公而入，失婦之道也。夫不夫，婦不婦，非所以奉先公而紹後嗣也。不亂何待！」○康侯胡氏曰：「昏義以正始爲先，而公不與夫人皆至。姜氏不從公而入，已失夫婦之正，弒閔、孫邾之亂兆矣。莊公越禮踰時，娶仇人之女，薦舍於宗廟，以成好合，卒使宗嗣不立，弒逆相仍，幾至亡國。故《春秋》詳書其事，以著莊公不孝之辠，爲後戒也。」愚案：先書「公至自齊」，後書「八月丁丑，夫人姜氏入」，則公不俟夫人，夫人不從公，昭然可見。《春秋》屬辭比事，類多如此。

戊寅，大夫宗婦覿，用幣。

胡氏曰：「大夫宗婦者，同宗大夫之婦，非謂大夫與宗婦也。覿者，見夫人也。」《左氏》曰：「哀姜至，公使宗婦覿用幣，非禮也。御孫曰：『男贄大者玉帛，小者禽鳥，以章物也。女贄不過榛、栗、棗、脩，以告虔也。今男女同贄，是無別也。男女之別，國之大節也，而由夫人亂之，無乃不可乎？』」○戴氏曰：「莊公至是年三十七歲矣，求婚於齊，如恐失之。親如齊納幣，再歲而後逆，親如齊逆女。既歸而後入，又使大夫之妻執幣以覿，違越禮制以爲媚悦，無所不至。甚矣，莊公之庸繆也！向也桓公娶於齊，致文姜之淫亂，桓公不免其身；今也莊公娶於齊，致哀姜之逆亂，魯又幾亡其國。《春秋》備書於册，辭煩而不殺，爲萬世永戒也。」

大水。

義見《桓元年》。〇戴氏曰：「莊公即位三十年，書大水者三，於羣公爲最甚。」

冬，戎侵曹。曹羈出奔陳，赤歸于曹。羈，《公羊》作羇。

存耕趙氏曰：「此徐州之戎也。」趙氏曰：「羈非嫡也。」康侯胡氏曰：「赤者，曹之庶子。」愚案：踰年之君稱爵，今羈不稱爵，未詳。蓋戎侵曹，曹羈懼而出奔，故赤歸而自立耳。《春秋》書此，見夷狄猾夏，而諸侯不能自存，庶孽自立，而不復請命於天子也。然與鄭突之事有間矣。〇王氏曰：「宋執祭仲，立突而逐忽，故先書突而後言忽，明鄭有君，突篡之也。今後言赤而先書羈，明曹無君，赤乃國人所逆耳。」愚案：逆與不逆未可知。今以經文觀之，王氏先後之説庶矣。

郭公。

杜氏曰：「經闕誤也。」莘老孫氏曰：「郭公之事，三傳皆無義説。《公》、《穀》爲曹赤，理又不通。」案：《管子》載郭亡之事，以謂齊桓過郭，問父老：「郭何以亡？」父老曰：「善善而惡惡也。」桓公曰：「善善而惡惡，何至亡？」父老曰：「善善而不能用，惡惡而不能去，郭之所以亡也。」莊二十四年，齊桓已伯，而管夷吾用事，但見郭父老而問之，不知在何時爾。然則郭之事跡，亦嘗見於傳記也。《春秋》書「梁亡」，言梁之自亡也。《管子》載郭亡之跡，蓋亦曰郭自亡爾。公與亡字相近，疑經書「郭公」爲「郭亡」也。然疑誤之事，聖人闕之。

二十有五年春，陳侯使女叔來聘。

杜氏曰：「女，氏；叔，字。」《穀梁》曰：「其不名何也？天子之命大夫也。」劉氏曰：「名也。」前説近是。

《左氏》曰：「始結陳好也。」義見《七年》「齊來聘」。

夏五月癸丑，衛侯朔卒。

存耕趙氏曰：「朔拒王命而君衛，竟以衛君卒。《春秋》從而紀焉，以著王命不勝黨惡也。」〇莘老孫氏曰：「不書葬者，魯不往會爾。」

六月辛未朔，日有食之。鼓，用牲于社。

「鼓，用牲于社」者，鼓于社，又用牲于社也。文十五年《左氏》曰：「非禮也。日有食之，天子不舉，伐鼓于社。諸侯用幣于社，伐鼓于朝，以昭事神，訓民事君，示有等威，古之道也。」葉氏曰：「天災有幣無牲，諸侯而鼓于社，僭也。用牲于社，非禮也。」〇康侯胡氏曰：「案禮，諸侯旅見於天子，入門不得終禮者四，而日食與焉。古者固以是爲大變，人君所當恐懼修省以答天意，而不敢忽也。故《夏書》曰：『乃季秋月朔，辰弗集于房，瞽奏鼓，嗇夫馳，庶人走。』《周官·鼓人》：『救日月，則詔王鼓。』《大僕》：『凡軍旅、田役，贊王鼓。救日月，亦如之。』諸侯用幣于社，伐鼓于朝，退而自責，皆恐懼修省以答天意，而不敢忽也。然則『鼓，用牲于社』何以書？譏不鼓于朝而鼓于社，又用牲，則非禮矣。」張氏曰：「日食，陰盛陽微之徵。事關天下，固不止爲一魯，而諸侯亦有臣民，則因天變以自省。如《洪範》五事，敬謹於視聽言動思之間，一失其正，則咎必應之。古人應天以實而不以文，故《高宗肜日》、《洪範》之言，乃古人之所先務。至如《胤征》與《周禮·鼓人》、《大僕》所載，乃禮文之末耳。一時遭變，禮文固不可廢，然正其本而後末可理也。今莊公於充陽之本，蓋藐然矣，鼓何益乎？又用牲而欲以物求免，書此以見本末之皆失也。」胡氏曰：「日食三十六，書『鼓用牲』者三，餘不言鼓，得常也。」

伯姬歸于杞。

存耕趙氏曰：「伯姬，公姊妹也。杜預以爲公女，誤矣。凡公女伯姬、叔姬，則加以子字，如子叔姬之類。公姊妹則但稱伯叔，如兄弟之辭。是年始嫁，過時矣。」愚謂：又爲《二十七年》「公會伯姬」與「伯姬來」起文也。

秋，大水。鼓，用牲于社、于門。

杜氏曰：「門，國門也。」《左氏》曰：「鼓，用牲于社、于門，亦非常也。凡天災，有幣無牲。非日月之眚，不鼓。」邦衡胡氏曰：「未聞大水而用牲者，況伐鼓于門乎？書者非惟惡爲國之非禮，惡其不務修政事，以消患弭災，而爲是區區淫巫瞽史之見也。」○張氏曰：「案比年大水，陰盛陽微之變極矣。莊公若思先王正厥事之意，謹内外之防，嚴夫婦之别，使陰沴無浸長之漸，則後日之禍猶可及止也。鼓以充陽之事，與後世減膳避寢之禮，皆既其文，而未必有正厥事之誠意實政也，況徒以牲牷飲食求免乎！書日食、大水、用牲等事，以見莊公非惟不恐懼修省以正其本，而禮文之末亦錯矣。此魯之所以亂也。」

冬，公子友如陳。

公子友，莊公之母弟，即季子也。杜氏曰：「諸魯出聘，皆書如。報女叔之聘也。」存耕趙氏曰：「大夫出聘，自友始。《春秋》書之，以著交政之漸，且以著三桓之所自始也。」義又見《隱七年》「齊來聘」。○莘老孫氏曰：「大夫之聘必書之於《春秋》者，可以見其往來之國皆於其黨，而其行多非禮也。有以私行者，有以强大行者，皆非周制聘問之常，故謹録之也。」

二十有六年春，公伐戎。《公羊》無「春」字，脱也。

戎爲中國患，諸侯伐之，是也。故伯禽征徐戎，而孔子録之于書。然必請命于天子、方伯，然後行事。今莊公擅興師，則無王矣。况隱、桓之際，與戎會盟，致有伐凡伯、追戎濟西之事。不能防微杜漸，使戎狄暴横，則勞民動衆，角力非類。《春秋》書之，所以警後世君人者，不可不謹其始也。義又見《二十年》「齊伐戎」。

夏，公至自伐戎。

義見《桓二年》「公至自唐」。

曹殺其大夫。

孫氏曰：「不書名氏者，脱之。」愚謂：義在專殺大夫，而不繫乎名氏。雖無名氏，義亦著也。康侯胡氏曰：「古者諸侯之卿大夫士命於天子，而諸侯不敢專命也。其有辠，則請於天子，而諸侯不敢專殺也。及春秋時，國無大小，卿、大夫、士皆專命之，而不以告於王朝。有辠無辠，皆專殺之，而不以歸於司寇。無王甚矣。五伯，三王之辠人，而葵丘之會，猶曰無專殺大夫。故《春秋》明書於策，備天子之禁也。」後倣此。

秋，公會宋人、齊人伐徐。《左氏》古本無「公」字，《公羊》、《穀梁》有「公」字。張氏曰：「案齊、宋皆卑者，内亦當然。《左氏》爲正。」

宋序齊上者，宋本公爵，齊桓未伯，每序齊上。既伯，乃序齊下。今齊、宋之大夫伐徐，故仍序齊上耳，未必宋主兵也。徐，張氏曰：「嬴姓，國近齊魯，泗洲臨淮縣是也。」義見此年「伐戎」。

冬十有二月癸亥朔，日有食之。

義見《隱三年》。

二十有七年春，公會杞伯姬于洮。徒刀切。

杜氏曰：「洮，魯地。」薛氏曰：「洮溝，在濟州。」張氏曰：「濟南府是也。」愚案：禮，女子已嫁，父母在，一歲一歸寧；父母没，使大夫歸寧，所以别嫌也。伯姬無父母，則無可歸之理矣。而莊公非王事，棄國政，會伯姬于洮，非禮也。陸氏曰：「參譏之。公及杞侯、伯姬俱失正矣。」○莘老孫氏曰：「伯姬前年歸杞，會公于洮，三傳皆無淫惡之跡。《春秋》書之，與『夫人姜氏會齊侯于禚』文同而無異者，蓋婦人無專行之道，傅母不至不下堂。伯姬無事而會公于洮，安知其不爲惡？傳無其事，而經書之文同者，犯禮之迹無異也。」戴氏曰：「夫人會諸侯，古無是事也。文姜數會齊侯，不以爲異。杞伯姬踵而行之，莊公亦安而受之。先儒謂伯姬爲莊公女，非也。」

夏六月，公會齊侯、宋公、陳侯、鄭伯，同盟于幽。

存耕趙氏曰：「距前盟十二年，用殷同也。」義見《十六年》。○張氏曰：「再舉同盟之禮，以申假令而一諸侯之心也。魯、宋、陳、鄭偕至，而衛不來，故明年伐衛。」

秋，公子友如陳，葬原仲。

原仲稱字，與單伯同。《左氏》曰：「原仲，季友之舊。」杜氏曰：「陳大夫。原，氏；仲，字。季友違禮會外大夫葬。」○康侯胡氏曰：「公子友私行也。人臣之禮無私交，大夫非君命不越境。《春秋》，端本之書也。京師，諸夏之表也。祭伯以寰内諸侯而來魯，祭叔以王朝大夫而來聘，尹氏以天子三公來告其喪。誣上行私，表不正矣。是故季子違王制，委國事，越境而會葬。其後陳莊子死，赴喪於魯。魯人欲勿哭。繆公召縣子而問焉，曰：『古者大夫束脩之問不出境，雖欲哭，焉得而哭諸？今之大夫交政於中國，雖欲勿哭，焉得而勿哭？』末流可知矣。」劉氏曰：「君不行使乎大夫。君行使乎大夫，内之失正也。大夫不交諸侯。大夫交諸侯，原氏失正也。内失正，原氏失正，季子可以已矣，則是從命也。參譏之。」

此説未詳是否。

冬，杞伯姬來。

莘老孫氏曰：「《春秋》内女適諸侯者多矣，於其歸寧，未嘗曰子某姬來歸寧，常事不書也。伯姬非莊公子，義不當歸。《春秋》以其歸之非禮，故書曰『杞伯姬來』也。」愚謂：公與伯姬春會于洮，其冬又來，踰禮甚矣。而此又爲「杞伯來朝」起文也。

莒慶來逆叔姬。

莒慶，莒大夫。高氏曰：「叔姬者，伯姬之妹，非莊公女也。」朴鄉吕氏曰：「莒慶自爲逆也，叔姬何以稱字？大夫逆則稱字，爲君逆則稱女。」《公羊》曰：「此何以書？譏大夫越境逆女非禮也。」董子曰：「大夫無束脩之餽，無諸侯之交，越竟逆女，紀辠也。」莘老孫氏曰：「莒子爲君不能制其臣，而使之外交諸侯，則不君矣。莒慶、莊公、莒子皆有辠也。」

杞伯來朝。

濟川何氏曰：「杞，先代子孫也。方東樓公始封之時，與微子啓無異，得用天子禮樂。才入春秋，已失公爵，降而曰侯，或稱伯，或稱子，亦足以知其微弱。與《桓二年》滕稱子同。」愚謂：杞伯不朝王而朝魯，已失禮矣，況爲伯姬之來而來朝。夫既不能閑有家，而復以身徇之，宜其失禮之中又失禮也。義又見《隱十一年》「滕、薛來朝」。

公會齊侯于城濮。音卜。

杜氏曰：「城濮，衛地。」義見《隱九年》「會于防」。

二十有八年春，王三月甲寅，齊人伐衛。衛人及齊人戰，衛人敗績。

齊、衛稱人者，將卑師少也。及，衛及之也。不地，於衛也。曰「衛人及齊人戰」者，齊人伐衛，衛人不服而與齊戰也。夫齊桓之盟諸侯，定伯業，雖非至公，然以安中國、攘夷狄爲名，則固可與矣。十六年，衛既與齊同盟，二十七年之盟乃背而去之，齊之來伐有辭矣。衛能引躬自咎，則齊當自退。乃不反己，遂與齊戰，以至敗績，使無辜之民肝腦塗地。書曰「衛人及齊人戰」，衛皐爲大，而齊爲彼善於此也。義又見《隱二年》「鄭伐衛」。

夏四月丁未，邾子瑣卒。

黄氏曰：「瑣，克之子也。」大意見《隱七年》「滕侯卒」。

秋，荆伐鄭。公會齊人、宋人救鄭。

《左氏》曰：「楚令尹子元以車六百乘伐鄭，入於桔柣之門。衆車入自純門，及逵市。縣門不發，楚言而出。子元曰：『鄭有人焉。』諸侯救鄭，楚師夜遁。鄭人將奔桐丘，諜告曰：『楚幕有烏。』乃止。」愚謂：夷狄猾夏，天子、方伯不能治。向非齊桓率諸侯以救之，則中國被其毒幾何。其不胥而爲夷也，此其功也。然桓非命伯，且不請於王，又其所以救鄭者，不過仗大義爲服諸侯計，初無懇惻之誠心，正孟子所謂非真有者，此其過也。《春秋》書之，一以見中國衰微，夷狄暴横；二以見敝壞之餘，賴有齊桓之舉；三以見天子失御，方伯失職，使諸侯自爲禮樂征伐，雖粗拯一時之危，然王綱之壞，至此而極。蓋聖人憂世之心、樂善之誠，並行而不相悖，皆惻隱流行之實也。○黄氏曰：「楚與中國争鄭自此始。」

冬，築郿。《公羊》、《穀梁》作微。

杜氏曰：「郿，魯下邑。」築，《公羊》曰：「造邑也。」莘老孫氏曰：「《春秋》書築者七，其六皆臺囿也，邑者，惟一處耳。今不謂之城而謂之築。言城者，城舊邑也；言築者，築新邑也。蓋臺囿無舊新，爲之者必皆曰築。然則築郿者，新城而爲邑也。不曰新，無舊也。不曰城，無所因也。《春秋》之法，興作皆書，所以重民力、謹天時也。先書『築郿』，而下書『大無麥禾』，則公之興作，不量力可知矣。」愚謂：又見其違王制也。

大無麥禾。

「大無」者，竭盡之辭。冬書「大無麥禾」者，夏悉無麥，秋悉無禾，至冬而總記之也。莘老孫氏曰：「此書『大無麥禾』，非常無之也。無水旱螽螟而大無者，歲不收也。舉魯之國無收者焉。」服虔曰：「陰陽不和，土氣不養，故禾麥不成。」愚謂：政事乖繆，則天地變常。稼穡不成，不可委之於數。《春秋》書之，所以戒有國者謹敕人事，燮理陰陽而已。又爲「告糴」起文也。

臧孫辰告糴于齊。辰，《穀梁》作臣。

臧孫辰，魯大夫，臧文仲哀伯子。《外傳》曰：「文仲以鬯圭與玉磬如齊告糴，曰：『不腆先君之敝器，敢告滯積以紓執事。』齊人歸其玉而與之糴。」盧氏曰：「一不登而告糴鄰國，責魯無儲蓄以擬凶災，無恤民憂下之心，兵革力役不息，以致荒耗。又明人君當謹積聚，省財用，以備凶年也。」〇莘老孫氏曰：「古之爲國必有數歲之備。雖甚豐年，民食之者不過四鬴也。君取之者，不過什一也。民之食有節，君之取有度，則爲國三年而餘一年之蓄，九年而餘三年之蓄，二十七年而餘九年之蓄。湯之旱七年，堯之水九年，而天下無飢者，其蓄素具也。水旱無常，又無蓄以備之，則是使民恃天而生也，安得爲民父母哉？莊公在位二十八年，雖九年之蓄可具也，而於其無事，奪民之力，使不得盡力於耕耨，又驅之戰鬬而傷之，一年不登，告糴於外。《春秋》譏莊公在位之久，蓄積無素也。」

二十有九年春，新延廄。

新者，徹其舊而一新之也。延，馬廄名。國雖無饑，用民必在農隙。去年「大無麥禾」，「告糴于齊」，上下困乏可知矣。今春正當賑給勸耕，惠鮮窮困，而奪其力、傷其財，見莊公之無志於救荒，而厲民以畜馬。有國家者，知所鑒矣。〇劉氏曰：「《春秋》二百四十二年，所興作修舊多矣，不必書也。而延廄、南門，蓋微耳，何故獨書哉？又『新宮災』，魯公之廟也。災與壞不能不修，而經無修之之文。『雉門及兩觀災』，記新作焉。吾以此數者參之，修舊不足書。其書者，皆非禮之制，不務公室者也。」

夏，鄭人侵許。

高氏曰：「許，鄭鄰也。諸侯救鄭而許不至，故侵之。」張氏曰：「許與鄭世讎也。然自盟幽之後，不與於齊桓之會。鄭人侵之，或齊之命歟？自後許始從中國。」未詳孰是。義見《莊十年》「公侵宋」。

秋，有蜚。扶味切。

蜚者，臭惡之蟲。《山海經》云：「蜚，如牛，白首，一目，蛇尾。行水則竭，行草則枯，見則有兵疫。」劉氏曰：「曰『有』者，所以明其無也。」《公羊》曰：「記異也。」愚謂：此皆人事反常，中國正氣衰耗，故窮裔絶域，惡氣駸駸入焉。有國家者致中和，則陽淑長而陰慝消矣。此與「有蜮」同義。○劉氏曰：「鸜鵒不踰濟，而蜚非中國之物，暫而一至，故不可言多。而言『有麋』者，中國之所有也。有之不足異，而多則爲異，故不可言有而言多。螽螟者，中國所多也，多不足怪而爲災則書，故不可言多而言災。此製言之體也。」

冬十有二月，紀叔姬卒。

叔姬失節歸酅，卒非其所也。而魯亦不當卒之。又爲明年葬叔姬起文。

城諸及防。

杜氏曰：「諸、防，皆魯邑。諸，城陽諸縣。」張氏曰：「密州諸城縣。縣又有故防城。」言「及」者，别二邑也。防，見《隱九年》。黄氏曰：「先諸及防也。」義見《隱七年》「城中丘」。此則饑歲勞民，連城二邑，甚矣！○高氏曰：「前年冬築郿，大饑告糴。此年新延廄，又城諸及防，公不恤民而屢興役，無君人之心矣。」愚謂：屬辭比事，此類是也。

三十年春，王正月。

夏，師次于成。《左氏》無「師」字。任氏曰：當從《公》、《穀》。

張氏曰：「成，魯地。」《地譜》：「泰山鉅平縣東南。」愚謂：諸侯非王命不得擅興師，況輕舉次止而無所用乎？夫兵不得已而用之，今師出無名，不惟干犯王法，亦使人心渙散，必敗之勢也。

秋七月，齊人降鄣。音章。

杜氏曰：「東平無鹽縣東北有鄣城。」張氏曰：「即東平府須城縣。」常山劉氏曰：「鄣，微弱小國。齊肆其强力，脅而服之也。不書『鄣降』而曰『齊人降鄣』者，責齊之深也。」康侯胡氏曰：「伯者之政，以强臨弱，急事功也。故曰『五伯，三王之皋人』也。」○莘老孫氏曰：「《春秋》書降者二。降者，降服之名也。八年，郕降于齊師，不曰『齊師降郕』而曰『郕降』者，是時齊、魯之師相會圍郕，郕不降於魯而自降齊耳。今書『齊人降鄣』，非鄣欲降也，齊强降之耳。」呂氏曰：「管仲所以相其君者，功業可見矣。」

八月癸亥，葬紀叔姬。

高氏曰：「叔姬停殯於酅，踰歷九月始克葬。」孫氏曰：「媵而卒葬者，歸于酅，卒于酅，皆非其所也。」○獻可杜氏曰：「叔姬者，紀之媵耳。紀既滅，則當即歸於魯。而又從紀季於酅，非禮之甚。卒葬，固在於紀季矣。」

九月庚午朔，日有食之。鼓，用牲于社。

義見《二十五年》。

冬，公及齊侯遇于魯濟。

杜氏曰：「濟水，歷齊、魯界。在齊界爲齊濟，在魯界爲魯濟。蓋魯地。」義見《隱四年》「遇于清」。

齊人伐山戎。

朴鄉呂氏曰：「山戎，北戎也。其稱人以伐何？非有大役也。」木訥趙氏曰：「山戎去中國遠，在舜之營州，古孤竹國之地。東距遼，北距燕。」康侯胡氏曰：「桓公不務德，勤兵遠伐，不正王法，則將開後世之君勞中國而事外夷，捨近政而貴遠略。因吾民之力，争不毛之地，其患有不勝言者，故以爲好武功而不修文德者之戒也。」義又見《二十年》「齊伐戎」。○高氏曰：「桓公徒欲耀威武於夷狄，以誇示遠近耳。」

三十有一年春，築臺于郎。

郎，見《隱九年》。何氏曰：「四方而高曰臺。天子有靈臺以候天地，諸侯有時臺以候四時。登高望遠，人情所樂。動而無益於民，雖樂不爲也。」愚謂：春築則奪農時，于郎則非其地。從耳目之欲，而不恤國事，劉氏所謂「厲民以自樂」者也。

夏四月，薛伯卒。

薛始稱伯，見《桓二年》「滕子來朝」。大意見《隱七年》「滕侯卒」。

築臺于薛。

杜氏曰：「薛，魯地。」義見前。○莘老孫氏曰：「春築臺于郎，夏築臺于薛。莊公務一身之娛而勞民如此。」

六月，齊侯來獻戎捷。

孔氏曰：「獻者，自下奉上之辭。捷者，勝也。戰勝而有獲，獻其獲。無因而獻其功，亦稱捷也。」《左氏》曰：「非禮也。凡諸侯有四夷之功，則獻于王，王以警于夷。中國則否。諸侯不相遺俘。」莘老孫氏曰：「齊桓，伯者，不務德以綏諸侯，而專恃兵革，遠以伐戎，已有過矣。又以其伐戎之所得誇示諸侯，以自矜大，因使之威服焉。《春秋》誅齊桓矜功威魯之辠也。」張氏曰：「齊桓恃功而不知禮，魯不當納之，其辠皆可見矣。」

秋，築臺于秦。

杜氏曰：「東平范縣西北有秦亭。」張氏曰：「案《寰宇記》，范縣屬濮州，亭尚存。」《穀梁》曰：「不正。罷民三時，財盡則怨，力盡則懟，君子危之。故謹而志之也。」張氏曰：「莊公一歲築三臺，政所謂及是時般樂怠敖者，則治國治家之當務荒廢多矣。此所以踰年身死，而蕭牆之禍至，易世不能定也。可不鑒哉！」義又見前。○高氏曰：「公比年興役，今又一歲三時築臺，又不在國中之地，遠至于郎、于薛、于秦，非所築而築，既爲失矣，築而又築之，抑又甚也。《管子》曰：『臺榭相望者，亡國之廡也。』當是時，慶父執政而通乎夫人，故數築臺于遠地，以爲公遊觀之娛。公亦爲其所惑而不自知也。」

冬，不雨。

《公羊》曰：「記異也。」存耕趙氏曰：「陰陽和則爲雨。不雨，氣不和也。魯莊勤民力役，怨氣之所召也。」愚謂：冬不雨，不害禾稼，而亦書者，見聖人燮理陰陽，無所不至，不但爲害稼書也。蓋致中和，則天地自位，風雨以時，萬物生育在其中矣。○莘老孫氏曰：「《春秋》書不雨者七，陰陽不和之異也。人物在天地間，皆仰陰陽以生。陰陽不和，則物必不遂。故《春秋》之法，一時不雨則書，不以爲災也。異之大者，不可不記也。」

三十有二年春，城小穀。

范氏曰：「小穀，魯邑。」孫氏曰：「曲阜西北有小穀城。」義見《隱七年》「城中丘」。此則饑饉之後屢興工役，傷財害民甚矣。○薛氏曰：「莊公自六年之後，大無麥禾，無麥苗，螟、麋、蜮、蜚相繼，而有大水者三。中君之性尚當少警，而公之侈心日起。丹楹、刻桷、告糴，而有築郿之役。次年，新廄，城諸防。去年，三築臺。今春又城小穀。平歲猶曰不可，況薦饑而輕用民力乎！」愚謂：此皆屬辭比事，爲後日淫亂弒逆起文也。

夏，宋公、齊侯遇于梁丘。

杜氏曰：「梁丘，在高平昌邑縣西南。」張氏曰：「在濟州昌邑縣。」愚謂：伐國先書主兵，會盟先書主會。主盟以遇禮見，仍以爵爲首。義見《隱四年》「遇于清」。

秋七月癸巳，公子牙卒。

公子牙，慶父同母弟，即僖叔也。高氏曰：「牙卒，其子乃公孫茲。茲之後，則有叔孫得臣、叔孫僑如、叔孫豹、叔孫婼、叔孫不敢、叔孫州仇，皆執魯國之政者。是以謹志其卒。」愚謂：此記三桓之始，與季友卒同義，皆譏世卿也。大意又見《隱元年》「益師卒」。

八月癸亥，公薨于路寢。

《穀梁》曰：「路寢，正寢也。寢疾，居正寢，正也。男子不絶於婦人之手，以齊終也。」愚謂：莊公薨于路寢，得正矣。正則爲常事，何以書乎？爲緩葬私謚起文也。義又見《隱三年》「宋公卒」。○趙氏曰：「莊公正終，而嗣禍興，分位不明而閨帷不修也。故宗嗣素定之，兵權散主之，閨闈嚴飭之。小人、女子不尸重任，賢良受託，鼎足交輔，則篡弑之禍曷由而至哉！」

冬十月己未，子般卒。《公羊》、《穀梁》作乙未。

般，莊公子也。稱子般者，因其卒而名也。趙氏曰：「子般、子赤以被弑，故不書地，與隱同。子野正卒，亦不地，疑經闕之。」《左氏》曰：「初，公築臺臨黨氏，見孟任，從之，生子般焉。雩，講於梁氏，女公子觀之。圉人犖自牆外與之戲，子般怒，使鞭之。公曰：『不如殺之。是不可鞭，犖有力焉。』子般即位，次於黨氏，共仲使圉人犖賊般於黨氏，成季奔陳，立閔公。」張氏曰：「莊公主魯之社稷，而君道不立，上不能正其母，使出入淫縱。配耦不早立，是致冢嗣之位不足以自定。內失閑家之道，而貽身後之患。《易》曰『閑有家』，傳曰：『欲治其國者，先齊其家。』莊公反此，使淫亂肆行，雖其身免篡弑之禍，而及其二子。《春秋》自夫人孫齊以來三十年間，備載莊公內治之失，而終之以此，所以皐其爲風教之本，而不免於首惡也。」

公子慶父如齊。

劉氏曰：「慶父雖殺子般，未敢便取其國，利閔公之幼而立焉。其如齊，直告立君也。」愚謂：亦恐齊之見討，故結納其君臣耳。啖氏曰：「書『公子慶父如齊』，見臣子之辠也。此言弑君之賊，臣子不能討之，又非逐之而去。明書『如齊』，以見其辠。」陸氏曰：「齊爲伯主，而不能討，又許其來，惡可知也。」○康侯胡氏曰：「子般之卒，慶父弑也。莊公幼年即位，專以兵權授之慶父。歲月既久，威行中外，其流至此。故於餘丘而書『慶父帥師』，以志得兵之始。而卒書『公薨』、『子般卒』、『慶父如齊』，以見其出入自如，無敢討之者。其垂戒之義明且遠矣。」

狄伐邢。

存耕趙氏曰：「此北狄也。邢，姬姓，周公之胤。」杜氏曰：「國在廣平襄國縣。」張氏曰：「即邢州龍岡縣。」莘老孫氏曰：「春秋之時，中國衰，戎狄入居中國而侵伐諸侯。書之所以見中國之無人，而夷狄之盛强也。爲中國者有辠爾，夷狄又何責之哉？」高氏曰：「此爲齊人救邢而書，亦見中國之衰也。」義又見《隱七年》「戎伐凡伯」。○貫道王氏曰：「戎亂曹、魯，荆病蔡、鄭，狄禍邢、衞，三害之始也。」許氏曰：「《春秋》戎先見，荆次之，狄次之。而荆暴於戎，狄又暴於荆。當惠王世，戎、狄、荆楚交伐中夏。使無齊桓攘服定之，豈復有中國？」愚謂：此聖人所以與其功而議其過也。

春秋本義卷第九

閔　公名開，莊公子，謚曰閔。《索隱》曰：「《系本》名啓，避漢景帝諱作開。年八歲。」

元年春，王正月。

義見《隱元年》。○不書即位，義見莊公。

齊人救邢。

《左氏》曰：「狄人伐邢。管仲言於齊侯曰：『戎狄豺狼，不可厭也。諸夏親暱，不可棄也。宴安鴆毒，不可懷也。《詩》云：豈不懷歸，畏此簡書。簡書，同惡相恤之謂也。請救邢以從簡書。』齊人救邢。」義見《莊二十八年》「救鄭」。

夏六月辛酉，葬我君莊公。

十一月而葬，《左氏》曰：「亂故，是以緩。」義見「葬桓公」。

秋八月，公及齊侯盟于落姑。落，《公羊》、《穀梁》作洛。

杜氏曰：「落姑，齊地。」義見《隱元年》「盟于蔑」。○葉氏曰：「小白，方伯諸侯，閔公雖立，而慶父之惡不可以不除。則假齊之重以定公位者，實季子之意。此所謂因陳援以訴於齊，使夫人、慶父之惡不得隱，而後魯可爲者也。經所以書『公及齊侯盟于落姑』，蓋齊侯與公即其地以爲盟。其謀出於齊，非出於魯。既盟而慶父之惡見，其姦不得行，則季子亦可挾齊以歸魯。是盟固季子定公位，非魯人納季子也。」愚以事勢考之，此盟多季子倚齊爲歸魯計耳。故既盟而季子來歸。

季子來歸。

季，字。子者，男子通稱。孫氏曰：「莊公薨，子般卒，閔公幼沖，慶父與夫人通，勢傾公室，不朝夕，國人洶洶。得季友以平内難。故曰『季子來歸』。」朱子曰：「季子來歸，如高子來盟、齊仲孫來之類。當時魯國内亂，得一季子歸國，則國人皆有慰望之意，故史喜而書之。夫子直書史家之辭。其實季子無狀，觀成風之事可見。一書『季子來歸』，而季氏得政，權去公室之漸，皆由此起矣。」○胡氏曰：「季子既不能平姜氏之亂，誅慶父之惡，致使二人卒弑其君。故其次年，慶父書『奔莒』，『夫人孫于邾』，以見季友之過也。」「沈僩問季氏之爲人，朱子曰：『此人亦多可疑。諸家多言「季子來歸」爲美之詞，據某看此一句正是聖人著季氏所以專國爲禍之基。又成風聞季氏之繇乃事之，《左氏》記此數語，亦有説話。此等人皆是魯國之賊耳。』萬人傑又問：『成風事季友，與敬嬴事襄仲一般，《春秋》何故褒季友，如書「季子來歸」是也？人傑謂季子既歸，而閔公被弑，慶父出奔，季子不能討賊，是其意在立僖公也。』朱子曰：『縱失慶父之辠小，季子自有大惡。若《春秋》反褒之，則不可曉。蓋如高子、仲孫之徒，只是舊史書之，聖人因其文而不革，所以書之者，欲見當時事跡，付諸後人公議耳。』」

冬，齊仲孫來。

仲孫，齊大夫，名湫。字者，天子命大夫也。《左氏》曰：「齊仲孫湫來省難。仲孫歸，曰：『不去慶父，魯難未已。』公曰：『若之何而去之？』對曰：『難不已，將自斃，君其待之。』」存耕趙氏曰：「有命可仗，必書使矣。」朴鄉呂氏曰：「非盟也，非聘也，直書曰『來』，其義見矣。」劉氏曰：「桓公不務修伯主之義，討有辠，扶微國，而更使智計之士覘伺虛實，令慶父極惡，魯君再弑。此由桓公、仲孫謀不臧之故也。《春秋》書之，以見君使臣不以禮，臣事君不以忠也。田恒弑其君，孔子沐浴而朝告於哀公，請討之。夫事君之義，捨孔子無可爲者矣。」

二年春，王正月，齊人遷陽。

杜氏曰：「陽，國名。」張氏曰：「陽國，《漢志》東海郡陽都縣。是蓋桓公之强力施於可取者。如此，非有興滅繼絶之誠心也。」愚謂：陽國，天子所封也。桓公以尊王爲名，而遷天子所封之國，則其所以尊王者，假之而已。義又見《十年》「宋遷宿」。○呂氏曰：「聖人作《春秋》，功過不相掩。齊人遷陽，以兵力刼之，辠之甚也。」

夏五月乙酉，吉禘于莊公。

趙氏曰：「禘，王者之大祭也。王者既立始祖之廟，又推始祖所自出之帝，祀之於始祖之廟，而以始祖配之也。」葉氏曰：「何以言吉禘？喪三年不祭，惟天地社稷，則越紼而行事。莊公之喪二十二月矣，未應吉而吉也。禘祭於太祖之廟，以其祖配之也。君薨，祔而作主，特祀於寢，三年升於廟。莊公之主未升於廟，即於寢，而以莊公配之，非所配而配也。」康侯胡氏曰：「程子曰：『天子禘，諸侯祫，大夫享，庶人薦，上下之殺也。魯，侯耳，而有禘祭。《春秋》之中所以言禘不言祫也。』孔子曰：『魯之郊禘，非禮也。周公其衰矣。』禘言吉者，喪未三年，行之太早也。于莊公者，方祀於寢，非宫廟也。一舉三失禮焉，《春秋》之所謹也。」○高氏曰：「閔公幼，何知焉？聖人書此，著季子之徒執國政者之辠也。」

秋八月辛丑，公薨。丑，《公羊》作酉。

《左氏》曰：「初，公傅奪卜齮田，公弗禁。秋八月辛丑，共仲使卜齮賊公於武闈。」《公羊》曰：「公薨，何以不地？隱之也。何隱爾？弑也。孰弑之？慶父也。」杜氏曰：「實弑。書薨，又不地者，皆史策諱之。」邦衡胡氏曰：「於公薨之下書『夫人孫邾，慶父奔莒』，則弑君之跡自見矣。」黄氏曰：「莊公不能防閑其母，播其惡於衆，又忘父事讎，求婚於齊，致哀姜通於慶父，叔牙公没而謀篡弑，二世殲焉。慶父之後爲孟孫，叔牙之後爲叔孫，季友之後爲季孫。三桓擅政，禄去公室，魯之衰自莊公始矣。閔公生八歲，而慶父立之。立二年，而慶父弑之。閔公蓋可閔，而未有是非之可議也。」義又見《隱四年》衛州吁事。

九月，夫人姜氏孫于邾，公子慶父出奔莒。

姜氏，哀姜，莊公夫人也。《左氏》曰：「成季以僖公適邾。共仲奔莒，乃入，立之。以賂求共仲于莒，莒人歸之。及密，使公子魚請，不許。哭而往，共仲曰：『奚斯之聲也。』乃縊。閔公，哀姜之娣叔姜之子也，故齊人立之。共仲通於哀姜，哀姜欲立之。閔公之死也，哀姜與知之，故孫于邾。」高氏曰：「先書公薨，而繼書此，則知姜氏與慶父二人者實弑君也。」胡氏曰：「季子既歸，獨執國命，以魯之衆，因齊之力，取慶父弑君之賊而殺之，其勢甚易也，而季子不能，以至復弑閔公，今又不討，使姜氏、慶父得以出奔，縱釋同惡之人，故書。」存耕趙氏曰：「二國保姦之辠，亦莫能掩矣。」愚案：雖書慶父之奔，亦以著三桓之始也。○葉氏曰：「子般之弑，夫人與慶父矯立閔公，而歸獄於鄧扈樂。故夫人猶得安國中，而慶父可以託君命以聘齊。閔公之弑，慶父篡而不得，則夫人與慶父之計窮矣。外已失齊援，而惡暴於國人，雖權在己，亦無能爲。季子可誅而不誅，猶使逃焉者，以僖公爲重而不遽討之也。」康侯胡氏曰：「莊公忘親釋怨，無志復讎，忘父子之恩，絶君臣之義，國人習而不察，將以是爲常事，則亦不知有君之尊、有父之親矣。莊公行之而不疑，大臣順之而不諫，百姓安之而無憤疾之心也，則人欲必肆，天理必滅。故慶父無君之心動，圉人犖、卜齮之刃交發于黨氏、武闈之門，哀姜以國君母與聞乎故而不忌也。當是時，魯君再弑，幾至亡國，不亦憯乎！所謂治之於未亂，保之於未危，不可不察也。」

冬，齊高子來盟。

杜氏曰：「高傒也。齊侯使來平魯亂。僖公新立，因遂結盟，故不稱使也。魯人貴之，故不書名。」程子曰：「盟未前定也。」胡氏曰：「書法同『屈完來盟』。」義又見《隱元年》「盟于蔑」。此則不討慶父之亂，而但使傒來定僖公，則桓公之情，亦可見矣。○韓中甫曰：「子般弑，閔公又弑，夫人、慶父奔。爲齊桓者，宜具其事告諸天王，討魯之賊，命可立者立之，則安危繼絶之義庶矣。乃命高子一來識者，本其心不過仗義服諸侯、成伯業耳。僖公者，莊公之庶子也。上不受於天王，下不承於先君，内倚成風屬季子而立，外邀大國之臣以定位，擅王官之盟，專廢置之權。説者謂傒能因事制宜，故夫子稱高子，以著其善者，過矣。蓋魯人當疑危之際，幸傒來盟以自安，故書之曰『高子』云爾。夫子因而不革，付天下後世公論。朱子以爲如『季子來歸』之類，是也。」浚南趙氏曰：「讀《春秋》者，不可於細事上求。」程子亦曰：「後世以史視《春秋》，褒善貶惡而已。至於經世大法，則不知也。」其謂是歟？

十有二月，狄入衛。

《左氏》曰：「狄人伐衛。衛懿公好鶴，鶴有乘軒者。將戰，國人受甲者皆曰：『使鶴，鶴實有禄位，余焉能戰？』公與石祁子玦，與甯莊子矢，使守，曰：『以此贊國，擇利而爲之。』與夫人繡衣，曰：『聽於二子。』及狄人戰於熒澤，衛師敗績，遂滅衛。衛侯不去其旗，是以甚敗。狄入衛，遂從之，又敗諸河。初，惠公之即位也少，齊人使昭伯烝於宣姜。不可，强之。生齊子、戴公、文公、宋桓夫人、許穆夫人。文公爲衛之多患也，先適齊。及敗，宋桓公逆諸河，宵濟。衛之遺民男女七百三十有三人，益之以共、滕之民爲五千人，立戴公以廬於曹。許穆夫人賦《載馳》。齊侯使公子無虧帥車三百乘、甲士三千人以城曹。歸公乘馬，祭服五稱，牛、羊、豕、雞、狗皆三百，與門材。歸夫人魚軒，重錦三十兩。」莘老孫氏曰：「案《左氏》以爲衛滅而遷都，然《春秋》但曰『入』，蓋狄雖迫衛至於奔亡，而未嘗居有其地。其後衛復見於經，非狄滅而取之，故不曰『滅』爾。」皆未詳信否。張氏曰：「衛非特懿公好鶴而失人心，蓋自惠公即位，宣姜淫恣，耽樂忘政，習實爲常。公又重之，亡形已具。故狄人一至而涣然離散。以衛爲春秋初之大國，方與齊侯胥命，才四十年而淪於滅亡。所以治國必齊其家，而淫亂之禍，不簒必滅，可不戒哉！」義又見《隱七年》「戎伐凡伯」。

鄭棄其師。

《左氏》曰：「鄭人惡高克，使帥師次於河上，久而弗召，師潰而歸。高克奔陳。鄭人爲之賦《清人》。」《公羊》曰：「鄭棄其師者何？惡其將也。鄭伯惡高克，使之將，逐而不納，棄師之道也。」康侯胡氏曰：「人君擅一國之名寵，生殺予奪，惟我所制爾。使克不臣之辠已著，按而誅之可也。情狀未明，黜而遠之可也。愛惜其才，必禮馭之可也。惡有假以兵權，委諸境上，坐視其失伍離散，而莫之恤乎？」○陸氏聞於師曰：「人臣之義，可則竭節而進，否則奉身而退。高克進退違義，見惡於民，辠亦大矣。」常山劉氏曰：「《鄭詩·清人》，刺文公也。高克好利而不顧其君，文公惡而欲遠之不能，使高克將兵而禦敵於竟，陳其師旅翺翔河上，久而不召，衆散而歸。高克奔陳。公子素惡高克，進之不以禮，文公退之不以道。危國亡師之本，故作是詩也。觀此《詩序》，則鄭棄其師之道的然著矣。」

春秋本義卷第十

僖

公名申，莊公子，閔公庶兄。《左氏》曰：「成風聞成季之繇，乃事之，而屬僖公焉。故成季立之。」不書即位，義同莊公。

元年春，王正月，齊師、宋師、曹師次于聶北，救邢。夏六月，邢遷于夷儀。齊師、宋師、曹師城邢。夷，《公羊》作陳。

杜氏曰：「聶北、夷儀，皆邢地。」張氏曰：「《輿地廣記》：『河北邢州龍岡縣北一百五十里有夷儀嶺，即所遷也。』」愚謂：再書「齊師、宋師、曹師」者，不可以前目後凡也。苟不再書，則若邢自城，與魯城之者矣。皆文勢當然，無他義也。莘老孫氏曰：「《春秋》之義，凡次皆譏，未有次而言救者。力能救之則救之，可也。不能攘夷狄，至其入中國而侵陵諸侯也，則仗大義，帥諸侯往救之爾。乃次于聶北，曰救邢焉，師已次矣，其能救乎？實次而名救也。齊桓用師，未有曰師者，師次所以見挾强師而不能救邢，深罪之也。邢爲狄人所逐，至於奔亡，遷都夷儀，書邢遷，邢自遷也。齊桓閔邢之亡，率諸侯之師而爲之城，得救患分災之道矣。然方狄之伐邢，齊桓早帥諸侯救之，則不至於遷，而夷儀不必爲城也。齊桓失救邢之義，使邢至於遷也而爲之城，城邢未足以爲功，而不救之情益自顯也。」義又見《莊二十八年》「救鄭」。○愚案：以三國之大衆正月救邢而六月邢遷，蓋半歲矣，則無志於救可知也。況先書「次于聶北」，而後書「救邢」乎？狄既去，乃以三國之大衆城一邢焉。所謂「顛而不扶，俟其既仆而以手撫之」者也。伯者假仁而無惻怛之心，莫顯於此。先儒乃謂次聶北爲按兵觀釁，城邢爲救患分災，失《春秋》之旨矣。

秋七月戊辰，夫人姜氏薨于夷，齊人以歸。

《公羊》曰：「夷者，齊地。」《左氏》曰：「哀姜孫於邾，齊人取而殺之于夷，以其尸歸。僖公請而葬之。」張氏曰：「書『薨于夷』，諱國之惡也。言『齊人以歸』，則爲魯誅其辠，而以喪歸可知矣。」高氏曰：「莊公欲娶姜氏，汲汲唯恐不得。既不正其夫婦之始，不數年間，卒成大惡，幾危魯國。此齊侯所親見也，故召之至于夷，殺之而以之歸。齊侯殺之雖是，然不當以歸。繼書『齊人以歸』，言齊人不當取其尸歸也，而夫人又不當歸之于魯。如之何則可？曰即其死所而葬之可也。」〇張氏曰：「自文姜弑桓公，得逃致辟，而淫縱益甚，使魯國三四十年之間濁亂昏迷，卒成再弑其君之禍。至此，慶父、哀姜皆死誅不赦，然後三綱稍明，人倫粗正。此縱辠誅惡，得失之明驗也。」

楚人伐鄭。

張氏曰：「荆至是稱楚者，蓋荆乃州之名也。《商頌》稱『奮伐荆楚』，則楚亦其國之舊名。但自武、文以來，雖駸駸强盛，而未暇正其國之號名，故以州稱。及熊頵即位，令尹子文得政，始定改號曰楚，以交於中國。前此，獨來聘稱人，其侵敗中國皆以州舉。自此始稱號稱人，則浸强矣。然終齊桓世，雖伐小國止稱人者，以桓之力猶足以制之也。及桓没，而宋襄伯，然後始列於會盟，晏然主諸侯，而《春秋》有以爵書者矣。」愚謂：此本魯史之辭。辭隨世變，不自覺也。孔子因之以見夷夏盛衰之一端耳。《左氏》曰：「楚人伐鄭，鄭即齊故也。」義見《莊十年》「荆敗蔡師」。○莘老孫氏曰：「蠻夷之俗，中國道明則逃遁，莫敢内向。至其衰陵，而中國無人也，則伐其小國，執其諸侯，無所不至矣。」邦衡胡氏曰：「周室衰微，夷狄有與中國交聘，而諸侯不待之以夷狄，遂起其争强之心，是諸侯有以啓之也。其後與伯主敵，僭號稱王，跡由此爾。」

八月，公會齊侯、宋公、鄭伯、曹伯、邾人于檉。勑呈切。《公羊》作朾。

杜氏曰：「檉，宋地。陳國陳縣西北有檉城。」張氏曰：「即宛丘縣也。」孫氏曰：「公有母喪，出會非禮也。」義見《隱九年》「會于防」。

九月，公敗邾師于偃。《公羊》作纓。

杜氏曰：「偃，邾地。」未詳信否。康侯胡氏曰：「檉之會，公與邾人咸與焉，則是志同而謀協也。今既會邾人于檉，又敗邾師于偃，於此責公無攘夷狄、安中國之誠矣。凡此類，書其事而義自見也。」愚謂：公居喪而用兵，又一辠也。義又見《莊十年》「公敗齊師于長勺」。○吕氏曰：「公方會伯主，而遽敗邾師。君子以齊桓之服諸侯僅矣。」

冬十月壬午，公子友帥師敗莒師于酈，獲莒拏。酈，力知切，《公羊》作犂，《穀梁》作麗。拏，女居切。

大夫帥師，見《隱二年》。杜氏曰：「酈，魯地。」愚謂：莒拏者，莒大夫也。《公羊》曰：「獲者，生得也。」《左氏》曰：「莒人來求賂。公子友敗諸酈，公賜季友汶陽之田，及費。」未詳信否。康侯胡氏曰：「辠在莒也。然抑鋒止鋭，諭以辭命，使自知不縮而引去，則善矣。今至於兵刃既接，擒其主將，則魯亦有辠矣。」愚謂：以大夫專兵而獲大夫，王綱之壞甚矣。義又見《隱二年》「鄭伐衛」。〇存耕趙氏曰：「季友有立僖之功，竊靖難之名，遂攘魯國之權，而專主其師，敗莒有功，季氏專制之形始兆，乾侯之禍由來漸矣。」

十有二月丁巳，夫人氏之喪至自齊。

杜氏曰：「不稱姜，闕文。」劉氏曰：「哀姜與乎亂，殺二子，幾亡國。齊桓討而誅之是也。且哀姜安可復配宗廟、臨羣臣哉？魯以臣子不得討，而齊以伯主得舉法。故臣子可緣伯主之命以尊宗廟，伯主亦可緣天子之法以絶魯私請。今齊以公義而魯以私意請之，是魯之不忍也，而不可通於《春秋》。」〇張氏曰：「案：古者，兵死者尚不入於兆，況得辠於先君，見誅於方伯，而配宗廟、秩烝嘗乎！」

二年春，王正月，城楚丘。

楚丘，以經文推之，當是魯邑。趙氏曰：「據城緣陵言諸侯，此不言諸侯，魯自城耳。若諸侯城之，如此爲文，魯自城之，又如何分别乎？且城小穀又是其證也。」義見《隱七年》「城中丘」。〇莘老孫氏曰：「三傳皆以爲楚丘衛邑，齊桓率諸侯城之。然案《春秋》之法，諸侯城之者則書諸侯，如城邢、城緣陵、城虎牢、城成周是也。未有與諸侯同城而不序諸侯者，楚丘之城，見於傳記者，皆以爲衛邑。《衛詩·定之方中》序亦曰『衛楚丘』，而詩中無之，但曰楚宫、楚室耳。楚丘之名見於《春秋》者二，《隱之八年》曰：『戎伐凡伯于楚丘，以歸。』當凡伯之來聘，戎遂伐之以歸。經不言衛楚丘，安知非魯地乎？於此城之，又不言諸侯城楚丘，益可疑也。今地理楚丘屬宋，則凡伯自周聘魯，無緣更過宋也。此蓋可疑之事，且當闕之。」

夏五月辛巳，葬我小君哀姜。

姜氏淫逆，得辠宗廟，其死也，不葬於其地，而以歸魯。魯人受之，葬之以禮，又別爲之謚。僖公知有母而不知有宗廟矣。其十一月而葬，非所論也。○黄氏曰：「《春秋》書哀姜，終之以禮。如此，則上文姜氏偶闕姜字，而指以貶者，過矣。」

虞師、晉師滅下陽。下，《公羊》、《穀梁》作夏。陸氏曰：「據上陽、下陽俱虢邑，《左氏》是也。」

陸氏曰：「虞，姬姓，公爵。」張氏曰：「周大王子仲雍所封，其都亦在平陸之地。晉，成王弟唐叔之後，國都在太原府。」杜氏曰：「下陽，虢邑，在河東大陽縣。」張氏曰：「虢，文王弟，虢叔之後。下陽與上陽爲對。下陽，虢之塞邑，在陝州平陸縣。上陽在陝縣，虢所都也。」愚謂：邑而言滅者，毁其城，殺其宰，其與取爲己邑者異也。《左氏》曰：「晉荀息請以屈産之乘與垂棘之璧，假道於虞以伐虢。公曰：『是吾寶也。』對曰：『若得道於虞，猶外府也。』公曰：『宫之奇存焉。』對曰：『宫之奇之爲人也，懦而不能强諫，且少長於君。君暱之，雖諫，將不聽。』乃使荀息假道於虞，曰：『冀爲不道，入自顛軨，伐鄍三門。冀之既病，則唯君故。今虢爲不道，保於逆旅，以侵敝邑之南鄙。敢請假道以請辠於虢。』虞公許之，且請先伐虢。宫之奇諫，不聽，遂起師。夏，晉里克、荀息帥師會虞師伐虢，滅下陽。」《穀梁》曰：「虞先晉何也？爲主乎滅下陽也。下陽者，虞、虢之塞邑也。滅下陽而虞、虢舉矣。」愚謂：晉設詭計以滅同姓，虞貪寶貨而自伐其國，卒喪其身。故於此書虞、晉滅下陽，而後書晉人執虞公，有以爲後世鑒矣。

秋九月，齊侯、宋公、江人、黄人盟于貫。《公羊》作貫澤。

杜氏曰：「江國在汝南安陽縣。」張氏曰：「即蔡州新息縣之地。黄，嬴姓，國在汝南弋陽縣，即光州定城縣也。」杜氏曰：「貫，宋地。梁國蒙縣西北有貰城。貰與貫字相似。」張氏曰：「興仁府濟陰縣有貫城。」《左氏》曰：「盟于貫，服江、黄也。」義見《隱二年》「盟戎于唐」。又爲十二年楚滅黄起文也。○存耕趙氏曰：「楚强於江漢，若徐若舒蓼皆屬之。江、黄介其間，以弱役强。聞中國有伯，而危者安，亡者存。故不遠而來，願就盟焉。桓公之伯亦盛矣，惜乎其爲德之不終也。」案：管仲言曰：「江、黄近楚，楚爲利之國也。君必歸之。若伐而不能救，則亂自此始。」公曰：「諾。」然不能從。再與會盟，黄恃諸侯之好，曰：「自郢及我九百里，焉能害我？」齊終莫之救，卒滅於楚，亦可傷也。齊亦病矣。

冬十月。

此一時無事，書首月也。

不雨。

十月、十一月、十二月皆旱也。○愚案：此書「冬十月」，及次年「春，王正月」、「夏四月」，自是一時無事，書首月耳，與下文三「不雨」不相干。三「不雨」，亦與上文書首月不相蒙。《公》、《穀》誤聯讀之，又以文公時不雨凡例求之，遂有勤雨、閔雨之説。先儒因之，又爲冬十月不雨，則十一、十二月有雨；春正月、夏四月不雨，則二、三、五月有雨之説。獨《左氏》謂自十月至於五月者得之。蓋冬一時不雨，春一時不雨，夏則至於六月始得雨耳。經旨本明，讀之者誤也。辨見《或問》。

楚人侵鄭。

義見《莊十年》「荆敗蔡師」。

三年春，王正月。

此亦一時無事書首月也。

不雨。

正月、二月、三月皆旱也。

夏四月。

此亦一時無事，書首月也。

不雨。

四月、五月皆旱也。《左氏》曰：「自十月不雨，至於五月。」高氏曰：「萬物須雨以生，須雨以成。一時亢旱，猶有所損，況不雨幾於彌年？則其災可知。」愚謂：人物不得其所，則害陰陽之和，而雨澤不降。八月不雨，則穀種不入土，饑饉可知矣。聖人畏天災，憂民事，莫甚於此，故書之，爲後世有民土者之大戒也。戒之者何？敬吾身，務民義，以正天地之氣耳。義又見《莊三十一年》。

徐人取舒。

杜氏曰：「徐國在下邳僮縣東南。舒國，廬江舒縣。」張氏曰：「即廬州舒城縣。」孫氏曰：「舒，蓋羣舒，舒庸、舒蓼、舒鳩之類。」趙氏曰：「凡得國而不書滅者，不絶其祀也。」愚謂：先王建國而諸侯取之，辠不容誅矣。但比之滅國，爲少閒耳。徐與舒，皆夷國也。明王慎德，四夷咸賓，夷狄各安其土，不敢攻伐。周德既衰，諸侯侵伐，然後夷狄自相吞噬，以至猾夏矣。《春秋》書之，以爲有天下者不可不慎德也。豈徒紀夷狄之相併哉？後倣此。○張氏曰：「齊桓方伯，而不能戢諸侯之吞併小國，亦降鄣、遷陽等事有以教之，無以令之也。」

六月雨。

自去年十月不雨，至此月始雨，紀實事以見旱之久。高氏謂此記不雨之終者是也。夫春耕夏耘，而六月始雨，則農不及事，而民以困窮，以至草木鳥獸咸不若其性矣。○康侯胡氏曰：「觀此義，則《春秋》有懼天災、恤民隱之意。遇天災而不懼，視民隱而不恤，自樂其樂，而不與民同也，國之亡無日矣。」

秋，齊侯、宋公、江人、黄人會于陽穀。

杜氏曰：「陽穀，齊地，在東平須昌縣北。」張氏曰：「即東平府須城縣北。隋置陽穀縣。」愚謂：書「齊、宋、江、黄盟于貫」，又書「會于陽穀」，見齊桓伯業之成，雖江、黄爲楚與國，猶服從於齊也。江、黄服，則楚可伐，而有攘夷狄之功矣。然他日楚滅黄而齊不見救，則此盟此會不足恃也。假仁者無誠心，勤於前而怠於後，類此。義又見《隱二年》「會戎于潛」。

冬，公子友如齊涖盟。《穀梁》「友」上有「季」字。涖音利。《公羊》、《穀梁》並作莅。

孔氏曰：「涖，臨也。」《公羊》曰：「涖盟者，往盟乎彼也。」木訥趙氏曰：「聽伐楚之期也。」義見《隱元年》

「盟于葴」。此又見友之專政也。

楚人伐鄭。

《左氏》曰：「楚人伐鄭，鄭伯欲成，孔叔不可，曰：『齊方勤我，棄德不祥。』」義見《莊十年》「荆敗蔡師」。

四年春，王正月，公會齊侯、宋公、陳侯、衛侯、鄭伯、許男、曹伯侵蔡。蔡潰，遂伐楚，次于陘。音刑。

潰者散也，衆散流移，若水之潰。遂者，繼事之辭。杜氏曰：「陘，楚地，潁川召陵縣南有陘亭。」張氏曰：「即潁昌府郾城縣。」孫氏曰：「蔡，楚與國，故先侵蔡。俟其兵震威行，然後大舉。蔡既潰，遂次于敵境。」《左氏》曰：「楚子使與師言曰：『君處北海，寡人處南海，唯是風馬牛不相及也。不虞君之涉吾地也，何故？』管仲對曰：『昔召康公命我先君大公曰：「五侯九伯，女實征之，以夾輔周室。」賜我先君履，東至於海，西至於河，南至於穆陵，北至於無棣。爾貢包茅不入，王祭不共，無以縮酒，寡人是徵。昭王南征而不復，寡人是問。』對曰：『貢之不入，寡君之辠也，敢不供給！昭王之不復，君其問諸水濱。』師進，次于陘。」張氏曰：「楚自魯桓二年蔡、鄭會鄧，已懼其爲中國患。大積五十年富强吞併之力，今比年伐鄭，氣陵中國。所幸齊自桓公入國，舉管仲以治民訓兵，至此方能率諸侯之師，正其辠而討之，使其君臣震恐，遣使如師，可謂有功於中國矣。然桓公本無湯、武之學，而管仲復未嘗有聞於君臣之大義，故揆之天吏討辠之法，則不奉天子之命，未敢正其僭王之辠，僅致屈完來師，請服受盟，不純屈服，時出干紀，滅弦救鄭。故曾西得以鄙其功烈之卑。」愚案：孔子曰：「桓公九合諸侯，一匡天下，民到于今受其賜。微管仲，吾其被髮左衽矣。」又曰：「管仲之器，小哉！」孟子曰：「天子討而不伐，諸侯伐而不討。五霸者，摟諸侯以伐諸侯者也，三王之辠人也。」又曰：「以力假仁者，霸。」孔、孟論伯者之事，即《春秋》所書之旨。而邵子所謂「五伯，功之首，辠之魁，功過不相掩」者，備矣。○康侯胡氏曰：「桓公伐楚，而楚人服辠，孟氏何以獨言春秋無義戰也？譬諸殺人者，或曰：『人可殺歟？』曰：『可。』『孰可以殺之？』曰：『爲士師者則可以殺之矣。』『國可伐歟？』曰：『可。』『孰可以伐之？』曰：『爲天吏則可以伐之矣。』楚雖暴横，憑陵上國，齊不請命，擅合諸侯，豈所謂爲天吏以伐之乎？《春秋》以義正名，則君臣之分嚴矣。」

夏，許男新臣卒。新，《公羊》作辛。

高氏曰：「卒者，卒於其國也。蓋陘地近許，許師雖已次于陘，許男遇疾而歸矣。」義見《隱三年》「宋公卒」。

楚屈完來盟于師，盟于召陵。

張氏曰：「屈完者，楚大夫之名氏也。」杜氏曰：「召陵，潁川縣也。」張氏曰：「在郾城縣，漢之潁川郡召陵縣也。」愚謂：不稱使者，未前定也。蓋完既來，而求盟于師，桓公則退軍于召陵，而與之盟也。與「齊高子來盟」同意。《左氏》曰：「夏，楚子使屈完如師。師退，次于召陵。齊侯陳諸侯之師，與屈完乘而觀之。齊侯曰：『豈不穀是爲？先君之好是繼。與不穀同好如何？』對曰：『君惠徼福於敝邑之社稷，辱收寡君，寡君之願也。』齊侯曰：『以此衆戰，誰能禦之？以此攻城，何城不克？』對曰：『君若以德綏諸侯，誰敢不服？君若以力，楚國方城以爲城，漢水以爲池，雖衆，無所用之。』屈完及諸侯盟。」存耕趙氏曰：「齊桓之於楚，服之而已。次陘壓境，楚勢頓沮。屈完來請盟，桓公於是退召陵與之盟。」義見前伐楚。○愚謂：盟者，亂世之事，況以中國諸侯之尊，而下盟夷狄之大夫？非禮之正也。使有王者興，必將正其疆土，復其滅國，一就吾區畫品制然後已，非但草蕞補其罅漏而足也。而管仲以此爲甚盛之舉，則誠齊人而已。然則孔子奚取焉？曰「彼善於此」也。周不能王，列國吞齧，夷狄内侵，向無齊桓，將胥被髮左衽矣。聖人之心，寬弘惻怛，與人爲善，取其所能而惜其未至，故録其伐楚之事，付後世公論。然貴王賤伯，内夏外夷之意，昭然於筆削之間矣。

齊人執陳袁濤塗。袁，《左氏》作轅。案《釋文》，《左氏》亦作袁，云：「本亦作轅。」

杜氏曰：「袁濤塗，陳大夫，袁氏也。」《左氏》曰：「陳袁濤塗謂鄭申侯曰：『師出於陳、鄭之間，國必甚病。若出於東方，觀兵於東夷，循海而歸，其可也。』申侯曰：『善。』濤塗以告，齊侯許之。申侯見，曰：『師老矣，若出於東方而遇敵，懼不可用也。若出於陳、鄭之間，供其資糧扉屨，其可也。』齊侯説，與之虎牢。執袁濤塗。」高氏曰：「楚方受盟而退，遽執同會之大夫，齊侯之志驕矣。是知齊侯之不可爲周公，而爲三王之辠人也。」義又見《莊十七年》「齊執鄭詹」。○《公羊》曰：「古者周公東征則西國怨，西征則東國怨。桓公假塗於陳而伐楚，則陳人不欲其反由己者，師不正故也。不修其師而執濤塗，古人之討則不然也。」董子曰：「齊桓合諸侯，其後矜功自足而不修德，故楚人滅弦而志弗憂。損人之國而執其大夫，功未良成，而志以溢矣。故曰：『管仲之器，小哉！』自是日衰，九國叛矣。」

秋，及江人、黄人伐陳。

高氏曰：「非魯及之，蒙上『齊人執袁濤塗』之文也。」杜氏曰：「魯受齊命，討陳之辠。」未詳孰是。高氏曰：「陳侯方與諸侯同侵蔡，同伐楚，又同盟，而齊侯遽執其大夫，又率二國伐之，不義莫大焉。」義又見《隱二年》「鄭伐衛」。

八月，公至自伐楚。

張氏曰：「師出三時，見久役之勞也。」義又見《桓二年》「公至自唐」。〇愚案：此亦可見諸侯已歸，而齊復帥其師以侵陳，勞民黷武之甚也。

葬許穆公。穆，《公羊》作繆。

義見《隱三年》「葬宋穆公」。

冬十有二月，公孫茲帥師會齊人、宋人、衛人、鄭人、許人、曹人侵陳。茲，《公羊》作慈。

公孫茲，叔牙之子，叔孫戴伯也。《左氏》曰：「叔孫戴伯帥師會諸侯之師侵陳。陳成，歸轅濤塗。」君舉陳氏曰：「公孫茲帥師，見三家之專也。」邦衡胡氏曰：「濤塗誤軍，則辠止濤塗耳，何至伐其國哉？豈有辠一臣而諸國合攻之也？齊桓怒執其臣，又伐之侵之，甚矣。」義又見《莊十年》「公侵宋」。〇康侯胡氏曰：「揚子作《法言》：『或問：「爲政有幾？」曰：「思、斁。昔在周公，征於東方，四國是皇，其思矣。夫齊桓徑陳，陳不果納，執袁濤塗，其斁矣。」』夫桓公識明而量淺，管仲器不足而才有餘。方楚人未帖，而齊以爲憂也。致勤於鄭，振中夏之威，會于陽穀，惇遠國之信。按兵于陘，修文告之辭，退舍召陵，結會盟之禮，何其念之深、禮之謹也？楚方受盟，志已驕溢。陳大夫一謀不協，其身見執，其國見伐見侵。桓德於是乎衰矣。」

五年春，晉侯殺其世子申生。

《左氏》曰：「晉獻公娶于賈，無子。烝於齊姜，生秦穆夫人及大子申生。又娶二女於戎，大戎狐姬生重耳，小戎子生夷吾。晉伐驪戎，驪戎男女以驪姬歸，生奚齊，其娣生卓子。驪姬嬖，欲立其子，賂外嬖梁五，與東關嬖五，使言於公曰：『曲沃，君之宗也。蒲與二屈，君之疆也。不可以無主。若使太子主曲沃，而重耳、夷吾主蒲與屈，則可以威民而懼戎。』晉侯說之。夏，使大子居曲沃，重耳居蒲城，夷吾居屈。羣公子皆鄙，唯二姬之子在絳。二五卒與驪姬譖羣公子而立奚齊。晉作二軍，公將上軍，太子申生將下軍，以滅耿、滅霍、滅魏。還，爲大子城曲沃。士蔿曰：『大子不得立矣，分之都城而位以卿，先爲之極，又焉得立？不如逃之，無使皋至，爲吴大伯，不亦可乎？』晉侯使大子申生伐東山皋落氏。里克諫曰：『大子奉冢祀社稷之粢盛，以朝夕視君膳者也，故曰冢子。君行則守，有守則從，從曰撫軍，守曰監國，古之制也。夫帥師，專行謀，誓軍旅，君與國政之所圖也，非大子之事也。師在制命而已，稟命則不威，專命則不孝，故君之嗣適不可以帥師。君失其官，帥師不威，將焉用之？且臣聞皋落氏將戰，君其舍之？』公曰：『寡人有子，未知其誰立焉！』不對而退。大子帥師，公衣之偏衣，佩之金玦。狐突歎曰：『時，事之徵也。雖欲勉之，狄可盡乎？』梁餘子養曰：『死而不孝，不如逃之。』罕夷曰：『君有心矣。』狐突欲行。羊舌大夫曰：『不可！違命不孝，棄事不忠，子其死之！』大子將戰，狐突諫曰：『不可。昔辛伯諗周桓公，云：「內寵並后，外寵二政，嬖子配適，大都偶國，亂之本也。」周公弗從，故及於難。今亂本成矣，立可必乎？孝而安民，子其圖之，與其危身以速辠也。』初，晉獻公欲以驪姬爲夫人，卜人不可，弗聽，立之，生奚齊。其娣生卓子。及將立奚齊，既與中大夫成謀，姬謂大子曰：『吾夢齊姜，必速祭之。』大子祭於曲沃，歸胙於公。公田，姬寘諸宮六日。公至，毒而獻之。公祭之地，地墳；與犬，犬斃；與小臣，小臣亦斃。姬泣曰：『賊由大子。』大子奔新城。事又見《國語》。公殺其傅杜原款。或謂大子：『子辭，君必辯焉。』大子曰：『君非姬氏，居不安，食不飽。我辭，姬必有辠。君老矣，吾又不樂。』曰：『子其行乎！』大子曰：『君實不察其辠，被此名也以出，人誰納我？』十二月戊申，縊於新城。姬遂譖二公子曰：『皆知之。』重耳奔蒲，夷吾奔屈。晉侯使以殺大子申生之故來告。」陸氏曰：「申生雖有愛父之心，而乃陷父於不義，俾讒人得志，國以亂離。古人云：『小仁，大仁之賊也。』」愚謂：晉獻雖不操刃以殺申生，然置之必死之地而不暇辨讒言之曲直，非晉侯殺之而誰哉？首惡之名不得辭矣。此亦魯史之直筆，而聖人録之，以示教者也。○莘老孫氏曰：「申生之事見於傳記備矣，晉侯之惡見矣。然人子之道至於見殺，則不爲孝矣。舜之事瞽瞍，瞽瞍亦允若，而卒免於禍。申生之於獻公也，獻公聽讒，申生死之。《春秋》舉重者言之，斥言晉侯，而申生未免有辠也。」朴鄉呂氏曰：「董子曰：『有國者不可以不知《春秋》。前有讒而不見，後有賊而不知。爲人臣者不可以不通《春秋》，守經事而不知其宜，遭變事而不知其權。』若獻公者，其諸所謂前有讒而不見，此所以蒙首惡之名。若申生者，其諸所謂遭變事而不知其權，此所以陷父於不義。」康侯胡氏曰：「《春秋》，端本澄源之書也。尸此者，其誰乎？《春秋》書之，使後世有欲紊妃妾之名，亂適庶之位，縱人欲，滅天理，以敗其家國者知所戒焉。以此防民，猶有以堯母名門，使姦臣探逆其意，有危皇太子之心，以成巫蠱之禍者。」

杞伯姬來，朝其子。

伯姬，僖公姑，即莊二十五年歸杞者。在莊公時已不得歸，況僖公時乎？張氏曰：「其子蓋年十餘歲。杞伯在而使其子隨母以來也。」《穀梁》曰：「諸侯相見曰朝。伯姬爲志乎朝其子，則是杞伯失夫之道矣。以待人父之道待人之子，非正也。故曰『杞伯姬來，朝其子』，參譏也。」○愚案：伯姬之子乃杞侯之冢嗣，雖不行朝禮，亦不當使之隨母以來，杞侯之爲家國可知矣。

夏，公孫茲如牟。

牟，見《桓十五年》。凡魯聘他國皆言如此，譏私相聘與三桓之用事耳。義又見《隱七年》「齊來聘」。

公及齊侯、宋公、陳侯、衛侯、鄭伯、許男、曹伯會王世子于首止。秋八月，諸侯盟于首止。止，《公羊》、《穀梁》作戴。

杜氏曰：「王世子，惠王太子鄭也。首止，衛地，陳留襄邑縣東南有首鄉。」張氏曰：「襄邑屬拱州。」《公羊》曰：「曷爲殊會王世子？世子貴也。」愚謂：齊桓致世子于首止，而諸侯往會之，故説者因謂之殊會。其書法蓋與「會吴於善道」之類同，而非有他義也。諸侯何以不序？一事而再見者，前目後凡也。《穀梁》曰：「中無事而復舉諸侯，何也？尊王世子，而不敢與盟也。」《左氏》曰：「會王太子鄭，謀寧周也。」張氏曰：「初，惠王娶陳嬀爲后，生子鄭及叔帶。愛叔帶，欲立之。齊桓以其廢長立幼，將啓亂階，遂率諸侯會王世子于首止，示天下戴之，以爲天王之貳。」揚氏曰：「惠王溺嬖寵，諸侯苟欲正之，責以諫辭可也，箴於朝覲可也，合衆國爲盟會以正之，則是以力制天子也。於君臣之大義，不亦戾哉？」愚謂：惠王廢長立幼，其惡可知。然齊桓未嘗朝王而納諫，亦未見王之拒諫也。輒召諸侯會王世子，又盟諸侯，示天子以意，是要君也。世子儼然出會，是制父也。夫齊桓之意善矣，一旦定國本，絶亂階，齊桓之功也。惜其參之以權謀術數也。至於制父要君，則其辠大矣。夫《春秋》，正義不謀利，明道不計功。故蘇氏曰：「首止之會，非王志也，帥諸侯以定世子爲義也。然而諸侯不以王命而會世子，世子不以父命而出會諸侯，衰世之事也。」義又見《隱元年》「盟于蔑」。

鄭伯逃歸不盟。

《左氏》曰：「秋，諸侯盟。王使周公召鄭伯，曰：『吾撫女以從楚，輔之以晉，可以少安。』鄭伯喜於王命而懼其不朝於齊也，故逃歸不盟。孔叔止之曰：『國君不可以輕，輕則失親。失親患必至，病而乞盟，所喪多矣，君必悔之。』弗聽，逃其師而歸。」獻可杜氏曰：「齊桓合諸侯以謀寧周室，德雖不全，亦有翼戴之名。鄭伯與會而逃盟，《春秋》書之，著其爲諸侯而行匹夫之行也。」愚謂：齊桓之舉，迹近尊王，義實大悖。鄭伯誠能明諭臣不要君、子不制父之大義，不會不盟，縱未必齊桓之頓服，然天下後世必有是鄭伯之言者矣。今既會而逃之，而其所以逃者，非此之謂，斯害義矣。○常山劉氏曰：「鄭伯逃盟，故六年啓諸侯之伐，致新城之圍。七年，有甯母之會。不敢與盟，而使世子聽命。九年，王人、齊侯等盟于洮，而鄭伯乞盟。噫！以諸侯之尊，而始於逃歸，終於乞盟。甚乎，鄭伯之辠也！」

楚人滅弦，弦子奔黄。

杜氏曰：「弦國在弋陽軑縣東南。」任氏曰：「《地譜》：光州光山縣，故弦國。」愚謂：弦子不名，史有不詳，或闕文也。《左氏》曰：「楚鬭穀於菟滅弦，弦子奔黄。於是江、黄、道、柏方睦於齊，皆弦姻也。弦子恃之而不事楚，又不設備，故亡。」義見《三年》「徐取舒」。此則滅國，甚矣。○張氏曰：「桓公於此時率諸侯以討楚復弦，豈不足以立中國之威而制楚之横與？不能救弦，以啓救鄭圍許之紛紛。楚之滅黄，亦自此始矣。」愚案：楚受盟一年，復滅小國，禍尤熾焉。雖夷狄暴横，亦齊桓有以致之也。蓋伯者之術，非己有之，而求人以力，故人不心服，而其效施於力之所及。桓非命伯，摟諸侯以侵伐諸侯，降鄣，遷陽，滅譚，與遂伐山戎而獻捷，執大夫而伐陳。首止之會，力制天子。鄭伯逃盟，衛侯背約，中國服從，類可知矣。舍近狄，事遠戎，而狄入衛，救邢不力而邢遷，其自爲者如此。夷狄歸順，類可知矣。宜其楚不心服，而復窺中國也。《書》曰：「東征西夷怨，南征北狄怨。」又曰：「大邦畏其力，小邦懷其德。」天下曷敢有越厥志？方之王道，何翅碔砆美玉哉！書屈完受盟於前，書楚滅弦、圍許、滅黄於後，貴王賤伯，鑒戒昭矣。

九月戊申朔，日有食之。

義見《隱三年》。

冬，晉人執虞公。

《左氏》曰：「晉侯復假道於虞以伐虢。宫之奇諫曰：『虢，虞之表也。虢亡，虞必從之。晉不可啓，寇不可翫。一之謂甚，其可再乎？諺所謂「輔車相依，脣亡齒寒」者，其虞、虢之謂也。』公曰：『晉，吾宗也，豈害我哉？』對曰：『大伯、虞仲，大王之昭也。大伯不從，是以不嗣。虢仲、虢叔，王季之穆也，爲文王卿士，勳在王室，藏於盟府。將虢是滅，何愛於虞？且虞能親於桓、莊乎？桓、莊之族何辠，而以爲戮，不唯偪乎？親以寵偪，猶尚害之，況以國乎？』公曰：『吾享祀豐潔，神必據我。』對曰：『臣聞之，鬼神非人實親，惟德是依。故《周書》曰：「皇天無親，惟德是輔。」又曰：「黍稷非馨，明德惟馨。」又曰：「民不易物，惟德繄物。」如是，則非德，民不和，神不享矣。神所憑依，將在德矣。若晉取虞而明德，以薦馨香，神其吐之乎？』弗聽，許晉使。宮之奇以其族行，曰：『虞不臘矣，在此行也，晉不更舉矣。』八月甲午，晉侯圍上陽。冬十二月丙子朔，晉滅虢。虢公醜奔京師。師還，館於虞，遂襲虞，執虞公。」康侯胡氏曰：「書『滅下陽』於始，而記『執虞公』於後，可以見棄義趨利、瀆貨無厭之能亡國敗家，審矣！」愚謂：諸侯，天子所封。又晉、虞同姓，虞固愚也。然晉獻詭計執之，惡不可掩矣。○劉氏曰：「《春秋》之紀事，原始見終，不失其實者也。虞之滅自下陽始，下陽滅則虞亡矣。宮之奇、舟之僑皆知之，獨其君不知。《春秋》書之，使天下之爲人君者從而省之，可以戒於此矣。故曰：家有既亡，國有既滅，由別之不別也。可不大哀乎！人君莫不惡亡而好存，莫能固亡而保存者，是何也？嗜欲之習近，而憂患之未遠也。」凡書執諸侯者十有四。

六年春，王正月。

夏，公會齊侯、宋公、陳侯、衛侯、曹伯伐鄭，圍新城。

杜氏曰：「新城，鄭新密，即滎陽密縣。」張氏曰：「屬鄭州。」《左氏》曰：「諸侯伐鄭，以其逃首止之盟故也。」高氏曰：「鄭伯逃歸不盟，遂與楚通，是啓諸侯之伐也。」義又見《隱二年》「鄭伐衞」。

秋，楚人圍許，諸侯遂救許。

葉氏曰：「圍鄭之諸侯不序，一事再見也。」《左氏》曰：「楚子圍許以救鄭，諸侯救許乃還。」愚謂：《春秋》書此，一以見中國衰而夷狄横，二以見齊桓不能服楚之心，三以見鄭伯背夏即夷，以致此伐，四以見猶幸齊桓之有此舉也。圍許，義又見《莊十年》「荆敗蔡師」。救許，義又見《莊二十八年》「救鄭」。

冬，公至自伐鄭。

存耕趙氏曰：「兵以夏出以冬反，歷三時，以伐鄭出，故以伐鄭至也。」義又見《桓二年》「公至自唐」。〇邦衡胡氏曰：「不致救許而致伐鄭者，伐鄭本志也，救許遂事也。」高氏曰：「救許，因伐鄭也。」

七年春，齊人伐鄭。

《左氏》曰：「齊人伐鄭，孔叔言於鄭伯曰：『諺有之曰：「心則不競，何憚於病！」既不能强，又不能弱，所以斃也。國危矣，請下齊以救國。』公曰：『吾知其所由來矣，姑少待我。』對曰：『朝不謀夕，何以待君？』」愚謂：諸侯以救許而解鄭圍，不得志於鄭，故齊復伐之也。夫齊桓以力服人，未盡善也。鄭伯背夏即夷，亦冥頑不識所趨哉。義又見《隱二年》「鄭伐衞」。

夏，小邾子來朝。

小邾，見《莊五年》「倪黎來」。杜氏曰：「邾之别封，故曰小邾。」未詳是否。義見《隱十一年》「滕、薛來朝」。

鄭殺其大夫申侯。

《左氏》曰：「初，申侯，申出也，有寵於楚文王。文王將死，與之璧，使行，曰：『唯我知女，女專利而不厭，予取予求，不女疵瑕也。後之人將求多於女，女必不免。我死，女必速行。無適小國，將不女容焉。』既葬，出奔鄭，又有寵於厲公。子文聞其死也，曰：『古人有言曰：「知臣莫若君。」弗可改也已。』」未詳信否。義見《莊二十六年》「曹殺大夫」。

秋七月，公會齊侯、宋公、陳世子款、鄭世子華，盟于甯母。甯，《穀梁》作寧。

杜氏曰：「高平方與縣東泥母亭，音甯。」張氏曰：「魯地。」孫氏曰：「齊人伐鄭，鄭伯懼，欲求成於齊，故先使世子華受盟于甯母也。」《左氏》曰：「盟于甯母，謀鄭故也。管仲言於齊侯曰：『臣聞之，招攜以禮，懷遠以德。德禮不易，無人不懷。』齊侯修禮於諸侯，諸侯官受方物。」未詳信否。義見《隱元年》「盟于蔑」。

曹伯班卒。班，《公羊》作般。

義見《隱三年》「宋公卒」。

公子友如齊。

義見《隱七年》「齊來聘」。○木訥趙氏曰：「僖三年，公子友如齊，聽伐楚之期，而莅盟焉。其後凡三年，公不朝則季友聘，終齊桓之世不怠也。惟六年伐鄭，自春徂冬，不暇朝聘。故七年公子友如齊，自是十年公如齊，十三年公子友如齊，十五年公如齊，十六年公子友卒，十七年而齊桓即世。當齊之伯，公與公子友同心事齊，三年一聘之節未嘗廢。」黃氏曰：「事伯主而不事王，公與大夫更迭如齊，皆春秋之習，而魯不能自拔也。」

冬，葬曹昭公。

義見《隱三年》「葬宋穆公」。

八年春，王正月，公會王人、齊侯、宋公、衛侯、許男、曹伯、陳世子款，盟于洮。《公羊》「陳世子款」下有「鄭世子華」四字。

王人，見莊六年《公羊》曰：「王人者何？微者也。曷爲序乎諸侯之上？先王命也。」杜氏曰：「洮，曹地。」案：《莊二十七年》杜氏以爲魯地，未詳。啖氏曰：「王人與盟，非禮也。」莘老孫氏曰：「春秋伯者多假王命以令諸侯，名尊天子而實行其私。齊桓是時致天王之命以會盟中國，故王人而盟諸侯，則王道之衰；諸侯而盟王人，則諸侯之伉。盟者不信，而後爲之也。」義又見《隱元年》「盟于蔑」。〇獻可杜氏曰：「案《周禮》：『邦國有疑，諸侯會盟，則爲壇以盟之。』是諸侯從天子而受盟也。末世列國專盟，《春秋》譏之。今不即會於周而盟于洮，以見天子之弱，就盟諸侯於下國也。」

鄭伯乞盟。

趙氏曰：「乞者，卑重之辭。」《左氏》曰：「請服也。」莘老孫氏曰：「鄭伯逃天下之盟主，而附强暴之夷狄。甯母之會，雖嘗遣其世子，又恐懼不安，親來乞盟。」愚謂：鄭伯以諸侯之尊，始於逃，終於乞，自取悔辱。故君子作事，謀始垂戒遠矣。

夏，狄伐晉。

義見《隱七年》「戎伐凡伯」。○存耕趙氏曰：「晉與狄鄰，故有疆場之警。啓土以居，羣公子又爲采桑之役，内釁頻仍，狄安得不肆乎？國必自伐而後人伐之，晉之謂也。」

秋七月，禘于太廟，用致夫人。

用者，以也。致者，至自齊也。趙氏曰：「夫人者，時君之妻聲姜也。因其至，特設禘禮以爲榮觀。」愚謂：不言姜氏者，義在禘以致夫人，而不在姓氏。又辠在僖公而不在聲姜。又夫人之下書姜氏，則不成文，故省文耳。夫人至而告廟。魯有常禮，魯以諸侯而僭天下之禘，已失禮矣。又以夫人之至而禘于太廟，是失禮之中又失禮也。

冬十有二月丁未，天王崩。

天王，惠王也。一見諸侯遇王喪而致宰周公，以嘉禮盟於葵丘，二見僖公不服喪而朝齊，三見齊侯、許男伐北戎。義又見《隱三年》。

春秋本義卷第十一

僖公

九年春，王三月丁丑，宋公御説卒。御，《公羊》、《穀梁》作禦。

《左氏》曰：「桓公卒。」愚謂：此爲宋子出會葵丘起也。○高氏曰：「不書葬者，宋子出會諸侯，故諸侯併與天王之葬，皆不會也。」

夏，公會宰周公、齊侯、宋子、衛侯、鄭伯、許男、曹伯于葵丘。

張氏曰：「宰，冢宰。周公，名孔，王之三公，食采於周，扶風雍縣東北周城是也。」康侯胡氏曰：「宰周公者，以冢宰兼三公也。古者三公無其人，則以六卿之有道者兼師保之任。冢宰或闕，則以三公下行端揆之職。」《左氏》曰：「宋桓公卒，未葬，而襄公會諸侯，故曰子。」趙氏曰：「凡諸侯在喪而出，以喪行者稱子，以吉行者稱爵，志惡之淺深也。」杜氏曰：「陳留外黄縣東有葵丘。」張氏曰：「即開封雍丘縣也。」劉氏曰：「七年《左氏》所云『惠王崩，襄王惡大叔帶之難。懼不立，不發喪而告難於齊』者，實八年十二月事也。八年盟于洮，謀王室者，實今葵丘事也。理或然也。」高氏曰：「惠王方崩，諸侯不會其喪。襄王在諒闇之中，百官總己方聽於冢宰，而齊侯既不帥諸侯朝之，反相會以致天子之宰。以天子之宰，反來下會諸侯，大義乖矣。夫君子不奪人之喪，齊侯爲伯主，當遏密之。時大會諸侯，又使宋子與會，然則所仗大義果安在哉？」《穀梁》曰：「禮，柩在堂，孤無外事。今背殯而出會，以宋子爲無哀矣。」義又見《隱九年》「會于防」。○存耕趙氏曰：「襄王之立，非惠王意也。惠后猶在，王雖立，恐諸侯之或貳也。故桓請王命以盟諸侯，而王亦出重臣以臨之。齊雖忠於周，而周以齊而輕矣。」案：首止，桓以定世子之位。今襄王已立，雖有子帶之慮，桓若率諸侯以朝王而聽命焉，則一正君而國定矣。桓公、管仲學不知此，狃首止之殊盟，而亦用之周公，徒偃蹇於外，以聲勢足以震蕩諸侯，天子亦依以爲一日之安爾。

秋七月乙酉，伯姬卒。

伯姬，僖公未嫁姊妹也。《穀梁》曰：「婦人許嫁，笄而字之，死則以成人之喪治之。」愚謂：禮，女子十有五年而笄，二十而嫁。然則未許嫁者，固亦笄而字矣。案：禮，期之喪諸侯絶，惟姊妹姪不絶不降。則僖公當爲之服矣。僖公於時不服則無親，以凶服臨葵丘之會，則吉凶紊矣。齊桓奪人之喪而使之盟，亦非禮也。○高氏曰：「公自出會，聞伯姬之卒，不復歸臨其喪，無親親之義也。」莘老孫氏曰：「《春秋》内女許嫁而卒惟二爾，伯姬、子叔姬是也。」

九月戊辰，諸侯盟于葵丘。

陸氏曰：「盟稱諸侯者，前目後凡之義，且明周公之不與盟也。」張氏曰：「其義與首止同。」《孟子》曰：「五伯，桓公爲盛，葵丘之會諸侯，束牲、載書而不歃血。初命曰：『誅不孝，無易樹子，無以妾爲妻。』再命曰：『尊賢育才，以彰有德。』三命曰：『敬老慈幼，無忘賓旅。』四命曰：『士無世官，官事無攝，取士必得，無專殺大夫。』五命曰：『無曲防，無遏糴，無有封而不告。』曰：『凡我同盟之人，既盟之後，言歸於好。』」《左氏》曰：「宰孔先歸，遇晉侯曰：『可無會也。齊侯不務德而勤遠略，北伐山戎，南伐楚，西爲此會也。東略之不知，西則否矣。其在亂乎！君務靖亂，無勤於行。』晉侯乃還。」愚案：此盟即會葵丘之事。襄王有子帶覬覦之難，桓公率諸侯翼戴天子。既會冢宰，又自爲盟，使天下知有冢嫡有共主，而襄王大位得以粗安，齊桓之功亦大矣。然不過假尊王之名以適吾之所便，故不暇奔惠王之喪，聽冢宰之命於朝。既致冢宰於葵丘，而又自爲盟焉，遥制朝政，權自己出，拂君臣之大經，此其大辠也。大功不可以不與，大辠不可以不明，故聖人直書以示戒。其尊君抑臣、貴王賤伯之義顯矣。義又見《隱元年》「盟于蔑」。○胡氏曰：「孟子之言，非與桓也。當時中國併爲十二，其亂又甚於春秋，其曰：『五霸，三王之辠人。今之諸侯，五霸之辠人。』孟子非美齊桓可知。」張氏曰：「一命之詞，三綱所繫，蓋修身正家之要。自此以下，尊賢、敬臣、子民、柔遠人、懷諸侯之意略備。其提挈綱領，以正率人，蓋《春秋》之所未有。雖然《大學》之道『有諸己而後求諸人，無諸己而後非諸人』，桓公於『易樹子，以妾爲妻』之禁，終不免躬自犯之，固無以令諸侯、正天下矣。況道不足以治心，諸侯方服而驕。其視夫諸侯大會而作誥，謂『兹朕未知獲戾于上下，慄慄危懼，若將隕于深淵』，以謹造邦匪彝慆淫之戒者，何翅霄壤之殊哉！」

甲戌，晉侯佹諸卒。佹，九委切。張氏曰：「《左氏》、《穀梁》作甲子，不應甲子在戊辰之後，合從《公羊》作甲戌。」佹，《公》、《穀》

作詭。

晉侯，獻公也。此書卒，爲奚齊、卓子見殺起也。不書葬，豈魯從齊桓而不會其葬歟？

冬，晉里克殺其君之子奚齊。殺，《公羊》作弒。

里克，世子申生之傅也。其君之子，里克之君之子也，非居喪稱子之義。奚齊，晉獻庶子，驪姬所出。疑荀息欲立奚齊，而諸大夫不從，故奚齊未立，而里克殺之。奚齊既非嫡嗣，而又未立，則固其君之子也。故不書曰「弒其君奚齊」。《外傳》曰：「驪姬將殺申生，而難太子之傅里克。謀於優施，飲里克酒，爲『烏烏集枯』之歌，以感動里克。里克欲中立以免難，稱疾不朝。驪姬遂得以成其殺申生之謀。及獻公卒，乃殺奚齊、卓子，而欲納重耳。」《左氏》曰：「獻公卒，里克、丕鄭欲納文公，故以三公子之徒作亂。初，獻公使荀息傅奚齊。公疾，召之，曰：『以是藐諸孤，辱在大夫。其若之何？』稽首而對曰：『臣竭其股肱之力，加之以忠貞。其濟，君之靈也。不濟，則以死繼之。』公曰：『何謂忠貞？』對曰：『公家之利，知無不爲，忠也。送往事居，耦俱無猜，貞也。』及里克將殺奚齊，先告荀息曰：『三怨將作，秦、晉輔之，子將何如？』荀息曰：『將死之。』里克曰：『無益也。』荀叔曰：『吾與先君言矣，不可以貳，能欲復言而愛身乎？雖無益也，將焉辟之？且人之欲善，誰不如我？我欲無貳，而能謂人已乎？』冬十月，里克殺奚齊於次。荀息將死之，人曰：『不如立卓子而輔之。』荀息立公子卓以葬。」愚謂：里克爲申生傅，當晉獻殺申生時不以死争，而欲中立免難，偷生失節矣。及晉獻死，乃旋爲申生報怨而殺奚齊。夫奚齊雖庶孽，乃其君之子也。若不當立，宜別立君而處奚齊於一所。且殺申生者，晉獻也，非奚齊也。一旦殺奚齊，則是臣報君怨，非里克殺其君之子而何哉？○朱子曰：「里克事只以《左傳》所書，未見其是非。《國語》載驪姬陰託里克之妻，其後里克守不定，遂有中立之説。他當時只難里克，里克不變，太子可安。由是觀之，里克之辠明矣。」又曰：「他倒了處，便在那中立上。天下無中立之事。自家若排得，他便用排退。他若奈何不得，便用自死。今一許驪姬中立，他事便了，便是他求生避禍。」

十年春，王正月，公如齊。

啖氏曰：「凡公及内卿往他國朝聘，皆書曰如。」愚謂：如者，往也。故上下内外通言之。然外諸侯大夫來魯朝聘，皆明書之。魯往他國朝聘，皆但言如者，亦内辭，而孔子因之也。又見《桓五年》「齊、鄭如紀」。蓋魯不朝王而朝齊，伯業愈盛而王綱愈墜矣。魯然，則他國可知。趙氏曰：「所以傷王室之微，著諸侯之不臣也。」義又見《隱十一年》「滕、薛來朝」。○張氏曰：「莊公十三年柯之盟，魯已服齊。雖莊公因婚姻一再如齊，自此魯不朝齊者幾二十年。蓋桓公伯業未成，不責諸侯以朝禮也。今僖公始朝齊，見於葵丘之後，伯體漸肆，諸侯不朝天子而朝伯主，自是始矣。」

狄滅温，温子奔衛。

杜氏曰：「蓋中國之狄。」張氏曰：「温，即孟州温縣，本周畿内國，成王時司寇蘇忿生之邑。此見王靈不振，畿内諸侯狄得滅之。此天王出居鄭之權輿也。」義又見《隱七年》「戎伐凡伯」。○高氏曰：「著狄益熾也。伐邢矣，入衛矣，伐晉矣，今又滅温，滅天子之邑，而逼逐天子之大臣。齊侯可不治諸？」愚謂：王畿有事，諸侯奔命，狄滅温，桓公若不聞焉。其夏乃伐北戎，則伯主尊王，假而已矣。

晉里克弑其君卓，及其大夫荀息。此稱弑其君卓，卓已立也。事見殺奚齊。《公羊》「卓」下有「子」字。

卓，驪姬之娣所出者。張氏曰：「聖人以里克當申生未死之前，不能以死正諫，而中立以求免，坐視太子無辠而死，以成驪姬讒賊之謀。及其終也，而弑二君。夫卓子雖庶孽，既立乎其位，則固里克之君也。君臣之分已定，而犯上作亂如此，故正名其弑君。」高氏曰：「荀息從君於昏，固不足言。然能後身先義，亦可爲偷生者之勸矣。」愚謂：卓已立，則里克嘗北面事之矣。而又殺之，非里克弑其君而何哉？然奚齊、卓子躬無大惡，而不得其死者，其父致之也。晉獻嬖寵孽，殺樹子，幸免其身，卒及臣子，晉國大亂。後世君人者可以鑒此矣。義又見《桓二年》宋督事。○康侯胡氏曰：「里克是謂持禄容身、速獻公殺適立庶之禍者。正其弑逆之辠，雖欲辭而不受，其可得乎？使克明於君臣大義，據經廷諍以動其君，執節不貳以固太子，其濟則國之福也，其不濟則死於其職，亦無歉矣。人臣所明者義，於功不貴幸而成。所立者節，於死不貴幸而免。克欲以中立祈免，自謂智矣，而亦終不能免等死耳。不死於世子，而死於弑君，其亦不知命之蔽哉！『爲人臣而不知《春秋》之義者，必陷簒弑誅死之辠』，克之謂也。」朱子曰：「荀息未見有可取者，但始終守節，死君之難，亦可取爾。」劉氏曰：「里克能不聽優施之謀，甯喜能不從孫林父之亂，陳乞能不隨景公之惑，則晉無殺世子之禍，衛無逐君之惡，齊無嬖孽之變矣。患在偷安苟容，逢君之惡，故《春秋》正其簒弑之辠也。陳平之王吕氏、誅少帝也似此，皆不明於臣之分者也。」

夏，齊侯、許男伐北戎。

杜氏曰：「北戎，山戎也。」未詳是否。薛氏曰：「當時患有大於戎者，狄及晉、楚是也。晉滅虢、滅虞，狄嘗入衞、逼邢，前年伐晉，又近滅温。召陵之後，楚滅弦圍許，豈可置而不圖，捨强圖弱，守衞果如是乎？所謂『不務德而勤遠略』。況許方患楚，而毆以伐戎，非用人之道也。」義又見《莊三十年》「伐山戎」。

晉殺其大夫里克。

《左氏》曰：「九年，晉郤芮使夷吾重賂秦以求入。齊隰朋帥師會秦師，納晉惠公。十年，夏四月，周公忌父、王子黨會齊隰朋立晉侯。晉侯殺里克以説。將殺里克，公使人謂之曰：『微子則不及此。雖然，子弑二君與一大夫，爲子君者不亦難乎？』對曰：『不有廢也，君何以興？欲加之辠，其無辭乎？臣聞命矣。』伏劍而死。於是丕鄭聘於秦，且謝緩賂，故不及。」《穀梁》曰：「里克弑二君與一大夫，其殺之不以其辠也。里克所爲弑者，爲重耳也。夷吾曰：『是又將殺我乎？』故殺之不以其辠也。」莘老孫氏曰：「《春秋》之法，雖弑君之賊，以其辠討之則書之，爲人不以其辠討之，則爲專殺。里克雖有弑君之辠，夷吾嘗命爲大夫矣，又以己私殺之，晉殺其大夫耳，非討賊也。」義又見《莊二十六年》「曹殺大夫」。○康侯胡氏曰：「若惠公既立，謂里克曰：『先君命大夫爲世子傅，世子死非其辠，而大夫不恤。若奚齊者，既有先君之命矣，而大夫又殺之，以及卓。大夫雖殺之，獨不念先君之命乎？』則克必再拜而死，不復有言矣。惠公乃曰：『又將圖寡人。』是殺之不以其辠也。」葉氏曰：「晉里克、衞甯喜皆弑其君者也，然不書討賊之辭，而與殺大夫一施之，何哉？所以殺者，非討賊也。卓死，惠公求入，里克實迎立焉，則惠公固幸卓之死而竊其位者也。衛獻公之入立，則固與聞乎弑矣。是以求復於喜曰：『苟反，政由甯氏，祭則寡人。』此豈可責以討賊者歟？及其得國，惠公則曰：『子弑二君一大夫。爲子君者，不亦難乎？』而後殺克。獻公既以政許甯喜，而患其專，乃與公孫無地、公孫臣謀攻甯氏，免餘殺喜而尸諸朝。其討克與喜者，皆畏其害己而除之者也。孔子曰：『名不正，則言不順。』其極至於刑不中，無所措手足。使惠、獻無媿於卓與剽，歸正二辠之臣而誅焉，《春秋》如之何不書曰『晉人殺里克』、『衛人殺甯喜』乎？」

秋七月。

冬，大雨雪。雨，于付切。《公羊》作雹。

《公羊》曰：「記異也。」莘老孫氏曰：「非常則爲災，故志之爾。」○愚案：冬而雨雪，常也。大雨雪，則陰勝陽而極備凶矣。《春秋》書「雨雪」者三，而言大者二。

十有一年春，晉殺其大夫丕鄭父。丕，普悲切。《公羊》作邳。

《左氏》曰：「十年，丕鄭之如秦也，言於秦伯曰：『呂甥、郤稱、冀芮實爲不從，若重問以召之，臣出晉君，君納重耳，蔑不濟矣。』秦伯使泠至報問，且召三子。郤芮曰：『幣重而言甘，誘我也。』遂殺丕鄭。」未詳信否。義見《莊二十六年》「曹殺大夫」。○蘇氏曰：「丕鄭，里克之黨也。惠公既殺里克，丕鄭言於秦伯，請出晉君而納重耳，鄭則有辠矣。然鄭之謀由里克致之也。」未詳信否。

夏，公及夫人姜氏會齊侯于陽穀。

葉氏曰：「姜氏，聲姜也。」陽穀，見《三年》。邦衡胡氏曰：「魯以文姜、哀姜亂內外之限，連喪三君，而僖公不監往轍，又與夫人出會，則男女之位復不正矣。齊桓方務伯業，不能以禮屬諸侯，而以亂終之，所以不振也。參譏之。」○張氏曰：「男女無別則瀆亂生，諸侯會伯主而婦人與焉，君臣之大義，夷夏之大計，凡所當講者，必有所不及。而般樂瀆亂，浸淫日長，宜桓公自是以往，黄亡不救，徐救不力，女寵盛行，伯業遂衰。而魯僖之怠棄國政，亦自此始矣。可不戒哉！」

秋八月，大雩。

義見《桓五年》。

冬，楚人伐黄。

《左氏》曰：「黄人不歸楚貢。冬，楚人伐黄。」康侯胡氏曰：「遠國慕義，背夷即華，被兵城守，更歷三時。告命已至而援師不出，則失救患分災，攘夷狄，安與國之義矣。皐桓公既與盟，而又不能救也。」義又見《僖三年》「徐取舒」。亦爲明年滅黄起也。○張氏曰：「中國、夷狄之勢，相爲消長，而未有不原於心。故曰：『毋怠毋荒，四夷來王。』桓公怠荒之心，見於陽穀之會矣。楚人占之，而遂興伐黄之師也。」

十有二年春，王三月庚午，日有食之。

義見《隱三年》。

夏，楚人滅黄。

《左氏》曰：「黄人恃諸侯之睦於齊也，不供楚職。曰：『自郢及我九百里，焉能害我？』夏，楚滅黄。」《穀梁》曰：「貫之盟，管仲曰：『江、黄遠齊而近楚，楚爲利之國也。若伐而不能救，則無以宗諸侯矣。』桓公不聽，遂與之盟。管仲死，楚伐江滅黄。桓公不能救。故君子閔之也。」康侯胡氏曰：「見夷狄之强、諸夏之弱。責方伯、連帥之不修其職，使小國困於强暴，不得其所。」義又見《僖三年》「徐人取舒」。○存耕趙氏曰：「不言奔，上下同力，死社稷也。」愚謂：周道衰，夷狄横。江、黄國小而近楚，楚人固已視爲几上肉矣。然不有齊桓之盟，或可緩數年之命，未必見滅如是之速也。齊桓既與之盟而不救，則君子之責有所歸矣。夫齊桓未伯，其求諸侯如此之勤也。伯業既盛，而棄江、黄如敝屣者，何也？以德行仁者，德愈盛而心愈固；以力假仁者，力盡志溢則怠矣。故貴王賤伯，《春秋》之大義也。

秋七月。

冬十有二月丁丑，陳侯杵臼卒。杵，《公羊》作處。

義見《隱三年》「宋公卒」。又爲陳侯居喪出會起文也。

十有三年春，狄侵衛。

義見《隱七年》「戎伐凡伯」。○張氏曰：「楚既滅黄，而齊莫之恤。侵衛之師，所以肆行也。」

夏四月，葬陳宣公。

義見《隱三年》「葬宋穆公」。

公會齊侯、宋公、陳侯、衛侯、鄭伯、許男、曹伯于鹹。

杜氏曰：「鹹，衛地。東郡濮陽縣東南有鹹城。」愚謂：次年春有諸侯城緣陵事，則此會謀城緣陵也。義見《隱九年》「會于防」。

秋九月，大雩。

義見《桓五年》。

冬，公子友如齊。

義見《隱七年》「齊來聘」。○張氏曰：「陽穀、甯母及鹹之會，其後公子友皆如齊。蓋伐楚、服鄭、城緣陵之事，魯皆同之，足以見友專魯政也。」

十有四年春，諸侯城緣陵。

趙氏曰：「此即上會鹹之諸侯，不列序者，前目後凡耳。」緣陵，《漢書·地理志》：「北海營陵。」瓚曰：「《春秋》謂之緣陵。」張氏曰：「即濰州樂昌縣。」愚案：緣陵，經不言國，未詳何爲。大意譏諸侯僭天子之權，著伯者之功過也。

夏六月，季姬及鄫子遇于防，使鄫子來朝。鄫，似陵切。《穀梁》作繒。

季姬，僖公妹。趙氏曰：「魯未嫁女也。」張氏曰：「鄫國，禹後，姒姓，漢屬東海郡，晉屬琅邪。在沂州承縣東北有鄫故城，又有鄫山。」《穀梁》曰：「遇者，同謀也。」《公羊》曰：「非使來朝，使來請己也。」何氏曰：「男不親求，女不親許。魯不防正其女，乃使要遮鄫子淫泆，使來請己，與禽獸無異。」存耕趙氏曰：「夫婦之始不正如此，書之以見僖公之不兄、鄫子之不夫、季姬之不可以爲女矣。」○孫氏曰：「此年六月，季姬、鄫子遇于防，使鄫子來朝。明年九月，季姬歸于鄫。是季姬先與鄫子遇于防而後嫁也。此季姬之行不正可知矣。」

秋八月辛卯，沙鹿崩。

杜氏曰：「沙鹿，山名。陽平元城縣東有沙鹿土山，在晉地。」《穀梁》曰：「沙，山名，林屬於山爲鹿。」張氏曰：「《漢書·元后傳》作麓。」杜説近是。劉氏曰：「山不可以繫國，名山、大澤不以封。」《公羊》曰：「爲天下紀異也。」〇莘老孫氏曰：「王道大壞，彝倫一斁，而天下之人皆反皇極，則天見其變，而日食星孛；地見其妖，而川竭山崩。所以召之，在於天下。沙鹿、梁山崩，雖在於晉，不可以晉言也。」康侯胡氏曰：「《詩》稱『百川沸騰，山冢崒崩』，言西周之將亡也。沙鹿崩，雖不指其事應，而事應具存。此《春秋》畏物之反常爲異，使人恐懼修省，其垂戒明矣。」愚謂：日星隕食，山川崩竭，繫之天下，有天下者之責也。然諸侯各有民社，血脈貫通，豈可委之天下而不自省哉？夫災異固不可指一事而言，然沙鹿崩，而天王居鄭，其山在晉，而晉侯見獲於夷。他如齊桓卒而伯業衰，楚狄益熾而夷主夏盟，此其可見之大略也。夫豈天心哉？皆人事亂紀，以召天地災異，而天地災異復爲生民害。蓋感心有應，應復爲感。有天下國家者，在於謹人事、慎所感而已。

狄侵鄭。

義見《隱七年》「戎伐凡伯」。

冬，蔡侯肸卒。

大意見《隱七年》「滕侯卒」。

十有五年春，王正月，公如齊。

義見《隱十一年》「滕、薛來朝」。○獻可杜氏曰：「魯之所朝者，惟齊、晉、楚。」

楚人伐徐。

義見《三年》「徐取舒」。

三月，公會齊侯、宋公、陳侯、衛侯、鄭伯、許男、曹伯，盟于牡丘，遂次于匡。公孫敖帥師及諸侯之大夫救徐。

《穀梁》無「衛侯」二字。《公羊》有之而在陳侯之上。帥，《公羊》作率。

牡丘，張氏曰：「齊地。《齊語》曰：『築五鹿、中牟。蓋與牡丘以衛諸夏之地。』註云：『四塞，諸夏之闕也。』」《地譜》云與匡近。杜氏曰：「匡，衛地，在陳留長垣縣西南。」張氏曰：「即開封府長垣縣西南。」杜氏曰：「公孫敖，慶父之子。」《左氏》曰：「楚人伐徐，徐即諸夏故也。盟于牡丘，尋葵丘之盟，且救徐也。孟穆伯帥師及諸侯之師救徐，諸侯次于匡以待之。」康侯胡氏曰：「楚都于郢，距徐亦遠，而舉兵伐徐，暴横憑陵之辠著矣。徐在山東，與齊密邇，非有餽糧越險之難也。今書『盟于牡丘』，見諸侯救患之不協矣。書『次于匡』，見伯主號令之不嚴矣。書大夫帥師而諸侯不行，見桓德益衰，而禦夷狄、安中國之志怠矣。《中庸》曰：『至誠無息，不息則久。』《春秋》謹始卒，欲有國者敦不息之義也。」義又見《莊二十八年》「救鄭」。○愚案：書「公孫敖帥師」，見孟氏之專兵，亦爲下書「楚人敗徐」起文也。

夏五月，日有食之。

不書日，闕文也。義見《隱三年》。

秋七月，齊師、曹師伐厲。

杜氏曰：「厲，楚與國。義陽隨縣北有厲鄉。」張氏曰：「即徐州徐縣，在徐、楚之間。」《左氏》曰：「伐厲以救徐也。十六年夏，齊伐厲不克，救徐而還。」未詳信否。愚謂：於此可見齊之不專於救徐矣。義又見《隱三年》「鄭伐衛」。○張氏曰：「兵法，攻所必救，謂之奇兵。然繼此楚敗徐于婁林，則厲在所不必救。明年而後，不克救而還，正所謂未聞巧之久者。況同盟不同心，而宋已伐同役之曹乎？」

八月，螽。《公羊》作蝝。

義見《桓五年》。

九月，公至自會。

義見《桓二年》「公至自唐」。○高氏曰：「公自正月如齊，因而會盟，暴師於外已踰三時，以會致者始於此。」

季姬歸于鄫。

先書「遇于防」，使來請己，而繼書「歸于鄫」，則男女之不正可知。○高氏曰：「去秋與鄫子遇于防，因其自請而遂許之，所謂不待父母之命、媒妁之言而相從者也。今公方自會至，而季姬遽歸于鄫。厥後鄫子所以取禍者甚酷，豈無自而然哉！」存耕趙氏曰：「魯諸姑之失教，由諸嫂始也。女之失教，由母始也。文姜、哀姜以淫恣，聲姜效之，季姬遂狃以爲習矣。」

己卯晦，震夷伯之廟。

趙氏曰：「晦者，晦朔之晦。」《公羊》曰：「震之者，雷電擊夷伯之廟也。」杜氏曰：「夷伯，魯大夫展氏之祖父。夷，謚；伯，字。」《左氏》曰：「展氏有隱慝焉。」程子曰：「夷伯之廟震，而言『震夷伯之廟』，天應之也。」張氏曰：「天之擊怒，每在於惡熟，而人不加誅之。後君子知天之日監而畏其威，所以事天也。」〇張子曰：「凡陰氣凝聚，陽在内者不得出，則奮擊而爲雷霆。不善之積，蓋亦如此。」

冬，宋人伐曹。

義見《隱二年》「鄭伐衛」。〇薛氏曰：「宋人内叛，則桓德之衰、襄志之私，皆可見矣。」君舉陳氏曰：「諸夏之相加兵於是再見，宋襄爲之也。」許氏曰：「同盟始相攻，桓不能一矣，則何以禁夷狄之亂？伯德方衰，荒服闚夏，至是而諸侯浸以貳矣。威靈之陵夷，可不慎哉？」愚謂：齊桓圖伯四十年間，諸夏莫争，夷狄稍沮，其功大矣。及其終也，人心離貳，同盟相伐，身親見之，以力假仁，其效如此。

楚人敗徐于婁林。婁，力侯切。

杜氏曰：「婁林，徐地。下邳僮縣東南有婁亭。」張氏曰：「在泗州臨淮縣。」《左氏》曰：「徐恃救也。」愚謂：以七國之衆，不能敵楚千里之孤兵，《春秋》書諸侯之盟、之次、大夫之帥師於前，書「齊曹伐厲」、「宋人伐曹」於中，書「楚人敗徐」於後，則齊桓之無志，諸侯之解體，救徐之不力，其情自見矣。此皆以力假仁之效也。

十有一月壬戌，晉侯及秦伯戰于韓，獲晉侯。

秦，嬴姓，伯爵，顓帝之後。周孝王時，分土爲附庸邑。秦之六世至襄公，將兵救周，送平王東遷有功，封爲諸侯。葉氏曰：「秦伐晉，惠公逆而請戰，故書『晉侯及秦伯』，言晉之主此戰也。」張氏曰：「韓，後爲韓國，即同州韓城縣。獲，見《元年》。秦舍晉君於外，已而歸之，故不言以歸也。」《左氏》曰：「晉侯之入也，秦穆姬屬賈君焉，且曰：『盡納羣公子。』晉侯烝於賈君，又不納羣公子，是以穆姬怨之。晉侯許賂中大夫，既而皆背之。賂秦伯以河外列城五，東盡虢略，南及華山，内及解梁城，既而不與。晉饑，秦輸之粟。秦饑，晉閉之糴，故秦伯伐晉。晉侯謂慶鄭曰：『寇深矣，若之何？』對曰：『君實深之，可若何？』公曰：『不孫。』卜右，慶鄭吉，弗使。步揚御戎，家僕徒爲右，乘小駟，鄭入也。慶鄭曰：『古者大事，必乘其産。生其水土而知其人心，安其教訓而服習其道，唯所納之，無不如志。今乘異産以從戎事，及懼而變，將與人易。亂氣狡憤，陰血周作，張脈僨興，外彊中乾，進退不可，周旋不能，君必悔之。』弗聽。九月，晉侯逆秦師，使韓簡視師。復曰：『師少於我，鬭士倍我。』公曰：『何故？』對曰：『出因其資，入用其寵，饑食其粟，三施而無報，是以來也。今又擊之，我怠秦奮，倍猶未也。』公曰：『一夫不可狃，況國乎？』遂使請戰。韓簡退曰：『吾幸而得囚。』壬戌，戰於韓原。晉戎馬還濘而止。公號慶鄭，慶鄭曰：『愎諫違卜，固敗是求，又何逃焉？』遂去之。梁由靡御韓簡，虢射爲右，輅秦伯，將止之。鄭以救公誤之，遂失秦伯。秦獲晉侯以歸。晉大夫反首拔舍從之。穆姬聞晉侯將至，以太子罃、弘與女簡璧登臺而履薪焉。使以免服衰絰逆，且告曰：『上天降災，使我兩君匪以玉帛相見，而以興戎。若晉君朝以入，則婢子夕以死；夕以入，則朝以死。唯君裁之。』乃舍諸靈臺。大夫請以入。公曰：『獲晉侯，以厚歸也。既而喪歸，焉用之？大夫其何有焉？必歸晉君。』乃許晉平。晉陰飴甥會秦伯，盟于王城，改館晉侯，饋七牢焉。晉侯歸，殺慶鄭而後入。是歲，晉又饑，秦伯又餼之粟。於是秦始征河東，置官司焉。」邦衡胡氏曰：「重耳，兄也，當立也。夷吾，弟也，不當立也。夷吾賂秦伯以求入，篡也。秦伯不納重耳而納夷吾，以徼賂，是貪而納篡也。晉惠背賂而不與，故秦穆興師以伐之，厥辠惟均。晉侯背施逆諫而失民，自取獲之道也。」愚謂：自晉致戎，又不自咎而逆戰焉，經曰「晉侯及秦伯戰」，則秦、晉之曲直，辠之重輕，皆可見矣。書法與《桓十七年》「戰于奚」同。○康侯胡氏曰：「秦伯伐晉，而經不書伐，專辠晉也。」《穀梁》曰：「韓之戰，晉侯失民矣。以其民未敗而君獲也。」孫氏曰：「晉侯失道，不顧人命，以起此戰。秦伯獲之，則又甚矣。」愚謂：以諸侯之尊而見獲于夷，一則夷吾之辠，二則晉獻殺世子之餘孽也。後世人主可以鑒此矣。

春秋本義卷第十二

僖　公

十有六年春，王正月戊申朔，隕石于宋五。是月，六鷁退飛，過宋都。隕，《公羊》作賈，是；《公羊》作提，誤也。鷁，五歷切，《穀梁》作鶂。

先石後五者，猶書言牛一、羊一、豕一之意也。杜氏曰：「是月隕石之月，重言『是月』，嫌同日。鷁，水鳥。」程子曰：「退飛，倒逆飛，必有氣驅之。」存耕趙氏曰：「石，静物也，而隕自天；鷁，進物也，而退飛，異矣。見於宋，應在宋也。」○康侯胡氏曰：「聖人因災異以明天人感應之理，而著之於經，垂戒後世。如石隕于宋，而書曰隕石，此天應之也。和氣致祥，乖氣致異。苟知其故，恐懼修省，變可消矣。宋襄公亡國之餘，欲圖伯業，不自省其德也。後有盂之執、泓之戰，天之示人顯矣。聖人所書之義明矣。可不察哉！」

三月壬申，公子季友卒。

此記三桓之始。友之後，季孫行父、季孫宿、季孫意如、季孫斯皆執魯政。至意如而逐昭公，是以謹志其卒。義又見《閔元年》「季子來歸」。大意又見《隱元年》「益師卒」。○劉氏曰：「《春秋》譏世卿莫甚於魯。魯之大夫皆世卿，然莫强於季氏、仲氏。季氏出昭公，而仲氏弑子赤，此皆世卿能成其禍者也。是以《春秋》書之。」康侯胡氏曰：「大夫卒而書名，則曷爲書字？聞諸師曰：《春秋》時魯卿有生而賜氏者，季友、仲遂是也。生而賜氏者何？命之世爲卿也。季子在僖公有翼戴之勤，襄仲弑逆，在宣公有援立之力。此二君者，不勝私情，欲以異賞報之也，故皆生而賜氏，俾世其官。經於其卒各以氏書者，誌變法亂紀之端，貽權臣竊命之禍，其垂戒遠矣。」

夏四月丙申，鄫季姬卒。鄫，《穀梁》作繒。

高氏曰：「季姬嫁于鄫，纔及八月而卒。然其所以爲鄫之禍甚酷，故《春秋》詳志之，以爲後世之戒。」

秋七月甲子，公孫兹卒。兹，《公羊》作慈。

高氏曰：「此公子牙之子也。世秉魯政，至春秋之終而猶未絶。」存耕趙氏曰：「以著三桓之子孫也。」大意又見《隱元年》「益師卒」。

冬十有二月，公會齊侯、宋公、陳侯、衛侯、鄭伯、許男、邢侯、曹伯于淮。

高氏曰：「邢侯始與會，而在鄭、許之下者，此齊次之也。」淮，杜氏曰：「臨淮郡左右。」張氏曰：「後漢爲下邳國，後爲泗州。」義見《隱九年》「會于防」。○朴鄉吕氏曰：「大要爲淮夷而爲此會，其伯業既衰之時也。」

十有七年春，齊人、徐人伐英氏。

張氏曰：「英氏，皐陶後之封，楚之與國。」《左氏》曰：「齊人爲徐伐英氏，以報婁林之役也。」邦衡胡氏曰：「楚人病徐，齊桓不能服楚，而伐其與國，是遷戮也。」皆未詳信否。義又見《莊三十年》「齊伐山戎」。

夏，滅項。

杜氏曰：「項國，即汝陰項縣。」張氏曰：「子爵。漢屬汝南，即陳州項城縣。」《左氏》曰：「淮之會，公有諸侯之事，未歸，而取項。」程子曰：「滅人之國，辠惡大矣，在君則當諱。故魯滅國，書取『滅項』，君在會，季孫所爲也，故不諱。」愚謂：先書「滅項」，後書「公至自會」，則大夫擅國政、握兵權可知。此亦昭公客死乾侯之權輿也。故曰：「禮樂征伐自大夫出，五世希不失矣。」《春秋》書此，一見王綱太壞而大夫滅國，二見魯君失政而三桓擅權，三見齊桓未死而伯業已墜矣。義又見《莊十年》「齊滅譚」。○君舉陳氏曰：「滅項，失兵權之漸也。襄公在晉，書『邾庶其來奔』。昭公在晉，書『莒牟來奔』。春秋之季，大夫不稟命者非但魯也。鄭伯會于夷儀，鄭公孫舍之帥師入陳；蔡侯會于召陵，蔡公孫姓帥師滅沈，《春秋》必志之也。」

秋，夫人姜氏會齊侯于卞。卞，皮彥切，《公羊》、《左氏》作弁。

杜氏曰：「卞，魯國卞縣。」張氏曰：「在襲慶府泗水縣。」義見《十一年》。此則公在會而夫人自出會，瀆亂極矣。○存耕趙氏曰：「夫人前與公會齊侯于陽穀矣，今又獨會齊侯于卞，失禮成俗，習以爲常。姦與不姦，未可知也。聖人因其會而書之，謹禮也，懲惡也。」

九月，公至自會。

孫氏曰：「踰三時。」義見《桓二年》「公至自唐」。此又見「滅項會卞」，而公在會，非特踰時而已。

冬十有二月乙亥，齊侯小白卒。

義見《隱三年》「宋公卒」。〇東萊吕氏曰：「桓公雖能用管仲，攘夷狄，伯諸侯，有一匡天下之功。然仲本無正心誠意格君之學，徒急於一時之功利，卒致五子之亂。其所以有始無終者，家法不正也。」

十有八年春，王正月，宋公、曹伯、衛人、邾人伐齊。《公羊》「宋公」下有「會」字。

《左氏》曰：「齊侯之夫人三：王姬、徐姬、蔡姬，皆無子。齊侯好内，多内寵。内嬖如夫人者六人：長衛姬生武孟，少衛姬生惠公，鄭姬生孝公，葛嬴生昭公，密姬生懿公，宋華子生公子雍。公與管仲屬孝公於宋襄公，以爲太子。雍巫有寵於衛共姬，因寺人貂以薦羞於公，亦有寵，公許之立武孟。管仲卒，五公子皆求立。齊桓公卒，易牙入，與寺人貂因内寵以殺羣吏，而立公子無虧。孝公奔宋。十八年春，宋公以諸侯伐齊。」《穀梁》曰：「非伐喪也。」愚謂：宋襄當齊桓盛時，無役不從，其事齊如此其謹也。桓既卒，而帥諸侯以伐喪者，非特納孝公也，急求伯也。不度德，不量力而求諸侯，此其身見執，國幾亡也。齊桓帥諸侯尊天子，攘夷狄，生民息肩四十年，宜其既没，而人益思之。然死僅踰月，而諸侯伐之者，身不修而家不齊，人不心服也。吾觀齊、宋，皋可爲永鑒矣。義又見《隱二年》「鄭伐衛」。〇張氏曰：「長幼有定分，桓公、管仲不能自制其尊卑正否之辨，而輕屬幼少以爲亂階。公之君臣，既失其制命之義矣。今桓公未葬，長子既立，宋襄不能從宜因勢，順其少長以撫定之，使得以終桓公之喪，乃成桓之私意，帥四國之諸侯，奉少奪長，大亂齊國，《春秋》深辠之也。」

夏，師救齊。

稱師，將卑師衆也。諸侯非王命不得擅興師。然諸侯伐齊而魯救之，猶爲彼善於此。但僖公之祖桓公見殺於齊，爲子孫者忍救之乎？若桓公在時，以伯事召，則僅可耳。

五月戊寅，宋師及齊師戰于甗，齊師敗績。甗，魚免切。

劉氏曰：「戰而言及者，主之者也。猶曰宋師爲志乎此戰也。」杜氏曰：「甗，齊地。」莘老孫氏曰：「幸其喪，乘其亂，伐之以爲利，宋有辠矣。」愚謂：可見宋之急於圖伯也。義又見《隱二年》「鄭伐衛」。

狄救齊。

高氏曰：「此非善狄之能救也，所以甚惡中國之不知義也。諸侯伐人之喪，不義之甚，而狄乃假義名以救之。」愚謂：夷狄而與中國之事，則王綱之墜可知矣。○邦衡胡氏曰：「自狄伐邢，齊桓救邢，僅次聶北而已。其後侵軼中國，無歲不有狄師，齊桓未嘗一加兵焉。至其卒，而宋伐之，中國莫與，而狄乃救之，其齊與狄交孚而相親乎？」

秋八月丁亥，葬齊桓公。

康侯胡氏曰：「桓公九合諸侯，不以兵車，威令加乎四海，幾於改物，雖名方伯，實行天子之事，不能慎終如始，付託非人，權方在殯，四鄰謀動其國家而莫之恤，至于九月而後葬，以此見功利之在人淺矣。」義又見《隱三年》「葬宋穆公」。○存耕趙氏曰：「五伯，桓公爲盛，葬不及期，何哉？管仲既死，而寺貂、易牙乘時用事，使桓公不能保其子，以此見閹寺之爲人國家害甚矣。」

冬，邢人、狄人伐衛。

陸氏曰：「凡夷狄用兵，唯舉國號。如諸侯列序侵伐盟會，則稱人以便文，而君臣同辭。」愚謂：邢既稱人，則狄亦稱人，以成文耳，無他義也。夫狄嘗伐邢，邢至遷國，則狄者邢之仇也。今邢以中國而偕夷狄以伐同姓，邢之辠大矣。亦爲其後衛伐邢、滅邢起文也。義又見《隱三年》「鄭人伐衛」及《七年》「戎伐凡伯」。

十有九年春，王三月，宋人執滕子嬰齊。

《左氏》曰：「宋人執滕宣公。」高氏曰：「此宋求伯也。莊十六年幽之會，齊桓始伯，滕子與焉，既而背之。至齊侯卒，凡三十七年，衣裳兵車之會，未嘗列於其間。宋襄既有求伯之心，而首執滕子以令諸侯也。然宋襄圖伯，當以德懷徠之。今乃肆己之彊，擅執國君以陵轢諸夏，亦已甚矣。」孫氏曰：「五等之國皆諸侯也。其或有辠，方伯請於天子，天子命之執則執之，不得專執也。」〇存耕趙氏曰：「齊桓之伯，執不及君，已爲薄矣。宋襄效之而執虐人之君，以是求伯，難以免矣。」愚謂：出乎爾者反乎爾，故楚人效尤而執宋公矣。

夏六月，宋公、曹人、邾人盟于曹南。公，《公羊》作人，誤也。

范氏曰：「曹南，曹之南鄙。」莘老孫氏曰：「曹南之盟，蓋宋襄求伯而爲之也。曹、邾皆稱人者，宋襄威德未著，曹、邾但使其臣會之。」義又見《隱元年》「盟于蔑」。

鄫子會盟于邾。己酉，邾人執鄫子用之。鄫，《穀梁》作繒。

鄫子會盟于邾者，鄫子往邾國爲盟也。趙氏曰：「上言會盟，下言用之，緣盟用之，同於牲也。」愚謂：以諸侯執諸侯而爲牲用，見王綱大壞，諸侯暴虐而無人心，甚於禽獸之吞齧矣。○胡氏曰：「諸侯相執猶不可，況用之爲牲乎？天子視而不能誅，周道陵遲甚矣。」愚謂：齊桓既没，而諸侯悖亂如此。孔子所以有「一匡天下」之言也。然王者化及人心，遺風餘澤久而未斬。伯者使人革面，骨未寒而亂作，其禍有甚焉者。王、伯之效，淺深遠近，於斯可見。

秋，宋人圍曹。

《左氏》曰：「宋人圍曹，討不服也。子魚言於宋公曰：『文王聞崇德亂而伐之，軍三旬而不降，退修教而復伐之，因壘而降。《詩》曰：「刑于寡妻，至于兄弟，以御于家邦。」今君德無乃猶有所闕，而以伐人，若之何？盍姑内省德乎？無闕而後動。』」康侯胡氏曰：「盟于曹南，口血未乾，今復圍曹，愛人不親反其仁，治人不治反其知。襄公不能内自省德，急於令諸侯，執嬰齊，非伯討不足以示威。盟曹南，非同志不足以示信。卒於兵敗身傷，不知反求諸己，欲速見小利之過也。經書襄公不越數端，而知其操心之若此者。仲尼筆削如化工賦像，并其情不得遯焉，非特畫筆之肖其形耳。」愚謂：諸侯之國，天子所封。以諸侯圍諸侯，辠可知矣。○君舉陳氏曰：「諸夏之書圍國，自此始。」

衛人伐邢。

報去年之役也。張氏曰：「衛不自省其從宋伐喪之辠，而以報復爲事，辠也。」義又見《隱二年》「鄭伐衛」。

冬，會陳人、蔡人、楚人、鄭人，盟于齊。張氏曰：「《公羊》『會』上有『公』字，以諸侯皆稱人考之，當從《左氏》、《穀梁》。」范氏曰：「會無主名，内卑者。四國稱人，外卑者。」康侯胡氏曰：「楚之得與中國會盟自此始。桓公既没，中國無伯，鄭伯始朝於楚，其後遂爲此盟。又二年，復盟於鹿上。至會于盂，遂執宋公以伐宋，而楚於是列於陳、蔡之上矣。聖人書此，所以著夷狄之强，傷中國之衰，莫能抗也。」愚謂：齊桓攘夷狄者四十年，既没，而魯、陳、蔡、鄭引楚人以盟于齊，其辠著矣。義又見《隱二年》「盟戎于唐」。○邦衡胡氏曰：「夫四夷可正以法度。不然，則必啓其貪婪之心。楚自晉文之後，争主夏盟，至楚靈即位，遂大求諸侯爲會於申，執徐子，殺慶封，誘滅陳、蔡而戕殺其君臣。其後吴、越繼興，效楚一轍，中國遂横潰幅裂，無可奈何，而春秋終焉。本其由來，皆諸侯有以啓之。」

梁亡。

張氏曰：「梁，嬴姓國，伯爵，虞伯翳之後。梁地屬同州韓城縣。」《左氏》曰：「梁亡，不書其主，自取之也。初，梁伯好土功，亟城而弗處，民罷而弗堪。則曰：『某寇將至。』乃溝公宫，曰：『秦將襲我。』民懼而潰，秦遂取梁。」《公羊》曰：「此未有伐者，其言梁亡何？自亡也。其自亡奈何？魚爛而亡也。」○《穀梁》曰：「湎於酒，淫於色，心昏耳目塞，上無正長之治，大臣背叛，民爲寇盗。梁亡，自亡也。梁亡，鄭棄其師，我無加損焉，正名而已矣。」莘老孫氏曰：「《左氏》以梁好土功，《穀梁》以梁爲淫湎而亡，然孔子書『梁亡』爾，不曰所以亡，蓋所取亡之道衆，一惡不足以盡之。爲人之君而不志於仁，危亡之來，皆自取之。其自取亡之跡，不必論也。」陸氏聞於師曰：「秦人肆其强暴，取人之國，没而不書，其義安在？曰：乘人之危，惡易見也。滅人之國，辠易知也。自取滅亡，其意微矣。《春秋》之作，聖人所以明微也。」

二十年春，新作南門。

《穀梁》曰：「作，爲也。有加其度也。言新，有故也，非作也。」杜氏曰：「魯城南門也，本名稷門，僖公更高大之。今猶不與諸門同，改名高門。」《左氏》曰：「書不時也。」《公羊》曰：「門有古常也。」孫氏曰：「案『新延廄』不言作，此言作，改舊可知。譏其奢泰妨農功，改舊制也。」○康侯胡氏曰：「譏用民力於所不當爲也。魯人爲長府，閔子騫曰：『仍舊貫，何必改作？』孔子曰：『夫人不言，言必有中。』《春秋》凡用民力得其時制者，猶書以見勞民爲重事，而況輕用於所不當爲者乎？然僖公嘗修泮宮、復閟宮矣，奚斯董其役，史克頌其事，而經不書者，宮廟以事其祖考，學校以教國之子弟，二者爲國之先務，雖用民力，不可廢也。其垂教之意深矣。」

夏，郜子來朝。郜，古報切，《穀梁》作郗。

杜氏曰：「郜，姬姓國。」《後漢志》：「濟陰成武有郜城。」義見《隱十一年》「滕、薛來朝」。

五月乙巳，西宮災。

薛氏曰：「西宮，魯之貳室也。」《公羊》曰：「小寢也。有西宮則有東宮矣，何以書？記異也。」存耕趙氏曰：「必有獲譴於天也。」

鄭人入滑。

《左氏》曰：「滑人叛鄭而服於衛。夏，鄭公子士洩、堵寇帥師入滑。」未詳信否。高氏曰：「鄭伯與滑伯同等諸侯而入滑，强陵弱也。」義見《隱二年》「入向」。○張氏曰：「記天王出居，鄭之始釁也。」

秋，齊人、狄人盟于邢。

狄稱「人」，見《十八年》。《左氏》曰：「齊、狄盟于邢，爲邢謀衛難也。於是衛方病邢。」莘老孫氏曰：「前年冬，邢、狄伐衛以救齊，於是三國會盟於邢之國都。」愚謂：狄嘗伐邢，邢至遷國。齊桓亦嘗帥曹、宋以救邢矣。齊孝不能繼志述事，而偕狄以盟于邢。邢侯忘宗廟社稷之怨，而受盟於國都，均不孝也。且夷、夏雜盟，又爲不義。不孝不義，原於齊德邢、狄見救之小惠，邢亦但知合黨伐衛以報私怨，而忘其所謂狄矣。其後齊之不振，邢之見滅於衛，皆不知大義之所致也。《春秋》比事見義，垂戒遠矣。義又見《隱二年》「盟戎于唐」。

冬，楚人伐隨。

陸氏曰：「隨，姬姓，侯爵。」義見《莊十年》「荆敗蔡師」。

二十有一年春，狄侵衛。

張氏曰：「因邢之盟也。」存耕趙氏曰：「邢、狄，同救齊者也。衛伐邢，則狄侵衛。雖曰患難相救，而非狄之所得爲也。狄，夷也，惡可與中國事乎？狄雖侵衛，不足以存邢，適以速邢之亡爾。」義又見《隱七年》「戎伐凡伯」。○張氏曰：「齊孝公不能嗣父之業，楚、狄皆因之，以爲中國患。此齊、邢之盟所以兩書，而邢、衛並受其禍也。」

宋人、齊人、楚人盟于鹿上。

莘老孫氏曰：「三國皆微者爾，宋實主之，故序其上也。」杜氏曰：「鹿上，宋地，汝陰有原鹿縣。」《左氏》曰：「宋人爲鹿上之盟，以求諸侯於楚。楚人許之。公子目夷曰：『小國争盟，禍也。宋其亡乎？幸而後敗。』」張氏曰：「欲伯諸侯而求之於夷狄亂常之楚，此《春秋》所以著襄公之自取敗辱也。」義又見《隱二年》「盟戎于唐」。〇存耕趙氏曰：「尊中國，攘夷狄，伯者事也。宋欲繼齊者也。亦嘗思召陵之盟，楚使屈完來盟于師之故乎？今乃求諸侯於楚，略不羞與楚伍，適以啓争長之暴。」莘老孫氏曰：「宋國小德薄而求諸侯，至見執見敗，幾亡其國，自茲始焉。」

夏，大旱。

大者，非常之辭。《左氏》曰：「公欲焚巫尪。臧文仲曰：『非旱備也。修城郭，貶食省用，務穡勸分，此其務也。巫尪何爲？天欲殺之，則如勿生。若能爲旱，焚之滋甚。』公從之。」未詳信否。《公羊》曰：「記災也。」莘老孫氏曰：「陰陽不和，非常爲災之辭也。」愚謂：大意與不雨同，而史氏所書，詳略輕重或異耳。義又見《莊三十一年》「不雨」。〇獻可杜氏曰：「《春秋》書大旱者二，此年及宣七年是也。皇極不立，五事不正，而咎應之。詳記災變，所以示戒也。」

秋，宋公、楚子、陳侯、蔡侯、鄭伯、許男、曹伯會于盂。執宋公以伐宋。盂，音于。《公羊》作霍。《穀梁》作雩。

葉氏曰：「楚子何以先諸侯？宋襄欲圖伯而會楚子，諸侯推先楚子也。」杜氏曰：「盂，宋地。」《左氏》曰：「諸侯會宋公于盂。子魚曰：『禍其在此乎！君欲已甚，其何以堪之？』於是楚執宋公以伐宋。」陳岳氏曰：「聯諸侯之會書之，明與楚國共執之。宋既服，諸侯復盟于薄以釋之，則共執之義顯矣。」愚謂：五伯盟會，皆辠也。然齊桓猶有攘楚之功，宋襄不度德量力以圖伯，反躋蠻夷於諸侯之上，其辱身害國固宜。然五國諸侯畏楚，從令共執伐同類，辠可知矣。彼楚子者，蠻夷之雄，先王之所膺擊驅逐，不與同中國者也，尚何責哉？《春秋》書此，見中國之衰，蠻夷之横，由諸侯之自取也。

冬，公伐邾。

義見《隱二年》「鄭伐衛」。

楚人使宜申來獻捷。

王氏曰：「宜申，鬬氏子西也。」獻捷，見《莊三十一年》。杜氏曰：「獻宋捷也。不言宋者，秋伐宋，冬來獻捷，事不異年，從可知也。」愚謂：諸侯同伐宋，而楚獨來獻捷者，主謀者楚也。劉氏曰：「中國於四夷則有捷，諸侯於天子則有獻捷。」康侯胡氏曰：「諸侯從楚伐宋，而魯獨不與，故楚來獻捷以脅魯。爲魯者，拒其使而不受可也。請於天子而討之可也。宋，先代之後，作賓王家，方修盟會，而伏兵車，又以軍獲遺獻諸侯，横逆甚矣。」○邦衡胡氏曰：「齊捷戎，以中國而捷夷狄，猶可言也。楚捷宋，以夷狄而捷中國，不可言也。」

十有二月癸丑，公會諸侯，盟于薄，釋宋公。

高氏曰：「書會諸侯者，以諸侯皆在，是故前目後凡，且見公之續至也。」任氏曰：「薄，《史記》作亳，漢山陽薄縣，湯所都也。」張氏曰：「案《地譜》，拱州考城漢薄縣即湯都。古字通用。」《左氏》曰：「會于薄，以釋之。子魚曰：『禍猶未也，不足以懲君。』」愚謂：魯不能告天王，明大義，以正諸侯，與夷狄執諸侯之辠。顧以一獻捷之威，出爲會盟，求釋宋公，魯既失義矣。五國諸侯從楚之謀，俟魯、宋屈辱而後釋之，則五國自損其中國之體矣。宋公以諸侯而見釋於諸侯，難以在人上矣。況蠻夷主此謀哉！宜楚之益無忌憚，而中國之益衰也。故張氏曰：「書『公會諸侯于薄，釋宋公』，蓋以爲中國之大恥，而辠魯與諸侯之無能爲也。」○康侯胡氏曰：「此正天下之大變，《春秋》所謹也。或以爲嘉我公之救患，誤矣。」

二十有二年春，公伐邾，取須句。權俱切。《公羊》作朐，後同。

莘老孫氏曰：「須句，邾邑。」張氏曰：「東平府須城縣。」義見《隱四年》「莒伐杞」。亦爲是年及邾戰于升陘起文也。

夏，宋公、衛侯、許男、滕子伐鄭。

《左氏》曰：「鄭伯如楚。宋公伐鄭。子魚曰：『所謂禍在此矣。』」張氏曰：「襄公嘗困於楚矣，疾疢雖甚，而德慧術知未有以增益其所不能。穀梁氏所謂『不能反其知以治人，過而不改，而又甚之』者也。」義又見《隱二年》「鄭伐衛」。

秋八月丁未，及邾人戰于升陘。音刑。

不言公，大夫也。杜氏曰：「升陘，魯地。」高氏曰：「邾來伐我，而魯遽及邾人戰也。公伐邾，取須句，以起此戰。」愚謂：魯取邾邑而致寇，僖公不反躬自責，復其舊邑而驅民以戰，始終皆有辠矣。不書「邾伐我」，書法與《桓十七年》「戰于奚」同。義又見《隱二年》「鄭伐衛」。

冬十有一月己巳朔，宋公及楚人戰于泓，宋師敗績。

不書「楚伐宋」而書「及楚人戰」，書法亦與《桓十七年》「戰于奚」同。蓋宋公主乎此戰也。戰稱公者，君行師從，師不待言也。敗稱師者，見師衆大敗，紀實事也。杜氏曰：「泓，水名。」《左氏》曰：「楚人伐宋以救鄭。宋公將戰，大司馬固諫曰：『天之棄商久矣。君將興之，弗可赦也已。』弗聽，宋公及楚人戰于泓。宋人既成列，楚人未既濟。司馬曰：『彼衆我寡，及其未既濟也，請擊之。』公曰：『不可。』既濟而未成列，又以告。公曰：『未可。』既陳而後擊之，宋師敗績。公傷股，門官殲焉。國人皆咎公。公曰：『君子不重傷，不禽二毛。古之爲軍也，不以阻隘也。寡人雖亡國之餘，不鼓不成列。』子魚曰：『君未知戰。勍敵之人隘而不列，天贊我也。阻而鼓之，不亦可乎？猶有懼焉。且今之勍者皆吾敵也，雖及胡耇，獲則取之，何有於二毛？明恥教戰，求殺敵也。傷未及死，如何勿重？若愛重傷，則如勿傷。愛其二毛，則如服焉。三軍以利用也，金鼓以聲氣也。利而用之，阻隘可也。聲盛致志，鼓儳可也。』」孫氏曰：「宋襄無齊桓之資，而欲紹齊桓之烈，帥諸侯而致强楚。故盂之會，見執受伐。今復與楚爭鄭，以起此戰。師喪身傷，七月而死，爲中國羞。」義又見《莊十年》「荆敗蔡師」。〇《穀梁》曰：「泓之戰，以爲復雩之恥也。雩之恥，宋襄有以自取之也。治人而不治則反其知，過而不改又之是謂之過，襄公之謂也。」劉氏曰：「宋襄不厄人於險，不鼓不成列，此至仁大義，雖文王之戰不能過之。《春秋》惡之，以其好戰而不務本，飾小名而妨大德。此無異盜跖之分均爲仁、出後爲義也。」

二十有三年春，齊侯伐宋圍緡。緡，亡巾切。《穀梁》作閔。

杜氏曰：「緡，宋邑。高平昌邑縣東南有東緡城。」《漢志》：「山陽郡東緡縣，春秋時作緡。」張氏曰：「即濟州金鄉縣。」康侯胡氏曰：「齊伯，國之餘業也。宋襄公既敗於泓，荆楚之勢益張。齊侯既無尊中國、攘夷狄、恤患災、畏簡書之意，又乘其約而伐之，此尤義之不得爲者也。」義又見《隱五年》「宋伐鄭」。〇《穀梁》曰：「不正，其以惡報惡也。」

夏五月庚寅，宋公兹父卒。兹，《公羊》作慈。

《左氏》曰：「宋襄公卒，傷於泓故也。」大意見《隱七年》「滕侯卒」。此又以見宋襄之率意妄作，窮困而死也。

秋，楚人伐陳。

義見《莊十年》「荆敗蔡師」。

冬十有一月，杞子卒。

杞稱子，見《桓二年》「滕子來朝」。高氏曰：「不名者，史闕之。」《左氏》曰：「杞成公卒。」大意見《隱七年》「滕侯卒」。〇高氏曰：「入春秋以來，始書杞卒。」

二十有四年春，王正月。

夏，狄伐鄭。

義見《隱七年》「戎伐凡伯」。

秋七月。

冬，天王出居于鄭。

葉氏曰：「天子以畿内爲國，諸侯以封内爲國。諸侯不以其道去其封，曰『出奔』。天子不以其道去其畿内，曰『出居』。出之爲言恥也，若曰雖有其國而不能守焉爾。天子無外，雖去其國，謂之居焉。」愚謂：《春秋》非專以二字見義，義在一句之間。若論字義，不得不如葉氏云爾。《左氏》曰：「王將以狄女爲后。富辰諫曰：『不可。狄固貪惏，王又啓之。女德無極，婦怨無終，狄必爲患。』王弗聽。初，甘昭公有寵於惠后，惠后將立之，未及而卒。昭公奔齊，王復之。又通於隗氏。王替隗氏，頹叔、桃子遂奉大叔，以狄師攻王。王御士將禦之。王曰：『先后其謂我何？寧使諸侯圖之。』王遂出。及坎欿，國人納之。頹叔、桃子奉大叔，以狄師伐周，大敗周師，獲周公忌父、原伯、毛伯、富辰。王出適鄭，處于氾。大叔以隗氏居温。王使來告難曰：『不穀不德，得辠於母之寵子帶，鄙在鄭地氾，敢告叔父。』臧文仲對曰：『天子蒙塵於外，敢不奔問官守？』王使簡師父告於晉，使左鄢父告於秦。」康侯胡氏曰：「王者以天下爲家，京師爲室。四方歸往，猶天之無不覆也。東周降於列國，既不能家天下矣，又毁其室而不保，則是寄生之君耳。」愚謂：以天王而出居于鄭，必有失其道而見逐於其臣者。而以自出爲文，何哉？孔子曰：「能治其國家，誰敢侮之？」此《春秋》所以正本也。鑒戒昭矣。○《穀梁》曰：「天王無出，出失天下也。」高氏曰：「且辠諸侯之不赴難也。」葉氏曰：「子帶之亂，方其奔齊，或放焉，或封焉，親愛之而勿殺，可矣。古之人有行之者，舜也。而王不能，反召之，使得終其惡。及其以狄伐周，則辠在可討。古之人有行之者，周公也。而王不能，反避之，使得奪其位。若惠王者，可謂喪匕鬯矣。有天下而不及此，則亦何以王天下哉！」張氏曰：「『天王出居于鄭』，『王師敗績于茅戎』，皆言其自取之，以見『天難忱斯，不易維王』，不可不戒也。」

晉侯夷吾卒。

大意見《隱七年》「滕侯卒」，及左方。◯《左氏》曰：「晉惠公卒，懷公命無從亡人。期，期而不至，無赦。狐突之子毛及偃從重耳在秦，弗召，乃殺狐突。卜偃稱疾不出。晉公子重耳之及於難也，晉人伐諸蒲城，重耳奔狄，處狄十二年而行。過衛及齊，及曹，及鄭，及楚。子玉請殺之，楚子曰：『晉公子廣而儉，文而有禮。其從者肅而寬，忠而能力。晉侯無親，内外惡之。吾聞姬姓，唐叔之後，其後衰者也，其將由晉公子乎？』乃送諸秦。二十四年正月，秦伯納之。濟河，圍令狐，入桑泉，取臼衰。二月甲午，晉師軍於廬柳，秦伯使公子縶如晉師，師退，軍于郇。辛丑，狐偃及秦晉之大夫盟于郇。壬寅，公子入于晉師。丙午，入于曲沃。丁未，朝于武宫。戊申，使殺懷公于高梁。」高氏曰：「魯尚未與晉通，而此書惠公卒者，以見文公之入也。惠公立十四年而卒，懷公立。秦人納文公而殺懷公焉。然則文公篡立，而不書其入者，以晉獻既殺世子申生，則文公自以次當立故也。」皆未詳信否。

二十有五年春，王正月丙午，衛侯燬滅邢。

朱子曰：「諸侯滅國，未嘗書名。今經文只隔『夏四月癸酉』一句，便書『衛侯燬卒』，恐是因而傳寫之誤。」《左氏》曰：「衛人將伐邢，禮至曰：『不得其守，國不可得也。我請昆弟仕焉。』乃往，得仕。衛人伐邢，二禮從國子巡城，掖以赴外，殺之。禮至爲銘曰：『余掖殺國子，莫余敢止。』」未詳信否。高氏曰：

「始則邢連狄以伐衛，固可辠矣。今衛遂舉兵以滅之，抑又甚焉。」義又見《莊十年》「齊滅譚」。此滅同姓，甚矣。

夏四月癸酉，衛侯燬卒。

義見《隱三年》「宋公卒」。

宋蕩伯姬來逆婦。

存耕趙氏曰：「伯姬，公姊妹也。」杜氏曰：「伯姬，魯女，爲宋大夫蕩氏妻，自爲其子來逆。」《穀梁》曰：「其曰婦何也？緣姑言之之辭也。」莘老孫氏曰：「親迎之禮，自諸侯達於士庶人，未有姑而逆婦者。宋蕩伯姬來逆婦，非禮可知。」高氏曰：「夫不親迎而姑來迎，魯不能以禮正之，是棄其親戚也。」

宋殺其大夫。

義見《莊二十六年》「曹殺大夫」。

秋，楚人圍陳。

義見《莊十年》「荆敗蔡師」。

納頓子于頓。

不言楚人者，蒙上「圍陳」之文也。胡氏曰：「楚人圍陳而回，後乃納頓子于頓，故不言遂也。」張氏曰：「頓，姬姓國。」杜氏注：「汝陰南頓縣，屬陳州。」愚謂：廢置者，天子大權，而夷狄行之，中夏之衰極矣。○康侯胡氏曰：「中國不能修方伯、連帥之職，而使楚人納之，是夷狄仗義正諸夏也。其責中國深矣。

此亦正本自治之意也。」君舉陳氏曰：「齊桓公卒，楚始與諸夏盟。于齊盟于鹿上，執宋公，納頓子，侈然欲廢置諸侯，《春秋》之所懼也。」

葬衛文公。

義見《隱三年》「葬宋穆公」。

冬十有二月癸亥，公會衛子、莒慶，盟于洮。

陸氏曰：「衛子，在喪之稱也。莒慶，莒國大夫。」杜氏曰：「洮，魯地。」愚謂：諸侯擅盟，已無王矣，況衛子居喪而出盟，莒慶以大夫而盟諸侯？尤非禮也。義又見《隱元年》「盟于蔑」。

二十有六年春，王正月己未，公會莒子、衛甯速，盟于向。速，《公羊》作遬。

《左氏》曰：「公會莒茲丕公、甯莊子，盟于向。」存耕趙氏曰：「一事而屢盟，不協也。」義見《隱元年》「盟于蔑」。

齊人侵我西鄙。公追齊師至酅，弗及。酅，户圭切。《公羊》、《穀梁》作巂。

西鄙，魯國之西邊也。啖氏曰：「追者，寇已去而躡之也。」陳岳氏曰：「酅，齊地。」杜氏曰：「濟北穀城縣西有地名酅下。」張氏曰：「後漢屬東郡，後屬東平府東阿。」胡氏曰：「侵言人、追言師者，蓋不可言公追齊人也。」《左氏》曰：「討是二盟也。」趙氏曰：「寇至不知，追而不及，内之無警備也。」愚謂：齊孝不能繼父之業，而遣兵侵掠魯境，固可辠矣。魯僖無禦侮之術而致寇，又輕身越逐，亦可辠也。

夏，齊人伐我北鄙。

義見《隱二年》「鄭伐衛」。

衛人伐齊。

公子遂如楚乞師。

《左氏》曰：「洮之盟故也。」義見《隱二年》「鄭伐衛」。

遂，莊公子仲遂也，即東門襄仲。乞，見八年。孫氏曰：「齊再伐我，故公子遂如楚乞師。夫國之大小，師之衆寡，皆有王制，不可乞也。書者惡魯不能修戎備，而外乞師於夷狄。」高氏曰：「是不有天子而道夷狄以伐中國也。」○康侯胡氏曰：「衛人報德以怨，伐齊之喪，助少陵長，又遷怒於邢而滅其國，不義甚矣。公既與其君盟於洮，又與其臣盟于向，是黨衛也。故齊人既侵其西，又伐其北，齊師固亦非義矣。而僖公不能省德自反，深思遠慮，計安社稷，乃乞楚師與齊爲敵，是以蠻夷殘中國也。其書『公子遂如楚乞師』，而惡自見矣。」葉氏曰：「召陵之盟，桓公與我伐楚而楚服。今我乃欲以楚伐齊，而恃之以勝，公之謀國可知矣。」愚謂：自此至文公薨，凡書公子遂之專政專兵，亦爲殺子赤起也。

秋，楚人滅夔，以夔子歸。夔，求歸切。《公羊》作隗，非是。

杜氏曰：「夔，楚同姓國，建平秭歸縣。」張氏曰：「宋之歸州秭歸及興平縣皆有夔子城。」程子曰：「不名者，夷狄小國，魯史有所不能知，不可得而紀故也。」《左氏》曰：「夔子不祀祝融與鬻熊，楚人讓之，對曰：『我先王熊摯有疾，鬼神弗赦而自竄於夔，吾是以失楚，又何祀焉？』秋，楚成得臣、鬭宜申帥師滅夔，以夔子歸。」未詳信否。劉氏曰：「貪而不義，楚辠大矣。聖王在上，雖夷狄各有限域，不相侵奪。

今夷狄滅同姓，亦中夏之衰而然也。」義又見《僖三年》「徐取舒」。

冬，楚人伐宋圍緡。《穀梁》作閔。

緡，見《二十三年》。《左氏》曰：「宋以其善於晉侯也，叛楚即晉。冬，楚令尹子玉、司馬子西帥師伐宋，圍緡。」義見《莊十年》「荆敗蔡師」。

公以楚師伐齊，取穀。

以，見《桓十四年》。《左氏》曰：「公以楚師伐齊，取穀。置桓公子雍於穀，易牙奉之以爲魯援，楚申公叔侯戍之。」未詳信否。孫氏曰：「楚，夷狄也。齊，中國也。公以夷狄之師伐中國，固已不可。而又取邑，公之惡可知。」〇高氏曰：「齊人加兵於魯，魯欲報之，當請命於天子，會諸侯以同討其辠。夫楚，豺狼也，安可遠引其師來入華夏，以伐親鄰之國乎？」

公至自伐齊。

義見《桓二年》「公至自唐」。

二十有七年春，杞子來朝。

杞稱子，見《桓二年》，義見《隱二年》「滕、薛來朝」。

夏六月庚寅，齊侯昭卒。

義見《隱三年》「宋公卒」。

秋八月乙未，葬齊孝公。

杜氏曰：「三月而葬，速。」義又見《隱三年》「葬宋穆公」。

乙巳，公子遂帥師入杞。

高氏曰：「弱國既來朝，而用師以報之。杞、魯乃舅甥之國，而伯姬在焉，魯人不義甚矣。」義又見《隱二年》「莒入向」。〇貫道王氏曰：「案公子遂自爲一軍始此，東門氏之惡，胚胎於此。用見魯之軍政，自僖公以來已紊矣。」

冬，楚人、陳侯、蔡侯、鄭伯、許男圍宋。

楚人，大夫也。葉氏曰：「楚何以先諸侯？主兵也。」高氏曰：「宋不與楚宗諸侯，且有先君之怨，又自以爲伯國，故終不與楚。楚人前年伐之，今又圍焉。夫楚以夷狄恣豺狼之强來犯中國，而陳、蔡、鄭、許皆中國之諸侯，反會夷狄同伐之，伸夷狄之强，屈中國之義，皐昭然可見矣。」義又見《莊十年》「荆敗蔡師」。〇愚謂：楚之强暴甚矣。然諸侯之屈服於楚，亦其有以自取之也。齊桓雖没，其兵尚强，諸侯苟能宗之，其勢猶足以敵楚。而宋、曹、衞、邾首伐齊，魯、陳、蔡、鄭又引楚人以盟於齊、魯，又乞楚師以伐齊，從約既解，楚遂得以憑陵中國。今宋之被圍，陳、蔡、鄭、許之服役於楚，皆始謀之不臧也。故《春秋》慎始，比事見義焉。

十有二月甲戌，公會諸侯，盟于宋。

葉氏曰：「此前圍宋之諸侯也不序，前目後凡也。宋公猶在圍，則何以地？宋盟於宋國之外，是亦宋矣。」高氏曰：「公畏楚之强而來爲此盟，亦報乞師之役。」愚謂：夷狄摟諸侯以圍諸侯，僖公不念脣亡則齒寒，方且來盟於宋，其謀國可知矣，其辠亦著矣。義又見《隱二年》「盟戎于唐」。○葉氏曰：「楚之得交中國，自陳、蔡、楚、鄭盟于齊始。後公雖不會于盂，而爲薄之盟，以釋宋公。後五年伐齊之役，乃乞師於楚，而楚援之，遂以取穀。則何以得於楚乎？晉文公之興，首伐衛以正楚。而公爲之戍衛，又責公子買之不卒戍而刺之，則公之附楚，審矣。圍宋之役，初雖不與，會而爲盟，豈有意於救宋哉？殆亦若戍衛以成楚志爾。楚子居申而後使子玉去宋，是會圍，非解圍也。」

春秋本義卷第十三

僖公

二十有八年春，晉侯侵曹。晉侯伐衛。

趙氏曰：「曷爲不言遂？非因曹而伐衛，異乎侵蔡而伐楚也。此侵曹既返，而後伐衛也。」朴鄉吕氏曰：「晉侯伐衛，所以解宋之圍，怒楚而致其師也。」《左氏》曰：「楚及諸侯圍宋，宋公孫固如晉告急。先軫曰：『報施救患，取威定伯，於是乎在矣。』狐偃曰：『楚始得曹，而新昏於衛，若伐曹、衛，楚必救之，則齊、宋免矣。』於是乎蒐于被廬，作三軍，謀元帥。乃使郤縠將中軍，狐偃將上軍，欒枝將下軍。二十八年春，晉侯將伐曹，假道於衛，衛人弗許。還，自南河濟，侵曹伐衛。晉侯、齊侯盟于斂盂。衛侯請盟，晉人弗許。」莘老孫氏曰：「晉文之興，於兹五年。一朝强兵，侵曹伐衛。夫强楚之侵陵久矣，晉文而有志於中國，當大會諸侯，合心并力以攘夷狄、奬王室爲義。諸侯有不從者，然後以師伐之。曹、衛附楚，誠有辠矣，然晉文未嘗盟會而號令之，遽以侵伐，亦與齊桓異矣。」愚謂：晉文侵曹伐衛，致楚取勝，正孔子所謂「譎而不正」者也。義又見《莊十年》「公侵宋」、《隱二年》「鄭伐衛」。○張氏曰：「案『報施救患，取威定伯』者，文公君臣之規模也。故先侵曹伐衛。若以大義興師，則當先於乞師伐齊從楚圍宋之辠，而魯與陳、蔡宜首加伐。曹、衛之新附，豈侵伐所當先哉？」

公子買戍衛，不卒戍，刺之。

杜氏曰：「公子買，魯大夫子叢也。」《公羊》曰：「刺之者，殺之也。內諱殺大夫，謂之刺也。」杜氏曰：「義取於《周禮》三刺之法。」邦衡胡氏曰：「魯殺大夫皆言刺，無王命而專殺等耳。衛以附楚，晉侯伐之。魯乃戍衛，惡亦甚矣。故經言戍衛，著魯黨衛附楚、背華即夷之辠也。」義又見《莊二十六年》「曹殺大夫」。○孫氏曰：「公叛晉與楚，故公子買戍衛，且以晉兵力非公子買所能抗也，故買不卒戍而歸。公懼楚之見討，乃殺買以説焉。公內殘骨肉，外以説强楚，故書以著其惡。」愚謂：買之戍衛，以勢則不敵，以義則不可。買不諍於戍衛之時，而從君令以往，既受命而不卒戍，辠也。僖公不自責其戍衛之過，而專殺同姓大夫以説於夷，亦辠也。君臣胥失之矣。

楚人救衛。

高氏曰：「此書救者，非善之也，著衛國附楚之辠。晉文果能致楚師之出也，楚師既出，故有城濮之戰。」

三月丙午，晉侯入曹，執曹伯，畀宋人。

《公羊》曰：「畀者，與也。」《左氏》曰：「晉侯圍曹，門焉，多死。曹人尸諸城上，晉侯患之，聽輿人之謀曰『稱舍於墓』，師遷焉。曹人兇懼，爲其所得者棺而出之。因其兇也而攻之。三月丙午，入曹，數之以其不用僖負羈，而乘軒者三百人也。且曰『獻狀』。令無入僖負羈之宮而免其族。宋人使門尹般如晉師告急。公曰：『宋人告急，舍之則絕。告楚不許，我欲戰矣。齊、秦未可，若之何？』先軫曰：『使宋舍我而賂齊、秦，藉之告楚。我執曹君以畀宋人。楚愛曹、衛，必不許也。喜賂怒頑，能無戰乎？』公說，執曹伯以畀宋人。」杜氏曰：「執諸侯當歸京師。晉欲怒楚使戰，故以與宋。」康侯胡氏曰：「曹未狎晉政，莫知所承。晉文不修詞令，遽入其國，執其君，暴矣。欲致楚師與之戰，而以曹伯畀宋人，譎矣。雖一戰勝楚，遂主夏盟，舉動不中於禮，徒亂人上下之分。無君臣之禮，其功雖高，道不足尚也。故曰：『五霸者，三王之辠人也。仲尼之徒，無道桓、文之事者。』」義又見《隱二年》「莒入向」。○張氏曰：「自晉侯侵曹至此，皆《春秋》著文公致楚與戰之由也。」呂氏曰：「晉文公舉動如此，有意於爲善乎？」

夏四月己巳，晉侯、齊師、宋師、秦師及楚人戰于城濮。楚師敗績。

書晉、齊、宋、秦及之者，四國主乎此戰也。書法與《桓十七年》「戰于奚」同。城濮，見《二十七年》。《左氏》曰：「楚子入居於申，使申叔去穀，使子玉去宋，曰：『無從晉師。晉侯在外十九年矣，而果得晉國。險阻艱難，備嘗之矣；民之情僞，盡知之矣。天假之年，而除其害。天之所置，其可廢乎？』子玉使伯棼請戰，曰：『非敢必有功也，願以間執讒慝之口。』王怒，少與之師，唯西廣、東宮與若敖之六卒實從之。子玉使宛春告於晉師曰：『請復衛侯而封曹，臣亦釋宋之圍。』子犯曰：『子玉無禮哉！君取一，臣取二，不可失矣。』先軫曰：『子與之。定人謂之禮。楚一言而定三國，我一言而亡之。我則無禮，何以戰乎？不許楚言，是棄宋也。救而棄之，謂諸侯何？楚有三施，我有三怨。怨讎已多，將何以戰？不如私許復曹、衛以攜之，執宛春以怒楚，既戰而後圖之。』公說，乃拘宛春於衛，且私許復曹、衛。曹、衛告絶於楚。子玉怒，從晉師。晉師退，軍吏曰：『以君辟臣，辱也。且楚師老矣，何故退？』子犯曰：『師直爲壯，曲爲老，豈在久乎？微楚之惠，不及此，退三舍辟之，所以報也。背惠食言，以亢其讎，我曲楚直，其衆素飽，不可謂老。我退而楚還，我將何求？若其不還，君退臣犯，曲在彼矣。』退三舍，楚衆欲止，子玉不可。夏四月戊辰，晉侯、宋公、齊國歸父崔夭、秦小子憖次於城濮。楚師背酅而舍，晉侯患之，聽輿人之誦，曰：『原田每每，舍其舊而新是謀。』公疑焉。子犯曰：『戰也。戰而捷，必得諸侯。若其不捷，表裏山河，必無害也。』公曰：『若楚惠何？』欒貞子曰：『漢陽諸姬，楚實盡之。思小惠而忘大恥，不如戰也。』子玉使鬬勃請戰。晉車七百乘，韅、靷、鞅、靽。晉侯登有莘之虚以觀師，曰：『少長有禮，其可用也。』遂伐其木以益其兵。己巳，晉師陳於莘北，胥臣以下軍之佐當陳、蔡。子玉以若敖之六卒將中軍，曰：『今日必無晉矣。』子西將左，子上將右。胥臣蒙馬以虎皮，先犯陳、蔡。陳、蔡奔，楚右師潰。狐毛設二旆而退之。欒枝使輿曳柴而僞遁，楚師馳之。原軫、郤溱以中軍公族横擊之。狐毛、狐偃以上軍夾攻子西，楚左師潰。楚師敗績。子玉收其卒而止，故不敗。晉師三日館穀，及癸酉而還。」康侯胡氏曰：「荆楚恃强憑陵諸夏，滅黄敗徐，戍穀，逼齊合兵圍宋，戰勝中國，威動天下，非有城濮之敗，則民其被髮左衽矣。而《春秋》所書如此，何也？仁人明其道，不計其功；正其義，不謀其利。文公一戰，勝而主夏盟，以功利言，則高矣。語道義，則三王之辠人也。」愚謂：正邵子所謂「功過不相掩」也。義又見《僖四年》「伐楚」。○張氏曰：「齊桓伐楚，致屈完于召陵，楚未大創也，故次年即滅弦誘鄭。終桓公之伯，楚爲患而不能制。文公欲伯天下，以爲楚不大創不足以定伯，故欲戰而勝楚以取威，而後伯業定。當是時，楚爲齊、宋二國患，救之宜也。然文公致楚與戰以取威，乃不許衛盟，執曹伯以快宋人之心，因激楚人之怒，而使之不得不戰，以取一勝之功。其救患取威，皆譎而不正之事。雖楚自是大創，而行不義、殺不辜亦已多矣。」胡氏曰：「若春秋桓、文不作，何以爲中國？然召陵、城濮雖迭勝强楚，不能絶其僭號以尊天子，故知一時之功耳。向使有能興起王道如宣王者，則豈有齊桓、晉文之事哉？」朴鄉吕氏曰：「《左氏》載子玉告晉師，曰：『請復衛侯而封曹臣，亦釋宋之圍。』以經攷之，則宋圍之釋已在楚人救衛之時矣。使楚方圍宋，則所謂畀宋人何也？城濮之戰，宋公與焉，又何也？」今以《左氏》敘此事頗詳，録之而附見朴鄉之説云。

楚殺其大夫得臣。

得臣，子玉也。《左氏》曰：「楚子玉既敗，王使謂之曰：『大夫若入，其若申、息之老何？』子西、孫伯曰：『得臣將死。二臣止之，曰：「君其將以爲戮。」』及連穀而死。晉侯聞之而後喜可知也。曰：『莫余毒也已。蔿吕臣實爲令尹，奉己而已，不在民矣。』」張氏曰：「楚子自得臣伐陳，立爲令尹，授以兵柄，令其圍陳、圍宋。所以導之，無非猾夏狃勝之事。師敗而不能自反其平日求勝無厭之辠，而輒殺之。」義又見《莊二十六年》「曹殺大夫」。○愚謂：楚殺得臣雖過，然其窮兵猾夏而卒喪其身，可以爲人臣之永鑒矣。

衛侯出奔楚。

不名者，史失之，或闕文也。《左氏》曰：「衛侯聞楚師敗，懼，出奔楚。」莘老孫氏曰：「衛侯之棄華之夷也，辠明矣。然而晉文外假尊王之名，内以私智逐衛侯，晉之辠也。」

五月癸丑，公會晉侯、齊侯、宋公、蔡侯、鄭伯、衛子、莒子，盟于踐土。陳侯如會。

衛子，未詳何人。《左氏》作公子瑕，非是。朴鄉吕氏曰：「蓋叔武也。」高氏曰：「不以成君之禮，故稱子，而在鄭伯之下。」杜氏曰：「踐土，鄭地。」劉氏曰：「如會者，赴會也。」孫氏曰：「來不及盟，故曰如會。陳本與楚，楚敗，故歸中國。」高氏曰：「楚自齊桓没，爲中國害。晉一戰敗之，威震諸侯，向之附會楚者，皆會踐土而請盟焉。晉於是遂伯諸侯也。」義見《隱元年》「盟于蔑」及《莊十六年》「同盟于幽」。此但不假同盟之禮，爲少異耳。○邦衡胡氏曰：「二十四年，天王出居于鄭，至是尚在鄭也。故晉文會盟踐土，以謀納王。踐土，鄭地。以天王在鄭，故就鄭地以盟，非自京師致天王來也。是年天王方入於京師，故下云晉人執衛侯歸之於京師，見晉侯踐土之盟，謀納王也。」愚謂：納王者，人臣職分所當爲。既所當爲，則爲常事，故不書耳。

公朝于王所。

趙氏曰：「王所，即王之所在耳。」孫氏曰：「非禮也。《書》曰：『六年五服一朝。又六年，王乃時巡。諸侯各朝于方岳。』公朝于王所，非禮可知也。」高氏曰：「諸侯非王事不出境。今因出盟，遇王而朝，此爲何禮？」○愚案：天王出居于鄭，至是猶未復也。踐土在鄭之境，僖公既已會盟，遂一朝焉。其視天下共主，不啻若列國之君，不敬之辠著矣。其平日之不以時朝亦可見矣。獨言公者，據魯史之文耳。然諸侯之不王與天王威令之不行，舉可知也。

六月，衛侯鄭自楚復歸于衛。

朴鄉吕氏曰：「此書『自楚』，非有奉也，蓋著其自楚也。言『歸自楚』，則背華即夷之辠可見矣。」愚謂：衛侯爲千乘之君，不能守其社稷而奔竄夷狄，雖曰畏晉，必有失其道者矣。又自夷狄而復歸其國，何以治其臣民哉？明王在上，皆不得復者也。雖然，夷狄之猾夏，晉侯之不正，亦可見矣。

衛元咺出奔晉。

元咺，爲衛大夫。君歸而咺出奔，事雖不可盡考，必其執一國之權而不容其君者也。觀晉人執衛侯，與其君一出一入，而卒至於見殺，益可見矣。故凡爲臣而至於出奔，皆不臣者也。若元咺之辠，抑又甚焉。晉受逋逃之臣，亦辠也。〇又案：大夫之於國，有見幾而作、以道去國者矣；有義不當去、見危授命者矣。至於持禄固位，厄於利害之私而出奔，皆其不道者也。若元咺之訟君，又不與焉。後凡書奔者倣此。

陳侯款卒。

大意見《隱七年》「滕侯卒」。又爲陳子會于温起文也。

秋，杞伯姬來。

杜氏曰：「伯姬，莊公女。」葉氏曰：「父母没矣，伯姬不得來而來也。」義又見《莊二十七年》「杞伯姬來」。

公子遂如齊。

許氏曰：「齊自孝公立，與魯好絶，比相侵伐。昭公復與公同踐土之盟，故公遣大夫聘之。」義見《隱七年》「齊來聘」。

冬，公會晉侯、齊侯、宋公、蔡侯、鄭伯、陳子、莒子、邾子、秦人于温。《穀梁》無「齊侯」二字。

陳稱子，居喪也。《穀梁》曰：「温，河陽也。」存耕趙氏曰：「温去京師百里。」義見《隱九年》「會于防」。○或曰：「莊十三年，北杏爲衣裳之會，此則兵車之會也。」未詳是否。邦衡胡氏曰：「踐土之盟，謀納天王矣。復會于温者何？蓋自踐土隨天王至温，將納王于京師，故會以膠固諸侯爾。且温去周朝百餘里，諸侯既至温，豈有不朝王而召王出狩者？此理之必不然也。故知天王自二十四年出居于鄭，至是晉侯方帥諸侯納王。故天王自鄭至河陽，將入於周也。然河陽與温止是一地，不云狩于温，而云狩于河陽，嫌與諸侯同處于温，故别言于河陽。」愚謂：此亦當時史法之常，非孔子異其名也。

天王狩于河陽。狩，《穀梁》作守。

杜氏曰：「河陽，晉地。」張氏曰：「古孟津地，今懷州河陽縣。」存耕趙氏曰：「温即河陽也。地名有二義，以封域所至之地言温，以方域係山川言河陽。天子有所指，必以方域，故言河陽。諸侯之會不言河陽，河之陽非一所也。」愚謂：襄王失道，播遷於鄭，諸侯納之，正當感激奮勵、遷善改過之時。今未入京師，未謝宗廟，而事遊獵焉，且河陽非其常狩之所，故《春秋》書之，又爲公朝王所起文也。

壬申，公朝于王所。

孫氏曰：「日繫乎月。此不月者，脱之。」愚案：此義同前，但前以諸侯盟于踐土，因王在鄭而遂一朝；此以諸侯會于温，因王狩河陽而遂一朝耳。

晉人執衛侯，歸之于京師。

《左氏》曰：「衛侯與元咺訟，衛侯不勝。執衛侯歸之于京師，寘諸深室。」程子曰：「君臣無獄，而文公使衛侯與元咺辨曲直，衛侯不勝，遂執其君，其聽頗矣。雖歸於王，實强致之。」胡氏曰：「晉文既勝强楚，宜招攜懷貳，以明大德，何助臣而執其君？非所以伯諸侯也。」

衛元咺自晉復歸于衛。

胡氏曰：「衛侯出奔之時，元咺主其國事。衛侯歸而元咺奔晉。今又執衛侯歸於京師，元咺即自晉復歸于衛。蓋晉侯聽臣子之譖執其君，却使元咺復歸于衛，此見晉文之不正。」存耕趙氏曰：「臣無訟君之理。君虜而臣反國，逆之甚也。」陳洙氏曰：「君臣之理滅矣。書曰『自晉』，參治之也。」○高氏曰：「爲人臣而訟其君，雖直亦曲矣。」君舉陳氏曰：「元咺復歸，孫林父歸衛，宋魚石、晉欒盈復入，皆伉辭也。」

諸侯遂圍許。

張氏曰：「會温之諸侯也。」《穀梁》曰：「遂，繼事也。」康侯胡氏曰：「諸侯比再會，而許獨不會，故諸侯圍許。許距河陽近矣，而可以不會乎？」愚謂：晉文既興，諸侯有盟主矣。而許猶不歸中國，其辠著矣。然晉文不告於王而圍之，所謂「摟諸侯以伐諸侯，彼善於此」者也。其功其辠，皆可見矣。

曹伯襄復歸于曹，遂會諸侯圍許。

《左氏》曰：「晉侯有疾，曹伯之豎侯獳貨筮史，使曰：『以曹爲解。齊桓公爲會而封異姓，今君爲會而滅同姓。曹叔振鐸，文之昭也。先君唐叔，武之穆也。且合諸侯而滅兄弟，非禮也。與衛偕命，而不與偕復，非信也。同辠異罰，非刑也。禮以行義，信以守禮，刑以正邪，捨此三者，君將若之何？』公說，復曹伯，遂會諸侯于許。」孫氏曰：「三月，晉侯入曹，執曹伯畀宋人。此言復歸于曹者，晉文赦之也。春秋亂世，强侯執辱小國之君，無復王命，執之赦之，自我而已。」存耕趙氏曰：「曹伯脱身俘囚，未事鬼神，即驅之從干戈之役。伯令迫人，諸侯無寧居矣。」

二十有九年春，介葛盧來。介，居隘切。

杜氏曰：「介，東夷國，在城陽黔陬縣。葛盧，介君名。」張氏曰：「介即密州膠西縣地。」趙氏曰：「葛盧但爲事而來，本非來朝，所以不廟受，故直來耳。」高氏曰：「夷狄以禮義外之，可也。凡書夷狄之來，皆辠中國不自正而輕受之爾。」○君舉陳氏曰：「其後介人侵蕭，蓋有以來之也。」邦衡胡氏曰：「《春秋》書夷狄來者二，葛盧、白狄是也。介則先來而後侵中國，白狄則先伐中國而後來。然則夷狄來中國必有所窺伺，而爲害未有但已者也。」

公至自圍許。

胡氏曰：「公自二十八年會諸侯圍許，至今年春方回，師出踰時。」義又見《桓二年》「公至自唐」。○愚案：公以會温出，未知圍許也，而以圍許致。未詳。豈其事不一，而當時止以圍許告廟歟？

夏六月，會王人、晉人、宋人、齊人、陳人、蔡人、秦人，盟于翟泉。《公羊》、《穀梁》「會」上有「公」字。諸國皆稱人，當從《左氏》。翟，《公羊》作狄。

内不書名氏，外稱人，皆微者也。王人，見《莊六年》。杜氏曰：「翟泉，即洛陽城内大倉西南池水也。」東萊吕氏曰：「陪臣而敢伉天子之士，以歃血要言，其不臣甚矣。王人亦與諸侯之大夫同盟，失禮亦甚矣。」程子曰：「晉文連年會盟，皆在王畿之側。而此盟復迫王城，又與王人盟，强逼甚矣。」義又見《隱元年》「盟于蔑」。○君舉陳氏曰：「大夫之交，政於是始，文公爲之也。」

秋，大雨雹。雨，于付切。雹，薄學切。

大者，非常之辭。范氏曰：「陽氣在水，雨則温熱。陰氣薄而脅之，不相入，轉而成雹。雹者，陰脅陽、臣侵君之象。」《左氏》曰：「大雨雹，爲災也。」○獻可杜氏曰：「《春秋》書大雨雹者三，此年及昭三年、四年也。陰陽不調之所致耳。必録之者，所以警人君之戒也。」高氏曰：「劉向以爲盛陽雨水温暖而濕熱，陰氣脅之不相入，則轉而爲雹；盛陰雨雪凝滯而冰寒，陽氣薄之不相入，則散而爲霰。故雹者，陰脅陽也。霰者，陽薄陰也。《春秋》不書霰，猶不書月食也。」

冬，介葛盧來。

存耕趙氏曰：「葛盧春來矣，再至，何爲哉？是爲假道侵蕭計也。魯獨無以察其情，何哉？」義又見前。

三十年春，王正月。

夏，狄侵齊。

義見《隱七年》「戎伐凡伯」。○康侯胡氏曰：「《詩》不云乎：『戎狄是膺，荆舒是懲。』四夷交侵，所當攘斥。晉文若移圍鄭之師以伐之，則方伯、連帥之職修矣。上書『狄侵齊』，下書『圍鄭』，皆直書其事，而義自見者也。」

秋，衛殺其大夫元咺及公子瑕。

《左氏》曰：「晉侯使醫衍酖衛侯。甯俞貨醫，使薄其酖，不死。公爲之請，納玉於王與晉侯，皆十瑴。王許之。秋，乃釋衛侯。衛侯使賂周歂、冶廑，曰：『苟能納我，吾使爾爲卿。』周、冶殺元咺及子適、子儀。」愚謂：瑕之辠不可考，豈咺之黨歟？若元咺，則可殺矣。咺入則君出，咺出則君入，大逆之道也。元咺可殺，而書曰「殺其大夫」，何也？不正名其辠以殺之也。況生殺者，天子之權，豈諸侯所得專乎？爲衛侯者，具其事告於天王而誅之，可也。告於天王能誅之乎？告於天王未必能誅之也。天王不能誅之，而《春秋》必以專殺大夫言者，正義不謀利，明道不計功也。義又見《莊二十六年》「曹殺大夫」。

衛侯鄭歸于衛。

前書「晉人執衛侯歸之京師」，此當書「歸自京師」，而但曰「歸于衛」者，當時執之、歸之，皆晉文之權，襄王擁虛器以聽命而已。故不曰「歸自京師」，紀實跡也。衛侯與元咺相爲出入，君臣之道廢矣。自晉侯伐衛至此，凡八書，可見伯權盛而王綱隳。故諸侯大夫縱恣如此。故曰「尊君抑臣，貴王賤伯」，《春秋》之大義也。

晉人、秦人圍鄭。

此稱人，程子所謂「不知衆寡將帥名氏曰某人」者也。蓋圍鄭之國，其兵衆矣，不可以將卑師少言也。

使鄭果貳於楚，晉猶不免無王命而摟諸侯伐諸侯之辠。如以私怨而圍人之國，則晉文之辠大矣。〇王氏曰：「晉侯爲盟主，用兵以報私怨。秦人踰晉越周千里而助晉圍鄭，皆勞民危國之道。」

介人侵蕭。

蕭，見《莊二十三年》。高氏曰：「夷狄數來，我不能以禮義正之，致敢稱兵犯附庸之國。」義又見《隱七年》「戎伐凡伯」。〇張氏曰：「介再來魯，而次年遂侵蕭，求援而後舉兵也。與荆人秦術之聘同。」

冬，天王使宰周公來聘。

宰周公，見《九年》。《左氏》曰：「王使周公閲來聘。」貫道王氏曰：「冢宰，總百官以輔一人者也。承命以聘諸侯，王失命，閲失職。」莘老孫氏曰：「見周之衰而諸侯强盛也。」〇愚案：禮雖有天子聘諸侯之文，然魯未嘗朝王，不過因會盟晉侯朝於王所而已。襄王不能正王法而下聘焉，已失道矣，況遣冢宰乎？陵遲甚矣。又爲下書「遂如京師」起文也。朴鄉吕氏曰：「王臣來聘者八：隱七年，凡伯；九年，南季；桓四年，宰渠伯糾；五年，仍叔之子；八年，家父；莊二十三年，祭叔；僖三十年，宰周公；宣十年，王季子來聘。桓王之聘於魯者五，自隱七年至桓八年，家父之聘是也。在惠、襄、定之世各一。自定以下，則王臣無下聘者矣。蓋桓王在位，不能自强，屢遣王臣下聘列國，此周室之所以衰也。定王而下，則周室浸微，王臣之聘不足以爲列國之輕重，而王臣下聘之文亦復不見於經，此周室之極衰也。始也，使凡伯、宰渠、伯糾之屬，皆以畿内諸侯或大夫爾。至於僖三十年之聘，書宰周公，則已尊矣。至於宣十年之聘，書王季子，則益尊矣。王室日衰，諸侯日横，顧如此哉！」

公子遂如京師，遂如晉。

孫氏曰：「天子至尊，非諸侯可得伉。僖與襄王交聘，伉孰甚焉！故書『天王使宰周公來聘。公子遂如京師』焉。」康侯胡氏曰：「魯侯既不朝京師，而使公子遂往。又以二事出，夷周室於列國。此大不恭之辠，在法當誅，而不以聽者也。」〇康侯胡氏曰：「大夫出疆，有以二事出者，有以一事出而專繼事者，其書皆曰『遂』。公子遂如周及晉，與祭公自魯逆王后，皆所謂以二事出者也。公子結往媵，而及齊、宋盟，則專繼事者也。是非得失，則存乎其事矣。」愚謂：以二事出者，辠在其君。以一事出而專繼事者，辠在其臣。辠各有所歸也。

三十有一年春，取濟西田。

康侯胡氏曰：「不繫國者，吾故田也。」高氏曰：「嘗爲鄰國所奪，今復取之。」常山劉氏曰：「凡力得之曰取。不是其專奪，雖復取本邑，亦無異辭，以其不能申明直辭，請於王而正疆理。但專自用兵，爭奪不得正道，故悉同辭言之。此與成二年取汶陽田，先本魯地，而皆書取。蓋《春秋》之意，以治易亂，不以亂易亂，所正者本而已。」〇常山劉氏曰：「凡取人之有，其惡易見。而取己之有，不以其道者，其惡難知。《春秋》亦正名曰取，以顯微也。」

公子遂如晉。

義見《隱七年》「齊來聘」。〇高氏曰：「晉未嘗來聘，而公子遂去冬往聘之，今春又聘焉，何厚於晉而薄於周也？」愚謂：可見當時諸侯舉動皆不以義，惟視强弱爲趨舍而已。然東門氏之專政，亦不可掩也。

夏四月，四卜郊不從，乃免牲，猶三望。

孫氏曰：「郊者，祭天之名也。」劉氏曰：「卜郊者，卜其日吉否也。」《穀梁》曰：「四月，不時也。郊自正月至於三月，郊之，時也。我以十二月下辛卜正月上辛。如不從，則以正月下辛卜二月上辛。如不從，則以二月下辛卜三月上辛。如不從，則不郊矣。」杜氏曰：「免，猶縱也。」朴鄉呂氏曰：「卜而養之曰牛，養成而將用曰牲。」《公羊》曰：「三卜，禮也。四卜，非禮也。求吉之道三。魯郊，非禮也。天子祭天，諸侯祭土。天子有方望之事，無所不通。諸侯山川有不在其封内者，則不祭也。三望者何？望祭也。然則曷祭？祭泰山、河、海。猶者何？通可以已也。何以書？譏不郊而望祭也。」愚謂：魯以諸侯僭天子之郊，大失禮矣。而失禮之中，又四失禮焉。四月不時，一失禮也；四卜則瀆，二失禮也；望祭則僭，三失禮也；既免牲而猶三望，四失禮也。聖人與天地合德，卜郊何有不從？所以必設卜者，誠之至，義之盡也。今四卜而不從，則神不歆非類明矣。且猶望焉，山川其饗諸？○董子曰：「魯曷爲郊？周公故也。不於日之至，避王室也。比旬而卜之，遠怠慢也。必更三旬，禮盡於三也。」孫氏曰：「天子祭天地，無所不通。諸侯祭其境内山川。魯，諸侯也，以諸侯而用天子之祭，僭孰甚焉。故或因其黷亂不時，或從其災異示變，以著其僭天子之惡也。」朱長文曰：「魯當祭泰山，魯之境也，禮所得祭，故不書。三望，僭天子之禮。」東萊呂氏曰：「凡書郊祭者九，其八非卜不從，則郊牛有傷。獨成十七年九月用郊，非二者而書。魯之有郊，非禮。獨於僖公始書，緣其變而録之爾。」愚案：《公羊》以三望爲泰山、河、海。未詳是否。

秋七月。

冬，杞伯姬來求婦。

杞伯姬見《二十八年》。稱「婦」，見《二十五年》。劉氏曰：「姑無自求婦者也，非禮也。」愚謂：此與《二十五年》「宋蕩伯姬來逆婦」同義，但彼則逆，而此則求爾。〇康侯胡氏曰：「婦人不可預國事也。王后之詔命不施於天下，夫人之教令不施於境中。婚姻，大事也，杞獨無君乎？爲夫人主之也。故書以爲婦人亂政之戒。母爲子求婦猶曰不可，况於他乎？此義行，無吕、武之禍矣。」張氏曰：「《易》曰：『歸妹，天地之大義，人之終始也。征凶，位不當也。无攸利，柔乘剛也。』杞伯姬求婦而踰境，是杞伯之不能正其家也。僖公容其來求，是使柔乘剛而國事制於婦人也。《春秋》閑有家之道嚴矣。」

狄圍衛。十有二月，衛遷于帝丘。

杜氏曰：「帝丘，東郡濮陽縣。故帝顓頊之虚，故曰帝丘。」張氏曰：「屬開德府。」康侯胡氏曰：「遷于帝丘，避狄難也。而中國衰微，夷狄强盛，衛侯不能自强於政治，晉文公無却四夷、安諸侯之功，莫不見矣。」〇莘老孫氏曰：「《春秋》書之，又見其勞民擾衆，去先君之土宇，雖云避難而行，然不能使難不加己，而舉國以避之，其爲勞且擾亦甚矣。」張氏曰：「齊桓即世，衛從宋襄伐齊，於是狄人始假義以伐衛。啓狄之寇，蓋始於此。今復圍衛，衛迫於狄而遷都也。」

三十有二年春，王正月。

夏四月己丑，鄭伯捷卒。捷，《公羊》作接。

杜氏曰：「文公也。」大意見《隱七年》「滕侯卒」。

衛人侵狄。秋，衛人及狄盟。

杜氏曰：「不地者，就狄廬帳盟。」《左氏》曰：「夏，狄有亂。衛人侵狄，狄請平焉。秋，衛人及狄盟。」義見《隱二年》「盟戎于唐」。○康侯胡氏曰：「盟會，中國諸侯衰世之事，已非《春秋》所貴，況夷狄豺狼，刑牲歃血以要之哉？」

冬十有二月己卯，晉侯重耳卒。

義見《隱三年》「宋公卒」。○貫道王氏曰：「重耳定伯功儕齊桓，而聖人譎之。借曹、衛以致楚，使宋舍晉而賂齊、秦，皆譎也。然未嘗滅人之國，則猶賢於桓。此所以身死而伯業不失也。」高氏曰：「或問春秋孰賢，曰：東遷之後，土疆不守，職貢不奉，朝覲之禮盡廢，征伐之事專出，皆辠人也。曰：不有齊桓、晉文乎？周室既衰，諸侯既熾，以大吞小，以強暴弱，夷狄乘之橫乎中國，天子所存位與號耳。是時二伯奮起，齊桓仗大義倡之於前，晉文明大順和之於後，内率諸侯以尊王室，外攘夷狄以尊中國。而皆謂辠人，可乎？曰：齊桓、晉文徒有尊周之名，而無尊周之實。雖曰内率諸侯以尊王室，其實内率諸侯以尊己也，假尊王室之名以令諸侯耳。孔子作《春秋》以明王道，以撥亂世。故召陵之盟、城濮之戰，與其攘夷狄、救中國，一時之權也。故孟子曰：『仲尼之徒，無道桓、文之事者。』又曰：『五霸，三王之辠人也。』」

三十有三年春，王二月，秦人入滑。

滑，見《莊十六年》。義見《隱七年》「戎伐凡伯」。

齊侯使國歸父來聘。

《左氏》曰：「齊國莊子來聘。」義見《隱七年》「齊來聘」。

夏四月辛巳，晉人及姜戎敗秦師于殽。《公羊》無「師」字。

杜氏曰：「姜戎，姜姓之戎，居晉南鄙。戎子駒支之先也。」《左氏》曰：「三十二年冬，杞子自鄭告於秦曰：『鄭人使我掌其北門之管。若潛師以來，國可得也。』穆公訪諸蹇叔。蹇叔曰：『勞師以襲遠，非所聞也。師勞力竭，遠主備之，無乃不可乎！師之所爲，❶鄭必知之。勤而無所，必有悖心。且行千里，其誰不知？』公辭焉。召孟明、西乞、白乙，使出師於東門之外。蹇叔哭之曰：『孟子，吾見師之出而不見其入也。』公使謂之曰：『爾何知？中壽，爾墓之木拱矣。』蹇叔之子與師，哭而送之曰：『晉人禦師必於殽。殽有二陵焉，其南陵，夏后皋之墓也；其北陵，文王之所辟風雨也。必死是間，余收爾骨焉。』秦師遂東。三十三年，秦師過周北門，左右免胄而下。超乘者三百乘。王孫滿尚幼，觀之，言於王曰：『秦師輕而無禮，必敗。輕則寡謀，無禮則脱。入險而脱，又不能謀，能無敗乎？』及滑，鄭商人弦高將市於周，遇之。以乘韋先牛十二犒師，曰：『寡君聞吾子將步師出於敝邑，敢犒從者。不腆敝邑，爲從者之淹，居則具一日之積，行則備一夕之衞。』且使遽告於鄭。鄭穆公使視客館，則束載、厲兵、秣馬矣。使皇武子辭焉，曰：『吾子淹久於敝邑，唯是脯資餼牽竭矣。爲吾子之將行也，鄭之有原圃，猶秦之有

❶「之」，原作「知」，今據四庫本改。

具囿也。吾子取其麋鹿以閒敝邑，若何？」杞子奔齊，逢孫、楊孫奔宋。孟明曰：『鄭有備矣，不可冀也。攻之不克，圍之不繼，吾其還也。』晉原軫曰：『秦違蹇叔而以貪勤民，天奉我也。奉不可失，敵不可縱，縱敵患生，違天不祥，必伐秦師。』欒枝曰：『未報秦施而伐其師，其爲死君乎？』先軫曰：『秦不哀吾喪，而伐吾同姓，秦則無禮，何施之爲？吾聞之，一日縱敵，數世之患也。謀及子孫，可謂死君乎？』遂發命，遽興姜戎，敗秦師于殽，獲百里孟明視、西乞術、白乙丙以歸。文嬴請三帥，曰：『彼實構吾二君，寡君若得而食之，不厭，君何辱討焉！使歸就戮於秦，以逞寡君之志，若何？』公許之。秦伯素服郊次，鄉師而哭曰：『孤違蹇叔以辱二三子，孤之辠也。不替孟明，孤之過也。大夫何辠？且吾不以一眚掩大德。』」劉氏曰：「秦與人之臣而謀其君，利人之喪而襲其國，弱人之孤而死其親，貪得其地而棄其師者也。」○孫氏曰：「晉襄公厄人於險，非仁也。却喪用兵，非孝也。」邦衡胡氏曰：「《春秋》書及姜戎，蓋夷狄不可與之共事，自古未有不爲害者。今與之共敗，秦惡可知矣。」愚謂：夷狄犯中國，治之是也。然必視吾國之無故，然後請於王而擊之可也。若居喪而見伐，不得已而應之可也。秦雖不道，本伐鄭耳，不及晉也。乃背殯從戎，雖獲一時之勝，然比之行一不義，殺一不辜，而得天下不爲者，何啻天壤之殊。《春秋》正義不謀利，明道不計功，不以一時攘夷狄之功而取之也。義又見《莊二十年》「齊伐戎」。○君舉陳氏曰：「秦、晉之構怨自是始。更五君交兵，無虚歲，曾不十年，晉遂不競而楚伯。」康侯胡氏曰：「杞子、先軫之謀偷見一時之利，徼幸其成，自以爲功者也。二君皆過聽焉而貪其利，是使爲人臣者懷利以事其君。爲人子者，懷利以事其父。利之所在，則從之矣，何有於君父？一失則夷狄，再失則禽獸，而大倫滅矣。《春秋》所以立人道，存天理也。」

癸巳，葬晉文公。

高氏曰：「此見襄公父死未葬，而尋干戈也。」義又見《隱三年》「葬宋穆公」。

狄侵齊。

《左氏》曰：「狄侵齊，因晉喪也。」義見《隱七年》「戎伐凡伯」。

公伐邾，取訾婁。訾，子思切。訾婁，《公羊》作叢，《穀梁》作訾樓。

《左氏》曰：「以報升陘之役。」義見《隱四年》「莒伐杞」。

秋，公子遂帥師伐邾。帥，《公羊》作率。

康侯胡氏曰：「此皆不勝忿慾，報怨貪得，恃强陵弱，不義之兵也。直書其事，而辠自見矣。」義又見《隱二年》「鄭伐衛」。○存耕趙氏曰：「取訾婁已甚矣，復伐焉，君臣同惡也。遂專一軍於是，再見兵不戢而佳，其不爲亂階乎？」

晉人敗狄于箕。

范氏曰：「箕，晉地。」杜氏曰：「太原陽邑縣南有箕城。」義見《莊二十年》「齊伐戎」。○許氏曰：「自三十年狄始侵齊，晉未暇討，自是中國歲有狄患，至敗於此，而後懲艾，不復犯略。」

冬十月，公如齊。

《左氏》曰：「齊國莊子來聘，自郊勞至於贈賄，禮成而加之以敏。臧文仲言於公曰：『國子爲政，齊猶有禮，君其朝焉。臣聞之，服於有禮，社稷之衛也。』冬，公如齊朝，且弔有狄師也。」義見《僖十年》。○高氏曰：「公本事齊，逮晉文伯而受盟焉。至是晉文已卒，齊侯一使卿來聘，而公遂往朝之。蓋魯因晉喪，既伐邾矣，故懼晉而改事齊也。公之季年，所爲若是。」

十有二月，公至自齊。

貫道王氏曰：「公嘗如齊矣，未嘗至也，此何爲至哉？公反自齊而薨，嫌以齊故也。」義又見《桓二年》「公至自唐」。

乙巳，公薨于小寢。

杜氏曰：「小寢，内寢也。」《左氏》曰：「公如齊，反，薨于小寢，即安也。」《穀梁》曰：「非正也。」義又見《隱三年》「宋公卒」。○東萊吕氏曰：「古人正終事甚重。凡諸侯薨，當在路寢。雖病於小寢，其甚危之時，不可不勉强出就路寢。故男子不死於婦人之手。」高氏曰：「生不請天子之命而自立，既不正其始。死又不于正寢，是不正其終也。《春秋》所以詳著之。」康侯胡氏曰：「周制，王宫六寢，路寢一，小寢五。君日出而眡朝，退適路寢聽政。使人眡大夫退，然後適小寢釋服。是路寢治事之所也，而小寢燕息之地。《公羊》以西宫爲小寢，魯子以諸侯有三宫，則列國之治蓋降於王。其以路寢爲正，則是君終不於路寢，則非正矣。曾子曰：『吾得正而斃，又何求哉？』古人貴於得正，乃如此直書而義自見矣。」許氏曰：「君子自治，常使心熟於仁而體安於禮，則正勝。於死生之際，終不可亂矣。」

隕霜不殺草，李梅實。

《公羊》曰：「記異也。何異爾？不時也。」存耕趙氏曰：「霜隕矣，草宜殺而不殺，木宜萎而李梅實，異也。」康侯胡氏曰：「哀公問於仲尼曰：『《春秋》記隕霜不殺草，何爲記之也？』曰：『此言可殺也。夫宜殺而不殺，則李梅冬實，天失其道，草木猶干犯之，而況君乎？是故以天道言，四時失其序，則其施必悖，無以統萬象矣。以君道言，五刑失其用，則其權必喪，無以服萬民矣。蓋除惡於微、慮患於早之意也。』」○莘老孫氏曰：「陰陽四時之氣，天地所以生殺萬物者也。雨露生之，雪霜殺之，天地自然之氣，而四時之常也。皇極之道行，而和氣塞於天地之間，則陰陽有常，而生殺以時。彝倫攸斁，天過於陰陽，則當生者不生，當殺者不殺。京房氏曰：『君假臣權，隕霜不殺草。』蓋草，小人之類也。霜不能殺，猶人君威不能制小人矣。」許氏曰：「僖公寬仁過厚，其失也豫，而文公以暗弱繼之。三桓之盛，自僖公始。卒以專魯，咎證著矣。」獻可杜氏曰：「《春秋》詳記災異，不遺微細，所以謹人君之戒也。」家氏曰：「嚴冬不殺，氣燠也。若謂此十二月爲建亥月，則夏時之十月，草未盡殺，猶或有之，《春秋》何以遽書爲異乎？杜氏以其長曆而推，謂此十二月乃周之十一月，今九月也。指此爲舊史記録之誤，《春秋》因之，若九月之霜不能殺草，尤未足爲異，《春秋》何以動色而書之？此夏正之冬何疑？」

晉人、陳人、鄭人伐許。

《左氏》曰：「討其貳於楚也。」張氏曰：「許自文公所不能致，襄公今年敗秦、敗狄，又伐先世所不致之許。孔子曰：『遠人不服，則修文德以來之。』今襄公承業之志，自以爲勤然，不知忘喪毒民，失道甚矣。」義又見《隱二年》「鄭伐衛」。

春秋本義卷第十四

文　公名興，僖公子，聲姜所生。

元年春，王正月，公即位。

康侯胡氏曰：「即位者，告廟臨羣臣也。國君嗣世，定於初喪，必踰年然後改元即位。」趙氏曰：「凡國君立，必踰年乃即位。不獨以一年不二君，亦以告終稱嗣，閒容其請命以備禮也。文公即位，雖内受於先君，而亦不請命於天子矣。」○浚南趙氏曰：「周改正朔，月數固未嘗改，而大事必用建子之月。魯用寅月即位，是自改天子正朔也。書之以懲專恣。」愚謂：商以十二月建丑爲歲首，故伊尹以十二月奉嗣王祗見厥祖。秦以十月建亥爲歲首，故秦史紀年，始皇巡狩，皆自十月朔。則周諸侯之即位，當在十一月建子之月。今魯在寅月即位，故曰：自改天子正朔也。然於周，無實事可考，未敢質言耳。

二月癸亥，日有食之。《公羊》「亥」下有「朔」字。

義見《隱三年》。

天王使叔服來會葬。

叔服，字也。杜氏曰：「叔，氏；服，字。」未詳是否。《左氏》曰：「内史叔服。」高氏曰：「葬者，臣子之事。會葬者，諸侯相送終之辭也。天王唯有弔贈含襚之禮，今使叔服來會葬，是自同於諸侯也。則天王之微弱可知矣。」○胡氏曰：「案諸侯五月而葬。僖公卒在前年十二月，至此方三月，而使叔服來會葬。」獻可杜氏曰：「諸侯奉上之節蔑聞焉，而天王使大夫會僖公之葬。」

夏四月丁巳，葬我君僖公。

義見《隱三年》「葬宋穆公」。

天王使毛伯來錫公命。

杜氏曰：「毛國，伯爵，諸侯爲王卿士者。」孫氏曰：「毛，采地。」《左氏》曰：「毛伯，衛也。」莘老孫氏曰：「天王有賜於下，書曰『錫』。命已薨之公，則曰『錫某公命』。當國之君，但曰『錫公命』。」劉氏曰：「錫命者，命爲諸侯也。」高氏曰：「凡諸侯之立世子，必請命於天子。及諸侯之薨也，必告於天子。天子命立其世子爲諸侯，世子喪畢，乃朝於京師，以士服見天子於廟，而受命焉。未受命，不敢服其服。已見天子，錫之韍、冕、圭、璧，然後服之。歸，設奠於祖廟，然後臨其臣民焉。蓋諸侯不命於天子，則不成爲君。故世子雖有世繼之義，必待天子爵命，乃得爲君也。今文公未畢喪，而天王先使人即命之，非禮甚矣。」愚謂：文公在衰絰中，安然受之而不辭，毛伯不諫而從君之令，皆非也。義又見《莊元年》「王錫桓公命」。○康侯胡氏曰：「諸侯終喪，入見則有錫，歲時來朝則有錫，能敵王所愾則有錫。韍、冕、圭、璧，因其終喪入見錫之者也。禮所謂『以士服見天子，已見，錫之黻、冕、圭、璧，然後歸』是已。車馬衮黼，因其歲來朝而錫之者也。《詩》所謂『君子來朝，何錫予之？雖無予之，路車乘馬。又何予之？玄衮及黼』是已。彤弓兹矢，因其敵愾獻功而錫之者也。《詩》所謂『彤弓弨兮，受言藏之。我有嘉賓，中心貺之。鍾鼓既設，一朝享之』是已。今文公繼世，喪制未畢，非初見繼朝而獻功也，何爲來錫命乎？」黄氏曰：「事勢陵夷，上之每每屈己以就下如此。」

晉侯伐衛。

義見《隱二年》「鄭伐衛」。此則居喪伐人，尤非也。

叔孫得臣如京師。

得臣，叔牙之孫莊叔也。《左氏》曰：「叔孫得臣如周拜。」高氏曰：「公初即位，在衰絰中，未嘗朝王，而王遽使卿來錫公命。公於是使陪臣如周拜焉。天王之使毛伯來錫，文公之使叔孫得臣往拜，皆非禮也。所謂君不君、臣不臣。」○存耕趙氏曰：「文公踰年即位，儼然喪服之中，天王錫命，安然受之，已非禮矣。使既受命，亟拜王庭，君子猶爲不可。今使大夫往拜，是夷周於敵己矣。若曰未終喪，雖使大夫往，可也。獨不曰未終喪，不敢當君命邪！」

衛人伐晉。

晉襄居喪伐國，固有辠矣，然猶爲承其父之業也。衛人不連諸侯，固中國之勢，而以報復爲事，尤有辠矣。義又見《隱二年》「鄭伐衛」。○東萊吕氏曰：「嘗聞以小事大者，未聞以小而謀大者也。以小而謀大，滅亡之道也。」

秋，公孫敖會晉侯于戚。

杜氏曰：「戚，衛邑，在頓丘衛縣西。」未詳信否。存耕趙氏曰：「文公即位元年，容貌采章未接於列國，而權臣擅命代君，則失政之始也。他日叛命而逃，幸而客死，此習已成矣。」愚謂：諸侯非王命自爲會，皋也。況魯國有喪，以大夫而會伯主乎？晉襄居喪而下會大夫，亦非禮也。義又見《隱九年》「會于防」。○戴氏曰：「孟氏自敖而專，叔孫氏自得臣、彭生而横，季孫氏自行父而侈。」東萊吕氏曰：「内之禮樂自大夫出，由公孫敖會晉侯始。外之禮樂自大夫出，由陽處父救江始。溴梁之盟，則偏刺天下之大夫矣。」

冬十月丁未，楚世子商臣弑其君頵。憂倫切，又丘倫切。《公羊》、《穀梁》作髡。

《左氏》曰：「初，楚子將以商臣爲大子，訪諸令尹子上。子上曰：『君之齒未也，而又多愛，黜乃亂也。楚國之舉，常在少者。且是人也，蠭目而豺聲，忍人也，不可立也。』弗聽。既又欲立王子職而黜大子商臣。商臣聞之而未察，告其師潘崇曰：『若之何而察之？』潘崇曰：『享江芈而勿敬也。』從之。江芈怒曰：『呼，役夫！宜君王之欲殺女而立職也。』告潘崇曰：『信矣。』潘崇曰：『能事諸乎？』曰：『不能。』『能行乎？』曰：『不能。』『能行大事乎？』曰：『能。』十月，以宫甲圍成王。王請食熊蹯而死，弗聽。丁未，王縊。穆王立，以其爲太子之室與潘崇，使爲大師，且掌環列之尹。」何氏曰：「言世子者，所以明有父之親。言君者，所以明有君之尊。」孫氏曰：「商臣之於君，親盡矣。」義又見《隱四年》衛州吁事。○康侯胡氏曰：「世子而至於弑逆，此天理大變、人情之所深駭者。《春秋》詳書其事，欲後世察所由，示懲戒也。楚頵僭王，馮陵中國，戰勝諸侯，毒被天下。然昧於君臣父子之道，禍發蕭牆而不之覺也。不善之積可掩哉？君不君而臣不臣，父不父而子不子，《春秋》書世子弒其君者，推本其所由而著其首惡，爲萬世之大戒也。」黄氏曰：「唐大子弘授《左氏春秋》，廢書而歎曰：『聖人何書此邪！』率更令郭瑜對曰：『《春秋》以善惡爲勸戒，故商臣千載而惡名不滅。』」

公孫敖如齊。

戴氏曰：「諸侯世相朝，必三年喪畢。今敖如齊，非禮也，專也。文公即位一歲之間，朝會皆出於得臣與敖，何以爲國乎？」義又見《僖七年》「齊來聘」。○高氏曰：「會晉歸而復聘齊，魯人於是兩事齊、晉，且圖婚於齊故也。」

二年春，王二月甲子，晉侯及秦師戰于彭衙，秦師敗績。

書晉侯及之，晉主乎此戰也。杜氏曰：「馮翊郃陽縣西北有彭衙城。」張氏曰：「屬同州白水縣。」《左氏》曰：「秦孟明視帥師伐晉，以報殽之役。二月，晉侯禦之。先且居將中軍，趙衰佐之。王官無地御戎，狐鞫居爲右。甲子，及秦師戰于彭衙。秦師敗績。晉人謂秦『拜賜之師』。秦伯猶用孟明。孟明增修國政，重施於民。趙成子言於諸大夫曰：『秦師又至，將必辟之，懼而增德，不可當也。』」愚謂：秦穆行險邀利以取敗，不自悔責而事報復，又取敗績，其辠著矣。晉襄公忘喪而主乎此戰，雖勝，無足道矣。義又見《隱二年》「戎伐凡伯」。

丁丑，作僖公主。

康侯胡氏曰：「作主者，造木主也。」胡氏曰：「主者，神所憑依也。」《公羊》曰：「作僖公主者，爲僖公作主也。主者曷用？虞主用桑，練主用栗。用栗者，藏主也。作僖公主何以書？譏不時也。」康侯胡氏曰：「慢而不敬甚矣。」吕氏曰：「過時作主，文公孝心不至可知矣。其能爲國乎？」〇《左氏》曰：「緩作主，非禮也。」存耕趙氏曰：「孝子之思親，不見其形，則爲主以寓之。作栗主，埋桑主於兩階之間。僖公之喪，過練期矣，故曰緩。將大事而躋之也。」

三月乙巳，及晉處父盟。

孰及之？魯之微者。與《隱元年》「及宋人盟」之「及」同。處父，晉大夫。《左氏》曰「陽處父也」。邦衡胡氏曰：「處父盟於我之國都。凡盟必地，惟他國大夫來魯盟我，大夫往他國盟。不地，蓋各於其國中，故不地也。」義見《隱元年》「盟于蔑」。

夏六月，公孫敖會宋公、陳侯、鄭伯、晉士縠，盟于垂隴。縠，户木切。隴，力勇切。《公羊》、《穀梁》作斂。

杜氏曰：「垂隴，鄭地。滎陽縣東有隴城。」邦衡胡氏曰：「垂隴之會，譏政在大夫也。晉襄紹伯主盟，使大夫出會諸侯，非禮之正。」愚謂：諸侯非王事不得出會盟諸侯，況以大夫而盟諸侯乎？士縠以襄公之命盟諸侯，則是大夫主盟也，禮樂征伐自大夫出矣。義又見《隱元年》「盟于蔑」。〇愚案：伯者之大夫盟，自僖二十九年翟泉之盟始。至此，則士縠主諸侯矣。

自十有二月不雨，至于秋七月。

義同《僖二年》。

八月丁卯，大事于大廟，躋僖公。

《公羊》曰：「大事者何？大祫也。大祫者何？合祭也。其合祭奈何？毀廟之主，陳於大祖。未毀廟之主，皆升合食於大祖。躋者何？升也。何言乎升僖公？譏逆祀也。其逆祀奈何？先禰而後祖也。」《左氏》曰：「逆祀也。於是夏父弗忌爲宗伯，尊僖公，且明見曰：『吾見新鬼大，故鬼小。先大後小，順也。躋聖賢，明也。明順，禮也。』君子以爲失禮。禮無不順。祀，國之大事也，而逆之，可謂禮乎？子雖齊聖，不先父食久矣。」高氏曰：「僖公雖閔公之兄，然閔實先立，僖嘗北面而事之，君臣之義已定矣。及其傳繼，則父子之義又定矣。臣不可以先君，子不可以先父。今文公欲自尊其父而躋於閔公之上，則紊亂宗廟，顛倒禮經，先親後祖，昭穆失序，謂之逆祀，不亦宜乎？」愚謂：文公居喪未大祥而吉祭於大廟，非禮一也；僖公之主未當入宮，非禮二也；躋僖公於閔公之上，非禮三也。○《穀梁》曰：「先親而後祖也，逆祀也。逆祀，則是無昭穆也。無昭穆，則是無祖也。無祖，則無天也。君子不以親親害尊尊，此《春秋》之義也。」康侯胡氏曰：「閔、僖二公，親則兄弟，分則君臣。以爲逆祀者，兄弟之不先君臣禮也。夫有天下者事七世，諸侯事五世。説禮者曰：世指父子，非兄弟也。然三傳同以閔公爲祖，而臣子一例，是以僖公父視閔公爲禮，而父死子繼，兄亡弟及。名號雖不同，其爲世一矣。」

冬，晉人、宋人、陳人、鄭人伐秦。

程子曰：「秦以憤取敗，晉可以已矣！而復伐秦，報復無已，殘民結怨。」○高氏曰：「三國以伐秦，再舉兵而過京師，尤其惡之大者。」

公子遂如齊納幣。

《公羊》曰：「此何以書？譏喪娶也。娶在三年之外，則何譏乎喪娶？三年之内不圖婚，三年之恩疾矣，非虚加之也，以人心爲皆有之。娶者，大吉也，非常吉也，其爲吉者主乎己。以爲有人心焉者，則宜於此焉變矣。」趙氏曰：「又譏使公子納幣也。」○董子曰：「《春秋》譏文公以喪娶。難者曰：喪不過三年。三年之喪二十五月，文公四十一月乃娶，何以爲喪娶？曰：事莫重乎志，納幣之月在喪内，故曰喪娶也。且文公以秋祫祭，以冬納幣，皆失於太早。三年之喪，肌膚之情也，反在思念娶事，《春秋》之所甚疾也。」高氏曰：「婚禮有六：曰納采，曰問名，曰請吉，曰納徵，曰請期，曰親迎，自有次第。納幣者，即納徵也。公始祥而納幣，則納采、問名皆在三年之内矣。夫三年之内不圖婚，聖人於此譏之，所以闡幽也。先儒謂婚姻不可使公族而不述其所以，蓋公子、公孫於國皆當盡人子之義。惟婚姻之禮，則有家人尊卑之序。俾尊者將命從事，則非順矣。卑者行之，庶或其可也。」葉氏曰：「禮祥而縞，是月禫。徙月樂，孟獻子禫，縣而不樂，比御而不入。夫子曰：『獻子加於人一等矣。』禫而圖婚，猶喪娶也。」康侯胡氏曰：「此皆使人私欲不行，閑邪復禮之意。」

三年春，王正月，叔孫得臣會晉人、宋人、陳人、衛人、鄭人伐沈，沈潰。沈，尸甚切。

貫道王氏曰：「不言帥師，不成師也。」杜氏曰：「沈，國名。汝南平與縣北有沈亭。」張氏曰：「沈，姬姓國。《漢志》汝南治平與故沈子國屬蔡州。」《左氏》曰：「莊叔會諸侯之師伐沈，以其服於楚也。」莘老孫氏曰：「沈者，楚所與之國。不忍楚之暴而侵漁諸夏也，於是伐其所與之國，將以懼之。沈，小國，不勝而潰。陵中國者，楚爾，沈何辠乎？《春秋》之書，以諸侯爲失所伐矣。」高氏曰：「中國不能明大義以討夷狄弑君父之賊，乃興兵以問小國之辠。可傷也已。」常山劉氏曰：「兵加而民潰，君之不能治民，可知矣。」義又見《隱二年》「鄭伐衛」。○高氏曰：「文公三年之間，書公子遂、公孫敖、叔孫得臣累見於盟會，則知魯之政刑盡在諸臣矣。魯卒以是亡。故《春秋》書以爲戒。」邦衡胡氏曰：「春秋侵伐之柄下移於諸侯，自是遂移於大夫矣。」

夏五月，王子虎卒。

《公羊》曰：「王子虎者，天子之大夫也。」高氏曰：「赴於諸侯而書其卒，蓋著其交政於諸侯也。」康侯胡氏曰：「天子内臣無外交，是以私情害公義矣。」○存耕趙氏曰：「尹氏之後，王臣書卒者，王子虎、劉卷也。子虎書卒不書葬，惟劉卷書葬，此所謂『今之大夫交政於中國，焉得而勿哭』者也。」

秦人伐晉。

張氏曰：「秦穆公既歸自殽，而作《秦誓》矣。然彭衙及此役猶以報復爲事，豈非悔過之心不能勝其恥敗之心，而至此乎？」愚謂：秦辠著矣，亦晉人既得志又思報復以致之也。義又見《隱七年》「戎伐凡伯」。

秋，楚人圍江。

江，見《僖二年》。義見《僖三年》「徐取舒」。又爲晉救江、楚滅江起文也。○高氏曰：「江近楚，自齊桓貫澤之盟，已服從於中國。而楚自城濮之役，亦不敢侵伐。今復圍者，蓋晉文既没，襄公不復討楚人弑逆之惡。故楚輕視中國，復有窺諸侯之意，而先圍江以試之也。」

雨螽于宋。雨，于付切。

莘老孫氏曰：「雨，自上而下者也。螽不見其所從來，自上而下，衆多如雨，而在宋之四境，故曰『雨螽于宋』也。」趙氏曰：「如雨血、雨毛、雨土之類。」愚謂：螽生則害五穀，況如雨之多？害物甚矣，災異極矣。義又見《桓五年》。

冬，公如晉。

高氏曰：「公之如晉，蓋朝也，非爲盟也。三年喪畢，乃朝於晉。」義又見《僖十年》「公如齊」。

十有二月己巳，公及晉侯盟。

陸氏曰：「在晉都盟，故不言地。」義見《隱元年》「盟于蔑」。

晉陽處父帥師伐楚以救江。《公羊》、《穀梁》無「以」字。

陽處父，晉大夫。高氏曰：「晉國之師非不衆也，處父帥之以伐楚，豈果能討其弑君父之賊哉？直爲救江而已爾。舍大辠不問，而區區爲小國解紛，其亦不察於先後緩急之義矣。伐不目事，特繫之以救江者。譏其徒取救患之名，非仗大義之師也。」張氏曰：「楚商臣無父無君，乃欲致患於江，是禽獸逼人也。以中國諸侯爲己任者，豈得安居而以伐楚之任付之大夫而已乎？」義又見《莊二十八年》「救鄭」。

四年春，公至自晉。

公私出，踰時不告正朔也。義又見《桓二年》「公至自唐」。○孫氏曰：「自是公朝强國皆『至』者，見其輕去宗廟、遠朝强國也。」

夏，逆婦姜于齊。

稱婦姜，見《僖二十五年》。程子曰：「納幣在喪，與喪娶同。」未詳是否。〇劉氏曰：「娶婦，正始之道也。始之不正，故夫人不以其位終。國亂子弑，强臣擅命，幾於亡矣。文公非不欲存妻子傳世者也，闇弱惰慢，不能率禮而行，以謂苟若而可，故卒至於禍也。夫婦之際，人倫之守，可不慎哉。故鑒末以原本，因微以知著，又非獨文公之辠也，夫人預有辠矣。當是之時，夫人不能早避喪娶之辱，冒大禮以往，國人皆賤之，遂無所據依，以危其身而亡其子，由本不正故也。禮之於人大矣！是存則存，是亡則亡。文公之不能保其後嗣者，由無以刑其妻也。夫人之不能安其位者，由無以謹於禮也。此正始之道也。」東萊呂氏曰：「凡書『婦姜』者三，而至書『婦姜』者二：《宣元年》『遂以夫人婦姜至自齊』，《成十四年》『僑如以夫人婦姜至自齊』是也。逆書婦姜者一，此年『逆婦姜于齊』是也。」

狄侵齊。

義見《隱七年》「戎伐凡伯」。〇高氏曰：「自箕之役至是侵齊間，晉有秦、楚之難也。以齊之强，而狄再侵之，則狄之强可知。」

秋，楚人滅江。

《左氏》曰：「楚人滅江，秦伯爲之降服、出次、不舉、過數。大夫諫，公曰：『同盟滅，雖不能救，敢不自矜乎？吾自懼也。』」高氏曰：「江終爲楚所滅，則知楚之復强，而處父之帥師無益於救，適所以堅其敵耳。」義又見《僖三年》「徐取舒」。〇愚案：楚頵弑君父，中國不能討，而反敢滅國，則王綱之壞，中國之衰，伯業之墮，夷狄之横，至是甚矣！

晉侯伐秦。

報三年夏之役也。二國不自訟而事報復，今晉又伐秦。比事直書，惡自見矣。○案：楚人滅江，不恤而躬伐秦。❶伐楚，則遣大夫。晉侯之報復，情不可掩矣。

衛侯使甯俞來聘。

義見《隱七年》「齊來聘」。

冬十有一月壬寅，夫人風氏薨。

康侯胡氏曰：「風氏，僖公之母，莊公妾也。」與《左氏》合。木訥趙氏曰：「風氏，僖公之妾。」以秦人來歸僖公成風之禭爲證，謂成風繫之僖公，猶以仲子繫之惠公。前説近是。程子曰：「仲子始僭，尚未敢同嫡也。自成風已後，妾母稱夫人，嫡妾亂矣。」啖氏曰：「自成風僭用夫人之禮，故亦書『薨』，著其非禮也。」愚謂：又爲葬成風、王歸、含賵起文也。○康侯胡氏曰：「語曰：邦君之妻，邦人稱之曰『君夫人』，稱諸異邦曰『寡小君』，蓋敵體之稱也。若夫妾媵，則非敵矣。其生亦以夫人之名稱號之，其没亦以夫人之禮卒葬之，非所以正其分也。蓋徒欲尊寵其所愛，而不虞卑其身以妾母爲夫人；徒欲崇貴其所生，而不虞賤其父。卑其身則失位，賤其父則無本。夫禮，庶子爲君，爲其母無服，不敢貳尊者也。《春

---

❶「而」，原重文，今據元刻本、四庫本删其一。

秋》於成風，記其卒葬，各以實書者，謹禮之所由變也。」高氏曰：「再娶不得稱夫人，而況妾乎？魯禮之變自此始。聖人實書以示僭亂之由，且見其無君父之惡。後世乃有母以子貴之説，凡妾母皆稱太后，甚至妾死而加以皇后之謚，此皆不知《春秋》之旨者也。」東萊吕氏曰：「宣之母嬴、哀之母姒，薨附稱號，迄無所異，由成風始。」存耕趙氏曰：「成風之爲夫人，自僖公始，非文公之辠。」愚謂：文公雖不忍傷父之志，然以義斷之，可改而不改，則亦不可謂無辠矣。

五年春，王正月，王使榮叔歸含且賵。

不曰天王，闕文也。胡氏曰：「榮叔，天子大夫。」《公羊》曰：「含者，口實也。」賵，見《隱元年》。孫氏曰：「成風僭夫人，襄王不能正，死又使榮叔含之、賵之，非禮可知也。」程子曰：「天王成妾母爲夫人，亂倫甚矣。」〇君舉陳氏曰：「以成風之喪訃京師也。賵，常事不書，惟賵仲子、成風書之。」劉氏曰：「《春秋》，正人倫也。君臣也、父子也、夫婦也，道莫先焉。桓以臣弑君而王命之，成風以妾僭嫡而王成之，於三綱廢矣。」

三月辛亥，葬我小君成風。

小君者，嫡夫人之稱，而妾母稱之又私謚焉。亂禮甚矣。〇康侯胡氏曰：「仲子雖聘，非惠公之嫡也。春秋之初尚以爲疑，故别爲立宫，而羽數特異，雖非禮之正，然不祔於姑，猶有辨焉。至是，成風葬乃有二夫人祔廟，而亂倫易紀，無復辨矣。故禮之失，自成風始也。」高氏曰：「以妾敵父，則卑君父之體。以妾並配，則黷嫡母之尊。禮曰：妾不得體君。又曰：妾之事女君與婦之事舅姑等。禮有君之母非夫人者，又庶子爲父後，爲其母緦。蓋尊者爲一體，不敢服其私親也。然則母以子貴，非禮甚明。」愚謂：庶子爲父後，爲其母緦者，卿大夫士庶之禮耳。若庶子爲君，爲其母無服。

王使召伯來會葬。召，《穀梁》作毛。

不書「天」，亦闕文也。杜氏曰：「召伯，天子之卿。召，采地，伯爵也。」《左氏》曰：「召昭公。」獻可杜氏曰：「賵、含尚不可，況天子之尊，使卿會葬乎？」康侯胡氏曰：「含、賵而會葬，其事益隆，亂人倫，廢王法甚矣。」〇許氏曰：「《喪服》傳曰：『庶子爲父後者爲其母可以緦也，與尊爲一體，不敢私其親也。』《喪服四問》曰：『君之母非夫人也，則羣臣無服，惟近臣及僕驂乘服，唯君所服也。』此禮正也。」李氏曰：「天子之見於經者三十有二，稱天王者二十有五，稱王者六，稱天子者一。三稱並行，故知王者之通稱，而史辭之異爾。」未詳是否。然愚直以爲闕文衍字耳。

夏，公孫敖如晉。

義見《隱七年》「齊來聘」。〇高氏曰：「聘也。王含且賵矣，又來會葬矣，捨天王而謹事晉，辠自見矣。」

秦人入鄀。音若。

鄀，張氏曰：「襄陽宜城縣地有故城。」高氏曰：「秦人入之，後爲楚邑，楚昭王復國之後，去郢都鄀。」《左氏》曰：「初，鄀叛楚即秦，又貳於楚。秦人入鄀。」未詳信否。義見《隱七年》「戎伐凡伯」。

秋，楚人滅六。

杜氏曰：「六，國，廬江六縣。」任氏曰：「《地譜》：壽州安豐縣有六國故城。」張氏曰：「皐陶之後，屬安豐軍。」《左氏》曰：「六人叛楚即東夷。秋，楚成大心、仲歸帥師滅六。臧文仲曰：『皐陶不祀忽諸，德之不建，民之無援，哀哉！』」義見《莊十年》「荆敗蔡師」。○高氏曰：「楚人往年滅江，今年滅六，敢肆其惡逆如此者，以中國不正其弑逆之辠故也。」

冬十月甲申，許男業卒。

義見《隱三年》「宋公卒」。

六年春，葬許僖公。

義見《隱三年》「葬宋穆公」。

夏，季孫行父如陳。

行父，公子友之孫，公孫佚之子也，以王父字爲氏。《左氏》曰：「臧文仲以陳衛之睦也，欲求好於陳。夏，季文子聘于陳，且娶焉。」義見《隱七年》「齊來聘」。

秋，季孫行父如晉。

木訥趙氏曰：「敖嘗如晉，行父如晉，仲氏、季孫争交於晉。三家之張，自文公始。」義見《隱七年》「齊來聘」。

八月乙亥，晉侯驩卒。驩，《公羊》作讙。

義見《隱三年》「宋公卒」。

冬十月，公子遂如晉，葬晉襄公。

高氏曰：「卿供喪事，非禮也。」杜氏曰：「三月而葬，速。」義又見《隱三年》「葬宋穆公」。○莘老孫氏曰：「古者大國不過三卿，而諸侯之葬，一卿輒往，則國家之事無闕乎？故《春秋》之法，葬諸侯，使微者，則無譏；卿行，則譏之，以爲强者脅弱，而弱者畏强也。」

晉殺其大夫陽處父。

義見《莊二十六年》「曹殺大夫」。○案：三傳載處父事，舉無足信。然經書處父帥師會盟，其擅晉之權而不以其道者歟！當晉國擾攘之際，正元臣秉節之時，而首見殺焉。夫專殺大夫，辠也。若處父者，其道足以殺其身者歟！

晉狐射姑出奔狄。射，音亦，一音夜，《穀梁》作夜。

義見《僖二十八年》「元咺奔晉」。○邦衡胡氏曰：「狐射姑之辠，三傳之言未足爲據，是必處父之黨。處父既死，故遂奔耳。然又即狄，則其惡可知也。」

閏月，不告月，猶朝于廟。告，姑沃切。又如字。

高氏曰：「閏月曰告月，常月曰告朔者，閏月雖有晦朔而無時令可察，唯朝廟告月而已。」朴鄉吕氏曰：「告月即告朔也。」趙氏曰：「天子常以今年冬班明年正朔於諸侯，諸侯受之，每月奉月朔甲子以告于廟，所謂稟正朔也。文公以閏非正，不行告朔之禮，而以其朔日至廟拜謁而已，故曰『猶朝于廟』。」《左氏》曰：「閏以正時，時以作事，事以厚生。生民之道於是乎在矣。不告閏朔，棄時政也，何以爲民？」○康侯胡氏曰：「迎日推策，則有其數。轉璣觀衡，則有其象。歸奇於扐，以象閏數也。斗指兩辰之間，象也。象數者，天理也，非人所能爲也。故以定時成歲者，唐典也。以詔王居門終月者，周制也。班告朔於邦國，不以是爲附月之餘，而弗之數也。」莘老孫氏曰：「朝廟之禮，爲告月而設。閏月不告月，而但朝廟。故曰『猶朝于廟』。告月之禮，廢於文公，於是閏不告月，至於十六年而朔之不視凡四。諸公相因，而告朔之禮漸廢。故孔子於其廢禮之始，正其法也。」愚謂：朝廟，禮也。朝廟而不告朔，非禮也。非謂既不告朔，并朝廟可去之也。使文公於閏告月而朝于廟，則得禮矣。此文意與「猶三望」似同而實異。

七年春，公伐邾。三月甲戌，取須句。遂城郚。句，權俱切。《公羊》作朐。郚，音吾。

須句，見《僖二十二年》。蓋春伐邾至此而取其邑。趙氏曰：「不復繫於邾者，省文也。」杜氏曰：「郚，魯邑，卞縣南有郚城。」張氏曰：「屬襲慶府泗水縣。」胡氏曰：「案『僖二十二年冬，公伐邾，取須句』，此又取須句者，蓋須句爲魯所取，其後復入于邾。今又伐取之，其惡可知。」黄氏曰：「郚，魯下邑，因伐邾之師而遂城之以備邾。其陵虐小國，不恤民力，直書自見。」義又見《隱四年》「莒伐杞」及《七年》「城中丘」。○張氏曰：「僖公伐邾取須句，旋敗於升陘，邾復取之。」愚案：升陘不書敗績，未詳信否。

夏四月，宋公王臣卒。王，《穀梁》作壬，蓋傳寫之誤也。

《左氏》曰：「宋成公。」愚謂：此爲宋殺其大夫司馬及來奔諸事起文也。

宋人殺其大夫。

書「宋人」，見《莊二十二年》。《左氏》曰：「宋成公卒。於是公子成爲右師，公孫友爲左師，樂豫爲司馬，鱗矔爲司徒，公子蕩爲司城，華御事爲司寇。昭公將去羣公子，樂豫曰：『不可。公族，公室之枝葉也。若去之，則本根無所庇廕矣。葛藟猶能庇其本根，故君子以爲比，況國君乎？此諺所謂庇焉而縱尋斧焉者也。必不可，君其圖之。親之以德，皆股肱也，誰敢攜貳？若之何去之？』不聽。穆、襄之族率國人以攻公，殺公孫固、公孫鄭於公宫。六卿和公室，樂豫舍司馬，以讓公子卬。昭公即位而葬。」未詳信否。義見《莊二十六年》「曹殺大夫」。○愚案：自此歷敘宋大夫之見殺、出奔、來盟，以著昭公見弒之由。蓋臣者，君之股肱。股肱既亂，則腹心傷，自然之勢也。故《春秋》比事，爲後世有國家者之戒。

戊子，晉人及秦人戰於令狐。令，力呈切。

劉氏曰：「戰而言及之者，主之者也。猶曰晉人爲志乎此戰也云爾。」《公羊》曰：「何以不言師敗績？敵也。」張氏曰：「令狐，晉地，河中府猗氏縣有令狐城。」莘老孫氏曰：「秦、晉自殽之敗，數年之間交兵者無虚歲。秦兵加晉不已者，以殽之戰未復也。主殽之役者，晉襄也。晉襄死，晉之嗣君何負於秦，而秦乘其喪求與之戰邪？」木訥趙氏曰：「秦、晉自殽凡五戰，今晉襄、秦穆皆即世，晉靈、秦康之立，可以一洗舊憾。趙盾乃修先君之怨以爲是戰。」義又見《隱七年》「戎伐凡伯」。

晉先蔑奔秦。《公羊》作「先眛以師奔秦」。張氏曰：「其説無據。當從《左氏》、《穀梁》。」

先蔑，晉大夫。孫氏曰：「不言出者，明自軍中去。」《穀梁》曰：「輟戰而奔秦，以是爲逃軍也。」義又見《僖二十八年》「元咺奔晉」。此則秦晉方交兵，又秦爲晉世仇而奔之，其辠大矣。

狄侵我西鄙。

義見《隱七年》「戎伐凡伯」。○黄氏曰：「間秦、晉之争也。」木訥趙氏曰：「魯有戎患，未嘗有狄患。狄蓋遠於魯。今狄越齊、衛而侵魯，其患深矣。」

秋八月，公會諸侯、晉大夫，盟于扈。

諸侯不序，未詳。或曰因魯史之略也。然義繫於大夫主盟諸侯，而不繫諸侯之列序也。大夫無名氏，亦然。杜氏曰：「扈，鄭地，滎陽卷縣西北有扈亭。」張氏曰：「卷縣即鄭州原武縣也。」愚謂：晉自文、襄世主夏盟，諸侯莫敢擅焉。今晉復盟諸侯，而靈公幼，大夫專之，則是大夫主諸侯盟也。義與二年垂隴之盟同。至此，則其專甚矣。義又見《隱元年》「盟于蔑」。

冬，徐伐莒。

義見《隱七年》「戎伐凡伯」。○高氏曰：「徐，本戎也。厥後自進於中國，數與中國諸侯盟會。僖十五年，楚伐徐，齊桓爲之大合中國諸侯以救之，爲其能去夷即華，不復侵犯中國故也。今輒興兵以伐莒，必以中國無盟主，是以敢爾。」

公孫敖如莒涖盟。涖，《公羊》、《穀梁》作莅。

涖盟，見《僖三年》。《左氏》曰：「徐伐莒，莒人來請盟。穆伯如莒涖盟。」義見《隱三年》「盟于蔑」。○高氏曰：「敖之奔莒本此。」

八年春，王正月。

夏四月。

秋八月戊申，天王崩。

書此爲魯晉雒戎之盟，及敖與得臣如京師，毛伯求金等事起文也。義又見《隱三年》。

冬十月壬午，公子遂會晉趙盾，盟于衡雍。盾，杜本切。雍，於容切。

孔氏曰：「衡雍，鄭地。」張氏曰：「後漢河南卷縣有垣雝城，古衡雍也，與扈相近。」高氏曰：「天王崩，諸侯不奔赴其喪，而趙盾與遂皆國之正卿，乃自相會盟于王畿之内，惡莫大焉。」義又見《隱元年》「盟于蔑」。○張氏曰：「自晉翟泉之盟付之諸大夫，文公復以國事付之公子遂，而不知一國之禮樂征伐皆自公子遂出。此敬嬴所以得窺伺間隙，私事之以肸胎殺適立庶之禍也。」愚謂：趙盾弑靈公，其不以此也哉！故《春秋》屢書盾、遂之事，其爲履霜之戒深矣！

乙酉，公子遂會雒戎，盟于暴。雒，音洛。《公羊》「會」下有「伊」字。

雒戎，戎居雒水間者。高氏曰：「暴亦王畿之采邑。雒戎雜處於王畿之内，而中國至與之盟，則其干中國甚矣。」貫道王氏曰：「大夫專盟，而夷狄居其間，亂之極也。」○康侯胡氏曰：「聖人謹華夷之辨，所以明族類，別内外也。雒邑天地之中，而戎醜居之，亂華甚矣。」許氏曰：「《春秋》所謹如此，而晉、唐得戎與之雜居。晉既大亂，不救唐，亦幾危而悔。此爲國謀者不學《春秋》之過也。」

公孫敖如京師，不至而復。丙戌，奔莒。《公羊》無「而」字。

《左氏》曰：「穆伯娶于莒，曰戴己，生文伯。其娣聲己，生惠叔。戴己卒，又聘于莒。莒人以聲己辭，則爲襄仲聘焉。穆伯如莒涖盟，且爲仲逆。及鄢陵，登城見之，美，自爲娶之。仲請攻之，公止之。惠伯成之，使仲舍之，公孫敖反之，復爲兄弟如初，從之。穆伯如周弔喪，不至，以幣奔莒，從己氏焉。」未詳信否。葉氏曰：「言日者，别其復而後奔也。」孫氏曰：「敖如京師弔喪也，不至而復，中道反也。丙戌奔莒，文公不能誅，敖得以自恣也。公子遂如齊，以疾而還，義猶不可，況敖如京師弔喪，中道而反乎？此敖之辠固不容誅矣。而反使之自恣而奔，文公之不能君可以見矣！」宋氏曰：「天子崩，諸侯奔喪會葬，臣子之通義也。今公不奔喪而卿行，是諸侯不有天子也。敖如京師不至而復奔，是大夫不有諸侯也。」貫道王氏曰：「諸侯不臣，故大夫亦不君其君也。」

螽。

義見《桓五年》。

宋人殺其大夫司馬，宋司城來奔。

稱宋人，見《莊二十二年》。不名，闕之也。張氏曰：「司城，司空也。宋以武公名司空，諱之曰司城。」程子曰：「宋，王者後，得自命官，故獨宋卿書官。」《左氏》曰：「宋襄夫人，襄王之姊也，襄公不禮焉。夫人因戴氏之族，以殺襄公之孫孔叔、公孫鍾離及大司馬公子卬。司城蕩意諸來奔。」未詳信否。黎氏曰：「司馬，典兵之官，而殺之。司城，扞禦之任，而來奔。則主勢孤矣。宜昭公卒死於弑。」義又見《莊二十六年》「曹殺大夫」及《僖二十八年》「元咺奔晉」。

九年春，毛伯來求金。

《公羊》曰：「毛伯者，天子之大夫也。何以不稱使？當喪未君也。」《左氏》曰：「毛伯衛來求金，非禮也。」張氏曰：「天王崩，百官總己以聽於冢宰之時，所以謹君臣之分而明其責之所歸也。王喪未葬，喪紀所當令於諸侯者有常禮。非其道，則爲政者不當使，出使者不當承喪事。求金徵索，非禮。」莘老孫氏曰：「天王崩，喪事不具而求金於魯。魯爲人臣，而使君父有求於己焉，魯之辠可知矣。」義又見《隱三年》「求賻」。

夫人姜氏如齊。

夫人，出姜也。趙氏曰：「無父母而歸寧，譏之也。」愚謂：婦人，從夫者也。文公當爲天子服斬衰三年，而夫人當喪，出入自如，非禮也。○木訥趙氏曰：「文公並妃匹嫡，嬖於敬嬴，生倭，嬴寵而倭將貴。夫人如齊謀於父母，其歸寧蓋有故存焉。聖人書之，爲十八年歸齊張本。」未詳是否。

二月，叔孫得臣如京師。辛丑，葬襄王。

莘老孫氏曰：「天王之葬，君不自往，而使臣焉，則是無君父之恩，而廢臣子之禮。」○高氏曰：「天子所以七月而葬者，欲使諸侯畢來會也。」劉氏曰：「諸侯爲天子喪三年。禮無卿共葬之文，使卿共葬，周末之陵替也。」葉氏曰：「此何以書？不正。其無故以大夫會葬也。《春秋》固有禮所不見而可以情度之者。葬天子，親者也。有不能親焉，故也。『天王崩』見經者九，其四不書『葬』。書『葬』而見大夫者，惟此與叔鞅而已。考之襄王前年八月崩，冬十月公孫敖如京師，不至，以幣奔莒。此弔也。明年書『毛伯來求金』，則貨貝賵賻蓋遂闕而不供，此文公之怠也。其於葬慢而不親往，非故也。大夫將事，禮之所得通。親往，或有故不往而合禮，所以四不書。則無故不親往而違禮，此所以二書歟？」愚案：四不書

「葬」，不特有故不往而合禮也。別見《隱三年》。

晉人殺其大夫先都。

稱晉人，見《莊二十二年》。義見《莊二十六年》「曹殺大夫」。

三月，夫人姜氏至自齊。

此見夫人非禮而動，至三月之久而無名以告廟也。意與書「公至」同。○朴鄉吕氏曰：「録紀叔姬之歸者，爲歸于酅起也。録姜氏之至者，爲歸于齊起也。是聖人之微意也。然則出姜之不安於魯也久矣，聖人詳録其往來，豈特爲其告至不告至哉？」未詳是否。

晉人殺其大夫士縠及箕鄭父。

稱晉人，見《莊二十二年》。義見《莊二十六年》「曹殺大夫」。

楚人伐鄭。公子遂會晉人、宋人、衛人、許人救鄭。

《左氏》曰：「范山言於楚子曰：『晉君少，不在諸侯，北方可圖也。』楚子師于狼淵以伐鄭。」未詳信否。愚謂：夷狄猾夏，五國救之，善矣。然天子、方伯不能治夷狄，而諸侯救之，已爲禮樂征伐自諸侯出。況五國大夫救鄭，則禮樂征伐自大夫出矣。《春秋》書之，見權柄下移之甚也。義又見《莊二十八年》「救鄭」。○高氏曰：「楚不伐鄭久矣。今晉文、襄既没，而靈公年少，中國無盟主。楚雖負弑逆之辠，而中國莫敢誰何，益無所顧忌。至是遂伐鄭，欲與中國争盟也。然舉五國之兵，不能討楚國弑君父之賊，乃奔走以救鄭，亦見中夏之衰矣。」

夏，狄侵齊。

義見《隱七年》「戎伐凡伯」。

秋八月，曹伯襄卒。

義見《隱三年》「宋公卒」。

九月癸酉，地震。

《穀梁》曰：「震，動。」孔晁曰：「陽氣伏於陰下，見迫於陰，故不能升，以至地動。」杜氏曰：「地道安静，以動爲異也。」○任氏曰：「前此踰百年，未有書地震也。而自此至哀公，書地震者五。地道以静爲體，以順爲正，安以承天者也。逆其常理而不得其節焉，則震而不安其所承矣。於此足以見諸侯變而不承天子，大夫變而不承諸侯，夷狄變而不承中國之象也。」

冬，楚子使椒來聘。椒，《穀梁》作萩。

椒不氏，義與《隱元年》無駭同。《公羊》曰：「椒，楚大夫。」杜氏曰：「令尹子文從子。」義見《莊二十三年》「荆人來聘」。○張氏曰：「伐鄭而聘魯，亦遠交近攻之意。」黄氏曰：「諸家皆謂書椒，以其禮交中國而進之也。木訥獨曰楚執宋公以伐宋。《春秋》亦書『楚子』，豈進其虐中國邪？宜申謀爲不道而見殺。《春秋》亦書『宜申』，豈進其謀逆邪？書楚子，書椒，從其國之稱，書其實而已。」愚謂：楚始書荆，後書荆人，後書臣名，又書楚子使之者，以時世愈降，夷狄漸同中國，魯史膠於見聞，比加詳焉。聖人雖不進之，然因而不革，亦可見中國日衰、夷狄日盛之一端也。

秦人來歸僖公成風之襚。

僖公成風，僖公之成風也。見《四年》「風氏薨」。杜氏曰：「衣服曰襚。」莘老孫氏曰：「成風僭稱夫人，而《春秋》書葬書薨，天王賵且含之，又會其葬，蓋皆用夫人之禮矣。於是秦人歸襚。《春秋》正其法，曰『僖公成風』，猶曰成風之所以爲夫人者，以其子僖公也。故仲子繫之惠公，失禮者惠公也。成風繫之僖公，失禮者僖公也。成風之死至是六年，而秦人始歸其襚，蓋亦不及事矣。襚所以送死者，而成風已葬，襚將焉用乎？」高氏曰：「魯不能以非禮却之，過也。」〇張氏曰：「當是時，秦、楚交病中國，秦欲伐晉而歸襚於魯，猶楚欲圖北方而使椒來聘也。豈古者明王慎德足以賓之之比哉？」

葬曹共公。共，音恭。

義見《隱三年》「葬宋穆公」。

十年春，王三月辛卯，臧孫辰卒。

辰，哀伯之子臧文仲也。大意見《隱元年》「益師卒」。

夏，秦伐晉。

此則秦之辠也。義又見《隱七年》「戎伐凡伯」。

楚殺其大夫宜申。

宜申，子西也。《左氏》曰：「初，楚范巫矞似謂成王與子玉、子西曰：『三君皆將强死。』城濮之役，王思之，故使止子玉曰：『毋死。』不及。止子西，縊而縣絶。王使適至，遂止之，使爲商公。沿漢泝江，將入郢。王在渚宫，下見之，懼而辭曰：『臣免於死，又有讒言謂臣將逃。臣歸死於司敗也。』王使爲工尹，又與子家謀弑穆王。穆王聞之，殺鬭宜申及仲歸。」未詳信否。義見《莊二十六年》「曹殺大夫」。

自正月不雨，至於秋七月。

義見《莊三十一年》。

及蘇子盟于女栗。

杜氏曰：「蘇子，周卿士。女栗，地名，闕。」孫氏曰：「内不出主，名微者。文公使微者盟天子之卿，其惡可知。」○劉氏曰：「古者内諸侯不外交，外諸侯不内交，有至尊在，不貳之也。案《春秋》書及盟而不出主名者四：《隱元年》『及宋人盟于宿』，《莊二十二年》『及齊高傒盟于防』，《文二年》『及晉處父盟』與此『及蘇子盟』是也。」

冬，狄侵宋。

義見《隱七年》「戎伐凡伯」。

楚子、蔡侯次于厥貉。曷各切。《公羊》作屈貉。

杜氏曰：「厥貉，地名，闕。」朴鄉吕氏曰：「凡書『次』，必有兵。楚子、蔡侯之次，蓋亦兵次也。然不書『伐』，不書『師』，則其兵之未加乎中國也。其書『次』，則有窺中國之志矣。」愚謂：商臣，夷狄弑逆之賊，中國不能治，其無忌憚固宜。蔡爲中國諸侯而同次焉，迫於强令，豈非始謀之不謹乎？然王政不綱，遠國事夷狄之不暇，亦可見矣。

春秋本義卷第十五

文公

十有一年春，楚子伐麇。九倫切。《公羊》作圈。

麇國，陸氏曰「子爵」。義見《僖三年》「徐取舒」。

夏，叔仲彭生會晉郤缺于承筐。

彭生，公子牙之孫。叔仲，惠伯也。杜氏曰：「郤缺，冀缺。承筐，宋地，在陳留襄邑縣西。」張氏曰：「即拱州襄陵縣。」《左氏》曰：「叔仲、惠伯會晉郤缺于承筐，謀諸侯之從於楚者。」未詳信否。貫道王氏曰：「大夫擅相爲會，政在大夫。」義又見《隱九年》「會于防」。○東萊吕氏曰：「自文公後，大夫擅相爲會者多矣，《春秋》詳而志之。」胡氏曰：「禮之失也。諸侯非王事而自相會也，無以正之，不自天子出矣。然後諸侯與大夫會，又無以正之，然後大夫與大夫會，禮樂亦不自諸侯出矣。田氏篡齊，六卿分晉，三家專魯，理固然也，不能辨於早，後雖欲正之，其將能之乎？」

秋，曹伯來朝。

《左氏》曰：「曹文公。」高氏曰：「喪畢來朝也。」存耕趙氏曰：「喪畢來朝，此事天子之禮也。曹爲文昭，於魯宗國，習見王命之廢，而惴惴依大國以爲重也。」義又見《隱十一年》「滕、薛來朝」。

公子遂如宋。

《左氏》曰：「襄仲聘于宋，且言司城蕩意諸而復之，因賀楚師之不害也。」未詳信否。義見《隱七年》「齊來聘」。

狄侵齊。

義見《隱七年》「戎伐凡伯」。

冬十月甲午，叔孫得臣敗狄于鹹。

莘老孫氏曰：「不言帥師，將尊師少也。」杜氏曰：「鹹，魯地。」愚案：僖十三年會于鹹，杜氏以爲衛地，未詳孰是。中國衰微，夷狄猾夏，魯能敗之，此其功也。然叔孫得臣以爲功，是大夫專兵、三家僭魯之漸也。義又見《莊二十年》「齊伐戎」。

十有二年春，王正月，郕伯來奔。郕，《公羊》作盛。

不名者，闕之也。義見《桓十五年》「鄭伯奔蔡」末章。〇孫氏曰：「案莊八年，師及齊，師圍郕，郕降于齊師，自是入齊爲附庸。此而來奔，齊所逼耳。」未詳是否。

杞伯來朝。

義見《隱十一年》「滕、薛來朝」。

二月庚子，子叔姬卒。

趙氏曰：「時君之女，故曰子，以別非先君之女也。」書卒之義未詳。

夏，楚人圍巢。

杜氏曰：「巢，吴、楚間小國，廬江六縣東有居巢城。」張氏曰：「即無爲軍巢縣。」《左氏》曰：「楚令尹大孫伯卒，成嘉爲令尹。羣舒叛楚。夏，子孔執舒子平及宗子，遂圍巢。」未詳信否。義見《僖三年》「徐取舒」。

秋，滕子來朝。

滕稱子，見《桓二年》。《左氏》曰：「滕昭公。」義見《隱十一年》「滕、薛來朝」。

秦伯使術來聘。術，《公羊》作遂。

術不氏，義亦與《隱元年》無駭同。趙氏曰：「外大夫來魯，再命者皆書名，無他義也。」《左氏》曰：「秦伯使西乞術來聘，且言將伐晉。襄仲辭玉，答曰：『寡君願徼福于周公、魯公以事君，不腆先君之敝器，使下臣致諸執事以爲瑞節，要結好命，所以藉寡君之命，結二國之好，是以敢致之。』」義見《九年》「楚子使椒來聘」。○木訥趙氏曰：「九年，秦將伐晉，則來歸成風之禭。今將爲河曲之戰，則有術之聘。」

冬十有二月戊午，晉人、秦人戰于河曲。

趙氏曰：「凡戰不言及，交爲主也。」孫氏曰：「河曲，晉地。」杜氏曰：「在河東蒲坂縣南。」張氏曰：「河中府河東縣南有河曲。」《公羊》曰：「不言師敗績，敵也。」《左氏》曰：「秦爲令狐之役故，秦伯伐晉，取羈馬。晉人禦之。趙盾將中軍，荀林父佐之。郤缺將上軍，臾駢佐之。欒盾將下軍，胥甲佐之。范無恤御戎，以從秦師于河曲。臾駢曰：『秦不能久，請深壘固軍以待之。』從之。秦人欲戰，秦伯謂士會曰：『若何而戰？』對曰：『趙氏新出其屬曰臾駢，必實爲此謀，將以老我師也。趙有側室曰穿，晉君之壻也，有寵而弱，不在軍事，好勇而狂，且惡臾駢之佐上軍也。若使輕者肆焉，其可。』秦伯以璧祈戰於河。十二月戊午，秦軍掩晉上軍，趙穿追之不及。反，怒曰：『裹糧坐甲，固敵是求。敵至不擊，將何俟焉？』軍吏曰：『將有待也。』穿曰：『我不知謀，將獨出。』乃以其屬出。宣子曰：『秦獲穿也，獲一卿矣。秦以勝歸，我何以報？』乃皆出戰，交綏。秦行人夜戒晉師曰：『兩君之士皆未憖也，明日請相見也。』臾駢曰：『使者目動而言肆，懼我也，將遁矣。薄諸河，必敗之。』胥甲、趙穿當軍門呼曰：『死傷未收而棄之，不惠也；不待期而薄人於險，無勇也。』乃止。秦師夜遁。復侵晉，入瑕。」愚案：此傳頗詳，獨稱秦伯及交戰事，與經不合，讀者擇焉可也。孫氏曰：「二國之讎既易世矣，二國之戰可以已也。而秦康、晉靈猶尋舊怨，殘民以逞，是彰父之不德也。」義又見《隱七年》「戎伐凡伯」。

季孫行父帥師城諸及鄆。音運。《公羊》作運。

諸，見《莊二十九年》。書「及」亦同前。鄆，西鄆，魯邑也，即《成四年》「城鄆」之鄆，杜氏謂莒、魯所爭者，非是。辨見《或問》。王氏曰：「城，未有言帥師者，季氏自帥其師，專兵久矣。二邑近費而介於莒，此行父自爲封殖之計也。」獻可杜氏曰：「聖人重民力，凡城築之事皆志之，況出師而城乎？勞民甚矣。」○邦衡胡氏曰：「《春秋》城築二十九，獨三言帥師爾。此年及《襄十五年》『季孫宿、叔孫豹城郛』、《哀三年》『季孫斯、叔孫州仇城啓陽』是也。帥師者，欲因城而遂廣其疆界。書此者，以見非惟勞民以城，又毒衆以争也。」

十有三年春，王正月。

夏五月壬午，陳侯朔卒。

此爲明年陳侯居喪同盟起文也。大意又見《隱七年》「滕侯卒」。

邾子蘧蒢卒。蘧，《穀梁》作籧。蒢，《公羊》、《穀梁》作篨。

此爲明年正月邾人居喪伐魯與叔彭生伐喪起文也。大意又見《隱七年》「滕侯卒」。

自正月不雨，至於秋七月。

義見《莊三十年》。○愚案：文公時兩遭亢旱，其所以修民事奉天時之道可知矣。

大室屋壞。大，音泰。《公羊》作世。

大室，杜氏曰：「大廟之室。」孔氏曰：「《明堂位》曰：『祀周公於大廟。』此周公之廟壞也，不直言大廟壞而云『大室屋壞』者，大廟之制，其簷四阿而下，室當其中，又拔出爲重屋，此是大廟當中之室，其上之屋壞，非大廟全壞也。」《左氏》曰：「大室之屋壞，書不共也。」《公羊》曰：「譏久不修也。」《穀梁》曰：「爲社稷之主，而先君之廟壞，志不敬也。」○康侯胡氏曰：「自正月不雨，則無壞道也。而先君之廟壞，不恭甚矣。」吕氏曰：「君子之於宫廟，有斯須不敢忘者，非以崇孝而厚遠也。孝子之於親，心固如是也。推是心以爲政，雖不中，不遠矣。魯之爲國，至使大室屋壞，其能及物乎？」

冬，公如晉。衛侯會公于沓。徒答切。《公羊》「會」下無「公」字。

杜氏曰：「沓，地，闕。」《左氏》曰：「公如晉朝，且尋盟。衛侯會公于沓，請平于晉。公還，鄭伯會公于棐，亦請平于晉。」未詳信否。獻可杜氏曰：「春秋諸侯不朝天子，擅相朝會。今如晉而衛侯會之，其朝與會皆非典禮也。」愚謂：諸侯非王事自相會且不可，況因其經過而旋爲會，豈禮也哉？此與《莊二十三年》「公及齊侯會于穀」，而蕭叔朝公意同。義又見《僖十年》「公如齊」。

狄侵衛。

貫道王氏曰：「衛出會魯，而狄侵衛，乘間也。」義見《隱七年》「戎伐凡伯」。○高氏曰：「晉不能爲中國攘夷狄，使無侵軼，而惡諸侯之貳。此《春秋》所以矜小國之多虞也。」

十有二月己丑，公及晉侯盟。

義見《隱元年》「盟于蔑」。

公還自晉，鄭伯會公于棐。芳味切，又芳尾切。《公羊》作斐。《公羊》、《穀梁》「還」上無「公」字。

杜氏曰：「棐，鄭地，義同『會公于沓』。」○孫氏曰：「公本朝晉，既朝且盟，又貪二國之會，皆非天子之事也。」

十有四年春，王正月，公至自晉。

高氏曰：「公自去冬初如晉，則因與衛會。既盟晉而還，則又因與鄭會，久於道路而不朝正。書『至』以見之。」義又見《桓二年》「公至自唐」。

邾人伐我南鄙，叔彭生帥師伐邾。

余氏曰：「君喪而伐人，與伐人之喪，其辠一也。」義又見《隱二年》「鄭伐衛」。○貫道王氏曰：「帥師伐郲，彭生因事專兵也。」胡氏曰：「互興甲兵以相伐，其惡可知。」

夏五月乙亥，齊侯潘卒。

齊侯，孝公弟昭公。此爲九月商人弒君起文也。大意又見《隱七年》「滕侯卒」。

六月，公會宋公、陳侯、衛侯、鄭伯、許男、曹伯、晉趙盾。癸酉，同盟于新城。

趙氏曰：「他時但就諸侯行盟禮，故云『某日會某侯盟于某』，此本行會禮，别日又行盟禮，故書日。」杜氏曰：「新城，宋地，在梁國穀熟縣西。」張氏曰：「即南京應天府也。」高氏曰：「新城，鄭地。」未詳是否。《左氏》曰：「同盟于新城，從於楚者服也。」黄氏曰：「從楚者，宋、鄭、許也。自楚薦食中國，諸侯無所依。去年冬，衛、鄭會魯，皇皇然求晉。晉趙盾又方有求諸侯之心，交相求而適相濟，是以同盟。」貫道王氏曰：「齊桓之爲同盟，殷同之義也。趙盾不知其義而效爲之，亦曰同盟。晉襄一没，諸夏無主，夷氛甚惡。鄭、衛請平，亦足見諸夏之依於晉者重也。盾而忠於謀晉，則奉十餘歲之君，以主諸侯，夫豈不可？今諸侯無主而求與盾盟以爲安，以趙盾而尸盟，是大夫得專制諸侯也。」高氏曰：「陳侯居喪出盟，辠又可知也。」義又見《莊十六年》「同盟于幽」。○愚案：《春秋》凡書同盟十有六，未有大夫主之者。而趙盾主盟始於扈中，於衡雍至此，率天下諸侯舉同盟焉，宜其卒至於弒逆也。

秋七月，有星孛入于北斗。

有，與「有蜮」、「有蜚」之「有」同。孫氏曰：「孛，彗之屬也。偏指曰彗，光芒四出曰孛。言入于北斗者，入于魁中也。」劉向曰：「君臣亂於朝，政令虧於外，則上濁三光之精，五星贏縮，變色逆行，甚則爲孛。」高氏曰：「斗有環域，而孛星自外入于其中，此變之大者，天之示人顯矣。《春秋》三書『孛』，皆以謹人君之戒。」○獻可杜氏曰：「天人相交甚於影響，蓋事作於下，則象動於上。是以人君飭正五事，建大中以承天心，則七政上齊而譴異不作矣。」

公至自會。

義見《桓二年》「公至自唐」。又可見諸侯本爲會，而旋爲同盟也。

晉人納捷菑于邾，弗克納。捷，《公羊》作接。

稱晉人，將卑師少也。弗克納，納而不勝之辭也。《左氏》曰：「邾文公元妃齊姜生定公，二妃晉姬生捷菑。文公卒，邾人立定公，捷菑奔晉。」愚謂：廢置諸侯，天子之事。若廢嫡立庶，雖天子亦不可也。趙盾以大夫而廢嫡立庶，辠莫大焉。雖弗克納，其辠一也。高氏曰：「捷菑爲人之子，藉他國之兵歸簒其兄，辠不容誅也。」

九月甲申，公孫敖卒于齊。

《左氏》曰：「穆伯之從己氏也，魯人立文伯。穆伯生二子於莒而求復，文伯以爲請。襄仲使無朝聽命，復而不出。三年而盡室以復適莒。文伯疾而請曰：『穀之子弱，請立難也。』許之。文伯卒，立惠叔。穆伯請重賂以求復，惠叔以爲請，許之。將來，九月卒于齊，告喪請葬，弗許。」孫氏曰：「奔大夫不卒。此卒者，爲明年齊人歸其喪起。」莘老孫氏曰：「將有其末，不得不録其本也。」愚謂：亦以譏世卿也。○

貫道王氏曰：「敖奉魯侯之命以弔天子之喪，不至而復，不忠莫大焉。忘天屬之尊而奔，不義孰甚焉。犯二大不韙，周有常刑，皆僇餘也。魯不能討，且許其歸，欲絶之而不能也。明年，齊歸其喪。許歸者魯，而歸其喪者齊也。魯道衰矣。」高氏曰：「此著典刑之壞也。」

齊公子商人弑其君舍。

舍居喪未踰年，當稱子。今曰「弑其君」者，蓋稱子者緣人子之心也。然一日嗣位，則舉國臣子固皆戴之爲君矣，故曰「弑其君」也。《左氏》曰：「子叔姬妃齊昭公，生舍。叔姬無寵，舍無威。公子商人驟施於國，而多聚士，盡其家，貸於公、有司以繼之。夏五月，昭公卒，舍即位。齊商人弑舍而讓元。元曰：『爾求之久矣。我能事爾，爾不可使多蓄憾。將免我乎，爾爲之。』」義見《隱四年》衞州吁事。

宋子哀來奔。

子哀，字也，命大夫也，與齊仲孫、王人、子突之類同。黎氏曰：「宋公之子，經有子同、子糾。」未詳是否。義見《僖二十八年》「元咺奔晉」。〇韓中甫曰：「司馬死，司城亡，大夫奔，見昭公之不可爲國，而見弑之漸也。」

冬，單伯如齊。齊人執單伯。齊人執子叔姬。

張氏曰：「單伯，大夫之命於天子者。自莊公元年至今已七十餘年，未必一人，或其子若孫歟？」愚謂：凡執人者，史當稱人。子叔姬，文公女。不書及者，先執單伯，後執子叔姬，不可以臣及君夫人，故兩書齊人，無他義也。杜氏曰：「不稱夫人，自魯録之也。」愚謂：魯不討商人弑逆之辠，而區區爲子叔姬之求，故兩被執以自取辱。又見當時弑逆之賊不少知懼，而執其母與諸侯之使，則王法不行而天倫絶矣。

十有五年春，季孫行父如晉。

《左氏》曰：「季文子如晉，爲單伯與子叔姬故也。」未詳信否。義見《隱七年》「齊來聘」。

三月，宋司馬華孫來盟。

《左氏》曰：「宋華耦來盟。」趙氏曰：「不稱使，意與楚屈完、齊高子來盟同。」愚謂：諸侯爲盟已干王法，況司馬掌一國之兵，不能爰整其旅，爲國長城，乃離軍適魯，區區求盟，失其職矣。孔子曰：「王孫賈治軍旅，奚其喪。」司馬之所務可知矣。此亦昭公見弑之漸也。○康侯胡氏曰：「稱華孫者，自督弑殤公，諸侯受賂不討，使秉宋政，及其後世繼掌兵權，《春秋》所禁者。經曰『華孫』，猶季孫、叔孫、仲孫、臧孫之類。不書名者，義不繫於名也。」未詳是否。

夏，曹伯來朝。

義見《隱十一年》「滕、薛來朝」。

齊人歸公孫敖之喪。

《左氏》曰：「齊人或爲孟氏謀，曰：『魯，爾親也。飾棺寘諸堂阜，魯必取之。』從之。卞人以告。惠叔猶毁以爲請，立於朝以待命。許之，取而殯之。齊人送之。書曰：『齊人歸公孫敖之喪。』爲孟氏，且國故也。葬視共仲。」孫氏曰：「敖廢命奔莒，皐當誅絶。齊歸魯受，皆非禮也。」○東萊吕氏曰：「奔大夫卒皆不書，如公子慶父、臧孫紇。內大夫卒於外，皆不至，如仲遂、公孫嬰齊。而公孫敖書『卒』，以齊人歸其喪起也。書『至』，以魯人受其喪故也。禄去公室，三家之子孫盛强，雖廢命奔莒，而其子文伯、惠叔繼立於朝，大夫之汰可知。以其子之汰，請父之喪，欲弗許，得乎？」

六月辛丑朔，日有食之。鼓，用牲于社。

義見《莊二十五年》。○高氏曰：「莊二十五年、三十年皆以日食而鼓，用牲于社。其非禮妄作，義已著矣。今文公亦復如此，皆因陋承誤。」愚謂：創業垂統，使可繼者也。一有非禮，則子孫視爲故事，弗能改矣。《春秋》慎始，正指此類，而非漢儒所謂五始者也。

單伯至自齊。

書「至」，見此事之終也。魯至此又不能討商人弑逆執母之辠，亦既踰年，幸其見釋而歸，則魯之爲國，單伯之爲使，從可知矣。

晉郤缺帥師伐蔡。戊申，入蔡。

《左氏》曰：「新城之盟，蔡人不與。晉郤缺以上軍、下軍伐蔡，曰：『君弱不可以怠。』戊申，入蔡，以城下之盟而還。」義見《隱二年》「莒入向」。○存耕趙氏曰：「蔡從楚，可伐也。入之，則已甚矣！大夫交政專兵，自文公以來，帥師伐書陽處父，帥師入書郤缺，侵書趙穿，有書大夫自爲戰，有書與君戰者。」

秋，齊人侵我西鄙。

商人弑君執母，又伐母家，不容誅矣。亦魯不能討賊，而區區請子叔姬以召之也。義又見《莊十年》「公侵宋」。

季孫行父如晉。

《左氏》曰：「齊人侵我西鄙，故季文子告于晉。」義見《隱七年》「齊來聘」。

冬十有一月，諸侯盟于扈。

諸侯不序，與七年盟于扈同，益見史有詳略，不可以凡例求矣。劉氏曰：「晉爲伯主，齊弑其君，興諸侯而莫能正，晉則固有辠矣，諸侯不亦病乎？」義又見《隱元年》「盟于蔑」。

十有二月，齊人來歸子叔姬。

獻可杜氏曰：「《春秋》書内女來歸者三：郯伯姬、杞伯姬直曰『來歸』，此子叔姬曰『齊人來歸』，蓋譏在齊也。商人弑其子又絶其母，辠不容誅矣，况執之而又來歸乎？」高氏曰：「未有子而黜其母者也。」愚謂：魯於是可討商人弑君、執母、黜母之辠，而又不能焉，則魯之爲國益可知矣。○石氏曰：「子叔姬先書『被執』，次書『來歸』，非郯、杞之比。夫商人弑君自立，又虐其國君之母，天子不能討，諸侯不能伐。季孫行父再如晉，諸侯爲是盟于扈，皆無能爲而退，徒得單伯之至，子叔姬之歸而已。而興兵以侵魯者未已也。於以見晉伯之不競也，於以見諸侯有弑君者而莫之討也，於以見齊之横而魯之弱也。」

齊侯侵我西鄙。遂伐曹，入其郛。

郛，城外大郭也。《左氏》曰：「齊侯侵我西鄙，謂諸侯不能也。遂伐曹，入其郛，討其來朝也。季文子曰：『齊侯其不免乎。己則反天，而又以討人，難以免矣。』」愚謂：商人弑君執母，再伐母家，入人郛郭，辠大惡極，不待言矣。亦魯不討賊有以召之也。義又見《莊十年》「公侵宋」、《隱二年》「鄭伐衛」。○高氏曰：「惡魯及曹，非理甚矣。夫商人弒君而自立，諸侯會于扈而不能討，益無顧忌。侵我伐曹，以肆其暴，豈特齊有辠焉？亦見諸侯之縱亂矣！」

十有六年春，季孫行父會齊侯于陽穀，齊侯弗及盟。

陽穀，見《僖三年》。《公羊》曰：「其言弗及盟何？不見與盟也。」《左氏》曰：「及齊平，公有疾，使季文子會齊侯于陽穀。請盟，齊侯不肯，曰：『請俟君間。』」張氏曰：「文公不能明政刑，舉大義，以致命使執，辱吾女，邊鄙被兵，與國蒙伐，又使大夫自屈以請盟而不見答，可謂困心衡慮而無憤悱改圖之心。書此以見魯之衰，文公之無志也。」

夏五月，公四不視朔。

四不視朔，范氏曰：「自二月不視朔，至於五月也。」高氏曰：「朔者，天子之所頒也。諸侯上稟天子之命，下授萬民之時。故其奉王朔告於廟，則謂之『告朔』。退而視朝以授民，則謂之『視朔』。」《穀梁》曰：「公四不視朔，不臣也。以公爲厭政以甚矣。」

六月戊辰，公子遂及齊侯盟于郪丘。郪，音西。又七西切。《公羊》作犀，《穀梁》作師。《公羊疏》云：「正本作菑。」

杜氏曰：「郪丘，齊地。」《左氏》曰：「公使襄仲納賂于齊，故盟于郪丘。」《穀梁》曰：「復行父之盟也。」愚謂：文公不能討商人之辠，而區區求盟不得而復之，使亂臣賊子肆行於世，而三綱於是大壞。雖周道陵夷，而然亦文公不能爲國以自取之也。孔子曰：「能治其國家，誰敢侮之？」陳恒弒其君，孔子請討之。觀此，可以知《春秋》所書之旨矣。義又見《隱元年》「盟于蔑」。

秋八月辛未，夫人姜氏薨。

《公羊》曰：「文公母也。」愚謂：此爲毁泉臺及葬聲姜起文也。

毁泉臺。

杜氏曰：「毁，壞也。泉臺，臺名。」《左氏》曰：「有蛇自泉宫出，入于國，如先君之數。聲姜薨，毁泉臺。」未詳信否。《公羊》曰：「毁泉臺何以書？譏築之，譏毁之，譏先祖爲之己毁之，不如勿居而已矣。」《穀梁》曰：「喪不貳事。」愚謂：孔子曰：「三年無改於父之道，可謂孝矣。」臺作於先君，初喪母而即毁之，則思親之意蓋藐然矣，況在諒闇之中而出令役民乎？○康侯胡氏曰：「先祖爲之非矣，然臺之存毁，非安危治亂之所繫也。而必毁之，是暴揚其失，有輕先祖之心。此履霜之漸，弒父與君之萌，《春秋》之所謹也，故書。」

楚人、秦人、巴人滅庸。

庸，夷國也。《左氏》曰：「楚大饑，戎伐其西南，至於阜山，師於大林。又伐其東南，至於陽丘，以侵訾枝。庸人帥羣蠻以叛楚，麇人率百濮聚於選。將伐楚。於是申、息之北門不啓，楚人謀徙於阪高。蔿賈曰：『不可。我能往，寇亦能往，不如伐庸。夫麇與百濮，謂我饑不能師，故伐我也。若我出師，必懼而歸。百濮離居，將各走其邑，誰暇謀人？』乃出師。旬有五日，百濮乃罷。自廬以往，振廩同食，次于句澨。使廬戢梨侵庸，及庸方城。庸人逐之，囚子揚窗。三宿而逸，曰：『庸師衆，羣蠻聚焉，不如復大師，且起王卒，合而後進。』師叔曰：『不可。姑又與之遇，以驕之。彼驕我怒，而後可克，先君蚡冒所以服陘隰也。』又與之遇，七遇皆北，唯裨、儵、魚人實逐之。庸人曰：『楚不足與戰矣。』遂不設備。楚子乘馹，會師于臨品，分爲二隊：子越自石溪，子貝自仞，以伐庸。秦人、巴人從楚師，羣蠻從楚子盟。遂滅庸。」義見《僖三年》「徐取舒」。〇張氏曰：「禦變待敵，亦制服之而已。夷人宗社，豈王法之所容乎？」

冬十有一月，宋人弑其君杵臼。杵，《公羊》作處。

孫氏曰：「稱人，微者也，名不登於史策。」劉氏曰：「弑君者曷爲或稱名氏，或不稱名氏？以氏通者稱氏，以名通者稱名，名氏不通者稱人。貴賤之序也。」愚謂：《書》曰：「股肱喜哉，元首起哉。」先書宋人殺其大夫與司馬，又司城與子哀來奔，司馬華孫來盟，則是股肱既剪，然後宋公見弑於宋人。聖人之垂戒遠矣。義又見《隱四年》衛州吁事。

十有七年春，晉人、衛人、陳人、鄭人伐宋。

葉氏曰：「四國稱人，微者也。」愚謂：四國伐宋，得其伐矣。然諸侯不親而使微者行，其後又不見討賊之跡，則非以討賊舉也。此亂臣賊子所以接跡於世，而晉靈亦親被其禍，大義不明故也。〇程子曰：「行天討而成其亂，失天職也。」

夏四月癸亥，葬我小君聲姜。聲，《公羊》作聖，非也。

高氏曰：「九月而葬，緩也。不稱僖姜，而別爲之謚，非禮也。」〇貫道王氏曰：「用見文公怠棄國政，雖親喪，亦不盡心。」

齊侯伐我西鄙。

貫道王氏曰：「商人不母其母，憑陵外家，恃强陵弱，必欲服魯而後已。此所以繼有穀之盟也。」愚謂：亦魯不能討賊有以召之也。義又見《隱二年》「鄭伐衛」。

六月癸未，公及齊侯盟于穀。

穀，見《莊七年》。齊、魯皆諸侯也，文公不能討賊以自取辱，至此而遂與弑逆之賊刑牲歃血以爲盟，其何以臨民哉？義又見《隱元年》「盟于蔑」。○邦衡胡氏曰：「齊侯與遂盟于郪丘，是年伐我，則盟之無信已可知矣。至是又與公盟于穀，齊之叛盟固不容誅，然公之昏庸，不能爲國以禮，而汲汲以請盟，深可恥也。文公立十有八年，大夫盟會十八九，獨此書公盟，亦以見大夫之張也。」

諸侯會于扈。

《左氏》曰：「公不與會，齊難故也。」愚謂：此會諸侯不序，與七年盟于扈同。十五年，諸侯盟于扈，既不能討齊弑君之賊，此諸侯復會于扈，又不能討宋弑君之賊。此三綱大壞，而諸侯不可以爲國也。《春秋》非特責其不朝天子而自盟會之辠，而尤在乎不討賊之事。是晉靈不有桓、文之功，而徒有桓、文之辠矣，卒之不免也宜。義又見《隱九年》「會于防」。

秋，公至自穀。

文公不能自强其國，而甘心事賊，踰時而返。義又見《桓二年》「公至自唐」。○高氏曰：「書『公至自穀』，則不會於扈可知矣。」

冬，公子遂如齊。

《左氏》曰：「襄仲如齊，拜穀之盟。」高氏曰：「公已與齊侯盟，而遂復往者，政在遂故也。且見齊侯以篡弒，而諸侯反畏之如此。」義又見《隱七年》「齊來聘」。○邦衡胡氏曰：「齊連年伐我，而數遣使以聘之。魯之君臣，豈不謂重幣甘言可以已敵國之難乎？嗚呼！不知立國，區區以國與人，雖竭力以事之，彼豈以我爲德乎？」

十有八年春，王二月丁丑，公薨于臺下。

臺下，臺之下也。《穀梁》曰：「臺下非正也。」莘老孫氏曰：「人君之薨必於路寢。非路寢，皆不正也。其曰『臺下』，蓋有甚焉。」○崔氏曰：「臺下者，泉臺之下也。其臺毁矣，而其下屋存焉。」未詳是否。

秦伯罃卒。

秦伯，張氏曰：「康公也。」何氏曰：「穆公也。」案《史記》，張氏近是。高氏曰：「秦雖伯益之後，僻在西夷，自秦仲始大。至平王時，秦襄始有功於周室，列於諸侯，賜爵爲伯。及穆公與於成濮之戰，自後與中國交聘盟會，遂伯西戎。九年，來歸僖公成風之襚，始與魯通好。至是遂書其卒，而弔其喪也。」愚謂：夷狄之喪赴於中國，而中國往弔焉，則夷夏混殽，大經紊矣。蓋其始也，歸成風之襚而不却，使術來聘而受之，其赴中國固宜。《春秋》内中國，外夷狄，而常慎其始。先書襚、聘於前，而終之以此，垂戒遠矣。

夏五月戊戌，齊人弒其君商人。

稱人，見《十六年》。高氏曰：「《春秋》之法，弒君之賊以弒君討之，則以賊書。商人弒君自立至於五年，宜加討賊之辭，而稱『齊人弒其君』者，齊人恬不討賊，皆北面事之，遂令商人專行無道，而自以私怨殺之，故曰『齊人弒其君』也。」《左氏》曰：「齊懿公之爲公子也，與邴歜之父爭田，弗勝。及即位，乃掘而刖之，而使歜僕。納閻職之妻，而使職驂乘。五月，公遊於申池。二人浴於池，歜以扑抶職，職怒。歜曰：『人奪汝妻而不怒，一抶汝庸何傷？』職曰：『與刖其父而弗能病者何如？』乃謀弒懿公，納諸竹中。歸，舍爵而行。齊人立公子元。」愚聞孔子曰：「人之生也直，罔之生也幸而免。」弒君而偷生者，幸而免者也。若商人者，蓋不免者也。商人弒君黜母，惡極辠大，幸免天下之誅，而不免齊人之弒，此天理也。故《春秋》歷書商人之惡，而終之以此，垂戒遠矣。義又見《隱四年》衞州吁事。○或曰：弒逆之賊，而《春秋》書曰「弒其君」，齊之臣子猶可戴商人爲君乎？曰：篡位，天子諸侯與天下之人一日不可待之爲齊侯，齊之臣子一日不可戴之爲齊君。苟齊之臣子北面拜之爲君，而以私怨殺之，是弒君也。《春秋》安得不正齊人弒君之辠哉？豫讓有言曰：「委質爲臣，而求殺之，是二心也。」況以私怨乎？齊人弒君之辠，不可逃矣。此與里克弒君，而書「晉殺其大夫里克」之意同。雖君、大夫異勢，而其不以討賊殺之，則一也。嗚呼！《春秋》正名，此之謂也。

六月癸酉，葬我君文公。

義見葬桓公。

秋，公子遂、叔孫得臣如齊。

《左氏》曰：「文公二妃，敬嬴生宣公。敬嬴嬖而私事襄仲。宣公長而屬諸襄仲，襄仲欲立之，叔仲不可。仲見于齊侯而請之。齊侯新立而欲親魯，許之。」康侯胡氏曰：「禍亂邪謀發於並使之日，而公子遂弑立其君之辠著矣。」義又見《隱七年》「齊來聘」。○葉氏曰：「聘則何以二卿共使？非常聘也，其謀立宣公也。自僖公以來，三桓之子孫漸進。四年，公孫兹見。文元年，叔孫得臣見，而叔孫氏强矣。僖十五年，公孫敖見，而仲孫氏强矣。文公六年，季孫行父見，而季孫氏强矣。終春秋之世，而莫之能去也。僖之十六年，公子友卒，公孫兹卒，三家子孫列於卿者惟公孫敖一人，遂以二十八年得政。雖後於敖者，然視三家爲最親，故敖自十五年救徐之後，不復用事，所往來齊、晉、楚三大國之間。至於入杞、伐邾，皆遂爲之。魯之政，蓋在遂焉。文公立而益專，及元年叔孫得臣見，六年季孫行父見，二氏雖復進，而力未能與遂抗。故其末年執政，遂與叔彭生、得臣、行父四人。彭生既以不從而殺，則得臣、行父不得不畏而聽。此其所以挾得臣與之偕行，將以見此魯執政之意，而非己之私也。齊侯於是許之。宣公立，季孫行父亦如齊。公遂會齊侯于平州，以定其位。則二人蓋皆與聞乎弑者歟？」

冬十月，子卒。

不名，闕文也。《左氏》曰：「名惡。」《公羊》曰：「名赤。」未詳孰是。弑而書卒，義同《莊三十二年》「子般卒」。《左氏》曰：「仲殺惡及視，而立宣公。書曰『子卒』，諱之也。仲以君命召惠伯，其宰公冉務人止之，曰：『入必死。』叔仲曰：『死君命，可也。』公冉務人曰：『若君命可死，非君命何聽？』弗聽，乃入，殺而埋之馬矢之中。公冉務人奉其帑以奔蔡，既而復叔仲氏。」康侯胡氏曰：「何以知其賊乎？上書『大夫並使』，下書『子卒』、『夫人歸』，則知辠之在公子遂矣。」愚謂：嗣君之禍，由於大夫之專。而大夫之專，由於文公之暗。遂雖得政於僖公之末，實張皇於文公之世。故《春秋》歷敘文公之惡，遂與得臣、行父之辠，而終之以此。若文公者，幸免其身，而卒及其嗣。大夫之專，不至於弑君不已。其爲鑒戒顯矣。○張氏曰：「私事公子遂，敬嬴奪嫡之心也。然其敢啓是心者，嬖故也。有夫人、太子而嬖寵妾，則文公所以怠於事伯、急於盟齊、簡於視朔者，有自來矣。人君昏於嬖寵，棄忘國政，故妾媵大臣相謀弑國嗣而不能察，身死之後，冢嗣二人遂見戕弑。所謂『前有讒而不見，後有賊而不知』者，文公之謂矣。」

夫人姜氏歸于齊。

姜氏，杜氏曰：「惡、視之母出姜也。」趙氏曰：「文公夫人。」《左氏》曰：「夫人姜氏歸于齊，大歸也。將行，哭而過市，曰：『天乎！仲爲不道，殺嫡立庶。』市人皆哭。魯人謂之哀姜。」愚謂：文公死，骨肉未寒而子殺妻歸，不得終喪，君闇臣專，禍至於此。《春秋》書之，後世可以鑒矣，而亦以著被弑之實也。○張氏曰：「嫡庶之亂，未有不始於妾上僭、夫人失位而致之者，是以知文公之首惡也。」

季孫行父如齊。

許氏曰：「文子之行，告宣公立也。前乎『子卒』書『如齊』，後乎『子卒』書『如齊』，齊與聞乎故也。所以惡齊也。」沙隨程氏曰：「遂、得臣、行父三人皆與謀，以其前後如齊而知之也。」高氏曰：「見魯國臣子之辠皆不可勝誅也。」義又見《隱七年》「齊來聘」。○吕氏曰：「君死不正，而國之大臣恃大國以自免，施施肆肆，無所忌憚。行父，名大夫也，而猶若是，先王之澤盡矣。」木訥趙氏曰：「三家之强雖自僖公，而僖公之世猶未敢專也。至文公之世，孟氏則公孫敖爲戚之會、垂隴之盟。叔孫氏則得臣會晉，伐沈，敗狄于鹹。季氏則行父如陳、如晉，帥師城邑。至東門氏，則襄仲見於經者凡九，非會則盟，非盟則如，非如則伐，其横尤甚於三家。然極其源，皆由文公怠惰不君也。即位之初，伯主之會，鄰國之好，未嘗親之，率以大夫往。閏月不告月，常月不視朔，怠惰庸昏，不出寢門，何以爲國？宜諸大夫互結私援，外事大國，内懷國人，公室寖弱而權歸於臣也。一身未瞑，二子爲戮，妃妾不能保，終春秋之世權不復收，而魯遂以微。文公不能逭其責也。」

莒弒其君庶其。

不書弒君之賊，未詳。或曰闕文也。義見《隱四年》衞州吁事。

春秋本義卷第十六

宣　公名倭，或作接，文公庶子，子赤庶兄，襄仲殺嫡而立之。

元年春，王正月，公即位。

《穀梁》曰：「繼故而言即位，與聞乎故也。」戴氏曰：「魯之桓、宣皆繼故而立，無所畏懼，偃然行即位之禮。《春秋》即其實而書之。」義同桓公即位。

公子遂如齊迎女。

莘老孫氏曰：「宣公弑子赤而立，又在文公之喪也，乃遽使大夫逆女於齊。書逆，所以見弑君之人得志而在位，則無所不至也。」高氏曰：「公子遂，蓋公族之尊者，尤不可也。」愚謂：魯人殺齊之甥而姜氏歸矣，復以其女即其喪而嫁。弑逆之賊，又使弑逆之賊來逆而不辭，齊侯之惡亦不可掩矣。○康侯胡氏曰：「太子赤，齊出也。仲遂殺子赤及其母弟而立宣公，懼於見討，故結婚於齊爲自安計，越典禮以逆之。如此，其亟而不顧者，必敬嬴、仲遂請齊立接之始謀也。其後，滕文公定爲三年喪，父兄百官皆不欲，曰：『吾宗國魯先君莫之行也。』喪禮寢廢，夫豈一朝一夕之故？自文、宣莫之行矣。此所謂『辠惡自見』者也。」

三月，遂以夫人婦姜至自齊。

《公羊》曰：「遂何以不稱公子？一事而再見者，卒名也。」稱「婦姜」，見《僖二十五年》。高氏曰：「不直書『夫人婦姜至自齊』，而稱『遂以』者，明公子遂不當以夫人歸也。」○石氏曰：「文公之喪未期，而使公子遂逆女，雖不譏喪娶，辠惡自見矣。公子翬，弑隱公者也。公子遂，殺子赤者也。桓公之立，逆女使翬。宣公之立，逆女使遂。斯二人者，在國以爲賊，而桓、宣以爲忠也。」王氏曰：「文十八年書『公子遂、叔孫得臣如齊』，而不書其故。已而『十月子卒』，則遂及得臣如齊之意可見矣。此年書『季孫行父如齊』而不書其故，已而書公『會齊侯于平州』，則行父如齊之意可見矣。前年書『夫人姜氏歸于齊』，以其子故也。既而『季孫如齊』，畏夫人之有所訴也。宣公即位之初，『公子遂如齊逆女』，亦齊之甥也，憂齊之有所黨，故欲急婚於齊也。《公》、《穀》謂譏喪娶。不知喪娶之不足辠，可辠者喪娶之故也。」

夏，季孫行父如齊。

《左氏》曰：「季文子如齊納賂以請會。」高氏曰：「公既婚矣，然後季文子如齊納賂，以請列於會。蓋春秋時，凡國君不以其道立，苟得一預於諸侯之會，則他國不得復討。文子不憚自行者，欲假大國之權以定宣公之位也。文子舉動，乖錯如此。」義又見《隱七年》「齊來聘」。○康侯胡氏曰：「經書『行父如齊』，而不言其故，謂納賂以請會者，傳也。經有不待傳而著者，比事以觀，斯得矣。下書『公會齊侯于平州』，則知行父請之也。又書『齊人取濟西田』，則知其請蓋以賂也。雖微，傳其事著矣。」

晉放其大夫胥甲父于衛。

放，逐也。臣有辠，宥之於遠也。邦衡胡氏曰：「流放之刑，惟天子得行之，議用天子之刑也。」木訥趙氏曰：「天子以四海爲家，大臣有辠而法不至死，則放之于荒裔。舜放驩兜于崇山是也。晉，諸侯耳，越晉境而爲他國，安得荒裔而放之？衞豈晉之荒服乎？」○莘老孫氏曰：「古者諸侯大夫命於天子，大夫有辠則請於天子，天子命殺之，可；放之，可。春秋之時，諸侯未嘗請於天子，專命之，專殺之，專放之。書曰『放其大夫』，辠其命之專、放之無禮也。《論語》曰：『色斯舉矣。』爲大夫而見放焉，則亦非賢者矣。」

公會齊侯于平州。

杜氏曰：「平州，齊地，在泰山牟縣西。」張氏曰：「《後漢志》：琅邪國，陽都故地，有牟臺。註：平州在縣西，後屬沂州沂水縣。」《左氏》曰：「會于平州，以定公位。」康侯胡氏曰：「魯宣篡立踰年，舉國臣子既從之矣。若之何？位猶未定而有待於平州之會也。春秋以來，弒君篡國者已列於諸侯之會，則不復致討。故曹人以此請負芻於晉。夫篡弒之賊，毀滅天理，無所容於天地之間，身無存没，時無古今，其罪不得赦也。已列於會而不復討，是率中國爲戎夷，棄人類爲禽獸，此仲尼所爲懼，《春秋》所以作也。」義又見《隱九年》「會于防」。○張氏曰：「凡亂臣賊子之所以不敢縱其欲者，以其猶有伯主大國能討之也。齊乃魯之鄰，其力足以正魯，而惠公不明於義利邪正之辨，會平州以定賊子之位，則亂賊復何畏而不逞哉？」呂氏曰：「子赤卒，夫人歸。公即位即逆女于齊，又會齊侯于平州，齊人取濟西田，雖欲不疑於人，不可得也。」

公子遂如齊。

《左氏》曰：「東門襄仲如齊拜成。」康侯胡氏曰：「宣公篡立之辠，仲遂主謀，爲首惡。初請於齊，遂及行父，則一再見于經矣。如齊拜成，雖削之可也。又再書于策者，於以著其始終成就弒立之謀，以戒後世。人臣或内交宫禁以固其寵，或外結藩鎮以爲之援，至於殺生廢置，皆出其手，而人主不悟者，其慮深矣。此皆直書於策，而義自見者也。」義又見《隱七年》「齊來聘」。

六月，齊人取濟西田。

濟西田，即僖三十一年所復侵地也。《穀梁》曰：「言取，授之也。」《左氏》曰：「齊人取濟西田，爲立公故，以賂齊也。」《公羊》曰：「曷爲賂齊？爲弒子赤之賂也。」愚謂：魯授之而書齊取者，魯史之本文，史諱國惡而但言齊取，《春秋》因之以見義也。康侯胡氏曰：「夫齊、魯鄰國，盟主之餘業也。子赤弒，出姜歸，而宣公立。不能聲罪致討，務寧魯亂，首與之會，是利其爲惡而助之也。弒君篡國，人道所不容者，而貨賂公行，免於諸侯之討，則中國胥爲戎狄，人類滅爲禽獸。其禍乃自不知以義爲利，而以利之可以爲利而爲之也。孟子爲梁王極言利國者，必至於弒奪而後饜，蓋得此意。」〇貫道王氏曰：「齊惠於出姜，姊妹也。姊妹出於逆臣，外孫並戕於逆賊，反因之以爲利，無人心矣。」許氏曰：「桓公既弒，以許田賂鄭。宣公既弒，以濟田賂齊。夫負不義於天下，所藉以行者，惟利而已。凡非利不取者，則亦何義之云擇？至於弒父與君，將無不合也。是以桓、宣之計，若出一軌。《春秋》志之，以見世平則正與法皆勝，世變則亂與賂俱行。自然之符，可不戒諸。」張氏曰：「使鄭莊、齊惠不貪其利，則桓、宣亦不能以自立矣。故《春秋》誅其貪利而成亂也。」

秋，邾子來朝。

義見《桓二年》「滕子來朝」。

楚子、鄭人侵陳，遂侵宋。

楚子滑夏，其惡著矣。而鄭師助之，辠又甚焉。義又見《莊十年》「荆敗蔡師」。

晉趙盾帥師救陳。

蠻夷滑夏，而中國救之，善也。然盾以大夫而專兵圖伯，則天下禮樂征伐在大夫矣。又以序晉靈見弑之漸。義又見《莊二十八年》「救鄭」。○君舉陳氏曰：「南北之勢，於是始也。後十五年，而宋楚平。後五十年，而晉趙武、楚屈建同盟于宋。諸夏之君，分爲晉、楚之從矣。」

宋公、陳侯、衛侯、曹伯會晉師于棐林，伐鄭。棐，芳尾切。《公羊》作斐。

上言趙盾帥師，而此言晉師者，亦先目後凡，無他義也。杜氏曰：「棐林，鄭地，滎陽宛陵縣東南有林鄉。」葉氏曰：「地棐林，見會而後伐也。」高氏曰：「著諸侯爲盾所致也。夫征伐自天子出，諸侯專猶不可，况大夫乎？自隱、桓以來，諸侯無大小皆專而行之。棐林之會，中國政在趙盾矣。」義又見《隱二年》「鄭伐衛」。○貫道王氏曰：「晉師救陳之後，諸侯會之而後伐鄭爾，怒鄭伯而同外楚。諸侯猶可以義起，惜盾不足以任其責也。靈公立十三年，僅盟扈一役與諸侯接，餘皆以盾。盾既專兵，欲不逼，得乎？」

冬，晉趙穿帥師侵崇。崇，《公羊》作柳。

杜氏曰：「崇，秦之與國。」任氏曰：「案《地譜》，商有崇國，在京兆鄠縣甘亭。」《左氏》曰：「晉欲求成於秦。趙穿曰：『我侵崇，秦急崇，必救之。吾以求成焉。』冬，趙穿侵崇，秦弗與成。」未詳信否。愚謂：書此見大夫專兵侵伐，亦以序晉靈見弒之漸。義又見《莊十年》「公侵宋」。○貫道王氏曰：「侵崇，趙穿得兵權之始也。」

晉人、宋人伐鄭。

康侯胡氏曰：「宋人弒君，王法在所不赦也。而晉人與之合兵伐鄭，是謂以燕伐燕，庸愈乎？」義又見《隱二年》「鄭伐衛」。○愚案：鄭附楚以侵中國，晉、宋伐之有名矣。然趙盾合四國諸侯而不能服鄭之心，爲晉、宋者，盍反己而思乎？宋以弒逆而伐人，晉以大夫而僭伯，宜鄭之不心服也。伐之不服而又伐之，兵不以義，其能振乎？

二年春，王二月壬子，宋華元帥師及鄭公子歸生帥師戰于大棘。宋師敗績，獲宋華元。華，户化切。

孔氏曰：「此華元、歸生及哀二年趙鞅、罕達，客主各言帥師者，皆是將尊師衆，故並具其文。」何氏曰：「大棘，宋地。」杜氏曰：「在陳留襄邑縣南。」張氏曰：「襄邑屬拱州。」《左氏》曰：「鄭公子歸生受命於楚，伐宋。宋華元、樂吕禦之，戰于大棘。宋師敗績，囚華元，獲樂吕及甲車四百六十乘，俘二百五十人，馘百人。」愚案：大棘，宋地。鄭伐宋可知也。非前年冬晉宋伐鄭而鄭禦之也。而稱宋華元及鄭歸生者，華元志乎此戰也。鄭附夷狄致晉之伐，乃不自咎而帥師伐宋，固有辠矣。華元爲逆賊之臣亦不自咎，喻以辭命而妄興大衆，以取敗績，壞國喪民以及其身，皆辠也。大凡弑逆之賊戰而偶勝者，僥倖耳。此其不免者也。後世可以鑒此矣。義又見《僖元年》「獲莒拏」。〇朴鄉呂氏曰：「《春秋》未有書大夫帥師而戰者。書大夫帥師而戰自此始。自是而後，戰皆書大夫。故宋華元、鄭公子歸生、晉荀林父、衛孫良夫、魯季孫行父、臧孫許、叔孫僑如、公孫嬰齊、晉趙鞅、鄭罕達、齊國書，凡皆大夫帥師而戰也。戰不書大夫帥師者，吴而已。大夫之强可知矣。《春秋》書戰三十四，惟晉趙鞅、鄭罕達戰于鐵，及此大棘之戰並稱帥師者，其衆敵也。《春秋》書獲者七，惟齊國書及此宋華元書敗績者，身見獲而師又敗也。大夫生死皆言獲。鄭獲宋華元，生也；吴獲陳夏齧，獲齊國書，死也。蓋存之殺之皆在既獲之後爾。」

秦師伐晉。

秦稱師者，衆也。亦魯史舊文，猶楚始稱楚，其後漸稱子、稱師，蓋漸與諸夏混矣。《左氏》曰：「秦師伐晉以報崇也。」未詳信否。愚謂：此亦報復之師也。義又見《隱七年》「戎伐凡伯」。

夏，晉人、宋人、衛人、陳人侵鄭。

義同元年伐鄭，又見《莊十年》「公侵宋」。〇朴鄉呂氏曰：「新城之盟鄭既從晉，是同於病楚也。未幾，而鄭乃從楚以侵宋，晉爲是率諸侯之師以伐鄭。又未幾，而鄭歸生戰于大棘以敗宋，晉又爲是率諸侯之師以侵鄭。且一鄭也，昔何病楚而今從之？昔何從晉而今叛之哉？蓋自文十七年伐宋一役始，夫諸侯之從晉也，謂晉之有可依也。率諸侯以伐宋，將以討賊也。乃受其賂，立公子鮑而還，是立賊也。

鄭由是謂晉不足與，而從楚以侵宋，蓋有辭於宋也。晉乃庇宋以伐鄭，鄭復使歸生伐宋，晉復黨宋以侵鄭，一動之非義，而與國叛之，敵國侮之。彼得以奉辭，而我疲於奔命，至一至再而未已也。伯主之舉動，詎可輕哉？」

秋九月乙丑，晉趙盾弑其君夷皋。皋，《公羊》作獔。

《左氏》曰：「晉靈公不君，厚斂以彫牆，從臺上彈人而觀其辟丸也。宰夫胹熊蹯不熟，殺之寘諸畚，使婦人載以過朝。趙盾、士季見其手，問其故，而患之。將諫，士季曰：『諫而不入，則莫之繼也。會請先，不入則子繼之。』三進，及溜而後視之，曰：『吾知所過矣，將改之。』稽首而對曰：『人誰無過？過而能改，善莫大焉。君能有終則社稷之固也，豈惟羣臣賴之？』猶不改。宣子驟諫，公患之，使鉏麑賊之。晨往，寢門闢矣。盛服將朝。尚早，坐而假寐。麑退，歎而言曰：『不忘恭敬，民之主也。賊民之主，不忠。棄君之命，不信。有一於此，不如死也。』觸槐而死。九月，晉侯飲趙盾酒，伏甲將攻之。其右提彌明知之，趨登曰：『臣侍君宴，過三爵，非禮也。』遂扶以下。公嗾夫獒焉，明搏而殺之。盾曰：『棄人用犬，雖猛何爲？』鬬且出，提彌明死之。初，宣子田於首山，舍于翳桑，見靈輒餓，問其病。曰：『不食三日矣。』食之，舍其半。問之，曰：『宦三年矣，未知母之存否。今近焉，請以遺之。』使盡之，而爲之簞食與肉，寘諸橐以與之。既而與爲公介，倒戟以禦公徒，而免之。問何故，對曰：『翳桑之餓人也。』問其名居，不告而退，遂自亡也。乙丑，趙穿攻靈公於桃園。宣子未出山而復。太史書曰：『趙盾弑其君。』以示於朝。宣子曰：『不然。』對曰：『子爲正卿，亡不越竟，反不討賊，非子而誰？』宣子曰：『烏呼！

「我之懷矣！自貽伊慼」，其我之謂矣！』宣子使趙穿逆公子黑臀於周而立之。壬申，朝于武宮。」邦衡胡氏曰：「《易》曰：『弑父與君，其所由來者漸矣！』盾自文六年當國，盟會、侵伐皆盾專之，不復有君，其來漸矣。」愚謂：《春秋》歷書趙盾之事而終之以此，鑒戒昭矣。義又見《隱四年》衛州吁事。○貫道王氏曰：「靈公之立，非盾意也。故君臣不相能，而盾之無君之心久矣。盾狡而穿愚，河曲之役，委曲庇之，將用之也，且使爲公壻，則伏姦賊於君側有年矣。靈公不君，與盾爲仇，此盾之所以先事而發也。使穿侵崇，是與之以兵權也。事成機熟，委君於穿而宿留境上，謂非其情，可乎？穿弑君而反，使之迎成公而立之，是庇穿弑而免穿於討也。後人見傳，徒以事成於穿，而盾負弑逆，亦惑矣。」康侯胡氏曰：「趙穿手弑其君，董狐歸獄於盾，其斷盾之獄詞曰：『子爲正卿，亡不越境，反不討賊。』以是書斷，而盾也受其惡而不敢辭。仲尼因其法而不之革，其義云何？曰：亡而越境，謂去國而不還也，然後君臣之義絶。反而討賊，謂之復讎而不釋也，然後臣子之事終。不然，是盾僞出而實與聞乎故也。假令不與聞者，而縱賊不討，是有今將之心，而意欲穿之成乎弑矣！惡莫憯乎意，今以此辠盾，乃閑人子之邪心而謹其漸也。微夫子推見至隱，垂法後世，亂臣賊子皆以詭計獲免，君臣父子不相夷，以至於禽獸也幾希。」

冬十月乙亥，天王崩。

書此爲速葬及魯郊起文也。義又見《隱三年》。

三年春，王正月，郊牛之口傷，改卜牛；牛死，乃不郊。猶三望。

張氏曰：「郊牛者，本養以事天之牛也。」高氏曰：「不言傷之者，牛自傷也。宣公弑君篡位，無天道矣，豈足以對越在天乎！祭天之牛或傷或死，此天示變以警公也。」康侯胡氏曰：「乃不郊，爲牛之口傷。改卜牛，而牛又死也。不然，郊矣。禮爲天王服斬衰，周人告喪于魯，史策已書而未葬也。祀帝于郊，夫豈其時？而或謂不以王事廢天事，禮乎？春秋已來喪紀寖廢，有不奔王喪而遠適他國，有不修弔禮而自相聘問，固將以是爲可舉而不廢也。卒至漢文以日易月，後世不能復，其所由來漸矣。《春秋》備書，其義自見。」魯郊與猶三望，義並見《僖三十一年》。〇趙氏曰：「魯之僭郊，天不從而魯必爲之。卜而不從者四：鼷鼠食牛者三，牛口傷者一。魯不自咎其僭，必將用之，凡郊之不從牲之變故，皆非人力所能爲也。不郊而猶三望，不得僭於天而僭於地，天地豈有異理？天所不享，地安得享之？」

葬匡王。

杜氏曰：「四月而葬，速。」康侯胡氏曰：「四月而葬，王室不君，其禮略也。」

楚子伐陸渾之戎。渾，户門切，又户困切。陸，《公羊》作賁，《公》、《穀》無「之」字。

張氏曰：「陸渾子，本允姓，居瓜州。僖二十二年，秦、晉遷之于伊川。在唐爲河南陸渾縣地，宋河南府伊陽縣北二十里有陸渾縣故城。」康侯胡氏曰：「夷狄相攻，其志何也？爲陸渾在王都之側，故書于策，以謹華夷之辨，禁猾夏之階。」愚謂：陸渾在伊雒，天子不能治，諸侯不能驅，而夷狄得以伐之。中國不振甚矣！義又見《僖三年》「徐取舒」。

夏，楚人侵鄭。

義見《莊十年》「荆敗蔡師」。

秋，赤狄侵齊。

張氏曰：「赤狄，狄之別種。」木訥趙氏曰：「隗姓、潞、甲及留吁皆赤狄也。」❶孔氏曰：「謂之赤狄、白狄者，俗尚赤衣、白衣也。」《地譜》：「洛州，春秋赤狄之地。」義見《隱七年》「戎伐凡伯」。○木訥趙氏曰：「僖、文之世，歲有狄患，至文十一年，叔孫得臣敗狄于鹹，狄患頓息。狄衰而赤狄興焉。今其侵齊，始見於經。」

宋師圍曹。

邦衡胡氏曰：「宋文弑立，己爲亂，而欲治人之亂，《春秋》所甚惡也。」愚謂：逆賊逞志以圍人之國，見王政之壞極矣。義又見《僖十九年》「宋圍曹」。

冬十月丙戌，鄭伯蘭卒。

義見《隱三年》「宋公卒」。

葬鄭穆公。

木訥趙氏曰：「葬不月，闕文也。」愚謂：月日雖闕，然冬卒而冬葬，蓋在三月之內，速也。義又見《隱三年》「葬宋穆公」。

---

❶「隗」，原作「隈」，今據四庫本《春秋經筌》及《左傳》改。

四年春，王正月，公及齊侯平莒及郯。莒人不肯，公伐莒，取向。郯，音談。向，舒亮切。

張氏曰：「郯，己姓國，子爵。秦有郯郡，漢屬東海郡，故城在淮陽軍下邳縣北。」杜氏曰：「莒、郯二國相怨，故公與齊侯共平之。向，莒邑，東海承縣東南有向城。」《左氏》曰：「平國以禮不以亂。以亂平亂，何治之有？」劉氏曰：「平莒及郯，義也。莒人不肯，吾有不義焉。伐莒，强也，取向，利也，非君子之道也。君子之道猶射，射者正己而後發，發而不中，不怨勝己者，反求諸己而已矣。」○張氏曰：「《易》曰：『貞吉悔亡。憧憧往來，朋從爾思。』聖人所以感人心而天下和平者，此心公正，自足以感之也。今以宣公而平二小國，若出於公，不必假齊一言而彼已服。今挾齊爲重，而彼尚不肯，伐莒而齊不與，復取向以自益。《春秋》深以著宣公此心之不公，而終之以爲利也。」

秦伯稻卒。

張氏曰：「秦伯，共公也。」存耕趙氏曰：「自秦康公罃卒書於經，而秦同於中國矣。於是書『共公稻卒』。」義見《文十八年》「秦伯卒」。

夏六月乙酉，鄭公子歸生弑其君夷。

《左氏》曰：「歸生，子家也。」愚案：先書歸生帥師，而終之以此，見大夫專兵國之禍也。鑒戒昭矣。義又見《隱四年》衞州吁事。

赤狄侵齊。

義見《三年》。

秋，公如齊。

義見《僖十年》。但彼猶朝伯主，此則朝其立己者耳。

公至自齊。

義見《桓二年》「公至自唐」。

冬，楚子伐鄭。

《左氏》曰：「鄭未服也。」義見《莊十年》「荆敗蔡師」。○張氏曰：「案楚自去年至十年，侵伐鄭者凡五。至十一年，盟鄭于辰陵，而鄭又徼事晉，於是十二年圍鄭入之，遂敗晉于邲，而後鄭服楚。晉人之不振，有自來矣。」

五年春，公如齊。

義見《四年》。此則去秋與今春兩如齊，甚矣。

夏，公至自齊。

踰時而返也。義又見《桓二年》「公至自唐」。

秋九月，齊高固來逆子叔姬。張氏曰：「《左氏》無『子』字。據高固及子叔姬來，有『子』字。當從《公羊》、《穀梁》。」

子叔姬，趙氏曰：「時君之女也。」《左氏》曰：「逆叔姬，卿自逆也。」高氏曰：「古者三十而娶，五十而爵，爲大夫。故大夫無出境親迎者。高固爲齊正卿，而始與魯爲婚，又越境逆女，非禮可知。」義又見《莊二十七年》「莒慶逆叔姬」。

叔孫得臣卒。

張氏曰："不日，闕文也。"存耕趙氏曰："謹三孫之世卿也。"大意又見《隱元年》"益師卒"。

冬，齊高固及子叔姬來。

啖氏曰："大夫非公事與妻出境，非禮也。時叔姬始嫁，未合歸寧。假令合歸寧，亦不當與高固同來。書之以明高固之辠也。"○康侯胡氏曰："禮，女子有行，遠父母者，歲一歸寧。今見逆踰時，未易歲也，而叔姬亟來，非禮也。大夫適他國，必有君命與公事。否則禮法之所禁，而可犯乎？惠公許其臣越禮恣行而莫遏，高固委其君踰境自如而不忌，則人欲已肆矣。凡婚姻常事不書，而書此者，則以爲非常，爲後世戒也。"

楚人伐鄭。

義見《莊十年》"荆敗蔡師"。

六年春，晉趙盾、衛孫免侵陳。

《左氏》曰："晉、衛侵陳，陳即楚故也。"高氏曰："趙盾弒君，孫免爲衛卿反與之比，以兵加人之國，因見當時習於悖亂，不知君臣大義也。"義又見《莊十年》"公侵宋"。○貫道王氏曰："向也楚嘗侵陳，晉一救之，陳遂從於侵鄭。陳非忘晉也。鄭以晉故三年三被楚師，晉無一矢之救，此陳所以畏而平楚也。晉不自反，偕衛以侵陳討貳，晉可知矣。"木訥趙氏曰："晉、楚争陳，自此始。"

夏四月。

秋八月，螽。《公羊》作蝝。

義見《桓五年》。○康侯胡氏曰：「傳謂螽爲穀災，虐取於民之效也。軍旅數起，賦斂既繁，戾氣應之矣。善惡之感萌於心，而災祥之應見於事。宣公不知舍惡遷善，以補前行之愆，而用兵不息，災異數見，年穀不登，國用空乏，卒至於改助法而税民，蓋自此始矣。經於螽螟，一物之變，必書于策，以示天人感應之理不可誣，當慎其所感也。」

冬十月。

七年春，衛侯使孫良夫來盟。

義見《隱元年》「盟于蔑」。○愚案：外大夫來盟者五，而稱使者二：桓十四年鄭伯使其弟語及此孫良夫是也。直書來盟者三：閔二年齊高子、僖四年楚屈完、文十五年宋司馬華孫是也。凡書使，前定也，其君使之來盟也。不書使，未前定也，大夫至其國隨宜以盟者也。大略如此，又當隨事見義，不可執一而論。

夏，公會齊侯伐萊。

杜氏曰：「萊國，東萊黄縣。」張氏曰：「登州黄縣有萊山。」貫道王氏曰：「萊，東夷之國，近於齊。齊欲兼之，而魯宣以兵助其虐。」康侯胡氏曰：「公與齊侯俱不務德，合黨連兵，恃强陵弱，是以爲此舉也。」

秋，公至自伐萊。

踰時也。義見《桓二年》「公至自唐」。

大旱。

義見《僖二十一年》。○張氏曰：「比年螽、旱，觀其所感，可見矣。」

冬，公會晉侯、宋公、衛侯、鄭伯、曹伯于黑壤。

張氏曰：「黑壤，晉地，一名黄父。」義見《隱九年》「會于防」。○邦衡胡氏曰：「自文公以來，中國無盟主，終晉靈之世，未嘗一合諸侯。成立五年，始有黑壤之會，而大夫不與焉，庶幾桓、文之事。」愚謂：此會終不能以服楚，不旋踵而滅舒蓼、伐陳矣。

八年春，公至自會。

冬會春至，則正月告朔之禮廢矣。義又見《桓二年》「公至自唐」。○高氏曰：「古者國有凶荒，則殺禮而不舉。公夏會伐萊而秋至，冬會黑壤而此年春至。其間大旱之不恤，而區區以侵伐期會爲急。」

夏六月，公子遂如齊，至黄乃復。

孔氏曰：「黄，齊境。」《公羊》曰：「其言至黄乃復何？有疾也。何言乎有疾乃復？譏大夫以君命出，聞喪徐行而不反。」《聘禮》曰：「賓入竟而死，遂也。若賓死未將命，則既斂于棺，造于朝，介將命。」孫氏曰：「至黄乃復，廢君命也。」○東萊吕氏曰：「昭公如晉，亦有疾乃復矣。今不云有疾，人臣不當以疾廢君命。昭公可以疾止，仲遂不可以疾止也。」

辛巳，有事于大廟，仲遂卒于垂。壬午，猶繹。萬入去籥。

葉氏曰：「有事者，四時之常祭也。仲遂，公子遂也。」稱仲遂，見《僖十六年》「季友卒」。垂，見《隱八年》。《穀梁》曰：「猶者，可以已之辭。」康侯胡氏曰：「繹者，祭之明日以賓尸也。」杜氏曰：「籥，管也。」吕氏曰：「萬舞，文、武二舞之總名。籥舞，文、武之别名也。文舞又謂之羽舞，蓋文舞吹籥、秉翟羽也。萬入去籥者，文、武二舞俱入於二舞中，去羽舞之吹籥，以其有聲也。去其有聲而用其舞者，以仲遂之卒，知其不可而爲之也。此正祭之日，仲遂卒于垂，則次日已聞之，股肱之痛、賓尸之祭爲可已也。行吉禮於方聞喪之時，雖用舞而僅去其有聲者，是知其不可而猶爲之也。」○劉氏曰：「譏世卿，言自是世仲氏也。」愚謂：《春秋》有大義兼小義者。此章本爲「猶繹」書，而因以見世卿之義，而遂則東門氏之始也。遂之後，公孫歸父、仲孫嬰齊亦執魯政，故志之。又案：仲遂，弒君之賊人，所當討，奉使未畢，中道擅返。宣公明正其罪，不爲之服，可也。既私其立己之恩，一切容之，俾爲上卿矣，則當以上卿之禮處之。聞喪而廢繹，可也。今偃然行吉禮以賓尸，用樂而僅去其管，則宣公既失大義，又失常禮。正張氏所謂由其心之不正，而施之宗廟朝廷者，繆戾如此。《春秋》書之，將使後世識君臣之義，禮樂之情，豈徒攻宣公、仲遂之惡哉？又案：《周禮》：「樂師教國子舞羽吹籥。」然《詩》曰：「左手執籥，右手秉翟。」孔氏曰：「籥雖吹器，舞時與羽並執。」明此時舞者不得吹籥也。吕氏吹籥之説。豈即所執之籥歟？抑别有所謂吹籥者而去之歟？

戊子，夫人嬴氏薨。嬴，《公羊》、《穀梁》作熊。胡氏曰：「非也，當從《左氏》。」

嬴氏，杜氏曰：「宣公母。」高氏曰：「此文公妾也，何以稱夫人？援成風之例，著其僭也。」義見《文四年》「風氏薨」。○葉氏曰：「魯之妾母，仲子也、成風也、敬嬴也、定姒也、定弋也。自仲子始見於隱公之世。《春秋》猶書『惠公仲子之賵』、『考仲子之宫』以見譏。然仲子猶不爲夫人。魯之妾母爲夫人，自成風始。」貫道王氏曰：「敬嬴私事襄仲，故仲弑二君，立其子遂。蓋有公子頑之辠也。賊以仲卒，淫嬖以夫人薨，國無政也。」

晉師、白狄伐秦。

張氏曰：「白狄，即丹州、延州、銀夏之地，秦同壤之國也。」《左氏》曰：「春，白狄及晉平。夏，會晉伐秦。」康侯胡氏曰：「晉主夏盟，糾合諸侯攘夷狄、安諸夏乃其職矣。秦人之怨起自侵崇，其曲在晉，責己可也，既不知自反，釋怨修睦以補前過，已可咎矣。乃復興師動衆，會白狄以伐之，獨不謂非其類乎？」愚謂：摟諸侯以伐諸侯，辠也，況摟夷狄伐夷狄以報私忿乎！

楚人滅舒蓼。音了。《穀梁》作鄝。

張氏曰：「或曰《地譜》上義陽之蓼，不與羣舒近，此即如舒鳩、舒庸，一國也。」木訥趙氏曰：「舒、蓼一國也。舒同宗而異國，舒蓼、舒庸、舒鳩皆舒也，亦猶狄均曰狄而異種。舒，蓋楚之黨，而舒逼近中國。舒滅，中國失其南門矣。」《左氏》曰：「楚爲羣舒畔，故伐舒蓼，滅之。」義見《僖三年》「徐取舒」。○高氏曰：「自徐人取舒，至是楚人滅舒蓼。成十七年又滅舒庸。襄二十五年又滅舒鳩。夷狄自相攻滅，而《春秋》書之者，是時楚人勢横，將爲中國憂。」康侯胡氏曰：「中國民有被髮左衽之患矣。」

秋七月甲子，日有食之，既。

義見《桓三年》。

冬十月己丑，葬我小君敬嬴。雨，不克葬。庚寅，日中而克葬。敬嬴，《公羊》、《穀梁》作頃熊。趙氏曰：「頃，惡謚也。宣公追尊其母，不應加惡謚也。」

《穀梁》曰：「葬既有日，不爲雨止，禮也。雨不克葬，喪不以制也。」孫氏曰：「譏無備也。禮，平旦而葬，日中而虞。此言『庚寅，日中而克葬』，葬之無備可知也。」其稱小君與私謚，又見《文五年》「葬成風」。○康侯胡氏曰：「喪事即遠，有進無退。浴于中霤，飯于牖下，小斂于户内，大斂于阼階，殯于客位，遷于廟，祖于庭，塴于墓。以弔賓，則其退有節。以虞事，則其祭有時。不爲雨止，禮也。潦車載蓑笠，士喪禮也。有國家者，不能爲雨備，不亦薄乎？」

城平陽。

杜氏曰：「泰山有平陽縣。」張氏曰：「襲慶府鄒縣有南平陽城。」許氏曰：「國有大喪，始葬，又動衆城邑，非特不愛民力，以公爲忘親愛矣。」義又見《隱七年》「城中丘」。

楚師伐陳。

《左氏》曰：「陳及晉平，楚師伐陳，取成而還。」義見《莊十年》「荆敗蔡師」。○高氏曰：「陳以晉、衛見侵，復棄楚而從晉，故楚以爲討。所以譏其始謀之失。然晉不能救陳，遂復從楚，晉之辱也。」

九年春，王正月，公如齊。

公既以嫡母之禮處庶母，則在喪服之中矣。而以歲之首月遠朝强齊，非特見公之無哀，亦不知有天王矣。義又見《僖十年》。

公至自齊。

存耕趙氏曰：「朝正於齊，無新歲之戚，尚可以告廟乎？」義又見《桓二年》「公至自唐」。

夏，仲孫蔑如京師。

蔑，穀之子孟獻子也。胡氏曰：「歲首月，公朝齊。夏，使大夫聘京師。」黄氏曰：「比事而觀，則輕重先後倒置可知。」

齊侯伐萊。

義見《七年》「伐萊」。〇許氏曰：「狄比侵齊，而齊不敢報。萊不犯齊，而齊亟伐之。畏衆强而弱微弱如此，於此可以觀惠公之政矣。」

秋，取根牟。

孫氏曰：「内滅國曰取，諱之也。」劉氏曰：「根牟者，附庸之國。」杜氏曰：「東夷國琅邪陽都縣東有牟鄉。」張氏曰：「屬密州安丘縣。」義見《莊十年》「齊滅譚」。〇竊疑此蒙上「齊侯伐萊」之文，則根牟爲萊邑而齊取之也，但無所考耳。

八月，滕子卒。

滕稱子，見《桓二年》。《左氏》曰：「滕昭公卒。」高氏曰：「自《隱七年》書『滕侯卒』，至此始書『滕子卒』者，魯不會其葬，而書卒，爲下『圍滕』起。」大意又見《隱七年》「滕侯卒」。

九月，晉侯、宋公、衛侯、鄭伯、曹伯會于扈。

扈，見《文七年》。義見《隱九年》「會于防」。○邦衡胡氏曰：「鄭自晉靈以來，服屬於楚。至晉成繼立，始叛楚而歸晉。自宣三年至於是，鄭無歲不有楚師。然不敢叛晉者，惟晉成是賴。故黑壤及此扈之會，鄭皆在焉。」黄氏曰：「晉自靈公不能繼文、襄之業，中國無與主盟會，皆出於大夫。至成公方會諸侯于黑壤，又會于扈，中國賴之。」愚案：伯者之功過如此。

晉荀林父帥師伐陳。

邦衡胡氏曰：「文、宣以來，諸侯權移於大夫，雖晉成鋭意文、襄之業，再會諸侯，卒不能收下移之權。今荀林父帥師以見，諸侯皆再會，而大夫專伐爾。」高氏曰：「陳不會，即楚故也。楚伐陳，晉不能救，今乃伐之。晉之不義甚矣。」義又見《隱二年》「鄭伐衞」。

辛酉，晉侯黑臀卒于扈。臀，徒門切。

杜氏曰：「卒於境外，故書地。」高氏曰：「不言卒于會者，諸侯散而晉侯以疾留于扈也。諸侯非王事不出境，成公會于扈而卒，非正也。」大意見《隱七年》「滕侯卒」。○莘老孫氏曰：「《春秋》諸侯卒皆不地，外事則略也。卒于外者八，書地者三，晉侯卒于扈，鄭伯卒于鄵，宋公卒于曲棘。不言于師、于會而以地言者，在其封内也。人君之卒，必於正寢。而諸侯非王命奔走於外，以死國事，無所寄託，而宗社危殆者，必謹志之。晉、鄭、宋之君皆卒于封内，而《春秋》猶臯之者，臯其不卒于正寢也。卒于封内，書地。卒于會，書會。卒于師，書師。以地爲重，則于會、于師又可知也。」愚案：《公》、《穀》、孫氏皆以扈爲晉地，未詳是否。竊謂書地、書會、書師皆因魯史之舊，要之，皆非王事而不卒于正寢耳，恐未可以地與會與師分優劣也。

冬十月癸酉，衛侯鄭卒。

大意見《隱七年》「滕侯卒」。○胡氏曰：「晉成公、衛成公皆不書葬，魯不會也。二國赴喪皆不往會，以私怨廢禮忘親。」高氏曰：「此所謂『無其事，闕其文』者也。」皆未詳是否。

宋人圍滕。

《左氏》曰：「宋人圍滕，因其喪也。」張氏曰：「不哀有喪，用兵圍之，比事以著其不仁也。」義又見《僖十九年》「宋圍曹」。○康侯胡氏曰：「圍非將卑師少所能，何以不稱師？闕疑。」愚謂：程子謂「不知衆寡將帥名氏，亦曰某人」者，正指此類也。益知《春秋》不可以凡例求矣。

楚子伐鄭。

高氏曰：「楚子聞晉侯卒于扈，來討鄭伯之貳。」義見《莊十年》「荊敗蔡師」。○黄氏曰：「楚莊之立，加兵於鄭凡四，而兩書楚子。説凡例者紛然。蓋書楚子者，君爲將也。書楚人者，大夫爲將也。戎夷猾夏何可褒，而以書楚子曲生意義邪？」

晉郤缺帥師救鄭。

義見《莊二十八年》「救鄭」。

陳殺其大夫泄冶。泄，息列切。張氏曰：「《左氏》作洩，今《左傳》本多因唐人諱『世』字，雖偏傍亦然，故改泄爲洩也。」

《左氏》曰：「陳靈公與孔寧、儀行父通於夏姬，皆衷其衵服以戲於朝。洩冶諫曰：❶『公卿宣淫，民無效焉，且聞不令，君其納之。』公曰：『吾能改矣。』公告二子，二子請殺之，公弗禁，遂殺洩冶。」許氏曰：「書殺洩冶，張陳亂之本也。」義又見《莊二十六年》「曹殺大夫」。

❶「洩」，四庫本作「泄」，下同。

春秋本義卷第十七

宣　公

十年春，公如齊。

不書月日，闕文也。貫道王氏曰：「比年朝正，事齊如事君，使移此事周，君子猶爲過六年一朝之制也。曾謂朝正於齊可爲禮乎？」義又見《僖十年》。

公至自齊。

義見《桓二年》「公至自唐」。

齊人歸我濟西田。

歸我，歸魯也，内辭耳。不言來者，既曰「歸我」，而復曰「來」，則其文複矣。故但言「歸我」而不言「來」，皆無他義。濟西田，即元年賂齊者。《左氏》曰：「公如齊，齊侯以我服，故歸濟西之田。」獻可杜氏曰：「天子所封之地，而諸侯取之、歸之，皆專恣也。」〇康侯胡氏曰：「宣公於齊，順其所欲。既以女妻其臣，又以兵會伐萊，又每歲往朝于齊廷，雖諸侯事天子，無是禮也。故惠公悦其順事己，而以所取濟西田歸之也。以柔弱卑屈事人，不以其道而得地，與悦人之柔巽卑屈事己，不以其道而歸其地，皆人欲之私，而非義矣。」

夏四月丙辰，日有食之。

義見《隱三年》。

己巳，齊侯元卒。

書此爲崔氏出奔及公如齊，歸父葬惠公起文也。義又見《隱三年》「宋公卒」。

齊崔氏出奔衛。

《公羊》曰：「崔氏者何？齊大夫也。其稱崔氏何？譏世卿也。」義又見《隱三年》「尹氏卒」及《僖二十八年》「元咺奔晉」。○木訥趙氏曰：「惠公卒而崔氏奔，則崔氏寵於惠而不容於國人矣。」孫氏曰：「言氏者，起其世也。東遷之後，天子諸侯之大夫皆世。書『尹氏卒』，譏天子大夫。書『崔氏奔』，譏諸侯大夫。」

公如齊。

《左氏》曰：「公如齊奔喪。」高氏曰：「齊侯卒而奔其喪，是以事天子之禮事齊也。」

五月，公至自齊。

義見《桓二年》「公至自唐」。

癸巳，陳夏徵舒弑其君平國。

高氏曰：「徵舒者，夏姬之子也。」《左氏》曰：「陳靈公與孔寧、儀行父飲酒於夏氏。公謂行父曰：『徵舒似女。』對曰：『亦似君。』徵舒病之。公出，自其廄射而殺之。二子奔楚。」康侯胡氏曰：「禍莫大於拒諫而殺直臣。泄冶不憚盡言，正謂靈公君臣淫縱，恐其及禍，不忍坐觀。靈公不能納，又從而殺之，卒以見弒而亡其國，此萬世之大戒也。」胡氏曰：「書『夏徵舒弒其君』者，明君雖不君，臣不可以不臣也。」義又見《隱四年》衛州吁事。○張氏曰：「考之《國語》，前年單子如楚過陳，時泄冶未死也。單子歸而告王，以陳侯帥其卿佐南冠以淫於夏氏，陳侯不有大咎，國必亡。已見於三年之前矣，能無及乎？觀《春秋》之所書弒君如陳平國、齊光、蔡固，以千乘之主而自儕於閭巷小人所不爲者，心術之惑，可不戒哉！」

六月，宋師伐滕。

前年伐滕之喪，今又伐之，强陵弱，衆暴寡也，無王甚矣！義又見《桓二年》「鄭伐衛」。○木訥趙氏曰：「滕之小，安能事二國？事魯，則宋伐之。事宋，則魯伐之。宋成才免晉、楚之虐，曷不以己處晉、楚之心爲心乎？」康侯胡氏曰：「稱師，用衆也。鄰有弒逆，不能聲辠致討，乃用大衆以伐當恤之小邦。」

公孫歸父如齊，葬齊惠公。

歸父，襄仲之子，子家歸父也。張氏曰：「《春秋》書此，深著亂臣賊子不復明送終之正禮，故缺於天子而厚於强國，豈非九伐之威不行，專征之討不加，以至此與？」存耕趙氏曰：「三月而葬，速也。」義又見《隱三年》「葬宋穆公」。○邦衡胡氏曰：「先書公如齊，見公不奔天王之喪而奔齊之喪。此書歸父如齊，葬齊惠公，見公不會天王之葬而會齊之葬。無王甚矣。」

晉人、宋人、衛人、曹人伐鄭。

《左氏》曰：「鄭及楚平。諸侯之師伐鄭，取成而還。」存耕趙氏曰：「前此，楚伐鄭，晉救之。使晉能庇鄭，鄭何至與楚平哉？兵不足以制楚，德不足以服鄭，彼此交戰，鄭何辠焉？晉於是不可以伯矣。」義又見《隱二年》「鄭伐衛」。○高氏曰：「陳有弒君之亂，曾不是圖而有事於鄭。」

秋，天王使王季子來聘。

葉氏曰：「王季子，王之季子也。」高氏曰：「天王不推至公選賢與能，而使幼稚之子居大夫之任，以交政於諸侯，是示天下以私也。」貫道王氏曰：「周於魯有君臣之分，魯宣篡立，當討。朝齊者五，聘齊者六，於周則使蔑聘之。周公之制，三不朝則六師移之。既不能行九伐之法，乃汲汲焉有季子之報，是周以列國自處，惟恐有失，名分既夷矣。」

公孫歸父帥師伐邾，取繹。音亦。《公羊》作蘱。

杜氏曰：「繹，邾邑。魯國鄒縣北有繹山。」夾漈鄭氏曰：「繹山多矣，邾文公遷于繹，是邾都也，非此繹也。」黄氏曰：「歸父蓋自廣其邑也。」未詳是否。義見《隱四年》「莒伐杞，取牟婁」。○康侯胡氏曰：「用貴卿主將，舉大衆，出征伐，不施於亂臣賊子，奉天討辠，而陵弱侵小，近在邦域之中，附庸之國，是爲盜也。當此之時，陳有弒君之亂，曾不是圖，有事於邾，不亦傎乎？」

大水。

義見《桓元年》。

季孫行父如齊。冬，公孫歸父如齊。

《左氏》曰：「季文子初聘于齊。冬，子家如齊，伐邾故也。」未詳信否。康侯胡氏曰：「齊侯嗣立，宣公親往奔其父喪，又使貴卿會葬矣，修聘未晚也。而季孫亟行，歸父繼往，則以宣公君臣不知爲國以禮，而謂妄説取人之可以免討也。」義又見《隱七年》「齊來聘」。○黄氏曰：「不特宣公，若行父、歸父之往，亦自結於齊耳。」

齊侯使國佐來聘。

《左氏》曰：「國武子來報聘。」東萊吕氏曰：「頃公未踰年而不稱子。」邦衡胡氏曰：「當凶釁而行吉禮，忘哀思而結昏好。」義又見《隱七年》「齊來聘」。

饑。

葉氏曰：「饑者何？食不足也。一穀不登曰嗛，二穀不登曰饑，三穀不登曰饉，四穀不登曰康，五穀不登曰大饑。古者三年耕必有一年之畜，故凶年可以補敗，是爲教民之道。二穀不登而饑，其爲民者病矣。何以於冬焉？書五穀畢登之時也。」《公羊》曰：「以重書也。」○劉氏曰：「曷爲或言饑？或言大饑？凶年補敗不足曰饑，死傷流亡曰大饑。」張氏曰：「王政以食爲重，故積貯，天下之大命也。前此百有餘年，水旱螟螽之災多矣，不以饑書。今大水之後書饑者，著宣公煩於外事，國用無節，上下用竭。故一遇水旱，遂致乏食耳。荀卿論本末源流，賈誼論蓄積，皆明於爲民，而知《春秋》書饑之意者也。」愚案：《春秋》凡書饑者四，大饑者一。《莊二十八年》「大無麥禾，臧孫辰告糴于齊」，亦一饑也。

楚子伐鄭。

義見《莊十年》「荆敗蔡師」。○木訥趙氏曰：「鄭一身餌楚，五受楚兵。從楚者六，歸晉者五。乍晉乍楚，不幸而處晉、楚之間，不能自立也。」東萊吕氏曰：「自宣四年以後，晉、楚争欲服鄭，鄭遂南北屬。此可見中國夷狄盛衰。鄭用子良之言，兩屬晉、楚。子良曰：『與其來者，可也。』鄭始終謀策只出於此。子産所謂『玉帛以待於二境，惟其强者從之』，與此一般。」

十有一年春，王正月。

夏，楚子、陳侯、鄭伯盟于辰陵。辰，《穀梁》作夷。

楚子序於陳、鄭之上者，陳、鄭屈服，楚子主盟也。杜氏曰：「辰陵，陳地。潁川長平縣東南有辰亭。」張氏曰：「即淮寧府西華縣。」《左氏》曰：「楚子伐鄭，及櫟。子良曰：『晉、楚不務德而争兵，與其來者可也。晉、楚無信，我焉得有信？』乃從楚。夏，楚盟于辰陵，陳、鄭服也。」存耕趙氏曰：「楚洊伐鄭，鄭之從楚，猶可言也。師不至陳，陳亦受盟，先聲震也。楚自是遂伯矣。有辰陵之盟而有邲之戰，有邲之戰而後有蜀之會盟，是變端之大者矣。《春秋》所謹也。」高氏曰：「所以閔中國之衰也。」義又見《莊十年》「荆敗蔡師」。

公孫歸父會齊人伐莒。

高氏曰：「自四年公及齊侯平莒，莒人不肯，公伐莒取向，至是齊、魯同討之。夫辰陵之盟，中國所宜震也，而齊方務窮兵於莒。」黄氏曰：「此又見歸父之横而附齊之固也。」義又見《隱二年》「鄭伐衛」。

秋，晉侯會狄于欑函。欑，才端切。函，音涵。

會者，往會之也。杜氏曰：「欑函，狄地。」《左氏》曰：「晉郤成子求成於衆狄，衆狄疾赤狄之役，遂服於晉。秋，會于欑函，衆狄服也。是行也，諸大夫欲召狄。郤成子曰：『吾聞之，非德莫如勤，非勤何以求人？能勤有繼，其從之也。』」木訥趙氏曰：「楚子盟陳、鄭于辰陵，而晉侯會狄于欑函，内失陳、鄭，而外求狄，得狄何益於中國哉？」義又見《隱二年》「公會戎于潛」。○康侯胡氏曰：「《春秋》正法，不與夷狄會同，分類也。今中國有亂，天王不能討，則方伯之責也。又不能討，則四鄰諸侯宜有請矣。而魯方會齊伐莒，晉方求成于狄，不亦傎乎？直書其事，而義自見也。」

冬十月，楚人殺陳夏徵舒。丁亥，楚子入陳，納公孫寧、儀行父于陳。寧，《公羊》作甯。

先書楚人而後書楚子者，楚子先使兵殺徵舒，而後楚子入陳，紀實事也。書丁亥之日，可見也。《左氏》曰：「楚子爲陳夏氏亂故，伐陳。謂陳人無動，將討於少西氏。遂入陳，殺夏徵舒，轘諸栗門，因縣陳。陳侯在晉。申叔時使於齊，反，復命而退。王使讓之曰：『夏徵舒爲不道，弑其君，寡人以諸侯討而戮之，諸侯、縣公皆慶寡人，女獨不慶寡人，何故？』對曰：『猶可辭乎？』王曰：『可哉！』曰：『夏徵舒弑其君，其辠大矣。討而戮之，君之義也。抑人亦有言曰：「牽牛以蹊人之田，而奪之牛。」牽牛以蹊者，信有辠矣；而奪之牛，罰已重矣。諸侯之從也，曰討有辠也。今縣陳，貪其富也。以討召諸侯，而以貪歸之，無乃不可乎？』王曰：『善哉！吾未之聞也。反之可乎？』對曰：『可哉！吾儕小人所謂取諸其懷而與之也。』乃復封陳，鄉取一人焉以歸，謂之夏州。」愚案：此傳與經少不合，未詳信否。康侯胡氏曰：「公孫寧、儀行父，此二臣者，從君於昏，宣淫於朝，誅殺諫臣，使其君見弒，蓋致亂之臣。肆諸市朝，與衆同棄，然後快於人心。今乃詭詞奔楚，託於討賊復讎，以自脱其辠。楚莊不能察其反覆，又使陳人用之，猶人有飲毒而死者，幸而復生，又强以毒飲之，可乎？」愚謂：陳有弑君之賊，天子諸侯與陳之臣子不能討而蠻夷討之。據跡而觀，人情所許也。然視其所以者，當觀其所由。楚莊之殺徵舒似義，而其心之所由來者非義。經書「楚殺徵舒」於前，書「入陳納寧、儀行父」於後，蓋不待察其微，而其心之所由來者顯矣。說者謂楚得竊義舉以逞志，可謂善誅心矣。夫中國不自正，而蠻夷假之以逞志，君子能不傷乎？〇黄氏曰：「諸家多以討賊譽楚。案：楚子初謂陳人無動，將討於少西氏，已乃入陳，是以盜賊之行紿而取之也。徵舒，弑陳靈者也。公孫寧、儀行父與陳靈昏淫，致陳靈之弑者也。以法則徵舒之辠重，以情則公孫寧、儀行父之辠重。今殺徵舒而納公孫寧、儀行父，討賊如是乎？善乎張氏之言曰：『孔寧、儀行父必因奔楚，誘楚子以利，故楚子殺徵舒而入陳。』愚因張氏之説而推之，則楚子受孔寧、儀行父之奔，故殺徵舒，爲二子報私忿，欲因而利之耳。諸家與楚討賊，過矣。」

十有二年春，葬陳靈公。

黄氏曰：「靈公昏淫見弑，今二十有二月而葬，蓋其同爲淫亂之臣孔寧、儀行父方歸自楚而葬之。前此，國人不葬也。」愚謂：諸侯五月而葬。陳靈淫亂，不得其死，三年始克葬，又得惡謚焉。《春秋》直書其事，爲後世大戒也。義又見《隱三年》「葬宋穆公」。

楚子圍鄭。

義見《莊十年》「荆敗蔡師」。○高氏曰：「陳、鄭之始即夷狄，是乃召夷狄之亂中國也。」

夏六月乙卯，晉荀林父帥師及楚子戰于邲，晉師敗績。邲，扶必切，音弼。

杜氏曰：「邲，鄭地。」《地譜》：「鄭州城下管城縣有邲城，在縣南。」《左氏》曰：「晉師救鄭。」愚謂：晉之救鄭，意則善矣。使晉景上告天子，下帥列國，親伐楚以救鄭，雖敗於楚，未失義也。今書「荀林父帥師及楚子戰」，則是林父主乎此戰也。以大夫專兵主戰，而敗其軍於蠻夷，夷夏之勢自此倒置，則晉景之任林父，林父之專兵輕敵，其辠大矣。彼夷狄之横，何足責哉！義又見《莊十年》「荆敗蔡師」。○張氏曰：「晉不能討陳亂，已失三綱軍政之本。乃欲恃力以争鄭，則知晉之所以敗。」

秋七月。

冬十有二月戊寅，楚子滅蕭。

蕭，見《莊二十三年》。義見《莊十年》「荆敗蔡師」。

晉人、宋人、衛人、曹人同盟于清丘。

同盟，見《莊十六年》。杜氏曰：「清丘，衛地，在濮陽縣東南。」張氏曰：「《地譜》：濮州臨濮縣東南有清丘。」程子曰：「晉爲楚敗，諸侯懼而同盟，既而皆渝。」愚謂：諸侯同盟，已得辠於天子，況大夫同盟，僭孰甚焉！大夫同盟自此始。且盟不旋踵，宋伐陳而衛救之，楚伐宋而三國不恤，則僭禮之盟無益也尚矣！義又見《隱元年》「盟于蔑」。○康侯胡氏曰：「楚既入陳圍鄭，敗晉滅蕭，憑陵中國甚矣！爲諸侯討者，宜信任仁賢，修明政事，自强於爲善，則可以保其國耳。曾不是圖，而刑牲歃血，要質鬼神，蘄以禦楚。謀之不臧，孰大於是！」

宋師伐陳，衛人救陳。

《左氏》曰：「宋爲盟，故伐陳。衛人救之。孔達曰：『先君有約言焉，若大國討我，則死之。』」未詳信否。康侯胡氏曰：「陳有弑君之亂，宋不能討而楚討之。宋人不能内自省德，遽以大衆伐之，非義舉矣。若衛叛盟，則惡自見。」義又見《隱二年》「鄭伐衛」。

十有三年春，齊師伐莒。莒，《公羊》作衛。

《左氏》曰：「莒恃晉而不事齊故也。」未詳信否。義見《隱二年》「鄭伐衛」。

夏，楚子伐宋。

黄氏曰：「陳叛中國而從楚清丘之盟。陳不至而宋伐之，故楚子伐宋，蓋爲陳伐之也。」義見《莊十年》「荆敗蔡師」。○貫道王氏曰：「前此楚侵之，今又伐之，繼又圍之，晉不一動心焉。宋雖爲晉，而晉則莫宋庇也，則終於爲平而已。」愚案：清丘之盟，不足恃也如此。

秋，螽。《公羊》作蝝。

義見《桓五年》。

冬，晉殺其大夫先縠。

義見《莊二十六年》「曹殺大夫」。

十有四年春，衛殺其大夫孔達。

義見《莊二十六年》「曹殺大夫」。

夏五月，曹伯壽卒。

義見《隱三年》「宋公卒」。

晉侯伐鄭。

《左氏》曰：「夏，晉侯伐鄭，爲邲故也。告於諸侯，蒐焉而還。中行桓子之謀也。曰：『示之以整，使謀而來。』」康侯胡氏曰：「比事而觀，知其爲報怨復讎之兵。直書其事，而義自見矣。」義又見《隱二年》「鄭伐衛」。○邦衡胡氏曰：「鄭之從楚，畏楚而叛晉也。晉景不能攘楚，而區區伐鄭，是中國自相殘賊而夷狄愈得志矣。」張氏曰：「屈而知伸，敗而能改，可以興矣。晉所以敗，由大義不明而争與國也。今敗未兩歲，而復興争鄭之師。」

秋九月，楚子圍宋。

《左氏》曰：「楚子使申舟聘於齊，曰：『無假道于宋。』亦使公子馮聘于晉，不假道于鄭。申舟以孟諸之役惡宋，曰：『鄭昭宋聾，晉使不害，我則必死。』王曰：『殺女，我伐之。』見犀而行。及宋，宋人止之。華元曰：『過我而不假道，鄙我也。鄙我，亡也。殺其使者，必伐我。伐我，亦亡也。亡一也。』乃殺之。楚子聞之，投袂而起，屨及於窒皇，劍及於寢門之外，車及於蒲胥之市。秋九月，楚子圍宋。」木訥趙氏曰：「伐宋而宋不屈，繼之以圍，其必宋之服也審矣。楚將横行中夏，許、蔡已從，陳、鄭已服，則次及於宋。宋，中國之門户也。得宋，則齊、魯以之，所以必服宋。歷三時而圍不解，卒得宋平而後已。」義見《莊十年》「荆敗蔡師」。○康侯胡氏曰：「宋人要結盟誓，欲以禦楚，已非持國之道。輕舉大衆以伐陳，見伐之由也。國必自伐，然後人伐之。凡事其作始也簡，其將畢也必巨。《易》於《訟》曰：『君子以作事謀始。』始而不謀，必至於訟。訟而不竟，必至於師，若宋是矣。若蠻夷圍中國，則亦明矣。」

葬曹文公。

義見《隱三年》「葬宋穆公」。

冬，公孫歸父會齊侯于穀。

義見《莊十四年》「單伯會諸侯于鄄」。○夾漈鄭氏曰：「公子遂雖卒，而魯國之政猶在其子。故歸父今年會齊侯，明年會楚子。」

十有五年春，公孫歸父會楚子于宋。

《左氏》曰：「孟獻子言於公曰：『臣聞小國之免於大國也，聘而獻物，於是有庭實旅百。朝而獻功，於是有容貌采章。嘉淑而有加貨，謀其不免也。誅而薦賄，則無及也。今楚在宋，君其圖之。』公説。」康侯胡氏曰：「楚圍宋，陵蔑中華甚矣。諸侯縱不能畏簡書，攘夷狄，存先代之後，嚴兵固圉以爲聲援，猶云可也。乃以周公之裔、千乘之國，謀其不免，不亦鄙乎？比事以觀，則知中國、夷狄盛衰之由。《春秋》經世之略矣。」愚案：此與《僖二十七年》楚及諸侯圍宋，公會盟于宋同。

夏五月，宋人及楚人平。

二國稱人者，各以大夫爲平，而君不相見也。《左氏》曰：「宋人使樂嬰齊告急於晉。晉侯欲救之。伯宗曰：『不可！古人有言曰：「雖鞭之長，不及馬腹。」天方授楚，未可與争。雖晉之强，能違天乎？諺曰：「高下在心，川澤納汙，山藪藏疾，瑾瑜匿瑕。」國君含垢，天之道也。君其待之。』乃止。使解揚如宋，使無降楚，曰：『晉師悉起，將至矣。』鄭人囚而獻諸楚，楚子厚賂之，使反其言，不許，三而許之。登諸樓車，使呼宋人而告之。遂致其君命。楚子將殺之，使與之言，曰：『爾既許不穀而反之，何故？非我無信，女則棄之，速即爾刑。』對曰：『臣聞之，君能制命爲義，臣能承命爲信，信載義而行之爲利。謀不失利，以衛社稷，民之主也。義無二信，信無二命。君之賂臣，不知命也。受命以出，有死無霣，又可賂乎？臣之許君，以成命也。死而成命，臣之禄也。寡君有信臣，下臣獲考，死又何求？』楚子舍之以歸。夏五月，楚師將去宋。申犀稽首於王之馬前，曰：『無畏知死而不敢廢王命，王棄言焉。』王不能答。申叔時僕，曰：『築室反耕者，宋必聽命。』從之。宋人懼，使華元夜入楚師，登子反之牀，起之，曰：『寡君使元以病告，曰：「敝邑易子而食，析骸以爨。」雖然，城下之盟，有以國斃，不能從也。去我三十里，唯命是聽。』子反懼，與之盟而告。王退三十里。宋及楚平，華元爲質。盟曰：『我無爾詐，爾無我虞。』」愚謂：宋，先代之後，國雖小，中夏之望也，諸侯之門户也。楚圍三時，諸侯莫敢救者，宋勢殫力竭，而與之平，則外夷横而中夏衰也甚矣。○案：楚頓兵三時，財耗民罷。使晉救之，宋攻其内，晉擊其外，一舉而伯業定矣。師不敢出，則晉之不振而有蜀之盟也。惜哉！

六月癸卯，晉師滅赤狄潞氏，以潞子嬰兒歸。

稱師，用大衆也。杜氏曰：「潞，赤狄之别種。潞氏國，故稱氏，子爵也。」葉氏曰：「赤狄，狄之總名也，其别爲潞氏及甲氏、留吁。見於經者，自三種各以其别言之，故皆冠以赤狄。」張氏曰：「潞氏，即潞州潞城縣。」《左氏》曰：「潞子嬰兒之夫人，晉景公之姊也。酆舒爲政而殺之，又傷潞子之目。晉侯將伐之，諸大夫皆曰：『不可！酆舒有三儁才，不如待後之人。』伯宗曰：『必伐之。狄有五辠焉。儁才雖多，何補焉？不祀，一也。耆酒，二也。棄仲章而奪黎氏地，三也。虐我伯姬，四也。傷其君目，五也。怙其儁才，而不以茂德，兹益辠也。後之人或者將敬奉德義以事神人，而申固其命，若之何待之？不討有辠，曰「將待後」，後有辭而討焉，毋乃不可乎？夫恃才與衆，亡之道也。商紂由之，故滅。天反時爲災，地反物爲妖，民反德爲亂，亂則妖災生。故文反正爲乏，盡在狄矣。』晉侯從之。六月癸卯，晉荀林父敗赤狄於曲梁。辛亥，滅潞。酆舒奔衛，衛人歸諸晉，晉人殺之。」未詳信否。孫氏曰：「夷狄亂華，諸侯驅逐之，可也。滅則甚矣。」莘老孫氏曰：「潞氏之辠在可滅，而晉專滅之，猶無王也。潞氏之辠在不可滅，而晉滅之，則晉亦狄也。」愚謂：況虜其君以歸乎？○啖氏曰：「凡滅國直書滅，辠滅者，不責見滅者也，言其力屈而亡，且能死社稷也。若自致滅亡之道，則異其文，梁亡是也。凡書滅又書其君奔者，則兩辠之，責其不死社稷也。凡書滅又書以歸者，責其不死位又無興復之志也。」貫道王氏曰：「楚餤莫撲，諉之天授。狄無晉虞而兼其土，是養一指而失肩背也。」

秦人伐晉。

此亦報復之師也。義又見《隱七年》「戎伐凡伯」。○案：僖三十三年殽之戰迄今三十餘年，晉、秦凡十一戰。其始也，二國背義以徼利，僥倖以求功。其終也，惟報復是務，忘其自責之心。上干王法，下毒生民，財窮力耗然後已。《易》曰「作事謀始」，不其然乎。

王札子殺召伯、毛伯。札，則八切。

杜氏曰：「王札子，王子札也。蓋經文倒札字。」木訥趙氏曰：「王，氏。札子，字也。食采於王城而因以爲氏者也。」前説近是。毛伯，見《文元年》。召伯，見《文五年》。孫氏曰：「生殺之柄，天子所持。非天子不專殺。王札子，人臣也。殺召伯、毛伯於朝，定王不能禁，專孰甚焉！」邦衡胡氏曰：「天子在上，而子弟敢以私怨專殺，則生殺之柄下移於姦臣矣。」○許氏曰：「拓跋魏世，高歡覩張彝之變而生亂心。梁武在位，王侯專殺，政法不施，遂以亂亡。無惑乎周之無以令天下也。」

秋，螽。

義見《桓五年》。○康侯胡氏曰：「人事感於此，則物變應於彼。宣公爲國，虚内以事外，去實而務華，煩於朝會聘問，賂遺之末而不知務本者也。故戾氣應之，六年螽，七年旱，十年大水，十有三年又螽，十有五年復螽。府庫匱，倉廩竭，調度不給，而言利剋民之事起矣。」許氏曰：「税畝之法，蓋積貪虐之習而後能至者也。觀乎災異，則見政事；觀乎政事，以知災異，是謂念用庶徵。」

仲孫蔑會齊高固于無婁。張氏曰：「無，《公羊》作牟。恐當從之，聲之誤也。」

杜氏曰：「無婁，杞邑。」義見《文十一年》「會于承筐」。

初税畝。

杜氏曰：「公田之法，十取其一。今又履其餘畝，復十收其一。故哀公曰：『二，吾猶不足。』遂以爲常，故曰『初』。」《公羊》曰：「初者何？始也。税畝者何？履畝而税也。譏始履畝而税。古者什一而藉，什一者，天下之中正也。多乎什一，大桀小桀。寡乎什一，大貉小貉。」陸氏曰：「賦税者，國之所治亂；民，國之本也。取之甚則流亡，國必危矣。」○《左氏》曰：「初税畝，非禮也。穀出不過藉，以豐財也。」葉氏曰：「魯國有藉矣，而又税焉。藉者，取井田之名，所謂八家爲井，借其力以治公田者也。税者，取國中使人所治田之名。所謂什一，使自賦者也。藉取九一，税取什一，蓋既藉矣，而取國中之税而畝加之，其爲法自是始。非謂以税易畝也。」

冬，蝝生。蝝，悦全切。《字林》：尹絹切。

蝝，董子曰：「蝗子。」杜氏曰：「螽子。蓋蝗即螽也。」康侯胡氏曰：「始生曰蝝，既大曰螽。秋螽未息，冬又生子，災重及民也。詳志之者，急民事，謹天災。仁人之心，王者之務也。遇天災而不懼，忽民事而不修，又爲繁政重賦以感之，國之危無日矣。」義又見《桓五年》「螽」。

饑。《公羊》無此經。

義見《十年》。○康侯胡氏曰：「《春秋》書饑者三，而宣公獨有其二。是歲雖螽蝝，而遽至於饑者，宣公爲國，務華去實，虚内事外，煩於朝會聘問賂遺之末，府庫竭矣，倉廩匱矣。水旱螽蝝，天降饑饉，亦無以振，業貧乏矣。經兩書饑，以示後世，爲國之不可不敦本也。」張氏曰：「宣兩書饑，一在大水之後，一在螽蝝之後，甚言國無蓄積而民無以生也。」

十有六年春，晉人滅赤狄甲氏及留吁。

杜氏曰：「甲氏、留吁，赤狄別種。晉既滅潞氏，今又并盡其餘黨。」高氏曰：「稱及者，所以別言二族也，惡其窮兵荒服，無復顧中國之念也。」義又見《十五年》「滅潞氏」。○康侯胡氏曰：「《春秋》於夷狄攘斥之，不使亂中夏，則止矣。伯禽征徐夷，東郊既開而止。宣王伐玁狁，至於太原而止。武侯征戎瀘，服其渠帥而止。必欲盡殄滅之無遺種，豈仁人之心，王者之事乎？」貫道王氏曰：「楚禍逼人，中國無安處，晉乃貪拓地於狄以自肥，規模如此，其何能伯？」

夏，成周宣榭災。榭，音謝。《公羊》作謝。災，《左氏》作火。案經未有書火者，當依《公》、《穀》。

劉氏曰：「成周，周之東都。」東萊呂氏曰：「洛陽，周公營下都以遷殷頑民，是爲成周。《洛誥》所謂『我又卜瀍水東，亦惟洛食』者也。」《爾雅》曰：「無室曰榭。」杜氏曰：「宣榭，講武屋，別在洛陽者。」張氏曰：「宣王南征北伐，講武於此。《詩》所謂『復會諸侯於東都』者也。」康侯胡氏曰：「王室不復中興矣，天所以見戒乎？」○或曰：「宣榭，宣王之廟也。」啖氏曰：「宣王之廟久已毁，縱不毁，止當在王城，不當在成周也。然則宣榭不過宣王講武之屋耳，非廟也。」

秋，郯伯姬來歸。郯，音談。

伯姬，文公女，宣公姊妹也。《左氏》曰：「郯伯姬來歸，出也。」《穀梁》曰：「婦人之義，嫁曰『歸』，反曰『來歸』。」高氏曰：「不能事乎舅姑之國，而爲夫所黜。此辠伯姬者，乃所以辠其父母失教也。君子之道造端乎夫婦，是以《春秋》於内女夫人皆詳志之。」○康侯胡氏曰：「《詩》記男女之際，《易》敘《咸》、

《恒》爲下經首，《春秋》内女出，夫人歸，詳書於策，所以使有國者謹於齊家之道，正人倫之本也。」案：内女出者二，此與成五年杞叔姬是也。

冬，大有年。

《穀梁》曰：「五穀大熟爲大有年。」義見《桓三年》「有年」。

十有七年春，王正月庚子，許男錫我卒。丁未，蔡侯申卒。

義並見《隱三年》「宋公卒」。

夏，葬許昭公，葬蔡文公。

義並見《隱三年》「葬宋穆公」。

六月癸卯，日有食之。

義見《隱三年》。〇貫道王氏曰：「自宣公八年至此十歲之間，日食者三，豈可諉之常數哉？用見夷夏君臣强弱之分、陰陽消長之故矣。」

己未，公會晉侯、衛侯、曹伯、邾子，同盟于斷道。斷，直管切。一音短。

杜氏曰：「斷道，晉地。」義見《莊十六年》。〇黄氏曰：「時宋爲楚得，中國危甚。幸而衛復反爲中國，晉恐曹、衛復背而南嚮，故爲是盟，以固魯、衛、曹、邾之心。」

秋，公至自會。

義見《桓二年》「公至自唐」。

冬十有一月壬午，公弟叔肸卒。

叔肸，字也。稱弟，未爲大夫而用事者也。此記叔氏之始也。肸，文公子惠伯也。肸之子，公孫嬰齊。嬰齊之子，叔老。老之子，叔弓。弓之子，叔輒、叔鞅。輒之子，叔詣。叔弓之曾孫，叔還。皆世卿。此亦譏世卿，而肸其始也。亦書公子牙、公子季友卒之意也。

十有八年春，晉侯、衛世子臧伐齊。

《左氏》曰：「十七年春，晉侯使郤克徵會于齊。齊頃公帷婦人使觀之。郤子登，婦人笑於房。獻子怒，出而誓曰：『所不此報，無能涉河。』獻子先歸，使欒京廬待會於齊，曰：『不得齊事，無復命矣。』郤子至，請伐齊。十八年春，晉侯、衛太子臧伐齊，至於陽穀。齊侯會晉侯，盟于繒，以公子彊爲質於晉，師還。」未詳信否。邦衡胡氏曰：「以世子而專伐，則見衛侯之失威。」義見《隱二年》「鄭伐衛」。○康侯胡氏曰：「保國以禮爲本者也。齊頃公不謹於禮，自己致寇，所謂人必自伐而後人伐之矣。諸侯上卿，皆執國命，取必於君，以行其克伐怨欲之私。故大戰於鞌，逞其志而後止。《春秋》詳書於策，見受伐與伐者之辠。」

公伐杞。

義見《隱二年》「鄭伐衛」。○木訥趙氏曰：「杞世婚於魯，杞桓公魯出，而且娶魯。僖、文之世，各一來朝。宣公殺惡及視以自立，杞伯未嘗來朝，宣公憾之，故躬伐之歟？」未詳是否。

夏四月。

秋七月，邾人戕鄫子于鄫。戕，在良切。鄫，《穀梁》作繒。

戕，搶也，他國人來弑君之名。《左氏》曰：「自外曰戕。」孫氏曰：「僖十九年，邾人執鄫子，用之。天子不能誅，故此肆然復戕鄫子于鄫也。」高氏曰：「邾人肆無道之强，戕同等之君，辠惡大矣。鄫子爲國君而見戕於人，必有以致之也。」楊氏曰：「于鄫惡臣子不能拒難。」○康侯胡氏曰：「夷貊無城郭宫室、百官有司，單車使者直造其廬帳，虜其酋長者則有之矣。中國則重門擊柝，廉陛等威，侍衛守禦之嚴，奚至坐使其君爲邾人殘賊殺之而莫禦乎？邾人蓋嘗執鄫子用之，則不共戴天之世讎也。既不能復，又使邾人得造其國都，戕殺其君，深責臣子，至此極也。」木訥趙氏曰：「鄫未嘗有一日之隙於邾，徒以邾、鄫爲鄰，邾欲滅之以自廣爾。以邾之小而肆毒于鄫，曾無一人詆訶之，信乎其爲春秋之世也。」愚謂：王法不明，其禍至此，聖人之所以拳拳於斯世也。

甲戌，楚子旅卒。旅，《穀梁》作吕。

《左氏》曰：「楚莊王卒。」劉氏曰：「楚至莊王，國益大，俗益變，始以赴告與中國通。是以其卒見於《春秋》。」愚謂：春秋至此，不特蠻夷横而已，中國胥爲夷矣。義又見《文十八年》「秦伯卒」。

公孫歸父如晉。

《左氏》曰：「公孫歸父以襄仲之立公也有寵，欲去三桓以張公室。與公謀而聘於晉，欲以晉人去之。」康侯胡氏曰：「宣公因齊得國，故刻意事之，雖易世未怠也。及頃公不能謹禮，怒晉、魯上卿。而郤克當國，決策討之。晉方强盛，齊少懦矣，於是背齊而事晉。其於邦交，以利爲向背，無忠信誠慤之心者也。況欲以晉人去三桓，夫輕於背與國，易於謀大家，而不知其本，未有能成而無悔也。」義又見《隱七年》「齊來聘」。而此又爲歸父奔齊起文也。

冬十月壬戌，公薨于路寢。

義見「莊公薨」。

歸父還自晉，至笙，遂奔齊。笙，《公羊》、《穀梁》作檉。

孫氏曰：「不言公孫，前見也。」《穀梁》曰：「自晉事畢也。」杜氏曰：「笙，魯境也。」《左氏》曰：「公薨。季文子言於朝曰：『使我殺嫡立庶以失大援者，仲也夫！』臧宣叔怒曰：『當其時不能治也，後之人何辠？子欲去之，許請去之。』遂逐東門氏。子家還，及笙，壇帷，復命於介。既復命，袒、括髮即位哭，三踊而出。遂奔齊。」高氏曰：「先君未殯而逐其臣，是死其君而忘其父也。雖然，人臣之正，受命而出，雖君薨，猶當致命於殯前。若其有辠，待命於新君，可也。今歸父還自晉，及魯境，遽即奔齊，則有惡於新君矣。故書以著其逃刑之辠。」義又見《僖二十八年》「元咺奔晉」。○《穀梁》曰：「捐殯而奔其父之使者，謂歸父。是亦奔父也。」康侯胡氏曰：「仲尼稱孟莊子之孝，其不改父之臣與父之政，是難能也。又曰：『三年無改於父之道，可謂孝矣。』夫仁人孝子於其父之臣，非有大不可，如晉悼公於夷羊五之屬，必存終始進退之禮而不遽也。歸父以君命出使，未返而君薨。在《聘禮》有『執圭復命於殯』之文。升自西階，子臣皆哭，情亦戚矣。宣公猶未殯，而東門氏逐，忍乎哉！」

春秋本義卷第十八

成　**公**名黑肱，宣公子，母穆姜。

元年春，王正月，公即位。

義見文公即位。

二月辛酉，葬我君宣公。

義見「葬桓公」。

無冰。

義見《桓十四年》。○宋氏曰：「宣公末年，三桓强盛，成公年幼，三桓得政，故冬暖無冰也。昔吴歸晉，壽陽已東常雨，已西常暘。司馬宣王問摯虞，對曰：『壽陽已東屬吴，吴新破，人民悲愁，故常雨。壽陽已西屬晉，晉新得吴，君臣喜樂，故常暘。』《春秋》志災異，際天人，非所謂廣記備言也。」

三月，作丘甲。

作者，始作也。丘甲者，每丘出甲士一人。甲士者，二十四步卒之長也。增甲士，則增步卒矣。《左氏》曰：「爲齊難，故作丘甲。」杜氏曰：「《周禮》九夫爲井，四井爲邑，四邑爲丘，四丘爲甸，出長轂一乘，甲士三人，步卒七十二人。」康侯胡氏曰：「此《司馬法》一乘之賦也。唐太宗問李靖楚廣與周兵制，靖曰：『周制一乘，步卒七十二人，甲士三人。以二十五人爲一甲，凡三甲共出七十五人。』然則一丘所出十有八人，積四丘而具一乘耳。今作丘甲者，即丘出一甲，是一甸之中共百人爲兵矣，其數增三之一。益兵備敵，重困農民，非爲國之道。」貫道王氏曰：「變亂王制，竭用民力。其後鄭有丘賦，襄公作三軍，哀公用田賦，其來有漸。休者少而役者多矣。」○葉氏曰：「先王賦於民有二，有國賦，有軍賦。國賦，常賦也，《太宰》所謂『九賦斂財賄』者是也。軍賦，非常賦也，有軍旅之事則征之，《縣師》所謂『受法於司馬，以作其衆庶及牛馬車輦，使皆備旗鼓兵器』，而《稍人》『作其同徒輂輦』者是也。然其爲法不可得而詳矣。學者所言，自丘出牛馬，至甸爲一乘，然後甲士步卒具焉者，司馬穰苴之法也。然而《司馬法》，甸而後出車一乘、甲士三人，而《周官》或謂甸爲乘。自天子建國，至於大夫皆以乘爲差，則甸固乘之所出。《司馬法》蓋本於周，特其損益不可知爾。周制有言『六畜車輦』者，則牛馬在焉。有言『六畜兵器』者，則甲士在焉。」劉氏曰：「魯不務廣德而務廣力，不務益義而務益兵。以王者之制論之，則作丘甲之辠大矣。王者之制，諸侯不得擅税賦其民。税爲足食也，賦爲足兵也。足食足兵，民信之矣。然而不得擅者，先王之税既足以食矣，先王之賦既足以用矣。今不循先王而以意爲準，必亂之道也。」愚謂：先王之制莫重於井田。井田所出，税與賦而已。宣公初税畝而倍税，成公作丘甲而益兵。倍税則民困於財，益兵則民困於力。財力並困，民乃死亡。國以民爲本，宜魯之先亡也。《春秋》書此爲後世鑒。而好事者猶以厚斂强兵爲務，悲夫！

夏，臧孫許及晉侯盟于赤棘。

許，臧文仲之子宣叔也。杜氏曰：「赤棘，晉地。」《左氏》曰：「聞齊將出楚，師盟于赤棘。」未詳信否。義見《隱元年》「盟于蔑」。○康侯胡氏曰：「季孫當國，恨齊人之納歸父，又懼晉侯之或見討也，故往結此盟。成公即位，未有施舍己責、逮鰥寡、救困乏之事。既作丘甲，又遠與晉尋盟，豈固本保邦之道乎？書『及晉侯盟』，非特備齊懼晉，蓋三桓懷忿懟君父之心，將有事於齊，臯可見矣。」邦衡胡氏曰：「大夫及諸侯盟，見大夫之强也。自公子遂及齊侯盟後益甚，故仲孫何忌及邾子又甚。非惟惡大夫之强，亦惡諸侯之失其御也。」

秋，王師敗績于茅戎。茅，《公羊》、《穀梁》作貿。

杜氏曰：「茅戎，戎別種也。」《左氏》曰：「晉侯使瑕嘉平戎于王，單襄公如晉拜成。劉康公徼戎，將遂伐之。叔服曰：『背盟而欺大國，此必敗。背盟不祥，欺大國不義，神人弗助，將何以勝？』不聽。遂伐茅戎。敗績。」程子曰：「王師於夷狄不言戰，夷狄不能抗王也，此理也。其抗，王道之失也。聖人於此一編，經世變、存王道之意無不具。」常山劉氏曰：「王者不能以義征四夷，迺輕舉以致敗，豈不曰自取之乎？聖人立法以垂後世，示之以意而已。一書『王師敗績于茅戎』，而尊王之義與王自取敗之道，咸得而見矣。」○高氏曰：「此志王室衰弱之甚也。王師敗績于茅戎，而諸侯恬然莫之顧，皆不臣也。」

冬十月。

二年春，齊侯伐我北鄙。

《左氏》曰：「元年冬，臧宣叔令修賦繕完，具守備，曰：『齊、楚結好，我新與晉盟，晉楚争盟，齊師必至。雖晉人伐齊，楚必救之，是齊、楚同我也。知難而有備，乃可以逞。』二年春，齊侯伐我北鄙。」康侯胡氏曰：「初，魯事齊謹甚，雖易世而聘會不絶也。及與晉侯盟于斷道而後怨隙成，再盟于赤棘而後伐吾北鄙。齊侯之興是役，非義矣。魯人爲鞌之戰，豈義乎？同曰憤兵，務相報復，則辠自見矣。」貫道王氏曰：「《春秋》紀兵争之所自成也。」義又見《隱二年》「鄭伐衛」。

夏四月丙戌，衛孫良夫帥師及齊師戰于新築，衛師敗績。

杜氏曰：「新築，衛地。」《左氏》曰：「衛侯使孫良夫、石稷、甯相、向禽將侵齊，與齊師遇。石子欲還，孫子曰：『不可。以師伐人，遇其師而還，將謂君何？若知不能，則如無出。今既遇矣，不如戰也。』石城子曰：『師敗矣。子不少須，衆懼盡。子喪師徒，何以復命？』皆不對。又曰：『子，國卿也。隕子，辱矣。子以衆退，我此乃止。』且告車來甚衆。齊師乃止，次於鞫居。新築人仲叔于奚救孫桓子，桓子是以免。」未詳信否。愚謂：書「孫良夫帥師」，大夫專兵也。書「及齊師戰」，良夫主此戰也。良夫專兵，輕進以取敗，辱國害民，辠莫大焉。衛侯使之戰以致敗，亦辠也。齊侯侵虐鄰國，雖得勝於一時，遂來鞌之敗績，亦辠也。義又見《隱二年》「鄭伐衛」。○康侯胡氏曰：「齊師侵虐，而衛主此戰，何也？衛侯初與晉同盟於斷道矣，又使世子臧與晉同伐齊矣，又使孫良夫、石稷將侵齊矣。及與齊師遇，石稷欲還，良夫不可，遂戰於新築。故齊師雖侵虐，而此戰則衛主之也。《春秋》善解紛，貴遠怨，而惡以兵刃相接也。」君舉陳氏曰：「衛大夫帥師自此始，大夫强也。良夫爲世卿，至林父出其君，入于戚以叛。」

六月癸酉，季孫行父、臧孫許、叔孫僑如、公孫嬰齊帥師會晉郤克、衛孫良夫、曹公子首及齊侯戰于鞌，齊師敗績。鞌，音安。首，《公羊》、《穀梁》作手。

僑如，得臣之子宣伯也。嬰齊，叔肸之子子叔聲伯也。杜氏曰：「鞌，齊地。」《穀梁》曰：「鞌去齊五百里。」孔氏曰：「鞌與袁婁，不知其處遠近，無以驗。」《左氏》曰：「孫桓子還於新築，不入，遂如晉乞師，臧宣叔亦如晉乞師，皆主郤獻子。晉侯許之七百乘。郤子曰：『此城濮之賦也。有先君之明與先大夫之肅，故捷。克於先大夫，無能爲役。』請八百乘，許之。郤克將中軍，士燮佐上軍，欒書將下軍，韓厥爲司馬，以救魯、衛。臧宣叔逆晉師，且道之。季文子帥師會之。師從齊師于莘。六月壬申，師至於靡笄之下。齊侯使請戰，曰：『子以君師，辱於敝邑，不腆敝賦，詰朝請見。』對曰：『晉與魯、衛，兄弟也。來告曰：「大國朝夕釋憾於敝邑之地。」寡君不忍，使羣臣請於大國，無令輿師淹於君地。能進不能退，君無所辱命。』齊侯曰：『大夫之許，寡人之願也。若其不許，亦將相見也。』齊高固入晉師，桀石以投人，禽之而乘其車，繫桑本焉以徇齊壘。曰：『欲勇者賈余餘勇。』癸酉，師陳于鞌。邴夏御齊侯，逢丑父爲右。晉解張御郤克，鄭丘緩爲右。齊侯曰：『余姑翦滅此而朝食。』不介馬而馳之。郤克傷於矢，流血及屨，未絶鼓音，曰：『余病矣！』張侯曰：『自始合，而矢貫余手及肘，余折以御，左輪朱殷，豈敢言病？吾子忍之。』緩曰：『自始合，苟有險，余必下推車，子豈識之？然子病矣！』張侯曰：『師之耳目，在吾旗鼓，進退從之。此車一人殿之，可以集事。若之，何其以病敗君之大事也？擐甲執兵，固即死也。病未及死，吾子勉之。』左并轡，右援枹而鼓，馬逸不能止，師從之。齊師敗績。逐之，三周華不注。韓厥夢子餘謂己曰：『且辟左右。』故中御而從齊侯。邴夏曰：『射其御者，君子也。』公曰：『謂之君子而射之，非禮也。』射其左，越於車下。射其右，斃於車中。綦毋張喪車，從韓厥，曰：『請御乘從。』左右皆肘之，使立於後。韓厥俛，定其右。逢丑父與公易位，將及華泉，驂絓於木而止。丑父寢於轏中，蛇出於其下，以肱擊之，傷而匿之，故不能推車而及。韓厥執縶馬前，再拜稽首，奉觴加璧以進，曰：『寡君使羣臣爲魯、衛請，曰：「無令輿師陷入君地。」下臣不幸，屬當戎行，無所逃隱。且懼奔辟而忝兩君，臣辱戎士，敢告不敏，攝官承乏。』丑父使公下，如華泉取飲。鄭周父御佐車，宛茷爲右，載齊侯以免。韓厥獻丑父，郤獻子將戮之。呼曰：『自今無有代其君任患者，有一於此，將爲戮乎！』郤子曰：『人不難以死免其君，我戮之不祥，赦之以勸事君者。』乃免之。齊侯免，求丑父，三入三出。每出，齊師以帥退，入於狄卒。狄卒皆抽戈楯冒之。以入於衛師，衛師免之。遂自徐關入。齊侯見保者，曰：『勉之！齊師敗矣。』」康侯胡氏曰：「大國三軍，次國二軍。此時魯之舊制猶存，尺地一民，皆屬公室。成公初立，主幼國危，爲季孫一怒埽境内興師，四卿並出，然後政自季氏出矣。四卿皆書，非詳内也。堅冰之戒亦明矣。」貫道王氏曰：「齊伐魯敗衛，合其争也，禍之所自起也，其辠大矣。然四國大夫逼齊侯以戰，而敗其師，大夫强矣。魯創增軍制，五卿分帥，四卿出而一居守，仲孫蔑也。於是三家之勢成，魯不可救矣。四國敗齊而爲盟。七卿者，卒皆亂國。」義又見《隱二年》「鄭伐衛」。○朴鄉吕氏曰：「使舉上介也，而文公之末年，書公子遂、叔孫得臣如齊，將稱元帥也。而成公之二年，書季孫行父、臧孫許、叔孫僑如、公孫嬰齊帥師會戰，何也？曰：用以見大夫之争强也。於是衛將書孫良夫，曹書公子首，晉於是有六卿，韓厥、趙括、鞏朔、韓穿、荀騅、趙旃皆爲卿，征伐皆在大夫矣。」董子曰：「齊頃公，桓公之孫，浸伯之餘尊，故難使會同而易使驕奢。即位九年，未嘗一與會同之事。有怒魯、衞之志，而不從諸侯於清丘、斷道。春往伐魯，顧反伐衞。當是時，方乘勝而志廣，大國往聘，慢而弗敬。晉、魯俱怒，內悉其衆，外黨與好。衞、曹四國相輔，大困之鞌，大辱身，幾亡國，爲天下笑。」張氏曰：「案兵法，争恨小故，不忍忿怒者，謂之忿兵。今晉爲盟主，興師討齊，非有救亂誅暴之名，而起於一怒之憤。書秋，書晉、魯主戰，見晉、魯、曹、衞之大夫爲志乎此戰，雖得一朝之勝，不足道也。」

秋七月，齊侯使國佐如師。己酉，及國佐盟于袁婁。袁，《穀梁》作爰。

《穀梁》曰：「袁婁去齊五十里。」未詳信否。《左氏》曰：「晉師從齊師，擊馬陘。齊侯使賓媚人賂以紀甗、玉磬與地。不可，則聽客之所爲。賓媚人致賂，晉人不可，曰：『必以蕭同叔子爲質，而使齊之封內盡東其畝。』對曰：『蕭同叔子非他，寡君之母也。若以匹敵，則亦晉君之母也。吾子布大命於諸侯，而曰必質其母以爲信，其若王命何？且是以不孝令也。《詩》曰：「孝子不匱，永錫爾類。」若以不孝令於諸侯，其無乃非德類也乎？先王疆理天下土物之宜，而布其利，故《詩》曰：「我疆我理，南東其畝。」今吾子疆理諸侯，而曰盡東其畝而已，唯吾子戎車是利，無顧土宜，其無乃非先王之命也乎？反先王則不義，何以爲盟主？其晉實有闕。四王之王也，樹德而濟同欲焉。五伯之伯也，勤而撫之，以役王命。今吾子求合諸侯，以逞無疆之欲。《詩》曰：「布政優優，百禄是遒。」子實不優，而棄百禄，諸侯何害焉？不然，寡君之命使臣，則有辭矣，曰：「子以君師，辱於敝邑，不腆敝賦，以犒從者。畏君之震，師徒撓敗，吾子惠徼齊國之福，不泯其社稷，使繼舊好，唯是先君之敝器、土地不敢愛。子又不許，請收合餘燼，背城借一。敝邑之幸，亦云從也。況其不幸，敢不唯命是聽。」』魯、衛諫曰：『齊疾我矣！其死亡者，皆親暱也。子若不許，讎我必甚。唯子則又何求？子得國寶，我亦得地。而紓於難，其榮多矣！齊、晉亦惟天所授，豈必晉？』晉人許之，對曰：『羣臣率賦輿，以爲魯、衛請。若苟有以藉口而復於寡君，君之惠也。敢不唯命是聽！』禽鄭自師逆公。秋七月，晉師及齊國佐盟于袁婁，使齊人歸我汶陽之田。公會晉師於上鄍，賜三帥先路三命之服，司馬、司空、輿帥、候正、亞旅皆受一命之服。」孫氏曰：「齊頃數病諸侯以起此戰，信不道矣。然魯出四卿會晉、衛、曹，敗齊侯于鞌，盟國佐于袁婁，此又甚焉。」愚謂：齊侯使國佐如師，賂以求免也。齊侯自恃其强以伐人，及其窮蹙，則使重臣求免。四國大夫專兵雪忿，偶得一勝則逞無窮之欲。二者皆足爲永鑒矣。○案：自宣十七年，晉、衛、曹、邾同盟于斷道，而四國之黨成。十八年，歸父奔齊。成元年，臧孫許盟晉侯于曲棘，魯復背齊而從晉。黨與既衆，加以私忿，於是大起甲兵以伐齊。蓋王道不明，惟黨與力是崇是逞，民不聊生。故《春秋》詳書其始末如此，其亦深切著明矣。

八月壬午，宋公鮑卒。

義見《隱三年》「宋公卒」。又爲宋公盟蜀與三年稱宋公起文也。

庚寅，衛侯速卒。

義見《隱三年》「宋公卒」。又爲楚、鄭伐喪，與衛人盟蜀，及三年稱衛侯起文也。

取汶陽田。

汶陽,《漢志》:魯國汶鄉縣。顔師古曰:「即汶陽田。兖州泗水縣東南有汶陽故城。」孫氏曰:「汶陽田,魯地也。齊人侵之,今齊從晉,故復取之。不言取之齊者,明本非齊地。」《左氏》曰:「晉師及齊國佐盟于袁婁,使齊人歸我汶陽之田。」《公羊》曰:「汶陽田者何?鞌之賂也。」康侯胡氏曰:「取者,得非其有之稱。不曰復而曰取,何也?恃大國兵力一戰勝齊,得其故壤,而不請於天王以正疆理,則取之不以其道。與得非其有奚異乎?若在封域之中,則先王所錫,先祖所受,經界世守,不可亂矣。不然,則侵小得之。《春秋》固有興滅繼絶之義,必有處也。魯在戰國時,地方五百里。孟子語慎子曰:『如有王者作,在所損乎?在所益乎?』經於汶陽書『取』,義可知矣。」義又見《僖三十一年》「取濟西田」。○張氏曰:「取汶陽田,見疆埸之令不出於王矣。」

冬,楚師、鄭師侵衛。

《左氏》曰:「宣公使求好於楚。莊王卒,宣公薨,不克作好。公即位,求盟於晉,會晉伐齊,衛人不行使於楚,而亦受盟於晉,從於伐齊。故楚令尹子重爲陽橋之役以救齊。將起師,子重曰:『君弱,羣臣不如先大夫,師衆而後可。且先君莊王屬之曰:「無德以及遠方,莫如惠恤其民而善用之。」』乃大户,已責,逮鰥,救乏,赦辠,悉師。王卒盡行。冬,楚師侵衛。」康侯胡氏曰:「二國稱師,著其衆也。」貫道王氏曰:「楚師以救齊出侵衛,以衛之謀伐齊也。楚居喪而伐人之喪。鄭棄諸姬,用蠻夷以伐同姓。楚不足責也,鄭辠甚矣。」義又見《莊十年》「荆敗蔡師」。

十有一月，公會楚公子嬰齊于蜀。

杜氏曰：「蜀，魯地。泰山博縣西北有蜀亭。」康侯胡氏曰：「魯以中國降班失列，與夷狄之大夫會，危辱至此。」愚謂：魯，諸侯之望也。首會嬰齊，宜有丙申之盟也。故黄氏曰：「是會也，魯倡之，楚主之。」義又見《隱二年》「公會戎于潛」。○存耕趙氏曰：「晉厚魯而魯首負晉，又何責於列國之卿？使魯不先會楚，未遽至是也。」

丙申，公及楚人、秦人、宋人、陳人、衛人、鄭人、齊人、曹人、邾人、薛人、鄫人盟于蜀。鄫，《穀梁》作繒。

會書「公子嬰齊」，盟書「楚人」者，亦前見之意。又諸國皆稱人，故書「楚人」，因魯史之文，無他義也。高氏曰：「秦人序於諸國之上，見楚之主盟也。列齊於鄭下，不以尊卑序之者，齊以敗績勤楚，故自貶抑於會如此也。」程子曰：「楚爲强盛，陵轢中國。諸侯苟能保固疆圉，要結鄰好，豈有不能自存之理？乃懼而服從，與之盟約，見其衰弱也。」愚謂：宋、衛之君未葬，而宋人、衛人即吉會盟，亦非禮也。○葉氏曰：「共王立，嬰齊欲以威脅中國而爭長，故與鄭興侵衛之師。公懼，欲附楚，於是先諸侯而與之會。共王立而弱，未知諸侯之復能從楚也。而我與晉方爲伐齊之役，故嬰齊始以卿出，悉師以侵衛。方是時，使中國有主，嬰齊必爲之所矣。而魯之君、十國之大夫方且拱手而不敢違，則夷狄幾何不横行於天下乎？此《春秋》之所以謹也。」蘇氏曰：「楚自城濮之敗，不敢競於晉。莊王雖入陳，圍鄭及宋，而未嘗合諸侯。及蜀之盟，諸侯從之者十一國，晉不敢争也。其後四十三年，晉趙武、楚屈建合諸侯於宋，然後晉、楚之從得交相見。又八年，楚靈王求諸侯於晉，晉人許之，然後諸侯始得從楚，皆蜀之盟啓之也。」義又見《隱元年》「盟于蔑」及《二年》「公及戎盟于唐」。

三年春，王正月，公會晉侯、宋公、衛侯、曹伯伐鄭。

杜氏曰：「宋、衛未葬，而稱爵以接鄰國，非禮也。」愚謂：鄭從夷狄以伐中國同姓，晉得其伐矣。然楚、鄭伐衛而晉不救，十一國盟楚而晉若不聞，楚師既去而後伐鄭，晉之過也。魯、宋、衛、曹從晉伐鄭，是矣。然其始也，不堅事晉以敵楚，盟楚未幾而復從晉伐鄭，且楚爲渠魁而鄭其脅從者也，乃捨楚而事鄭，魯、宋、衛、曹之過也。使楚復興問辠之師，則四國無辭以對矣。蓋是時，弱者畏强，諸侯但與其來者，而不知夷夏之大義，保國之大法。故《春秋》比事見義，爲有國家者之深戒，又以見王政不作，而小國不能以自安也。豈但訐人之過也哉？○木訥趙氏曰：「諸侯冬從楚而春從晉，冬盟鄭而春伐鄭，何諸侯之不自安，不自信也！伯主之不作也，鄭之從楚久矣。使晉有志於抗楚而服鄭，曷若移鞌之役於今日乎？移七大夫之勢以迫楚，楚必怖。移八百乘之兵以伐鄭，鄭必服。今兵力既盡於齊，諸侯既屬於楚，而區區摟諸侯以從楚之餘以伐鄭，宜其不得鄭也。」

辛亥，葬衛穆公。

六月而葬，緩也，蓋衛侯從晉伐鄭故也。義見《隱三年》「葬宋穆公」。此則又見先君未葬，而衛人會盟于蜀，衛侯背殯出師，不臨先君之喪也。

二月，公至自伐鄭。

義見《桓二年》「公至自唐」。

甲子，新宫災，三日哭。

《公羊》曰：「新宫者，宣公之宫也。」杜氏曰：「三年喪畢，神主新入廟，故謂之新宫。」崔氏曰：「稱新宫者，當時之辭也。」高氏曰：「宣公篡立之辠，生不加誅，死方立廟，遽有火災，《春秋》志此，示有天道。」獻可杜氏曰：「三日哭，非禮之正。若以爲禮，則常事不書。宫廟災，臣子哀痛可矣。三日之義豈正乎？」

乙亥，葬宋文公。

七月而葬，僭天子之禮也。義見《隱三年》「葬宋穆公」。此又見先君未葬而宋人會盟于蜀，宋公背殯出師，不臨先君之喪也。

夏，公如晉。

康侯胡氏曰：「宣公薨，至是三年之喪畢矣。宜入朝京師，見天子，受王命，然後歸而即政可也。嗣守社稷之重，不朝於周而朝於晉，其行事亦悖矣。」義又見《僖十年》「公如齊」。

鄭公子去疾帥師伐許。

《左氏》曰：「許恃楚而不事鄭，鄭子良伐許。」未詳信否。高氏曰：「疲命於晉、楚，而以伐人，君子是以惡鄭也。」義又見《隱二年》「鄭伐衛」。○木訥趙氏曰：「楚越許而後至鄭。許弱不能抗楚，折而歸之。今鄭無謀，亦折而從之，又連年伐許，自是徹藩籬以開楚寇也。」

公至自晉。

義見《桓二年》「公至自唐」。

秋，叔孫僑如帥師圍棘。

杜氏曰：「棘，汶陽田之邑，在濟北蛇丘縣。」張氏曰：「即兖州龔丘縣也。」《左氏》曰：「取汶陽之田，棘不服，故圍之。」康侯胡氏曰：「復故地而民不聽，至命上將用大師環其邑，何也？魯於是初税畝，作丘甲，税役日益重。棘雖復歸故國，所以不願爲之民也歟？成公不知薄税斂，輕力役，修德以來之，而肆其兵力，雖得之，必失之矣。」俱未詳信否。〇葉氏曰：「内邑未有言圍者，至成三年始見僑如圍棘，取汶陽之田，不服猶之可也。至昭之十三年，叔弓帥師圍費，吾大夫之邑而不能服，則醜矣。吾大夫之邑，以一軍圍之，猶之可也。至定之十年，叔孫州仇、仲孫何忌圍郈，以二軍圍之，則醜矣。吾大夫之邑，以二軍圍之，猶之可也。至昭之二十六年、定之十二年，公圍成，則國之爲國者無幾，醜不足言也。」

大雩。

義見《桓五年》。

晉郤克、衛孫良夫伐廧咎如。廧，在良切。咎，古刀切。廧，《公羊》作將，《穀梁》作牆。

杜氏曰：「廧咎如，赤狄别種。」《左氏》曰：「晉郤克、衛孫良夫伐廧咎如，討赤狄之餘焉。廧咎如潰。」未詳信否。愚謂：晉不修德以綏諸侯，攘强楚，而斃斃焉惟狄之務，摟與國以伐之，其爲國可知矣。

冬十有一月，晉侯使荀庚來聘，衛侯使孫良夫來聘。丙午，及荀庚盟。丁未，及孫良夫盟。

《左氏》曰：「晉侯使荀庚來聘，衛侯使孫良夫來聘。公問諸臧宣叔。曰：『中行伯之於晉也，其位在三。

孫子之於衛也，位爲上卿。將誰先？』對曰：『次國之上卿，當大國之中，中當其下，下當其上大夫。小國之上卿當大國之下卿，中當其上大夫，下當其下大夫。上下如是，古之制也。衛在晉，不得爲次國。晉爲盟主，其將先之。』丙午，盟晉。丁未，盟衛。」邦衡胡氏曰：「先書晉、衛來聘，次書及二子盟。二子奉命來聘而專爲盟。故於來聘言使。」孫氏曰：「二子來聘，不能以信相結，反要魯以盟，非伉而何？故言聘、言盟。」愚謂：諸侯未嘗朝聘天子，而使大夫結同列之私黨，已干先王之典，況其君本使來聘，而專盟，二子之辠大矣。魯不能以禮却之，魯之辠也。政在大夫可知矣。義又見《隱七年》「齊來聘」、《元年》「盟于蔑」。○朴鄉吕氏曰：「魯要盟也。」未詳是否。君舉陳氏曰：「聘而遂盟之，於是始。」

鄭伐許。

康侯胡氏曰：「一歲之中而再動干戈於鄰國，不既甚乎？」義又見《隱二年》「鄭伐衛」。

四年春，宋公使華元來聘。

《左氏》曰：「通嗣君也。」愚謂：宋共喪服未除，而遣使交聘，尤非禮也。義又見《隱七年》「齊來聘」。

三月壬申，鄭伯堅卒。堅，《公羊》作姬。

義見《隱三年》「宋公卒」。此又見其冬，鄭伯不服喪而伐許也。

杞伯來朝。

杞，前稱「子」，今稱「伯」，未詳。《左氏》曰：「歸叔姬故也。」未詳信否。義見《隱十一年》「滕、薛來朝」。

夏四月甲寅，臧孫許卒。

譏世卿也。大意見《隱元年》「益師卒」。

公如晉。

一歲一朝伯國，諸侯事天子之禮，亦未之有也。義又見《僖十年》「公如齊」。〇高氏曰：「公連歲如晉者，以嘗即楚故也。」

葬鄭襄公。

貫道王氏曰：「未五月而葬，速也。鄭費將以伐許也。」義又見《隱三年》「葬宋穆公」。

秋，公至自晉。

高氏曰：「踰時而返。」義又見《桓二年》「公至自唐」。

冬，城鄆。《公羊》作運。

孔氏曰：「鄆有東鄆、西鄆。此西鄆也，昭公所出居者。東郡廩丘縣東有鄆城，《後漢志》屬廩丘。」又見《文十二年》。張氏曰：「即濟南府鄆城縣。」義見《隱七年》「城中丘」。

鄭伯伐許。

程子曰：「稱鄭伯，見其不復爲喪，以吉禮從戎。」愚案：鄭至此三伐許，辠自見矣，況居喪乎？義又見《隱二年》「鄭伐衞」。〇董子曰：「父卒未踰年，即以喪舉師也。《春秋》以薄恩且失其子心。其先君襄公伐喪叛盟，得辠諸侯。繼其業者，宜矜善以覆之。今又重之，父伐人喪，子以喪伐人。父不義於人，子失恩於親也。」

五年春，王正月，杞叔姬來歸。

叔姬，宣公女，成公姊妹也。杜氏曰：「出也。」義見《宣十六年》「郯伯姬來歸」。此又爲八年叔姬卒而九年杞伯來逆喪起文也。○康侯胡氏曰：「《春秋》於内女，其歸其出詳録之者，男女居室，人之大倫也。男子生而願爲之有室，女子生而願爲之有家。父母之心，人皆有之，而不能爲之擇家與室，則夫婦之道苦、淫僻之辠多矣。王法所重，人倫之本，録之詳爲後世戒也。」存耕趙氏曰：「郯伯姬、杞叔姬，易世皆出，人倫之變也。」

仲孫蔑如宋。

《左氏》曰：「報華元也。」義見《隱七年》「齊來聘」。

夏，叔孫僑如會晉荀首于穀。

穀，見《莊七年》。義見《文十一年》「會于承筐」。首，《公羊》作秀。

梁山崩。

杜氏曰：「梁山在馮翊夏陽縣北。」張氏曰：「同州韓城縣有禹貢梁山，《爾雅》云：『梁山，晉望。』」康侯胡氏曰：「《詩》：『奕奕梁山，韓侯受命。』韓國之鎮也。後爲晉所滅，而大夫韓氏以爲邑焉。」義見《僖十四年》「沙鹿崩」。

秋，大水。

義見《桓元年》。

冬，十有一月己酉，天王崩。

《左氏》曰：「定王崩。」愚謂：書此爲十二月盟于蟲牢，六年取鄟，衛侵宋，邾來朝，魯侵宋，楚伐鄭，嬰齊、行父聘晉，及七年魯三望，諸侯同盟等事起文。而蟲牢之盟，又其甚者也。義又見《隱三年》。

十有二月己丑，公會晉侯、齊侯、宋公、衛侯、鄭伯、曹伯、邾子、杞伯同盟于蟲牢。

獻可杜氏曰：「晉、齊序於宋上，杞伯序於諸侯之下者，以强弱爲大小也。」杜氏曰：「蟲牢，鄭地。陳留封丘縣北有桐牢。」《左氏》曰：「許靈公愬鄭伯于楚。六月，鄭悼公如楚，訟不勝，楚人執皇戌及子國，故鄭伯歸，使公子偃請成於晉。八月，鄭伯及晉趙同盟于垂棘。冬，同盟於蟲牢，鄭服也。」未詳信否。康侯胡氏曰：「天王崩，赴告已及，以所聞先後而奔喪禮也。而九國諸侯會盟不廢，見其皆不臣。《春秋》惡盟誓，於惡之中又有惡焉者，此類是也。」義又見《莊十六年》「同盟于幽」。

六年春，王正月，公至自會。

非天子之事，踰年而返，則不得視正朔矣。義又見《桓二年》「公至自唐」。○高氏曰：「書『公至自會』者，非奔天王之喪也。」

二月辛巳，立武宫。

《公羊》曰：「武宫者何？武公之宫也。」高氏曰：「武公乃伯禽九世孫，獻公之子，於公爲十一世祖，毁之已久，而輒立者，蓋武公敖在宣王時，南征北伐，佐王師有功，而謚曰『武』焉。至成公時，季孫行父自多其功，一旦出私意，再爲立宫，同於世室，與伯禽爲二祧，蓋僭天子之禮，若文、武之二祧也。故《明堂位》曰：『魯公之廟文世室，武公之廟武世室。』聖人於此書『立武宮』以著季氏僭亂妄作之由。」孫氏曰：「宗廟有常，故不言立。此言『立武宮』，非禮可知也。」○常山劉氏曰：「《王制》曰：『諸侯五廟：二昭、二穆，與太祖之廟五。』《祭法》曰：『諸侯立五廟、一壇、一墠。曰考廟，曰王考廟，曰皇考廟，皆月祭之。顯考廟、祖考廟，享嘗乃止。去祖爲壇，去壇爲墠，壇、墠有禱焉。祭之無禱乃止，去禱爲鬼。』然則諸侯宗廟古有彝典，過則毁之，不可復立也。武宮其毁之久矣，而輒立之，非禮明矣。」張氏曰：「觀《春秋》書法與《祭法》之論廟制，則武宮之立，與煬宮同於失禮違制，斷爲可知。《明堂位》之言，其爲俗儒之論明矣。甚矣！其亂聖制而誤後學也。」

取鄟。音專，又市轡切。

滅而書「取」，見《宣九年》。康侯胡氏曰：「鄟，微國也。」義見《莊十年》「齊滅譚」。

衛孫良夫帥師侵宋。

大夫專兵以侵同盟之國，辠自見矣。義又見《莊十年》「公侵宋」。

夏六月，邾子來朝。

義見《隱十一年》「滕、薛來朝」。○高氏曰：「魯取鄟而邾子遂來朝，其强弱可知矣。且天王新即位，不朝而朝魯，此可見惟陵我是畏也。」

公孫嬰齊如晉。

《左氏》曰：「子叔聲伯如晉，命伐宋。」未詳信否。義見《隱七年》「齊來聘」。

壬申，鄭伯費卒。費，音祕。

《左氏》曰：「鄭悼公卒。」大意見《隱七年》「滕侯卒」。此又爲楚伐喪起文也。

秋，仲孫蔑、叔孫僑如帥師侵宋。

《左氏》曰：「孟獻子、叔孫宣伯侵宋，晉命也。」未詳信否。義見《莊十年》「公侵宋」。〇朴鄉吕氏曰：「二卿並書，與前四卿並書之意同。當時大夫專擅，各自帥師，而公家微矣。是故侵宋之事小，而專權之患大。」

楚公子嬰齊帥師伐鄭。

《左氏》曰：「楚子重伐鄭，鄭從晉故也。」康侯胡氏曰：「鄭能背夷即華，是改過遷善也。嬰齊爲是帥師，又因其喪而伐之，不義甚矣！」義又見《莊十年》「荆敗蔡師」。〇愚案：楚書大夫帥師始此，見夷狄之盛，同於中國也。然楚國之權，亦在大夫，而楚漸衰矣。

冬，季孫行父如晉。

義見《隱七年》「齊來聘」。〇許氏曰：「仲孫蔑、叔孫僑如、季孫行父有如必書，相望於《春秋》者，大夫强也。」

晉欒書帥師救鄭。救，《公羊》作侵，非也。

《左氏》曰：「晉欒書救鄭，與楚師遇於繞角，楚師還。」義見《莊二十八年》「救鄭」。

七年春，王正月，鼷鼠食郊牛角，改卜牛。鼷鼠又食其角，乃免牛。鼷，音兮。

李巡曰：「鼱鼩，鼠，一名鼷鼠。」《説文》云：「小鼠。」《爾雅》云：「有螫毒者，或謂之甘口鼠。」愚聞有其誠則有其神，故神不歆非類，惟德馨香。祀時成公幼弱，三桓擅政，兵煩税重，神怒人怨，況僭郊乎？鼷鼠食郊牛角，天示譴也。不知變懼，而又食其角，天譴深矣。聖人書此，爲後世鑒，與卜郊不從及郊牛傷大意略同。

吴伐郯。音談。

陸氏曰：「吴，姬姓，子爵。周太王之子太伯仲雍之後。武王克商，封其曾孫周章於吴，爲子。至壽夢而僭稱王。壽夢元年，成公之六年也。」張氏曰：「其地爲吴郡，今平江也。」《左氏》曰：「吴伐郯，郯成。季文子曰：『中國不振旅，蠻夷入伐而莫之或恤，無弔者也。夫有上不弔，其誰不受亂？吾亡無日矣！』」黄氏曰：「吴、郯相去本隔江淮二水，而伐之者，吴始大也。初，吴本受盟於楚。自楚之申公巫臣自晉適吴，通吴於晉，教之射御戰陳以叛楚，蠻夷之屬於楚者，吴盡取之。至是而又陵中國，楚之患漸息，而吴之擾方始。」許氏曰：「伐郯之役，兵連上國，於是始見於《春秋》，志『入州來』，著十五年之所以會于鍾離也。」義又見《莊十年》「荆敗蔡師」。○戴氏曰：「荆之始見也，入蔡。吴之始見也，伐郯。中國莫之問，故駸駸焉交亂中國。」

夏五月，曹伯來朝。

《左氏》曰：「曹宣公來朝。」義見《隱十一年》「滕、薛來朝」。

不郊，猶三望。

高氏曰：「免牛，則不郊矣。復書『不郊』者，以吴、曹事隔其文故，爲三望起也。」義見《僖三十一年》。

秋，楚公子嬰齊帥師伐鄭。

《左氏》曰：「楚子重伐鄭師於氾。」康侯胡氏曰：「楚軍旅數起，頻年伐鄭，所謂辠自見也。」義又見《莊十年》「荆敗蔡師」。

公會晉侯、齊侯、宋公、衛侯、曹伯、莒子、邾子、杞伯救鄭。《公羊》、《穀梁》無「齊侯」二字。

《左氏》曰：「諸侯救鄭。鄭共仲、侯羽軍楚師，囚鄖公鍾儀，獻諸晉。晉人以鍾儀歸，囚諸軍府。」未詳信否。義見《莊二十八年》「救鄭」。

八月戊辰，同盟于馬陵。

杜氏曰：「馬陵，衛地。陽平元城縣東南有地名馬陵。」《左氏》曰：「尋蟲牢之盟，且莒服故也。」未詳信否。義見《莊十六年》。

公至自會。

義見《桓二年》「公至自唐」。

吴入州來。《公羊》、《穀梁》作萊。

孫氏曰：「州來，微國。」杜氏曰：「楚邑，淮南下蔡縣是也。」張氏曰：「屬壽州。」愚案：楚始封不至淮南。壽州本侵小得之，非楚邑也，特是時屬楚耳。孫説是也。《左氏》曰：「楚圍宋之役，師還。子重請取於申、吕以爲賞田，王許之。申公巫臣曰：『不可。此申、吕所以邑也，是以爲賦，以御北方。若取之，是無申、吕也。晉、鄭必至於漢。』王乃止。子重是以怨巫臣。子反欲取夏姬，巫臣止之，遂取以行。子反亦怨之。及共王即位，子重、子反殺巫臣之族子閻、子蕩及清尹弗忌及襄老之子黑要，而分其室。子重取子閻之室，使沈尹與王子罷分子蕩之室，子反取黑要與清尹之室。巫臣自晉遺二子書曰：『爾以讒慝貪惏事君，而多殺不辜。余必使爾罷於奔命以死。』巫臣請使於吴，晉侯許之。吴子壽夢説之，乃通吴於晉。以兩之一卒適吴，舍偏兩之一焉。與其射御，教吴乘車，教之戰陳，教之叛楚。寘其子狐庸焉，使爲行人於吴。吴始伐楚，伐巢，伐徐。子重奔命。馬陵之會，吴入州來。子重自鄭奔命。子重、子反於是乎一歲七奔命。蠻夷屬於楚者，吴盡取之。於是始大通吴於上國。」邦衡胡氏曰：「吴入《春秋》，不踰一年而再伐國，見夷狄之莫制矣。」義又見「吴伐郯」。○東萊吕氏曰：「通吴，誠足以病楚而紓晉之憂。然楚病而晉亦病矣，借助於夷狄，未有不貽其患者。」

冬，大雩。

義見《桓五年》。

衛孫林父出奔晉。

杜氏曰：「林父，良夫之子也。」義見《僖二十八年》「元咺奔晉」。又爲十四年歸衛起文也。

八年春，晉侯使韓穿來言汶陽之田，歸之于齊。

杜氏曰：「齊服事晉，故晉來語魯，使還二年所取田。」《左氏》曰：「晉侯使韓穿來言汶陽之田，歸之於齊。季文子餞之，私焉，曰：『大國制義以爲盟主，是以諸侯懷德畏討，無有貳心。謂汶陽之田，敝邑之舊也。而用師於齊，使歸諸敝邑。今有二命曰：「歸諸齊。」信以行義，義以成命，小國所望而懷也。信不可知，義無所立，四方諸侯其誰不解體？《詩》曰：「女也不爽，士貳其行。士也罔極，二三其德。」七年之中，一與一奪，二三孰甚焉！士之二三，猶喪妃耦，而況霸主？霸主將德是以，而二三之，其何以長有諸侯乎？《詩》曰：「猶之未遠，是用大簡。」行父懼晉之不遠，猶而失諸侯也，是以敢私言之。』」孫氏曰：「魯之土地，天子所封，非晉侯可得而制也。晉侯使歸之於齊，是魯國之命制在晉也。故曰：『晉侯使韓穿來言汶陽之田，歸之於齊。』」康侯胡氏曰：「汶陽之田，本魯田也。魯人恃大國之威，以兵力脅齊，得其故地，而不正疆理於天王，則取之不以其道也。郤克戰勝，令於齊曰：『反魯、衛之侵地。』齊既從之。今復有命俾歸諸齊，則歸之不以其道也。而齊人貪得，晉有二命。穿也列卿，無所諫止，皆皋矣。」

晉欒書帥師侵蔡。

許氏曰：「侵蔡，報伐鄭，大國爭衡而小國受兵。《春秋》矜焉。」義又見《莊十年》「公侵宋」。

公孫嬰齊如莒。

邦衡胡氏曰：「自宣四年，公欲平郯、莒之怨，而莒不肯。至是嬰齊如莒，則魯與莒通好矣。故是年之冬，魯會晉伐郯也，書者以見魯與郯則伐莒，今與莒則伐郯。惟利是嗜，專恣之甚也。」義又見《隱七年》「齊來聘」。

宋公使華元來聘。

《左氏》曰：「宋華元來聘，聘共姬也。」杜氏曰：「婚聘不使卿，今華元將命，故書之。」義又見《隱七年》「齊來聘」。

夏，宋公使公孫壽來納幣。

杜氏曰：「壽，蕩意諸之父。」東萊吕氏曰：「公子、公孫，乃同族兄弟，而爲君納幣，豈所謂遠嫌邪？」康侯胡氏曰：「公孫壽，卿也。納幣使卿，非禮也。禮不可略，亦不可過，惟其稱而已。略則輕大倫，過則溺私愛。宋公之請魯侯之嫁，皆致其厚者也，而不知越禮踰制，豈所以重大婚之禮哉？經悉書之爲後法也。」義又見《文二年》「公子遂納幣」。

晉殺其大夫趙同、趙括。

《左氏》曰：「晉趙嬰通於趙莊姬。五年春，原、屏放諸齊。嬰曰：『我在，故欒氏不作。我亡，吾二昆其憂哉！且人各有能不能，舍我何害？』弗聽。八年，趙莊姬爲趙嬰之亡故，譖之於晉侯曰：『原、屏將爲亂。』欒、郤爲徵。六月，晉討趙同、趙括。武從姬氏畜於公宫。以其田與祁奚。韓厥言於晉侯曰：『成季之勳，宣孟之忠，而無後，爲善者其懼矣。三代之令王，皆數百年保天之禄，夫豈無辟王？賴前哲以免也。《周書》曰：「不敢侮鰥寡。」所以明德也。』乃立武而反其田焉。」義見《莊二十六年》「曹殺大夫」。

秋七月，天子使召伯來錫公命。錫，《左氏》作賜，疑誤。

啖氏曰：「稱天子，誤也。」《公羊》曰：「元年春，王正月，正也，其餘皆通矣。」啖説近是。蓋天子、天王雖同，然《春秋》二百四十二年之中，惟此稱子爾，故知誤也。召伯，見《文五年》，此其後也。錫，賜也。《左氏》曰：「召伯，桓公。」康侯胡氏曰：「成公即位，喪服已畢而不入見，既更五服一朝之歲矣，而不如京師，又未嘗敵王所愾，而有功也，何爲來賜命乎？ 皋邦君不王天子，僭賞也。」義又見《莊元年》「榮叔錫桓公命」。

冬十月癸卯，杞叔姬卒。

啖氏曰：「叔姬雖出，猶書『卒』，爲喪歸杞故也。」愚謂：又爲明年二月伯姬歸宋起文也。

晉侯使士燮來聘。

《左氏》曰：「晉士燮來聘，言伐郯也，以其事吴故。公賂之，請緩師。文子不可，曰：『君命無貳，失信不立，禮無加貨，事無二成。君後諸侯，是寡君不得事君也。燮將復之。』季孫懼，使宣伯帥師會伐郯。」義見《隱七年》「齊來聘」。

叔孫僑如會晉士燮。齊人、邾人伐郯。

薛氏曰：「吴伐郯而不能救，服吴則伐之。諸侯無所措手足矣。」康侯胡氏曰：「晉之爲盟主可見矣，魯既知其不可而不敢違，其不能立亦可知矣。」義又見《隱二年》「鄭伐衛」。

衛人來媵。

孫氏曰：「媵伯姬也。唯王后三國媵。此年衛人來媵。九年，晉人來媵。十年，齊人來媵。」康侯胡氏曰：「媵者何？ 諸侯有三歸：嫡夫人行則姪娣從，二國來媵亦以姪娣從。凡一娶九女，所以廣繼嗣。

三國來媵，非禮也。夫以禮制欲則治，以欲敗禮則亂。而諸侯一娶十有二女，備書三國以明踰制，爲後戒也。」

九年春，王正月，杞伯來逆叔姬之喪以歸。

《穀梁》曰：「夫無逆出妻之喪而爲之也。」陸氏曰：「禮有婦既練而反，未練而出。然則出婦有反歸之禮。但女嫁未三月而死，猶葬於女氏之黨。今叔姬生未反於杞，而死反葬，故曰非禮也。」○李氏曰：「禮，婦人未廟見則歸葬於女之黨，以未成婦於其祖者，不可以祔其姑也。叔姬既絶矣，生不奉其祭祀，死豈可成婦於祖宗乎？是則魯不應使之也，杞不應逆之也。杞、魯之不正，均也。」

公會晉侯、齊侯、宋公、衛侯、鄭伯、曹伯、莒子、杞伯，同盟于蒲。

蒲，見《桓三年》。《左氏》曰：「爲歸汶陽之田，故諸侯貳於晉。晉人懼，會于蒲，以尋馬陵之盟。季文子謂范文子曰：『德則不競，尋盟何爲？』范文子曰：『勤以撫之，寬以待之，堅强以御之，明神以要之。柔服而伐貳，德之次也。』」義見《莊十六年》。○貫道王氏曰：「甚哉！晉之無策也。盟而可保諸侯，蟲牢足矣，何必馬陵？馬陵足矣，何必于蒲？德不足以懷，威不足以震，惟恃區區歃血之信以爲固人心，其可厚誣邪！盟之相要不足信久矣，五年之中凡三爲同，不即人心甚矣！」張氏曰：「自此，鄭、魯皆有叛晉之心。執鄭盟魯，紛紛甚矣！治人不治反其智，同盟豈所以一諸侯哉！」

公至自會。

義見《桓二年》「公至自唐」。

二月，伯姬歸于宋。

書此爲行父致女、三國來媵起文。又見伯姬有杞叔姬之服而嫁也。

夏，季孫行父如宋致女。

劉氏曰：「致之者，成之也。」何氏曰：「古者婦人三月而廟見，祭於禰，成婦之義也。父母使人操禮致之。」孫氏曰：「使卿，非禮也。」

晉人來媵。

義見「衛人來媵」。

秋七月丙子，齊侯無野卒。

義見《隱三年》「宋公卒」。

晉人執鄭伯。晉欒書帥師伐鄭。

《左氏》曰：「楚人以重賂求鄭，鄭伯會楚公子成於鄧。秋，鄭伯如晉。晉人討其貳於楚也，執諸銅鞮。欒書伐鄭。」貫道王氏曰：「既執其君，又伐其國，甚矣！」義又見《隱二年》「鄭伐衛」。此則執諸侯以伐諸侯矣。○許氏曰：「使晉能制楚，不致危鄭，討鄭可也。今楚潰莒入鄆，晉不能救，而禁鄭之貳於楚。《春秋》之義，自反以盡其道，而後責人矣。」高氏曰：「自邲之戰，鄭之從楚者十年。其後晉侯數伐鄭，更蟲牢、馬陵之會，然後鄭伯受盟。及蒲之會，所以尋前日之盟也。而晉人乃執辱鄭伯，又使欒書伐之，明年又使衛侵，又會諸侯伐鄭。方是時，楚適備吴，未暇争鄭，故鄭之在晉者亦五年。及楚一求成於鄭，而鄭伯甘心於楚者，蓋追怒晉之不德，弗恤小國之難，而輕辱其君，故與楚伐許、侵宋，同撓中國。凡二十年間，諸侯之師侵伐會盟曾無虚歲。是禍也，實晉有以啓之，蓋以不信蒲之盟故爾。」

冬十有一月，葬齊頃公。頃，音傾。

義見《隱三年》「葬宋穆公」。

楚公子嬰齊帥師伐莒。庚申，莒潰。楚人入鄆。《公羊》作運。

劉氏曰：「鄆，莒之附庸也。」任氏曰：「東鄆也。」杜氏曰：「城陽姑幕縣南有員亭，即鄆也。」張氏曰：「鄆州須城縣。」黄氏曰：「莒，今密州，在吴、魯之東。楚越吴、魯而伐之，國小而潰。楚又乘勝入鄆。」《左氏》曰：「晉侯使申公巫臣如吴。假道於莒，與渠丘公立於池上，曰：『城已惡！』莒子曰：『僻陋在夷，其孰以我爲虞？』對曰：『夫狡焉思啓封疆以利社稷者，何國蔑有？唯然，故多大國矣，唯或思或縱也。勇夫重閉，況國乎？』九年十一月，楚伐莒，圍渠丘。渠丘城惡，衆潰，奔莒。戊申，楚入於渠丘。莒人囚楚公子平，楚人曰：『勿殺！吾歸而俘。』莒人殺之，楚師圍莒。莒城亦惡。庚申，莒潰，楚遂入鄆。莒無備故也。」未詳信否。愚案：夷狄大夫專兵伐莒，莒既潰，又入鄆，其辠大矣。然莒能治其國家，使民效死弗去，則莒雖小，猶未至於潰也。楚一加兵而即潰，則莒之爲國亦可知矣。若鄆之小，其能支乎？義又見《莊十年》「荆敗蔡師」。

秦人、白狄伐晉。

《左氏》曰：「諸侯貳故也。」康侯胡氏曰：「經所謹者，華夷之辨也。晉嘗與白狄伐秦，秦亦與白狄伐晉，族類不復分矣。武王伐商，庸蜀、微盧、彭濮皆與焉，豈亦不謹乎？除天下之殘賊，而出民於水火之中，雖蠻夷戎狄，以義驅之，可也。中國友邦，自相侵伐，已爲不義，又與非我族類者共焉，不亦甚乎？晉殺其世臣，而諸侯皆貳，秦、狄交伐。比事以觀，可謂深切著明矣。」義又見《隱七年》「伐凡伯」。

鄭人圍許。

《左氏》曰：「鄭人圍許，示晉不急君也。是則公孫申謀之曰：『我出師以圍許，爲將改立君者，而紓晉，使晉必歸君。』」未詳信否。張氏曰：「君在外而興師以復怨，大臣之辠也。」義又見《隱二年》「鄭伐衞」。

城中城。

中城，葉氏曰：「内城也。」杜氏曰：「魯邑也。在東海廩丘縣西南。」前説近是。康侯胡氏曰：「經世安民，視道之得失，不倚城郭溝池以爲固也。城非《春秋》所貴，而書『城中城』，其爲儆守益微矣。王公設險以守其國，非歟？曰：百雉之城，七里之郭，設險之大端也。謹於禮以爲國，辨尊卑，分貴賤，明等威，異物采，凡所以杜絶陵僭、限隔上下者，乃體險之大用也。獨城郭溝池之足恃乎？」義又見《隱七年》「城中丘」。

春秋本義卷第十九

成公

十年春，衛侯之弟黑背帥師侵鄭。

《左氏》曰：「衛子叔黑背侵鄭，晉命也。」未詳信否。康侯胡氏曰：「其曰弟者，子叔黑背生公孫剽，孫林父、甯殖出衛侯衎而立剽，亦以其父有寵愛之私，故得立耳。此與齊之夷仲年無異。其爲後戒，可謂深切著明矣。」義又見《莊十年》「公侵宋」。

夏四月，五卜郊不從，乃不郊。

《公羊》曰：「其言『乃不郊』何？不免牲。故言『乃不郊』也。」陳岳氏曰：「不郊，則是免牲也。其文雖殊，其旨無異。」前説近是。師氏曰：「卜至於五，其瀆甚矣。皇天饗道，果可以僭而徼其吉邪？」義見僖三十一年。但彼加三望之失，此加五卜之瀆耳。○案：郊言三卜者一，襄之七年是也。四卜者二，僖三十一年與襄之十一年是也。五卜者一，此是也。

五月，公會晉侯、齊侯、宋公、衛侯、曹伯伐鄭。

案：二年之中，執鄭伯，欒書伐鄭，衛黑背侵鄭，今復會五國伐鄭。不能服鄭之心，而以力焉，宜其徒困生民也。比事而觀，義自見矣。義又見《隱二年》「鄭伐衛」。

齊人來媵。

高氏曰：「伯姬嫁已久，而諸侯猶來媵之。晉、衛已備其數，豈可復加乎？」義又見「衛人來媵」。

丙午，晉侯獳卒。獳，乃侯切。

此爲「公如晉」起文也。

秋七月，公如晉。

孫氏曰：「奔喪也。」《左氏》曰：「公如晉，晉人止公。使送葬，於是糴茷未反。冬，葬晉景公，公送葬，諸侯莫在，魯人辱之。」劉氏曰：「天子之喪，動天下屬諸侯。諸侯之喪，動通國屬大夫。大夫之喪，動一國屬修士。士之喪，動一鄉屬朋友。庶人之喪，動州里屬黨族。公之行也，非禮也。以謂唯天子之事焉可也。」

冬十月。《公羊》無此，蓋闕文也。

十有一年春，王三月，公至自晉。

《左氏》曰：「晉人以公爲貳於楚，故止公。公請受盟，而後使歸。」愚謂：公留晉九月始得歸魯。正朔不視，宗社不享，民事不親，蓋不能謹禮於其始，故不免追悔於其終。《春秋》書此，爲後世鑒。義又見《桓二年》「公至自唐」。

晉侯使郤犨來聘。己丑，及郤犨盟。犨，尺由切。《公羊》作州。

晉侯，厲公也。杜氏曰：「郤犨，郤克之從父兄弟。」愚謂：晉厲在喪，不使卿總己，而稱晉侯使郤犨，斬然衰絰之中，而以吉禮來聘，見當時禮壞至此。況大夫本受命來聘，而遂專盟，魯不能以禮却之而與之盟，皆禮之壞者也。義又見《三年》「荀庚來聘」。○邦衡胡氏曰：「晉、魯受疑，屢盟不已，誠不足故也。文、宣以前大夫來聘未有盟者，至此大夫專權，雖奉命來聘而與我盟。故荀庚來聘，既專盟於前，郤犨來聘，復專盟於後。」

夏，季孫行父如晉。

報郤犨之聘也。義見《隱七年》「齊來聘」。

秋，叔孫僑如如齊。

《左氏》曰：「宣伯聘于齊，以修前好。」○高氏曰：「自鞌之役，而齊、魯絶交，至是乃復通。」義見《隱七年》「齊來聘」。

冬十月。

十有二年春，周公出奔晉。

《公羊》曰：「周公者，天子之三公也。」《左氏》曰：「周公惡惠、襄之偪也，且與伯與争政，不勝，怒而出。及陽樊，王使劉子復之，盟于鄄而入。三日復出奔晉。」愚謂：周公爲天子三公而出奔，辠不待言矣。然三公至於出奔，周之無政亦可知也。晉厲爲諸侯，且居喪次，首受逋逃之臣，晉之辠著矣。○宋氏曰：「王臣出奔，諸侯當執以歸京師。晉納亡命，而主逋逃，無所畏避天子。夷諸侯、京師同列國也。」

夏，公會晉侯、衛侯于瑣澤。瑣，《公羊》作沙。

陸氏曰：「瑣澤，鄭地。」朴鄉呂氏曰：「此會爲伐秦爾。」義見《隱九年》「會于防」。○高氏曰：「晉厲之會，實始乎此。略諸國而致魯、衛，則以見厲公之德不能謹始，諸侯多解體矣。」

秋，晉人敗狄于交剛。

陸氏曰：「交剛，鄭地。」義見《莊二十年》「齊伐戎」。

冬十月。

十有三年春，晉侯使郤錡來乞師。錡，魚倚切。

張氏曰：「自齊桓以來，召兵侵伐，雖不出於王命，然攘夷討辠，爲中國舉，猶足以令諸侯也。今晉以私怨報秦，則其義不足以令諸侯矣，故懼其不從而卑詞以乞之。聖人直書以見其舉事不公，自貶伯體也。」○康侯胡氏曰：「晉若誅亂臣，討賊子，請於天王，以大義驅之，誰不拱手以聽命？何至於乞哉！」

三月，公如京師。夏五月，公自京師，遂會晉侯、齊侯、宋公、衛侯、鄭伯、曹伯、邾人、滕人伐秦。

孫氏曰：「公朝京師，禮也。因會諸侯伐秦，過京師而朝，非禮也。《周官》六年五服一朝，王乃時巡，諸侯朝于方岳。未有因諸侯伐國過京師朝王之事。故書『公如京師，自京師，遂會伐秦』。」高氏曰：「諸侯擅興兵報怨，而兵過京師，此其辠之大者。」○朴鄉呂氏曰：「僖公朝王，爲會晉爾。成公如京師，爲伐秦爾，非其尊周之本心也。僖公書曰『公會諸侯，盟于踐土。公朝于王所』，此書『公如京師，公自京師，遂會諸侯伐秦』，可謂微而顯矣。」康侯胡氏曰：「古者諸侯即位，服喪畢則朝，小聘、大聘終則朝，巡狩于方岳則朝。此年書『公如京師』，不成朝禮，不敬莫大焉！君臣之大倫，至於此極。故仲尼嘗喟然歎曰：『夷狄之有君，不如諸夏之亡也。』爲此懼作《春秋》以明君臣之義者，至矣！其義得行，則臣必敬於君，子必敬於父，天理必存，人欲必消，大倫必正，豈曰小補之哉！」

曹伯廬卒于師。廬，陸德明云：「《左氏》本亦作盧。」

劉氏曰：「卒于師曰師，卒于會曰會。」愚謂：此記實事，以起葬曹宣公之文，無他義也。義見《隱三年》「宋公卒」。

秋七月，公至自伐秦。

高氏曰：「以伐秦至，著公此行實非朝也。《書》曰：『爾其敬，識百辟享，亦識其有不享。惟不役志于享，凡民惟曰不享。』此《春秋》之意也。」義又見《桓二年》「公至自唐」。

冬，葬曹宣公。

義見《隱三年》「葬宋穆公」。

十有四年春，王正月，莒子朱卒。

張氏曰：「莒子，季佗也。」大意見《隱七年》「滕侯卒」。

夏，衛孫林父自晉歸于衛。

《左氏》曰：「衛侯如晉，晉侯强見孫林父焉，定公不可。夏，衛侯既歸，晉侯使郤犨送孫林父而見之。

衛侯欲辭，定姜曰：『不可！是先君宗卿之嗣也，大國又以爲請，不許，將亡。雖惡之，不猶愈於亡乎？君其忍之。安民而宥宗卿，不亦可乎？』衛侯見而復之。」貫道王氏曰：「衛定惡林父，知所惡矣。晉爲盟主，不去其惡，而封殖之。書曰『自晉』，晉奉之也。衛元咺以臣抗君，皆晉爲之也。今林父復自晉歸，衛不得君其君、臣其臣矣。」許氏曰：「人臣不唯義之即安，而介恃大國，使之反己，此能爲逐君之惡者也。唯其辨之不早，是以衛獻至於出奔，禍兆此矣。」愚謂：林父之辠著矣！晉厲之惡顯矣！衛定不能辭以大義而受之，其不能君亦可知矣。義又見《僖二十八年》「元咺歸衛」。○張氏曰：「非特衛之不早辨，晉之政在大夫，亦自此矣。」

秋，叔孫僑如如齊逆女。

高氏曰：「公即位十有四年矣，國家無事，迄今方娶，又使同姓之卿逆之，故書以爲戒。」義又見《宣元年》「公子遂逆女」。但彼則弑逆之賊與喪娶耳。

鄭公子喜帥師伐許。

《左氏》曰：「公子喜，子罕也。」鄭至此四伐許，辠自見矣。義又見《隱二年》「鄭伐衛」。○高氏曰：「此著許之所以遷也。」許氏曰：「鄭逼許，楚困鄭，以國大小、力强弱更相吞噬。夷夏一道，而人理盡矣。」

九月，僑如以夫人婦姜氏至自齊。

劉氏曰：「僑如不氏，一事而再見者，卒名也。」石氏曰：「稱婦，宣公夫人穆姜尚存故也。」見《僖二十五年》。義見《宣元年》：「遂以婦姜至自齊。」此稱氏者，或傳寫之誤，無他義也。

冬十月庚寅，衛侯臧卒。

義見《隱三年》「宋公卒」。此又爲次年衛侯居喪出盟起文也。

秦伯卒。

秦伯，桓公也。不名，闕之。義見《文十八年》「秦伯罃卒」。

十有五年春，王二月，葬衛定公。

義見《隱三年》「葬宋穆公」。

三月乙巳，仲嬰齊卒。

仲嬰齊，杜氏曰：「襄仲子，公孫歸父弟。宣十八年，逐東門氏。既而又使嬰齊紹其後，曰仲氏。」劉炫曰：「仲遂受賜爲仲氏，故其子孫稱仲氏。」貫道王氏曰：「公子遂卒稱仲遂，是生而賜氏矣。故嬰齊卒，亦以仲。用見亂臣如遂，雖已逐之，而亦得以世卿也。」大意又見《隱元年》「益師卒」。○孫氏曰：「仲嬰齊，歸父之子孫，以王父字爲氏。公之子曰公子，公子之子曰公孫，公孫之子以王父字爲氏也。」未詳是否。

癸丑，公會晉侯、衛侯、鄭伯、曹伯、宋世子成、齊國佐、邾人，同盟于戚。晉侯執曹伯，歸于京師。

高氏曰：「欲討曹伯，勿與之盟，可也。假他事相會，而與之盟，既盟而執之，非也。而衛侯居喪出盟，則覩文可見。」同盟，義見《莊十六年》。執曹伯，義見《僖二十八年》「晉執衛侯」。又爲十六年曹伯歸自京師起文。而曹伯之有辠無辠，則不可知也。事見《辨疑》、《或問》。

公至自會。

義見《桓二年》「公至自唐」。

夏六月，宋公固卒。

義見《隱三年》「宋公卒」。

楚子伐鄭。

義見《莊十年》「荆敗蔡師」。○木訥趙氏曰：「前年鄭公子喜無故伐許。許，楚之與也。鄭昔嘗伐許，而楚不問，以鄭亦在楚耳。今鄭從晉，而伐楚之與國，楚能不惡鄭乎？故楚子伐鄭，爲許也。鄭有以招之也。」

秋八月庚辰，葬宋共公。

高氏曰：「三月遽葬，亂也。」義又見《隱三年》「葬宋穆公」。

宋華元出奔晉。宋華元自晉歸于宋。宋殺其大夫山。宋魚石出奔楚。

《左氏》曰：「蕩子山也。」高氏曰：「先書『華元自晉歸于宋』，而繼書殺山，則知其爲華元殺之矣。」愚案：《左氏》所載，與經不合。今據經求義，一時之事而四稱宋者，各爲一事，各爲一義也。統而論之，卿大夫不以道事君，君死而争權，故華元倚晉而殺山。而魚石者山之黨，故出奔。强者勝而弱者死且奔耳。分而論之，華元擅一國之權，用事既久，不能同寅協恭以濟公室，君死而至於出奔。復倚晉以殺山，再持國柄，其惡著矣。山爲大夫而至於見殺，亦不足論。魚石奔楚，復倚楚而據邑以叛，辠之尤大者也。是皆政在大夫之弊，其所由來漸矣。然共公之爲國，從可知也。

冬十有一月，叔孫僑如會晉士燮、齊高無咎、宋華元、衛孫林父、鄭公子鰌、邾人，會吴于鍾離。燮，息協切。鰌，音秋。

上書會者，魯會外大夫也。下書「會吴于鍾離」者，諸侯之大夫往與吴會也，無他義也。杜氏曰：「鍾離，淮南縣。」張氏曰：「濠州城下縣，故鍾離國。嬴姓。後爲楚邊邑。」《左氏》曰：「始通吴也。」程子曰：「吴益强大，求會諸侯，諸大夫往而從之。書之以見夷狄盛而中國變也。時中國病楚，故與吴親。」許氏曰：「會列書卿始此。君道微而臣行彰。」義又見《隱二年》「公會戎于潛」。此則大夫會夷狄甚矣。〇常山劉氏曰：「此年會吴于鍾離。襄五年，會吴于善道，又爲會于戚。十年，會吴于柤。十四年，會吴于向。五書會吴者，《春秋》辠諸侯而賤夷狄也。蓋天子失政而諸侯亂。中國無伯，雖齊、晉大國，亦皆俛首以與夷狄會。且吴之暴横，憑陵上國，尤非昔日比。至哀十二年，黄池之會，書公會晉侯及吴子，又非會鍾離、柤、向之可擬也。」葉氏曰：「春秋夷狄之强，莫大於吴、楚。小白一起而正之，重耳繼敗城濮，楚不得肆。蓋齊與晉猶有與之敵者也。故申之會，晉與魯雖不能拒，亦不復從。成公之末，吴驟强，夫所恃以主盟者晉而已。厲公之暴，悼公之賢，皆不能少振，反率諸侯而從之，一會而合七國，再會而合十三國，三會而合十二國，我皆與之俱，無不聽於吴焉。而其伐郯、伐陳、入州來，無不如志。及其久也，破楚柏舉而入楚，敗頓、沈、陳、蔡之師，殺二國君，我遂舍中國而從之。昭公不恥同姓而與之昏，哀公始以叔還離會于柤，已而身爲鄫與橐皐之好。其不被髮而左衽者幾希矣！」莘老孫氏曰：

「《春秋》於楚、吴、越，書之有漸焉。非進之也，夷狄益强而中國益衰，《春秋》所以傷中國之衰也。」

許遷于葉。舒涉切。

杜氏曰：「葉，南陽葉縣也。」張氏曰：「即汝州葉縣。」《左氏》曰：「許靈公畏偪于鄭，請遷于楚。辛丑，楚公子申遷許于葉。」杜氏曰：「許畏鄭，南依楚，故以自遷爲文。」皆未詳信否。高氏曰：「許，微弱之國，鄰於鄭。鄭亟加兵，自三年去疾伐許，四年鄭伯伐許，九年鄭人圍許，十四年公子喜伐許，今遂遷焉。畏鄭而南依楚，而鄭人之辠著矣。」愚謂：王綱之壞，與許之不能治其國家，亦可見矣。○張氏曰：「許遷之以近楚，中國盟主不能安小國，而使之昵近蠻夷以求安。《春秋》深以著小國之失所也。」

十有六年春，王正月，雨木冰。雨，如字。

雨木冰者，《穀梁》曰：「雨而木冰也。」范氏曰：「雨著木而成冰也。」朴鄉吕氏曰：「上温下冷也。」愚案：《月令》正月，東風解凍，蟄蟲始振。天氣下降，地氣上騰，天地和同，草木萌動。今雨著木而成冰，則寒極矣。在季冬猶爲極備之凶，況正月乎？害物多矣！陰盛伉陽，臣强君弱之象著矣。

夏四月辛未，滕子卒。

滕稱子，見《桓二年》。不名，闕文也。大意見《隱七年》「滕侯卒」。

鄭公子喜帥師侵宋。

《左氏》曰：「楚子自武城使公子成以汝陰之田求成于鄭。鄭叛晉，子駟從楚子盟于武城。鄭子罕伐宋，宋將鉏、樂懼敗諸汋陂。退舍於夫渠，不儆，鄭人覆之，敗諸汋陵，獲將鉏、樂懼。」未詳信否。貫道王氏曰：「宋於鄭無惡也。今鄭一與楚爲成，首興侵宋之師，是自攻其類也。」義又見《莊十年》「公侵宋」。○高氏曰：「鄭服中國五年矣，至是始叛晉附楚，加兵中國。自是與楚同害中國，諸侯之兵無復寧歲矣。」

六月丙寅朔，日有食之。

義見《隱三年》。

晉侯使欒黶來乞師。黶，於斬切。

《左氏》曰：「晉侯將伐鄭，范文子曰：『若逞吾願，諸侯皆叛，晉可以逞。若唯鄭叛，晉國之憂，可立俟也。』欒武子曰：『不可以當吾世而失諸侯，必伐鄭。』乃興師。郤犨如衛，遂如齊，皆乞師焉。欒黶來乞師。」義見《十三年》「郤錡乞師」。此比伐秦，爲有名耳。○高氏曰：「鄭之叛晉，實晉有以致之。以其失伯主之義，不足令諸侯故也。特使卿來乞師。」

甲午晦，晉侯及楚子、鄭伯戰于鄢陵。楚子、鄭師敗績。鄢，謁晚切，又於建切。

楊氏曰：「上六月丙寅朔，日食，則此甲午晦，是二十九日也。」高氏曰：「晉將伐鄭，鄭告於楚。楚子遽引師而來。於是晉不暇俟諸侯之兵，先與之合戰，而大敗之。我既未致伐於彼，彼志非來伐於我，故直書戰而已。稱晉之及，晉爲主也。」杜氏曰：「鄢陵，鄭地，屬潁川郡。」《後漢·郡國志》：「潁川鄢陵，晉敗楚之地。」張氏曰：「即東京開封府鄢陵縣。」《穀梁》曰：「楚不言師，君重於師也。」莘老孫氏曰：「韓之戰，實獲晉侯，不言晉師之敗，君獲則師敗矣。鄢陵之戰，楚師敗績，而楚子傷焉。不曰楚師，君傷則師敗也。」《左氏》曰：「戊寅，晉師起。鄭人聞有晉師，使告於楚，姚句耳與往。楚子救鄭，司馬將中軍，令尹將左，右尹子辛將右。過申，子反入見申叔時，曰：『師其何如？』對曰：『德、刑、詳、義、禮、信，戰之器也。德以施惠，刑以正邪，詳以事神，義以建利，禮以順時，信以守物。民生厚而德正，用利而事節，時順而物成。上下和睦，周旋不逆，求無不具，各知其極。故《詩》曰：「立我烝民，莫匪爾極。」是以神降之福，時無災害，民生敦厖，和同以聽，莫不盡力以從上命，致死以補其闕。此戰之所由克也。今楚內棄其民而外絕其好，瀆齊盟而食話言，奸時以動，而疲民以逞。民不知信，進退辠也。人恤所底，其誰致死？子其勉之，吾不復見子矣。』姚句耳先歸，子駟問焉，對曰：『其行速，過險而不整。速則失志，不整喪列。志失列喪，將何以戰？楚懼不可用也。』五月，晉師濟河。聞楚師將至，范文子欲返，曰：『我僞逃楚，可以紓憂。夫合諸侯，非吾所能也。以遺能者，我若羣臣輯睦以事君，多矣。』武子曰：『不可。』六月，晉、楚遇于鄢陵。范文子不欲戰，郤至曰：『韓之戰，惠公不振旅；箕之役，先軫不反命；邲之師，荀伯不復從，皆晉之恥也。子亦見先君之事矣。今我辟楚，又益恥也。』文子曰：『吾先君之亟戰也，有故。秦、狄、齊、楚皆强，不盡力，子孫將弱。今三强服矣，敵楚而已。唯聖人能內外無患。自非聖人，外寧必有內憂。盍釋楚以爲外懼乎？』甲午晦，楚晨壓晉軍而陳。軍吏患之。范匄趨進曰：『塞井夷竈，陳於軍中，而疏行首。晉、楚唯天所授，何患焉？』文子執戈逐之，曰：『國之存亡，天也，童子何知焉？』欒書曰：『楚師輕窕，固壘而待之，三日必退。退而擊之，必獲勝焉。』郤至曰：『楚有六間，不可失也：其二卿相惡，王卒以舊，鄭陳而不整，蠻軍而不陳，陳不違晦，在陳而囂，合而加囂。各顧其後，莫有鬬心。舊不必良，以犯天忌，我必克之。』伯州犂以公卒告王。苗賁皇在晉侯之側，亦以王卒告，皆曰：『國士在，且厚，不可當也。』苗賁皇言於晉侯曰：『楚之良，在其中軍王族而已。請分良以擊其左右，而三軍萃於王卒，必大敗之。』公筮之，史曰：『吉。其卦遇《復》，曰：「南國蹙，射其元王，中厥目。」國蹙王傷，不敗何待？』公從之。步毅御晉厲公，欒鍼爲右。彭名御楚共王，潘黨爲右。石首御鄭成公，唐苟爲右。欒、范以其族夾公行。癸巳，潘尫之黨與養由基蹲甲而射之，徹七札焉。以示王，曰：『君有二臣如此，何憂於戰？』王怒曰：『大辱國。詰朝，爾死藝。』及戰，吕錡射共王中目。王召養由基，與之兩矢，使射吕錡，中項，伏弢，以一矢復命。楚師薄於險，叔山冉謂養由基曰：『雖君有命，爲國故，子必射！』乃射。再發，盡殪。叔山冉搏人以投，中車折軾。晉師乃止，囚楚公子茷。子重復鼓。旦而戰，見星未已。子反命軍吏察夷傷，補卒乘，繕甲兵，展車馬，雞鳴而食，唯命是聽。晉人患之。苗賁皇徇曰：『蒐乘補卒，秣馬利兵，修陳固列，蓐食申禱，明日復戰。』乃逸楚囚。王聞之，召子反謀。穀陽豎獻飲於子反，子反醉而不能見。王曰：『天敗楚也夫！余不可以待。』乃宵遁。晉入楚軍，三日穀。范文子立於戎馬之前，曰：『君幼，諸臣不佞，何以及此？君其戒之！《周書》曰「惟命不于常」，有德之謂」。』」愚謂：楚子黷武，取敗不足責也。鄭伯背華即夷，以致喪師，恥辱甚矣。義又見《僖二十八年》「戰于城濮」。○戴氏曰：「鄢陵之戰與城濮同。然厲公所以異於文公者，一勝之後，無以居之。觀沙隨之不見公，行父之見執，厲公之志驕矣。」

楚殺其大夫公子側。

側，子反也。《左氏》曰：「楚師還及瑕，王使謂子反曰：『先大夫之覆師徒者，君不在。子無以爲過，不穀之辠也。』子反再拜稽首曰：『君賜臣死，死且不朽。臣之卒實奔，臣之辠也。』子重使謂子反曰：『初隕師徒者，而亦聞之矣。盍圖之？』對曰：『雖微先大夫有之，大夫命側，側敢不義？側亡君師，敢忘其死？』王使止之，弗及而卒。」義見《莊二十六年》「曹殺大夫」。

秋，公會晉侯、齊侯、衛侯、宋華元、邾人于沙隨。不見公。

杜氏曰：「沙隨，宋地，梁國寧陵縣北有沙隨亭。」張氏曰：「寧陵，宋熙寧間撥屬拱州。」《左氏》曰：「戰之日，齊國佐高無咎至於師。衛侯出於衛，公出於壞隤。宣伯通於穆姜，欲去季、孟而取其室。將行，穆姜送公而使逐二子。公以晉難告，曰：『請反而聽命。』姜怒。公子偃、公子鉏趨過，指之曰：『女不可，是皆君也。』公待於壞隤，申宫儆備，設守而後行。是以後，使孟獻子守於公宫。秋，會於沙隨，謀伐鄭也。宣伯使告郤犨曰：『魯侯待於壞隤，以待勝者。』郤犨將新軍，且爲公族大夫，以主東諸侯。取貨於宣伯，而訴公於晉侯。晉侯不見公。」《穀梁》曰：「不見公者，可以見也。可以見而不見，譏在諸侯也。」程子曰：「晉侯怒公之後期，故不見公。君子正己而無恤乎人。魯之後期，國難故也。晉不見，爲非矣。彼曲我直，不足爲恥也。」愚謂：晉厲勝楚而驕，於此可見矣。然孔子有曰：「能治其國家，誰敢侮之？」不見公，雖諸侯之辠，而成公之爲君，又可知矣。

公至自會。

義見《桓二年》「公至自唐」。

公會尹子、晉侯、齊國佐、邾人伐鄭。

杜氏曰：「尹子，王卿士，子爵。」《左氏》曰：「尹武公。」君舉陳氏曰：「會伐未有書王人者。此其書尹子何？初以王卿士與伐也。《春秋》不以諸侯用王師，於是厲公恣矣。」高氏曰：「楚、鄭既敗，而鄭猶不服，見晉政之斁人矣。」愚謂：鄭之堅於背華而即夷，辠亦不可掩也。○常山劉氏曰：「尹子、單子與諸侯伐鄭，正乎？曰不正也。然是時夷狄肆强，鄭附於楚，晉假天子之命，致王卿士以伐之，所謂彼善於此，則有之矣。」

曹伯歸自京師。

曹伯不名，闕文也。黄氏曰：「突、忽争立，故出入必書名以爲别。曹成之位已定三年，不待書名爲别耳。」未詳是否。愚謂：使曹伯有辠，天王治之，易其位可也。如其無辠，正晉侯之非，即歸之可也。今執之二年，是非不辨，無故使歸，則是其執、其歸，因晉侯之喜怒而姑假手於天王。天王亦唯晉命是聽，而刑賞不由於己。不惟禮樂征伐自諸侯出，又見晉侯得使天王也。王綱倒置，莫甚於此。

九月，晉人執季孫行父，舍之于苕丘。舍，舊音去聲，今當作上聲。苕，《公羊》作招。

葉氏曰：「舍之，猶言釋之也。」《左氏》曰：「宣伯使告郤犫曰：『魯之有季、孟，猶晉之有欒、范也，政令於是乎成。今其謀曰：「晉政多門，不可從也。寧事齊、楚，有亡而已，蔑從晉矣。」若欲得志於魯，請止行父而殺之，我斃蔑也而事晉，蔑有貳矣。魯不貳，小國必睦。不然，歸必叛矣。』九月，晉人執季文子于苕丘。公還，待於鄆。使子叔聲伯請季孫於晉，郤犫曰：『苟去仲孫蔑而止季孫行父，吾與子國親於公室。』對曰：『僑如之情，子必聞之矣。若去蔑與行父，是大棄魯國而辠寡君也。若猶不棄，而惠徼周公之福，使寡君得事晉君，則夫二人者，魯國社稷之臣也。若朝亡之，魯必夕亡。以魯之密邇仇讎，亡而爲讎，治之何及？』郤犨曰：『吾爲子請邑。』對曰：『嬰齊，魯之常隸也。敢介大國以求厚焉！承寡君之命以請，若得所請，吾子之賜多矣，又何求？』范文子謂欒武子曰：『季孫於魯，相二君矣。妾不衣帛，馬不食粟，可不謂忠乎？信讒慝而棄忠良，若諸侯何？子叔嬰齊奉君命無私，謀國家不貳，圖其身不忘其君。若虚其請，是棄善人也。子其圖之！』乃許魯平，赦季孫。」孫氏曰：「沙隨之會，晉侯既不見公，今又執季孫行父，晉再辱魯，其惡可知也。」愚謂：沙隨之會，晉侯不見公，既辱其君矣。今成公會晉侯伐鄭，又無故而執魯卿，且無故而舍之，輕躁縱恣如此，何以服諸侯之心哉？然成公不能辨之於早，至再辱國。後世人君舉動，可以鑒此矣！義又見《莊十七年》「齊執鄭詹」。○葉氏曰：「傳見行父以九月執，十二月方盟，意此三月之間猶未得釋，故以舍之爲處之云爾。不知僑如在魯十月已奔齊，若非知晉悟僑如之譖而釋行父，則何由遽奔？若晉人執叔孫婼，傳言『乃館諸箕』，此乃傳所謂舍者，而經自不書矣。」愚案：葉氏之説是也，與劉氏、陳岳氏同。然《左氏》載執行父事，首尾頗悉。獨舍之一義，少誤耳。故録《左氏傳》而附見葉氏之説云。

冬十月乙亥，叔孫僑如出奔齊。

貫道王氏曰：「僑如挾君母之寵，既辱其君，又辱正卿，魯有政，皆僇餘也。晉從魯請而赦行父，僑如知其謀不遂，故不敢容而奔齊。受亂人，齊亦辠也。」愚謂：僑如造釁，成公不明之所致也。以僑如之惡，魯不即誅於不見公之時，至再辱國，又不能誅而縱之奔，魯國無政可知也。世卿之禍一至於此，後世可以鑒此矣。義又見《僖二十八年》「元咺奔晉」。

十有二月乙丑，季孫行父及晉郤犫盟于扈。犫，《公羊》作州。

晉執季孫，既舍之而懼其貳也，盟以結之。執之、舍之、盟之，晉之舉動可知矣。大夫自爲盟，晉、魯之政又可知矣。

公至自會。

踰時也。葉氏曰：「此伐鄭也。何以言『公至自會』？會而後伐，以會告也。凡因伐而會，伐在會前，則致伐會而謀伐。伐在會後，則致會以所告者書也。」義見《桓二年》「公至自唐」。

乙酉，刺公子偃。

刺，見《僖二十八年》。《左氏》曰：「季孫及郤犫盟于扈。歸，刺公子偃，召叔孫豹于齊而立之。」義見《莊二十六年》「曹殺大夫」。〇貫道王氏曰：「偃與鉏，公之庶弟也，皆穆姜所指以代公者也。獨刺偃，刑之頗也。僑如亂國，容其奔，乃以嫌而殺偃，毋亦吐剛而茹柔乎？」愚謂：魯殺偃又傷骨肉之恩，不特專殺大夫之辠矣。但《左氏》所載，未可盡信耳。

十有七年春，衛北宮括帥師侵鄭。括，《公羊》作結，誤。

高氏曰：「衛侵鄭，晉命也。」義又見《莊十年》「公侵宋」。

夏，公會尹子、單子、晉侯、齊侯、宋公、衛侯、曹伯、邾人伐鄭。

葉氏曰：「單子，王之中大夫。」《左氏》曰：「鄭太子髡頑、侯獳爲質於楚，楚公子成、公子寅戌鄭。公會尹武公、單襄公及諸侯伐鄭，自戲童至於曲洧。楚子重救鄭師於首止，諸侯還。」未詳信否。葉氏曰：「王大夫前未有二人臨諸侯者，此何以言尹子、單子？鄭恃楚而不服晉，復請於王而益之也。王命而行，使方伯可矣，雖益何補？晉爲伯主，不能服鄭，而假王人以臨諸侯，不能使鄭服而益大夫，交失也。」義又見《十六年》。

六月乙酉，同盟于柯陵。

杜氏曰：「柯陵，鄭西地。」《左氏》曰：「同盟於柯陵，尋戚之盟也。」陸氏曰：「不重言諸侯，見尹子、單子與盟。」蘇氏曰：「齊、晉之盛，天子之大夫會而不盟，猶尊周也。柯陵之會，尹子、單子始與諸侯之盟。自是習以爲常，非禮也。」義又見《莊十六年》。○張氏曰：「晉厲公憤鄭之不服，而假同盟之禮以約束諸侯。然不知其無益於鄭之叛，而自取盟王官之辠。」

秋，公至自會。

伐而致會，與十六年同。義見《桓二年》「公至自唐」。

齊高無咎出奔莒。

《左氏》曰：「齊慶克通於聲孟子，與婦人蒙衣乘輦而入於閎。鮑牽見之，以告國武子。武子召慶克而謂之。慶克久不出，而告夫人曰：『國子謫我！』夫人怒。國子相靈公以會，高、鮑處守。及還，將至，閉門而索客。孟子訴之曰：『高、鮑將不納君，而立公子角。國子知之。』刖鮑牽而逐高無咎。無咎奔莒，高弱以盧叛。」未詳信否。義見《僖二十八年》「元晅奔晉」。

九月辛丑，用郊。

《公》、《穀》曰：「用者，不宜用也。」《指掌碎玉》曰：「猶用幣于社，因史之文也。」愚謂：魯郊已非禮，況不時乎？是非禮之中又非禮也。○高氏曰：「魯自每歲僭郊之後，《春秋》不書。其書之者，或因卜不從，或因牛傷死，有變則書耳。今無他變，故而書之者，以其自出己意，非時之郊而不之卜，不宜用而用之，是無天也。其不宜用，未有甚於此者，故書。」

晉侯使荀罃來乞師。罃，《公羊》作嬰。

義見《十六年》「欒黶乞師」。○師氏曰：「請王命以討有辠，宜糾合諸侯，以尊王命，奉辭以往，無敢或後，可也。乃使大夫乞師於魯邪，以盟主而乞師，已爲卑辱，況以王之卿士主兵，乃言乞師，其卑王室以誤寵諸侯也甚矣！夫欲仗天子威以討叛伐貳，乃先爲此卑辱，欲鄭畏威，得乎？」

冬，公會單子、晉侯、宋公、衛侯、曹伯、齊人、邾人伐鄭。

孫氏曰：「鄭與楚比周，晉侯再假王命，三合諸侯伐之，不能服。中國不振可知也。」義又見《十六年》。○愚案：諸侯以王命伐背華之鄭，其名正，其事順。名正事順，常事也，《春秋》宜不書而亦書焉者，晉厲假之也。天理人欲同行而異情，厲公之舉，挾天子以令諸侯者也。古者諸侯有辠，大國討之。不服，則方伯討之。又不服，則天子親討之。晉厲既非方伯，又非真爲天子討有辠者，不過假伐鄭以行吾伯。及其不服，然後摟天子之卿以伐之。其名似正，其事似順，而其情則不然也。桓、文之事皆然，而晉厲獨無功者，何也？信義不行於諸侯，諸侯解體，民心不附。故桓、文得以濟其欲，而晉厲卒勞百姓。無桓、文之功，而有桓、文之辠，爲人君者，可以鑒此矣。

十有一月，公至自伐鄭。

前以會致，此以伐鄭致者，葉氏以爲因伐而會，出以伐告，歸亦以伐告也。義見《桓二年》「公至自唐」。

壬申，公孫嬰齊卒于貍脤。貍，力之切。脤，市軫切，《公羊》作軫，《穀梁》作蜃。

李氏曰：「下有『十二月丁巳朔』，則知此壬申在十月十六也。經誤。」愚謂：或書丁巳者，誤也。杜氏曰：「貍脤，地闕。」蘇氏曰：「嬰齊從於伐鄭，還而道卒。大夫卒不地，其地在外也。」竊謂此亦譏世卿耳。

十有二月丁巳朔，日有食之。

義見《隱三年》。

邾子貜且卒。且，子餘切。

此爲十八年邾子同盟于虛朾起文也。大意又見《隱七年》「滕侯卒」。

晉殺其大夫郤錡、郤犨、郤至。犨，《公羊》作州。

《左氏》曰：「晉厲公多外嬖，反自鄢陵，欲盡去羣大夫，而立其左右。胥童以胥克之廢也怨郤氏，而嬖於厲公。郤錡奪夷陽五田，五亦嬖於厲公。郤犨與長魚矯争田，執而梏之，與其父母妻子同一轅。既，矯亦嬖於厲公。欒書怨郤至，以其不從己而敗楚師也，欲廢之。使楚公子茷告公曰：『此戰也，郤至實召寡君。以東師之未至也，與軍帥之不具也，曰：「此必敗！吾因奉孫周以事君。」』公告欒書，書曰：『其有焉！不然，豈其死之不恤，而受敵使乎？君盍嘗使諸周而察之！』郤至聘于周，欒書使孫周見。公使覘之，信。遂怨郤至。厲公田，與婦人先殺而飲酒，後使大夫殺。郤至奉豕，寺人孟張奪之，郤至射而殺之。公曰：『季子欺余。』厲公將作難，胥童曰：『必先三郤，族大多怨。去大族不偪，敵多怨有庸。』公曰：『然。』郤氏聞之，郤錡欲攻公，曰：『雖死，君必危。』郤至曰：『人所以立，信、知、勇也。信不叛君，知不害民，勇不作亂，失兹三者，其誰與我？死而多怨，將安用之？君實有臣而殺之，其謂君何？我之有辠，吾死後矣！若殺不辜，將失其民，欲安得乎？待命而已！受君之禄，是以聚黨。有黨而争命，辠孰大焉！』壬午，胥童、夷羊五帥甲八百，將攻郤氏。長魚矯請無用衆，公使清沸魋助之，抽戈結衽，而僞訟者。三郤將謀於榭。矯以戈殺駒伯、苦成叔於其位。温季曰：『逃威也！』遂趨。矯及諸其車，以戈殺之，皆尸諸朝。胥童以甲劫欒書、中行偃於朝。矯曰：『不殺二子，憂必及君。』公曰：『一朝而尸三卿，余不忍益也。』對曰：『人將忍君。臣聞亂在外爲姦，在内爲軌。御姦以德，御軌以刑。不施而殺，不可謂德。臣偪而不討，不可謂刑。德刑不立，姦軌並至。臣請行。』遂出奔狄。公使辭於二子，曰：『寡人有討於郤氏，郤氏既伏其辜矣。大夫無辱，其復職位。』皆再拜稽首曰：『君討有辠，而免臣於死，君之惠也。二臣雖死，敢忘君德。』乃皆歸。公使胥童爲卿。」《穀梁》曰：「自禍於是起矣。」孫氏曰：「君之卿佐，是謂股肱。厲公不道，一日而殺三卿，此自禍之道也，誰與處矣？故列數之，以著其惡。明年弑州蒲。」義又見《莊二十六年》「曹殺大夫」。○高氏曰：「又見晉之用人不求賢德，唯取世族而已。」張氏曰：「或曰晉至此時，六卿之勢已成矣。厲公之討，將以强公室也。縱而不治，則臣强君弱，將若之何？不知事有機括，政有要領。正君道以御其臣，初不在多殺也。宋太祖舉五代總兵專國之强臣，使之辭兵柄、解重權於一夕，指麾之間，蓋得其機，據其要，而彼之心悦誠服，自不容已也。何乃以多殺立威而求安乎？《春秋》辠厲公之殺三卿而卒以自及，其示後世御臣之法，至矣。」

楚人滅舒庸。

任氏曰：「舒庸，東夷偃姓之國。」《地譜》：「廬州城下舒城。」《左氏》曰：「舒庸人以楚師之敗也，道吴人圍巢，伐駕，圍釐、虺，遂恃吴而不設備。楚公子橐師襲舒庸，滅之。」未詳信否。義見《僖三年》「徐取舒」。

十有八年春，王正月，晉殺其大夫胥童。

高氏曰：「胥童，胥甲之孫，胥克之子。」義見《莊二十六年》「曹殺大夫」。

庚申，晉弑其君州蒲。高氏曰：「漢應劭作《舊君諱議》，周穆王名滿，晉厲名州滿，又有子孫滿，是同名不諱。然則州蒲乃『滿』字之誤也。」未詳是否。

不言弑君之賊，見《文十八年》。存耕趙氏曰：「晉厲本無大惡，徒以志驕意盈，遂至君臣疑間，以及此禍。」愚謂：厲公合諸侯攘夷狄，未爲無功也。敗狄伐秦，鄢陵得志，驕侈既生，殺戮近臣，遂不得其死。夫不矜不伐，剛之則也。有天下者，可以鑒此矣。義又見《隱四年》衛州吁事。〇張氏問：「《胡氏傳》欒書弑晉厲公事，若許欒書之弑，何也？」朱子曰：「舊亦嘗疑之。」愚謂：「晉」字下有弑君賊名而闕之耳。不然，則《左氏》不可信也。厲公之過，特在戰勝而驕，遽殺四大夫耳。非若陳靈、晉靈不仁之甚也。陳靈見弑，猶書夏徵舒。晉靈見弑，猶書趙盾。豈有欒書、中行偃弑君，而《春秋》反匿其名而爲衆弑之辭哉？父雖不慈，子不可以不孝。君雖不仁，臣不可以不忠。若欒書、中行偃弑其君而與之，不可以訓。

齊殺其大夫國佐。

義見《莊二十六年》「曹殺大夫」。○吕氏曰：「屬辭比事，《春秋》教也。比其事，則時可知。十七年，晉殺三郤。十八年，殺胥童，而晉弑其君，齊殺其大夫國佐。兩月之間，諸國君臣上下相殘殺如此，則仁義不施而禮樂絶滅之效也。後之君臣欲思患預防者，覩此亦可以少戒矣。」

公如晉。

《左氏》曰：「晉悼公即位。公如晉，朝嗣君也。」貫道王氏曰：「朝嗣君事，天子之禮也。」義又見《僖十年》「公如齊」。

夏，楚子、鄭伯伐宋。宋魚石復入于彭城。

杜氏曰：「彭城，宋邑，即彭城縣。」張氏曰：「即徐州彭城縣。」《左氏》曰：「宋人患之。西鉏吾曰：『何也？若楚人與吾同惡，以德於我，吾固事之，不敢貳矣。大國無厭，鄙我猶憾。不然，而收吾憎，使贊其政，以間吾釁，亦吾患也。今將崇諸侯之姦而披其地，以塞夷庚。逞姦而攜服，毒諸侯而懼吴、晉。吾庸多矣，非吾憂也。且事晉何爲？晉必恤之。』」貫道王氏曰：「魚石奔楚，故楚納之。伐宋，納魚石也。不言自楚伐，重於有奉也。鄭亦同伐，鄭惡甚矣。彭城，宋之要邑也。伐彭城而納魚石，楚欲以絶吴、晉往來之道也。」愚謂：又爲襄元年諸侯之大夫圍宋彭城起文。○蘇氏曰：「公孫寧、儀行父言納而魚石不言納，魚石之書『復入』，而先言楚鄭之伐，已著其納亂臣也，故不言『自楚』而書『復入』。然不言叛者復入，而將以亂國，非直叛君而已。故魚石、欒、盈之辠重於趙鞅、宋辰也。」朴鄉吕氏曰：「納公孫寧、儀行父於陳，則納之者楚子爾，非公孫寧、儀行父之能爲也。今曰『宋魚石復入于彭城』，則納之者雖楚子，而復入則魚石也。其諸晉欒、盈之儔乎！」

公至自晉。

義見《桓二年》「公至自唐」。

晉侯使士匄來聘。

晉侯，悼公也。諸侯爲之後者爲之服，則悼公之於厲公，子也。悼公之入，不先討賊，又居喪次，未朝天子而先聘魯，失禮甚矣。以悼公之賢而爲此，其亦年之幼而狃於習俗之陋歟？原其心，急於求諸侯以圖伯也。五伯爲三王之辠人，急功利故也。

秋，杞伯來朝。八月，邾子來朝。

杞伯，杞桓公。《左氏》曰：「邾宣公來朝，即位而來見也。」義見《隱十一年》「滕、薛來朝」。

築鹿囿。音又。

鹿囿，囿名。《公羊》曰：「何以書？譏有囿矣，又爲也。」葉氏曰：「又以八月役民也。」○許氏曰：「大夫擅國，威福日去，而公務自虞於鳥獸草木。是謂『冥豫在上，何可長也』。」高氏曰：「前此未有書築囿者。自此之後，昭九年築郎囿，定十三年築蛇淵囿。人君之示子孫，可不戒哉！」

己丑，公薨于路寢。

義見「莊公薨」。

冬，楚人、鄭人侵宋。

楚、鄭既使魚石據彭城，於此又侵宋焉。其志將以取宋也。義見《莊十年》「荆敗蔡師」。

晉侯使士魴來乞師。魴音房，《公羊》作彭。

士魴，晉大夫。《左氏》曰：「晉士魴來乞師。季文子問師數於臧武仲，對曰：『伐鄭之役，知伯實來，下軍之佐也。今彘季亦佐下軍，如伐鄭可也。事大國，無失班爵而加敬焉，禮也。』從之。」義見《十六年》「欒黶乞師」。

十二月，仲孫蔑會晉侯、宋公、衛侯、邾子、齊崔杼，同盟于虛朾。虛，起居切。朾，他丁切。

高氏曰：「襄公不會，當喪故也。」杜氏曰：「虛朾，地闕。」《左氏》曰：「孟獻子會于虛朾，謀救宋也。宋人辭諸侯，而請師以圍彭城。孟獻子請於諸侯，而先歸會葬。」愚謂：晉侯當喪而會盟諸侯，蓋當時之伯習。若王者，則行一不義，雖得天下不爲。義又見《莊十六年》。

丁未，葬我君成公。

義見「葬桓公」。

春秋本義卷第二十

襄　公名午，成公子，定姒所出。貫道王氏曰：「成公庶子，四歲即位。」

元年春，王正月，公即位。

　　義見文公即位。

仲孫蔑會晉欒黶、宋華元、衛甯殖、曹人、莒人、邾人、滕人、薛人，圍宋彭城。

　　曰「宋彭城」者，魯史之筆而孔子因之，非孔子加「宋」字也。夫彭城雖爲魚石所據，亦宋之彭城耳。木訥趙氏曰：「伐叛討賊，伯主事也。悼公之興，首合諸侯之大夫，爲宋圍彭城、討魚石，得其職矣。宜列國和會，願奉其職也。」愚謂：悼公此舉，其功過與召陵、城濮之師同。此又足以正君臣之義。然諸侯不親而大夫爲之，則大夫張矣。

夏，晉韓厥帥師伐鄭。仲孫蔑會齊崔杼、曹人、邾人、杞人，次于鄫。厥，《公羊》作屈。下同。鄫，《公羊》、《穀梁》作合。

　　杜氏曰：「鄫，鄭地。在陳留襄邑縣東南。」戴氏曰：「韓厥身伐鄭，而諸侯不與焉，亦見悼公圖伯之初，使大夫身親其勞，不敢勤諸侯之師也。」黃氏曰：「鄭，從楚者也。晉既救宋矣，故以次伐鄭。諸侯之師次于鄫，爲之援也。」康侯胡氏曰：「楚人釋君而臣，是助事已悖矣。晉於是乎降彭城，遂伐鄭，而諸侯次于鄫，此皆放於義而行者也。」愚謂：此伐功過亦與召陵、城濮同。義又見《隱二年》「鄭伐衛」。○木訥趙氏曰：「中國伐鄭屢矣，必連諸侯之師。今悼公之圖鄭，亦可謂有謀矣。以韓厥獨攻其前，以五國之兵援其後。楚兵不出，則一韓厥足以敵鄭而有餘。楚兵出，則五國之師足以鬬楚而不懾。此皆所以慎用諸侯，而不忍輕鬬其民也。」

秋，楚公子壬夫帥師侵宋。

義見《莊十年》「荆敗蔡師」。○貫道王氏曰：「晉既降彭城矣，遂問辠於鄭，師有名也。楚失彭城，欲救鄭而不敢。師以侵宋，勢窮也。」

九月辛酉，天王崩。

此爲速葬及邾子來朝、衛晉來聘及諸侯侵伐盟會等事起文也。

邾子來朝。

杜氏曰：「邾子，宣公也。」愚案：襄公在喪，已不可朝，況天子方崩，乃不奔喪而遂朝魯，其辠著矣。魯亦不顧君父之喪而偃然受之，其辠等也。

冬，衛侯使公孫剽來聘，晉侯使荀罃來聘。

杜氏曰：「剽，子叔黑背子。」高氏曰：「二國來聘，以公新即位故也。凡聘，必以禮樂相見。公在喪中，又遭天王之喪，晉、衛二國不廢聘好，則諸侯之辠大矣。魯亦豈可晏然受之乎？」愚謂：二臣不能諫止而爲之使，是亦從君於昏者也。義又見《隱七年》「齊來聘」。○康侯胡氏曰：「滕定公薨，世子定爲三年之喪，父兄百官皆不欲，曰：『吾宗國魯先君莫之行也。』喪紀益廢，民習於耳目而不察，後世以日易月，人子安而行之，不知《春秋》之義，無君臣之禮，豈不惜哉！」

二年春，王正月，葬簡王。

高氏曰：「五月而葬，諸侯之禮也，可以見同軌之不至矣。」

鄭師伐宋。

《左氏》曰：「楚令也。」許氏曰：「書『伐宋』者，積鄭之疚。」義又見《隱二年》「鄭伐衛」。○木訥趙氏曰：「鄭成公固而不知機。彼鄭文、鄭襄不幸，無伯主，楚兵脅之，姑從楚以紓國患而已。成公之初，堅附中華。一折而從楚，則至死不變。晉厲敗楚師，三以諸侯伐鄭，鄭可歸矣，反受役於楚，以叛中國。」黄氏曰：「晉厲猶以力服之也。今楚納宋之叛臣，悼公伐而取之，義聲震夷夏，逆順曉然矣！尚爲楚伐宋邪？」

夏五月庚寅，夫人姜氏薨。

高氏曰：「此成公夫人也，於襄公爲母。」愚謂：此爲速葬與葬齊姜起文也。義又見《文十六年》「姜氏薨」。

六月庚辰，鄭伯睔卒。睔，古困切。

高氏曰：「不書葬者，以成公背中華，故諸侯不會其葬也。」大意見《隱七年》「滕侯卒」。

晉師、宋師、衛甯殖侵鄭。

杜氏曰：「宋雖非卿，師重，故序衛上。」愚謂：當時亦以國之大小强弱爲次也。吕氏曰：「衛不稱師，將尊師少也。」蘇氏曰：「鄭雖以叛中國爲辠，而伐其喪，非禮也。」愚謂：此其爲伯者師也，但知乘機以求志，不知伐喪之非禮。若三王，則行一不義而得天下弗爲。義又見《莊十年》「公侵宋」。

秋七月，仲孫蔑會晉荀罃、宋華元、衛孫林父、曹人、邾人于戚。

戚，見《文元年》。《左氏》曰：「鄭成公疾，子駟請息肩於晉。公曰：『楚君以鄭故，親集矢於其目，非異人任，寡人也。若背之，是棄力與言，其誰暱我？免寡人，唯二三子！』鄭伯睔卒。於是子罕當國，子駟爲政，子國爲司馬。晉師侵鄭，諸大夫欲從晉。子駟曰：『官命未改。』會于戚，謀鄭故也。孟獻子曰：『請城虎牢以偪鄭。』知武子曰：『善。鄫之會，吾子聞崔子之言，今不來矣。滕、薛、小邾之不至，皆齊故也。寡君之憂不唯鄭。罃將復於寡君，而請於齊，得請而告，吾子之功也。若不得請，事將在齊。吾子之請，諸侯之福也，豈唯寡君賴之。』」木訥趙氏曰：「合六國之大夫而不加侵伐，求所以服之之術而已。晉所以皇皇然速於得鄭者，蓋鄭僖初立，儻一爲楚所羈，則未可以文告致，是機會之不容失者。不然一歲之間，三合兵車，何諸侯之不憚煩哉！」高氏曰：「大夫而謀諸侯之事，專恣可知矣。」又爲下文起也。愚謂：伯者功過如此。義又見《隱九年》「會于防」。此則大夫自爲會，甚矣！

己丑，葬我小君齊姜。

杜氏曰：「三月而葬，速。」義又見《文十七年》「葬聲姜」。

叔孫豹如宋。

豹，得臣之次子也，僑如之弟，亦稱穆子。《左氏》曰：「穆叔聘于宋，通嗣君也。」義見《隱七年》「齊來聘」。此又見僑如得臯於魯，而復世卿也。〇木訥趙氏曰：「叔孫氏自公孫兹、叔孫得臣再世爲卿，至叔孫僑如，其横滋甚，反譖成公及季孫行父於晉，事敗奔齊。叔孫氏之黨沮矣！今襄公即位，幼未能君，盟會、征伐專於仲孫蔑。蔑者，孟獻子。而季孫行父爲正卿，則耄矣。故叔孫氏復出，而任聘問之事。」

冬，仲孫蔑會晉荀罃、齊崔杼、宋華元、衛孫林父、曹人、邾人、滕人、薛人、小邾人于戚，遂城虎牢。

「遂城虎牢」者，先會謀于戚，而後城虎牢也。張氏曰：「虎牢，故東虢之邑。鄭滅虢爲制邑，秦漢爲成臯，東有汜水。今孟州汜水縣有故虎牢城。」吕氏曰：「城虎牢，所以服鄭而拒楚。鄭服，則楚自遠。荀罃城之，非取其地而有之也，故不繫之鄭。」愚謂：鄭既滅虢而據虎牢，則虎牢非鄭封内之邑。諸侯本城亡國之虎牢，故不繫之鄭。然此亦魯史之文耳。《左氏》曰：「冬，復會于戚，齊崔武子及滕、薛、小邾之大夫皆會，知武子之言故也。遂城虎牢，鄭人乃成。」木訥趙氏曰：「晉、楚争鄭五十年，乍叛乍服，唯强是從。鄭成一叛入楚，而終身不復反。以一鄭不服，天下諸侯爲之不寧，兵車之會，無日而置。今晉悼謀制鄭之策而城虎牢。虎牢巖險聞於天下，楚、鄭倚之以抗中國。今晉帥十國之大夫取而城之，虎牢既非鄭有，鄭何恃以抗中國哉？故雞澤之盟，鄭不伐而自至，天下無兵者六年。則城虎牢，誠有功於天下也。」愚謂：城虎牢而中國安，晉悼之功也。然非天子命，又使大夫城之，以逼鄭之喪，則過也。

此亦同於召陵、城濮之功過矣。

楚殺其大夫公子申。

《左氏》曰：「楚公子申爲右司馬，多受小國之賂，以偪子重、子辛，楚人殺之。」許氏曰：「嬰齊、壬夫躬執楚政，惡申之偪以政，殺之。」皆未詳信否。義見《莊二十六年》「曹殺大夫」。

三年春，楚公子嬰齊帥師伐吴。

《左氏》曰：「楚子重伐吴，爲簡之師，克鳩茲，至於衡山。使鄧廖帥組甲三百、被練三千以侵吴。吴人要而擊之，獲鄧廖。其能免者，組甲八十、被練三百而已。子重歸，既飲至。三日，吴人伐楚，取駕。駕，良邑也。鄧廖，亦楚之良也。君子謂：『子重於是役也，所獲不如所亡。』楚人以是咎子重。子重病之，遂遇心疾而卒。」愚謂：夷狄爲中國害，莫大於吴、楚。此其相爲盛衰之由，亦見王政不綱，而夷狄自相攻伐也。義又見《僖三年》「徐取舒」。

公如晉。

《左氏》曰：「始朝也。」高氏曰：「童子侯不朝王，蓋不可接以成人之禮也，豈可反朝同列乎？」義又見《僖十年》「公如齊」。

夏四月壬戌，公及晉侯盟于長樗。

張氏曰：「長樗，近晉之地。」高氏曰：「凡盟者，必爲壇於國外。故晉侯出其國都以與公盟。」《左氏》曰：「盟于長樗。孟獻子相，公稽首。知武子曰：『天子在，而君辱稽首，寡君懼矣。』孟獻子曰：『以敝邑介在東表，密邇仇讎，寡君將君是望，敢不稽首。』」義見《隱元年》「盟于蔑」。○貫道王氏曰：「襄公在幼，安知朝晉之爲禮？其臣挾之以如晉，欲媚事晉耳。兩君會盟，少長不侔，歃血詛神，果由衷乎？」

公至自晉。

盟于長樗而至自晉者，蓋公如晉則朝晉矣。長樗之盟乃朝後之事，故東萊吕氏曰：「本謀如晉，而以如晉爲重，故不以長樗至。」義見《桓二年》「公至自唐」。

六月，公會單子、晉侯、宋公、衛侯、鄭伯、莒子、邾子、齊世子光。己未，同盟于雞澤。

單子下同列國盟，蓋襲柯陵之舊弊也。杜氏曰：「雞澤在廣平曲梁縣西南。」任氏曰：「《地譜》：一名雞丘。」張氏曰：「即洺州永平縣。」《左氏》曰：「晉爲鄭服，故且欲修吴好，將合諸侯。使士匄告於齊曰：『寡君使匄以歲之不易，與不虞之不戒，寡君願與一二兄弟相見，以謀不協。請君臨之，使匄乞盟。』齊侯欲勿許，而難爲不協，乃盟於耏外。六月，公會單頃公及諸侯。己未，同盟于雞澤。晉侯使荀會逆吴子於淮上，吴子不至。」康侯胡氏曰：「王臣將命，必惇信明義，而後可以表正乎天下。諸侯守邦，必尊主奉法，而後可以保其社稷。今王臣下與諸侯約誓，諸侯亦敢上與王臣要言，斯大亂之道也。」義又見《莊十六年》。

陳侯使袁僑如會。戊寅，叔孫豹及諸侯之大夫及陳袁僑盟。

書叔孫豹及之者，自魯言之也。啖氏曰：「諸侯既盟，而袁僑乃至，故大夫别與之爲盟也。」《左氏》曰：

「楚子辛爲令尹，侵欲於小國。陳成公使袁僑如會求成，晉侯使和組父告於諸侯。秋，叔孫豹及諸侯之大夫及陳袁僑盟，陳請服也。」君舉陳氏曰：「以大夫盟袁僑，晉侯不欲袁僑詘諸侯也。雖然，有諸侯在，而大夫盟於是，始晉悼公爲之也。諸侯在，而大夫自爲盟，而後大夫專盟矣。」○康侯胡氏曰：「悼公盍亦增修德政，而謂袁僑曰：『諸侯之盟事畢矣，而吾子始來。若再刑牲歃血，要質鬼神，是瀆之也。且吾子以帝王之胄，習於禮義，害楚之政，背夷即華，此諸侯之願，寡君之欲也。雖微盟誓，天地鬼神，實照臨之。其惟同心糾逖王慝！』厚禮遣之，使往報焉，足矣！奚必汲汲使大夫盟哉！」孫氏曰：「諸侯盟，大夫又盟，是大夫强而諸侯始失政也。故十六年，溴梁之會。戊寅，大夫自盟。政在大夫也。孔子曰：『禄之去公室五世矣，政逮於大夫四世矣。』非獨魯也，滔滔者天下皆是也。」吕氏曰：「言君臣上下之失其所也。」

秋，公至自會。

義見《桓二年》「公至自唐」。

冬，晉荀罃帥師伐許。

《左氏》曰：「許靈公事楚，不會于雞澤。冬，知武子帥師伐許。」貫道王氏曰：「許自新城以來，不與中國盟會四十餘年，困於鄭而安於楚也。荀罃輔晉，苟能存陳芘鄭，則許必慕德而歸之矣，何爲一狃於陳之如會，而遽求多於許邪？」義又見《隱二年》「鄭伐衛」。

四年春，王三月己酉，陳侯午卒。

義見《隱三年》「宋公卒」。此又爲陳人圍頓起文也。

夏，叔孫豹如晉。

《左氏》曰：「穆叔如晉，報知武子之聘也。」義見《隱七年》「齊來聘」。

秋七月戊子，夫人弋氏薨。弋，《左氏》、《穀梁》作姒，下同。葉氏曰：「《左氏》、《穀梁》不能辨二定，乃以定姒之事言之，遂誤以弋氏爲姒氏。」愚案：此既稱定姒，不應哀公時復稱定姒，當以《公羊》爲正。

葉氏曰：「定弋，襄公之妾母。」貫道王氏曰：「自成風以來，魯以廟祔二母爲常矣。魯之宗廟不肅，失禮不經甚矣！」義又見《文四年》「風氏薨」。此又爲公如晉起文也。

葬陳成公。

義見《隱三年》「葬宋穆公」。○貫道王氏曰：「鄭睔書卒不書葬，以其從於夷，而中國諸侯不會其葬也。陳午卒而書葬，以其從於中國，而諸侯遣大夫會其葬也。」

八月辛亥，葬我小君定弋。《公羊》作弋，今從之。

高氏曰：「死才三十二日，遽以夫人之禮葬之，又別爲之謚，時公方七歲耳。」愚謂：童子侯何知，當國大臣之罪也！義見《文五年》「葬成風」。

冬，公如晉。

《左氏》曰：「公如晉聽政。」義見《僖十年》「公如齊」。

陳人圍頓。

《左氏》曰：「楚人使頓間陳而侵伐之，故陳人圍頓。」高氏曰：「僖二十五年，楚人圍陳，納頓子于頓。陳侯畏楚而不敢討，頓子恃楚而不事陳。今陳復從中國，而頓爲楚間，故圍之。」皆未詳信否。愚謂：陳侯居喪，且方歸中國，不修德教民，外禦强楚，而越喪興師，圍楚之與國以致寇。比事而觀，辠自見也。義又見《隱二年》「鄭伐衛」。

五年春，公至自晉。

存耕趙氏曰：「居衰絰之中，廢朝正之禮也。」義又見《桓二年》「公至自唐」。

夏，鄭伯使公子發來聘。

《左氏》曰：「鄭子國來聘，通嗣君也。」義見《桓三年》「齊來聘」。

叔孫豹、鄫世子巫如晉。鄫，《穀梁》作繒。

《公羊》曰：「此何以書？爲叔孫豹率而與之俱也。莒將滅之，故相與往。殆乎，晉也！」愚謂：莒有滅鄫之勢，故鄫託魯以依晉。其秋，鄫人遂會于戚。此爲莒滅鄫起文也。

仲孫蔑、衛孫林父會吴于善道。《公羊》、《穀梁》作稻。

許氏曰：「凡序吴者，會我也。殊吴者，往會之也。」又見《成十五年》。善道，范氏曰：「吴地。」《左氏》曰：「吴子使壽越如晉，辭不會于雞澤之故，且請聽諸侯之好。晉人將謂之合諸侯，使魯、衛先會吴，且告會期。故孟獻子、孫文子會吴于善道。」貫道王氏曰：「晉悼復伯，挾中國之諸侯以制楚，不患其力之不足也，乃命魯、衛之大夫先會吴于善道，又偏告於諸侯而會之，是使中國胥爲夷之趨也。夫楚則攘之，吴則會之，是猶外抗大盜而内延小竊也。意者悼公患楚之方强，急於攘之，故不暇爲吴慮歟？孔子曰：『人無遠慮，必有近憂。』悼公之會吴，無遠慮矣。」義又見《成十五年》「會吴于鍾離」。○貫道王氏曰：「晉自景公始通吴，然教之叛楚，而未與之接也。厲公鍾離之會，以六國之卿禮賓之，則襲矣。今悼公將欲會吴，使魯、衛二卿先告會期，不知夷德無厭乎？晉伯世用夷，文、襄則然矣，齊桓不爲也。」

秋，大雩。

《左氏》曰：「旱也。」義見《桓五年》。

楚殺其大夫公子壬夫。

《左氏》曰：「楚人討陳叛故，曰：『由令尹子辛實侵欲焉。』乃殺之。」未詳信否。義見《莊二十六年》「曹殺大夫」。

公會晉侯、宋公、陳侯、衛侯、鄭伯、曹伯、莒子、邾子、滕子、薛伯、齊世子光、吴人、鄫人于戚。鄫，《穀梁》作繒。

吴稱人，微者也。或曰夷狄大夫多稱人。鄫序吴下者，鄫與吴皆子爵，意伯主尊吴而忘其夷夏之别也。戚，見《文元年》。《左氏》曰：「會吴且命戍陳也。」高氏曰：「此吴人來會中國，非若鍾離、善道、柤、向，皆中國往會吴也。夫吴亦夷狄，今中國諸侯屑與之會者，爲其能病楚也。殊不知彼能病楚，則亦能病中國矣。此中國之誤計也。觀吴自敗楚之後，伐齊、伐魯、伐衛、伐陳，以至與晉争盟，則其病中國可知矣。」義又見《隱九年》「會于防」及《隱二年》「會戎于潛」。

公至自會。

義見《桓二年》「公至自唐」。

冬，戍陳。

啖氏曰：「戍者，以兵守之也。」《穀梁》曰：「戍陳，内辭也。」貫道王氏曰：「先書諸侯會于戚，下又書諸侯救陳，知諸侯之戍，不疑也。」《左氏》曰：「楚子囊爲令尹。范宣子曰：『我喪陳矣！楚人討貳而立子囊，必改行而疾討陳。陳近於楚，民朝夕急，能無往乎？有陳，非吾事也，無之而後可。』冬，諸侯戍陳。」張氏曰：「自桓、文以來，所以服陳者，未聞以兵守之也。晉爲安陳之計如此，何以能保陳乎？」愚謂：於此見夷狄之强、中國之勞而不能支也。○君舉陳氏曰：「君子以悼公之伯業，桓、文之所不屑爲也。桓公不戰而屈楚，文公戰而屈楚。自悼公通吴以制楚矣，會于戚、于向、于柤，皆東境也。而又戍陳以守之，楚誠强而晉誠下策也。」

楚公子貞帥師伐陳。

《左氏》曰：「子囊伐陳。」義見《莊十年》「荆敗蔡師」。

公會晉侯、宋公、衛侯、鄭伯、曹伯、齊世子光，救陳。《穀梁》「曹伯」下有「莒子、邾子、滕子、薛伯」八字。

《左氏》曰：「會于城棣以救之。」義見《莊二十八年》「救鄭」。

十有二月，公至自救陳。

以救陳出，故以救陳至。義見《桓二年》「公至自唐」。

辛未，季孫行父卒。

譏世卿也。大意又見《隱元年》「益師卒」。

六年春，王三月壬午，杞伯姑容卒。

《左氏》曰：「杞桓公卒。」義見《隱三年》「宋公卒」。

夏，宋華弱來奔。弱，《公羊》作溺。

義見《僖二十八年》「元咺奔晉」。

秋，葬杞桓公。

義見《隱三年》「葬宋穆公」。

滕子來朝。

《左氏》曰：「滕成公。」義見《隱十一年》「滕、薛來朝」。

莒人滅鄫。

義見《莊十年》「齊滅譚」。〇案：鄫懼莒而求庇於晉，晉與之爲戚之會矣，坐視其滅而不問，此伯業之所以卑也。吕氏曰：「是時禮義衰絶，滅國弑君，皆目見之熟，不爲甚異，故雖晉悼號爲賢君，亦莫能正也。」

冬，叔孫豹如邾。

《左氏》曰：「穆叔如邾，聘且修平。」義見《僖七年》「齊來聘」。

季孫宿如晉。

宿，行父之子武子也。木訥趙氏曰：「宿父喪未期而執使命，知世卿以固位而已。襄公幼弱，蓋非公意，宿自爲之。」義又見《隱七年》「齊來聘」。

十有二月，齊侯滅萊。

《左氏》曰：「二年春，齊侯伐萊。萊人使正輿子賂夙沙衛以索牛馬，皆百匹，齊師乃還。齊姜薨。齊侯使諸姜婦來送葬，召萊子，萊子不會，故晏弱城東陽以逼之。六年，齊侯滅萊，萊恃謀也。於鄭子國之來聘也，四月，晏弱城東陽，而遂圍萊。甲寅，堙之，環城傅於堞。及杞桓公卒之月乙未，王湫帥師及正輿子、棠人軍齊師，齊師大敗之。丁未，入萊。萊共公浮柔奔棠。正輿子、王湫奔莒，莒人殺之。四月，陳無宇獻萊宗器於襄宮。晏弱圍棠，丙辰而滅之。」未詳信否。邦衡胡氏曰：「齊之謀萊久矣。自宣七年公會齊侯伐萊，至九年又伐之，及是，凡四十年乃滅萊。則齊侯處心積慮，豈不可甚辠歟？」義又見《莊十年》「齊滅譚」。○《公羊》曰：「曷爲不言萊君？出奔，國滅君死之，正也。」

七年春，郯子來朝。

義見《隱十一年》「滕、薛來朝」。

夏四月，三卜郊，不從，乃免牲。

義見《僖三十一年》。此但三卜，少殊耳。

小邾子來朝。

《左氏》曰：「小邾穆公。」義見《隱十一年》「滕、薛來朝」。

城費。

費，張氏曰：「沂州費縣。」《左氏》曰：「南遺爲費宰，叔仲昭伯爲隧正，欲善季氏而求媚於南遺，謂遺：『請城費，吾多與而役。』故季氏城費。」貫道王氏曰：「天子有分土無分民，諸侯則無分土矣。大夫食禄於其邑，未有城而守者也。故曰：『家不藏甲，邑無百雉之城。』夫是以上下相保，莫敢覬覦。季孫固有無君之心，而城費，則魯襄之失政可知矣。」邦衡胡氏曰：「春秋邑而城者多矣，費爲季氏邑，則見季氏之强，而設險以自固也。其後南蒯以費叛，而季孫帥師墮費，則知邑不可以設險矣。書者非但譏不時勞民而已，蓋爲恃險者戒也。」義又見《隱七年》「城中丘」。○存耕趙氏曰：「先是季友立僖公，於是賜以汶陽之田及費。季氏有費以來，更三世傳七十五年，未嘗欲城也。行父死未畢喪，而費城於夏四月，非時非制，始有以張公室之意也。禄去公室，自城費始。」康侯胡氏曰：「書城費，乃履霜堅冰之戒。用人不惟其賢，惟其世，豈不殆哉？」君舉陳氏曰：「經至定十二年墮費，蓋始見於此。」

秋，季孫宿如衛。

存耕趙氏曰：「宿代父爲政，甫兹用事，不俟免喪而如衛、如晉，殆無虚歲，何汲汲如此？蓋以締私交而固其執政之柄。」義又見《隱七年》「齊來聘」。

八月，螽。《公羊》、《穀梁》作蝝。

義見《桓五年》。

冬十月，衛侯使孫林父來聘。壬戌，及孫林父盟。

《左氏》曰：「衛孫文子來聘，且拜武子之言，而尋孫桓子之盟。公登亦登。叔孫穆子相，趨進曰：『諸侯之會，寡君未嘗後衛君。今吾子不後寡君，寡君未知所過。吾子其少安！』孫子無辭，亦無悛容。穆叔曰：『孫子必亡。爲臣而君，過而不悛，亡之本也。』」義見《成三年》「荀庚來聘」。

楚公子貞帥師圍陳。

邦衡胡氏曰：「前書伐陳，未足以克陳也。此書圍陳，則以兵合而守之。書此以見楚之憑陵中國極矣。屢書公子貞帥師，亦見貞之專楚也。」義又見《莊十年》「荊敗蔡師」。

十有二月，公會晉侯、宋公、陳侯、衛侯、曹伯、莒子、邾子于鄬。于軌切。《穀梁》或作隔。

《左氏》曰：「楚子囊圍陳，會于鄬以救之。」杜氏曰：「鄬，鄭地。謀救陳，陳侯逃歸，故不書救也。」愚謂：書此以見晉之救陳，而爲陳侯逃歸起文也。

鄭伯髡頑如會，未見諸侯。丙戌，卒于鄵。七報切，又采南切。頑，《公羊》、《穀梁》作原。鄵作操。

《公羊》曰：「鄵者何？鄭之邑也。」趙氏曰：「諸侯死，書名。此則爲上文言『鄭伯如會』，下不可又言『鄭伯髡頑卒』，又不可上言『鄭伯如會』，下但言『髡頑卒』。所以於如會時，書名以便文也。」義見《隱三年》「宋公卒」。

陳侯逃歸。

《左氏》曰：「陳人患楚。慶虎、慶寅謂楚人曰：『吾使公子黄往而執之。』楚人從之。二慶告陳侯於會，曰：『楚人執公子黃矣！　君若不來，羣臣不忍社稷宗廟，懼有二圖。』陳侯逃歸。」康侯胡氏曰：「上二年諸侯戍陳，今楚來伐，諸侯又救之，亦既勤矣。爲陳侯計者，下令國中，大申儆備，立太子以固守，親聽命於諸侯，謀禦敵之策。當是時，晉君方明，八卿和睦，諸侯聽命，必能致力於陳矣。不此之顧，棄儀衛而逃歸，此匹夫之事耳。夫義，路也；禮，門也。輕棄中國，惟蠻夷之懼，是不能由是路出入是門。其曰『逃歸』，可謂深切著明矣。」義又見《僖五年》「鄭伯逃歸」。

八年春，王正月，公如晉。

《左氏》曰：「公如晉朝，且聽朝聘之數。」義見《僖十年》「公如齊」。○孫氏曰：「公前年會諸侯于鄬。不至者，公自鄬朝晉也。」未詳信否。

夏，葬鄭僖公。

義見《隱三年》「葬宋穆公」。

鄭人侵蔡，獲蔡公子燮。息協切。《穀梁》作濕。

《左氏》曰：「鄭子國、子耳侵蔡，獲司馬公子燮。鄭人皆喜，唯子產不順，曰：『小國無文德而有武功，禍莫大焉。楚人來討，能無從乎？從之，晉師必至。晉、楚伐鄭，自今鄭國不四五年弗得寧矣。』子國怒之，曰：『爾何知？國有大命，而有正卿。童子言焉，將爲戮矣。』」愚謂：鄭伯居喪而遣兵侵蔡，又獲其大夫，辠自著矣。義又見《僖元年》「獲莒拏」。○黃氏曰：「僖公方葬，鄭乃侵楚之與國以挑釁，此子產所以獨憂。而不旋踵致楚之師。」高氏曰：「師未嘗敗績，而遽獲其大夫，有以見民不親上，而委之於敵矣。」

季孫宿會晉侯、鄭伯、齊人、宋人、衛人、邾人于邢丘。

任氏曰：「邢丘，故邢國，河内平皋縣也。邢自邢丘遷襄國，又遷夷儀。」《左氏》曰：「會于邢丘，以命朝聘之數，使諸侯之大夫聽命。」劉氏曰：「公在也，曷爲大夫會晉侯？公反矣，未至也。公正月如晉，反未至國，令季孫宿復往會耳。」〇孫氏曰：「邢丘之會，公在晉也。晉侯不與公會，而與季孫宿會者，襄公幼弱，政在季氏故也。晉爲盟主，棄其君而與其臣，何以宗諸侯？晉侯之惡，亦可見矣。」前説近是。

義又見《隱九年》「會于防」。

公至自晉。

義見《桓二年》「公至自唐」。

莒人伐我東鄙。

《左氏》曰：「莒人伐我東鄙，以彊鄫田。」未詳信否。義見《隱二年》「鄭人伐衛」。〇張氏曰：「莒人滅鄫，而魯不問，伯主不討，所以興伐魯之師也。」

秋九月，大雩。

《左氏》曰：「旱也。」義見《桓五年》。

冬，楚公子貞帥師伐鄭。

《左氏》曰：「楚子囊伐鄭，討其侵蔡也。子駟、子國、子耳欲從楚，子孔、子蟜、子展欲待晉。子駟曰：

『《周詩》有之曰：「俟河之清，人壽幾何？兆云詢多，職競作羅。」謀之多族，民之多違，事滋無成。民急矣，姑從楚以紓吾民。晉師至，吾又從之。敬恭幣帛以待來者，小國之道也。犧牲玉帛，待於二竟，以待强者而庇民焉。寇不爲害，民不罷病，不亦可乎？』子展曰：『小所以事大，信也。小國無信，兵亂日至，亡無日矣。五會之信，今將背之，雖楚救我，將安用之？親我無成，鄙我是欲，不可從也，不如待晉。晉君方明，四軍無闕，八卿和睦，必不棄鄭。楚師遼遠，糧食將盡，必將速歸，何患焉？舍之聞之：「杖莫如信。」完守以老楚，杖信以待晉，不亦可乎？』子駟曰：『《詩》云：「謀夫孔多，是用不集。發言盈庭，誰敢執其咎？如匪行邁謀，是用不得于道。」請從楚，騑也受其咎。』乃及楚平。使王子伯駢告於晉，曰：『君命敝邑：「修而車賦，儆而師徒，以討亂略。」蔡人不從，敝邑之人不敢寧處，悉索敝賦以討於蔡，獲司馬燮，獻於邢丘。今楚來討，曰：「汝何故稱兵於蔡？」焚我郊保，憑陵我城郭。敝邑之衆，夫婦男女不皇啓處，以相救也。剪焉傾覆，無所控告。民死亡者，非其父兄，即其子弟。夫人愁痛，不知所庇。民知窮困，而受盟於楚，孤也與其二三臣不能禁止，不敢不告。』知武子使行人子員對之曰：『君有楚命，亦不使一介行李告於寡君，而即安於楚。君之所欲也，誰敢違君？寡君將帥諸侯以見於城下，唯君圖之！』」康侯胡氏曰：「鄭介大國之間，困强楚之令，欲息肩於晉。若能信任人賢，以禮法自守，而親比四鄰，必能保其封境。楚雖大，何畏焉？而加兵於蔡，無故怒楚，所謂不修文德而有武功者也。楚人來討，不從，則力不敵；從之，則晉師必至。晉、楚争鄭，自茲弗得寧矣。」義又見《莊十年》「荆敗蔡師」。

晉侯使士匄來聘。

《左氏》曰：「晉范宣子來聘，且拜公之辱，告將用師於鄭。」義見《隱七年》「齊來聘」。

九年春，宋災。《公羊》作火，非也。

《左氏》曰：「宋災。樂喜爲司城以爲政。使伯氏司里，火所未至，徹小屋，塗大屋。陳畚挶，具綆缶，備水器。量輕重，蓄水潦，積土塗。巡丈城，繕守備，表火道。使華臣具正徒，令隧正納郊保，奔火所。使華閱討右官，庀其司。向戌討左，亦如之。使樂遄庀刑器，亦如之。使皇鄖命校正出馬，工正出車，備甲兵庀武守。使西鉏吾庀府守。令司宫、巷伯儆宫。」未詳信否。義見《莊二十年》。○高氏曰：「宋自昭、文以來，亂敗相屬，三書『宋災』，見人事之不修。舉近可以知遠，言小可以知大也。」

夏，季孫宿如晉。

《左氏》曰：「季武子如晉，報宣子之聘也。」義見《僖七年》「齊來聘」。

五月辛酉，夫人姜氏薨。

杜氏曰：「姜氏，成公母。」義見《文十六年》「姜氏薨」。

秋八月癸未，葬我小君穆姜。

杜氏曰：「四月而葬，速。」義又見《文十七年》「葬聲姜」。

冬，公會晉侯、宋公、衛侯、曹伯、莒子、邾子、滕子、薛伯、杞伯、小邾子、齊世子光伐鄭。十二月己亥，同盟于戲。

杜氏曰：「戲，鄭地。」《左氏》曰：「諸侯伐鄭。庚午，季武子、齊崔杼、宋皇鄖從荀罃、士匄門於鄟門。衛北宮括、曹人、邾人從荀偃、韓起門於師之梁。滕人、薛人從欒黶、士魴門於北門。杞人、郳人從趙武、魏絳斬行栗。甲戌，師於汜，令於諸侯曰：『修器備，盛餱糧，歸老幼，居疾於虎牢。肆眚，圍鄭。』鄭人恐，乃行成。中行獻子曰：『遂圍之，以待楚人之救也而與之戰。不然，無成。』知武子曰：『許之盟而還師，以敝楚人。吾三分四軍，與諸侯之鋭以逆來者，於我未病，楚不能矣，猶愈於戰。暴骨以逞，不可以争。大勞未艾，君子勞心，小人勞力，先王之制也。』諸侯皆不欲戰，乃許鄭成。十一月己亥，同盟于戲，鄭服也。將盟，鄭六卿公子騑、公子發、公子嘉、公孫輒、公孫蠆、公孫舍之及其大夫、門子皆從鄭伯。晉士莊子爲載書，曰：『自今日既盟之後，鄭國不唯晉命是聽，而或有異志者，有如此盟。』公子騑趨進曰：『天禍鄭國，使介居二大國之間。大國不加德音而亂以要之，使其鬼神不獲歆其禋祀，其民人不獲享其土利，夫婦辛苦墊隘，無所底告。自今日既盟之後，鄭國不唯有禮與强可以庇民者是從，而敢有異志者，亦如之。』荀偃曰：『改載書。』公孫舍之曰：『昭大神，要言焉。若可改也，大國亦可叛也。』知武子謂獻子曰：『我實不德，而要人以盟，豈禮也哉？非禮，何以主盟？姑盟而退，修德息師而來，終必獲鄭，何必今日？我之不德，民將棄我，豈唯鄭？若能休和，遠人將至，何恃於鄭？』乃盟而還。」存耕趙氏曰：「襄公有祖母之喪，而同於會伐，罪自見矣。」愚謂：此亦伯者功過之事也。義又見《莊十六年》。

楚子伐鄭。

《左氏》曰：「楚子伐鄭，子駟將及楚平。子孔、子蟜曰：『與大國盟，口血未乾而背之，可乎？』子駟、子展曰：『吾盟固云「唯强是從」，今楚師至，晉不我救，則楚强矣。盟誓之言，豈敢背之？且要盟無質，神弗臨也。所臨唯信。信者，言之瑞也，善之主也。是故臨之。神明不蠲要盟，背之可也。』乃及楚平。公子罷戎入盟，同盟於中分。楚莊夫人卒，王未能定鄭而歸。晉侯歸，謀所以息民。魏絳請施舍，輸積聚以貸。自公以下，苟有積者，盡出之。國無滯積，亦無困人。公無禁利，亦無貪民。祈以幣更，賓以特牲。器用不作，車服從給。行之期年，國乃有節。三駕而楚不能與争。」存耕趙氏曰：「鄭從楚則晉伐，從晉則楚伐，兩面受師，實自取也。不曰晉，中國也，吾宗也；楚，夷狄也，異類也。但曰大國，曾無夷夏之辨。」愚謂：可見王道既壞，夷夏混淆，小役大，弱役强而已矣。義又見《莊十年》「荆敗蔡師」。

春秋本義卷第二十一

襄公

十年春，公會晉侯、宋公、曹伯、莒子、邾子、滕子、薛伯、杞伯、小邾子、齊世子光會吴于柤。莊加切。

會吴，見會于鍾離。柤，張氏曰：「後漢彭城國傳陽縣有柤水。」《左氏》曰：「會于柤，會吴子壽夢也。」〇高氏曰：「《左傳》昭公六年，楚公子棄疾如晉過鄭，鄭伯勞諸柤。則柤者鄭地，而楚人所由之道也。吴在柤，諸侯因往與吴會以謀楚焉。然吴人者，名謀楚而實窺中國者也，而晉合諸侯從之，與鍾離之會同。然鍾離之會，諸侯之大夫往從吴。至戚之會，吴來從諸侯。今柤之會，則諸侯復親往從吴矣。」義又見《成十五年》「會吴于鍾離」。〇貫道王氏曰：「晉方患楚，欲通吴，而吴道多阻。今於彭城之柤會吴，道其來路也。悼公以十一國之君賓吴，吴始横矣，争長之漸兆矣。」

夏五月甲午，遂滅偪陽。偪，《穀梁》作傳。

杜氏曰：「因柤會而滅之，故曰『遂』。偪陽，妘姓國，彭城傳陽縣也。」張氏曰：「即徐州沛縣。」《左氏》曰：「晉荀偃、士匄請伐偪陽，而封宋向戌焉。荀罃曰：『城小而固，勝之不武，弗勝爲笑。』固請。丙寅，圍之弗克。諸侯之師久於偪陽，荀偃、士匄請於荀罃曰：『水潦將降，懼不能歸，請班師。』知伯怒，投之以机，出於其間，曰：『女成二事而後告余。余恐亂命，以不女違。女既勤君而與諸侯，❶牽帥老夫以至於此。既無武守，而又欲易余辠，曰：「是實班師，不然克矣。」余羸老也，可重任乎？七日不克，必爾乎取之。』五月庚寅，荀偃、士匄帥卒攻偪陽，親受矢石。甲午，滅之。書曰『遂滅偪陽』，言自會也。以與向戌，向戌辭曰：『君若猶辱鎮撫宋國，而以偪陽光啓寡君，羣臣安矣，其何貺如之？若專賜臣，是臣興諸侯以自封也，其何辠大焉？敢以死請。』乃予宋公。」未詳信否。許氏曰：「晉之威德未能服遠，躬率諸侯會吴，而因道用師，滅人之國，恃衆剽利，無復伯討，則中國之禮義盡矣。」義又見《莊十年》「齊滅譚」。○存耕趙氏曰：「會吴非矣，滅偪陽何哉？古之人行一不義，殺一不辜，雖得天下，不爲。悼公欲通吴之道而滅偪陽，以亂易亂也。」莘老孫氏曰：「若晉者，所謂因諸侯而爲利，名恤災救患而實自封殖者也。」

公至自會。

義見《桓二年》「公至自唐」。

楚公子貞、鄭公孫輒帥師伐宋。

二大夫皆帥師，省文耳。《左氏》曰：「楚子囊、鄭子耳伐宋，師于訾毋。」高氏曰：「鄭背中國即夷狄，又與夷狄同伐中國，辠不容誅也。」義又見《莊十年》「荆敗蔡師」。

---

❶「與」，據《左傳》當作「興」。

晉師伐秦。

《左氏》曰：「九年，秦景公使士雃乞師於楚，將以伐晉。楚子許之。子囊曰：『不可。當今吾不能與晉爭。晉君類能而使之，舉不失選，官不易方，其卿讓於善，其大夫不失守，其士競於教，其庶人力於農穡，商工皂隸不知遷業。韓厥老矣，知罃稟焉以爲政。范匄少於中行偃而上之，使佐中軍。韓起少於欒黶，士魴上之，使佐上軍。魏絳多功，以趙武爲賢而爲之佐。君明臣忠，上讓下競，當是時也，晉不可敵，事之而後可。君其圖之！』王曰：『吾既許之矣。雖不及晉，必將出師。』秋，楚子師於武城以爲秦援。秦人侵晉，晉饑，弗能報也。十年，晉荀罃伐秦，報其侵也。」未詳信否。木訥趙氏曰：「楚既得鄭，則兵及於宋，勢也。楚、鄭伐宋，晉不救宋而伐秦，非所以伯也。」

秋，莒人伐我東鄙。

《左氏》曰：「莒人間諸侯之有事也，故伐我東鄙。」義見《隱二年》「鄭伐衛」。○高氏曰：「魯國卿大夫，唯私室之務，則公室之不競，宜矣。且去年同盟于戲，今年又會于柤，又方同會伐鄭，退受莒兵而不能禦。魯必有以取之也。」

公會晉侯、宋公、衛侯、曹伯、莒子、邾子、齊世子光、滕子、薛伯、杞伯、小邾子伐鄭。

呂氏曰：「齊世子光序諸侯上，主會者爲之也。《春秋》不改，所以示譏，言上下之無禮文，專以强弱事勢爲先後也。」愚謂：薛、杞二伯序於諸子之下亦然。此亦功過之舉。義又見《隱二年》「鄭伐衛」。

冬，盜殺鄭公子騑、公子發、公孫輒。騑，《公羊》、《穀梁》作斐。陸氏曰：「據字子駟，宜爲騑。」

騑，子駟。發，子國。輒，子耳也。孫氏曰：「盜者，微賤之稱。」《左氏》曰：「初，子駟與尉止有爭，將禦諸侯之師而黜其車。尉止獲，又與之爭。子駟抑尉止曰：『爾車，非禮也。』遂弗使獻。初，子駟爲田洫，司氏、堵氏、侯氏、子師氏皆喪田焉。故五族聚羣不逞之人，因公子之徒以作亂。於是子駟當國，子國爲司馬，子耳爲司空，子孔爲司徒。尉止、司臣、侯晉、堵女父、子師僕帥賊以入，晨攻執政於西宮之朝，殺子駟、子國、子耳，劫鄭伯以如北宮。子孔知之，故不死。書曰盜，言無大夫焉。子西聞盜，不儆而出，尸而追盜，盜入於北宮，乃歸授甲。臣妾多逃，器用多喪。子産聞盜，爲門者，庀羣司，閉府庫，慎閉藏，完守備，成列而後出，兵車十七乘，尸而攻盜於北宮。子蟜帥國人助之，殺尉止、子師僕，盜衆盡死。侯晉奔晉，堵女父、司臣、尉翩、司齊奔宋。子孔當國，爲載書，以位序，聽政辟。大夫諸司、門子弗順，將誅之。子産止之，請爲之焚書。子孔不可，曰：『爲書以定國，衆怒而焚之，是衆爲政也，國不亦難乎？』子産曰：『衆怒難犯，專欲難成，合二難以安國，危之道也，不如焚書以安衆。子得所欲，衆亦得安，不亦可乎？專欲無成，犯衆興禍，子必從之。』乃焚書於倉門之外，衆而後定。」高氏曰：「爲大夫而見殺於盜，則其所以在人上者可知也。」孫氏曰：「盜一日而殺三卿，鄭伯失刑政也。」○康侯胡氏曰：「卿大夫者，君之陪貳，政之本也。本强則精神折衝。聞有偃息談笑而却敵國之兵，勝千里之難者矣。乃至於身不能保，而盜得殺之於朝，安在其爲陪貳乎？」邦衡胡氏曰：「盜乘釁而至者也。苟無釁隙，盜豈敢犯哉？三子者不能佐時憂國，日尋干戈，何異負販小人而乘君子之器乎？如此，則盜之招也，殺之何悔哉？」

戍鄭虎牢。

不言諸侯戍之者，蒙上諸侯伐鄭之文也。城虎牢不言鄭，而戍言鄭，未詳。案《左氏》言鄭及晉平，豈爲鄭戍之歟？然下書楚救鄭，次年鄭復侵宋，則《左氏》之説又可疑，姑闕以俟知者。張氏曰：「前年戍陳，不能制楚以保陳矣。又踵前轍而勞諸侯以戍守，罷敝中國，豈伯主服人之道乎？」愚謂：亦以見晉之眷鄭如此，而鄭之反覆如彼也。義又見《五年》「戍陳」。○案：成湯東征西夷怨，南征北狄怨。武王克商，通道於九夷八蠻。今晉之伯，區區與楚争鄭，戍鄭雖足以少存左衽之變，而功烈之卑如此。王伯之道，厥效較然。有天下者，可以知所擇矣。

楚公子貞帥師救鄭。

《左氏》曰：「楚子囊救鄭。十一月，諸侯之師還鄭而南，至於陽陵。楚師不退。知武子欲退，曰：『今我逃楚，楚必驕。驕則可與戰矣！』欒黶曰：『逃楚，晉之恥也。合諸侯以益恥，不如死。我將獨進。』師遂進。己亥，與楚師夾潁而軍。子蟜曰：『諸侯既有成行，必不戰矣。從之將退，不從亦退。退，楚必圍我，猶將退也。不如從楚，亦以退之。』宵涉潁，與楚人盟。欒黶欲伐鄭師，荀罃不可，曰：『我實不能禦楚，又不能庇鄭，鄭何罪？不如致怨焉而還。今伐其師，楚必救之，戰而不克，爲諸侯笑。克不可命，不如還也。』丁未，諸侯之師侵鄭北鄙而歸，楚人亦還。」愚謂：《春秋》凡書救，皆彼善於此者也。此書楚救鄭，非許之也，見夷狄之强，而敢與中國争衡也。夷狄而與中國争衡，則足反居上，首顧居下，王綱墜，人道亂矣。義又見《莊十年》「荆敗蔡師」。

公至自伐鄭。

義見《桓二年》「公至自唐」。

十有一年春，王正月，作三軍。

杜氏曰：「萬二千五百人爲軍，增立中軍。」《左氏》曰：「季武子將作三軍，告叔孫穆子，曰：『請爲三軍，各征其軍。』穆子曰：『政將及子，子必不能。』武子固請之，穆子曰：『然則盟諸。』乃盟諸僖閎，詛諸五父之衢。正月，作三軍，三分公室而各有其一。三子各毁其乘。季氏使其乘之人以其役邑入者，無征。不入者，倍征。孟氏使半爲臣，若子若弟。叔孫氏使盡爲臣，不然不舍。」孔氏曰：「往前民皆屬公，國家自有二軍，若非征伐，不屬三子。故三子自以其邑之民，以爲己之私乘。今既三分公室，所分得者即是己有，不須更立私乘。故三家各自壞舊時車乘部伍，分以足成三軍也。役謂供官力，役即唐之丁也。邑謂賦税，若唐之租調也。季氏使所分得國内三分有一之人，以其役與邑皆來入季氏者，則無公征。若不以入季氏者，則使公家倍征之。設利害以懼民，毆之使入己耳。民畏倍征則盡歸季氏，所分得者無一入公也。叔孫氏臣其子弟，不臣其父兄，謂取二分，而二歸公也。孟氏取其半，又如叔孫所取，其中止取其半，又以半歸公，取一分而三分歸公也。故《昭五年》傳云：『季氏盡征之，叔孫臣其子弟，孟氏取其半焉。』」劉氏曰：「至襄而作三軍也，明襄之前，未有三軍也。及其舍之也，又曰舍中軍，明二軍猶在也。」孫氏曰：「古者天子六軍，大國三軍，次國二軍，小國一軍。魯次國而作三軍，亂聖王之制也。」莘老孫氏曰：「蓋三桓欲弱公室，强私家，不量其力之可否而頓作一軍。《春秋》以爲亂王制，竭民力，書曰『作三軍』也。」○高氏曰：「所謂大國三軍，次國二軍，小國一軍，乃兵數之大率如此。其實皆藏於農，歲役不過三日，此先王之法也。魯次國也，雖合二軍，必天子以牙璋起之，然後取之於農耳，亦何俟於作哉？三分公室，各取其一，而作爲三軍，王法所不容也。故不書『作中軍』，而云『作三軍』者，雖二軍亦不可作，所以辠三桓也。」

夏四月，四卜郊，不從，乃不郊。

義見《成十年》。此但四卜，少殊耳。

鄭公孫舍之帥師侵宋。

《左氏》曰：「鄭人患晉、楚之故。諸大夫曰：『不從晉，國幾亡。楚弱於晉，晉不吾疾也。晉疾，楚將辟之。何爲而使晉師致死於我，楚不敢敵，而後可固與也？』子展曰：『與宋爲惡，諸侯必至，吾從之盟。楚師至，吾又從之，則晉怒甚矣。晉能驟來，楚將不能，吾乃固與晉。』大夫説之，使疆埸之司惡於宋。宋向戌侵鄭，大獲。子展曰：『師而伐宋，可矣。若我伐宋，則諸侯之伐我必疾，吾乃聽命焉，且告於楚。楚師至，吾乃與之盟，而重賂晉師，乃免矣。』夏，鄭子展侵宋。」未詳信否。獻可杜氏曰：「甚哉！鄭之不道也。介於晉、楚，不能以尊中國爲心，以致二國交伐不已。今復侵宋，以起諸侯之伐。」義又見《莊十年》「公侵宋」。

公會晉侯、宋公、衞侯、曹伯、齊世子光、莒子、邾子、滕子、薛伯、杞伯、小邾子伐鄭。

《左氏》曰：「諸侯伐鄭。己亥，齊大子光、宋向戌先至於鄭，門於東門。其莫，晉荀罃至於西郊，東侵舊許。衛孫林父侵其北鄙。六月，諸侯會於北林，師於向，右還次於鎖，❶圍鄭。觀兵於南門，西濟於濟隧。」高氏曰：「齊光十年在滕子、薛伯上，已爲僭矣。此會又在莒子、邾子上，於是爲甚，見世子之益驕。」貫道王氏曰：「悼公進光不以禮，光亦不自安於禮，卒之見弑，宜也。」愚謂：此亦功過之舉。義又見《隱二年》「鄭伐衛」。

秋七月己未，同盟于亳城北。亳，《公羊》、《穀梁》作京。葉氏曰：「當從二傳。京，鄭邑，太叔所封也。」未詳孰是。

杜氏曰：「亳城，鄭地。」任氏曰：「偃師也，故湯都。」《左氏》曰：「鄭人懼，乃行成，同盟于亳。范宣子曰：『不慎，必失諸侯。諸侯道敝而無成，能無貳乎？』乃盟，載書曰：『凡我同盟，毋蘊年，毋壅利，毋保姦，毋留慝，救災患，恤禍亂，同好惡，獎王室。或間兹命，司慎司盟，名山名川，羣神羣祀，先王先公，七姓十二國之祖，明神殛之。俾失其民，隊命亡民，踣其國家。』」義見《莊十六年》。○師氏曰：「案去年秋諸侯伐鄭者，晉悼之初駕。今伐鄭而盟于亳城北者，再駕也。伐鄭而會于蕭魚者，三駕也。《左氏》謂『晉侯謀所以急民，三駕而楚不能争』者，此也。」

公至自伐鄭。

義見《桓二年》「公至自唐」。○葉氏曰：「前出而伐鄭者，未知鄭服而盟也，告伐鄭而已。今雖盟，而非其出告之事，故復以伐鄭致也。」

---

❶「鎖」，通行本《左傳》作「瑣」。

楚子、鄭伯伐宋。

鄭至是同夷狄三伐宋，辠自見也。義又見《莊十年》「荆敗蔡師」。

公會晉侯、宋公、衛侯、曹伯、齊世子光、莒子、邾子、滕子、薛伯、杞伯、小邾子伐鄭，會于蕭魚。

杜氏曰：「蕭魚，鄭地。鄭服而諸侯會。」《左氏》曰：「諸侯悉師以復伐鄭。鄭人使良霄、大宰石㚖如楚，告將服於晉，曰：『孤以社稷之故，不能懷君。君若能以玉帛綏晉，不然則武震以攝威之，孤之願也。』楚人執之。諸侯之師觀兵於鄭東門，鄭人使王子伯駢行成。晉趙武入盟鄭伯。鄭子展出盟晉侯，會于蕭魚，赦鄭囚，皆禮而歸之。納斥候，禁侵掠。晉侯使叔肸告於諸侯。」蘇氏曰：「鄭與會也。自八年後，晉、楚争鄭，三年之間，晉人四以諸侯伐鄭，楚輒救之。晉用知罃之謀，未嘗與楚人戰。至是，楚不能應，遂全師以服鄭。於是鄭固與晉二十餘年，楚不能争。」程子曰：「鄭不可信，而晉悼公推誠以待人，信之不疑。至哉！誠之能感人也。」邦衡胡氏曰：「所謂彼善於此者也。其却楚之功亦庶幾召陵城濮之風焉。」義又見《隱二年》「鄭伐衛」。○黄氏曰：「案《左氏》所載鄭之侵宋者，鄭子展謀欲從晉，故伐宋以致諸侯之師，而後與之也。諸侯伐鄭而同盟于亳城北者，時鄭方行成，故盟諸侯使毋貳也。楚子、鄭伯又伐宋者，楚未知鄭之陰已附晉，尚率鄭以伐宋，而鄭姑從之也。晉又會諸侯伐鄭而會于蕭魚者，鄭於是始決於從晉也。楚執行人良霄者，鄭已從晉，使告於楚，楚無以制之，而姑執其行人以泄憤也。夫鄭自公子騑、公子發、公子輒三人決於從楚，故鄭歲受晉、楚迭至之兵。三子既爲盜所殺，子展當國，改謀從晉，知所向背矣。然不即安於晉，必伐宋致師，待晉師再伐己，而後藉以絶楚，恐非謀國之要策。若晉悼極力求鄭，卒成蕭魚之會，則伯功之盛也。」

公至自會。

程子曰：「兵不加鄭，故書『至自會』。」竊疑魯大蕭魚之功，出雖以伐鄭告，而歸以會告爾。然不敢質也。義見《桓二年》「公至自會」。

楚人執鄭行人良霄。音消，《穀梁》作宵。

杜氏曰：「良霄，公孫輒之子伯有也。」《左氏傳》見上文。高氏曰：「此著晉之所以得鄭也。鄭伯使良霄告絶於楚，楚人怒而執之。雖執之，亦不伐鄭，是不能得鄭也。不能得鄭者，勢分於吴也。勢分於吴，無如之何，故執良霄以舒其憤懣不平之氣。自是不復出師以與晉争。斯見楚力盡於此矣。鄭於是乎堅從晉也。」

冬，秦人伐晉。

報去年伐秦之役也。晉無故伐秦，秦又報復之，皆憤兵也。義見《隱七年》「戎伐凡伯」。

十有二年春，王三月，莒人伐我東鄙，圍台。季孫宿帥師救台，遂入鄆。台，《穀梁》作邰。

台，杜氏曰：「琅邪費縣南有台亭。」鄆，東鄆也，見《成九年》。孫氏曰：「莒背蕭魚之會，伐我東鄙，圍台。」《公羊》曰：「大夫無遂事，此其言遂事何？公不得爲政爾。」《穀梁》曰：「受命而救台，不受命而入鄆，惡季孫宿也。」康侯胡氏曰：「台在邦域之中而專行之，非有無君之心者不敢爲也。昭公逐，定無正，夫豈一朝一夕之故哉？其所由來者漸矣。」義又見《隱二年》「鄭伐衛、莒，入向」。○貫道王氏曰：

「魯自鄫亡而莒實爲鄰，伐魯東鄙屢矣。小國既滅鄫，又求多於魯台、費之境也。故宿出救而入鄆。他時取鄆疆、鄆田，而季氏之費廣衺踰封君，則實自宿始强也。」

夏，晉侯使士魴來聘。

《左氏》曰：「晉士魴來聘，且拜師。」義見《隱七年》「齊來聘」。

秋九月，吴子乘卒。

存耕趙氏曰：「吴前此不書卒。自戚之會，列於諸侯，故乘以死赴於中國。」義見《文十八年》「秦伯卒」。

冬，楚公子貞帥師侵宋。

義見《莊十年》「荆敗蔡師」。

公如晉。

義見《僖十年》「公如齊」。

十有三年春，公至自晉。

高氏曰：「見公在外，不朝正於廟也。」義又見《桓二年》「公至自唐」。

夏取邿。音詩。《公羊》作詩。

滅而言取，見《宣九年》。杜氏曰：「邿，小國。任城亢父縣有邿亭。」義見《莊十年》「齊滅譚」。

秋九月庚辰，楚子審卒。

高氏曰：「楚共王也。」義見《文十八年》「秦伯卒」。

冬，城防。

木訥趙氏曰：「魯有二防：一近宋，《隱十年》『伐宋取防』是也；一近齊，《隱九年》『公會齊侯于防』是也。魯既事晉而外齊，懼有齊師，故城防以備之。明年，齊卒有圍成之役。」高氏曰：「厥後齊高厚伐我北鄙，圍防，則城防者，畏齊也。」義見《隱七年》「城中丘」。○貫道王氏曰：「自季氏城費而後，各城其私邑。防，臧氏之邑，所謂以防求爲後於魯者也。武仲據邑以請，非以其城池之固乎？」未詳是否。

十有四年春，王正月，季孫宿、叔老會晉士匄、齊人、宋人、衛人、鄭公孫蠆、曹人、莒人、邾人、滕人、薛人、杞人、小邾人，會吴于向。蠆，勑邁切。《公羊》作蠆。下同。

叔老，公孫嬰齊子叔老齊子也。書人，微者也。杜氏曰：「向，鄭地。」邦衡胡氏曰：「《春秋》書内大夫出會，未有兩卿同行者。此言季孫、叔老，見襄公失政，小人之用事者衆矣。」義又見《成十五年》「會吴于鍾離」。高氏曰：「四卿帥師，自成公始。二卿列會，自襄公始。」邦衡胡氏曰：「兩卿出會大夫，既見於襄。兩卿及盟諸侯，又見於哀。以戒後世小人不可使至衆，衆必亂邦矣。」

三月乙未朔，日有食之。

義見《隱三年》。

夏四月，叔孫豹會晉荀偃、齊人、宋人、衛北宫括、鄭公孫蠆、曹人、莒人、邾人、滕人、薛人、杞人、小邾人伐秦。括，《公羊》作結。

《左氏》曰：「諸侯之大夫從晉侯伐秦，以報櫟之役也。晉侯待於竟，使六卿帥諸侯之師以進。及涇，不濟。叔向見叔孫穆子，穆子賦《匏有苦葉》。叔向退而具舟，魯人、莒人先濟。鄭子驕見衛北宮懿子曰：❶『與人而不固，取惡莫甚焉！若社稷何？』懿子説。二子見諸侯之師而勸之濟，濟涇而次。秦人毒涇上流，師人多死。鄭司馬子蟜帥鄭師以進，師皆從之。至於棫林，不獲成焉。荀偃令曰：『雞鳴而駕，塞井夷竈，唯余馬首是瞻。』欒黶曰：『晉國之命，未是有也。余馬首欲東。』乃歸。下軍從之。左史謂魏莊子曰：『不待中行伯乎？』莊子曰：『夫子命從帥。欒伯，吾帥也，吾將從之。從帥，所以待夫子也。』伯游曰：『吾令實過，悔之何及？多遺秦禽。』乃命大還。晉人謂之遷延之役。」未詳是否。高氏曰：「春夏興師，煩擾中國。」邦衡胡氏曰：「秦，戎狄也，其與晉交伐久矣。十一年，又伐晉，是猾夏也。然非不可懷來者，晉遽合諸侯之師以伐之，而以征伐之權委諸大夫，失刑政矣。」○木訥趙氏曰：「用諸侯之兵以報己怨，辠也。然自是一伐秦，終春秋之世，秦不敢復侵晉。」

己未，衛侯衎出奔齊。《左氏》、《穀梁》無「衎」字。葉氏曰：「闕文也。」

《左氏》曰：「衛獻公戒孫文子、甯惠子食，皆服而朝。日旰不召，而射鴻於囿。二子從之，不釋皮冠而與之言。二子怒。孫文子如戚，孫蒯入使。公飲之酒，使大師歌《巧言》之卒章。大師辭，師曹請爲之。初，公有嬖妾，使師曹誨之琴，師曹鞭之。公怒，鞭師曹三百。故師曹欲歌之，以怒孫子以報公。公使歌之，遂誦之。蒯懼，告文子。文子曰：『君忌我矣。弗先，必死。』并帑於戚，而入見蘧伯玉，曰：『君之

❶「驕」，據《左傳》當作「蟜」。

暴虐，子所知也。大懼社稷之傾覆，將若之何？』對曰：『君制其國，臣敢奸之？雖奸之，庸知愈乎？』遂行，從近關出。公使子蟜、子伯、子皮與孫子盟於丘宮，孫子皆殺之。四月己未，子展奔齊。公如鄄，使子行於孫子，孫子又殺之。公出奔齊，孫氏追之，敗公徒於阿澤。鄄人執之。初，尹公佗學射於庾公差，庾公差學射於公孫丁。二子追公，公孫丁御公。子魚曰：『射爲背師，不射爲戮，射爲禮乎？』射兩軥而還。尹公佗曰：『子爲師，我則遠矣。』乃反之。公孫丁授公轡而射之，貫臂。子鮮從公。及竟，公使祝宗告亡，且告無罪。定姜曰：『無神何告？若有，不可誣也。有辠，若何告無？舍大臣而與小臣謀，一辠也。先君有冢卿以爲師保，而蔑之，二辠也。余以巾櫛事先君，而暴妾使余，三辠也。告亡而已，無告無辠。』衛人立公孫剽，孫林父、甯殖相之，以聽命於諸侯。師曠侍於晉侯。晉侯曰：『衛人出其君，不亦甚乎？』對曰：『或者其君實甚。良君將賞善而刑淫，養民如子，蓋之如天，容之如地。民奉其君，愛之如父母，仰之如日月，敬之如神明，畏之如雷霆，其可出乎？夫君，神之主也，民之望也。若困民之主，匱神乏祀，百姓絶望，社稷無主，將安用之？弗去何爲？天生民而立之君，使司牧之，勿使失性。有君而爲之貳，使師保之，勿使過度。是故天子有公，諸侯有卿，卿置側室，大夫有貳宗，士有朋友，庶人、工、商、皂、隸、牧、圉皆有親暱，以相輔佐也。善則賞之，過則匡之，患則救之，失則革之。自王以下，各有父兄子弟，以補察其政。史爲書，瞽爲詩，工誦箴諫，大夫規誨，士傳言，庶人謗，商旅於市，百工獻藝。故《夏書》曰：「遒人以木鐸徇于路。官師相規，工執藝事以諫。」正月孟春，於是乎有之，諫失常也。天之愛民甚矣。豈其使一人肆於民上，以從其淫而棄天地之性？必不然矣。』」康侯胡氏曰：「臣而逐君，其辠已明矣。君擅一國之名，寵神之主，而民之望也，何可出也？所爲見逐，無乃肆於民上，縱其淫虐以棄天地之性乎！《春秋》端本清源，故不書所逐之臣，而以自奔爲名，所以警乎人君者，爲後世鑒也。」愚謂：自《成七年》書「孫林父出奔」，《晉十四年》書「孫林父自晉歸於衛」，又見於鍾離、善道之會，又來聘，而遂盟，而終之以衛侯出奔，則權臣逆命，晉厲黨惡，皆可爲後世鑒，不特衛侯之不君也！義又見《桓十五年》「鄭突奔蔡」。

莒人侵我東鄙。

高氏曰：「莒自滅鄫之後，凡四伐我矣。」義見《隱二年》「鄭伐衛」。

秋，楚公子貞帥師伐吴。

義見《僖三年》「徐取舒」。

冬，季孫宿會晉士匄、宋華閲、衛孫林父、鄭公孫蠆、莒人、邾人于戚。

戚，見《文元年》。《左氏》曰：「晉侯問衛故於中行獻子，對曰：『不如因而定之，衛有君矣。伐之，未可以得志而勤諸侯。君其定衛以待時乎？』冬，會于戚，謀定衛也。」張氏曰：「前書衛侯之奔，此列孫林父於衛，足見晉伯主抑君而臣是助。具書於策，則晉大夫之黨孫林父，辠惡自見。」貫道王氏曰：「戚，林父邑也。合列國於孫氏私邑，抑君而臣是助，非正名之義矣。是役列國之大夫爲會，政在大夫，不可反矣。」高氏曰：「剽逐其君而篡其位，王法所不容，而晉合諸侯以定之，無王之甚也。」義又見《文十一年》「會于承筐」。○黄氏曰：「荀偃本亦弑賊，故爲逆賊孫林父謀，而成其亂於孫林父之私邑。凡今年春列國之會于向者，大半不至，亦可見人心之公，而晉悼坐荀偃之誤不少矣。自是至剽賊而衎歸，有二君者十年，晉實爲之也。以悼公之賢而有此，惜哉！蓋公怠矣，明年遂薨。」

十有五年春，宋公使向戌來聘。二月己亥，及向戌盟于劉。高氏曰：「凡因聘而盟者，必在國内。如成三年，晉侯使荀庚來聘，衛侯使孫良夫來聘。丙午，及荀庚盟。丁未，及孫良夫盟。十一年，晉侯使郤犨來聘。己丑，及郤犨盟。襄七年，衛侯使孫林父來聘。壬戌，及孫林父盟是也。劉，蓋王畿采地，豈有來聘魯，而遠盟於劉者乎？蓋下文有『劉夏』，傳者因以爲春夏之夏，與《文四年》『夏逆婦姜于齊』同文。故誤。增『于劉』二字耳。」

義見《成三年》「晉荀庚來聘」。

劉夏逆王后于齊。

杜氏曰：「劉，采地。夏，名也。劉夏非卿，故書名也。」任氏曰：「劉夏，書名，士也。」愚謂：天子嫁女於諸侯，使同姓主之，娶后亦使同姓主之。故魯史得書於策，而《春秋》因以見義耳。常山劉氏曰：「昏姻者，人倫之本。王后者，天下之母。劉夏非三公而逆后，是不重人倫之本，不尊天下之母。禮何以興？風化何以成乎？」〇莘老孫氏曰：「天子無親逆之禮，逆后則使三公。《春秋》書逆后者二，祭公得行禮而又書之者，譏遂事也。劉夏之逆，則以非三公，譏之。《春秋》周王十二，而逆后者惟二，足知非禮則書也。」

夏，齊侯伐我北鄙，圍成。公救成，至遇。

成，見《桓六年》。杜氏曰：「遇，魯地。」《左氏》曰：「齊侯圍成，貳於晉故也。」《公羊》曰：「其言至遇何？不敢進也。」高氏曰：「齊於是貳晉。是時衛侯在齊，季孫宿爲戚之會以定衛，而齊不與。齊固有憾於諸國矣，而猶懷夫袁婁之恥者也。伐我北鄙，以此之故。魯於是時已三分其民，而公室卑弱，已不足以當敵，故書公『救成至遇』，以見意焉。」愚謂：齊侯伐魯，固無王矣。然自晉士匄會林父定衛剽，而齊始背盟。成，魯邑也，而書「救」又書「至遇」，則王綱不振，襄不能君，三家分魯，舉形可見。自此至十八年，齊五伐魯，故又爲十八年諸侯同圍齊起文也。〇君舉陳氏曰：「自宣之季年，內不言君將，於是書『救成』而不敢進矣，無惑乎三家之專魯也。」

季孫宿、叔孫豹帥師城成郛。成，《公羊》作郕。

杜氏曰：「郛，郭也。」高氏曰：「成郛壞，而以非時城之也。此孟孫之邑，而季孫、叔孫帥師城之者，見三家相黨，以備齊爲名，而興役之衆。故其城堅固可守，卒爲魯患而不可墮也。定十二年，公圍成是也。」義又見《隱七年》「城中丘」。〇邦衡胡氏曰：「城築二十有九，大夫帥師而城者三，見文、襄之際，大夫張矣。故帥師而城者，皆三家也。」

秋八月丁巳，日有食之。

義見《隱三年》。

邾人伐我南鄙。

《左氏》曰：「邾人伐我南鄙。使告於晉，晉將爲會以討邾、莒。晉侯有疾，乃止。晉悼公卒，遂不克會。」貫道王氏曰：「邾屬於齊而黨於莒。齊、莒來伐，故邾亦效尤。」義見《隱二年》「鄭伐衛」。〇許氏曰：「政在君則民一，民一則國强。政在臣則民二，民二則國弱。魯自文、襄失政，大夫益竊國靈。齊與邾、莒交伐其國，不競甚矣。無他，民分於桓故也。」

冬十有一月癸亥，晉侯周卒。

義見《隱三年》「宋公卒」。○黄氏曰：「悼公生十四年而立，三十而卒。其經營楚、鄭，時方二十四五。功視桓、文而德過之。嗚呼！盛哉！」木訥趙氏曰：「晉室中僨，三郤誅，厲公弑。悼公以公族自外入繼。即位之初，慨然思復文公之業，一爲宋圍彭城而得諸侯。再奪鄭虎牢而得陳、鄭，外抗强楚。蕭魚之會，不戰不盟，楚不敢争，鄭不忍叛，雖召陵之役，不是過也。其功業直將俎豆文公於百載之上，襄、成、靈、厲有慚德矣。以傳觀之，所以成伯業者，抑亦内外兩治者歟！其爲國也，施舍已責，逮鰥寡，振廢滯，康乏困，救災患，禁淫慝，薄賦斂，宥罪戾。舉不失職，官不易方，爵不踰德，師不陵正，旅不偪官，民無謗言。所以復伯業。若傳果無溢美，則悼公直出桓、文之上。」餘見《僖三十二年》「晉侯重耳卒」。

十有六年春，王正月，葬晉悼公。

高氏曰：「三月而葬，簡也。」義又見《隱三年》「葬宋穆公」。○存耕趙氏曰：「平公彪欲合諸侯以爲榮，不待期而葬父，使下從大夫之禮，無人心矣。」

三月，公會晉侯、宋公、衛侯、鄭伯、曹伯、莒子、邾子、薛伯、杞伯、小邾子于溴梁。戊寅，大夫盟。溴，古闃切。

蘇氏曰：「衛侯，剽也。二十五年，衛侯入於夷儀，衎也。二君皆稱衛侯，猶鄭突及儀皆稱鄭伯也。」孫氏曰：「溴梁，晉地。」杜氏曰：「溴水出河内軹縣東南，至温入河。雞澤會重序諸侯，今此間無異事，即諸侯大夫可知。」《左氏》曰：「平公即位。羊舌肸爲傅，張君臣爲中軍司馬，祁奚、韓襄、欒盈、士鞅爲公族大夫，虞丘書爲乘馬御。改服修宫，烝於曲沃。警守而下，會于湨梁。命歸侵田。」《公羊》曰：「諸侯在，是其言大夫盟何？信在大夫也。君若贅旒然。」《穀梁》曰：「湨梁之會，諸侯失正矣。」義又見《隱元年》「盟于蔑」。○高氏曰：「爲討邾、莒也。邾、莒連伐魯，魯使告於晉。晉悼公將爲會以討之，遇疾乃止。平公即位，遂成父志。夫居喪而出會，失盟主之禮矣。是時齊有崔高，衛有孫甯，六卿分晉，三家柄魯，禄去公室，浸以衰微。聖人因此盟以著喪亂之階。」康侯胡氏曰：「上二年春，會于向，十有四國之大夫也。夏，會伐秦，十有三國之大夫也。冬，會于戚，七國之大夫也。此三會皆國之大事也，使大夫專之，而諸侯不與焉，是列國之君不自爲政，弗躬弗親，禮樂征伐已自大夫出矣。況悼公既没，晉平初立，無先公之明也。君若贅旒，而大夫張亦宜矣，夫豈一朝一夕之故哉？善惡積於至微而不可掩，常情忽於未兆而弗預謀。趙籍、韓虔、魏斯爲諸侯之勢見矣。有國者謹於禮而不敢忽，此《春秋》以待後世之意也。」

晉人執莒子、邾子以歸。

《左氏》曰：「以我故，執邾宣公、莒犂比公，且曰：『通齊、楚之使。』」劉氏曰：「邾、莒交伐，魯將討焉。而悼公卒，平公即位，知莒子、邾子之可以討矣，而未知己之不可以討也。用亂治亂，用不肖治不肖，禍乃始作，非正本之意也。孟子曰：『惟天吏則可以伐之。』夫孟子可謂知本矣。」何氏曰：「諸侯有辠，當歸京師，不得自治之。録以歸惡其專也。」

齊侯伐我北鄙。

義見《隱二年》「鄭伐衛」。亦爲諸侯同圍齊起文也。

夏，公至自會。

義見《桓二年》「公至自唐」。○貫道王氏曰：「書至於齊伐之後，見諸侯之會未散，而齊已抗矣。」

五月甲子，地震。

義見《文九年》。

叔老會鄭伯、晉荀偃、衛甯殖、宋人伐許。

高氏曰：「晉卿主兵而先鄭伯者，臣不可過君也。宋稱人，微者也。宋當在諸國之上，今列衛甯殖下，故知微者也。」愚謂：二者皆魯史之文也。邦衡胡氏曰：「衛甯殖出其君，其惡大矣。鄭伯、荀偃會之伐許，是黨惡也。」義又見《隱二年》「鄭伐衛」。

秋，齊侯伐我北鄙，圍成。《公羊》作郕。

成，見《桓六年》。義見《隱二年》「鄭伐衛」。亦爲諸侯同圍齊起文也。

大雩。

義見《桓五年》。

冬，叔孫豹如晉。

《左氏》曰：「穆叔如晉聘，且言齊故。晉人曰：『以寡君之未禘祀，與民之未息。不然，不敢忘。』穆叔曰：『以齊人之朝夕釋憾於敝邑之地，是以大請！敝邑之急，朝不及夕，引領西望曰：「庶幾乎！」比執事之間，恐無及也！』見中行獻子，賦《圻父》。獻子曰：『偃知辠矣，敢不從執事以同恤社稷，而使魯及此！』見范宣子，賦《鴻鴈》之卒章。宣子曰：『匄在此，敢使魯無鳩乎！』」義見《隱七年》「齊來聘」。

春秋本義卷第二十二

襄　公

十有七年春，王二月庚午，邾子牼卒。牼，苦耕切。《公羊》、《穀梁》作瞯。

邾子，宣公也。大意見《隱七年》「滕侯卒」。此又爲其冬邾人伐我南鄙起文也。○孫氏曰：「前年晉人執邾子以歸，此書邾子卒者，晉人尋赦之也。」

宋人伐陳。

義見《隱二年》「鄭伐衛」。

夏，衛石買帥師伐曹。

《左氏》曰：「衛孫蒯田于曹隧，飲馬於重丘，毁其缾。重丘人閉門而詢之，曰：『親逐而君，爾父爲厲。是之不憂，而何以田爲？』夏，衛石買、孫蒯伐曹。曹人愬於晉。」未詳信否。義見《隱二年》「鄭伐衛」。

又爲十八年晉執石買起文也。

秋，齊侯伐我北鄙，圍桃。齊高厚帥師伐我北鄙，圍防。桃，《公羊》作洮。《左氏》無「齊」字。

杜氏曰：「桃，弁縣東南有桃墟。」《左氏》曰：「齊人以其未得志於我故，秋，齊侯伐我北鄙，圍桃。高厚圍臧紇于防。師自陽關逆臧孫，至於旅松。郰叔紇、臧疇、臧賈帥甲三百，宵犯齊師，送之而復。齊師去之。」高氏曰：「齊爲二師以交攻魯，其恃衆暴寡如此，況齊、魯仍世昏姻之國也。數年之間，見伐不已，見魯政之衰矣。」義又見《隱二年》「鄭伐衛」。亦爲諸侯同圍齊起文也。

九月，大雩。

義見《桓五年》。

宋華臣出奔陳。

義見《僖二十八年》「元咺奔晉」。

冬，邾人伐我南鄙。

《左氏》曰：「爲齊故也。」愚謂：邾宣公卒未踰年，悼公居喪，興兵以伐魯，其辠著矣。義又見《隱二年》「鄭伐衛」。○高氏曰：「邾之先君以伐魯而爲晉所執，既歸而卒。嗣子在喪而復興兵伐我者，叛晉與齊也。齊人使之修先君之怨，此祝柯之會，所以復見執也。」

十有八年春，白狄來。

義見《僖二十九年》「介葛盧來」。○高氏曰：「辠中國不當與之交接也。且宣八年，晉師、白狄伐秦，是晉强而附晉伐秦也。成九年，秦人、白狄伐晉，是秦强而附秦伐晉也。」劉氏曰：「夷狄於中國無事焉，其於天子世一見，則諸侯雖善，其交際不得而通也。是以《春秋》不與者，所以懲淫慝、一内外也。周公致太平，越裳氏九譯而獻白雉。公曰：『君子德不及焉。』不享其贄。此乃天子而讓也，況列國之君、守藩之臣乎？」

夏，晉人執衛行人石買。

《左氏》曰：「晉人執衛行人石買於長子，爲曹故也。」黄氏曰：「爲石買無故伐曹而執之也。然不當因其爲行人而執之。」張氏曰：「案石買之執有三失焉：舍大而治小，一也；行人非所執，二也；不歸於京師，三也。」義又見《莊二十七年》「齊執鄭詹」。○劉氏曰：「假晉欲明天子之禁，修方伯之義，黜叛夫而誅亂臣者，則莫如正孫蒯之惡，而諸侯服矣。今置所先而收所後，急所輕而緩所重，伯者之討，固有若是乎！夫賞不當其功，罰不當其辠，不祥莫大焉。大惡不舉，小過必察，猶不當其辠也。」

秋，齊侯伐我北鄙。侯，《公羊》作師，《左氏》或作師。

許氏曰：「齊人四年之間，六伐我鄙而四圍邑，又從邾、莒以助其虐。雖魯有以取之，然諸侯相陵未有若是者也。是以動天下之兵，幾亡其國。」義又見《隱二年》「鄭伐衛」。亦爲諸侯同圍齊起文也。

冬十月，公會晉侯、宋公、衛侯、鄭伯、曹伯、莒子、邾子、滕子、薛伯、杞伯、小邾子，同圍齊。

「同圍」者，共圍也。諸不言同而此言同者，因舊史之文而不革也。劉氏曰：「同圍之者，猶曰環之也。」《左氏》曰：「齊侯伐我北鄙。晉侯伐齊，將濟河。獻子以朱絲係玉二瑴而禱曰：『齊環怙恃其險，負其衆庶，棄好背盟，陵虐神主。曾臣彪將率諸侯以討焉，其官臣偃實先後之。苟捷有功，無作神羞，官臣偃無敢復濟。惟爾有神裁之！』沈玉而濟。冬十月，會於魯濟，尋湨梁之言，同伐齊。齊侯禦諸平陰，塹防門而守之，廣里。夙沙衛曰：『不能戰，莫如守險。』弗聽。諸侯之士門焉，齊人多死。范宣子告析文子曰：『吾知子，敢匿情乎？魯人、莒人皆請以車千乘自其鄉入，既許之矣。若入，君必失國。子盍圖之？』子家以告公，公恐。晏嬰聞之曰：『君固無勇，而又聞是，弗能久矣。』齊侯登巫山以望晉師。晉人使司馬斥山澤之險，雖所不至，必旆而疏陳之。使乘車者左實右僞，以旆先，輿曳柴而從之。齊侯見之，畏其衆也，乃脱歸。丙寅晦，齊師夜遁。十一月丁卯朔，入平陰，遂從齊師。夙沙衛連大車以塞隧而殿。殖綽、郭最曰：『子殿國師，齊之辱也。子姑先乎！』乃代之殿。❶衛殺馬於隘以塞道。晉州綽及之，射殖綽中肩，兩矢夾脰，曰：『止，將爲三軍獲。不止，將取其衷。』顧曰：『爲私誓。』州綽曰：『有如日！』乃弛弓而自後縛之。其右具丙亦舍兵而縛郭最。皆衿甲面縛，坐於中軍之鼓下。晉人欲逐歸者，魯、衛請攻險。己卯，荀偃、士匄以中軍克京兹。乙酉，魏絳、欒盈以下軍克邿。趙武、韓起以上軍圍盧，弗克。十二月戊戌，及秦周伐雍門之萩。范鞅門於雍門，其御追喜以戈殺犬於門中。孟莊子斬其椯以爲公琴。己亥，焚雍門及西郭、南郭。劉難、士弱率諸侯之師焚申池之竹木。壬寅，焚東郭、北郭。范鞅門於揚門，州綽門於東閭。左驂迫還於東門中，以枚數闔。齊侯駕，將走郵棠。大子與郭榮扣馬曰：『師速而疾，略也。將退矣，君何懼焉！且社稷之主，不可以輕，輕則失衆。君必待之。』將犯之，大子抽劍斷鞅，乃止。甲辰，東侵及濰，南及沂。」葉氏曰：「靈公以十五年伐我北鄙。至是，連伐我者五。歲再圍成，又圍桃，圍防。我之虐於諸侯，未有甚於齊也，故嘗以叔孫豹請於晉。於是荀偃

---

❶「代」，原作「伐」，據《左傳》改。

從之，而諸侯之師無不盡其力，則是雖以魯出，而所以圍齊，不以魯也。故圍齊之城，周其四門，非共惡之，能若是乎？周公封蔡曰：『睦乃四鄰。』夫不能睦其鄰，亦不能睦其國也，國何以守？」義又見《僖十九年》「宋圍曹」。

曹伯負芻卒于師。

此亦紀實事以起葬曹成公之文耳。義見《隱三年》「宋公卒」。

楚公子午帥師伐鄭。

《左氏》曰：「鄭子孔欲去諸大夫，將叛晉而起楚師以去之。使告子庚，子庚弗許。楚子聞之，使楊豚尹宜告子庚曰：『國人謂不穀主社稷，而不出師，死不從禮。不穀即位，於今五年，師徒不出，人其以不穀爲自逸，而忘先君之業矣。大夫圖之，其若之何？』子庚歎曰：『君王其謂午懷安乎！吾以利社稷也。』見使者，稽首而對曰：『諸侯方睦於晉，臣請嘗之。若可，君而繼之。不可，收師而退，可以無害，君亦無辱。』子庚帥師治兵於汾。於是子蟜、伯有、子張從鄭伯伐齊。子孔、子展、子西守。二子知子孔之謀，完守入保。子孔不敢會楚師。楚師伐鄭，次於魚陵。右師城上棘，遂涉潁，次於旃然。蔿子馮、公子格率鋭師侵費滑、胥靡、獻於、雍梁，右回梅山，侵鄭東北，至於蟲牢而反。子庚門於純門，信於城下而還。涉於魚齒之下，甚雨及之，楚師多凍，役徒幾盡。晉人聞有楚師，師曠曰：『不害。吾驟歌北風，又歌南風。南風不競，多死聲。楚必無功。』董叔曰：『天道多在西北，南師不時，必無功。』叔向曰：『在其君之德也。』」義見《莊十年》「荊敗蔡師」。○高氏曰：「楚於是復争鄭。」

十有九年春，王正月，諸侯盟于祝柯。《公羊》作阿。

杜氏曰：「前年圍齊之諸侯也。祝柯縣屬濟南郡，即督揚。」張氏曰：「《後漢志》平原郡祝柯，《地譜》齊州禹城縣齊邑。」《左氏》曰：「諸侯還自沂上，盟于督揚，曰：『大毋侵小。』」高氏曰：「盟者何？平公修伯也。雖盟焉，楚闚於南，齊易於後，吴人且張，一邾之微，面從而背睽之，盟奚益哉？」義又見《隱元年》「盟于蔑」。

晉人執邾子。

《左氏》曰：「執邾悼公，以其伐我故。」張氏曰：「前年執邾子，以其伐魯故也。邾人宜有所懲戒，而伐魯無忌。」劉氏曰：「邾人伐魯，晉人疾之，執其君以劫其地。不言以歸，釋之也。未得其地，故劫之。已得其地，故釋之。執君取地，不以王命，何以服人心而正其辠乎？」高氏曰：「既來同會，又與同盟，而乃執之，非伯討也。下書『取邾田自漷水』，則知脅人之君而奪其地，此平公之伯政也。」

公至自伐齊。

貫道王氏曰：「此圍齊也。何以致伐？蓋以伐齊出，而終之以圍也。」劉氏曰：「圍而以伐致者，以伐告也。」義見《桓二年》「公至自唐」。〇案：此與《僖二十九年》「圍許」、「致圍」不同者，蓋彼以會出而遂圍許，故以圍許告；此以伐齊出，而歸以伐齊告。圍乃伐之一事耳，皆魯史之舊，無他義也。

取邾田自漷水。漷，好虢切。

杜氏曰：「取邾田，以漷水爲界也。漷水出東北合鄉縣西南，經魯國至高平湖陸縣入泗。」《左氏》曰：

「遂次於泗上，疆我田。取邾田自漷水，歸之於我。」張氏曰：「言取邾田，則非魯之舊可知。異於濟西、汶陽之取，而恃伯威以强取明矣。」高氏曰：「邾之病魯，信有辠矣！魯以諸侯之力，既執其先君，又執其嗣君，亦可已矣！又取其田，蓋已甚矣！晉刼邾，使與魯，豈伯者之舉哉？但書取邾田，足矣！又云自漷水者，隨漷水以爲界，言其取之多也，又辠其亂先王之疆理也。」○愚案：邾屢伐魯，信不道矣。爲魯者，上告天王，下告方伯，正名其辠以伐之，可也。因伐齊之舉，倚晉以執其君，取其田，則是挾詐以爲利也，何以服人心哉？《春秋》先書邾、魯之盟，繼之以執邾子，又終之以取邾田，則晉、魯過惡著矣。後世鑒戒昭矣。

季孫宿如晉。

《左氏》曰：「季武子如晉拜師。」黄氏曰：「拜其爲魯伐齊，且取邾田以與魯也。」義見《僖七年》「齊來聘」。

葬曹成公。

義見《隱三年》「葬宋穆公」。

夏，衛孫林父帥師伐齊。

義見《隱二年》「鄭伐衛」。○案：伐齊，《左氏》以爲晉命也。張氏曰：「討强暴之辠，而使逐君之大夫尸其事，則晉何以服齊？」皆未詳信否。

秋七月辛卯，齊侯環卒。環，《公羊》作瑗。

義見《隱三年》「宋公卒」。此又爲齊殺高厚及二十年齊侯澶淵之盟起文也。

晉士匄帥師侵齊，至穀，聞齊侯卒，乃還。

邦衡胡氏曰：「襄、昭之際，大夫專權，凡帥師而專伐者，多非君命。《春秋》無義戰，彼善於此則有之。士匄引師而還，亦庶乎彼善於此之義矣。」愚謂：諸侯非王命而侵伐人之國，皆惡也，況大夫帥師哉？士匄聞齊侯卒而還，其惡大，其善小。《春秋》紀其實以戒後世，非獨善之而已。

八月丙辰，仲孫蔑卒。

譏世卿也。蓋慶父爲三桓之始，以奔莒不書卒。其子公孫敖亦奔莒，至蔑而始書卒。蔑之後，仲孫速、仲孫羯、仲孫貜、仲孫何忌皆執魯政，是以謹志其卒，以見父卒而子繼也。大意又見《隱元年》「益師卒」。又爲二十年仲孫速居喪盟莒伐邾起文也。

齊殺其大夫高厚。

《左氏》曰：「齊侯娶於魯，曰顔懿姬，無子。其姪鬷聲姬生光，以爲大子。諸子：仲子、戎子。戎子嬖。仲子生牙，屬諸戎子。戎子請以爲大子。許之。仲子曰：『不可。廢常不祥，間諸侯難。光之立也，列於諸侯矣。今無故而廢之，是專黜諸侯而以難犯不祥也。君必悔之。』公曰：『在我而已。』遂東大子光，使高厚傅牙，以爲大子。夙沙衛爲少傅。齊侯疾，崔杼微逆光。疾病，而立之。齊靈公卒，莊公即位，執公子牙於句瀆之丘。以夙沙衛易己，衛奔高唐以叛。齊崔杼殺高厚於灑藍而兼其室。」愚案：此必齊光既立之後，崔杼與光共殺之，故以國殺，而又曰「殺其大夫」也。義見《莊二十六年》「曹殺大夫」。

○木訥趙氏曰：「齊之權臣，崔與高也。高既誅，齊之權在崔而已。故不旋踵而有崔杼之逆。高之殺，崔之幸，齊之不幸也。」

鄭殺其大夫公子嘉。《公羊》作喜。

《左氏》曰：「鄭子孔之爲政也專，國人患之，乃討西宫之難與純門之師。子孔當辠，以其甲及子革、子良氏之甲守。甲辰，子展、子西率國人伐之，殺子孔而分其室。」未詳信否。義見《莊二十六年》「曹殺大夫」。

冬，葬齊靈公。

義見《隱三年》「葬宋穆公」。

城西郛。

《左氏》曰：「懼齊也。」義見《隱七年》「城中丘」。○邦衡胡氏曰：「西郛，國之内城。夫懼齊而城其内城，則魯之弱滋甚矣。書此，以戒爲國家者修其政刑，雖大國必畏之，何區區勞民而城哉！」

叔孫豹會晉士匄于柯。

杜氏曰：「魏郡内黄縣東北有柯城。」愚案：此柯非《莊十三年》之柯。義見《文十一年》「會于承筐」。○許氏曰：「《宣十五年》書『仲孫蔑會齊高固于無婁』，《成五年》書『叔孫僑如會晉荀首于穀』，此書『叔孫豹會晉士匄于柯』，以見政在大夫，列國之事如此，故屢書之。」

城武城。

杜氏曰：「泰山南武城縣。」《左氏》曰：「穆叔歸曰：『齊猶未也，不可以不懼。』乃城武城。」義見《隱七年》「城中丘」。○高氏曰：「襄公四書城邑，非本務也。使民饑而散，雖城之，孰與守之？」

二十年春，王正月辛亥，仲孫速會莒人盟于向。速，《公羊》作遫。

速仲孫，蔑之子莊子也。杜氏曰：「向，莒邑。」《左氏》曰：「春，及莒平。孟莊子會莒人，盟于向，督揚之盟故也。」高氏曰：「向，本屬莒，宣四年取之，莒是以數伐魯。前年諸侯盟于祝柯，故二國復自盟以結好。自是二十年，莒、魯不交兵。速代父爲卿，未練而從政，無復三年之喪。此辠惡可見者也！」義又見《隱元年》「盟于蔑」。

夏六月庚申，公會晉侯、齊侯、宋公、衛侯、鄭伯、曹伯、莒子、邾子、滕子、薛伯、杞伯、小邾子，盟于澶淵。澶，市然切。

杜氏曰：「澶淵，在頓丘縣南，今名繁污，衛地。」張氏曰：「唐置澶州，後屬開德府臨河縣。」《左氏》曰：「盟于澶淵，齊成故也。」高氏曰：「齊以晉不伐喪而感服。居喪而出盟，蓋亦越禮畔道矣。」義又見《隱元年》「盟于蔑」。

秋，公至自會。

高氏曰：「踰時而返。」義又見《桓二年》「公至自唐」。

仲孫速帥師伐邾。速，《公羊》作遫。

許氏曰：「祝柯之會執邾子，又取其田，報亦足矣，而復伐之，譏已甚也。且澶淵在彼，何以盟爲？」義又見《隱二年》「鄭伐衛」。

蔡殺其大夫公子燮，蔡公子履出奔楚。燮，《穀梁》作濕。

《左氏》曰：「蔡公子燮欲以蔡之晉，蔡人殺之。公子履，其母弟也，故出奔楚。初，蔡文侯欲事晉，曰：『先君與於踐土之盟，晉不可棄，且兄弟也。』畏楚，不能行而卒。楚人使蔡無常，公子燮求從先君以利蔡，不能而死。」未詳信否。義見《莊二十六年》「曹殺大夫」、《僖二十八年》「元咺奔晉」。此奔夷狄，尤辱爾。

陳侯之弟黃出奔楚。黃，《公羊》、《穀梁》作光，後同。

邦衡胡氏曰：「陳侯之弟而出奔，甚其叛兄而失守也。楚，夷狄而即之，惡又甚矣！夫兄兄弟弟而家道正，弟而出奔，固可辠矣，兄亦未爲得也。譏千乘之國，不能容其親也。」〇愚案：異姓大夫不得於君，有可去之義。同姓無可去之道，況兄弟乎？爲人弟而出奔，天倫絶矣。

叔老如齊。

齊與魯平，於是通聘。義見《隱七年》「齊來聘」。

冬十月丙辰朔，日有食之。

義見《隱三年》。

季孫宿如宋。

義見《隱七年》「齊來聘」。

二十有一年春，王正月，公如晉。

義見《僖十年》「公如齊」。

邾庶其以漆、閭丘來奔。

葉氏曰：「以漆、閭來奔者，據其邑，叛而歸我也。」杜氏曰：「二邑在高平南。平陽縣東北有漆鄉，西北有顯閭亭。」任氏曰：「兖州鄒縣即南平陽也，後漢山陽南平鄉有漆亭，山陽南平陽有閭丘亭。」《左氏》曰：「邾庶其以漆、閭丘來奔，季武子以公姑姊妻之，皆有賜於其從者。於是魯多盜。季孫謂臧武仲曰：『子盍詰盜？』武仲曰：『不可詰也，紇又不能。』季孫曰：『我有四封，而詰其盜，何故不可？子爲司寇，將盜是務去，若之何不能？』武仲曰：『子召外盜而大禮焉，何以止吾盜？子爲正卿而來外盜，使紇去之，將何以能？庶其竊邑於邾以來，子以姬氏妻之，而與之邑，其從者皆有賜焉。若大盜，禮焉以君之姑姊與其大邑，其次皁牧輿馬，其小者衣裳劍帶，是賞盜也。賞而去之，其或難焉。紇也聞之，在上位者，洒濯其心，壹以待人，軌度其信，可明徵也，而後可以治人。夫上之所爲，民之歸也。上所不爲，而民或爲之，是以加刑罰焉，而莫敢不懲。若上之所爲，而民亦爲之，乃其所也，又何禁乎？』」高氏曰：「庶其叛其君，又盜其土地來奔於魯，其辠大矣！時公在晉，而季氏遂納其邑，受其叛臣，是之謂以利主逋逃，惡自見也。」○木訥趙氏曰：「今一受庶其之叛，其後莒牟夷、邾黑肱接踵而至。曲阜之地，匯爲賊淵。」黄氏曰：「此所謂《春秋》三叛臣者也，然魯受之，皆非君命。襄公如晉，而庶其以漆、閭丘來。昭公如晉，而牟夷以牟婁、防茲來。昭公在乾侯，而黑肱以濫來。然則實爲賊淵者，惟季氏與！」

夏，公至自晉。

義見《桓二年》「公至自唐」。

秋，晉欒盈出奔楚。

欒盈，晉大夫懷子也。《左氏》曰：「欒桓子娶於范宣子，生懷子。范鞅以其亡也，怨欒氏，故與欒盈爲公族大夫而不相能。桓子卒，欒祁與老州賓通，幾亡室矣。懷子患之，祁懼其討也，愬諸宣子曰：『盈將爲亂，以范氏爲死桓主而專政矣，曰：「吾父逐鞅也，不怒而以寵報之，又與吾同官而專之，吾父死而益富。死吾父而專於國，有死而已！吾蔑從之矣。」其謀如是，懼害吾主，吾不敢不言。』范鞅爲之徵。懷子好施，士多歸之。宣子畏其多士也，信之。懷子爲下卿，宣子使城著而遂逐之。欒盈出奔楚。」高氏曰：「盈既取奔亡，復有作亂之志，故特奔於楚焉。以楚强大，今日可恃以逃難，他日可挾以復歸也。」義見《僖二十八年》「元咺奔晉」。又爲二十三年欒盈入於晉起文也。○邦衡胡氏曰：「凡書出奔楚者，惡其失守出奔，而又即安於異類也。當是時，衛侯鄭、蔡公子履、陳侯之弟黃、陳鍼宜咎、蔡侯朱、宋華亥、向寧、華定、王子朝、徐子章羽，皆奔楚者也。此非特傷中國之衰，日入於夷狄，蓋深戒後世有國家者，不可即安於異類也。」

九月庚戌朔，日有食之。冬十月庚辰朔，日有食之。

許氏曰：「比年食，今又比月食，蓋此八年之間而日七食，禍變重矣。」郭綱曰：「此不入食限而食焉，政教之失然也。」義又見《隱三年》。○高氏曰：「連食兩月，變之大者。曆家推步之術，皆一百七十三日始一交會。去度遠則日食漸少，無頻食之理。而此年九月、十月，二十四年七月、八月頻食。下至漢晉以來，亦或有之，不可委之天數之常。故聖人必以爲譴異而書之，以警人君之或怠。後世任數而不修德，德不修而禍未至，益以爲天無心而數有定也。惟天之仁，又出災異以申勸之。且曰：『前既無驗，此奚爲哉？亦數而已矣！』目習於見，耳習於聞，而不復思上帝之怒不足獨當，而下延禍於衆庶，於是斯民皆怨其上，而民心離矣。孟子曰：『王無辠歲，斯天下之民至焉。』爲人君者，可不戒哉！」

曹伯來朝。

曹伯，負芻之子。《左氏》曰：「曹武公來朝，始見也。」義見《隱十一年》「滕、薛來朝」。

公會晉侯、齊侯、宋公、衛侯、鄭伯、曹伯、莒子、邾子于商任。音壬。

杜氏曰：「商任，地闕。」邦衡胡氏曰：「會于商任、沙隨，齊平故也。自諸侯圍齊，至澶淵之會而齊始平。故商任、沙隨，齊侯與焉。」義見《隱九年》「會于防」。

二十有二年春，王正月，公至自會。

高氏曰：「著不朝正於廟。」義又見《桓二年》「公至自唐」。

夏四月。

秋七月辛酉，叔老卒。

譏世卿也。大意又見《隱元年》「益師卒」。

冬，公會晉侯、齊侯、宋公、衛侯、鄭伯、曹伯、莒子、邾子、薛伯、杞伯、小邾子於沙隨。《公羊》、《穀梁》「薛伯」上有「滕子」二字。

沙隨，見《成十六年》。義見《隱九年》「會于防」。

公至自會。

義見《桓二年》「公至自唐」。

楚殺其大夫公子追舒。

追舒，令尹子南也。義見《莊二十六年》「曹殺大夫」。

二十有三年春，王二月癸酉朔，日有食之。

義見《隱三年》。

三月己巳，杞伯匄卒。匄，古害切。

義見《隱三年》「宋公卒」。

夏，邾畀我來奔。畀，必利切。《公羊》作鼻。

孫氏曰：「此言邾畀我來奔者，惡内也，惡卿受邾叛人邑，今又納叛人也。」義又見《僖二十八年》「元咺奔晉」。

葬杞孝公。

杞伯三月卒，而葬於夏，非二月而葬，則三月、四月耳，可以見其速矣。義又見《隱三年》「葬宋穆公」。

陳殺其大夫慶虎及慶寅。

義見《莊二十六年》「曹殺大夫」。○案：晉殺趙同、趙括，蔡殺公孫姓、公孫霍，皆不言及，而此言及。呂氏以爲慶虎、慶寅之辠不等，故言及。愚謂：此亦舊史之文耳，不必執彼以例此也。

陳侯之弟黄自楚歸于陳。

言自楚，有奉也。夫爲人弟而奔夷狄，又倚夷狄而歸陳，其辠著矣。

晉欒盈復入于晉，入于曲沃。

康侯胡氏曰：「曲沃者，欒盈所食之地。」張氏曰：「在河東聞喜縣。」《左氏》曰：「晉將嫁女於吴，齊侯使析歸父媵之，以藩載欒盈及其士，納諸曲沃。欒盈夜見胥午而告之，對曰：『不可。天之所廢，誰能興之。子必不免。吾非愛死也，知不集也。』盈曰：『雖然，因子而死，吾無悔矣。我實不天，子無咎焉。』許諾。伏之，而觴曲沃人。樂作，午言曰：『今也得欒孺子，何如？』對曰：『得主而爲之死，猶不死也。』皆歎，有泣者。爵行，又言，皆曰：『得主，何貳之有？』盈出，偏拜之。四月，欒盈帥曲沃之甲，因魏獻子以晝入絳。初，欒盈佐魏莊子於下軍，獻子私焉，故因之。趙氏以原、屏之難怨欒氏，韓、趙方睦。中行氏以伐秦之役怨欒氏，而固與范氏和親。知悼子少，而聽於中行氏。程鄭嬖於公。唯魏氏及七輿大夫與之。欒王鮒侍坐於范宣子。或告曰：『欒氏至矣！』宣子懼。桓子曰：『奉君以走固宫，必無害也。且欒氏多怨，子爲政；欒氏自外，子在位，其利多矣。既有利權，又執民柄，將何懼焉？欒氏所得，其惟魏氏乎！而可强取也。夫克亂在權，子無懈矣。』公有姻喪，王鮒使宣子墨衰冒絰，二婦人輦以如公，奉公以如固宮。范鞅逆魏舒，則成列既乘，將逆欒氏矣。趨進，曰：『欒氏帥賊以入，鞅之父與二三子在君所矣。使鞅逆吾子，鞅請驂乘持帶。』遂超乘，右撫劍，左援帶，命驅之出。僕請，鞅曰：『之公。』宣子逆諸階，執其手，賂之以曲沃。初，斐豹隸也，著於丹書。欒氏之力臣曰督戎，國人懼之。斐豹謂宣子曰：『苟焚丹書，我殺督戎。』宣子喜曰：『而殺之，所不請於君焚丹書者，有如日！』乃出豹而閉之，督戎從之。踰隱而待之，督戎踰入，豹自後擊而殺之。范氏之徒在臺後，欒氏乘公門。宣子謂鞅曰：『矢及君屋，死之！』鞅用劍以帥卒，欒氏退。攝車從之，遇欒樂，曰：『樂免之，死將訟女於天。』樂射之，不中。又注，則乘槐本而覆。或以戟鉤之，斷肘而死。欒魴傷，欒盈奔曲沃，晉人圍之。」孫氏曰：「此欒盈以曲沃之甲入晉，敗而奔曲沃也。經言欒盈復入于晉、入于曲沃者，欒盈復入于晉，犯君當誅，曲沃大夫不可納也。入于曲沃，明曲沃大夫納之。」劉氏曰：「曷爲不言叛？非叛者也。劫衆以敵君，直亂而已矣。」○高氏曰：「昔昭公分國以封沃，沃盛强，昭公微弱，國將叛而歸沃。故詩人作《揚之水》、《椒聊》、《杕杜》之詩以見意。然則沃者，晉之繁衍强盛必叛之邑也。」愚案：宋魚石入于彭城，將引楚作亂也。晉欒盈入于晉，自作亂也。皆亂賊也，《春秋》書之，不特爲人臣之戒，亦所以著君人者，不能正身治國，防微杜漸，而封邑踰制，假臣以權，卒之亂國矣。

秋，齊侯伐衛，遂伐晉。

《左氏》曰：「秋，齊侯伐衛，自衛將遂伐晉。晏平仲曰：『君恃勇力以伐盟主，若不濟，國之福也。不德而有功，憂必及君。』崔杼諫曰：『不可。臣聞之，小國間大國之敗而毀焉，必受其咎。君其圖之。』弗聽。陳文子見崔武子曰：『將如君何？』武子曰：『吾言於君，君弗聽也。以爲盟主，而利其難。羣臣若急，君於何有？子姑止之。』文子退，告其人曰：『崔子將死乎！謂君甚而又過之，不得其死。過君以義，猶自抑也，況以惡乎？』齊侯遂伐晉，取朝歌。爲二隊入孟門，登大行，張武軍於熒庭。戍郫邵，封少水，以執平陰之役。乃還。趙勝帥東陽之師以追之，獲晏氂。」高氏曰：「齊侯因晉有欒氏之難而助之，以報十八年之役也。十八年，諸侯同圍齊者，魯之故也。齊之所以數伐魯者，衛之故也。故先伐衛，晉不之問，於是遂伐晉。晉爲盟主，而衛其同盟也。既伐同盟，又伐盟主，禍亂成於此矣。」義又見《隱二年》「鄭伐衛」。

八月，叔孫豹帥師救晉，次于雍榆。《公羊》、《穀梁》作俞。

杜氏曰：「雍榆，晉地，汲郡朝歌縣東有雍城。」莘老孫氏曰：「不救，則懼晉之討；往救，則畏齊之强。」常山劉氏曰：「晉有欒盈之難，重以齊侯之伐，魯命豹救之，義也。豹怠棄君命，不恤同姓之憂，次于雍榆，卒不能救。豹辠明矣。」愚謂：亦見三家之專，而魯君威命之不行也。

己卯，仲孫速卒。速，《公羊》、《穀梁》作遬。

此譏世卿，與次年叔孫羯侵齊起文也。大意又見《隱元年》「益師卒」。

冬十月乙亥，臧孫紇出奔邾。

紇，臧孫許之子臧武仲也。《左氏》曰：「季武子無適子，公彌長，而愛悼子，欲立之。訪於申豐，申豐趨退。訪於臧紇，臧紇曰：『飲我酒，吾爲子立之。』季氏飲大夫酒，臧紇爲客。既獻，臧孫命北面重席，新樽絜之。召悼子，降逆之。大夫皆起。及旅，而召公鉏，使與之齒。季孫失色。季氏以公鉏爲馬正。孟孫惡臧孫，季孫愛之。孟氏之御騶豐點好羯也，曰：『從余言，必爲孟孫。』孟莊子疾，豐點謂公鉏：『苟立羯，請讎臧氏。』公鉏謂季孫曰：『孺子秩，固其所也。若羯立，則季氏信有力於臧氏矣。』弗應。己卯，孟孫卒。公鉏奉羯立於户側，季孫至，入哭而出，曰：『秩焉在？』公鉏曰：『羯在此矣！』季孫曰：『孺子長。』公鉏曰：『何長之有？唯其才也。且夫子之命也。』遂立羯。秩奔邾。臧孫入，哭甚哀，多涕。出，其御曰：『孟孫之惡子也，而哀如是。季孫若死，其若之何？』臧孫曰：『季孫之愛我，疾疢也。孟孫之惡我，藥石也。美疢不如惡石。夫石猶生我，疢之美，其毒滋多。孟孫死，吾亡無日矣。』孟氏閉門告於季孫曰：『臧氏將爲亂，不使我葬。』季孫不信。臧孫聞之，戒。冬十月，孟氏將辟，藉除於臧氏。臧孫使正夫助之，除於東門，甲從己而視之。孟氏又告季孫。季孫怒，命攻臧氏。乙亥，臧紇斬鹿門之關以出，奔邾。蘧伯玉曰：『不以道事其君，其出乎！』」義又見《僖二十八年》「元咺奔晋」。○杜氏曰：「阿順季孫爲廢長立少，以取奔亡。」

晉人殺欒盈。

《左氏》曰：「晉人克欒盈于曲沃，盡殺欒氏之族黨，欒魴出奔宋。」愚謂：凡言殺其大夫者，譏其專殺也。欒盈作亂，人所當討，故以討賊之辭書之，與鄭良霄同，亦衛州吁、齊無知之類也，可爲亂臣之戒矣。

齊侯襲莒。

輕行掩其不備曰襲。《左氏》曰：「齊侯還自晉，不入。遂襲莒，門於且于，傷股而退。明日，將復戰，期於壽舒。杞殖、華還載甲，夜入且于之隧，宿於莒郊。明日，先遇莒子於蒲侯氏。莒子重賂之，使無死，曰：『請有盟。』華周對曰：『貪貨棄命，亦君所惡也。昏而受命，日未中而棄之，何以事君？』莒子親鼓之，從而伐之，獲杞梁。莒人行成。」莘老孫氏曰：「莒，小國；齊，諸侯之强而世爲盟主。以强攻弱，又掩其不備，書曰『齊侯襲莒』，蓋侵伐之中，辠之尤大者也。」○黎氏曰：「《春秋》用兵雖多，無書襲者，此獨曰襲，譏諸侯行盜賊之事。臧武仲於其伐晉，亦云聞晉亂而後作，抑君似鼠，鼠晝伏夜動。」

二十有四年春，叔孫豹如晉。

《左氏》曰：「穆叔如晉。」杜氏曰：「賀克欒氏。」義見《僖七年》「齊來聘」。

仲孫羯帥師侵齊。

羯，仲孫速之次子孝伯也。《左氏》曰：「孟孝伯侵齊，晉故也。」高氏曰：「齊之伐晉也，魯使叔孫豹救之，無功，故仲孫羯於是乎侵齊。羯代速爲卿，未練而從政，無復三年之喪，辠自見矣。」義又見《莊十年》「公侵宋」。○戴氏曰：「豹之如晉，賀克欒氏。羯之侵齊，爲晉復怨。夫當事而救不致力，既事而聘，何益於晉？當齊伐晉不能擊齊，既退而侵，何損於齊？君子是以知其爲文具也。」

夏，楚子伐吴。

《左氏》曰：「楚子爲舟師以伐吴，不爲軍政，無功而還。」義見《僖三年》「徐取舒」。○木訥趙氏曰：「楚怨吴之與晉，雖吴與晉不交者已十年，至是凡三伐吴矣。」高氏曰：「於此見楚弱而吴强也。自襄公言之，十一年失鄭，十四年伐吴，自是舍鄭而不取，置欒盈而不事，又十年而一再伐吴。以是而知楚弱而勢分於吴，方急吴而緩中國也。」

秋七月甲子朔，日有食之，既。

義見《二十一年》及《隱三年》。

齊崔杼帥師伐莒。

《左氏》曰：「齊侯聞將有晉師，使陳無宇從薳啓彊如楚，辭，且乞師。崔杼帥師送之，遂伐莒，侵介根。」未詳信否。木訥趙氏曰：「齊以盜竊之計襲莒，無得，故崔杼復伐莒，成君之惡，而己得行其姦。」義見《隱二年》「鄭伐衞」。○邦衡胡氏曰：「自古姦臣篡弑之禍，未有不本於其君，假之以權之重，而任之久也。趙盾、崔杼在春秋時姦惡最甚，然非一日之積也，皆假威弄權，盟會侵伐，無所不至。其君信之深，任之篤，一旦變生肘腋而猶弗悟。故聖人詳録其漸，凡一侵一伐，必謹而志之，以明兵柄倒持，積而爲篡弑之禍。故趙盾之將弑，則先書其侵崇、侵鄭之漸。崔杼之將弑，則先書其伐莒、伐魯之漸。《易》曰：『其所由來者漸矣！』可不鑒哉！」

大水。

義見《桓元年》。

八月癸巳朔，日有食之。

兩月連食，異之大者也。義見《二十一年》及《隱三年》。

公會晉侯、宋公、衞侯、鄭伯、曹伯、莒子、邾子、滕子、薛伯、杞伯、小邾子于夷儀。夷，《公羊》作陳。

夷儀，見《僖元年》。杜氏曰：「夷儀，本邢地，衛滅邢而爲衛邑。」《左氏》曰：「會于夷儀，將以伐齊。水，不克。」葉氏曰：「晉之再會，皆爲謀衛。」未詳孰是。高氏曰：「杞伯居喪出會，覩文見義。」義又見《隱九年》「會于防」。〇高氏曰：「自盟柯陵之後，齊有輕晉之心。齊侯環卒，而光新立，乃受盟於澶淵。及商任、沙隨之會，晉失其令，齊於是不賓。明年，乃伐衛，遂伐晉，又加兵於莒。晉侯爲是爲夷儀之會，帥十二國諸侯之師，將以討齊。然會而不伐，是有畏也。國勢不競，衆志不一也。」未詳是否。

冬，楚子、蔡侯、陳侯、許男伐鄭。

三國附夷狄以伐中國，皐也。義又見《莊十年》「荆敗蔡師」。

公至自會。

義見《桓二年》「公至自唐」。

陳鍼宜咎出奔楚。鍼，其廉切。

義見《僖二十八年》「元晅奔晉」。

叔孫豹如京師。

《左氏》曰：「齊人城郟。穆叔如周聘，且賀城。王嘉其有禮也，賜之大路。」未詳信否。愚謂：襄公即位，未嘗朝京師，而使大夫往聘，大不敬也。

大饑。

《穀梁》曰：「五穀不升爲大饑，謂之大侵。大侵之禮，君食不兼味，臺榭不塗，弛侯，廷道不除，百官布而不制，鬼神禱而不祀。此大侵之禮也。」康侯胡氏曰：「古者救災之政，若國凶荒，或發廩以賑之，或移粟以通用，或徙民以就食，或爲粥溢以救餓莩，或興工作以聚失業之人。緩刑舍禁，弛力薄征，索鬼神，除盗賊，弛射侯而不燕，置廷道而不修，殺禮物而不備，雖有旱乾水溢，民無菜色，所以備之者如此。其至是年秋，有陰沴之災，而冬大饑，蓋所以賑業之者有不備矣。故書之以爲戒。」義又見《宣十年》「饑」。

春秋本義卷第二十三

襄　公

二十有五年春，齊崔杼帥師伐我北鄙。

《左氏》曰：「齊崔杼帥師伐我北鄙，以報孝伯之師也。公患之，使告於晉。孟公綽曰：『崔子將有大志，不在病我，必速歸，何患焉！其來也不寇，使民不嚴，異於他日。』齊師徒歸。」存耕趙氏曰：「兵，凶器也，弗戢必自焚。齊莊連歲用兵，伐衛、伐晉、伐莒、伐魯，三年之間，曾弗之戢，而又授兵於好亂之夫，蛟蚪作於陰，虎兕出於柙，宜其終不免於禍也。」義又見《隱二年》「鄭伐衛」。○葉氏曰：「自襄以前，莊、僖、文、成之伐我者各一，皆齊而已。至文而邾復見於伐，襄而莒復見伐。是終其世，三國見伐者十有三。甚乎！襄之不能爲國也。齊伐其北，莒伐其東，邾伐其南。齊侯之師遂至圍成、圍桃、圍防，莒亦進而圍台，則非特及其鄙而已。我雖城防、城西郛、城武城，曾不足以自守，而區區方託晉爲雍榆之救，固已兆怨矣！又從而侵之，豈吾所得已哉？皆晉之故也。此其所以訖不能振也。《春秋》固志之矣。」

夏五月乙亥，齊崔杼弑其君光。

《左氏》曰：「齊棠公之妻，東郭偃之姊也。東郭偃臣崔武子。棠公死，偃御武子以弔焉。見棠姜而美之，使偃取之。偃曰：『男女辨姓，今君出自丁，臣出自桓，不可。』武子筮之，遇困之大過。史皆曰：『吉。』示陳文子，文子曰：『夫從風，風隕，妻不可娶也。且其繇曰：「困于石，據于蒺棃，入于其宮，不見其妻，凶。」「困于石」，往不濟也。「據于蒺棃」，所恃傷也。「入于其宮，不見其妻，凶」，無所歸也。』崔子曰：『嫠也何害？先夫當之矣。』遂取之。莊公通焉，驟如崔氏。以崔子之冠賜人，侍者曰：『不可。』公曰：『不爲崔子，其無冠乎？』崔子因是，又以其間伐晉也，曰：『晉必將報。』欲弑公以悦於晉，而不獲間。公鞭侍人賈舉而又近之，乃爲崔子間公。夏五月，莒爲且于之役故，莒子朝于齊。甲戌，饗諸北郭。崔子稱疾不視事。乙亥，公問崔子，遂從姜氏。姜入於室，與崔子自側户出。公拊楹而歌。侍人賈舉止衆從者而入，閉門。甲興，公登臺而請，弗許。請盟，弗許。請自刃於廟，弗許。皆曰：『君之臣杼疾病，不能聽命。近於公宮，陪臣干掫有淫者，不知二命。』公踰牆，又射之，中股，反隊，遂弑之。賈舉、州綽、邴師、公孫敖、封具、鐸父、襄伊、僂堙皆死。祝佗父祭於高唐，至，復命，不説弁而死於崔氏。申蒯，侍漁者，退謂其宰曰：『爾以帑免，我將死。』其宰曰：『免，是反子之義也。』與之皆死。崔氏殺鬷蔑於平陰。晏子立於崔氏之門外，其人曰：『死乎？』曰：『獨吾君也乎哉？吾死也。』曰：『行乎？』曰：『吾辠也乎哉？吾亡也。』曰：『歸乎？』曰：『君死安歸？君民者，豈以陵民？社稷是主。臣君者，豈爲其口實？社稷是養。故君爲社稷死則死之，爲社稷亡則亡之。若爲己死而爲己亡，非其私暱，誰敢任之？且人有君而弑之，吾焉得死之，而焉得亡之？將庸何歸？』門啓而入，枕尸股而哭，興，三踊而出。人謂崔子：『必殺之！』崔子曰：『民之望也！舍之得民。』盧蒲癸奔晉，王何奔莒。叔孫宣伯之在齊也，叔孫還納其女於靈公。嬖，生景公。丁丑，崔杼立而相之，慶封爲左相。盟國人於大宫，曰：『所不與崔、慶者。』晏子仰天歎曰：『嬰所不唯忠於君利社稷者是與，有如上帝。』乃歃。辛巳，公與大夫及莒子盟。大史書曰：『崔杼弑其君。』崔子殺之。其弟嗣書，而死者二人。其弟又書，乃舍之。南史氏聞大史盡死，執簡以往，聞既書矣，乃還。崔氏側莊公于北郭。丁亥，葬諸士孫之里，四翣不蹕，下車七乘，不以兵甲。」邦衡胡氏曰：「崔杼之弑，其處心積慮蓋二十有五年而後發。其始也，同盟于虚朾，代君而盟，次于鄫，代君而會，則專盟會之權矣。其漸也，會荀罃而城虎牢，其益恣也。帥師而伐莒、伐魯，則竊威福之柄矣。一旦動於惡，而人始知其弑君，不知其非一日之積也。《易》之旨微矣。」愚謂：齊光自爲世子，而出與會盟侵伐，或驕蹇序於諸侯之上。及其即位，則背喪出盟，違盟伐衛，遂伐盟主，襲莒伐魯，莫非悖亂之舉。《春秋》歷書崔氏之世卿、崔杼之專權，又書齊光之悖亂，而終之以此。亂臣賊子懼矣，人君鑒戒昭矣。義又見《隱四年》衛州吁事。〇又案：崔杼弑君而後無討賊之文，則春秋之時亂可知矣。

公會晉侯、宋公、衛侯、鄭伯、曹伯、莒子、邾子、滕子、薛伯、杞伯、小邾子于夷儀。夷，《公羊》作陳，下同。

義見《隱九年》「會于防」。

六月壬子，鄭公孫舍之帥師入陳。

《左氏》曰：「初，陳侯會楚子伐鄭，當陳隧者，井堙木刊。鄭人怨之。六月，鄭子展、子産帥車七百乘伐陳，胥突陳城，遂入之。陳侯扶其大子偃師奔墓。」愚謂：鄭伯出會，而舍之入陳，不特無王，亦無其君也。義又見《隱元年》「莒入向」。

秋八月己巳，諸侯同盟于重丘。

杜氏曰：「夷儀之諸侯也。重丘，齊地。」張氏曰：「曹州乘氏縣有故城。」愚謂：齊桓之盟，壹明天子之禁。晉侯爲夷儀之會、重丘之盟，齊有弑君之賊而不能討，宜其六卿分晉，諸侯解體，蠻夷日熾而不支也。然則此會此盟，又齊桓之辠人矣。義又見《莊十六年》。

公至自會。

義見《桓二年》「公至自唐」。

衛侯入于夷儀。

衛侯，衎也。不名，闕文也。愚謂：衛國者，衎之國也。不能治其國而見逐於賊臣，則既不君矣。猶當上告天子，下告方伯以復之。天子不能討，方伯不能正，乃旋入夷儀以求復位，無足道也。然王政不綱而諸侯失位，諸侯不君而庶孽篡竊，大夫專恣，冠屨倒置，皆可爲後世鑒。此當與次年「甯喜弑其君剽，衛侯衎復歸于衛」兼考可也。

楚屈建帥師滅舒鳩。

舒鳩，見《宣八年》。《左氏》曰：「二十四年，吴人爲楚舟師之役，故召舒鳩人。舒鳩人叛楚。楚子師於荒浦，使沈尹壽與師，祈犂讓之。舒鳩子敬逆二子，而告無之，且請受盟。二子復命，王欲伐之，薳子曰：『不可。彼告不叛，且請受盟，而又伐之，伐無辜也。姑歸，息民以待其卒。卒而不貳，吾又何求？若猶叛我，無辭，有庸。』乃還。二十五年，舒鳩人卒叛。楚令尹子木伐之，及離城。吴人救之。子木遽以右師先，子彊、息桓、子捷、子駢、子盂帥左師以退。吴人居其間七日。子彊曰：『久將墊隘，隘乃禽也，不如速戰！請以其私卒誘之，簡師陳以待我。我克則進，奔則亦視之，乃可以免。不然，必爲吴禽。』從之。五人以其私卒先擊吴師。吴師奔，登山以望，見楚師不繼，復逐之，傅諸其軍。簡師會之，吴師大敗。遂圍舒鳩，舒鳩潰。八月，楚滅舒鳩。」義見《僖三年》「徐取舒」。○木訥趙氏曰：「羣舒其先本與楚俱張，『荆舒是懲』是也。因其近楚，爲楚蠶食，至是盡矣。宣八年，滅舒蓼。成十七年，滅舒庸。及是滅舒鳩。」

冬，鄭公孫夏帥師伐陳。夏，《公羊》作蠆。

《左氏》曰：「鄭子産獻捷於晉，受之。十月，子展相鄭伯如晉，拜陳之功。子西復伐陳，陳及鄭平。」愚謂：陳從楚伐鄭，信有辠矣！然猶迫於强楚而不得已也。鄭舍之入陳，報之過矣。至是而復伐之，則又甚焉。義又見《隱二年》「鄭伐衛」。

十有二月，吴子遏伐楚，門于巢，卒。遏，《公羊》、《穀梁》作謁。

杜氏曰：「遏諸樊也。門于巢，攻巢門也。」貫道王氏曰：「巢門，楚外城門也。」葉氏曰：「諸侯不生名，吴子何以名？吴子卒矣，不可再見，舉卒之名加之伐楚之上，無嫌也。」趙氏曰：「此與『鄭髡頑如會，卒於鄵』文義正同，皆以便文爾。」莘老孫氏曰：「吴子攻巢之門而卒，故曰『門于巢，卒』也。」義見《僖三年》「徐取舒」。

二十有六年春，王二月辛卯，衛甯喜弑其君剽。匹妙切。

剽，公孫剽也。十四年，衛侯衎奔齊，衛人立剽。《左氏》曰：「二十年，衛甯惠子疾，召悼子曰：『吾得辠於君，悔而無及也。名藏在諸侯之策，曰：「孫林父、甯殖出其君。」君入則掩之。若能掩之，則吾子也。若不能，猶有鬼神，吾有餒而已，不來食矣。』悼子許諾，惠子遂卒。二十五年冬，衛獻公自夷儀使與甯喜言，甯喜許之。大叔文子聞之曰：『烏呼！《詩》曰：「夙夜匪懈，以事一人。」今甯子視君不如奕棋，其何以免乎？奕者舉棋不定，不勝其偶，而況置君而弗定乎？必不免矣。九世之卿族，一舉而滅之，可哀也哉！』二十六年，衛獻公使子鮮爲復，辭。敬姒强命之，❶對曰：『君無信，臣懼不免。』敬姒曰：『雖然，以吾故也。』許諾。初，獻公使與甯喜言，甯喜曰：『必子鮮在，不然必敗。』故公使子鮮。子鮮不獲命於敬姒，以公命與甯喜言曰：『苟反，政由甯氏，祭則寡人。』甯喜告蘧伯玉，伯玉曰：『瑗不得聞君之出，敢聞其入。』遂行，從近關出。告右宰穀，右宰穀曰：『不可。獲辠於兩君，天下誰畜之？』悼子曰：『吾受命於先人，不可以貳。』穀曰：『我請使焉而觀之。』遂見公於夷儀。反，曰：『君淹恤在外十二年矣，而無憂色，亦無寬言，猶夫人也。若不已，死無日矣。』悼子曰：『子鮮在。』右宰穀曰：『子鮮在，何益？多而能亡，於我何爲？』悼子曰：『雖然，弗可以已。』孫文子在戚，孫嘉聘於齊，孫襄居守。二月

---

❶「姒」，原作「似」，今據四庫本改。下「敬姒曰」同。

庚寅，甯喜、右宰穀伐孫氏，不克。伯國傷。甯子出舍於郊。伯國死，孫氏夜哭。國人召甯子，甯子復攻孫氏，克之。辛卯，殺子叔及大子角。」黄氏曰：「剽本篡立，而書甯喜弑其君者，喜嘗事之爲君十三年也。」許氏曰：「君臣之分，一正不可復易，此聖人所以定天下之經也。」義又見《隱四年》衛州吁事。○葉氏曰：「剽之與衎，蓋不兩立。以衎之歸爲正，則剽不得爲正矣。何以名喜曰弑哉？此剽與衎之説，非喜與剽之説也。夫所謂君臣者，一日北面而事之，皆君也。方孫林父之逐衎，殖以爲不然，則去而違之。既與之立，則殖之君也。喜者，受命於殖者也，孰有北面事之十三年而不以爲君者乎？爲衎，則可以殺剽。爲喜，則不可以殺剽。此喜與衎之説也。喜受命而殺之，非弑君而何？以衎言之則公孫剽而已矣。別嫌明微，非《春秋》不能辨。」愚案：此與《文十八年》「齊人弑其君商人」同意。

衛孫林父入于戚以叛。

戚，見《文元年》。趙氏曰：「據土背君曰叛。」高氏曰：「獻公之奔也，林父實逐之。今甯喜弑剽，將納獻公，故林父懼而入于戚以叛。」愚謂：人臣而叛其君，辠惡自見矣。○君舉陳氏曰：「春秋之季，家有藏甲，邑有百雉之城矣，故書叛，始於此。」

甲午，衛侯衎復歸于衛。

黄氏曰：「衛侯歸書名者，剽弑，衎歸，衛有二君，名以別之也。」孫氏曰：「衛侯前年入于夷儀，今喜弑剽，四日而復歸于衛，此待弑而歸也。」愚謂：衛侯先入夷儀，使甯喜弑其君，而復歸于衛。夫國雖其國，然其歸也，非正義明道之舉也。夫王法不行，邪正莫辨，勢力詐謀，强者得之，如奕棋然。此《春秋》

所以作也。

夏，晉侯使荀吴來聘。

杜氏曰：「荀吴，偃子。」義見《僖七年》「齊來聘」。

公會晉人、鄭良霄、宋人、曹人于澶淵。澶，市延切。

晉、宋、曹稱人，微者也。鄭加宋上者，鄭以卿也。澶淵，見《二十年》。義見《隱九年》「會于防」。

秋，宋公殺其世子痤。才何切。《公羊》作座。

《左氏》曰：「初，宋芮司徒生女子，赤而毛，棄諸堤下。共姬之妾取以入，名之曰『棄』。長而美。平公入夕，共姬與之食。公見棄也而視之，尤。姬納諸御，嬖，生佐，惡而婉。大子痤美而很，合左師畏而惡之。寺人惠牆伊戾爲大子内師而無寵。秋，楚客聘於晉，過宋。大子知之，請野享之。公使往，伊戾請從之。公曰：『夫不惡女乎？』對曰：『小人之事君子也，惡之不敢遠，好之不敢近。敬以待命，敢有貳心乎？縱有共其外，莫共其内。臣請往也。』遣之。至，則欿，用牲，加書徵之，而騁告公曰：『大子將爲亂，既與楚客盟矣。』公曰：『爲我子，又何求？』對曰：『欲速。』公使視之，則信有焉。問諸夫人與左師，則皆曰：『固聞之。』公囚大子。大子曰：『惟佐也，能免我。』召而使請，曰：『日中不來，吾知死矣。』左師聞之，聒而與之語。過期，乃縊而死。佐爲大子。公徐聞而無辠也，乃享伊戾。」康侯胡氏曰：「賊世子者寺人矣，而獨辠宋公，何哉？譖言之得行也，必有嬖妾配適以惑其心，又有小人欲結内援者以爲之助，然後愛惡一移，父子夫婦之間不能相保者衆矣。尸此者，其誰乎？直稱君。《春秋》正其本之意。」義又見《僖五年》「晉侯殺世子」。○高氏曰：「晉獻公惑驪姬之讒而殺申生，宋平公聽伊戾之詐而殺痤。《春秋》以晉侯、宋公殺之，直辠君之不明，惑於讒慝，爲後世戒。漢武帝、唐明皇猶蹈之，蓋晉、宋不足道也。嗚呼！自古讒人爲國患，雖其君之父子不能相保，況臣下乎？《春秋》書此，當三復其言。」

晉人執衛甯喜。

《公羊》曰：「不以其辠執之也。」愚謂：甯喜弑君之賊，晉不之討，乃因其來而執之，則既失刑矣。況既執而不殺，又使還衛。次年書「衛殺其大夫甯喜」，則知其舍之矣，故曰「不以其辠執之」也。

八月壬午，許男甯卒于楚。

《左氏》曰：「許靈公如楚請伐鄭，曰：『師不興，孤不歸矣。』八月，卒於楚。」高氏曰：「以中國諸侯而死於夷狄，死非其所矣。」義又見《隱三年》「宋公卒」。○貫道王氏曰：「君守宗廟，出入必告。不幸而死於道路，猶爲棄社稷也。許男死於楚，是以四岳伯夷之血祀而委之蠻荆矣。」

冬，楚子、蔡侯、陳侯伐鄭。

《左氏》曰：「楚子曰：『不伐鄭，何以求諸侯？』楚子伐鄭，鄭人將禦之。子産曰：『晉、楚將平，諸侯將和，楚王是故昧於一來。不如使逞而歸，乃易成也。夫小人之性，釁於勇，嗇於禍，以足其性而求名焉者，非國家之利也。若何從之？』子展説，不禦寇。十二月乙酉，入南里，墮其城。涉於樂氏，門于師之梁。縣門發，獲九人焉。涉於氾而歸，而後葬許靈公。」愚謂：夷狄滑夏，其辠大矣。而陳、蔡從之，抑又甚焉。義又見《莊十年》「荆敗蔡師」。

葬許靈公。

義見《隱三年》「葬宋穆公」。

二十有七年春，齊侯使慶封來聘。

杜氏曰：「景公即位，通嗣君也。」義見《僖七年》「齊來聘」。

夏，叔孫豹會晉趙武、楚屈建、蔡公孫歸生、衛石惡、陳孔奂、鄭良霄、許人、曹人于宋。奂，《公羊》作瑗。

不序宋大夫者，在宋故也。在宋，則宋與會可知。後盟同。《左氏》曰：「宋向戌善於趙文子，又善於令尹子木，欲弭諸侯之兵以爲名，如晉，告趙孟。趙孟謀於諸大夫，韓宣子曰：『兵，民之殘也，財用之蠹，小國之大菑也。將或弭之，雖曰不可，必將許之。弗許，楚將許之，以召諸侯，則我失爲盟主矣。』晉人許之。如楚，楚亦許之。皆告於小國，爲會於宋。五月甲辰，晉趙武至於宋。丙午，鄭良霄至。戊申，叔孫豹、衛石惡至。楚公子黑肱先至，成言於晉。宋向戌如陳，從子木成言於楚。子木謂向戌：『請晉、楚之從，交相見也。』陳孔奂、蔡公孫歸生、曹許之大夫皆至。以藩爲軍，晉、楚各處其偏。」孫氏曰：「隱、桓之際，天子失道，諸侯擅權。宣、成之間，諸侯錯命，大夫專國。至宋之會，則又甚矣！何哉？宋之會，諸侯日微，天下之政，中國之事，皆大夫專持之也。故二十九年城杞，三十年會澶淵，昭元年會虢，諸侯莫有見者。此天下之政，中國之事，皆大夫專持之，可知也。」君舉陳氏曰：「晉、楚初同主夏盟也，以諸侯分爲晉、楚之從。於是始則是南北二伯也。天下之大變也，於溴梁而無君臣之分，於宋而無夷夏之辨。昭、定、哀之春秋，將以終於吴、越焉爾矣。」○邦衡胡氏曰：「諸侯之大夫會屈建，欲以弭兵，是以兵爲可弭，而夷狄可以信結乎？愚亦甚矣！自後三四年，楚子大合諸侯于申，伐吴滅賴，執中國之君，殺中國之大夫，則弭兵之説，果可信邪？夷狄果可以久處邪？」高氏曰：「此事利害甚重，不可輕舉也。而諸侯大夫不詳其故，始循其弭兵之名，遂會于宋而與之盟。自是大啓戎心，干盟偪好，華夏蠻貊，莫知其辨，而諸侯亦俛首兩事晉、楚。嗟乎！桓、文數十年之功業，一朝而壞之，天下之勢遂大潰而不可收矣。彼豈知天下之大計哉？」

衛殺其大夫甯喜。

《左氏》曰：「衛甯喜專，公患之。公孫免餘請殺之，公曰：『微甯子不及此。吾與之言矣。事未可知，祇成惡名，止也。』對曰：『臣殺之，君勿與知。』乃與公孫無地、公孫臣謀，使攻甯氏。弗克，皆死。公曰：『臣也無辠，父子死余矣。』夏，免餘復攻甯氏，殺甯喜及右宰穀，尸諸朝。」莘老孫氏曰：「甯喜，弑賊也，弑剽而歸衎。衛侯衎德喜之迎己，反國，復用之爲大夫，未嘗奪其位。喜既見執而歸衛侯，乃以其私殺之。喜雖有辠，然衛侯殺之不以其辠，故曰『殺其大夫』也。晉里克殺奚齊、弑卓子而立夷吾，夷吾殺之。晉侯夷吾、衛侯衎之殺大夫，皆以其私而不以其辠。故《春秋》皆曰『殺其大夫』也。」義又見《莊十六年》「曹殺大夫」。

衛侯之弟鱄出奔晉。鱄，市轉切，又音專，《穀梁》作專。

鱄，子鮮也。《左氏》曰：「免餘殺甯喜。子鮮曰：『逐我者出，納我者死。賞罰無章，何以沮勸？君失其信而國無刑，不亦難乎！且鱄實使之。」遂出奔晉。公使止之，不可。及河，又使止之。止使者而盟于河。託於木門，不向衛國而坐。木門大夫勸之仕，不可，曰：『仕而廢其事，辠也。從之，昭吾所以出也。將誰愬乎？吾不可立於人之朝矣！』終身不仕。公喪之如稅服終身。」未詳信否。義見《二十年》「陳侯弟奔楚」。

秋七月辛巳，豹及諸侯之大夫盟于宋。

豹不氏，前見也。諸侯之大夫，亦前目後凡也。再言于宋者，會之後，間喜與鱄之事不得不再言宋，無他義也。《左氏》曰：「辛巳，將盟於宋西門之外。楚人衷甲，伯州犂曰：『合諸侯之師以爲不信，無乃不可乎？夫諸侯望信於楚，是以來服。若不信，是棄其信以服諸侯也。』固請釋甲。子木曰：『晉、楚無信久矣，事利而已。苟得志焉，焉用有信？』趙孟患楚衷甲，以告叔向。叔向曰：『何害也。匹夫一爲不信，猶不可，單斃其死。若合諸侯之卿，以爲不信，必不捷矣。食言者不病，非子之患也。夫以信召人，而以僭濟之，必莫之與也，安能害我？且吾因宋以守病，則夫能致死。與宋致死，雖倍楚可也。子何懼焉？又不及是。曰「弭兵」以召諸侯，而稱兵以害我，吾庸多矣，非所患也。』晉、楚爭先。晉人曰：『晉固爲諸侯盟主，未有先晉者也。』楚人曰：『子言晉、楚匹也，若晉常先，是楚弱也。且晉、楚狎主諸侯之盟也久矣，豈專在晉？』叔向謂趙孟曰：『諸侯歸晉之德只，非歸其尸盟也。子務德，無爭先！且諸侯盟，小國固必有尸盟者。楚爲晉細，不亦可乎？』乃先楚人。」未詳信否。義與前會同。此則因會而盟，又甚焉者也。〇君舉陳氏曰：「晉之不足以主夏盟，自宋始。宋之盟，趙孟之偷也。孔子曰：

『《庭燎》之百，❶由齊桓公始。大夫之奏《肆夏》，由趙文子始也。』是王伯所以興衰也。」愚謂：齊桓攘楚，晉文繼之，有城濮之師，襄、悼嗣伯，雖事有優劣，然皆以攘楚爲義。孔子曰：「微管仲，吾其被髮左衽矣。」意蓋如此。魯襄以來，楚未有勝中國之勢。趙武使屈建同主夏盟，分中國之諸侯以朝楚，而夷夏於是乎莫辨。趙武之辠，不可勝誅也，而説者以爲趙武之力，豈不悖哉？

冬十有二月乙亥朔，日有食之。

義見《隱三年》。

二十有八年春，無冰。

義見《桓十四年》。

夏，衛石惡出奔晉。

《左氏》曰：「衛人討甯氏之黨，故石惡出奔晉。」義見《僖七年》「元咺奔晉」。

邾子來朝。

邾悼公也。義見《隱十一年》「滕、薛來朝」。

秋八月，大雩。

《左氏》曰：「旱也。」義見《桓五年》。

---

❶ 「百」，原作「日」，今據四庫本改。

仲孫羯如晉。羯，居謁切。

義見《僖七年》「齊來聘」。

冬，齊慶封來奔。

《左氏》曰：「齊崔杼生成及彊而寡，娶東郭姜，生明。東郭姜以孤入，曰棠無咎，與東郭偃相崔氏。崔成有疾而廢之，而立明。成請老於崔，崔子許之，偃與無咎弗予。曰：『崔，宗邑也。必在宗主。』成與彊怒，將殺之。告慶封曰：『夫子之身亦子所知也。惟無咎與偃是從，父兄莫得進矣。大恐害夫子，敢以告。』慶封曰：『子姑退，吾圖之。』告盧蒲嫳。盧蒲嫳曰：『彼，君之讎也。天或者將棄彼矣。彼實家亂，子何病焉？崔之薄，慶之厚也。』他日又告。慶封曰：『苟利夫子，必去之！難，吾助女。』九月庚辰，崔成、崔彊殺東郭偃、棠無咎於崔氏之朝。崔子怒而出，其衆皆逃，求人使駕，不得。使圉人駕，寺人御而出。且曰：『崔氏有禍，止余猶可。』遂見慶封。慶封曰：『崔、慶一也，是何敢然？請爲子討之。』使盧蒲嫳帥甲以攻崔氏。崔氏堞其宮而守之，弗克。使國人助之，遂滅崔氏，殺成與彊，而盡俘其家，其妻縊。嫳復命於崔子，且御而歸之。至則無歸矣，乃縊。崔明夜辟諸大墓。辛巳，崔明來奔。慶封當國。二十八年，慶封好田而耆酒，與慶舍政，則以其內實遷於盧蒲嫳氏，易內而飲酒。數日，國遷朝焉。使諸亡人得賊者，以告而反之。故反盧蒲癸。癸臣子之，有寵，妻之。癸言王何而反之，二子皆嬖，使執寢戈而先後之。十月，慶封田於萊。十一月乙亥，嘗於大公之廟，慶舍涖事。盧蒲癸、王何執寢戈。慶氏以其甲環公宮。欒、高、陳、鮑之徒介慶氏之甲。子尾抽桷擊扉三，盧蒲癸自後刺子之，王何以戈擊之，死。遂殺慶繩、麻嬰。公懼。陳須無以公歸，稅服而如内宫。慶封歸，遇告亂者。丁亥，伐西門，弗克。還伐北門，克之。入伐内宫，弗克。反陳於嶽，請戰，弗許，遂來奔。既而齊人來讓，奔吴。」義見《僖七年》「元咺奔晉」。〇貫道王氏曰：「崔杼弑君，慶封與之爲比，乃乘其家亂而滅之以當國，欲不亡，得乎？魯敢受亂，是召亂也。」

十有一月，公如楚。

《左氏》曰：「爲宋之盟故。公及宋公、陳侯、鄭伯、許男如楚。」存耕趙氏曰：「楚雖强，非魯所當朝。有周不事而如齊、如晉，《春秋》猶書之，矧如楚乎？以中國之諸侯奔走於荆蠻之庭，曾無一人言其不可者，是將淪胥而爲夷矣。孟軻有言：『吾聞用夏變夷，未聞變於夷者也。』悲夫！」〇邦衡胡氏曰：「王綱既衰，中國無伯，夷狄日肆，故公遠朝强夷以息肩。而聖人必書，戒後世不可屈身於夷狄也。其後唐高祖稱臣於突厥，倚以爲助。石晉父事契丹，欲以保國，而卒被害。有不可勝言者，《春秋》之戒微矣。」

十有二月甲寅，天王崩。

天王，靈王也。一見王崩而公在楚不奔喪，二見明年晉會十一國之大夫城杞及會於澶淵，三見晉士鞅、吴子楚薳罷來聘，仲孫羯聘晉，杞子來盟，四見景王居喪而殺其弟。凡三年之内，居喪而行吉禮者皆辠也。義又見《隱二年》。

乙未，楚子昭卒。

乙未距甲寅四十二日，俱屬十二月者，范氏以爲閏月之日繫前月之下，史策常體也。《左氏》曰：「楚康王。」義見《文十八年》「秦伯卒」。

二十有九年春，王正月，公在楚。

孫氏曰：「案《成十年》『七月，公如晉』，《十一年》『三月，公至自晉』，《昭十五年》『冬，公如晉』，《十六年》『夏，公至自晉』，皆不書所在。中國猶可，在夷狄甚矣！故詳録之。」愚謂：公當奉正朔，朝廟，退而聽政之始，而在夷狄，故於此書公之所在，而其義自見矣。○高氏曰：「公在齊、晉多矣，闕朝正之禮，亦不少矣，但書公如晉、如齊，則義自見矣。今書公在楚，則聖人之旨深矣。案《二十八年》『十一月，公如楚』、『十二月，天王崩』、『乙未，楚子昭卒』，不篤君臣之義以奔天王之喪，而徇夷狄之强，以俟楚子之葬，待夏乃歸。故於朝正之時書公所在，與昭公失國而在乾侯同。」

夏五月，公至自楚。

義見《桓二年》「公至自唐」。此兼見公朝荆蠻，踰時而返，不奔王喪也。

庚午，衛侯衎卒。

義見《隱三年》「宋公卒」。

閽弑吴子餘祭。

石氏曰：「書閽，又賤乎盜也。」《左氏》曰：「吴人伐越，獲俘焉，以爲閽。」《公羊》曰：「閽者何？門人也，刑人也。君子不近刑人。近刑人則輕死之道也。」《穀梁》曰：「不稱名姓，閽不得齊於人。不稱其君，閽不得君其君也。禮，君不使無恥，不近刑人，不狎敵，不邇怨。賤人非所貴也，貴人非所刑也，刑人非所近也。舉至賤而加之吴子，吴子近刑人也。閽弑吴子餘祭，仇之也。」義又見《隱四年》衛州吁事。○邦衡胡氏曰：「人君如堂，人臣如陛，衆隸如地。等級遼絶，而賤微之隸得弑之者，君狎而近之也。其曰閽門者，至賤乎賤者也。舉至賤而加之吴子，惡吴子之自禍也。」孫氏曰：「則知爲人君者，雖一介不可慢也。」

仲孫羯會晉荀盈、齊高止、宋華定、衛世叔儀、鄭公孫段、曹人、莒人、邾人、滕人、薛人、小邾人城杞。儀，《公羊》作齊。《左氏》無邾人。

《左氏》曰：「晉平公，杞出也，故治杞。知悼子合諸侯之大夫以城杞，孟孝伯會之。鄭子大叔與伯石往。子大叔見大叔文子，與之語。文子曰：『甚乎！其城杞也。』子大叔曰：『若之何哉？晉國不恤宗周之闕，而夏肄是屏。其棄諸姬，亦可知也已。諸姬是棄，其誰歸之？吉也聞之，棄同即異，是謂離德。《詩》曰：「協比其鄰，昏姻孔云。」晉不鄰矣，其誰云之？』」未詳信否。孫氏曰：「杞微弱，不能自城，故諸侯之大夫相與城杞者，政在大夫故也。」邦衡胡氏曰：「天子在上，諸侯各守封域。非其所守，而擅興力役以城之，況大夫乎？」愚謂：況奪農時以役人乎？此亦放伯者之事，而不成乎伯者也。

晉侯使士鞅來聘。

《左氏》曰：「范獻子來聘，拜城杞也。」未詳信否。義見《僖七年》「齊來聘」。

杞子來盟。

杞子，杞文公。杞稱子，見《桓二年》。盟，見《隱元年》「盟于蔑」。

吳子使札來聘。

札，不氏，康侯胡氏曰：「楚椒、秦術之流也。」木訥趙氏曰：「彼其來聘，豈情也哉？窺中國而已。」義見《文九年》「椒來聘」。

秋九月，葬衛獻公。

義見《隱三年》「葬宋穆公」。

齊高止出奔北燕。

杜氏曰：「止，高厚之子。」陸氏曰：「北燕，姬姓，伯爵。召公奭之後，武王封之於燕，居鹿陽薊縣。自召公至簡公二十九世，始見《春秋》。」張氏曰：「燕，國，薊縣。」《左氏》曰：「齊高子容與宋司徒見知伯，女齊相禮。賓出。司馬侯言於知伯曰：『二子皆將不免。子容專，司徒侈，皆亡家之主也。』知伯曰：『何如？』對曰：『專則速及，侈將以其力斃。專則人實斃之，將及矣。』」義見《僖二十年》「元咺奔晉」。〇木訥趙氏曰：「自高止奔燕，而燕以亂。燕伯奔齊，齊侯伐燕，皆基於高止。」

冬，仲孫羯如晉。

《左氏》曰：「冬，孟孝伯如晉，報范叔也。」義見《僖七年》「齊來聘」。

三十年春，王正月，楚子使薳罷來聘。薳，爲彼切。罷，音皮，《公羊》作頗，下同。

《左氏》曰：「通嗣君也。」張氏曰：「魯以君朝，而楚以大夫聘，此齊桓、晉文所以行乎列國者。故自宋之盟，而夷夏不辨，楚人行伯主之禮於中國。」義又見《文九年》「楚椒來聘」。〇邦衡胡氏曰：「經書『楚子』，始末不同。如殺大夫，始不言氏，但曰『得臣』而已。其後則書『殺公子側』。大夫盟會，始不言氏，但曰『楚人』而已。其後則書『公子嬰齊』。大夫帥師，始不言氏，但曰『楚師』而已。其後則書『公子嬰齊』、『公子壬夫』。大夫來聘，始不言氏，但曰『使椒』而已。至此，則書薳罷，兼舉大夫姓氏，與中國一同。」愚謂：此皆魯史之文，聖人因之，以見外夷漸與中國混同之一端也。

夏四月，蔡世子般弑其君固。

孫氏曰：「不日者，脱之。」《左氏》曰：「二十八年，蔡侯歸自晉，入于鄭。鄭伯享之，不敬。子産曰：『蔡侯其不免乎？日其過此也。君使子展廷勞於東門之外，而傲。吾曰：「猶將更之。」今還，受享而惰，乃其心也。君小國事大國，而惰傲以爲己心，將得死乎？若不免，必由其子。其爲君也，淫而不父。僑聞之，如是者，恒有子禍。』三十年，蔡景侯爲大子般娶於楚，通焉。大夫弑景侯。」義見《文元年》楚商臣事。此則中國之人爲之，人道之壞極矣。

五月甲午，宋災。

義見《僖二十年》「西宫災」。此則一國之災甚矣。又爲其冬會於澶淵起文也。

宋伯姬卒。《公羊》、《穀梁》無「宋」字，脱之也。

伯姬，成九年歸宋者也。此爲七月叔弓如宋葬共姬起文也。

天王殺其弟佞夫。佞，《公羊》作年，非也。

孫氏曰：「《書》稱帝堯『克明俊德，以親九族』，而景王不能容一母弟，且諸侯有失教及不能友愛其弟而出奔者，孔子猶詳録之，譏其失兄之道。況景王尊爲天子，富有四海乎？」吕氏曰：「言殺其弟，無親親之恩也。」○愚案：爲天子弟而至於見殺，其爲弟可知矣！爲天子而至於殺其弟，其爲兄亦可知矣！然《春秋》書曰「天王殺其弟」者，蓋爲人兄而不以舜之所以處象者處其弟，則未足以盡爲兄之義。其旨深哉！

王子瑕奔晉。

王子者，王之子也，瑕其名也。爲人子而至於奔，子道盡矣。然景王爲天下主，而致其子之奔，父道盡矣。既殺其弟，又奔其子，比事屬辭，所謂父不父，子不子，兄不兄，弟不弟。京師王化之本，而大亂若此，王綱之不振，有以哉！

秋七月，叔弓如宋葬宋共姬。《穀梁》「葬」字下無「宋」字。

弓，叔老之子子叔子也。孫氏曰：「内女不葬者也。其書葬，皆非常也。共姬，婦人也。襄王、景王，天子也。魯皆使卿會，惡孰甚焉！然内女葬，當有恩禮，使卿則不可也。」愚謂：共姬不從夫之謚而别爲謚，又不請於王而自謚，❶又三月而葬，皆非禮也。○高氏曰：「使卿葬内女，非禮也。始終之禮，皆過於厚。成八年夏，宋公使公孫壽。十月，衛人來媵。九年二月，伯姬歸於宋。夏，季孫行父如宋致女，晉人來媵。十年，齊人來媵。皆非禮也。」

---

❶「請」，原作「謂」，今據四庫本改。

鄭良霄出奔許，自許入于鄭。鄭人殺良霄。

存耕趙氏曰：「許與鄭世仇。言自許，許有奉也。」劉氏曰：「何爲不言殺其大夫也？討賊之辭也。」《左氏》曰：「二十九年，鄭伯有使公孫黑如楚，辭曰：『楚、鄭方惡，而使余往，是殺余也。』伯有曰：『世行也。』子晳曰：『可則往，難則已，何世之有？』伯有將强使之。子晳怒，將伐伯有氏，大夫和之。十二月己巳，鄭大夫盟於伯有氏。三十年，伯有耆酒，爲窟室，而夜飲酒，擊鐘焉，朝至未已。朝者曰：『公焉在？』其人曰：『吾公在壑谷。』皆自朝布路而罷。既而朝，則又將使子晳如楚，歸而飲酒。庚子，子晳以駟氏之甲伐而焚之。伯有奔雍梁，醒而後知之，遂奔許。乙巳，鄭伯及其大夫盟於大宫，盟國人於師之梁之外。伯有聞鄭人之盟己也，怒。聞子皮之甲不與攻己也，喜，曰：『子皮與我矣。』癸丑，晨，自墓門之瀆入，因馬師頡介於襄庫，以伐舊北門。駟帶率國人以伐之。伯有死於羊肆，子産襚之，枕之股而哭之，斂而殯諸伯有之臣在市側者。既而葬諸斗城。」愚謂：爲人臣而至於出奔，既得辠矣，又不自反，而復入作亂，其見殺也宜。許奉叛臣以入，亦辠也。義又見《襄二十二年》「晉人殺欒盈」。此言復，彼言復入者，史氏之辭不同耳，初無異義也。○張氏曰：「良霄之出，公孫黑蓋有辠焉。《春秋》舍公孫黑專伐之辠，而辠良霄何也？曰耆酒而不恤政，汰侈而好争，伯有之所爲，有喪家亡身之道焉。雖微公孫黑，其能免於死乎？既亡而不自省，又入伐君，而大亂其國，此《春秋》所以正名討賊之辭也。《春秋》於喪國失家者，皆不書所逐之人，以明其身之有辠，使有國有家者，皆兢兢自謹而求所以保身也。知保身，則奔亡之禍遠矣。《春秋》之義也。」

冬十月，葬蔡景公。

諸侯不討亂臣賊子，而但會其葬，高氏所謂「皆無父無君者」也。七月方葬，又其失禮之細者。義又見《隱三年》「葬宋穆公」。〇案：蔡般不討而景公書葬，則傳所謂「賊不討不書葬」者，妄也。

晉人、齊人、宋人、衞人、鄭人、曹人、莒人、邾人、滕人、薛人、杞人、小邾人會于澶淵，宋災故。

十二國稱人，皆微者也。不稱魯會，魯不會也。宋災故，爲宋災之故也。澶淵，見《二十年》。劉氏曰：「晉人與諸侯之大夫，凡爲宋災故謀之也，非務也。何言乎非務？蔡侯弒其君而不謀，宋災而謀之，微矣。君子慮所遠而小人恤所近。夫災雖諸侯所當救，然而一時之變、一國之禍也，財足以周其乏，粟足以濟其用則已矣，非所以爲天下之憂也。彼天下之憂者，臣弒其君一，子弒其父二。如是，則夷狄矣。故孔子論天下之信，則曰：『寧去食。』論陳恒之變，則曰：『請討之。』其察於道之輕重緩急也，審矣！豈以姑息愛人哉？」〇康侯胡氏曰：「蔡之亂，猶人有腹心之疾。而宋之災，譬如桐梓雞犬之亡失也。故言會之所爲以垂戒，欲人自別於禽獸之害也。可謂深切著明矣！」

三十有一年春，王正月。

夏六月辛巳，公薨于楚宮。

《左氏》曰：「公作楚宮。穆叔曰：『君欲楚也夫！故作其宮。若不復適楚，必死是宮也。』公薨于楚宮。」杜氏曰：「公適楚，好其宮，歸而作之。不居先君之路寢，而安所樂，失其所也。」許氏曰：「公還自楚，不能增修德政，而反勤民傷財，務作楚宮。公之志亦荒矣，其何振之有？又況變夏從夷，亂國經常，所以爲不祥之道也。」義又見「僖公薨」。○呂氏曰：「若襄公者，可謂安其危而利其災，樂其所以亡者矣。」

秋九月癸巳，子野卒。

孫氏曰：「子野，襄公大子，未踰年之君也。不薨，不地，降成君也。」趙氏曰：「子野非被弑，不書地，闕文也。」愚案：書卒之義未詳。《左氏》曰：「立胡女敬歸之子子野，次於季氏。癸巳，卒，毁也。」康侯胡氏曰：「般、赤弑而書卒，子野亦書卒，何以辨乎？曰閔公不書即位，則般之弑可知。下書『夫人姜氏歸于齊』，上書『公子遂、叔孫得臣如齊』，則子赤之弑可知。與子野異矣。」存耕趙氏曰：「襄公之庶長也。傳云『毁也』。案：經書『癸巳，子野卒』，辭同子般。然子般云弑，以傳詳之。子野立，次於季氏，卒不於他所，而於季氏。此疑以傳疑之辭。子野卒，而季氏必欲立裯是也。」俱未詳是否。

己亥，仲孫羯卒。

譏世卿也。大意見《隱元年》「益師卒」。

冬十月，滕子來會葬。

許氏曰：「子大叔曰：『先王之制，諸侯之喪，士弔，大夫送葬。』滕子會葬，非禮也。」高氏曰：「此僭天子之禮也。」愚謂：魯不拒之以禮而受之，皆非也。○君舉陳氏曰：「諸侯來會葬，於是始改葬惠公也。衞侯來會葬，隱公不見。春秋之初，魯猶秉禮也。晉景公之喪，成公弔焉，亦已卑矣。晉於是止公使送葬，諸侯莫在，魯人辱之。楚康王之喪，公及陳侯、鄭伯、許男送於西門之外，則天下諸侯有會葬於楚者矣。於是滕會葬於魯，是春秋之季也。」

癸酉，葬我君襄公。

義見《隱三年》「葬宋穆公」。

十有一月，莒人弑其君密州。

稱人，見《文十六年》。密州，《左氏》曰：「犂比公也。」義見《隱四年》衞州吁事。○案：此又爲次年去疾入莒，展輿奔莒起文也。

春秋本義卷第二十四

昭　公名稠，襄公之子，齊歸所生。

元年春，王正月，公即位。

義見《文元年》。

叔孫豹會晉趙武、楚公子圍、齊國弱、宋向戌、衛石惡、陳公子招、蔡公孫歸生、鄭罕虎、許人、曹人于虢。《公羊》弱作酌。《左氏》、《穀梁》石惡作齊惡，罕虎作軒虎。後及罕達同。虢作漷，《穀梁》作郭。

公子招者，陳侯之弟也。康侯胡氏曰：「公子者，其本當稱者也。曰弟者，因事而稱之也。」高氏曰：「衛石惡在陳、蔡之上者，上卿也。宋之盟，齊人不預焉。今齊又從楚矣，中國微弱可知也。」義見《襄二十七年》「會于宋」。〇葉氏曰：「自襄以來，晉主夏盟，齊、楚皆未入會，宋未嘗不先諸侯。雞澤之會，齊始以世子光來，猶在邾下。至邢丘，而齊人居宋人上，則齊已亢矣。澶淵之會，齊侯始入會，遂居宋公上。宋之會，楚始入會，屈建遂居蔡、衛上。至是，楚公子圍先國弱而向戌在三。夷狄愈强，雖齊亦爲屈，而二王之後微矣。」

三月，取鄆。《公羊》作運。後同。

滅而言取，見《宣九年》。鄟，東鄟也，見《成九年》。義見《莊十年》「齊滅譚」。

夏，秦伯之弟鍼出奔晉。

義見《襄二十年》「陳侯弟奔楚」。

六月丁巳，邾子華卒。

義見《隱三年》「宋穆公卒」。

晉荀吴帥師敗狄于大鹵。音魯。《左氏》經作鹵，傳作原；《公羊》、《穀梁》經作原，傳作鹵。

箕與交剛皆書晉人，而此書卿，帥師者將尊師衆也。杜氏曰：「大鹵，大原晉陽縣。」張氏曰：「《公羊疏》云：『古文及夷狄人皆謂之大鹵，而今經及師讀皆謂之大原。』《説文》：『西方謂之鹵。』《易》曰：『兑爲剛鹵。』西方之澤也。《春秋》大原爲大鹵，亦西方也。」義見《莊二十年》「齊伐戎」。

秋，莒去疾自齊入于莒。莒展輿出奔吴。《公羊》、《穀梁》無「輿」字。陸德明注《左傳》云：「一本無『輿』字。」

葉氏曰：「自齊，有奉也。言入，逆辭也。」《左氏》曰：「莒展輿立，而奪羣公子秩。公之召去疾於齊。秋，公子鉏納去疾，展輿奔吴。」未詳信否。愚謂：展輿、去疾，皆庶孽也。展輿不稱子，與《莊二十四年》曹羈同。其事與《桓十一年》突歸于鄭，鄭忽奔衛同。但鄭忽爲嫡，展輿爲庶耳。書之以見展輿君弑不討賊。既立，踰年而出奔，其不能君可知。若去疾之篡，辠不容誅。齊又奉之，惡亦可見。然天子、方伯不能正，而庶孽得以容其篡，三綱不立，又益以顯矣。

叔弓帥師疆鄆田。

杜氏曰：「春取鄆，今正其封疆。」劉氏曰：「疆之者，溝封之也。曷爲溝封之？別乎莒也。」愚謂：取人之國而以兵力疆田，惡可見矣。蓋叔弓爲季氏黨，欲强其私家耳。○任氏曰：「春取鄆而秋疆其田，汲汲乎利其土地之甚也。帥師而疆之，豈獨有虞於莒乎？雖鄆人亦不服，所以必欲疆之也。取鄆爲不善矣，疆田又不善也。疆田爲不善矣，帥師而疆之，尤爲不善也。」

葬邾悼公。

邾始書葬，魯會之也。義見《隱三年》「葬宋穆公」。○高氏曰：「入春秋來，邾始書葬，蓋邾、滕、薛皆小國也。秦，遠國也。皆至昭公而書葬，是時魯衰甚矣。小國如大國，遠國如近國。」愚案：此説與《隱七年》「滕侯卒」相表裏，參考可也。

冬十有二月己酉，楚子麇卒。麇，九倫切，《公羊》、《穀梁》作卷。

義見《文十八年》「秦伯卒」。

楚公子比出奔晉。

比，《左氏》曰：「右尹子干也。」義見《僖二十八年》「元咺奔晉」。○朴鄉吕氏曰：「楚虔立而比出奔，意者其與虔争國者乎？」木訥趙氏曰：「楚子卒而比出奔，則比者必麇之孚，有所不容於嗣君耳。」皆未詳是否。

二年春，晉侯使韓起來聘。

起，韓宣子韓厥次子也。義見《隱七年》「齊來聘」。

夏，叔弓如晉。

《左氏》曰：「叔弓聘於晉，報宣子也。」義見《隱七年》「齊來聘」。

秋，鄭殺其大夫公孫黑。

黑，子皙也。《左氏》曰：「元年，鄭徐吾犯之妹美，公孫楚聘之矣，公孫黑又使强委禽焉。犯懼，告子産。子産曰：『是國無政，非子之患也，唯所欲與。』犯請於二子，請使女擇焉，皆許之。子皙盛飾入，布幣而出。子南戎服入，左右射，超乘而出。女自房觀之，曰：『子皙信美矣，抑子南，夫也。夫夫婦婦，所謂順也。』適子南氏。子皙怒，既而櫜甲以見子南，欲殺之而取其妻。子南知之，執戈逐之。及衝，擊之以戈。子皙傷而歸，告大夫曰：『我好見之，不知其有異志也，故傷。』大夫皆謀之。子産曰：『直鈞，幼賤有辠，辠在楚也。』乃執子南而數之，曰：『國之大節有五，女皆奸之。畏君之威，聽其政，尊其貴，事其長，養其親，五者所以爲國也。今君在國，女用兵焉，不畏威也。奸國之紀，不聽政也。子皙，上大夫，女嬖大夫而弗下之，不尊貴也。幼而不忌，不事長也。兵其從兄，不養親也。君曰：「予不忍女殺，宥女以遠。」勉速行乎，無重而辠！』五月庚辰，鄭放游楚於吴。將行子南，子産咨於大叔。大叔曰：『吉不能亢身，焉能亢宗？彼國政也，非私難也。子圖鄭國，利則行之，又何疑焉？周公殺管叔而蔡蔡叔，夫豈不愛？王室故也。吉若獲戾，子將行之，何有於諸游？』二年秋，鄭公孫黑將作亂，欲去游氏而代其位，傷疾作而不果。駟氏與諸大夫欲殺之。子産在鄙聞之，懼弗及，乘遽而至，使吏數之曰：『伯有之亂，以大國之事，而未爾討也。爾有亂心，無厭，國不女堪。專伐伯有，而辠一也。昆弟争室，而皋二也。薰隧之盟，女矯君位，而皋三也。有死皋三，何以堪之？不速死，大刑將至。』再拜稽首辭曰：『死在朝夕，無助天爲虐。』子産曰：『人誰不死？凶人不終，命也。作凶事，爲凶人，不助天，其助凶人乎？』請以印爲褚師。子産曰：『印也若才，君將任之。不才，將朝夕從女。女皋之不恤，而又何請焉？不速死，司寇將至。』七月壬寅，縊。尸諸周氏之衢，加木焉。」未詳信否。義見《莊二十六年》「曹殺大夫」。

冬，公如晉，至河乃復。季孫宿如晉。

《左氏》曰：「晉少姜卒，公如晉，及河。晉侯使士文伯來辭曰：『非伉儷也，請君無辱！』公還，季孫宿遂致服焉。」常山劉氏曰：「凡人君，動止有度，豈可非禮而行，無故而乃復哉？蓋進退皆非禮義也。」康侯胡氏曰：「經書『公如晉，至河乃復，季孫宿如晉』，而昭公失國之因，季氏逐君之漸，晉人下比之跡，皆見矣。」○莘老孫氏曰：「公如晉朝，而晉不納，至河乃復。以公之自復爲文者，臣子之心不欲其君見拒於人，而公自復也。昭公四如晉，四至河而復。又二十三年冬，至河乃復，書有疾焉。公雖不見納於晉，然有疾而復，猶可爾。」葉氏曰：「公自即位三十二年之間，朝於晉者五，唯其末言疾。外此，皆非公之自復，晉辭公也。晉豈得以辱公哉？蓋公嘗爲少姜卒而往弔矣，爲季孫意如執而往請矣，以千乘之君弔嬖妾，且爲臣而親行，則晉人不得不易公也。故或以莒人之愬而辭公，或以鮮虞之伐而辭公，使公知恭之不忘禮，則一辭公固可以止，何待至於再三而不已乎？如是而流離於外，不得志於齊，猶有望於晉，以爲寄彷徨乎乾侯，卒至於死而不悟。此《春秋》所以屢書不少殺，獨以有疾一著其實者，所以志公之媿也。」劉氏曰：「爲國以禮者，處勝人之地矣。」

三年春，王正月丁未，滕子原卒。原，《公羊》作泉。

義見《隱三年》「宋公卒」，又爲叔弓如滕起文也。

夏，叔弓如滕。五月，葬滕成公。

高氏曰：「入春秋來，滕始書葬。夫以卿共其葬，非禮也。以我襄公之葬，滕子來會，故魯報之。然與二十三年葬景王無辨矣。」義又見《隱三年》「葬宋穆公」。

秋，小邾子來朝。

《左氏》曰：「穆公也。」義見《隱十一年》「滕、薛來朝」。

八月，大雩。

義見《桓五年》。

冬，大雨雹。

高氏曰：「爲災故書。秋旱、冬雹，皆人事所召，且爲四年起也。」義見《僖二十九年》。○張子曰：「雹，戾氣也。此中國不振而夷狄會諸侯之兆也。」

北燕伯款出奔齊。

北燕，見襄二十九年《左氏》曰：「燕簡公多嬖寵，欲去諸大夫而立其寵人。冬，燕大夫比以殺公之外嬖。公懼，奔齊。」未詳信否。義見《襄十四年》「衛侯奔齊」。

四年春，王正月，大雨雹。《公羊》、《穀梁》作雪。范氏云：「或作雹。」葉氏曰：「當從《左氏》。」義見《僖二十九年》。○存耕趙氏曰：「自冬歷春，大雹者二，陽氣不得達，陰錮之也。由魯而論，則臣干君，季氏逼君之應也。由中國而論，則夷狄强而争伯之驗也。」

夏，楚子、蔡侯、陳侯、鄭伯、許男、徐子、滕子、頓子、胡子、沈子、小邾子、宋世子佐、淮夷會于申。

杜氏曰：「胡國，汝陰縣西北有胡城。」淮夷，孔氏曰：「淮浦之夷也。《後漢志》下邳國有淮浦縣。」張氏曰：「申，姜姓之國。」杜氏曰：「在南陽宛縣。」愚謂：宋世子在小邾子下者，世子不敢敵諸侯，與齊世子光同。淮夷不殊會者，非諸侯會淮夷，淮夷來與會耳。俱無他義。《左氏》曰：「許男如楚，楚子止之，遂止鄭伯，復田江南，許男與焉。使椒舉如晉求諸侯，二君待之。椒舉致命曰：『寡君使舉曰：日君有惠，賜盟於宋，曰：晉、楚之從交相見也。以歲之不易，寡人願結驩於二三君。使舉請間。君若苟無四方之虞，則願假寵以請於諸侯。』晉侯欲勿許。司馬侯曰：『不可。楚王方侈，天或者欲逞其心，以厚其毒而降之罰，未可知也。其使能終，亦未可知也。晉、楚唯天所相，不可與争。君其許之。』乃許楚使。使叔向對曰：『寡君有社稷之事，是以不獲春秋時見。諸侯，君實有之，何辱命焉？』楚子問於子産曰：『晉其許我諸侯乎？』對曰：『許君。晉君少安，不在諸侯。其大夫多求，莫匡其君。在宋之盟，又曰如一，若不許君，將焉用之？』王曰：『諸侯其來乎？』對曰：『必來。從宋之盟，承君之歡，不畏大國，何敢不來？不來者，其魯、衛、曹、邾乎？曹畏宋，邾畏魯，魯、衛偪於齊而親於晉，唯是不來。其餘，君之所及也，誰敢不至？』王曰：『然則吾所求者，無不可乎？』對曰：『求逞於人，不可。與人同欲，盡濟。』

夏，諸侯如楚，魯、衛、曹、邾不會。曹、邾辭以難，公辭以時祭，衛侯辭以疾。鄭伯先待於申，楚子合諸侯於申。椒舉言於楚子曰：『臣聞諸侯無歸，禮以爲歸。今君始得諸侯，其慎禮矣。霸之濟否，在此會也。夏啓有鈞臺之享，商湯有景亳之命，周武有孟津之誓，成有岐陽之蒐，康有酆宮之朝，穆有塗山之會，齊桓有召陵之師，晉文有踐土之盟，君其何用？宋向戌、鄭公孫僑在，諸侯之良也，君其選焉。』王曰：『吾用齊桓。』王使問禮於左師與子產。左師曰：『小國習之，大國用之，敢不薦聞？』獻公合諸侯之禮六，子產曰：『小國共職，敢不薦守？』獻伯子男會公之禮六。楚子示諸侯侈，椒舉曰：『夫六王、二公之事，皆所以示諸侯禮也。諸侯所由用命也。夏桀爲仍之會，有緡叛之。商紂爲黎之蒐，東夷叛之。周幽王爲大室之盟，戎狄叛之。皆所以示諸侯汏也，諸侯所由棄命也。今君以汏，無乃不濟乎？』王弗聽。」孫氏曰：「中國自宋之會，諸侯不見者十年矣。此書會于申，楚子大合諸侯於此也。桓、文死，中國不振，喪亂日甚，幅裂横潰，制在夷狄故也。自是中國之事皆夷狄制之。至於平丘、召陵之會，諸侯雖云再出，尋復叛去，事無所救，不足道也。」○程子曰：「晉平不在諸侯，楚於是强爲伯者之事。」葉氏曰：「楚子始欲求諸侯而未定，問於子産曰：『晉其許我乎？諸侯其來乎？』則楚子固自以爲不足服諸侯也。當是時，使晉稍强，諸侯聽之，則楚亦不得肆志，而晉侯方溺於嬖寵，豈復有志於中國哉？楚偃然專諸侯，諸侯舍晉無所附，則亦不得已而從楚。晉雖不會，自胡、沈小國至淮夷，無不在楚。於是伐吴、滅陳、滅蔡、殺干徵師，楚之得志於中國，未有盛於此時，非楚所能爲也。黄池之會，以夫差之强，定公一數之，不敢不聽。公不能行之於申，所以見中國之無伯，憫諸侯之無能爲也。」君舉陳氏曰：「齊桓卒，楚、宋嘗争長矣，敗于城濮，楚師不出者八年。晉志不在諸侯，而後楚莊盟于辰陵。以莊王之賢，從之者陳、鄭焉爾。申之會，合十有二國，楚之得志於中國，未有甚於此時者也。」吕氏曰：「自襄公三年雞澤之會，諸侯同盟矣，而叔孫豹始及諸侯之大夫及陳袁僑盟。襄十六年溴梁之會，獨大夫盟，諸侯不與也。至襄二十七年宋之會，大夫自會爾，諸侯不在也。此歲，會于申，諸侯始復會，而楚子主之，淮夷與焉，天下之事可知矣。」

楚人執徐子。

《左氏》曰：「徐子，吴出也，以爲貳焉，故執諸申。」未詳信否。劉氏曰：「不言以歸。申，楚地也。」愚謂：楚圍一得志於諸侯，而執其國君，見夷狄之不可縱也。○邦衡胡氏曰：「盂之盟，楚人執宋公。申之會，楚人執徐子。平涼之會，尚結贄劫盟。夷狄豈可以信義結哉？」

秋七月，楚子、蔡侯、陳侯、許男、頓子、胡子、沈子、淮夷伐吴。執齊慶封殺之。遂滅賴。《公羊》、《穀梁》作厲。

張氏曰：「賴國，蔡州褒信縣有賴亭。」蘇氏曰：「申之諸侯有不與伐吴者，故復序。」愚謂：執齊慶封殺之者，先執而後殺也。《左氏》曰：「楚子以諸侯伐吴。宋大子、鄭伯先歸。使屈申圍朱方，克之。執齊慶封而盡滅其族。」高氏曰：「申之會，楚靈不修德而求諸侯。諸侯畏楚之强，守宋之盟而從之。然猶不敢致魯、衞、曹、薛、邾、杞。至伐吴之役，中國諸侯皆去，惟楚屬從之耳。伐吴而執慶封殺之者，以慶封在吴故，爲齊討之。假中國仁義，以重其會，所謂盜亦有道也。彼以夷狄既會中國之諸侯，又帥之以伐吴，專殺中國之大夫，以諸侯之兵滅人之國，流毒如此，蓋出於宋向戌弭兵之謀也。」愚謂：楚殺慶封，以其從吴且示威也，非真爲齊討也。義又見《僖三年》「徐取舒」。○君舉陳氏曰：「申之會，夷夏之大變也。宋虢之事猶曰二伯，至是而楚始合諸侯，執齊慶封、放陳招、殺蔡般，假討賊之義，以號令於天下。由是而滅賴、滅陳蔡矣。」黄氏曰：「晉主夏盟，正以抗楚也。楚日以强，而晉通吴於會，正結之以掎楚也。自宋向戌謀弭兵，合晉、楚之成，有宋之盟，至今申之會，晉不敢復出而盡遜之楚矣。皆宋之盟啓之也。楚昔之所仇者在晉，今晉既遜之爲盟主，則所仇者吴耳。故一出而執徐子者，以徐子爲吴之出也。伐吴而殺慶封，以慶封吴所封也。而又滅賴，亦以示威於吴也。春秋之有伯主，正以楚之害中國，今反遜楚爲中國伯主，此莫大之變也。」

九月，取鄫。《穀梁》作繒。

滅而言取，見《宣九年》。案：《襄六年》書「莒人滅鄫」矣，豈鄭嘗見滅於莒而後得復國，今復見滅於魯歟？《定六年》書「鄭滅許」，而《哀元年》許復見於經，説者亦云許依楚而得復國。鄫之事類此。然不可考矣。義見《莊十年》「齊滅譚」。

冬十有二月乙卯，叔孫豹卒。

此譏世卿。又爲舍中軍起文也。大意又見《隱元年》「益師卒」。

五年春，王正月，舍中軍。

《左氏》曰：「季孫謀去中軍，豎牛曰：『夫子固欲去之。』正月，舍中軍，卑公室也。毁中軍於施氏，成諸臧氏。初，作中軍，三分公室而各有其一。季氏盡征之，叔孫臣其子弟，孟氏取其半焉。及其舍之也，四分公室，季氏擇二，二子各一。皆盡征之，而貢於公。以書使杜洩告於殯，曰：『子固欲毀中軍，既毀之矣，故告。』杜洩曰：『夫子惟不欲毀也，故盟諸僖閎，詛諸五父之衢。』受其書而投之，帥士而哭之。」孔氏曰：「初作中軍，季氏盡征之，並不入公室也。叔孫氏臣其子弟，以一家之內，有父、子、兄、弟四品，以父兄之税入公，子弟之税入己，大率半屬公，半入己。孟氏則於子弟中取其半，或取子，或取弟，大率三分歸公，一分入己。十二分其國民，三家得七，公得五。國民不盡屬公，公室已卑矣！今舍中軍，四分公室，三家自取其税而各貢於公，公室彌卑矣。初云作三軍，今不云舍三軍者，初作時舊有二軍，今更增一軍，人數不足，故各毀其乘，足成三軍。今此則惟舍中軍，分中軍之衆屬上下二軍，其上下軍依舊，故云舍中軍也。季氏因叔孫家禍，退之使同。孟孫獨取其半，爲專已甚。又擇取善者，是專之極。故傳言擇二以見之。」康侯胡氏曰：「三軍作舍，皆自三家，公不與焉。公室益卑，而魯國之兵權悉歸於季氏矣。兵權，有國之司命。三綱，兵政之本原。書其作舍，而公孫于齊，薨于乾侯，定公無政必至之理也。己則不臣，三綱淪替，南遺叛，❶陽虎專，季斯囚，而三桓之子孫微矣！亦能免乎？書曰『舍中軍』，微詞以著其辠也。」

楚殺其大夫屈申。

《左氏》曰：「楚子以屈申爲貳於吴，乃殺之。」未詳信否。義見《莊二十六年》「曹殺大夫」。

❶「遺」，四庫本作「蒯」，當是。

公如晉。

義見《僖十年》「公如齊」。

夏，莒牟夷以牟婁及防茲來奔。

牟婁，即隱四年莒所取杞邑也。防茲，杜氏曰：「城陽平昌縣西南有防亭，姑幕縣東北有茲亭。」《地譜》：「密州安丘縣有平昌故城，莒縣有姑幕故城。」愚謂：稱及者，别二邑，文法當然，無他義也。高氏曰：「公如晉，未反而受莒邑，惡季氏專，且見莒益弱矣。莒牟以利接我，而我入其利，故兩譏之。」義又見《襄二十一年》「邾庶其來奔」。

秋七月，公至自晉。

義見《桓二年》「公至自唐」。此又見公未還而季氏自受叛人也。

戊辰，叔弓帥師敗莒師于蚡泉。蚡，《公羊》作濆，《穀梁》作賁。

杜氏曰：「蚡泉，魯地。」孫氏曰：「魯既受莒叛人邑，又敗莒師，其惡可知也。」義又見《隱二年》「鄭伐衞」。

秦伯卒。

存耕趙氏曰：「卒不名，史失之。」義見《文十八年》「秦伯卒」。

冬，楚子、蔡侯、陳侯、許男、頓子、沈子、徐人、越人伐吴。

陸氏曰：「越，姒姓，夏后少康之庶子，封於會稽。」《左氏》曰：「四年冬，吴伐楚，入棘、櫟、麻，以報朱方之役。五年冬，楚子以諸侯及東夷伐吴，以報棘、櫟、麻之役。薳射以繁揚之師，會於夏汭。越大夫常壽過帥師會楚子於瑣。聞吴師出，薳啓彊帥師從之，遽不設備，吴人敗諸鵲岸。楚子以馹至於羅汭，吴子使其弟蹶由犒師，楚人執之。楚師濟於羅汭，沈尹赤會楚子，次於萊山。薳射帥繁揚之師，先入南懷，楚師從之。及汝清，吴不可入。楚子遂觀兵於坻箕之山。是行也，吴早設備，楚無功而還，以蹶由歸。楚子懼吴，使沈尹射待命於巢，薳啓彊待命於雩婁。」義見《四年》「伐吴」及《僖三年》「徐取舒」。

六年春，王正月，杞伯益姑卒。

高氏曰：「即《襄二十九年》所書杞子是也。至是復稱伯者，豈其後復振歟？」杞稱伯，見《桓二年》「滕子來朝」。義見《隱三年》「宋公卒」。

葬秦景公。

七月而葬，僭天子之禮也。秦入春秋，至是始書葬，見夷狄遂同中國矣。義見《隱三年》「葬宋穆公」。

此又見以中國而會夷狄之葬也。

夏，季孫宿如晉。

義見《隱七年》「齊來聘」。

葬杞文公。

義見《隱三年》「葬宋穆公」。

宋華合比出奔衛。

《左氏》曰：「宋寺人柳有寵，大子佐惡之。華合比曰：『我殺之。』柳聞之，乃坎，用牲，埋書，而告公曰：『合比將納亡人之族，既盟於北郭矣。』公使視之，有焉，遂逐華合比。合比奔衛。」未詳信否。義見《僖二十八年》「元喧奔晉」。❶

秋九月，大雩。

《左氏》曰：「九月大雩，旱也。」義見《桓五年》。

楚薳罷帥師伐吴。罷，《公羊》作頗。

義見《四年》「伐吴」及《僖三年》「徐取舒」。○高氏曰：「三書伐吴者，見楚終不得志於吴也。」

冬，叔弓如楚。

諸侯不朝聘天子而聘伯主，至此則兼聘夷狄，見中國之益衰，而夷狄之益張也。○木訥趙氏曰：「諸侯兩事晉、楚，季孫宿如晉，則不得不以叔弓如楚。」黄氏曰：「叔弓即宿私人，兩事晉、楚，皆季孫專之，此時公已無預乎魯政也。」

齊侯伐北燕。

《左氏》曰：「伐北燕，將納簡公。」未詳信否。義見《隱二年》「鄭伐衛」。

七年春，王正月，暨齊平。

---

❶ 「喧」，通行本《左傳》作「咺」。

暨，及也。高氏曰：「齊、魯世爲婚姻，至襄公時，齊靈數侵伐魯，自是盟好中絶。及景公一使慶封來聘，魯方附楚，而齊亦方與楚睦，是以與之平。齊欲平，而我與之之辭也。」愚謂：王道大行，諸侯講信修睦，無所事平。春秋之世，諸侯乍離乍合，聖人志其平者，所以志諸侯之亂也。至定十年，復書「及齊平」，則其乍離乍合之情亦可見矣。大意與宋人及楚平、鄭人來渝平、及鄭平同。

三月，公如楚。

《左氏》曰：「楚子成章華之臺，願與諸侯落之。大宰薳啓彊曰：『臣能得魯侯。』薳啓彊來召，公辭。曰：『昔先君成公命我先大夫嬰齊曰：「吾不忘先君之好，將使衡父照臨楚國，鎮撫其社稷，以輯寧爾民。」嬰齊受命於蜀，奉承以來，弗敢失隕，而致諸宗祧，曰：我先君共王，引領北望，日月以冀。傳序相授，於今四王矣。嘉惠未至，唯襄公之辱臨我喪。今君若步玉趾，辱見寡君，寵靈楚國，以信蜀之役，致君之嘉惠，是寡君既受貺矣，何蜀之敢望！君若不來，使臣請問行期，寡君將承質幣而見於蜀，以請先君之貺。』三月公如楚。」義見《襄二十八年》。

叔孫婼如齊涖盟。婼，《公羊》作舍，後同。涖，《公羊》、《穀梁》作莅。

婼，叔孫豹之庶子昭子也。高氏曰：「以暨齊平，故婼往涖盟也。昭公自是遂以善齊故，孫于揚州，卒于齊，爲寄公。」義又見《隱元年》「盟于蔑」。

夏四月甲辰朔，日有食之。

義見《隱三年》。

秋八月戊辰，衞侯惡卒。

義見《隱三年》「宋公卒」。

九月，公至自楚。

義見《襄二十八年》「公至自楚」。

冬十有一月癸未，季孫宿卒。

貫道王氏曰：「宿代父爲卿，三十年而卒。季氏自友受費而始封，及行父而始大。至宿而廣土取邑，侔封君矣。宿卒，而意如繼之，魯國不得寧矣。」愚謂：此譏世卿也。大意又見《隱元年》「益師卒」。○許氏曰：「季武子相魯，作三軍，舍中軍，改革公室，唯己所利，取鄆瀆盟，敗諸侯約，幾陷名卿，以爲國憂，則知昭公乾侯之禍，此其專欲不忌之習，非一日也。」

十有二月癸亥，葬衞襄公。

義見《隱三年》「葬宋穆公」。

八年春，陳侯之弟招殺陳世子偃師。

《左氏》曰：「陳哀公元妃鄭姬，生悼大子偃師，二妃生公子留，下妃生公子勝。二妃嬖，留有寵，屬諸司徒招與公子過。哀公有廢疾。公子招、公子過殺悼大子偃師，而立公子留。」高氏曰：「此陳公子招。其曰『陳侯之弟招殺世子偃師』者，正其天倫，所以甚招之辠，且見陳侯寵其弟，假之以權，致此禍也。」孫氏曰：「以叔父之親不顧宗社之重，殞其冢嗣，致楚滅陳，招之辠也。」○康侯胡氏曰：「此公子招而以弟稱者，著招憑寵稔惡，而陳侯失親親之道也。招以公子爲司徒，乃貴戚之卿，親則介弟，尊則叔父，號令廢立，自己而出，莫敢干之者也。不能援立嫡冢，安靖國家，而戕殺偃師，以致大寇，宗社覆没，辠固大矣。陳侯信愛其弟，何以爲失親親乎？尊賢者，親親之本。不能擇親之賢者厚加尊寵，以表儀公族，而徇其私愛，施於不令之人，以至亡國敗家，豈不失親親之道乎？其曰『陳侯之弟招殺陳世子偃師』，交責之也。」

夏四月辛丑，陳侯溺卒。

義見《隱三年》「宋公卒」。

叔弓如晉。

《左氏》曰：「晉侯方築虒祁之宫，叔弓如晉，賀虒祁也。」未詳信否。義見《隱七年》「齊來聘」。

楚人執陳行人干徵師殺之，陳公子留出奔鄭。

吕氏曰：「楚既殺干徵師，公子留即出奔，未成乎君也，故不曰子。」《左氏》曰：「干徵師赴於楚，且告有立君，公子勝愬之於楚，楚人執而殺之。公子留奔鄭。書曰『鄭人執陳行人干徵師殺之』，辠不在行人也。」劉氏曰：「楚人惡公子招而殺干徵師，非其辠也。古者兵交，使在其間，可也。」莘老孫氏曰：「楚不能討公子招，而殺其行人。是冬，楚滅陳，而放公子招，足明楚之倒施也。」義又見《莊十年》「荆敗蔡師」。○高氏曰：「干徵師爲告喪之使，不告於天王，反赴於夷狄。雖夷狄不當執而殺之，然其死也，宜哉！留既爲君矣，不曰陳留者，立非其正，位未定也。且偃師曰『世子』，留曰『公子』，别嫡庶也。《春秋》明微，大率如此。」

秋，蒐于紅。

蒐，見《桓二年》「狩于郎紅」。杜氏曰：「魯地，沛國蕭縣西有紅亭。」遠疑劉氏曰：「蒐，春事也，秋興之，非正也。蒐有常地矣，于紅，亦非正也。紅之蒐，見其反天時矣，易地理矣。」義又見《桓四年》「公狩于郎」。孫氏曰：「惟不稱大之爲正爾。」○莘老孫氏曰：「《春秋》書蒐者五，皆曰『大蒐』，未嘗曰『蒐』者。於是『蒐于紅』，獨不言『大』，《春秋》以其蒐田之不時，故書以譏之也。」

陳人殺其大夫公子過。

稱陳人，見《莊二十二年》。《左氏》曰：「陳公子招歸辠於公子過而殺之。」未詳信否。義見《莊二十六年》「曹殺大夫」。❶○邦衡胡氏曰：「公子留已出奔，則陳無君矣。其言陳人殺其大夫，衆殺之也。生殺一人之柄，而衆得專之，此陳之所以滅也。」未詳是否。

大雩。

義見《桓五年》。

冬十月壬午，楚師滅陳，執陳公子招，放之于越。殺陳孔奐。葬陳哀公。奐，《公羊》作瑗。

「執陳公子招，放之于越」者，先執而後放也。黎氏曰：「葬哀公，楚葬之也。陳已滅矣，楚據其國，豈魯

❶「六」，原作「七」，今據上文改。

使臣往會其葬而書？蓋楚師入陳，陳君在殯，因取而葬之，與齊侯葬紀伯姬同。彼上無齊侯滅紀之文，故下目齊侯。此已書楚師滅陳，則下云『執公子招，殺孔奐，葬哀公』，皆蒙上文爾。」《左氏》曰：「楚公子棄疾帥師奉孫吴圍陳。冬，滅陳。」葉氏曰：「楚爲偃師討，而滅陳，非討賊也，滅國而已。」孫氏曰：「招，殺世子之賊也，楚執而放之。陳孔奐，無辠之人也，楚則殺之。吁！楚靈暴虐無道，滅人之國，又爲淫刑也如此！」愚謂：流放者，天子之權，諸侯不得專之，況以夷狄放中國之大夫？亂之極矣！若其葬哀公，則又盜賊之仁也。此與楚人入陳殺陳夏徵舒之意同，皆夷狄借討賊之名爲盜賊之計也。〇高氏曰：「《春秋》之書『滅』者，惡之甚也。稱『師』者，見其恃衆也。楚以夷狄而興師，以滅中國之諸侯者，實由骨肉相殘以致然耳。嗟乎！陳背中國而即夷狄，乃卒爲夷狄所滅，深可爲後世之戒。然而陳國之亂，中國不能正之，遂使夷狄藉口以爲討而滅之。如公子招，死有餘辠。夫楚乘人之亂，滅人之國，夷狄豈可以禮義責之哉？辠中國不自正，而致夷狄之恣耳。《春秋》書殺他國大夫者四，皆楚人殺之，而中國未有書殺之者，此皆夷狄暴虐之甚。」張氏曰：「孔奐自宋之盟見於經，執陳國之政久矣。視君之亂，從君於昏而無所正救，蓋不能爲有無者也。雖有辠，必不加於招矣。録楚之放招而殺奐，見楚滅人之國，而私意放殺其臣，初不問辠之輕重。」愚謂：陳侯未卒而骨肉相殘，既卒而其國大亂，使楚人假討賊之名以滅其國，而其身以諸侯之尊，卒見葬於夷狄之手。而其私謚曰哀，亦出於楚。《春秋》比書其事，一以見陳哀不能修身齊家以治其國，致羣公子作亂，以底滅亡；二以見王政不行，夷狄暴横，中國不能自存，而壞潰至此，可以爲永鑒矣。

九年春，叔弓會楚子于陳。

許氏曰：「楚既滅陳，威振諸夏，是以無所號召，而魯之大夫往會之。」高氏曰：「夫中國諸侯而爲夷狄所滅，中國既不能救，亦宜同心疾之，奈何反往聘問邪？書『會于陳』，與《宣十五年》『會于宋』意同。」

許遷于夷。

此與「邢遷于夷儀」同，皆自遷也。存耕趙氏曰：「許逼於鄭，嘗遷于葉矣。今又遷于夷，再世再遷，其生聚之計亦末矣。」愚謂：王綱不振，諸侯吞噬，不安厥居，至於再遷，雖許男不能治其國家，然可以觀世變矣。義又見《成十五年》。

夏四月，陳災。《公》、《穀》作火。趙氏曰：「案前後未有書外火者，小事若一一書之，固不勝紀，諸侯亦不當告也。唯宣榭火，書之耳。當依《左氏》爲災也。」莘老孫氏曰：「《春秋》火不書，災則書耳。」愚案：宣榭火，《公》、《穀》亦作災。

康侯胡氏曰：「楚已滅陳，必不遣使告於諸侯，言亡國之有天災也。何以書於魯國之策乎？當時叔弓與楚子會于陳，則目擊其事矣。叔弓使畢而歸，語陳災，魯史遂書之耳。」莘老孫氏曰：「楚已滅陳，復言陳災者，蓋陳滅不久，而國復興也。」前説近是。愚謂：陳見滅於夷狄，而天復災之，所謂天降喪亂者也，其君臣獲辠於天者多矣。義又見《莊二十年》。

秋，仲孫貜如齊。貜，俱縛切。

貜，仲孫速之子孟僖子也。義見《隱七年》「齊來聘」。○高氏曰：「自叔老聘齊至今二十年，復修舊好，此暨齊平之故也。」

冬，築郎囿。

築郎囿者，于郎築囿，即其地而名之也。《左氏》曰：「築郎囿，季平子欲其速成也。叔孫昭子曰：『《詩》曰：「經始勿亟，庶民子來。」焉用速成？其以勦民也，無囿猶可，無民其可乎？』」高氏曰：「文王之囿，方七十里，何可築也？公内制於强臣，不此之念而遠築郎囿，非特勦民也，芻蕘雉兔皆不得往，怨有所歸矣。」義又見《成十八年》「築鹿囿」。○葉氏曰：「古者諸侯一囿，成公築鹿囿已過矣，今又于郎以築焉，其爲民則俱已殆矣。」張氏曰：「以《左傳》觀之，有以見季孫意如逢其君以耳目之娛，而日竊其權，昭公安之而不悟也。人君於此，可不戒哉？」

春秋本義卷第二十五

昭公

十年春，王正月。

夏，齊欒施來奔。齊，《公羊》作晉。

《左氏》曰：「齊惠欒、高氏皆耆酒，信内多怨，彊於陳、鮑氏而惡之。夏，有告陳桓子曰：『子旗、子良將攻陳、鮑。』亦告鮑氏。桓子授甲而如鮑氏，遭子良醉而騁，遂見文子，則亦授甲矣。使視二子，則皆將飲酒。桓子曰：『彼雖不信，聞我授甲，則必逐我。及其飲酒也，先伐諸？』陳、鮑方睦，遂伐欒、高氏。子良曰：『先得公，陳、鮑焉往？』遂伐虎門。公使王黑以靈姑銔率，吉。請斷三尺焉而用之。戰於稷，欒、高敗，又敗諸莊。國人追之，又敗諸鹿門。欒施、高彊來奔。」未詳信否。義見《僖二十八年》「元晅奔晉」。

秋七月，季孫意如、叔弓、仲孫貜帥師伐莒。意，《公羊》作隱，誤也。後同。

意如，季孫宿之孫，紇之子平子也。木訥趙氏曰：「魯乘莒亂取鄆田，納牟夷而取牟婁及防兹，無怪莒有蚡泉之師也。叔弓且敗之矣，今又三大夫並出，此固皆意如之爲也。」義又見《隱二年》「鄭伐衛」。

戊子，晉侯彪卒。

義見《隱三年》「宋公卒」。又爲叔孫婼葬平公起文也。

九月，叔孫婼如晉，葬晉平公。

三月而葬，又魯以卿會葬，皆非禮也。義又見《隱三年》「葬宋穆公」。

十有二月甲子，宋公成卒。成，《公羊》作戊。

杜氏曰：「無冬，闕文。」義見《隱三年》「宋公卒」。

十有一年春，王二月，叔弓如宋，葬宋平公。《公羊》作正月。

三月而葬，速。高氏曰：「卿共同列之葬，非禮甚矣。」義又見《隱三年》「葬宋穆公」。

夏四月丁巳，楚子虔誘蔡侯般，殺之於申。楚公子棄疾帥師圍蔡。虔，《穀梁》作乾。

朴鄉吕氏曰：「楚子名，衍字爾。」《左氏》曰：「楚子在申，召蔡靈侯。靈侯將往，蔡大夫曰：『王貪而無信，唯蔡於感，今幣重而言甘，誘我也，不如無往。』蔡侯不可。三月丙申，楚子伏甲而饗蔡侯於申，醉而執之。夏四月丁巳，殺之，刑其士七十人。公子棄疾帥師圍蔡。韓宣子問於叔向曰：『楚其克乎？』對曰：『克哉！蔡侯獲辠於其君，而不能其民，天將假手於楚以斃之，何故不克？然肸聞之，不信以幸，不可再也。楚王奉孫吴以討於陳，曰將定而國。陳人聽命，而遂縣之。今又誘蔡而殺其君，以圍其國，雖幸而克，必受其咎，弗能久矣。』」莘老孫氏曰：「蔡侯般弒君父之賊，楚子以義討之則無不可，乃詐誘而殺之，又滅其國而有之，《春秋》以楚子之志不在於討賊，徒殺人之君而利人之國，故書『楚子誘蔡侯般，殺之』。」啖氏曰：「蔡侯之辠，自不容誅。楚子惡已甚矣，棄疾不能諫止，又帥師圍蔡，從君於昏，此亦不待言而辠惡自見者也。」義又見《莊十年》「荆敗蔡師」。○康侯胡氏曰：「蔡世子般弑其君，諸侯與通會盟十有三年矣，是中國變爲夷狄而莫之覺也。楚子若以大義唱天下，奉詞致討，執般於蔡，討其弑君父之辠，而在官者無赦焉。殘其身，豬其宫室，雖古之征暴亂者不越此矣，又何惡乎今？楚子本心欲圖其國，不爲討賊舉也。而又挾欺毁信，詐誘其君，執而殺之，肆行無道，貪得一時。聖人深惡之也。」

五月甲申，夫人歸氏薨。

歸氏，杜氏曰：「昭公母，胡女，歸姓。」愚謂：妾稱夫人，僭也。又爲大蒐與葬齊歸起文。義又見《文四年》「風氏薨」。

大蒐于比蒲。比，音毗。

蒐，見《桓二年》「狩于郎」。大蒐，僭天子之禮也。于比蒲，非常所也。比蒲，《地譜》云：「魯南鄙地。」孫氏曰：「蒐，春田也。五月，不時也。」劉氏曰：「大蒐者，大比也。大比之禮，均土地、閱老幼、物六畜、會車馬、齊貢賦、治器械，三年而修之者也。此何以書？譏喪不二事。夫人歸氏薨，大蒐于比蒲，非禮也。羊舌肸曰：『君有三年之喪，而無一日之慼。』」存耕趙氏曰：「公有母喪而不廢蒐，意如無君也。無事而蒐閲，强家自練其兵也。民皆三家之民，兵皆三家之兵，昭公孤矣。」○康侯胡氏曰：「三綱，君政之本。君執此以御其下，臣執此以事其上，政之大本於是乎！在君有三年之慼，國不廢一日之蒐，則無本矣。乃有身從金革而無避者，獨何歟？有門庭之寇，而宗廟社稷存亡係焉，必從權制而無避。伯禽服喪，徐戎並興。至於東郊出戰之師與築城之役同日並舉，度緩急輕重，蓋有不得已焉者也。」

仲孫貜會邾子，盟于祲祥。《公羊》作侵羊。

祲祥，地闕。君有母喪未葬，而貜儼然與邾子盟，非禮矣。義又見《隱元年》「盟于蔑」。○高氏曰：「始也，公及邾儀父盟于蔑，盟于趡，是魯侯親與之盟會也。今公雖以夫人之喪，使仲孫貜會邾子盟，然自是仲孫何忌及邾子盟于拔，叔孫州仇、仲孫何忌及邾子盟于句繹，是吾大夫與其君盟會耳。然則魯、邾之更爲强弱，斷可知矣。雖與邾盟以修好，然而魯人之志必欲滅邾而後已，此盟豈可信邪？」

秋，季孫意如會晉韓起、齊國弱、宋華亥、衛北宮佗、鄭罕虎、曹人、杞人于厥慭。魚覲切。厥慭，《公羊》作屈銀。

厥慭，地闕。晉既失伯，楚圍蔡而莫之恤，八國之大夫自爲會，天下之勢可知矣。義又見《文十二年》「會于承筐」。

九月己亥，葬我小君齊歸。

齊，私謚也。高氏曰：「妾母而以夫人之禮薨葬，又別爲之謚。」義又見《文五年》「葬成風」。

冬十有一月丁酉，楚師滅蔡，執蔡世子有以歸，用之。有，《穀梁》作友。

啖氏曰：「稱『執』者，囚繫之也。」孫氏曰：「諸侯當稱子，此言世子者，有未立也。」杜氏曰：「用之，殺以祭也。」趙氏曰：「與《僖十九年》『邾用鄫子』同。」《左氏》曰：「楚子滅蔡，用隱大子於岡山。申無宇曰：『不祥。五牲不相爲用，況用諸侯乎？王必悔之。』」高氏曰：「楚子誘人之君而殺之，滅其國，執其嫡嗣而歸用之，不道之甚。聖人詳録之，所以閔吾中國王綱既墜，伯統又絶，諸侯莫能救，致夷狄之自恣一至此也。不言以世子歸者，有不從楚故也。」愚謂：蔡般弑君父以篡位，人所得討，幸不見殺於當時，而假手於强楚，身殄國滅，及其嗣子。夫楚子之惡，不容誅也。然蔡般之事，可爲亂臣賊子之大鑒矣！義又見《莊十年》「荆敗蔡師」。○存耕趙氏曰：「楚虔滅陳，誘殺蔡君而圍蔡。頓兵八月，蔡城守不下，則以世子有不肯爲之服也。城陷就執，虔忿其淹楚師也，執歸用之。經詳其事，窮楚惡，以病中國也。」黄氏曰：「滅人之國，執其人以代牲，豈有人道而可責也哉？」

十有二年春，齊高偃帥師納北燕伯于陽。《左氏》有「款」字。

杜氏曰：「高偃，高傒玄孫。陽，即唐燕别邑。中山有唐縣。三年，燕伯出奔齊。不言於燕，未得國都也。」邦衡胡氏曰：「燕已有君，不受燕款，而齊必納之，故納于陽而未得國。」愚謂：燕伯不能治國，至於出奔。今倚大國之力，十年始克入其邑，其爲君可知矣。然諸侯出入廢置自如，又以大夫而納諸侯，王綱不振甚矣。

三月壬申，鄭伯嘉卒。

義見《隱三年》「宋公卒」。

夏，宋公使華定來聘。

《左氏》曰：「華定來聘，通嗣君也。」義見《隱七年》「齊來聘」。

公如晉，至河乃復。

義見《二年》。

五月，葬鄭簡公。

杜氏曰：「三月而葬，速。」義見《隱三年》「葬宋穆公」。

楚殺其大夫成熊。《公羊》作然，《穀梁》作虎。

杜氏曰：「成虎，令尹子玉之孫，與鬬氏同出於若敖。」《左氏》曰：「楚子謂成虎若敖之餘也，遂殺之。或譖成虎於楚子，成虎知之而不能行。」未詳信否。義見《莊二十六年》「曹殺大夫」。

秋七月。

冬十月，公子憖出奔齊。憖，魚覲切。《公羊》作整，字誤也。

憖，字子仲。義見《僖二十八年》「元咺奔晉」。

楚子伐徐。

《左氏》曰：「楚子狩于州來，次于潁尾，使蕩侯、潘子、司馬督、囂尹午、陵尹喜帥師圍徐以懼吳。楚子次于乾谿以爲之援。」未詳信否。高氏曰：「徐、吳，姻國也。楚人疾吳，故遷怒於徐。既執其君，又伐其國也。」義見《僖三年》「徐取舒」。

晉伐鮮虞。

稱國，史有詳略也。杜氏曰：「鮮虞，白狄別種，在中山新示縣。」未詳信否。《地譜》：「中山在戰國爲中山國新樂縣。」《漢志》新市縣也。古鮮虞國，子姓，孫氏曰姬姓。未詳孰是。愚謂：晉既失伯，楚滅中國，淫殺諸侯，皆莫之恤，而有事於鮮虞，其無能爲可知矣。義又見《莊二十年》「齊伐戎」。

十有三年春，叔弓帥師圍費。

費，見《襄七年》。杜氏曰：「南蒯以費畔。」《左氏》曰：「叔弓圍費，弗克敗焉。平子怒，令見費人執之以爲囚俘。冶區夫曰：『非也。若見費人，寒者衣之，飢者食之，爲之令主，而共其乏用。費來如歸，南氏亡矣。民將叛之，誰與居邑？若憚之以威，懼之以怒，民疾而叛，爲之聚也。若諸侯皆然，費人無歸，不親南氏，將焉入矣？』平子從之。費人叛南氏。」陸氏曰：「家臣以邑叛，不書叛，但書大夫圍之，則邑叛可知矣。」康侯胡氏曰：「費，内邑也。命正卿爲主將，舉大衆圍其城若敵國然者，家臣强，大夫弱也。夫所惡於下者無以事上，所惡於上者無以使下。季孫意如以所惡於下者事其上，而不忠於其君；以所惡於上者使其下，而不禮於其臣。出乎爾者反乎爾，宜南蒯之及此也。《春秋》之法，不書内叛，反求諸己而已矣。」○存耕趙氏曰：「費自友受賜以來，日闢，侔封君，至意如極矣。物盈而反，天之道也。」劉氏曰：「周之王必無廢文武之法，無過天之道。諸侯雖大國，孰敢慢其上？諸侯必無僭天子，其大夫孰敢陵？大夫必無脅其君，其陪臣孰敢叛？」愚案：孔子曰：「天下有道，禮樂征伐自天子出。天下無道，禮樂征伐自諸侯出。自諸侯出，十世希不失矣。自大夫出，五世希不失矣。陪臣執國命，三世希不失矣。」春秋之初，諸侯僭天子。春秋之中，大夫僭諸侯。春秋之末，陪臣執國命。有國家者，至於陪臣執國命，則國非其國矣。故《春秋》至昭、定、哀終焉。

夏四月，楚公子比自晉歸于楚，弒其君虔于乾谿。《穀梁》作溪。

比奔晉在元年。杜氏曰：「乾谿在譙國城父縣東境。」《左氏》曰：「楚子之爲令尹也，殺大司馬薳，掩而取其室。及即位，奪薳居田，遷許而質許圍。蔡洧有寵於王，王之滅蔡也，其父死焉，王使與守而行。申之會，越大夫戮焉。王奪鬭韋龜中犨，又奪成然邑而使爲郊尹。蔓成然故事蔡公。故薳氏之族及薳居、許圍、蔡洧、蔓成然，皆王所不禮也。因羣喪職之族，啓越大夫常壽過作亂，圍固城，克息舟，城而居之。觀起之死也，其子從在蔡，事朝吴，曰：『今不封蔡，蔡不封矣。我請試之。』❶以蔡公之命召子干、子晳，及郊而告之情，强與之盟，入襲蔡。蔡公將食，見之而逃。觀從使子干食，坎用牲，加書，而速行。已徇於蔡，曰：『蔡公召二子，將納之，與之盟而遣之矣，將師而從之。』蔡人聚，將執之。辭曰：『失賊成軍，而殺余何益？』乃釋之。朝吴曰：『二三子若能死亡，則如違之，以待所濟。若求安定，則如與之，以濟所欲。且違上，何適而可？』衆曰：『與之。』乃奉蔡公，召二子而盟于鄧，依陳、蔡人以國。楚公子比、公子黑肱、公子棄疾、蔓成然、蔡朝吴帥陳、蔡、不羹、許、葉之師，因四族之徒以入楚。及郊，陳、蔡欲爲名，故請爲武軍。蔡公知之，曰：『欲速。且役病矣，請藩而已。』乃藩爲軍。蔡公使須務牟與史猈先入，因正僕人殺太子禄及公子罷敵。公子比爲王，公子黑肱爲令尹，次於魚陂。公子棄疾爲司馬，先除王宫。使觀從從師于乾谿，而遂告之。且曰：『先歸復所，後者劓。』師及訾梁而潰。王聞羣公子之死也，自投於車下，曰：『人之愛其子也，亦如余乎？』侍者曰：『甚焉，小人老而無子，知擠於溝壑矣。』

❶ 「試」，原作「弒」，今據元刻本改。

王曰：『余殺人子多矣，能無及此乎？』右尹子革曰：『請待於郊，以聽國人。』王曰：『衆怒不可犯也。』曰：『若入於大都而乞師於諸侯。』王曰：『皆叛矣。』曰：『若亡於諸侯，以聽大國之圖君也。』王曰：『大福不再，祇取辱焉。』然丹乃歸於楚。王沿夏，將欲入鄢。芋尹無宇之子申亥曰：『吾父再奸王命，王弗誅，惠孰大焉？君不可忍，惠不可棄，吾其從王。』乃求王，遇諸棘闈以歸。王縊於芋尹申亥氏。申亥氏以其二女殉而葬之。」莘老孫氏曰：「公子比晉奉之以歸，因國人之不悦其君，殺而篡之也。《左氏》、《公羊》皆以比自晉歸，脅楚子而死，故書曰弑。比誠不親刃，但脅之使縊，則亦弑之爾。」愚謂：人而弑君，辠大惡極，不待言矣。然楚虔得國，脅盟中國，執徐子，滅賴，伐吴，滅陳，滅蔡，殺徵師、孔奂，誘殺蔡侯，用蔡世子，非人類也。《春秋》比書其惡，而終之以見弑，鑒戒昭矣。義又見《隱四年》衛州吁事。

○董子曰：「賦斂無度以奪民財，多發徭役以奪民時，作事無極以奪民力，百姓愁苦，叛去其國。楚靈作乾谿之臺，三年不成，百姓罷敝，是其身弑。」康侯胡氏曰：「昭元年，楚虔立，比出奔晉。十三年，比歸而虔縊於棘圍，則比未嘗一日北面事虔爲之臣，虔固非比之君矣。而書曰『比弑其君』，何也？曰若去國雖久，而爵禄有列於朝，出入有詔於國，不埽其墳墓，不收其田里，不係纍其宗族，即君臣之分猶在也。比雖奔晉，而晉人以伯待比，以國底禄，固楚之亡公子也，安得以爲比非楚臣，而虔非比之君乎？《春秋》書『比弑其君虔』，明君臣之義也。」愚謂：先儒多信《左氏》，以虔爲弑君篡位，故以比出奔而非臣。殊不知虔未嘗弑君，虔雖不賢，然君楚十有三年矣。比雖出亡，非虔之臣而何哉？

楚公子棄疾殺公子比。殺，《公羊》作弑。案，經但書公子不曰其君，不可言弑也。

《左氏》曰：「觀從謂子干曰：『不殺棄疾，雖得國，猶受禍也。』子干曰：『余不忍也。』子玉曰：『人將忍子，吾不忍俟也。』乃行。國每夜駭曰：『王入矣！』乙卯夜，棄疾使周走而呼曰：『王至矣！』國人大驚。使蔓成然走告於子干、子晳，曰：『王至矣！國人殺君司馬，將來矣！君若早自圖也，可以無辱。衆怒如水火焉，不可爲謀。』又有呼而走至者，曰：『衆至矣！』二子皆自殺。丙辰，棄疾即位。」貫道王氏曰：「比立矣，不曰弑其君，比篡立非其君也。比弑君而棄疾殺之，經不以討賊書，棄疾本意在於代比，而非討之也。先書公子比弑君，後書棄疾殺比，則棄疾謀弑，而假比以爲之驅除，不可掩矣。」

秋，公會劉子、晉侯、齊侯、宋公、衛侯、鄭伯、曹伯、莒子、邾子、滕子、薛伯、杞伯、小邾子于平丘。

杜氏曰：「劉子，劉獻公，王卿士。」孫氏曰：「平丘，晉地。」杜氏曰：「在陳留長垣縣西南。」張氏曰：「開封府封丘縣，在《東漢志》尚爲平丘縣。」《左氏》曰：「晉成虒祁，諸侯朝而歸者，皆有二心。爲取郠故，晉將以諸侯來討。叔向曰：『諸侯不可以不示威。』乃並徵會，告於吴。秋，晉侯會吴子於良。水道不可，吴子辭，乃還。七月丙寅，治兵於邾南，甲車四千乘，羊舌鮒攝司馬，遂合諸侯于平丘。晉人將尋盟，齊人不可。晉侯使叔向告劉獻公曰：『抑齊人不盟，若之何？』對曰：『盟以厎信。君苟有信，諸侯不貳，何患焉？告之以文辭，董之以武師，雖齊不許，君庸多矣。天子之老，請帥王賦，元戎十乘，以先啓行。遲速唯君。』叔向告於齊，曰：『諸侯求盟，已在此矣。今君弗利，寡君以爲請。』對曰：『諸侯討貳，則有尋盟。若皆用命，何盟之尋？』叔向曰：『明王之制，使諸侯歲聘以志業，間朝以講禮，再朝而會以示威，再會而盟以顯昭明。志業於好，講禮於等，示威於衆，昭明於神，自古以來，未之或失也。存亡之道，恒由是興。晉禮主盟，懼有不治，奉承齊犧，而布諸君，求終事也。君曰：「余必廢之，何齊之有？」惟君圖之，寡君聞命矣！』齊人懼，對曰：『小國言之，大國制之，敢不聽從？』叔向曰：『諸侯有間矣，不可以不示衆。』八月辛未，治兵，建而不旆。壬申，復旆之。諸侯畏之。」張氏曰：「當時晉平主盟，内寵嬖妾蠱其心，外建宫室誇諸侯，故楚虔盡召諸侯而肆爲宗主，吞滅親姻，坐視不救。及平公卒，昭公立，而楚虔死，乃幸楚亂，欲立威以服諸侯，而不知大勢已去，徒治親昵，本末倒置，内外離心，諸侯益貳，此平丘之會所以益墜伯業也。」愚案：以天子之卿而下會盟諸侯，以諸侯而上會盟天子之卿，義同《僖八年》洮之盟及九年葵丘之會。然葵丘之會，宰周公與會而不與盟。今則劉子與會，而復與盟矣。至其伯業之盛衰，人心之離合，又有大不同者焉，故君舉陳氏曰：「晉之合諸侯止此。鄢陵之後，參盟復作，晉非盟主矣。」

八月甲戌，同盟于平丘。甲，《穀梁》作庚。

書「同盟于平丘」者，先目後凡，又以見劉子與盟也。再言「平丘」者，先會于平丘，復盟于平丘，不得不地，與葵丘同，義見上，又見《莊十六年》「同盟于幽」。

公不與盟。

《左氏》曰：「邾人、莒人愬於晉，曰：『魯朝夕伐我，我幾亡矣。我之不共，魯故之以。』晉侯不見公，使叔向來辭曰：『諸侯將以甲戌盟，寡君知不得事君矣，請君無勤。』子服惠伯對曰：『君信蠻夷之訴，以絶兄弟之國，棄周公之後，亦唯君。寡君聞命矣。』叔向曰：『寡君有甲車四千乘在，雖以無道行之，必可畏也。況其率道，其何敵之有？牛雖瘠，僨於豚上，其畏不死？南蒯、子仲之憂，其庸可棄乎？若奉晉之衆，用諸侯之師，因邾、莒、杞、鄫之怒，以討魯辠，間其二憂，何求而弗克？』魯人懼，聽命。」愚謂：平丘之役，王臣下臨，諸侯大合，雖非正道，然晉侯猶有主中夏、攘夷狄之機，不能協比崇獎王室，乃離魯君而自爲盟，其何以服衆心哉？然魯以千乘之君而不得與盟，亦其有取辱之道歟！○孫氏曰：「自襄二十七年宋之會，諸侯不出，大夫專盟會者十年。至昭四年申之會，則又甚矣。楚子以蠻夷之衆，橫行中國，戕滅陳、蔡，以厭其欲。諸侯莫敢抗，楚專盟會者又十年矣。今晉昭一旦與劉子合諸侯同盟於此者，其能與楚子抗乎？不能與楚子抗也，乘楚靈弑逆之禍爾。乘楚靈弑逆之禍，與劉子合諸侯同盟於此，何所爲哉？公不與盟者，晉侯不與公盟也。晉侯與公同事而不同盟，非所以宗諸侯也，天下孰不解體？故自定四年訖會于召陵，諸侯復不出者二十四年。至如昭二十六年鄢陵之會，晉自不出，此不足宗諸侯可知也。」

晉人執季孫意如以歸。

《左氏》曰：「晉人執季孫意如，以幕蒙之，使狄人守之。晉人以平子歸，子服湫從。」康侯胡氏曰：「自文公以來，公室微，三家專，而季氏辠之首也。宿及意如尤爲强偪。元年伐莒疆鄆。十年又伐莒。中分魯國以自封殖，而使其君食於其家，其不臣甚矣。晉人若告於諸侯，以其辠執之，請於天子，以大義廢之，收私邑爲公室之民，使政令在君，大夫臣順，則方伯之職修矣。而徒以邾、莒之言，曰『我之不共，魯故之以』，遂辭魯君而執意如，則是意在貨財，而不責其無君臣之分也，何得爲伯討乎？」義又見《莊十七年》「齊執鄭詹」。

公至自會。

義見《桓二年》「公至自唐」。

蔡侯廬歸于蔡。陳侯吳歸于陳。

《左氏》曰：「楚之滅蔡也，靈王遷許、胡、沈、道、房、申於荆焉。平王即位，既封陳、蔡，而皆復之。隱大子之子廬歸于蔡，悼大子之子吳歸于陳。」愚案：陳、蔡國滅身死，世子俱亡，今經直書「蔡侯廬歸于蔡，陳侯吳歸于陳」者，非不許楚封諸侯而爲此自歸之文也。考之《左氏》，十三年四月，楚比弑楚子之時，觀從曰：「今不封蔡，蔡不封矣。」又曰：「依陳、蔡人以國。」又曰：「陳、蔡欲爲名，故請爲武軍，乃藩爲軍。」於時陳、蔡蓋已立矣，非至此始立也。經不書者，或魯史所無，或義見於此，而不書其立爾。今此則蔡侯廬、陳侯吳各歸其國也。其名者，別其爲何君也。不書自楚者，不譏其有奉也。其書歸者，一見陳、蔡復國於蠻夷；二見王不能理，而諸侯乘機自復；三見夷狄制中夏興滅之大柄，皆聖人惻怛之心也。○孫氏曰：「楚靈暴滅二國，楚平既立，故復二國之後。然則楚平復之，善與非善也？聖王不作，諸侯不振，二國之命，制在夷狄故也。」劉氏曰：「陳、蔡復國於仇讎之楚，忘其宗廟之辱、社稷之恥，殆匹夫所不爲。其道雖可復，其行不可復，惡足以君國子民哉？是其禍亂相繼，至於滅亡而莫之振也，豈不哀哉！」

冬十月，葬蔡靈公。

靈公，蔡侯般也。自楚虔殺般三十有一月，蔡侯廬歸國而始得葬。雖弑逆之賊，人所不恤，然王政不行，蠻夷肆虐，弱國無以自存，亦可見矣。義又見《隱三年》「宋公卒」。

公如晉，至河乃復。

《左氏》曰：「公如晉。荀吴謂韓宣子曰：『諸侯相朝，講舊好也。執其卿而朝其君，有不好焉，不如辭之。』乃使士景伯辭公於河。」高氏曰：「晉不與公盟，今又執吾卿，而公復朝之，無恥甚矣。」愚謂：晉之辠亦可見矣。義又見《二年》。

吴滅州來。

蘇氏曰：「州來，楚之附庸。」趙氏曰：「近楚國。自此見吴之强而滅國矣。」義見《僖三年》「徐取舒」。

十有四年春，意如至自晉。

陳氏曰：「意如不稱氏，前見也。」《左氏》曰：「十三年，季孫猶在晉，子服惠伯私於中行穆子，曰：『魯事晉，何以不如夷之小國？魯，兄弟也，土地猶大，所命能具。若爲夷棄之，使事齊、楚，其何瘳於晉？』穆子告韓宣子，且曰：『楚滅陳、蔡，不能救，而爲夷執親，將焉用之？』乃歸季孫。惠伯曰：『寡君未知其辠，合諸侯而執其老。若猶有辠，死命可也。若曰無辠而惠免之，諸侯不聞，是逃命也，何免之爲？請從君惠於會。』宣子患之，使叔魚見季孫曰：『鮒也聞諸吏，將爲子除館於西河。』且泣。平子懼，先歸。惠伯待禮。」愚謂：晉執意如不以其辠，今又舍之，亦無所爲。不惟晉之無王命，且見其執其舍，皆出於私喜怒，而非有公天下之心也。

三月，曹伯滕卒。

義見《隱三年》「宋公卒」。

夏四月。

秋，葬曹武公。

義見《隱三年》「葬宋穆公」。

八月，莒子去疾卒。

《左氏》曰：「著丘公。」大意見《隱七年》「滕侯卒」。

冬，莒殺其公子意恢。

莒子卒而莒亂。殺其君之親，則莒之無政可知矣。不曰「殺其大夫」，而曰「殺其公子」者，義不在於專殺大夫，而在於殺君之親也。

十有五年春，王正月，吴子夷末卒。末，《公羊》作昧。

義見《文十八年》「秦伯卒」。

二月癸酉，有事于武宫。籥入，叔弓卒，去樂卒事。

武宫，即成六年所立者也。籥，見《宣八年》。《左氏》曰：「叔弓涖事，籥入而卒。」孫氏曰：「非禮也。宗廟之祭，羽籥既陳，雖有卿佐之喪，不可去也。然卿佐之喪，當有恩禮。去樂則太甚，故爲之廢繹。是故《宣八年》書：『有事于大廟，仲遂卒于垂。壬午猶繹。』孔子譏其繹爾。」愚謂：二月有事，常禮也。有事于武宫，則失禮矣。叔弓卒而去樂卒事，是失禮之中又失禮也。○啖氏曰：「宗廟大事，大夫卒小事。以理言之，應待祭畢。又《禮記》稱衛侯曰：『柳莊者，非寡人之臣也，社稷之臣也。如其卒，雖當祭，必告。』據此，則明常禮不當告。」愚謂：若如《左氏》説，叔弓涖事而卒，則不用告而知之矣。啖氏之説施之卿卒在外，告而後知者，可也。然《左氏》之説未知其實然否也。

夏，蔡朝吴出奔鄭。朝，《公羊》作昭，無「出」字。

《左氏》曰：「楚費無極害朝吴之在蔡也，欲去之。乃謂之曰：『王唯信子，故處子於蔡。子亦長矣，而在下位，辱。必求之，吾助子請。』又謂其上之人曰：『王唯信吴，故處諸蔡，二三子莫之如也。而在其上，不亦難乎？弗圖，必及於難。』夏，蔡人逐朝吴。朝吴出奔鄭。王怒曰：『余唯信吴，故寘諸蔡。且微吴，吾不及此，女何故去之？』無極對曰：『臣豈不欲吴？然而前知其爲人之異也。吴在蔡，蔡必速飛。去吴，所以翦其翼也。』」未詳信否。義見《僖二十八年》「元咺奔晉」。○朴鄉吕氏曰：「蔡侯復國，而朝吴出奔。意者蔡侯不能容之而出邪。」

六月丁巳朔，日有食之。

義見《隱三年》。

秋，晉荀吴帥師伐鮮虞。

義見《十二年》。此則兼見大夫帥師爾。○朴鄉吕氏曰：「十二年伐之矣，今又遣命卿帥師以伐之，晉不能加於楚，則從事於鮮虞而已。」

冬，公如晉。

《左氏》曰：「平丘之會故也。」愚案：公屢見辭於晉而復往，畏晉甚矣，非君國之道也。義又見《僖十年》「公如齊」。

十有六年春，齊侯伐徐。

《左氏》曰：「齊師至於蒲隧，徐人行成。徐子及郯人、莒人會齊侯，盟於蒲隧，賂以甲父之鼎。叔孫昭子曰：『諸侯之無伯，害哉！齊君之無道也，興師而伐遠方，會之有成而還，莫之亢也。無伯也夫。』」未詳信否。義見《莊二十年》「齊伐戎」。

楚子誘戎蠻子殺之。蠻，《公羊》作曼。

杜氏曰：「河南新城縣有蠻城。」張氏曰：「伊闕縣即新城也。」《左氏》曰：「楚子聞蠻氏之亂也，與蠻子之無質也，使然丹誘戎蠻子嘉殺之。」朴鄉吕氏曰：「誘人而殺之，前此未有也，而楚君再爲之。」

夏，公至自晉。

義見《桓二年》「公至自唐」。

秋八月己亥，晉侯夷卒。亥，《公羊》作丑。

義見《隱三年》「宋公卒」。

九月，大雩。

義見《桓五年》。

季孫意如如晉。冬十月，葬晉昭公。《公羊》作十一月。

杜氏曰：「三月而葬，速。」高氏曰：「卿共喪事，非禮也。」義又見《隱三年》「葬宋穆公」。

十有七年春，小邾子來朝。

《左氏》曰：「小邾，穆公。」義見《隱十一年》「滕、薛來朝」。

夏六月甲戌朔，日有食之。

義見《隱三年》。

秋，郯子來朝。

義見《隱十一年》「滕、薛來朝」。

八月，晉荀吳帥師滅陸渾之戎。

陸渾戎，見《宣三年》。《左氏》曰：「晉侯使屠蒯如周，請有事於雒與三塗。萇弘謂劉子曰：『客容猛，非祭也。其伐戎乎？陸渾氏甚睦於楚，必是故也。君其備之。』乃警戎備。晉荀吳帥師涉自棘津，使祭史先用牲於雒。陸渾人弗知，師從之。遂滅陸渾，數之以其貳於楚也。陸渾子奔楚，其衆奔甘鹿。周大獲。宣子夢文公攜荀吳而授之陸渾，故使穆子帥師獻俘於文宮。」木訥趙氏曰：「陸渾之戎逼近成周，然俘而投之海外可也，滅之亦酷矣。」義又見《莊二十年》「齊伐戎」。

冬，有星孛于大辰。

孛，見《文十四年》。《公羊》曰：「其言于大辰何？在大辰也。大辰者何？大火也。大火爲大辰，伐爲大辰，北辰亦爲大辰，何以書？記異也。」愚案：冬月大火没於西矣，伐即參也，見於東方。北辰長見不隱。所謂大辰，豈伐與北辰歟？呂氏曰：「日月星辰謫見乎天，雪霜風雨之不時，以爲民害，皆政事之失有以取之也。故君觀其變以思戒，察其詳以改行，則災害可息，而無危亡之禍。其晏然不以爲意，則禍及之，非不幸也。聖人詳書爲世戒。爲人君者，觀《春秋》所書，其可不致懼乎？」

楚人及吴戰于長岸。

杜氏曰：「長岸，楚地。」《地譜》曰：「水戰也。」康侯胡氏曰：「言戰不言敗，勝負敵也。」《左氏》曰：「吴伐楚，戰于長岸。子魚先死，楚師繼之，大敗吴師，獲其乘舟。吴公子光請於衆曰：『喪先王之乘舟，豈惟光之辠？衆亦有焉，請藉取之，以救死。』衆許之。使長鬣者三人，潛伏於舟側，曰：『我呼餘皇，則對。』師夜從之。三呼，皆迭對。楚人從而殺之，楚師亂。吴人大敗之，取餘皇以歸。」愚謂：吴伐楚，楚主乎此戰也。獻可杜氏曰：「吴、楚争强，交亂中國，無能制也。」義又見《僖三年》「徐取舒」。○木訥趙氏曰：「此後楚日削而吴日張矣。」

十有八年春，王三月，曹伯須卒。

義見《隱三年》「宋公卒」。

夏五月壬午，宋、衛、陳、鄭災。

《公羊》曰：「同日而俱災，爲天下記異也。」義又見《莊二十年》「齊大災」。

六月，邾人入鄅。音禹，或音矩。

杜氏曰：「鄅，妘姓，國在琅邪開陽縣。」張氏曰：「屬沂州臨沂縣。」《左氏》曰：「鄅人藉稻，邾人襲鄅，鄅人將閉門。邾人羊羅攝其首，遂入之，盡俘以歸。」義見《隱二年》「莒入向」。○黄氏曰：「案《左氏》稱六月藉稻，則《春秋》用夏正也。若改四月稱六月，則四月安有稻之可藉？」

秋，葬曹平公。

義見《隱三年》「葬宋穆公」。

冬，許遷于白羽。

張氏曰：「白羽，一名析，楚邑也，即鄧州内鄉縣。」愚案：許一遷于葉，再遷于夷，三遷於白羽，迫於强國，靡有寧宇。王綱不振，小國窮困如此。義又見《成十五年》。

十有九年春，宋公伐邾。

《左氏》曰：「鄅夫人，宋向戌之女也，故向寧請師。」宋公伐邾，義見《隱二年》「鄭伐衛」。

夏五月戊辰，許世子止弑其君買。

《左氏》曰：「許悼公瘧，飲大子止之藥，卒。」愚謂：凡弑君父者，不必親加刃於其身。據《左氏》飲止藥而卒，則是毒殺之耳，非弑君而何哉？三傳得其事而不得其意，故妄爲之説。義見《襄三十年》「蔡般事」。○朴鄉吕氏曰：「許悼公瘧，飲止之藥而卒，則是與聞乎故也。使世子止之臯而止於不嘗藥也，聖人不加之以弑名。加之以弑名，則非不嘗藥也明矣。」愚謂：飲止藥而卒，不止乎與聞乎故而已。

己卯，地震。

義見《文九年》。

秋，齊高發帥師伐莒。

義見《隱二年》「鄭伐衛」。○存耕趙氏曰：「齊不伐莒久矣。景公乘晉、楚之弱，有代興之志，故侵欲小國也。」未詳是否。

冬，葬許悼公。

義見《隱三年》「葬宋穆公」。○案：許止不討，而悼公書葬，則傳所謂「賊不討，不書葬」者，妄也。

二十年春，王正月。

夏，曹公孫會自鄸出奔宋。鄸，《穀梁》作夢。

張氏曰：「鄸，興仁府乘氏縣有大鄸城，古老云古鄸城也。」貫道王氏曰：「經書自某出奔者，宋華亥自南里、宋公之弟辰自蕭，及公孫會自鄸也。華亥、辰先書入、書叛，會無見焉，則非據邑叛君者也。鄸，會之食邑也。得辠而出，由邑而奔也。」義見《僖二十八年》「元咺奔晉」。

秋，盜殺衛侯之兄縶。《公》、《穀》作輒。陸氏曰：「案衛侯之孫名輒，故宜爲縶。」

《左氏》曰：「公孟縶也。」孫氏曰：「盜者，微賤之稱。以衛侯之兄而盜得殺之，衛侯之無刑政也如此。」

冬十月，宋華亥、向寧、華定出奔陳。寧，《公羊》作甯。後皆同。

朴鄉吕氏曰：「一宋國也，而大夫同出奔，以見君之不能待其臣，而臣之不能事其君也。」義又見《僖二十八年》「元咺奔晉」。

十有一月辛卯，蔡侯廬卒。

義見《隱三年》「宋公卒」。

二十有一年春，王三月，葬蔡平公。

義見《隱三年》「葬宋穆公」。

夏，晉侯使士鞅來聘。

義見《隱七年》「齊來聘」。

宋華亥、向寧、華定自陳入于宋南里以叛。《公羊》作畔。

杜氏曰：「自外而至，故曰入。南里，宋城内里名。」《左氏》曰：「宋華費遂生華貙、華多僚、華登。貙爲少司馬，多僚爲御士，與貙相惡，乃譖諸公曰：『貙將納亡人。』公懼，使告司馬。司馬歎曰：『必多僚也。吾有讒子而弗能殺，吾又不死，抑君有命，可若何？』乃與公謀逐華貙。子皮殺多僚，劫司馬以叛，而召亡人。壬寅，華、向入。樂大心、豐愆、華牼禦諸横。華氏居盧門，以南里叛。宋城舊鄘及桑林之門而守之。冬十月，華登以吴師救華氏。齊師、宋師敗吴師於鴻口。華登帥其餘，以敗宋師。公欲出，廚人濮曰：『吾小人，可藉死而不能送亡君，請待之。』齊烏枝鳴曰：『用少，莫如齊致死。齊致死，莫如去備。彼多兵矣，請皆用劍。』從之。華氏北，復即之，遂敗華氏於新里。十一月，公子城以晉師至。曹翰胡會晉荀吴、齊苑何忌、衛公子朝救宋。丙戌，與華氏戰於赭丘，大敗華氏，圍諸南里。楚薳帥師逆華氏。」未詳信否。《穀梁》曰：「自陳，陳有奉焉爾。」〇邦衡胡氏曰：「經書入邑以叛者四，戚不言衛，朝歌不言晉，蕭不言宋。此再言宋者，彼但入于所食私邑，而此則入于都城之內也。入都城之內，則逼君已甚。三臣之惡，不容誅矣。然宋公不能立國，使叛臣得投隙而逼都城，則國之削亦甚矣。」義又見《僖二十六年》孫林父事。○黄氏曰：「王伯兩微，叛臣横行如此。」

秋七月壬午朔，日有食之。

義見《隱三年》。

八月乙亥，叔輒卒。輒，《公羊》作痤。

輒，叔弓之子伯張也，譏世卿也。大意又見《隱元年》「益師卒」。

冬，蔡侯朱出奔楚。朱，《穀梁》作東。

邦衡胡氏曰：「楚虔誘殺蔡般，執用蔡有，蓋蔡君不共戴天之讎。朱乃奔而親之，惡何可言哉！」義又見《桓十五年》「鄭伯奔蔡」。

公如晉，至河乃復。

許氏曰：「公失其重久矣，故晉得輕進退之。」義又見《二年》。○戴氏曰：「宜乎季氏之强，昭公之弱。晉助其臣而不有其君久矣。」

二十有二年春，齊侯伐莒。

《左氏》曰：「齊北郭啓帥師伐莒。莒子將戰，苑羊牧之諫曰：『齊帥賤，其求不多，不如下之。大國不可怒也。』弗聽。敗齊師於壽餘。齊侯伐莒，莒子行成，司馬竈如莒涖盟。莒子如齊涖盟。」未詳信否。高氏曰：「齊景矜而貪功如此，安能及遠哉？」義又見《隱二年》「鄭伐衛」。

宋華亥、向寧、華定自宋南里出奔楚。

朴鄉吕氏曰：「其言自宋南里何？以其嘗據此而叛也。」《左氏》曰：「楚薳越使告於宋曰：『寡君聞君有不令之臣爲君憂，無寧以爲宗羞。寡君請受而戮之。』對曰：『孤不佞，不能媚於父兄，以爲君憂，拜命之辱。抑君臣日戰，君曰余必臣是助，亦惟命。人有言曰：「唯亂門之無過。」君若惠保敝邑，無亢不衷，以獎亂人，孤之望也。唯君圖之！』楚人患之。諸侯之戍謀曰：『若華氏知困而致死，楚恥無功而疾戰，非吾利也。不如出之，以爲楚功，其亦無能爲也已。救宋而除其害，又何求？』乃固請出之。宋人從之。宋華亥、向寧、華定、華貙、華登、皇奄傷、省臧、士平出奔楚。」未詳信否。愚謂：三叛奔陳，又自陳入宋，據國以叛，復出奔楚。往來三年，出入自如，無能討之者，三叛之辠著矣。陳、楚之惡明矣。然宋公之爲國，亦可知也。義又見《僖二十八年》「元咺奔晉」。

大蒐于昌間。《公羊》作姦。後同。

陸氏曰：「昌間，魯地。」義見《十一年》。○許氏曰：「八年秋蒐，十一年夏蒐，以爲書，不時也。今此春蒐，時矣，而書，則凡昭公書蒐，爲大夫咸强，公失其政，兵戎是務而禮防不興，上下相與以樂滔憂也。文王之時，人倫既正，而後軍旅以律。朝廷既治，而後田野即功。是以詩歌庶類蕃殖，而蒐田以時。當魯昭之季，朝廷人倫逆亂極矣，而唯蒐田之是務，是以屢書之。」

夏四月乙丑，天王崩。

此爲景王三月而葬，與王室亂等事起也。義又見《隱三年》。

六月，叔鞅如京師，葬景王。

叔鞅，叔弓次子穆伯也。三月而葬，亂故也。義見《文九年》「得臣葬襄王」。

王室亂。

《左氏》曰：「王子朝、賓起有寵於景王。王與賓孟説之，欲立之。劉獻公之庶子伯蚠事單穆公，惡賓孟之爲人也，願殺之。又惡王子朝之言，以爲亂，願去之。賓孟適郊，見雄雞自斷其尾。問之，侍者曰：『自憚其犧也。』遽告歸王，且曰：『雞其憚爲人用乎，人異於是。犧者，實用人，人犧實難，己犧何害？』王弗應。夏四月，王田北山，使公卿皆從，將殺單子、劉子。王有心疾，乙丑，崩於榮錡氏。戊辰，劉子摯卒，無子，單子立劉蚠。五月庚辰，見王，遂攻賓起，殺之。盟羣王子於單氏。六月丁巳，葬景王。王子朝因舊官百工之喪職秩者，與靈、景之族以作亂，帥郊、要、餞之甲，以逐劉子。壬戌，劉子奔揚。單子逆悼王於莊宮以歸。王子還夜取王以如莊宮。癸亥，單子出。王子還與召莊公謀，曰：『不殺單旗，不捷。與之重盟，必來。背盟而克者多矣。』從之。樊頃子曰：『非言也，必不克。』遂奉王以追單子。及領，大盟而復，殺摯荒以説。劉子如劉，單子亡。乙丑，奔於平時。羣王子追之，單子殺還、姑、發、弱、鬷、延、定、稠，子朝奔京。丙寅，伐之。京人奔山，劉子入於王城。辛未，鞏簡公敗績於京。乙亥，甘平公亦敗焉。叔鞅至自京師，言王室之亂也。閔馬父曰：『子朝必不克，其所與者，天所廢也。』」劉氏曰：「何言乎王室亂？亂自内作者也。」吕氏曰：「不言京師亂，而言王室亂者，言京師則通乎上下，言王室則其父子兄弟自亂之耳。」康侯胡氏曰：「景王寵愛子朝，使孽子配嫡，以本亂者。其言王室，譏國本之不正也。」○高氏曰：「《春秋》紀事，必指其實。前此者，王室衰微，猶未至於亂也。景王不能正家而致諸子之争立，於是尹氏、召伯、毛伯欲立子朝，而劉子、單子欲立王猛。二子相逐，遂以干戈相向，迭勝迭負，五年之間，國無定主。王室之亂，莫此爲甚。夫天下不可一日無君，而二子争立，五年始定。嗚呼！王室者，諸夏之本也。枝葉未有害，本實先撥，詩人尚以爲戒，况枝葉已彫瘁，而本又蠹壞若此乎？書之深悼周之不復興，且辠諸侯之不救也。」愚案：傳曰：「身修而后家齊，家齊而后國治，國治而后天下平。」王室亂，家不齊之極也。家既不齊，其何以治其國以平天下哉？然家之不齊，由乎身之不修。後世人君而知此義，必躬行以教其家，早定冢嗣，禮訓庶孽，偏愛不萌，窺伺不作。此《春秋》所以爲克己復禮之書也。

劉子、單子以王猛居于皇。

劉子，名蚠；單子，名旗，天子之卿也。高氏曰：「皇者，畿内邑也。」杜氏曰：「河南鞏縣西南有皇亭。」《東漢志》：「鞏有皇亭，西北有湟水。」《左氏》曰：「單子欲告急於晉，以王如平時，遂如圃車，次于皇。劉子如劉。單子使王子處守於王城，盟百工於平宫。鄩肸伐皇，大敗，獲鄩肸。焚諸王城之市。八月，司徒醜以王師敗績於前城，百工叛，伐單氏之宫，敗焉。反伐之，伐東圉。」劉氏曰：「王猛乃王矣，未踰年，是以不可稱天王，而又不可以諸侯例稱子也。冠王於子，又與他王子相亂，故稱王。繫猛者，乃王者在喪之常稱。」朴鄉吕氏曰：「其名之何？未成君之辭，且以别於子朝也。其言劉子、單子以何？

猛制在劉、單也。」愚謂：此亦據實書之爾。嗣王繼位，居喪有常所，而劉、單以之居于皇，非其所矣，見王室之亂也。自此以後，皆王室亂之事。○葉氏曰：「猛，太子壽之母弟，所得立者也。必無嫡而後可以立庶，朝雖長所不得立也。而朝之言曰王后無嫡則立長，是謂太子爲嫡，而欲以長奪猛，夫安知太子母弟亦嫡哉？此固朝之所以絶於《春秋》也。」

秋，劉子、單子以王猛入于王城。

杜氏曰：「王城，郟鄏，今河南縣。」東萊吕氏曰：「《洛誥》：『我乃卜，澗水東，瀍水西，惟洛食。』先儒以爲今河南城，所謂王城也，成王定鼎於郟鄏是也。平王東遷，定都于王城。」《左氏》曰：「晉籍談、荀躒帥九州之戎及焦、瑕、温、原之師，以納王于王城。庚申，單子、劉盆以王師敗績於郊，前城人敗陸渾於社。」愚謂：劉子、單子所輔者正，而王又入于城，常事也。《春秋》之義所不書者也。然以天王之尊，依劉、單居于皇，又依劉、單至是始得入于王城。王室之亂如此，故書以見義焉。又爲王子猛卒及天王居于翟泉起文也。○朴鄉吕氏曰：「其再言劉子、單子何？二事也。居于皇，一事也。入于王城，一事也。一出一入，是以兩言之。劉子、單子以王猛居，以王猛入，劉、單得無辠乎？曰先書王室亂，後書二子，以劉、單可以免辠矣。繼書曰尹氏立王子朝，尹氏之辠可免乎？」

冬十月，王子猛卒。

《左氏》曰：「王子猛卒，不成喪也。敬王即位，館於子旅氏。」孫氏曰：「王猛卒，其曰王子猛者，言王所以明當嗣之人也。言子，所以見未踰年之君也。不曰崩，降成君也。」愚謂：前兩書王猛，而此書王子猛者，因其卒而書子，皆所以明其爲嫡也，又以别居于翟泉者非王猛也。○葉氏曰：「朝書尹氏立，而敬王立不書，敬王正也。今猛立亦不言，與敬王同，猛亦正也。猛之得立，其辭與義固已具矣。」

十有二月癸酉朔，日有食之。

義見《隱三年》。

春秋本義卷第二十六

昭公

二十有三年春，王正月，叔孫婼如晉。婼，勑略切，《公羊》作舍。下同。

義見《隱七年》「齊來聘」。又爲晉執婼起文也。

癸丑，叔鞅卒。

譏世卿也。大意又見《隱元年》「益師卒」。

晉人執我行人叔孫婼。

蘇氏曰：「執之稱行人，言非其辠也。」義又見《莊十七年》「齊執鄭詹」。

晉人圍郊。

高氏曰：「郊，王畿之邑。不繫之國者，天下皆王土也，所以别異於諸侯也。」康侯胡氏曰：「郊，子朝邑也。當是時，天子蒙塵，晉爲方伯，不奔問官守，省視器具，徐遣大夫往焉。勤王尊主義若是乎？書『晉人圍郊』，而辠自見也。」

夏六月，蔡侯東國卒于楚。

朴鄉吕氏曰：「前書『蔡侯未出奔楚』，而此書『蔡侯東國卒于楚』。《穀梁》以朱爲東，《穀梁》所書疑是，而又脱一『國』字爾。何者？朱無歸入、卒、葬之文，而東國無出奔之事，疑只是一事。諸侯卒於外書地，東國失守社稷，出奔仇讎，已而身死於外，書曰『蔡侯東國卒于楚』，而東國之辠著矣。」

秋七月，莒子庚輿來奔。

《左氏》曰：「莒子庚輿虐而好劍，苟鑄劍，必試諸人，國人患之。又將叛齊，烏存帥國人以逐之。庚輿將出，聞烏存執殳而立於道左，懼，將止死。苑羊牧之曰：『君過之，烏存以力聞可矣，何必以弒君成名？』遂來奔。齊人納郊公。」未詳信否。義見《襄十四年》「衛侯奔齊」。

戊辰，吴敗頓、胡、沈、蔡、陳、許之師于雞父。胡子髡、沈子逞滅，獲陳夏齧。父，《穀梁》作甫。逞，《公羊》作楹，《穀梁》作盈。

杜氏曰：「雞父，楚地，安豐縣南有雞備亭，屬壽州。國雖存，君死曰滅。夏齧，徵舒玄孫。」劉氏曰：「疑楚本與諸侯同救州來，既而令尹卒，楚師留而諸侯先至，故吴得獨敗之。楚師實未與吴相接，則無緣書楚也。」康侯胡氏曰：「諸侯之師曷爲略而不序？頓、胡、沈則其君自將，蔡、陳、許則大夫帥師。言敗，則或滅或獲，其事不同也，故總言。」朴鄉吕氏曰：「序頓、胡、沈於蔡、陳、許之上者，以君臣爲序也。」

《左氏》曰：「吴人伐州來，楚薳越帥師，及諸侯之師奔命救州來。吴人禦諸鍾離，子瑕卒，楚師熸。吴公子光曰：『諸侯從於楚者衆，而皆小國也。畏楚而不獲已，是以來。吾聞之曰：作事威克其愛，雖小必濟。胡、沈之君幼而狂，陳大夫齧壯而頑，頓與許、蔡疾楚政。楚令尹死，其師熸，帥賤多寵，政令不壹。七國同役而不同心，帥賤而不能整，無大威命，楚可敗也。若分師先以犯胡、沈與陳，必先奔。三國敗，諸侯之師乃摇心矣。諸侯乖亂，楚必大奔。請先者去備薄威，後者敦陳整旅。』吴子從之。戊辰晦，戰於雞父。吴子以辠人三千，先犯胡、沈與陳。三國争之。吴爲三軍以繫於後：中軍從王，光帥右，掩餘帥左。吴之辠人或奔或止，三國亂。吴師擊之，三國敗，獲胡、沈之君及陳大夫。舍胡、沈之囚，使奔許與蔡、頓，曰：『吾君死矣！』師譟而從之，三國奔。」朴鄉吕氏曰：「吴益强也。不曰滅胡子、沈子，而曰胡子、沈子滅者，言自滅也。」愚謂：楚勢稍沮，吴復强盛，中國又生一楚矣。六國從楚以致敗滅擒獲，皆有自取之道也。

天王居于狄泉。

張氏曰：「狄泉，即《僖二十九年》翟泉。」《左氏》曰：「夏四月，單子取訾，劉子取牆人、直人。六月，王子朝入於尹，尹圉誘劉佗殺之。單子從阪道，劉子從尹道伐尹。單子先至而敗，劉子還。召伯奂、南宫極以成周人戍尹。單子、劉子、樊齊以王如劉。王子朝入于王城，次于左巷。秋七月，鄩羅納諸莊宫。尹辛敗劉師於唐，又敗諸鄩。尹辛取西闈，攻蒯，蒯潰。」許氏曰：「踰年書王，故敬王踰年即位而稱天王。」朴鄉吕氏曰：「王子猛卒，弟匄立，是爲敬王。子朝自京入于王城，故敬王避子朝居于狄泉。」愚謂：以天王而居于狄泉，非其所也，見王室之亂猶未已也。

尹氏立王子朝。

尹氏，見《隱三年》「尹氏卒」。《穀梁》曰：「立者，不宜立也。」孫氏曰：「立者，篡辭。嗣子有常位，故不言立，王猛、敬王是也。此言『尹氏立王子朝』，其惡可知也。」陸氏曰：「又足以見世卿之惡也。」○呂氏曰：「既曰『天王居于狄泉』，尊無二上，斷可知矣。又曰『尹氏立王子朝』，則王子朝之不正而爭立，辠亦明矣。屬辭比事，《春秋》教也。」

八月乙未，地震。

義見《文九年》。

冬，公如晉，至河，有疾乃復。《公羊》、《穀梁》「有」上有「公」字，羨文也。

《左氏》曰：「公爲叔孫故如晉。及河，有疾而復。」義見《二年》。愚謂：此與前四如晉至河乃復不同者，以其有疾而自復也，可以見前四如晉皆不得入而復矣。而此亦書者，又以見公之不當如也。義又見《僖十年》「公如齊」。○孫氏曰：「凡公如晉不得入者六，二年公如晉至河乃復，十二年、十三年、二十一年、此年、定三年皆是也。此書有疾，明公自有疾而反爾。餘皆譏公數如晉而不納，以取其辱。」康侯胡氏曰：「以周公之胄，千乘之君，執幣帛修兩君之好而不見納，可恥矣。有恥而後知憤，知憤而後能自强，自强而後能爲善，爲善而後能立身，立身而後能行其政令、保其國家矣。昭公内則受制於權臣，外則見陵於方伯，此正憂患疢疾，有德慧術智，保生免死之時也。而安於屈辱，甘處微弱，無憤悱自强之心，其失國出奔死於境外，自取之哉！」

二十有四年春，王二月丙戌，仲孫貜卒。貜，俱縛切。

譏世卿也。大意又見《隱元年》「益師卒」。

婼至自晉。

孫氏曰：「不言叔孫婼，前見也。」愚謂：此記婼見執首尾，以見晉侯執之不以其辠，而釋之亦無爲也。

夏五月乙未朔，日有食之。

義見《隱三年》。

秋八月，大雩。

義見《桓五年》。

丁酉，杞伯郁釐卒。郁，《公羊》作鬱。

義見《隱三年》「宋公和卒」。

冬，吴滅巢。

康侯胡氏曰：「巢，楚之附庸。」與《十三年》「吴滅州來」同。義又見《僖三年》「徐取舒」。○木訥趙氏曰：「吴將謀楚，先滅其與國。滅州來、滅巢、滅徐，皆楚之與國也。」

葬杞平公。

義見《隱三年》「葬宋穆公」。

二十有五年春，叔孫婼如宋。

義見《隱七年》「齊來聘」。

夏，叔詣會晉趙鞅、宋樂大心、衛北宮喜、鄭游吉、曹人、邾人、滕人、薛人、小邾人于黄父。詣，《公羊》、《穀梁》作倪。大心，《公羊》作世心，後同。

詣，叔弓之孫，叔輒之子。張氏曰：「黄父，即黑壤，晉地。」《左氏》曰：「二十四年，鄭伯如晉，子大叔相。見范獻子。獻子曰：『若王室何？』對曰：『老夫其國家不能恤，敢及王室？抑人亦有言曰：「嫠不恤其緯，而憂宗周之隕，爲將及焉。」今王室實蠢蠢焉，吾小國懼矣。然大國之憂也，吾儕何知焉？吾子其早圖之。《詩》曰：「缾之罄矣，惟罍之恥。」王室之不寧，晉之恥也。』獻子懼，而與宣子圖之。乃徵會於諸侯，期以明年。二十五年夏，會于黄父，謀王室也。趙簡子令諸侯之大夫，輸王粟，具戍人，曰：『明年將納王。』宋樂大心曰：『我不輸粟，我於周爲客，若之何使客？』晉士伯曰：『自踐土以來，宋何役之不會，而何盟之不同？曰同恤王室，子焉得辟之？子奉君命以會大事，而宋背盟，無乃不可乎！』右師不敢對，受牒而退。」未詳信否。愚謂：王室之亂如此，而諸侯之大夫自爲會，其後不見納王事跡，天下事勢可知矣。

有鸜鵒來巢。鸜，《公羊》作鸛，誤。

《左氏》曰：「書所無也。」張氏曰：「邵子曰：『天下將治，則天地之氣自北而南；天下將亂，則天地之氣自南而北。』禽鳥飛類，得氣之先者也。《春秋》書『六鷁退飛』、『鸜鵒來巢』，氣使之也。鸜鵒不踰濟而至魯，豈非氣自南而北之驗哉？當此之先，楚雖爲中國患，而齊、晉猶足以抑之。自此之後，晉伯不競，吴、楚、越皆以南夷迭主夏盟，諸侯斂衽事之，馴至大亂，則知鸜鵒來巢之祥，不特昭公出奔之兆也。」○葉氏曰：「天有時，地有氣，橘踰淮爲枳，鸜鵒不踰濟，貉踰汶則死，地氣也。天有時以生，有時以殺。草木有時以生，有時以死。石有時以泐，川有時以澤。天反時爲災，地反物爲妖。故天失其時，則書『隕霜殺菽』、『隕霜不殺草，李梅實』、『無冰』。地失其氣，則『鸜鵒來巢』。」

秋七月上辛，大雩。季辛，又雩。

《左氏》曰：「秋書再雩，旱甚也。」高氏曰：「季辛不言大，蒙上文也。旱既太甚，因一月再雩，而志其僭且數也。」義又見《桓五年》。○康侯胡氏曰：「聖人書此者，以志禦災之非道，而區區於禱祠之末也。昭公之時，雨雹地震四見於經，旱乾爲虐，相繼而起。季辛又雩，災之甚也。若反身修德，信用忠賢，災異之來，必可禦矣。昭公至是，猶不知畏，罔克自省，而求於禱祠之末，將能勝乎？故書此爲後世鑒。」

九月己亥，公孫于齊，次于陽州。己亥，《穀梁》作乙亥。陽，《公羊》作楊。

孫，見《莊元年》。杜氏曰：「陽州，齊、魯境上邑，未敢直前，故次於境。」愚謂：以後「公至自齊，居于鄆」觀之，直齊邑爾。《左氏》曰：「初，平子拘公思展，執申夜姑，將殺之。公若將爲之請。平子使豎勿內。公之使速殺之，故公若怨平子。季、郈之雞鬭，季氏介其雞，郈氏爲之金距。平子怒，益宫於郈氏，且讓之。故郈昭伯亦怨平子。臧昭伯之從弟會，爲讒於臧氏，而逃於季氏，臧氏執旃。平子怒，拘臧氏老。將禘於襄公，萬者二人，其衆萬於季氏。臧孫曰：『此之謂不能庸先君之廟。』大夫遂怨平子。公若獻弓於公爲，且與之出射於外，而謀去季氏。公爲告公果、公賁。公果、公賁使侍人僚祖告公。公寢，將以戈擊之，乃走。公曰：『執之。』亦無命也。懼而不出，數月不見，公不怒。又使言，公執戈以懼之，乃走。又使言，公曰：『非小人之所及也。』公果自言，公以告臧孫，臧孫以難。告郈孫，郈孫以可，勸。告子家懿伯，懿伯曰：『讒人以君徼幸，事若不克，君受其名，不可爲也。舍民數世以求克，事不可必也。且政在焉，其難圖也。』公退之。辭曰：『臣與聞命矣，言若洩，臣不獲死。』乃館於公。叔孫昭子如闞，公居於長府。九月戊戌，伐季氏，殺公之於門，遂入之。平子登臺而請曰：『君不察臣之辠，使有司討臣以干戈，臣請待沂上以察辠。』弗許。請囚於費，弗許。請以五乘亡，弗許。子家子曰：『君其許之！政自之出久矣，隱民多取食焉。爲之徒者衆矣，日入慝作，弗可知也。衆怒不可蓄也。蓄而弗治，將蘊。蘊蓄，民將生心。生心，同求將合。君必悔之。』弗聽。郈孫曰：『必殺之。』公使郈孫逆孟懿子。叔孫氏之司馬鬷戾言於其衆曰：『若之何？』莫對。又曰：『我，家臣也，不敢知國。凡有季氏與無，於我孰利？』皆曰：『無季氏，是無叔孫氏也。』鬷戾曰：『然則救諸。』帥徒以往，陷西北隅以入。公徒釋甲，執冰而踞，遂逐之。孟氏使登西北隅，以望季氏。見叔孫之旌，以告。孟氏執郈昭伯，殺之於南門之西，遂伐公徒。子家子曰：『諸臣僞劫君者，而負辠以出，君止。意如之事君也，不敢不改。』公曰：『余不忍也。』與臧孫如墓謀，遂行。己亥，公孫于齊，次于陽州。」康侯胡氏曰：「以君伐臣，曷爲不勝？魯自東門氏殺嫡立庶，魯君於是乎失政。禄去公室，政在季氏，於此君也四世矣。作三軍，盡征其一。舍中軍，兼有其二。民賦入於其家半矣。受命救台也，遂入鄆。帥師取卞也，不以聞。軍政在其手，專矣。行父片言，而東門氏逐。南蒯一動而公子慭奔。魯之羣臣，亦無敢忠於公室而獻謀者，所謂屯難之時也。昭公不明乎消息盈虛之理，正身率德，擇任忠賢，待時循致，不忍一朝之忿，求逞其私欲，而以羣小謀之，其及也宜哉。」○石氏曰：「『天下有道，則禮樂征伐自天子出。無道，則自諸侯出，蓋十世希不失矣。自大夫出，五世希不失矣。』又曰：『禄之去公室五世矣，政逮於大夫四世矣。』自周東遷，天子始失政，而諸侯專。專自魯隱始，自隱至昭，凡十世矣。自東門襄仲殺適立庶，魯侯始失國，而大夫專。專自宣公始，由宣至定，凡五世也。自季文子、武子秉魯，以至平子，又四世矣。此宣公之末年，歸父欲去三桓，張公室而未能也。自是以來，魯君世從其失，季氏世修其勤，史墨所謂民不知君，何以得國，而樂祈、子家駒亦謂魯君失民，季氏得衆之久也。政在季氏已四世，魯君喪政已四公，而以區區稠父而欲同諸大夫去之，不亦妄乎？宜其所以見逐也。」

齊侯唁公于野井。唁，音彦。

唁，弔生也。何氏曰：「弔失國曰唁。」杜氏曰：「濟南祝柯縣東有野井亭。齊侯來唁公，公不敢遠勞，故迎之，往至野井。」《左氏》曰：「齊侯將唁公于平陰，公先至于野井。齊侯曰：『寡人之辠也。』使有司待于平陰，爲近故也。齊侯曰：『自莒疆以西，請致千社，以待君命。寡人將帥敝賦以從執事，唯命是聽。君之憂，寡人之憂也。』公喜。子家子曰：『天禄不再，天若胙君不過周公，以魯足矣。失魯，而以千社爲臣，誰與之立？且齊君無信，不如早之晉。』弗從。」《公羊》曰：「唁公者何？昭將殺季氏，告子家駒曰：『季氏爲無道，僭於公室久矣，吾欲殺之，何如？』子家駒曰：『諸侯僭於天子，大夫僭於諸侯久矣。』昭公曰：『吾何僭矣哉？』子家駒曰：『設兩觀，乘大輅，朱干、玉戚以舞《大夏》、《八佾》，以舞《大武》，皆天子之禮也。且夫牛馬維婁委己者也，而柔焉。季氏得民衆久矣，君無多辱焉。』昭公不從其言，終殺之而敗焉。走之齊，齊侯唁公于野井。」孫氏曰：「不能討季氏之辠，而徒能唁昭公于野井，齊侯之惡，亦可見矣。」○常山劉氏曰：「次于陽州，不得入於齊也。次于乾侯，不得入於晉也。此言齊侯唁公于野井。二十九年，齊侯使高張來唁公。三十一年，季孫意如會晉荀躒于適歷，晉侯使荀躒唁公于乾侯。唁，慰安之辭也。齊，大國也，不能討意如於魯，徒能唁公，此齊侯之惡也。季孫意如，逐君之賊，晉不能討而戮之，既與荀躒會于適歷，又使荀躒唁公于乾侯，何所爲哉？晉侯之惡亦可見矣。」葉氏曰：「昭公徬徨於外，以待二國者五年，流離亦以甚矣。而齊、晉之君臣方且以空言款公，故三書唁以表之。」康侯胡氏曰：「書曰唁公，亦明其無納公之實，譏之也。」

冬十月戊辰，叔孫婼卒。

譏世卿也。大意又見《隱元年》「益師卒」。

十有一月己亥，宋公佐卒于曲棘。

曲棘，杜氏曰：「宋地，陳留外黄縣城中有曲棘里。」《地譜》：「外黄在開封雍丘縣。」愚謂：不爲王事而卒于他所，非禮也。義又見《隱三年》「宋公卒」。○陸氏曰：「諸侯卒于他國，及卒于會，卒于師，則書之。雖在國，不卒於其都，亦書之。晉侯卒于扈，宋公卒于曲棘之類是也。」

十有二月，齊侯取鄆。

鄆，西鄆，見《成四年》。齊侯蓋取之季氏也。吕氏曰：「齊侯取鄆，以處公也。不能討意如，以正君臣大義，而獨取鄆以處公，其無意於善而忽遠略可知也。」○高氏曰：「齊侯若以取鄆之力，會諸侯討季氏之辠以納公，猶反掌耳。而區區取一邑居之，無意於納公也。」

二十有六年春，王正月，葬宋元公。

杜氏曰：「三月而葬，速。」義又見《隱三年》「葬宋穆公」。

三月，公至自齊，居于鄆。

凡公行，返而告廟則書。至今昭公在外，不告於廟明矣，而亦書「公至自齊」，蓋公自齊至于魯邑，亦可謂公至自齊矣。益知書法不可以凡例求也。居，處也。居于鄆，不得入國都也。國都者，諸侯之所居，故居于國都不書。書「居于鄆」，則公失其所也。公失其所，其所由來漸矣。故君子常謹其微，懼其禍之著而莫之救也。觀昭公之事，可爲永鑒矣。○黄氏曰：「《春秋》先五書「公如晉，至河乃復」，蓋晉以政不在公，不若厚季氏之爲利。其後兩書公如齊、如晉，三書齊、晉唁公，五書居鄆，四書在乾侯，以至於薨。嗚呼，悲夫！」

夏，公圍成。《公羊》作郕。

成，見《桓六年》。成者魯邑，而公自圍其邑，見公之失政甚矣。康侯胡氏曰：「書公圍成，則季氏之不臣，昭公之不君，其辠咸具矣。」○孫氏曰：「其國内皆叛也。」

秋，公會齊侯、莒子、邾子、杞伯盟于鄟陵。鄟，音專，又市轉切。

杜氏曰：「鄟陵，地闕。」《左氏》曰：「盟于鄟陵，謀納公也。」邦衡胡氏曰：「晉爲盟主，公數如晉而不納，及次乾侯，晉又見拒，是伯主已不與矣。平時同盟，如宋、衞、陳、鄭皆不與矣，齊、莒、邾、杞何能爲乎？

書四國同盟于鄟陵，見諸侯與公者寡，不與者衆也。內見棄於臣民，外見絶於諸侯。雖齊、莒、邾、杞實欲納公，猶恐不克，況徒盟而已乎？」義又見《隱元年》「盟于蔑」。

公至自會，居于鄆。

義見前。

九月庚申，楚子居卒。

義見《文十八年》「秦伯卒」。

冬十月，天王入于成周。

成周，見《宣十六年》。入于成周，自狄泉而入也。王至此僅入成周，不得正位王城，見王室之亂粗定，而猶有所畏也。○東萊呂氏曰：「平王東遷，定都于王城。王子朝之亂，其黨多在王城，敬王畏之，徙都成周。」

尹氏、召伯、毛伯以王子朝奔楚。

王氏曰：「子朝，天子之子，謀亂王室，兵敗而奔夷狄，辠不容誅矣。然由三子所教導，故曰尹氏、召伯、毛伯以王子朝奔楚。」存耕趙氏曰：「寵嫡不早別，遂使兩黨相傾五六年而後定。」愚謂：楚受四亂賊而不殺，其辠大矣。○高氏曰：「先書『天王居于狄泉』，而後書『立王子朝』。先書『天王入于成周』，而後書『子朝奔楚』者，由嗣君不正，故亂臣得以乘之。及能反正，然後辠人竄跡，皆上之人有以召之也。書奔楚者，見王室之令不行於天下，故逋逃辠戾之人，楚敢受之而不歸也。」康侯胡氏曰：「子朝有寵於景王，爲之黨者衆矣，卒不能立，至於奔楚，何也？是非有出於人之本心者，不可以私愛是，亦不可以私惡非，卒歸於公，則止矣。景王寵愛子朝，將期於見是，而天下不以爲是。踈薄子猛，將期於見非，而天下卒不以爲非。徒設此心，兩棄之也。王猛、子朝之際，危亦甚矣。《春秋》詳書，爲後世戒，可謂深切著明也哉！」

二十有七年春，公如齊。

爲人之君而見逐於其臣，求救於人而不見與，可爲永鑒矣。

公至自齊，居于鄆。

義見《二十六年》。

夏四月，吴弑其君僚。

不書弑君之賊，見《文十八年》。義見《隱四年》衛州吁事。

楚殺其大夫郤宛。郤，《穀梁》作郄。

義見《莊二十六年》「曹殺大夫」。

秋，晉士鞅、宋樂祁犂、衛北宫喜、曹人、邾人、滕人會于扈。

三國稱人，微者也。扈，見《文七年》。義見《文十一年》「會于承筐」。

冬十月，曹伯午卒。

義見《隱三年》「宋公卒」。

邾快來奔。

義見《僖二十八年》「元咺奔晉」。〇徐邈氏曰：「自此以前，邾畀我、庶其並來奔。今邾快又至。三叛人俱以魯爲主。邾、魯鄰國，而聚其逋逃，故悉書之。」

公如齊。

《左氏》曰：「公如齊，齊侯請饗之。子家子曰：『朝夕立於其朝，又何饗焉？其飲酒也。』乃飲酒，使宰獻而請安。子仲之子曰重，爲齊侯夫人，曰：『請使重見。』子家子乃以君出。」存耕趙氏曰：「公淹恤于鄆，恃齊求復三年矣，公之求齊勤矣。齊無納公之意，而公不察也。公至此，悔亦晚矣。」義又見前。

公至自齊，居于鄆。

義見《二十六年》。

二十有八年春，王三月，葬曹悼公。

高氏曰：「六月而葬，慢也。」義又見《隱三年》「葬宋穆公」。

公如晉，次于乾侯。

杜氏曰：「乾侯在魏郡斥丘縣，晉境内邑。」《地譜》：「大名府成安縣東南有斥丘故城。」孫氏曰：「公連年如齊者再，皆不見禮，故如晉也。次于乾侯者，不得入于晉也。公既不見禮於齊，又不得入於晉，其窮辱若此。」〇木訥趙氏曰：「晉之六卿，即魯之三家也，其忍傷其類哉？」任氏曰：「齊、晉，大國也，皆與季氏，不恤昭公。中國主盟所以在夷狄乎！」

夏四月丙戌，鄭伯寧卒。寧，《公羊》作甯。

義見《隱三年》「宋公卒」。

六月，葬鄭定公。

杜氏曰：「三月而葬，速。」義又見《隱三年》「葬宋穆公」。

秋七月癸巳，滕子寧卒。

義見《隱三年》「宋公卒」。

冬，葬滕悼公。

高氏曰：「公不在國，凡喪葬之禮，皆季氏專之也。」愚謂：滕，小國，魯未嘗會其葬。至此會葬者，見季氏之求悦於鄰國，無所不至也。義又見《隱三年》「葬宋穆公」。

二十有九年春，公至自乾侯，居于鄆。

杜氏曰：「以乾侯至者，不得見晉侯故。」義見《二十六年》「公至自齊，居于鄆」。

齊侯使高張來唁公。

《左氏》曰：「齊侯使高張來唁公，稱主君。子家子曰：『齊卑君矣，君祇辱焉。』公如乾侯。」高氏曰：「唁于野井，齊地也。今在鄆，乃魯地，故直言來而已。齊侯今復唁公者，以公自鄆如晉，不爲晉所納。故使高張來唁，乃所以嗤公也。」鄱陽張氏曰：「諸侯失國，託於諸侯，禮也。昭公見逐於强臣，孫於齊，齊侯宜修方伯連帥之職，請於天王，糾合鄰國，討其臣而納之，可也。乃徒使唁之，是助季氏爲虐也。兩唁皆淺事，而悉書之，乃深著齊侯之辠耳。」

公如晉，次于乾侯。

高氏曰：「公復如晉，冀晉見恤也。而晉復不受，故次于乾侯。諸侯出奔，狼狽未有如公者。《春秋》書之，所以深辠季氏之惡，與諸侯之不救也。」愚謂：晉侯坐視昭公之奔而不少恤，其不爲伯主也宜哉！

夏四月庚子，叔詣卒。詣，《公羊》、《穀梁》作倪。

譏世卿也。大意又見《隱元年》「益師卒」。

秋七月。

冬十月，鄆潰。

任氏曰：「昭公無德可懷，而季氏之威可畏。欲託大國，而齊不容。欲適盟主，而晉不受。民以爲不足繫屬也，是以適然驚散，所以甚言公之無託也。」○貫道王氏曰：「齊取鄆，公居鄆，畏齊不敢叛。既舍齊而之晉，故鄆亦叛之。自此一邑亦無有，而終于乾侯，悲夫！」

三十年春，王正月，公在乾侯。

此與《襄二十九年》「公在楚」同意。但彼在夷狄而未返，此則失國而客寄乾侯，猶曰以朝正之日，而公在乾侯乎？其誅亂臣、正名分、傷世變之意自見於言外，可以爲永鑒矣。

夏六月庚辰，晉侯去疾卒。

義見《隱三年》「宋公卒」。

秋八月，葬晉頃公。

杜氏曰：「三月而葬，速。」義又見《隱三年》「葬宋穆公」。此又見魯侯在外，而季氏使會其葬爾。

冬十有二月，吴滅徐。徐子章羽奔楚。羽，《公羊》作禹。

《左氏》曰：「吴子使徐人執掩餘，使鍾吾人執燭庸。二公子奔楚，楚子大封而定其徙。使監馬尹大心逆吴公子，使居養。莠尹然、左司馬沈尹戌城之，取於城父與胡田以與之。將以害吴也。子西諫曰：『吴光新得國，而親其民。視民如子，辛苦同之，將用之也。若好吾邊疆，使柔服焉，猶懼其至。吾又疆其讎以重怒之，無乃不可乎。吴，周之胄裔也，而棄在海濱，不與姬通，今而始大，比於諸華。光又甚文，將自同於先王。不知天將以爲虐乎，使翦喪吴國而封大異姓乎？其抑亦將卒以祚吴乎？其終不遠矣。我盍姑億吾鬼神，而寧吾族姓，以待其歸，將焉用自播揚焉？』王弗聽。吴子怒，冬十二月，吴子執鍾吾子，遂伐徐，防山以水之。己卯，滅徐。徐子章羽斷其髮，攜其夫人，以逆吴子。吴子唁而送之，使其邇臣從之，遂奔楚。楚沈尹戌帥師救徐，弗及，遂城夷，使徐子處之。」義見《僖三年》「徐取舒」。

三十有一年春，王正月，公在乾侯。

義見《三十年》。

季孫意如會晉荀躒于適歷。躒，力狄切。《公羊》、《穀梁》作櫟。適，丁歷切。

杜氏曰：「適歷，晉地。」《左氏》曰：「晉侯將以師納公。范獻子曰：『若召季孫而不來，則信不臣矣。然後伐之，若何？』晉人召季孫，獻子使私焉，曰：『子必來，我受其無咎。』季孫意如會晉荀躒于適歷。荀躒曰：『寡君使躒謂吾子，何故出君？有君不事，周有常刑。子其圖之！』季孫練冠麻衣跣行，伏而對曰：『事君，臣之所不得也，敢逃刑命？君若以臣爲有辠，請囚於費，以待君之察也，亦唯君。若以先臣之故，不絶季氏，而賜之死。若弗殺弗亡，君之惠也，死且不朽。若得從君而歸，則固臣之願也，敢有異心？』」未詳信否。陸氏聞於師曰：「季孫，逐君之臣也。晉不辠之而反與之會，書曰『意如會晉荀躒于適歷』，晉侯之爲盟主可見，荀躒之爲人臣可知矣。」○邦衡胡氏曰：「書之，以見魯之亂成乎晉也。」康侯胡氏曰：「齊、晉不能誅亂禁姦，悖君臣之義，不知其從自及也。」朴鄉吕氏曰：「士鞅、意如互爲脣齒，相爲囊橐久矣！當是時，晉之六卿猶意如也，晉君亦昭公也，其肯并心一意以誅其臣而納其君哉？」

夏四月丁巳，薛伯穀卒。

義見《隱三年》「宋公卒」。

晉侯使荀躒唁公于乾侯。

《左氏》曰：「季孫從智伯如乾侯。子家子曰：『君與之歸，一慚之不忍，而終身慚乎？』公曰：『諾。』衆曰：『在一言矣，君必逐之。』荀躒以晉侯之命唁公，且曰：『寡君使躒以君命討於意如，意如不敢逃死，君其入也！』公曰：『君惠顧先君之好，施及亡人，將使歸糞除宗祧以事君，則不能見夫人。己所能見夫人者，有如河！』荀躒掩耳而走，曰：『寡君其辠之恐，敢與知魯國之難？臣請復於寡君。』退而謂季孫：『君怒未怠，子姑歸祭。』子家子曰：『君以一乘入於魯師，季孫必與君歸。』公欲從之，衆從者脅公，不得歸。」《穀梁》曰：「唁公不得入於魯也。曰既爲君言之矣，不可者，意如也。」《左氏》近是。莘老孫氏曰：「晉爲大國，又世爲盟主。昭公久留於外，寓於其國不得入，而晉侯恬無納公之意，乃使其大夫會其叛臣，而空言唁公，書曰『晉侯使荀躒來唁公』，所以見晉侯空言無實，陰交其臣，而陽唁其君也。」○陳洙氏曰：「昭公出奔，齊侯唁于野井，又使高張唁于鄆。晉侯使荀躒唁公于乾侯。《春秋》一皆書之，豈爲區區弔唁之禮及魯侯不得入？書焉，蓋辠齊、晉，而哀天下微弱之甚也。季孫意如逐君專國，惡逆之大者也。齊、晉，大國也，世爲牧伯，主諸侯之盟，討而平之，反掌耳。不能即誅意如而納昭公，徒以屑屑之禮問之唁之，皆從逆濟亂，辠之甚者也。」

秋，葬薛獻公。

義見《隱三年》「葬宋穆公」。○高氏曰：「季氏恐失鄰國之歡，故使人會其喪葬。」愚謂：亦與《二十八年》「葬滕悼公」意同。

冬，黑肱以濫來奔。肱，《公羊》作弓。《吴氏詩補音》云：弓、肱同音。

孫氏曰：「不書國，脱之也。」杜氏曰：「濫，東海慮昌縣。」義見《襄二十一年》「邾庶其來奔」。○貫道王氏曰：「魯公不在國，而季氏受之。季氏無君，故叛君而來者無不容也。」

十有二月辛亥朔，日有食之。

義見《隱三年》。

三十有二年春，王正月，公在乾侯。

義見《三十年》。

取闞。口暫切。

杜氏曰：「闞，魯邑。」張氏曰：「案，昭公之難，叔孫如闞。定元年，季孫使役如闞，公氏將溝焉。此魯地而公取之也。」吕氏曰：「取闞，言公之無遠圖，求目下之利而戕其民，無復國之慮也。」○石氏曰：「取闞，如取鄟、取邿之類。公在乾侯而内取闞，非公意也。」未詳是否。

夏，吴伐越。

《左氏》曰：「始用師於越也。」義見《僖三年》「徐取舒」。○高氏曰：「前此，越與楚子伐吴，故始用師於越，而國自是亡矣。」

秋，七月。

冬，仲孫何忌會晉韓不信、齊高張、宋仲幾、衛世叔申、鄭國參、曹人、莒人、薛人、杞人、小邾人，城成周。世，《穀梁》作大。《公》、《穀》「莒人」下有「邾人」。

何忌，仲孫貜之次子懿子也。杜氏曰：「世叔申，世叔儀孫也。國參，子産之子。」五國稱人，微者也。成周，見《宣十六年》。《左氏》曰：「王使富辛與石張如晉，請城成周。天子曰：『天降禍於周，俾我兄弟並有亂心，以爲伯父憂。我一二親昵甥舅，不皇啓處，於今十年，勤成五年。余一人無日忘之，閔閔焉如農夫之望歲，懼以待時。伯父若肆大惠，復二文之業，弛周室之憂，徼文、武之福，以固盟主，宣昭令名，則余一人有大願矣。昔成王合諸侯，城成周，以爲東都，崇文德焉。今我欲徼福假靈於成王，修成周之城，俾戍人無勤，諸侯用寧，蝥賊遠屏，晉之力也。其委諸伯父，伯父實重圖之。俾我一人無徵怨於百姓，而伯父有榮施，先王庸之。』范獻子謂魏獻子曰：『與其戍周，不如城之，天子實云。雖有後事，晉勿與知可也。從王命以紓諸侯，晉國無憂。是之不務，而又焉從事？』魏獻子曰：『善。』使伯音對曰：『天子有命，敢不奉承，以奔告於諸侯。遲速衰序，於是焉在？』冬，晉魏舒、韓不信如京師，合諸侯之大夫于狄泉，尋盟，且令城成周。士彌牟營成周，計丈數，揣高卑，度厚薄，仞溝洫，物土方，議遠邇，量事期，計徒庸，慮財用，書餱糧，以令役於諸侯，屬役賦丈，書以授帥，而效諸劉子。韓簡子臨之，以爲成命。」愚謂：京師者，天子之居。使以時，城之常事爾，《春秋》在所不書。今王不得居於王城，僅入于成周，而諸侯城之，見王室之亂粗定，而猶有所懼也。況諸侯不共王事，而使大夫，則王室微弱，諸侯惰慢，大夫用事，皆可見矣。

十有二月己未，公薨于乾侯。

《左氏》曰：「書曰『薨于乾侯』，言失其所也。趙簡子問於史墨曰：『季氏出其君，而民服焉，諸侯與之，君死於外，而莫之或辠也。』對曰：『友有大功於魯，受費以爲上卿。至於文子、武子，世增其業，不廢舊績。魯文公薨，而東門遂殺適立庶，魯君於是乎失國，政在季氏，於此君也四公矣。民不知君，何以得國？是以爲君，慎器與名，不可以假人。』」

春秋本義卷第二十七

定　**公**名宋襄，公子昭公弟。

元年春，王三月，晉人執宋仲幾于京師。

鄱陽張氏曰：「國未有君而稱元年，追書以統月，此史法之常也。」愚謂：凡一公之始，雖無事當書王正月。今不書者，亦以定公未立爾，無他義也。《左氏》曰：「孟懿子會城成周。庚寅，栽。宋仲幾不受功，曰：『滕、薛、郳，吾役也。』薛宰曰：『宋爲無道，絶我小國於周，以我適楚，故我常從宋。晉文公爲踐土之盟，曰：「凡我同盟，各復舊職。」若從踐土，若從宋，亦唯命。』仲幾曰：『踐土固然。』薛宰曰：『薛之皇祖奚仲，居薛以爲夏車正。奚仲遷於邳，仲虺居薛，以爲湯左相。若復舊職，將承王官，何故以役諸侯？』仲幾曰：『三代各異物，薛焉得有舊？爲宋役，亦其職也。』士彌牟曰：『晉之從政者新，子姑受功。歸，吾視諸故府。』仲幾曰：『縱子忘之，山川鬼神其忘乎？』士伯怒，謂韓簡子曰：『薛徵於人，宋徵於鬼，宋罪大矣。且己無辭而抑我以神，誣我也。啓寵納侮，其此之謂矣。必以仲幾爲戮。』乃執仲幾。三月，歸諸京師。城三旬而畢，乃歸諸侯之戍。」未詳信否。孫氏曰：「《春秋》之義，諸侯不得專執，況大夫乎？非天子命，執仲幾於天子之側，甚矣。」○康侯胡氏曰：「案《周官》司隸掌凡囚執人之事屬於司寇。凡諸侯之獄訟定以邦典，凡卿大夫之獄訟斷以邦法，則大司寇之職也。不告諸司寇，而執人於天子之側，故雖以王事討有辠，猶不可也，皆簒弑之萌。履霜之漸，每謹於初，而禍亂熄矣。」

夏六月癸亥，公之喪至自乾侯。戊辰，公即位。

陸氏曰：「凡公即位皆於朔日，故不書日。定公待昭公喪至既殯而即位，故書日。」《左氏》曰：「叔孫成子逆公之喪于乾侯。季孫曰：『子家子亟言於我，未嘗不中吾志也。吾欲與之從政，子必止之，且聽命焉。』子家子不見叔孫，易幾而哭。叔孫請見子家子，子家子辭曰：『羈未得見，而從君以出。君不命而薨，羈不敢見。』叔孫使告之曰：『公衍、公爲實使羣臣不得事君。若公子宋主社稷，則羣臣之願也。凡從君出而可以入者，將唯子是聽。子家氏未有後，季孫願與子從政，此皆季孫之願也，使不敢以告。』對曰：『若立君，則有卿士大夫與守龜在，羈弗敢知。若從君者，則貌而出者，入可也。寇而出者，行可也。若羈也，則君知其出也，而未知其入也。羈將逃也。』喪及壞隤，公子宋先入，從公者皆自壞隤反。六月癸亥，公之喪至自乾侯。戊辰，公即位。」康侯胡氏曰：「昭公之薨已越葬期，猶未得返，至於六月癸亥，然後喪至。而定公即位，乃在是月之戊辰，蓋遲速進退爲意如所制，不得專也。昭公之薨、定公之即位，《春秋》詳書於策，乃見諸行事，爲永鑒爾。」張氏曰：「季氏親逐其君，暴露七月而後返國，黜嫡而立不正，至於喪歸君立，本此以見亂臣擅國。定公不正，三綱淪斁，君子罔不盡傷心，此所謂爲永鑒也。」

秋七月癸巳，葬我君昭公。

《左氏》曰：「季孫使役如闞，公氏將溝焉。榮駕鵝曰：『生不能事，死又離之，以自旌也。縱子忍之，後必或恥之。』乃止。季孫問於榮駕鵝曰：『吾欲爲君謚，使子孫知之。』對曰：『生弗能事，死又惡之，以自信也。將焉用之？』乃止。葬昭公於墓道南。孔子之爲司寇也，溝而合諸墓。」義見「葬桓公」，此又見八月而始得葬也。

九月，大雩。

義見《桓五年》。

立煬宫。

《公羊》曰：「立者何？不宜立也。煬宫者何？煬公之宫也。」杜氏曰：「煬公，伯禽子也。」《左氏》曰：「昭公出，故季平子禱於煬公。九月，立煬宫。」未詳信否。康侯胡氏曰：「喪事即遠，有進無退。宫廟即遠，有毁而無立。」吕氏曰：「違禮背義，言天下之亂，無復有綱紀文章也。」〇木訥趙氏曰：「小人爲惡，内有不安，則諂鬼神以要福。季氏逐君，天地所不容，何有於煬宫？自煬至昭，二十二世矣，神靈何在？立之，所謂媚竈者也。宗廟有常制，魯之廟已異矣。成公立武宫，固已違制，又立煬宫，是魯祀八世也。天子七廟，而魯之廟八，其可訓乎？」黄氏曰：「季氏果以私禱而立煬宫，未必增附羣公昭穆之廟。或者武宫、煬宫，皆以非禮創立，亦同淫祀耳。名雖煬，而實則非矣。」未詳孰是。

冬十月，隕霜殺菽。隕，《公羊》作賈。菽，《左氏》或作叔。

菽，先儒以爲豆也。以夏正言之，此時無菽，未詳其義。董子曰：「菽，草之强者。《五行志》曰：『菽，草之難殺者也。』言殺菽，則知草皆死矣。」未詳是否。然義則在於陰陽不和，而寒極備耳。

二年春，王正月。

夏五月壬辰，雉門及兩觀災。觀，古亂切。

范氏曰：「雉門，公宮之南門。兩觀，闕也。」孔氏曰：「《明堂位》云：『庫門，天子皋門。雉門，天子應門。』是魯之雉門，公宮南門之中門也。《釋宮》云：『觀謂之闕。』郭璞曰：『宮門雙闕。』《周禮・大宰》：『正月之吉，縣治象之法于象魏，使萬民觀治象。』鄭衆曰：『象魏，闕也。』劉熙《釋名》云：『闕，石門兩旁，中央闕然爲道。』兩觀與象魏、闕，一物而三名。兩觀與雉門俱災，則兩觀在雉門之旁矣。」貫道王氏曰：「子家羈曰設兩觀、乘大輅，天子之禮也。魯僭周，天災所以警魯也。」愚謂：亦爲十月新作雉門及兩觀起文也。

秋，楚人伐吴。

《左氏》曰：「桐叛楚，吴子使舒鳩氏誘楚人，曰：『以師臨我，我伐桐，爲我使之無忌。』秋，楚囊瓦伐吴師於豫章。吴人見舟於豫章，而潛師於巢。冬十月，吴軍楚師於豫章，敗之。」未詳信否。義見《僖三年》「徐取舒」。

冬十月，新作雉門及兩觀。

此書新作，與僖二十年新作南門意不同者，彼但譏其侈肆，此則譏其僭禮，而不畏天譴也。康侯胡氏曰：「書新作者，譏僭王制而不能革也。」劉氏曰：「習舊而不知其非，觀變而不知以爲戒，無怪於季氏之脅其主矣。」○吕氏曰：「雉門兩觀僭矣。既災而又復作，魯之君臣非不知以是爲僭也，蓋以爲無足恤也。以爲無足恤也者，弒父與君所由起也。」愚謂：大室屋壞，新宫、桓宫、僖宫、御廩災必新作之，皆不書者，義所當作常事也。雉門、兩觀獨書者，僭而不改，非常也。觀乎此，則《春秋》不書常事，亦可見矣。

三年春，王正月。公如晉，至河乃復。

李氏曰：「三傳皆無其説，不知何故復也。」義見《昭二年》。

二月辛卯，邾子穿卒。二月，《公羊》、《穀梁》作三月。

義見《隱三年》「宋公卒」。此又爲仲孫何忌及邾子盟起文也。

夏四月。

秋，葬邾莊公。

杜氏曰：「六月乃葬，緩。」義見《隱三年》「葬宋穆公」。

冬，仲孫何忌及邾子盟於拔。皮八反，《公羊》作拔。

杜氏曰：「拔，地闕。」高氏曰：「邾子居喪，而以吉禮與魯大夫盟，則其微弱可知。」義又見《隱元年》「盟于蔑」。○邦衡胡氏曰：「邾莊公卒未踰年，而邾君出盟，邾固可辠。何忌與之盟，又甚焉。君子不奪人之親，亦不可奪親也。何忌不顧邾子之喪，而與之盟，奪人之親。邾子當喪而出盟，奪親也。」

四年春，王二月癸巳，陳侯吳卒。

義見《隱三年》「宋公卒」。此又爲三月陳子侵楚起文也。

三月，公會劉子、晉侯、宋公、蔡侯、衛侯、陳子、鄭伯、許男、曹伯、莒子、邾子、頓子、胡子、滕子、薛伯、杞伯、小邾子、齊國夏于召陵，侵楚。

劉子，見《昭十三年》。召陵，見《僖四年》「會諸侯于召陵」。侵楚，先會而後侵也。張氏曰：「書十八國諸侯之衆，所以見其勢之足以有爲也。而終之以侵楚，深以辠其志卑而義不勝，終之以無能爲也。而晉自此微矣。」愚謂：陳子背殯出會，辠亦可知。○戴氏曰：「自鄢陵之後，晉、楚不復有大戰。一旦有召陵之役，六七十年間，無此大舉也。天子之老，元戎啓行，中國諸侯大抵皆在，未有若此其盛者，僅侵而退，自相盟于皋鼬。當是時，楚有可亡之勢。失此機會，使吴人乘其後而收入楚之功。傾天下之勢，折而入於吴，中國之伯，於是絶矣，悲夫！」

夏四月庚辰，蔡公孫姓帥師滅沈，以沈子嘉歸，殺之。《公羊》作公孫歸姓，後同。

陸氏聞於師曰：「書滅，辠蔡也。書以歸，辠沈子不死於位也。言殺之，又辠蔡侯也。」義又見《莊十年》「齊滅譚」。○吕氏曰：「蔡公孫姓滅沈，至以沈子歸，殺之，其辠極矣。春秋之世，諸侯君臣失道至此者，皆由不知分義。苟力所能制則爲之矣，此與禽獸奚辨？」

五月，公及諸侯盟于皋鼬。由又切，《公羊》作浩油。

黄氏曰：「即會于召陵之諸侯。前目後凡，故不再序。」陸氏曰：「重言諸侯。劉子不與盟也。」杜氏曰：「繁昌縣東南有城皋亭。」愚謂：以十八國諸侯，挾天子之大夫，僅一侵楚，無功而還。此盟雖設，諸侯解體可知也。義又見《隱元年》「盟于蔑」。

杞伯成卒于會。成，《公羊》作戊。

貫道王氏曰：「侵楚無成，既盟將散，在會卒也，故不得言卒于師。」愚謂：言「卒于會」，紀實事耳，非有他義也。義見《隱三年》「宋公卒」。

六月，葬陳惠公。

高氏曰：「此見陳侯背殯出會也。」義又見《隱三年》「葬宋穆公」。

許遷于容城。

任氏曰：「容城，華容縣亦析之近地也。」高氏曰：「自葉遷也。至是四遷，其微弱可知。」義又見《成十五年》。○貫道王氏曰：「安土重遷，人之常情，況有國乎？許之四遷，蓋以小國而介乎强國之間，日見迫逐，雖欲自保其社稷，不可得矣，終不免於滅也。」

秋七月，公至自會。

公始以會出，故以會致，踰時矣。義又見《桓二年》「公至自唐」。

劉卷卒。卷，音權。

《公羊》曰：「劉卷者，天子之大夫也。」杜氏曰：「即劉蚠也。」貫道王氏曰：「劉獻公之庶子。」趙氏曰：「畿内諸侯不同列國，故不言劉子卷卒。亦譏來告，故書之。」愚謂：不特譏來告，亦譏魯卒之。又爲葬劉文公起也。○石氏曰：「天子之大夫，外大夫也。外大夫不卒不葬。《春秋》卒天子之大夫者三，而書葬者一。卒尹氏、王子虎，以其來赴也。書劉卷卒，又書葬，以來赴而又我會之也。自文公以前，王室尚强，至此愈微矣。大夫之喪，而魯有往也。昔者周人有喪，周人弔，魯人不弔，以爲當親之也。今列國不會天子之喪，而會大夫之葬，甚矣！禮，人臣無外交，況畿内諸侯乎。」

葬杞悼公。

義見《隱三年》「葬宋穆公」。

楚人圍蔡。

義見《莊十年》「荆敗蔡師」。

晉士鞅、衛孔圉帥師伐鮮虞。圉，《公羊》作圄。

杜氏曰：「士鞅，即范鞅。孔圉，孔羈孫。」貫道王氏曰：「晉之有事於鮮虞，凡幾役矣。楚圍蔡而不恤，偕衛以伐中山，孰輕孰重邪？晉業之卑，不可望矣。」義又見《昭十二年》。

葬劉文公。

貫道王氏曰：「天子畿内諸侯，列國不當與行交往之禮。今會其葬，記非禮也。」

冬十有一月庚午，蔡侯以吴子及楚人戰於柏舉，楚師敗績。柏舉，《公羊》作伯莒，今本《穀梁》作伯舉。

以，見《桓十四年》。杜氏曰：「柏舉，楚地。」《左氏》曰：「伍員爲吴行人以謀楚。楚之殺郤宛也，伯氏之族出。伯州犂之孫嚭，爲吴大宰以謀楚。楚自昭王即位，無歲不有吴師。蔡侯因之，以其子乾與其大夫之子爲質於吴。冬，蔡侯、吴子伐楚。舍舟於淮汭，自豫章與楚夾漢。左司馬戌謂子常曰：『子沿漢而與之上下，我悉方城外以毁其舟，還塞大隧、直轅、冥阨。子濟漢而伐之，我自後擊之，必大敗之。』既謀而行。武城黑謂子常曰：『吴用木也，我用革也，不可久也，不如速戰。』史皇謂子常曰：『楚人惡子而好司馬，若司馬毁吴舟於淮，塞城口而入，是獨克吴也。子必速戰，不然不免。』乃濟漢而陳，自小别至於大别。三戰，子常知不可，欲奔。史皇曰：『安求其事，難而逃之，將何所入？子必死之，初皋必盡説。』十一月庚午，二師陳於柏舉。闔廬之弟夫概王，晨請於闔廬曰：『楚瓦不仁，其臣莫有死志，先伐之，其卒必奔。而後大師繼之，必克。』弗許。夫概王曰：『所謂臣義而行，不待命者，其此之謂也。今日我死，楚可入也。』以其屬五千，先擊子常之卒。子常之卒奔，楚師亂，吴師大敗之。」愚謂：周綱既隳，夷裔横恣，相爲盛衰。書此見吴伐楚争伯之由也。義又見《僖三年》「徐取舒」。〇孫氏曰：「楚人圍蔡，晉師不出，故蔡侯去晉求救於吴。楚師敗績，晉合十八國之君，不能伐楚，而吴子敢伐之，此吴、晉之事，强弱之勢，較然可見矣。故自是，諸侯大小皆宗於吴。」

楚囊瓦出奔鄭。

《左氏》曰：「子常奔鄭。」愚謂：囊瓦敗其國兵，不能死而出奔，其辠著矣。義又見《僖二十八年》「元咺奔晉」。

庚辰，吴入楚。《左氏》作郢，陸氏曰：「誤也。」

《左氏》曰：「吴從楚師，及清發，將擊之。夫概王曰：『困獸猶鬬，况人乎？若知不免而致死，必敗我。若使先濟者知免，後者慕之，蔑有鬬心矣。半濟而後可擊也。』從之，又敗之。楚人爲食，吴人及之，奔食而從之。敗諸雍澨，五戰及郢。己卯，楚子取其妹季芈畀我以出，涉睢。鍼尹固與王同舟，王使執燧象以奔吴師。庚辰，吴入郢，以班楚宫。子山處令尹之宫，夫概王欲攻之，懼而去之，夫概王入之。楚子涉睢濟江，入於雲中。王寢，盜攻之。王奔鄖，鄖公辛之弟懷將弑王。鬭辛與其弟巢以王奔隨。吴人從之，謂隨人曰：『周之子孫在漢川者，楚實盡之。天誘其衷，致罰於楚，而君又竄之，周室何辠？君若顧報周室，漢陽之田，君實有之。』楚子在公宫之北，吴人在其南。子期似王，逃王而己爲王。隨人辭吴，吴人乃退。初，伍員與申包胥友，其亡也，謂申包胥曰：『我必復楚國。』申包胥曰：『勉之。子能復之，我必能興之。』及昭王在隨，申包胥如秦乞師，曰：『吴爲封豕長蛇，以荐食上國。虐始於楚，寡君失守社稷，越在草莽。使下臣告急曰：夷德無厭，若鄰於君，疆埸之患也。逮吴之未定，君其取分焉。若楚之遂亡，君之土也。若以君靈撫之，世以事君。』秦伯使辭焉，曰：『寡人聞命矣，子姑就館，將圖而告。』對曰：『寡君越在草莽，未獲所伏。下臣何敢即安？』立依於庭牆而哭，日夜不絶聲，勺飲不入口七日。秦哀公爲之賦《無衣》，九頓首而坐，秦師乃出。五年夏，申包胥以秦師至，秦子蒲、子虎帥車五百乘以救楚。子蒲曰：『吾未知吴道。』使楚人先與吴人戰，而自稷會之，大敗夫概王於沂。吴人獲薳射於柏舉。其子帥奔徒，以從子西，敗吴師於軍祥。吴師敗楚師於雍澨，秦師又敗吴師。吴師居麇。又戰，吴師敗。又戰於公壻之谿，吴師大敗，吴子乃歸。」戴氏曰：「楚陵犯中國二百年，中國不能制，假手於吴國，幾亡。然去楚而吴繼之，此聖人之所傷也。」義又見《僖三年》「徐取舒」。〇高氏曰：「楚自春秋以來，肆禍中國。齊桓、晉文舉中國之衆，止能一盟屈完于召陵，一敗得臣于城濮耳。二伯既往，莫有能與抗者。柏舉之戰，吴能勝之，囊瓦既奔，吴人長驅入郢，慘烈不道，甚於水火。藆爾楚昭僅以身免，此吴之盛也。自是諸侯大小罔不俛首，與吴爲會，中國愈不能抗。至黄池之會，而春秋終矣。」

五年春，王三月辛亥朔，日有食之。三，《公羊》作正。

義見《隱三年》。

夏，歸粟于蔡。

杜氏曰：「蔡爲楚所圍，飢乏，故魯歸之粟。」高氏曰：「患難相救，有無相賙，此諸侯之正。春秋之世，相攻相滅，此道不行矣。然當是時，諸侯不供職貢於天子，至使天王有求於下國，則知夫魯歸蔡粟，非濟其難，而賙其無也。蓋以蔡與吴相授，而敗楚入郢，故魯畏而賂之。聖人所以追其意而皐之也。」〇石氏曰：「《春秋》貴義不貴惠。小仁施者，大仁賊也。蔡爲楚所辱而不能救。今見楚敗吴勝，乃歸蔡粟，徒畏吴而已，無救災之實也。小惠不足貴矣。」

於越入吴。

於越，即越也，見《昭五年》。莘老孫氏曰：「越之三見於昭公時者，曰越；三見於定、哀時者，曰於越。蓋當時越有數種，有東越、南越、閩越、甌越。昭公時國名爲越，故經據其號書曰『越』。定公後，欲自别於羣越，始改號爲於越，故經據改號書曰『於越』，猶楚初稱荆，其後稱楚也。」《左氏》曰：「越入吴，吴在楚也。」愚謂：楚伐滅中國，而吴入楚。吴方入楚，而於越入吴。據事直書，而窮兵黷武之戒昭矣。中國不振，而夷狄相爲盛衰，又可見矣。義又見《僖三年》「徐取舒」。

六月丙申，季孫意如卒。

譏世卿也。貫道王氏曰：「意如逐君，而以大夫卒，魯於是不可爲矣。定公以受國爲德，而忘先君之讎也。」大意又見《隱元年》「益師卒」。

秋七月壬子，叔孫不敢卒。

不敢，叔孫婼之子成子也。譏世卿也。大意又見《隱元年》「益師卒」。

冬，晉士鞅帥師圍鮮虞。

《左氏》曰：「三年，鮮虞人敗晉師於平中，獲晉觀虎，恃其勇也。五年冬，晉士鞅圍鮮虞，報觀虎之役也。」未詳信否。許氏曰：「晉始以土地之故與鮮虞睽，咎不在鮮虞也。而晉不自反，縱兵横加而不能服，則又圍之，兵益忿，義益不勝，君子是以惡晉也。」義又見《昭十二年》。

六年春，王正月癸亥，鄭游速帥師滅許，以許男斯歸。速，《公羊》作遬，後同。

杜氏曰：「游速，大叔子。」《左氏》曰：「鄭滅許，因楚敗也。」高氏曰：「鄭、許之怨舊矣。許人本恃楚以固其國，至於四遷。鄭游速一出，滅其國而俘其君，豈非楚人累敗於吴，故鄭因乘許之弱而肆其暴邪？」任氏曰：「以大夫而滅人之國，又以諸侯歸，其惡甚矣。」愚謂：許男不死社稷，亦無足道也。義又見《莊十年》「齊滅譚」。○張氏曰：「自哀元年以後，許復見者，楚又存之也。」

二月，公侵鄭。

邦衡胡氏曰：「内有强臣之讎，而遠去其國，以事攻伐，此《易》所謂危行也。」義又見《莊十年》「公侵宋」。

公至自侵鄭。

義見《桓二年》「公至自唐」。

夏，季孫斯、仲孫何忌如晉。

斯，季孫意如子桓子也。二卿如晉，未詳何爲。義見《隱七年》「齊來聘」。○《左氏》曰：「孟孫立於房外，謂范獻子曰：『陽虎若不能居魯，而息肩於晉，所不以爲中軍司馬者，有如先君。』獻子曰：『寡君有官，將使其人。鞅何知焉？』獻子謂簡子曰：『魯人患陽虎矣，孟孫知其釁，以爲必適晉，故强爲之請，以取入焉。』」劉氏曰：「陽虎，陪臣也，而執國命，欲蕩覆公室以自封久矣！《春秋》本其禍之所搆，自二子之使。夫以二子之力，專國擅君，而陽虎能制之，方復爲之請於伯主之國。此其無所忌，必爲亂之效也。雖然，不介晉權，亂亦不得發。《春秋》彰往察來，而慎於幾微，故因事以宣其指，原指以見其變。簒君亡國之禍，必自其禍之所起矣。」俱未詳信否。

秋，晉人執宋行人樂祁犂。

《左氏》曰：「宋樂祁言於景公曰：『諸侯唯我事晉，今使不往，晉其憾矣。』樂祁告其宰陳寅。陳寅曰：『必使子往。』他日，公謂樂祁曰：『唯寡人說子之言，子必往。』陳寅曰：『子立後而行，吾室亦不亡。唯君亦以我爲知難而行也。』見溷而行。趙簡子逆而飲之酒於緜上，獻楊楯六十於簡子。陳寅曰：『昔吾主范氏，今子主趙氏，又有納焉。以楊楯賈禍，弗可爲也已。然子死晉國，子孫必得志於宋。』范獻子言於晉侯曰：『以君命越疆而使，未致使而私飲酒，不敬二君，不可不討也。』乃執樂祁。」未詳信否。義見《莊十七年》「齊執鄭詹」。

冬，城中城。

《穀梁》曰：「城中城者，三家張也。」貫道王氏曰：「中城，公宮城也，成九年城矣。諸侯有道，守在四鄰。魯定不能制三家，倚一城以自守，是外徹其藩籬，而區區欲固其堂奥也。其能國乎？」義又見《隱七年》「城中丘」。

季孫斯、仲孫忌帥師圍鄆。

杜氏曰：「何忌不言何，闕文。」鄆，西鄆，見《成四年》。邦衡胡氏曰：「昭公居鄆，鄆潰而歸季氏，則鄆爲季氏所據久矣。今季氏自以兵攻之，得非叛季氏乎？」義見《昭十三年》「圍費」。〇愚案：十年，齊人來歸鄆讙龜陰田，則此蓋叛季氏而歸齊也。

七年春，王正月。

夏四月。

秋，齊侯、鄭伯盟于鹹。

鹹，見《僖十三年》。東萊呂氏曰：「晉自平丘之役，不能以德義結諸侯，至於召陵之會，諸侯皆貳而叛，故齊侯、鄭伯盟于鹹。」義又見《隱元年》「盟于蔑」。

齊人執衛行人北宫結以侵衛。

齊侯求衛而衛不從，因執行人以侵衛。行人，所以通命也。齊人執之以侵衛，其辠著矣。義又見《莊十年》「公侵宋」。

齊侯、衛侯盟于沙。《公羊》作沙澤。

杜氏曰：「陽平元城縣東南有沙亭。」張氏曰：「元城，後屬大名府。」愚謂：衛服齊而爲此盟也。義見《隱元年》「盟于蔑」。

大雩。

義見《桓五年》。

齊國夏帥師伐我西鄙。

《左氏》曰：「齊國夏伐我。陽虎御季桓子，公斂處父御孟懿子，將宵軍齊師。齊師聞之，墮，伏而待之。處父曰：『虎不圖禍，而必死。』苫夷曰：『虎陷二子於難。不待有司，余必殺女。』虎懼，乃還，不敗。」貫道王氏曰：「齊景又欲合魯也。」許氏曰：「東夏諸侯，惟魯事晉，故齊伐之。景公乘晉之衰，不思惟德之務以懷諸侯，而欲力征經營以定伯統，是知時之或可，而不知己之不可者也。」義又見《隱二年》「鄭伐衛」。

九月，大雩。

一時再雩，旱甚也。義見《桓五年》。

冬十月。

春秋本義卷第二十八

定　公

八年春，王正月，公侵齊。公至自侵齊。二月，公侵齊。三月，公至自侵齊。

杜氏曰：「報前年伐我西鄙。」《左氏》曰：「公侵齊，門於陽州。士皆坐列，曰：顔高之弓六鈞，皆取而傳觀之。陽州人出，顔高奪人弱弓，籍丘子鉏擊之，與一人俱斃。偃且射子鉏，中頰，殪。顔息射人中眉，退曰：『我無勇，吾志其目也。』師退，冉猛僞傷足而先。其兄會乃呼曰：『猛也殿。』」高氏曰：「魯政不在公矣，而三家者實使公。《春秋》因見公之舉動，故未踰時而致之，且爲下復侵齊起也。前此未得志，故踰月之間再出侵齊。雖三家之所爲，然乍往乍來，不得休息，見公之進退，益不自專矣。」任氏曰：「二月之間而兩侵鄰國，無尺寸之功，而重丘山之怨。輕用其忿，而不恤其民，甚矣。」義又見《莊十年》「公侵宋」。

曹伯露卒。

義見《隱三年》「宋公卒」。

夏，齊國夏帥師伐我西鄙。

報上二侵也。《易》曰「自我致寇」，魯之謂矣。義又見《隱二年》「鄭伐衛」。

公會晉侯于瓦。

杜氏曰：「瓦，衛地，東郡燕縣東北有瓦亭。」張氏曰：「即滑州白馬縣。」愚謂：義在公會晉師，故不書晉卿名。以諸侯之尊，越國會諸侯之師，一見魯之微弱，二見當時惟知附勢，而不顧理之不可也。

公至自瓦。

義見《桓二年》「公至自唐」。

秋七月戊辰，陳侯柳卒。

義見《隱三年》「宋公卒」。

晉士鞅帥師侵鄭，遂侵衛。士，《公羊》作趙。

石氏曰：「二國叛晉，故士鞅帥師侵鄭，遂侵衛。」義見《莊十年》「公侵宋」。

葬曹靖公。

義見《隱三年》「葬宋穆公」。

九月，葬陳懷公。

杜氏曰：「三月而葬，速。」義又見《隱三年》「葬宋穆公」。

季孫斯、仲孫何忌帥師侵衛。

義見《莊十年》「公侵宋」。

冬，衛侯、鄭伯盟于曲濮。

杜氏曰：「曲濮，衛地。」義見《隱元年》「盟于蔑」。

從祀先公。

馮氏曰：「從祀者，言隨而祭之也。《盤庚》曰：『兹于大享于先王，爾祖其從與享之。』《曾子問》曰：『祫于太廟，羣主皆從。』歷代宗廟郊社之址，皆有五帝山川功臣從祀之址。詳其事，殆新主入廟之意。始，昭公爲季氏所逐，而卒祀於外。定之初，其喪雖歸，季氏尚欲溝絶其地域，不使與先君同，既而止葬於墓道南而已。以是而觀，則昭公未嘗得入廟也。五年，意如卒。六年，陽虎欲去三桓，尚厭魯人之心，始置昭公於先公之廟而祀焉爾。不言昭公者，内諱也。」康侯胡氏曰：「昭公之主雖久，未得從昭穆而祔祭。陽貨始以昭公之主從祀太廟，蓋欲著季氏之辠，以取媚於國人。然其事雖順，其情則逆。《春秋》原情制法，故曰『從祀先公』，其亦深切著明矣。」○愚謂：從祀先公者，凡已祧之主，皆得隨而祭之，蓋不當祫而祫也。祫而不言大事于太廟者，非時而祫，將以是爲常焉者也。故不言大事，而言「從祀先公」，以寓意焉爾。然無所考，不敢質言之。

盜竊寶玉大弓。

陸氏曰：「陽虎，家臣也。其名不合登於史策，故書曰『盜竊寶玉大弓』。」杜氏曰：「夏后氏之璜，封父之繁弱。」《穀梁》曰：「寶玉者，封圭也。大弓者，武王之戎弓也。周公受賜，藏之魯。」未詳孰是。《左氏》

曰：「陽虎將享季氏于蒲圃而殺之。戒都車曰：『癸巳至。』成宰公斂處父告孟孫曰：『季氏戒都車，何故？』孟孫曰：『吾弗聞。』處父曰：『然則亂也，必及於子，先備諸。』與孟孫以壬辰爲期。陽虎前驅，林楚御桓子，虞人以鈹盾夾之，陽越殿。將如蒲圃，桓子咋謂林楚曰：『而先皆季氏之良也，爾以是繼之。』對曰：『臣聞命後。陽虎爲政，魯國服焉。違之，徵死。死無益於主。』桓子曰：『何後之有？而能以我適孟氏乎？』對曰：『不敢愛死，懼不免主。』桓子曰：『往也。』孟氏選圉人之壯者三百人，以爲公期築室於門外。林楚怒馬及衢而騁，陽越射之，不中，築者闔門。有自門間射陽越，殺之。陽虎劫公與武叔，以伐孟氏。公斂處父帥成人，自上東門入，與陽氏戰於南門之内，弗勝。又戰於棘下，陽氏敗。陽虎説甲如公宫，取寶玉、大弓以出，舍於五父之衢，寢而爲食。其徒曰：『追其將至。』虎曰：『魯人聞余出，喜於徵死，何暇追余？』從者曰：『嘻！速駕，公斂陽在。』公斂陽請追之，孟孫弗許。陽欲殺桓子，孟孫懼而歸之。子言辨舍爵於季氏之廟而出。陽虎入於讙、陽關以叛。」未詳信否。常山劉氏曰：「寶玉大弓，天子所賜先君之分器，藏之於國，子孫世世保之，不可失墜。而爲盜所竊，國慢無政可知矣。志其不恭之大也。」〇高氏曰：「《明堂位》以大璜爲天子之器，大弓爲天子之戎器，蓋成王以是賜魯，是先君之分器也。《周官》：『天府之職，掌祖廟之守藏與其禁令。凡國之玉鎮與其大寶器藏焉。若有大祭，則出而陳之。既事，藏之。』然則寶玉大弓，宜藏之祖廟，有禁令焉。今因從祀先公，出而陳之，遂爲盜所竊。是時公室卑，三桓弱，陽虎以陪臣執國命，將殺季氏，不勝而出，故因從祀先公，竊取寶玉大弓以行。莫有抗之者，則國亂無政可知矣。」

九年春，王正月。

夏四月戊申，鄭伯蠆卒。蠆，勑邁切。《公羊》作囆。

義見《隱三年》「宋公卒」。

得寶玉大弓。

《左氏》曰：「陽虎歸寶玉大弓。六月，伐陽關。陽虎使焚南門。師驚，犯之而出，奔齊。齊侯執陽虎，逃，奔宋，遂奔晉。」未詳信否。康侯胡氏曰：「寶玉大弓，子孫罔敢失墜，以昭先祖之德，存肅敬之心耳。古者告終易代，弘璧琬琰，天球夷玉，兑之戈，和之弓，垂之竹矢，莫不陳列，非直爲美觀也。先王所寶，傳及其身，能全而歸之，則可以免矣。魯失其政，陪臣擅權，雖先公分器猶不能守。而盜得竊諸公宫，其能國乎？故失之書，得之書，所以譏公與執政之臣，見不恭之大也。此義行，則有天下國家者，各知所守之職，不敢忽矣。」○高氏曰：「書『得寶玉大弓』，以見器之空還，而不獲盜者以正典刑，則亦幸而得之爾。盜竊之辠，於誰責而可乎？」愚謂：經書「盜竊寶玉大弓」，又書「得寶玉大弓」。若爲穿窬所竊，而今復獲之，未見陽虎竊之歸之者，在來者考焉。

六月，葬鄭獻公。

杜氏曰：「三月而葬，速。」義又見《隱三年》「葬宋穆公」。

秋，齊侯、衛侯次于五氏。

杜氏曰：「五氏，晉地。」未詳是否。義見《莊三年》「公次于滑」。○邦衡胡氏曰：「《春秋》有書師次者，有書君次者。書師次，惡其勞師徒也。書君次，惡其遠民社也。國君無王命而遠民社，危可知矣。」

秦伯卒。

不名，闕文也。義見《文十八年》「秦伯卒」。

冬，葬秦哀公。

秦，夷狄也，卒之且不可，況會其葬乎？蓋至是與中國無間矣。

十年春，王三月，及齊平。

平前八年，公再侵齊，及齊伐我西鄙之怨也。義見《昭七年》「暨齊平」。○或曰：「暨齊平」，齊欲之而魯與平也；「及齊平」，魯欲之而齊與平也。未詳是否。

夏，公會齊侯于夾谷。夾，古洽切，又古協切。《公羊》、《穀梁》作頰。

孫氏曰：「夾谷，齊地。」張氏曰：「魯地。漢東海祝其縣有夾山，即海州懷仁縣。」未詳孰是。義見《隱九年》「會于防」。

公至自夾谷。

義見《桓二年》「公至自會」。

晉趙鞅帥師圍衞。

義見《僖十九年》「宋圍曹」。

齊人來歸鄆、讙、龜陰田。鄆，《公羊》作運。《穀梁》「田」上有「之」字。

來歸，來魯歸田也。與宰咺來歸仲子之賵，齊人來歸衛俘同。杜氏曰：「三邑皆汶陽田也。泰山博縣北有龜山，陰田在其北也。」任氏曰：「鄆即昭公時齊取以歸公者。至是并以還魯二邑，與龜陰俱在汶水北。龜山，今在泗水東北七十里。」讙，見《桓三年》。孫氏曰：「三月，及齊平。夏，會于夾谷。故齊人來歸鄆、讙、龜陰田。」愚謂：土地，天子所封，齊人侵之，齊人歸之，其無王可知矣。○葉氏曰：「鄆，前見圍，蓋叛而附齊矣。讙，陽虎之邑也，虎挾之以入齊。龜，山之在邦内者；龜陰，其山之陰也。三田皆齊之所侵，既與齊平而會，故反而來歸。」三田之歸，《左氏》、《穀梁》皆謂孔子相夾谷之會，退萊兵而謝過，非也。夾谷之事，匹夫之勇，智者之所不爲，而謂孔子爲之乎。

叔孫州仇、仲孫何忌帥師圍郈。郈，音后，又去聲。《公羊》作費，誤也。

州仇，叔孫不敢之子武叔也。杜氏曰：「郈，叔孫氏邑。」任氏曰：「《地譜》：東平無鹽縣東南有郈鄉。無鹽在鄆州須城縣東。」《左氏》曰：「初，叔孫成子欲立武叔，公若藐固諫曰：『不可。』成子立之而卒。公南使賊射之，不能殺。公南爲馬正，使公若爲郈宰。武叔既定，使郈馬正侯犯殺公若。弗能。其圉人曰：『吾以劍過朝，公若必曰誰之劍也，吾稱子以告，必觀之。吾僞固，而授之末，則可殺也。』使如之。公若曰：『爾欲吴王我乎？』遂殺公若。侯犯以郈叛。武叔懿子圍郈，弗克。秋，二子復圍郈，弗克。叔孫謂郈工師駟赤曰：『郈非唯叔孫氏之憂，社稷之患也。將若之何？』對曰：『臣之業，在《揚之水》卒章之四言矣。』叔孫稽首。駟赤謂侯犯曰：『居齊、魯之際而無事，必不可矣。子盍求事於齊以臨民？不然，將叛。』侯犯從之。齊使至，駟赤與郈人爲之宣言於郈中曰：『侯犯將以郈易於齊，齊人將遷郈氏。』衆兇懼。駟赤謂侯犯曰：『衆言異矣，子不如易於齊。與其死也，猶是郈也。而得紓焉，何必此？齊人欲以此偪魯，必倍與子地。且盍多舍甲於子之門，以備不虞？』侯犯曰：『諾。』乃多舍甲焉。侯犯請易於齊，齊有司觀郈，將至。駟赤使周走呼曰：『齊師至矣！』郈人大駭，介侯犯之門甲，以圍侯犯。駟赤將射之，侯犯止之，曰：『謀免我。』侯犯請行，許之。駟赤先如宿，侯犯殿。每出一門，郈人閉之。及郭門，止之曰：『子以叔孫氏之甲出，有司若誅之，羣臣懼死。』駟赤曰：『叔孫氏之甲有物，吾未敢以出。』犯謂駟赤曰：『子止而與之數。』駟赤止而納魯人。侯犯奔齊，齊人乃致郈。」未詳信否。康侯胡氏曰：「侯犯以郈叛，不書於策，書圍郈，則叛可知矣。再書二卿帥師圍郈，則强亦可知矣。天子失道，征伐自諸侯出。而後大夫强，諸侯失道，征伐自大夫出。而後家臣强，其逆彌甚，則其失彌速。故自諸侯出，十世希不失矣。自大夫出，五世希不失矣。陪臣執國命，三世希不失矣。三家專魯，爲日已久，至是家臣争叛，亦其理宜矣。《春秋》制法，本忠恕施諸己，而不願亦勿施諸人，故所惡於上，不以使下；所惡於下，不以事上。二三子知傾公室以自張，而不知家隸之擬其後也。凡此皆據事直書，深切著明矣。」義又見《昭十三年》「圍費」。○愚謂：凡大夫以邑叛必書。此家臣以邑叛而不書者，非與其叛也。義不在於家臣之叛，而在於大夫教家臣之叛也。諸侯僭天子，則大夫僭諸侯，是諸侯教大夫之僭也。大夫僭諸侯，則家臣叛大夫，是大夫教家臣之叛也。家臣而至於叛，大夫則極矣。此所以不書家臣之叛，而書大夫之圍其私邑，此《春秋》所以爲謹嚴，而防微杜漸之義著矣。

宋樂大心出奔曹。

《左氏》曰：「九年，宋公使樂大心盟於晉，且逆樂祁之尸。辭，僞有疾。乃使向巢如晉盟，且逆子良之尸。子明謂桐門右師出，曰：『吾猶衰絰，而子擊鐘，何也？』曰：『喪不在此故也。』既而告人曰：『己衰絰而生子，奈何故舍鐘？』子明聞之，怒，言於公曰：『右師將不利戴氏，不肯適晉，將作亂也。不然無疾。』乃逐桐門右師。」未詳信否。義見《僖二十八年》「元咺奔晉」。又爲次年入蕭起文也。

宋公子地出奔陳。地，《公羊》作池。下同。

杜氏曰：「地，宋景公弟辰之兄也。」《左氏》曰：「宋公子地嬖蘧富獵，十一分其室，而以五與之。公子地有白馬四。公嬖向魋。魋欲之，公取而朱其尾鬣以與之，地怒，使其徒抶魋而奪之。魋懼，將走。公閉門而泣之，目盡腫。母弟辰曰：『子分室以與獵也，而獨卑魋，亦有頗焉。子爲君禮，不過出竟，君必止子。』公子地出奔陳，公弗止。辰爲之請，弗聽。辰曰：『是我延吾兄也。吾以國人出，君誰與處？』冬，母弟辰暨仲佗、石彄出奔陳。」未詳信否。義見《僖二十八年》「元咺奔晉」。又爲次年入蕭以叛起文也。

冬，齊侯、衞侯、鄭游速會于安甫。速，《公羊》作遬。安甫，《公羊》作鞌父。

張氏曰：「安甫，齊地。《地譜》：今屬鄆州平陰縣。」義見《隱九年》「會于防」。

叔孫州仇如齊。

義見《隱七年》「齊來聘」。

宋公之弟辰暨仲佗、石彄出奔陳。彄，苦侯切。《公羊》、《穀梁》「暨」下有「宋」字。

《左氏》見上。弟奔，義見《襄二十年》。大夫奔，義見《僖二十八年》「元咺奔晉」。又爲次年入蕭以叛起文也。○高氏曰：「國君必有左右大臣以輔其政。今宋卿大夫數日之間五人逃去，君誰與處乎？」

十有一年春，宋公之弟辰及仲佗、石彄、公子地自陳入于蕭以叛。

杜氏曰：「蕭，宋邑。」義見《襄二十六年》孫林父事。辰以弟叛其兄，其辠尤著。

夏四月。

秋，宋樂大心自曹入于蕭。

康侯胡氏曰：「四卿在蕭以叛，而大心自曹從之，其叛可知矣，故不書『叛』而曰『入于蕭』，逆辭也。書『自陳』、『自曹』者，結鄰國以入叛，陳與曹之辠亦著矣。」

冬，及鄭平。

平六年侵鄭之怨也。義見《昭七年》「暨齊平」。

叔還如鄭莅盟。

叔還，叔弓曾孫成子也。義見《僖三年》「公子友莅盟」。

十有二年春，❶薛伯定卒。

義見《隱三年》「宋公卒」。

夏，葬薛襄公。

---

❶「二」，原作「三」，今據元刻本、四庫本改。

義見《隱三年》「葬宋穆公」。

叔孫州仇帥師墮郈。

壞城阜曰墮。莘老孫氏曰：「是時三桓之邑皆爲城以自固，故其家臣因之以叛。昭十三年，叔弓圍費。去年夏、秋，郈凡再圍。於是一墮毀之。」愚謂：城郭所以禦外患，今内難作，而毀其城，其必有由矣。夫三桓踰制以城其邑者，爲僭諸侯計也。而不知家臣效尤，卒不可制。然則前日之城，乃自毀之道也，可爲永鑒矣。○劉氏曰：「季康子患盜，問於孔子。子曰：『苟子之不欲，雖賞之不竊。』今諸侯僭天子，而大夫强，大夫執國命而陪臣叛，事勢則然矣。不務以所望乎下者事其上，則治奚由順哉？故師行邦域之中，而書之若異國然。此孔子所謂『不在顓臾而在蕭牆之内』之意也。」愚謂：《春秋》先書城費，次書圍費、圍郈，次書墮郈、墮費，所謂屬辭比事，不辭費而義自見矣。

衛公孟彄帥師伐曹。彄，苦侯切。

杜氏曰：「彄，孟縶子。」義見《隱二年》「鄭伐衛」。

季孫斯、仲孫何忌帥師墮費。

義見墮郈。○師氏曰：「郈、費二邑數叛不能制，故皆墮之。蓋前此者，公城中城，以畏三家之張。今此三家墮邑城，以畏家臣之叛。春秋至此，亂可謂極矣。」

秋，大雩。

義見《桓五年》。

冬十月癸亥，公會齊侯，盟于黄。齊，《公羊》作晉，誤也。

張氏曰：「黄，齊地。」義見《隱元年》「盟于蔑」。

十有一月丙寅朔，日有食之。

義見《隱三年》。

公至自黄。

義見《桓二年》「公至自唐」。

十有二月，公圍成。

義見《昭二十六年》。○莘老孫氏曰：「天子有天下，諸侯有一國。天下有逆命者，則天子命諸侯伐之。一國之邑有叛者，則諸侯命其臣伐之。故天子無伐其諸侯，諸侯無討於邑。春秋之時，天下無王，而諸侯逆命者衆，故有王而伐鄭者。陪臣擅命，而權在私家，諸侯不得爲政，故有公而圍成者。成，魯邑，而魯圍之。書曰『公圍成』，以見諸侯之失道也。」

公至自圍成。

義見《桓二年》「公至自唐」。

十有三年春，齊侯、衛侯次于垂葭。《公羊》作瑕，《穀梁》無「衛侯」二字。

《左氏》曰：「垂葭，實郹氏。」杜氏曰：「高平鉅野縣西南有郹亭。」張氏曰：「屬濟州。」皆未詳是否。義見《莊三年》「公次于滑」。

夏，築蛇淵囿。音又。

許氏曰：「魯政不修，而非時勤民，築囿奉己而已，不及國也。夫囿成弗克而力此，何振之有？」義又見《成十八年》「築鹿囿」。

大蒐于比蒲。比，音毗。

義見《昭十一年》。○存耕趙氏曰：「三家分軍私斂，蒐閱軍實，以自固也。非時非制，不足言也。」

衛公孟彄帥師伐曹。

高氏曰：「衛比伐曹，靈公志在軍旅之事，不知以禮爲國，故亟戰如此。」義又見《隱二年》「鄭伐衛」。

秋，晉趙鞅入于晉陽以叛。

張氏曰：「晉陽，唐曰太原府，宋爲并州。」義見《襄二十六年》孫林父事。

冬，晉荀寅、士吉射入于朝歌以叛。射，食亦切。《公羊》「寅」下有「及」字。

杜氏曰：「士射，士鞅子。」張氏曰：「朝歌，晉地。衛州衛縣有朝歌，城南有牧野。」義見《襄二十六年》孫林父事。○任氏曰：「未閔三時而三大夫以邑叛，晉之君臣失道之甚也。」邦衡胡氏曰：「晉主夏盟，威制海内，反不能禁其臣之叛，己不正也。己帥以叛，則下莫不叛矣。天王在上，晉侯不能帥諸侯以朝，至於王室有難，又不能勤王述職，而使大夫城之，又執人於天子之側，非叛王而何？帥天下而叛，故臣亦相帥以叛君。以爲亂臣賊子之戒，不可一日而不臣也。」

晉趙鞅歸于晉。

《左氏》曰：「韓、魏以趙氏爲請。十二月辛未，趙鞅入於絳，盟於公宫。」常山劉氏曰：「趙氏，晉之强宗。鞅叛當誅，晉侯不能治而許之歸，國亂無刑矣。」愚謂：見晉之衰而迫於强臣也。○邦衡胡氏曰：「先書『晉趙鞅入于晉陽以叛』，見鞅據地舉兵以拒晉也。次書『晉趙鞅歸于晉』，見君許之還也。大夫出奔，書歸者，君受之也；書入者，臣自入也。今鞅大惡已著，但以君許之歸，故書歸，責在君也。」吕氏曰：「春秋之世，大義不明，據城以要其君者皆叛也，而不自知其爲大惡。臧武仲以防求後於魯，則亦叛而已矣。晉獻公使寺人披伐蒲。重耳曰：『君父之命不校。』乃徇曰：『校者，吾讎也。』踰牆而走。其亦可以免於戾矣。趙鞅歸于晉，以叛而歸，言其自如，亂之甚也。」存耕趙氏曰：「三晉之形成於此矣。」

薛弑其君比。

不書弑君之賊，見《文十八年》。義見《隱四年》衛州吁事。

十有四年春，衛公叔戌來奔。衛趙陽出奔宋。衛，《公羊》、《穀梁》作晉。

《左氏》曰：「初，衛公叔文子朝而請享靈公，退，見史鰌而告之。史鰌曰：『子必禍矣。子富而君貪，辠其及子乎？』文子曰：『然。吾不先告子，是吾辠也。君既許我矣，其若之何？』史鰌曰：『無害。子臣，可以免。富而能臣，必免於難，上下同之。戌也驕，其亡乎？富而不驕者鮮，吾唯子之見。驕而不亡者，未之有也，戌必與焉。』及文子卒，衛侯始惡於公叔戌，以其富也。公叔戌又將去夫人之黨，夫人愬之曰：『戌將爲亂。』十四年春，衛侯逐公叔戌與其黨，故趙陽奔宋，戌來奔。」未詳信否。義見《僖二十八年》「元咺奔晉」。

二月辛巳，楚公子結、陳公孫佗人帥師滅頓，以頓子牂歸。牂，子郎切。二月，《公羊》作三月，公孫作公子，牂作牄。

葉氏曰：「不别以歸何國，時楚强且主兵，歸楚可知。」《左氏》曰：「頓子牂欲事晉背楚，而絶陳好。二月，楚滅頓。」未詳信否。任氏曰：「以中國諸侯大夫，而從夷狄以滅國，豈特自强哉？實有以資之耳。」愚謂：以頓子歸，不死社稷也。義又見《莊十年》「荆敗蔡師」。

夏，衞北宫結來奔。

《左氏》曰：「北宫結來奔，公叔戍故也。」未詳信否。義見《僖二十八年》「元咺奔晉」。〇愚謂：一國而三大夫出奔，其爲國可知矣。

五月，於越敗吴于檇李。檇，音醉，《公羊》作醉。

杜氏曰：「檇李，吴郡。嘉興縣南醉李城。」張氏曰：「吴地，今爲秀州治所。」石氏曰：「不言爵，不言師，不書戰，夷狄略之也。」義見《僖三年》「徐取舒」。

吴子光卒。

義見《文十八年》「秦伯卒」。

公會齊侯、衞侯于牽。《公羊》作堅。

牽，杜氏曰：「魏郡黎陽縣東北有牽城。」義見《隱九年》「會于防」。

公至自會。

義見《桓二年》「公至自會」。

秋，齊侯、宋公會于洮。吐刀切。

洮，見《僖八年》。義見《隱九年》「會于防」。

天王使石尚來歸脤。市軫切。

《公羊》曰：「石尚者何？天子之士也。脤者何？俎實也。腥曰脤，熟曰燔。」《説文》：「社肉也。盛以蜃器，故曰脤。」劉氏曰：「脤膰以親兄弟之國，受脤禮也。歸脤，非禮也。」孫氏曰：「天子祭社稷宗廟，有與諸侯共福之禮，此謂助祭諸侯也。魯未嘗助祭，天王使石尚來歸，非禮也。」○東萊呂氏曰：「《春秋》録相朝見，則見述職之本廢矣。書交聘，則見間問時見之禮缺矣。詳盟會，則見會同之制壞矣。書來賜命，則見告命之道絶矣。書歸田、假田，則見巡狩之法替矣。今歸脤而復書之，則法度之壞已甚。諸侯不助祭，以受脤天子，而天子從遣士以歸脤矣。」

衛世子蒯聵出奔宋。

《左氏》曰：「衛侯爲夫人南子召宋朝，會於洮。大子蒯聵獻盂於齊，過宋野。野人歌之曰：『既定爾婁豬，盍歸吾艾豭？』大子羞之，謂戲陽速曰：『從我而朝少君，少君見我，我顧，乃殺之。』速曰：『諾。』乃朝夫人。夫人見大子，大子三顧，速不進。夫人見其色，嗁而走，曰：『蒯聵將殺余。』公執其手以登臺。大子奔宋，盡逐其黨。故公孟彄出奔鄭，自鄭奔齊。」劉氏曰：「蓋蒯聵聞野人之歌，其心慚焉，則以謂夫人。夫人惡其斥己淫，則嗁而走，言大子將殺余以誣之。靈公惑於南子，言必聽從，故外則召宋朝，內則逐公孫戍、趙陽。彼不恥召宋朝，固亦不難逐蒯聵矣。此其真也，不當如《左氏》所記。又蒯聵出，乃奔宋。宋，南子家也。蒯聵負殺南子之名而走，又入其家，使真有此事者，敢乎哉？此亦一證也。」與常山劉氏、張氏同。任氏曰：「既曰世子而出奔，父子不相安，而天倫滅矣。」○石氏曰：「孟子稱《小弁》爲親親，詩人傷二子乘舟，争相爲死爲非義。衛靈公失道，南子嬖，大子蒯聵不得於父，又與伋、壽遠矣。書其出奔，以見滅天性也。」

衛公孟彄出奔鄭。

事見上。愚案：《春秋》歷書彄帥師，而繼以出奔，以見君假臣以兵權，禍之所由起也，未必皆以蒯聵之黨而見逐也。義又見《僖二十八年》「元咺奔晉」。○高氏曰：「蒯聵爲南子所譖而出奔，靈公信其譖言，不亦蔽乎？雖然，蒯聵則不能無辠者也。人子處頑嚚，則有道矣，不至於以嫌見誣也，而非蒯聵之事也。比年志公孟彄帥師，此衛國用事之卿大夫。況出奔者五人，而衛侯獨與南子處，此靈公之無道也。」

宋公之弟辰自蕭來奔。

邦衡胡氏曰：「書公弟，見宋公失兄之道也。書自蕭，辠辰據邑以叛也。書來奔，辠魯納叛臣也。」義又見《僖二十八年》「元咺奔晉」。

大蒐于比蒲。

義見《昭十一年》。

邾子來會公。

邾子，《左氏》曰：「邾隱公。」石氏曰：「諸侯相見於郤地曰會，考禮正刑一德以尊天子。春秋會禮，非復如古之制也。今公蒐國内，而邾子就會之，非禮甚矣。遇非所朝之地，而蕭叔朝公於穀；蒐非所會之處，而邾子會公於蒐。會者既非，受者亦失，交譏之也。」

城莒父及霄。

張氏曰：「皆魯邑。」義見《隱七年》「城中丘」。○石氏曰：「一時而城二邑，書以譏之。此年與《桓七年》無冬、《四年》無秋冬、《昭十年》無冬，皆闕文也。」

十有五年春，王正月，邾子來朝。

邾去年來會公，而今年來朝，見邾之衰，而屢求於魯，皆非禮也。義又見《隱十一年》「滕、薛來朝」。

鼷鼠食郊牛，牛死，改卜牛。鼷，音兮。

范氏曰：「不言所食，食非一處也。」趙氏曰：「嘗旅於會稽，時小鼠噬牛，纔傷皮膚輒死。」愚謂：此與成七年事雖少異，而義則同也。

二月辛丑，楚子滅胡，以胡子豹歸。

楚滅人國，辠不容誅矣。然以胡子歸，又責其不死社稷也。義又見《僖三年》「徐取舒」。

夏五月辛亥，郊。

石氏曰：「五月非郊之時，蓋以改卜牛。至此而後能郊也。有言『用郊』、有言『郊用』者，不宜用也。直言『郊』者，以上之不能郊也。」義見《成十七年》「用郊」。

壬申，公薨于高寢。

杜氏曰：「高寢，宫名。不於路寢，失其所。」義又見僖公薨。○許氏曰：「《春秋》所大，正始與終禮。卒，以正終也。內卒凡十四公，得正而薨者，惟莊、宣、成。是以君子務力於禮，而順命之變，又何求焉？」

鄭罕達帥師伐宋。罕，《公羊》作軒。

義見《隱二年》「鄭伐衛」。

齊侯、衛侯次于蘧蒢。《公羊》作籧篨。

義見《莊三年》「次于滑」。

邾子來奔喪。

葉氏曰：「喪何以言奔？急事也。禮，非天子父母之喪不奔。見日而行，見星而舍，日行百里謂之奔。諸侯而奔喪，非禮也。」○常山劉氏曰：「當周之衰，諸侯皆無奔喪會葬之事，而邾、滕始行於强大之國，非禮明矣。」呂氏曰：「諸侯相爲奔喪，專以强弱利害爲國，禮義消亡可知矣。」

秋七月壬申，姒氏卒。姒，《穀梁》作弋，非也。下同。

孫氏曰：「姒氏，杞姓，哀公妾母。」《穀梁》曰：「妾，辭也。」愚謂：此爲葬定姒起文也。

八月庚辰朔，日有食之。

義見《隱三年》。

九月，滕子來會葬。

邦衡胡氏曰：「邾、滕奔喪會葬，以天子之禮待魯也。禮：天子崩，諸侯奔喪會葬，供臣子之職。邾、滕以是行之於魯，其無王甚矣。」○任氏曰：「以見大國恃力，而小國因事以求悦也。」吕氏曰：「邾子來奔喪，畏魯甚也。滕差遠而大於邾，故但來會葬。此專以强弱利害爲國者也。」

丁巳，葬我君定公，雨，不克葬。戊午，日下昃，乃克葬。昃，《穀梁》作稷，乃古「昃」字。

乃，猶始也。《宣八年》葬敬嬴言「而」，而此言「乃」者，彼以日中，此以次日日昃，甚於日中，故命辭有輕重耳。孫氏曰：「『雨，不克葬』，譏不能葬也。葬不爲雨止。『戊午，日下昃，乃克葬』，言無備之甚也。」愚謂：義與《宣八年》「葬敬嬴」同，而此則失禮甚矣。其私謚，又見「葬桓公」。○高氏曰：「日下昃，則失虞之時甚矣。君子之於親，不忍一日離也，故葬日虞者，所以寧親也。乃克葬，所以重孝子之情也。」

辛巳，葬定姒。

高氏曰：「春秋自成風後，妾母皆僭稱夫人，譏不正也。此不稱小君，以子未成君，故母亦不敢稱夫人，而以夫人之禮葬爾。此妾也，而加以其君之謚，非禮之甚也。況襄五年葬我小君定弋，是襄公之母也，又豈可同謚乎？」義又見《文五年》「葬成風」。○愚案：哀公未成君，故僅免夫人小君之稱。然原其情，則亦以夫人之禮卒葬之矣。又案：《曾子問》：「『並有喪，則如之何？』子曰：『葬，先輕而後重。其奠也，其虞也，先重而後輕。』」今定公葬居定姒之前，是先重而後輕也，又失禮矣。

冬，城漆。

高氏曰：「漆，非魯邑，邾庶其以之來奔者，魯受叛人而以其地，今將伐邾，故又勞民城之以爲備，譏其非所城而城也。夫前年城二邑，國再大喪，又勞民如此，所謂不待言而惡自見者也。」○張氏曰：「定公之喪，邾子來奔，事魯謹矣。哀公初立，不務善鄰，而以土地之故勞民力，啓鄰怨。二年，取其田。七年，俘其君，卒使吴人乘間以伐其國，齊人問辠而取讙闡。利未得而害隨之，謀國如此，其不終也，宜哉！」

春秋本義卷第二十九

哀　公名蔣，定公庶子，定姒所生。

元年春，王正月，公即位。

義見文公即位。

楚子、陳侯、隨侯、許男圍蔡。

杜氏曰：「定六年，鄭滅許。此復見者，蓋楚封之。」《左氏》曰：「楚子圍蔡，報柏舉也。里而栽，廣丈高倍。夫屯晝夜九日，如子西之素。蔡人男女以辨，使疆於江、汝之間而還。蔡於是乎請遷於吴。」未詳信否。義見《莊十年》「荆敗蔡師」。

鼷鼠食郊牛，改卜牛。夏四月辛巳，郊。《穀梁》「郊牛」下有「角」字。

任氏曰：「不知僭禮之致災，而改牛。違時以從事，亦已妄矣。」愚謂：此亦與成七年事雖少異，而義則同也。〇高氏曰：「定末年，哀元年，連書鼷鼠食牛之變，則知魯之郊歲一行之。」

秋，齊侯、衛侯伐晉。

石氏曰：「吴、楚争强内侮，中國之政制在夷狄。晉雖不能主盟，猶中國也。齊、衛二君既不同心盟主以禦夷狄，又結盟固黨以自攻伐，惡自見矣。」義又見《隱二年》「鄭伐衛」。○君舉陳氏曰：「春秋之初，諸侯無王者，齊、鄭、宋、魯、衛爲之也。春秋之季，諸侯無伯者，亦齊、鄭、宋、魯、衛爲之也。」

冬，仲孫何忌帥師伐邾。

高氏曰：「定之末年，邾之事魯至矣。去歲邾子來奔喪，今踰年而遽伐之，蓋魯人謀邾久矣。利取其田，不知有禮義也。」義又見《隱二年》「鄭伐衛」。○貫道王氏曰：「邾自庶其後，魯多納其叛臣，邾知魯必欲兼之也。盟焉、朝焉、會蒐、奔喪，凡可以求免者，無不爲也。而魯終不置邾。」愚謂：邾不能自强於德，而區區以求魯，固無足道。然王綱壞，强陵弱，大併小，微國不支，亦可悲也。

二年春，王二月，季孫斯、叔孫州仇、仲孫何忌帥師伐邾，取漷東田及沂西田。漷，大虢切。又音郭。

《左氏》曰：「伐邾，將伐絞。邾人愛其土，故賂以漷、沂之田而受盟。」任氏曰：「三大夫同伐，可謂暴矣。」師氏曰：「前此嘗伐邾，取其田自漷水矣。今又取其漷東之田，猶爲未足，故又取沂西之田，則其貪欲無厭，必至於盡取而後已。以區區之邾國，而魯兩納其叛人邑，三取其田。時無王伯，强陵弱之亂，至於如此。」義又見《隱四年》「莒伐杞，取牟婁」。

癸巳，叔孫州仇、仲孫何忌及邾子盟于句繹。句，古注切。

杜氏曰：「句繹，邾地。」劉氏曰：「曷爲三人伐而二人盟？季孫臨之，叔仲成之。季孫之汰也，蓋自謂猶君矣。」邦衡胡氏曰：「季氏所以不盟，豈非貪得無厭，必欲滅邾而後已。」未詳孰是。義又見《隱元年》「盟于蔑」。○康侯胡氏曰：「曷爲列書三卿？哀公得國，不張公室。三卿並將，魯衆悉行。伐國取地，以盟其君，而已不與焉。適越之辱兆矣。定公薨，邾子來奔喪，事魯恭矣，而不免於見伐，徒自辱焉，不知以禮爲國之故也。邾在邦域之中，不加矜恤，而諸卿相繼伐之，既取其田，又强與之盟，不知以義睦鄰之故也。故詳書以著其辠。」石氏曰：「定、哀之世，吴、楚争强，越又寖起。中國諸侯見伐者數四也。晉、衛、齊又數侵伐。魯既叛晉，又結怨於齊，所與厚者，邾、滕、杞而已。魯公之立，邾未嘗廢朝，薨未嘗無會。而前年仲孫何忌帥師伐邾，今又三大夫取其田，要之盟。又四年，而公又親入，以其君來。此邾人所以弗堪，致吴之伐我，齊取我田也。内之惡見矣。時政皆在三子，不由公出。」

夏四月丙子，衛侯元卒。

義見《隱三年》「宋公卒」。

滕子來朝。

義見《隱十一年》「滕、薛來朝」。

晉趙鞅帥師納衛世子蒯聵于戚。

《公羊》曰：「戚者何？衛之邑也。」《左氏》曰：「初，衛侯遊於郊，子南僕。公曰：『余無子，將立女。』不對。他日，又謂之。對曰：『郢不足以辱社稷，君其改圖。君夫人在堂，三揖在下。君命祇辱。』夏，衛靈公卒。夫人曰：『命公子郢爲大子，君命也。』對曰：『郢異於他子。且君没於吾手，若有之，郢必聞之。且亡人之子輒在。』乃立輒。六月乙酉，晉趙鞅納衛大子于戚。宵迷，陽虎曰：『右河而南，必至焉。』使大子絻，八人衰絰，僞自衛逆者。告於門，哭而入，遂居之。」莘老孫氏曰：「蒯聵、輒争立，父子仇敵，而孔子請先正名。孔子之意可知矣。使蒯聵事其親孝，必不至於見逐。靈公教其子以道，亦不至於逐之。書曰『衛世子出奔宋』，見蒯聵得辠於父，見逐出奔。父没不喪，求反其國，以與子爭，則蒯聵之辠也。輒爲人子，而父逐於外，不能號慕毁瘠，以感動靈公而復之位。靈公死，夫人立之，不辭以父亡未復，而即位爲君。蒯聵在外且入，以兵拒之，又圍之焉，則輒之辠也。使靈公得父之道，不至於逐聵。使聵得事父之禮，則聵不至於見逐。使輒得子孫之義，則能感動王父，以復聵之位，或權立屏位，以須父之入。蓋靈公、蒯聵不父，而輒不子，是以至於蒯聵出奔，趙鞅納蒯，而石曼姑圍戚。書曰『納衛世子』，則輒之拒之爲不得其正，顯矣。」愚謂：又以大夫帥師而謀諸侯廢立之事，見春秋之世，父不父，子不子，君不君，臣不臣，至此極矣。事又見《定十四年》。〇君舉陳氏曰：「于戚納，弗受也。後十二年，而蒯聵自戚入于衛，衛侯輒來奔，則是輒拒父也。屬辭比事，則輒萬世不可掩矣。」康侯胡氏曰：「父雖不父，子不可以不子。輒乃據國以與之爭，可乎？然靈公與衛國大臣不能早正國家之本，以致禍亂，其辠亦可見矣。」

秋八月甲戌，晉趙鞅帥師及鄭罕達帥師戰于鐵，鄭師敗績。鐵，《公羊》或作栗，或作秩。

杜氏曰：「罕達，子皮孫。鐵，在戚城南。」劉氏曰：「戰而言及之者，主之者也，猶曰趙鞅爲志乎此戰也云爾。」愚謂：並言帥師者，譏大夫專兵也。大夫專兵而至於戰，黷武甚矣。義又見《隱二年》「鄭伐衛」。

冬十月，葬衛靈公。

杜氏曰：「七月而葬，緩。」義又見《隱三年》「葬宋穆公」。

十有一月，蔡遷于州來。

州來，見《昭十四年》。義見《僖三十一年》「衛遷帝丘」。

蔡殺其大夫子駟。

義見《莊二十六年》「曹殺大夫」。

三年春，齊國夏、衛石曼姑帥師圍戚。

齊國夏序衛石曼姑上者，衛請乎齊，推齊主兵也。且齊嘗爲盟主，自當序衛上，無他義也。黎氏曰：「凡書邑必繫國。若經已見其繫某國，而後邑復有事當書，則但舉邑而已，蓋避繁文也。前年已書納世子蒯聵于戚，言納者，見入衛境也。云于戚者，見戚爲衛邑也。❶故今但書圍戚，而不云衛戚焉。如先書紀季以酅入于齊，後但書叔姬歸于酅，不復繫之齊也。冉有曰：『夫子爲衛君乎？』子貢曰：『諾，吾將問之。』入曰：『伯夷、叔齊何人也？』曰：『古之賢人也。』曰：『怨乎？』曰：『求仁而得仁，又何怨？』出。曰：『夫子不爲也。』」孫氏曰：「國夏助輒圍父，逆亂人理，莫甚於此，故曰：『齊國夏、衛石曼姑帥師圍戚。』」事又見《二年》。○許氏曰：「觀乎蒯聵之亂，則齊景之不伯可知矣。衛以父子爭國，而齊助子圍父，以是令於諸侯，君子是以知齊之將亂也。」劉氏曰：「爲曼姑之義，宜明言於其君曰：『子無討父之

❶「戚」，原作「成」，今據元刻本、四庫本改。

道，臣不足以爲三軍將也。』輒之義亦宜明言於其國曰：『臣無敵君之禮，我不可以爲千乘主也。』若是，上讓下競，而兵偃不用矣，又何必紛紛哉？ 故昔者子路問於仲尼曰：『衛君待子而爲政，子將奚先？』子曰：『必也正名乎！』所謂正名，君君、臣臣、父父、子子也。 君不君、臣不臣、父不父、子不子，此輒與曼姑之事也，不其然歟！」

夏四月甲午，地震。

義見《文九年》。

五月辛卯，桓宮、僖宮災。

高氏曰：「不言及者，不嫌乎一處也。 若雉門、兩觀災，不可不書及矣。」《左氏》曰：「司鐸火，火踰公宮，桓、僖災。 孔子在陳，聞火，曰：『其桓、僖乎？』」莘老孫氏曰：「桓公者，哀公之十世祖也。 僖公者，哀公之七世祖也。 諸侯五廟，而十世之廟猶存，蓋非禮矣。」義又見《成三年》「新宮災」。 ○石氏曰：「武宮、煬宮不當立而立，桓宮、僖宮當毁而不毁。 然皆出於强臣之私意爾。」

季孫斯、叔孫州仇帥師城啓陽。 啓，《公羊》作開。 陸德明曰：「避漢景諱也。」

杜氏曰：「啓陽，琅邪開陽縣。」許氏曰：「所城近敵，故帥師焉。 地震、廟災、變異弗圖，而取田城邑，兵役相繼，可謂不畏天命矣。 中失而外鋌，本亡而末務，此魯之季世也。」貫道王氏曰：「夏而城，城而用大師，惡可知矣。」義又見《隱七年》「城中丘」。 ○葉氏曰：「定公城中城矣，又城莒父及宵，城漆；哀公城啓陽矣，又城西郛，城毗，城郲，城瑕。 蓋莊、宣書城者各一，隱、桓書城者四，魯未有如是數也。 及定、哀之間而書城者九，則定、哀之守其國者可知矣。」

宋樂髡帥師伐曹。

貫道王氏曰：「樂髡伐曹，以曹受樂大心之叛也。」義見《隱二年》「鄭伐衛」。○許氏曰：「樂始闚曹，曹不量力而奸强國，不修德而圖大功，則適足以取亡而已。」

秋七月丙子，季孫斯卒。

譏世卿也。大意又見《隱元年》「益師卒」。

蔡人放其大夫公孫獵于吴。

義見《宣元年》「晉放胥甲父」。

冬十月癸卯，秦伯卒。

不名，闕之也。義見《文十八年》。

叔孫州仇、仲孫何忌帥師圍邾。

許氏曰：「句繹之盟踰年而渝之，師圍其國。雖云邾政不修，有以致寇，魯之棄信亦已甚矣。」義又見《僖十九年》「宋圍曹」。此則大夫帥師欲取邾以自肥，則又甚焉。

四年春，王二月庚戌，盜殺蔡侯申。二月，《公羊》作三月。殺，《公羊》、《穀梁》作弑。愚謂：不稱其君，當作殺。高氏曰：「宣十七年，蔡侯申卒。此爲曾孫，豈有曾孫與曾祖同名者乎？必有一誤。」王氏曰：「傳之謬也。」

莘老孫氏曰：「《春秋》弑君未有曰盜者，不知其來，且何國人也。其君見殺而不知殺者之名，是以曰盜。爲人君而見殺於盜，則其所以爲君者可知也。」石氏曰：「一國之君，行有軍從，居有衛兵，而爲賊所殺，蔡之無臣子甚矣。」

蔡公孫辰出奔吴。

義見《僖二十八年》「元咺奔晉」。

葬秦惠公。

義見《定九年》「葬秦哀公」。

宋人執小邾子。

以諸侯執諸侯，天下之亂可知矣。不言以歸，專辠宋也。

夏，蔡殺其大夫公孫姓、公孫霍。《公羊》作公孫歸姓。

義見《莊二十六年》「曹殺大夫」。

晉人執戎蠻子赤，歸于楚。蠻，《公羊》作曼。

戎蠻子，見《昭十六年》。邦衡胡氏曰：「名者，以别於執中國之君也。」《左氏》曰：「夏，楚人既克夷虎，乃謀北方。左司馬眅、申公壽餘、葉公諸梁致蔡於負函，致方城之外於繒關，曰：『吴將泝江入郢，將奔命焉。』爲一昔之期，襲梁及霍。單浮餘圍蠻氏，蠻氏潰。蠻子赤奔晉陰地。司馬起豐、析與狄戎，以臨上雒。左師軍於菟和，右師軍於倉野，使謂陰地之命大夫士蔑曰：『晉、楚有盟，好惡同之。若將不廢，寡君之願也。不然，將通於少習以聽命。』士蔑請諸趙孟。趙孟曰：『晉國未寧，安能惡於楚？必速與之。』士蔑乃致九州之戎，將裂田以與蠻子而城之，且將爲之卜。蠻子聽卜，遂執之與其五大夫，以畀楚師千三户。司馬致邑，立宗焉，以誘其遺民，而盡俘以歸。」師氏曰：「以中國之伯主而歸夷狄之俘，其不道甚矣。」〇高氏曰：「諸侯有辠，方伯謀僉於天子，問辠然後執歸于京師，正也。諸侯有辠，不請王命，而執之歸于京師，辠尚可容。若晉人執衞侯，歸之于京師是也。諸侯執諸侯以畀諸侯，其辠尤重。若晉人入曹，執曹伯畀宋人是也。今晉爲盟主，而執戎蠻，苟得其辠，則獻之天子，猶可也。今不知其辠，既專執之，反歸於楚，舍周事楚，不足主中國之諸侯矣。此晉之所以不足與，而諸侯皆棄之也。」愚案：《左氏》載此事甚悉，然《春秋》不書楚伐戎蠻子，而但書晉執戎蠻子歸于楚者，書其甚者也。夫楚以夷狄吞齧小國，不足責也。然興滅繼絶，王者之事。當是時，王綱盡矣，晉能爲之，猶足主中夏。今反執之以歸于楚，則是伯主助夷狄爲虐也。《春秋》安得不書其甚者哉？

城西郛。

杜氏曰：「魯西郭。」義見《隱七年》「城中丘」。

六月辛丑，亳社災。亳，《公羊》作蒲。

范氏曰：「亳，即殷也，殷都於亳。」高氏曰：「周自克商之後，凡封建諸侯，皆使之立亳社。」顏師古曰：「存其社者，欲使人君常思敬慎，懼危亡也。」董仲舒、劉向亦云：亡國之社，所以示戒也。《左氏》曰：「間於兩社，爲公室輔。」杜預謂：二社者，周社、亳社。災見，不知戒。〇程子曰：「『湯既勝夏，欲遷其社。不可，作夏社。』國既亡，則社自當遷。湯存之，以爲後戒，故但屋之。記曰：『喪國之社屋之，不受天陽也。』又曰：『亳社，北牖使陰明也。』然則魯有亳社，屋之，故有災。此制計之必始於湯也。」

秋八月甲寅，滕子結卒。

義見《隱三年》「宋公卒」。

冬十有二月，葬蔡昭公。

杜氏曰：「亂，故是以緩。」義見《隱三年》「葬宋穆公」。

葬滕頃公。

義見《隱三年》「葬宋穆公」。

五年春，城毗。頻移切。《公羊》作比。陸氏：「《説文》云：本又作芘。」

孫氏曰：「毗，魯邑也。」義見《隱七年》「城中丘」。○師氏曰：「魯以千乘之國，不能親仁善鄰，鎮撫民庶，既無威强之可畏，又無德禮之可懷，乃區區屢奪民力以興土功，故往年城莒父及霄，又城啓陽，又城毗，六年又城邾瑕。一叛於晉而畏攝，自備之不暇，又安能爲國而無弊邪？」

夏，齊侯伐宋。

義見《隱二年》「鄭伐衛」。

晉趙鞅帥師伐衛。

助蒯聵耳。義見《隱二年》「鄭伐衛」。

秋九月癸酉，齊侯杵臼卒。杵，《公羊》作處。

義見《隱三年》「宋公卒」。

冬，叔還如齊。

高氏曰：「使卿弔且會葬，非禮也。」

閏月，葬齊景公。

義見《隱三年》「葬宋穆公」。

六年春，城邾瑕。音遐。《公羊》作葭。

劉氏曰：「邾瑕者何？或曰邾之瑕也，或曰内邑。」杜氏曰：「任城亢父縣有邾婁城。」張氏曰：「濟州任城縣地是也。」高氏曰：「魯未嘗取於邾，而遽城之者，見魯之迫邾也。是年冬伐邾，明年遂入邾，則知邾益微弱，魯以不義强城之也。」未詳是否。義又見《隱七年》「城中丘」。

晉趙鞅帥師伐鮮虞。

義見《隱二年》「鄭伐衛」。

吴伐陳。

《左氏》曰：「元年，吴之入楚也，使召陳懷公。懷公朝國人而問焉，逢滑曰：『臣聞國之興也，視民如傷；其亡也，以民爲土芥。吴日敝於兵，暴骨如莽，而未見德焉。禍之適吴，其何日之有？』陳侯從之。及夫差克越，乃修先君之怨。」義見《莊十年》「荆敗蔡師」。

夏，齊國夏及高張來奔。

《左氏》曰：「齊陳乞僞事高、國者，每朝必驂乘焉。所從必言諸大夫，曰：『彼皆偃蹇，將棄子之命，皆曰：「高、國得君，必偪我，盍去諸？」固將謀子，子早圖之。圖之莫如盡滅之。需，事之下也。』及朝，則曰：『彼虎狼也，見我在子之側，殺我無日矣。請就之位。』又謂諸大夫曰：『二子者禍矣！將得君而欲謀二三子，曰：國之多難，貴寵之由，盡去之而後君定。既成謀矣，盍及其未作也，先諸？作而後悔，亦無及也。』大夫從之。夏六月戊辰，陳乞、鮑牧及諸大夫以甲入於公宮。昭子聞之，與惠子乘如公，戰於莊，敗。國人追之。國夏奔莒，遂及高張來奔。」貫道王氏曰：「景公寄國於高、國，使其非義，則當正諫以絶景公之私。如以爲是，則主在與在、主亡與亡可也。及奔亡以免禍，則託孤之寄，有負於景公矣。陳乞欲易君而去其大臣，齊其爲陳氏見於此矣。」義又見《僖二十八年》「元咺奔晉」。○君舉陳氏曰：「齊殺其大夫高厚，齊崔杼弑其君光，齊國夏及高張來奔，齊陳乞弑其君荼。聖人之垂戒深矣！」

叔還會吳于柤。莊加切。

柤，見《襄十年》。許氏曰：「叔還以吳在柤，故往會之，始結吳好也。夷狄可以强盛服，難以衰弱御。以魯政之不修，務與吳親，以資其力。君子志柤之會於此，知魯之將有吳患矣。」義又見《成十五年》「會吳于鍾離」。

秋七月庚寅，楚子軫卒。

義見《文十八年》「秦伯卒」。

齊陽生入于齊。齊陳乞弑其君荼。《公羊》作舍，陸氏曰：「誤也。」

《左氏》曰：「五年，齊燕姬生子，不成而死。諸子，鬻姒之子荼，嬖。諸大夫恐其爲大子也，言於公曰：『君之齒長矣，未有大子，若之何？』公曰：『二三子間於憂虞，則有疾疢。亦姑謀樂，何憂於無君？』公疾，使國惠子、高昭子立荼，寘羣公子於萊。秋，齊景公卒。冬十月，公子嘉、公子駒、公子黔奔衛，公子鉏、公子陽生來奔。六年，陳僖子使召公子陽生。陽生駕而見南郭且于，曰：『嘗獻馬於季孫，不入於上乘，故又獻此，請與子乘之。』出萊門而告之故。闞止知之，先待諸外。公子曰：『事未可知，反與壬也處。』戒之，遂行。逮夜至於齊，國人知之。僖子使子士之母養之，與饋者皆入。立之，將盟，鮑子醉而往。其臣差車鮑點曰：『此誰之命也？』陳子曰：『受命於鮑子。』遂誣鮑子曰：『子之命也。』鮑子曰：『女忘君之爲孺子牛而折其齒乎？而背之也！』悼公稽首曰：『吾子奉義而行者也，若我可，不必亡一大夫；若我不可，不必亡一公子。義則進，否則退，敢不唯子是從？廢興無以亂，則所願也。』鮑子曰：『誰非君之子？』乃受盟。使胡姬以安孺子如賴。去鬻姒，殺王甲，拘江説，囚王子豹於句竇之丘。公使朱毛告於陳子曰：『微子則不及此。然君異於器，不可以二。器二不匱，君二多難。敢布諸大夫。』僖子不對而泣曰：『君舉不信羣臣乎？以齊國之困，困又有憂。少君不可以訪，是以求長君，庶亦能容羣臣乎！不然，夫孺子何辠？』毛復命，公悔之。毛曰：『君大訪於陳子，而圖其小可也。』使毛遷孺子於駘，不至，殺諸野幕之下，葬諸殳冒淳。」黄氏曰：「陽生雖長而荼少，然荼已受景公之命爲君矣。陳乞乃召陽生立之而弑荼。」君舉陳氏曰：「衛侯入于夷儀，衛甯喜弑其君剽，則喜爲衛侯弑也。齊陽生入于齊，齊陳乞弑其君荼，則乞爲陽生弑也。」義又見《隱四年》衛州吁事。○莘老孫氏曰：「陽生入齊，而陳乞弒君，則是陽生與聞乎弒也。不以陽生首惡者，陽生之入，陳乞召之。荼之弒，陳乞爲之，加陽生以弒君之辠，則陳乞之辠不明。書陽生之入，而陳乞弒君，則陳乞之惡著，而陽生與有辠也。」葉氏曰：「陽生，景公長子也。何以言入？逆辭也。景公欲廢陽生而立荼，陳乞不能争，既僞許之而立荼矣。景公死，陳乞復詐國人，立陽生而弒荼。陽生雖得立，而立之之道則逆。弒荼者，朱毛也，曷以爲陳乞主弒？荼，陳乞之所君也，既召陽生，則荼雖欲存而不可。是以陳乞之辠，不可以不正也。」愚案：《左氏》載僖子不對而泣以下等語，與經不合。孫、葉二説微信。今以經考之，本陳乞召陽生而弒其君荼耳。陽生不免篡逆之辠，而陳乞爲弒君之賊。然《左氏》敘前事頗詳，而孫、葉多所發明，不得盡廢，在讀者詳焉。

冬，仲孫何忌帥師伐邾。

高氏曰：「魯人必欲滅邾而後已。自公即位以來，四書邾役，積明年入邾之亂也。」義又見《隱二年》「鄭伐衛」。

宋向巢帥師伐曹。

高氏曰：「樂髡伐之，猶未服。」且爲入曹起也。義見《隱二年》「鄭伐衛」。

七年春，宋皇瑗帥師侵鄭。瑗，于眷切。

義見《莊十年》「公侵宋」。○許氏曰：「定十五年，鄭伐宋，始搆怨。至是侵鄭。九年，取鄭師于雍丘。十三年，取宋師于嵒。」

晉魏曼多帥師侵衛。

《左氏》曰：「晉師侵衛，衛不服也。」高氏曰：「衛侯棄其父，今六年矣，猶未納也。晉不以此致討，而侵衛。」義又見《莊十年》「公侵宋」。

夏，公會吳于鄫。

張氏曰：「鄫，即舊鄫國。」《左氏》曰：「公會吳于鄫。吳來徵百牢，子服景伯對曰：『先王未之有也。』吳人曰：『宋百牢我，魯不可以後宋。且魯牢晉大夫過十，吳王百牢，不亦可乎？』景伯曰：『晉范鞅貪而棄禮，以大國懼敝邑，故敝邑十一牢之。君若以禮命於諸侯，則有數矣。若亦棄禮，則有淫者矣。周之王也，制禮，上物不過十二，以爲天之大數也。今棄周禮，而曰必百牢，亦唯執事。』吳人弗聽。景伯曰：『吳將亡矣，棄天而背本。不與，必棄疾於我。』乃與之。大宰嚭召季康子，康子使子貢辭。大宰嚭曰：『國君道長，而大夫不出門，此何禮也？』對曰：『豈以爲禮，畏大國也。大國不以禮命於諸侯，苟不以禮，豈可量也？寡君既共命焉，其老豈敢棄其國？大伯端委以治周禮，仲雍嗣之，斷髮文身，贏以爲飾，豈禮也哉？有由然也。』反自鄫，以吳爲無能爲也。」義見《成十五年》「會吳于鍾離」。○張氏曰：「比年書會吳，所以著哀公之失謀，而始遺患於後日也。」邦衡胡氏曰：「前書叔還會吳，惡大臣不能衛社稷而邇夷狄也。此書公會吳，惡國君不能守社稷而狎夷狄也。」

秋，公伐邾。八月己酉，入邾，以邾子益來。

程子曰：「不曰歸者，以我而言，内外異辭，文體然也。」《左氏》曰：「季康子欲伐邾，乃饗大夫以謀之。

子服景伯曰：『小所以事大，信也。大所以保小，仁也。背大國，不信；伐小國，不仁。民保於城，城保於德，失二德者，危將焉保？』孟孫曰：『二三子以我爲何如？惡賢而逆之？』對曰：『禹合諸侯於塗山，執玉帛者萬國。今其存者，無數十焉。唯大不字小，小不事大也。知必危，何故不言？』『魯德如邾，而以衆加之，可乎？』不樂而出。秋，伐邾，及范門，猶聞鐘聲。大夫諫，不聽。茅成子請告於吴，不許，曰：『魯擊柝聞於邾，吴二千里，不三月不至，何及於我？且國内豈不足？』成子以茅叛。師遂入邾，處其公宫，衆師晝掠。邾衆保於繹。師宵掠，以邾子益來，獻于亳社，囚諸負瑕。」康侯胡氏曰：「恃强凌弱，無故伐人而入其國，以其君來，此天下之大惡也。吴師爲是伐我，齊人爲是取魯二邑，辱國亦甚矣。」義又見《隱二年》「莒入向」及《莊十年》「以蔡侯歸」。

宋人圍曹。

義見《僖十九年》「宋圍曹」。

冬，鄭駟弘帥師救曹。

《左氏》曰：「宋人圍曹。鄭桓子思曰：『宋人有曹，鄭之患也，不可以不救。』冬，鄭師救曹，侵宋。」木訥趙氏曰：「鄭於曹無隻介之好，今據救之，報宋之役也，亦非爲義也。」

春秋本義卷第三十

哀　公

八年春，王正月，宋公入曹，以曹伯陽歸。

義見《隱二年》「莒入向」及《莊十年》「以蔡侯歸」。

吳伐我。

蘇氏曰：「不言四鄙，而直言伐我，兵加於國都也。」《左氏》曰：「七年，邾茅夷鴻以束帛乘韋，自請救於吳，曰：『魯弱晉而遠吳，馮恃其衆，而背君之盟，辟君之執事，以陵我小國。邾非敢自愛也，懼君威之不立。君威之不立，小國之憂也。若夏盟於鄫衍，秋而背之，成求而不違，四方諸侯，其何以事君？且魯賦八百乘，君之貳也。邾賦六百乘，君之私也。以私奉貳，唯君圖之。』吳子從之。八年，吳爲邾故，伐我。」高氏曰：「公入人之國，俘人之君，以致夷狄之來討，見公不能處己絶亂矣。」義又見《莊十年》「荆敗蔡師」。

夏，齊人取讙及闡。闡，尺善切。《公羊》作僤，下同。

讙，見《桓三年》。闡，杜氏曰：「在東平剛縣北。」《地譜》：「宛丘龔蛇縣也。」孫氏曰：「公前年入邾，以郲子益來。益，齊甥也，故齊人取讙及闡。」貫道王氏曰：「魯執郲子，既召吴人之伐，又致齊人取讙及闡。爲國而不義，其害國如此夫。」愚謂：邑，天子所封，非諸侯所得取。魯入人之國，俘人之君，皋不容誅也。齊侯苟能告於天子，聲皋致討，大義庶矣。乃因之以爲利，亦皋也。

歸郲子益于郲。

邦衡胡氏曰：「先書吴伐我，又書齊取二邑，然後書歸郲子于郲，則是畏吴懼齊而歸之也。」

秋七月。

冬十有二月癸亥，杞伯過卒。

義見《隱三年》「宋公卒」。

齊人歸讙及闡。

孫氏曰：「公既歸郲子益于郲，故齊人歸讙及闡。凡土地，諸侯取之、歸之皆書者，惡專恣也。」愚謂：魯之媿辱可知。有國家者，可以鑒此矣。〇吕氏曰：「吴之伐我，齊之取讙及闡。以魯之入郲，以郲子歸也。歸郲子益于郲，魯畏吴、齊故也。齊人歸讙及闡，以我歸郲子也。諸侯紛紛如此苟徇目前，無一人求出當世規模者，日朘月削以至於亡，而卒不悟也。《易》曰：『困于葛藟，于臲卼，曰動悔，有悔，征吉。』能知動悔，有悔，求出乎是，變心易慮，惟賢是用。改前之爲，則出乎困矣，故曰『征吉』。春秋之世，諸國君臣束手待斃，其亦不知征吉之理矣。」

九年春，王二月，葬杞僖公。

杜氏曰：「三月而葬，速。」義又見《隱三年》「葬宋穆公」。

宋皇瑗帥師取鄭，師于雍丘。

杜氏曰：「雍丘縣屬陳留。」張氏曰：「後屬開封。」師氏曰：「鄭人圍宋雍丘，宋皇瑗圍之。雍丘應於内，皇瑗圍於外，腹背受敵，無以支持而爲宋所得，故曰取。」許氏曰：「春秋之季，日尋干戈，詐力相傾，奇變滋起。於是始志取人之師，甚其譎，惡其盡也。鄭以不義深入敵境，此固喪師之道也。」愚謂：鄭有辠矣。然不書鄭伐宋，而書宋取鄭師者，書其甚者也。

夏，楚人伐陳。

義見《莊十年》「荊敗蔡師」。

秋，宋公伐鄭。

存耕趙氏曰：「宋嘗侵鄭，又取鄭師矣。雖曰雍丘之役始於鄭，獨不曰侵鄭之役，誰實始禍歟！佳兵不戢，將自焚也。嵒之禍基於此矣。」義又見《隱二年》「鄭伐衛」。

冬十月。

十年春，❶王二月，邾子益來奔。

高氏曰：「邾子先爲魯所獲，而又來奔，其不知恥甚矣。」義又見《桓十五年》「鄭伯奔蔡」。

---

❶ 「年」，原作「月」，今據四庫本改。

公會吴伐齊。

常山劉氏曰：「公會夷狄伐中國諸侯，具文可見其辠。」

三月戊戌，齊侯陽生卒。

義見《隱元年》「宋公卒」。

夏，宋人伐鄭。

許氏曰：「春取其師，秋又伐之，明年夏又伐之，惡其修怨不已也。」義又見《隱二年》「鄭伐衛」。

晉趙鞅帥師侵齊。

許氏曰：「助吴亂華，伐齊之喪，具文以見其辠。」義又見《莊十年》「公侵宋」。

五月，公至自伐齊。

義見《桓二年》「公至自唐」。

葬齊悼公。

義見《隱三年》「葬宋穆公」。

衛公孟彄自齊歸于衛。

自齊，有奉也。彄自定十四年出奔，距今十二年，倚大國而歸衛，當時大夫專恣如此。義又見《僖二十八年》「元咺歸衛」。

薛伯夷卒。夷，《公羊》作寅。

義見《隱三年》「宋公卒」。

秋，葬薛惠公。

義見《隱三年》「葬宋穆公」。

冬，楚公子結帥師伐陳。

義見《莊十年》「荆敗蔡師」。

吴救陳。

此吴、楚争諸侯而爲此救，見中國之益衰，未可以存亡繼絶許之也。義又見《僖十八年》「狄救齊」。

十有一年春，齊國書帥師伐我。

伐我，見《八年》。《左氏》曰：「齊爲鄎故，國書、高無丕帥師伐我，及清。季孫謂其宰冉求曰：『齊師在清，必魯故也。若之何？』求曰：『一子守，二子從公禦諸竟。』季孫曰：『不能。』求曰：『居封疆之間。』季孫告二子。二子不可。求曰：『若不可，則君無出。一子帥師，背城而戰。不屬者，非魯人也。魯之羣室，衆於齊之兵車。一室敵車，優矣。子何患焉？二子之不欲戰也宜，政在季氏。當子之身，齊人伐魯而不能戰，子之恥也。大不列於諸侯矣。』季孫使從於朝，俟於黨氏之溝。武叔呼而問戰焉。對曰：『君子有遠慮，小人何知？』懿子强問之，對曰：『小人慮材而言，量力而共者也。』武叔曰：『是謂我不成丈夫也。』退而蒐乘，孟孺子洩帥右師，顔羽御，邴洩爲右。冉求帥左師，管周父御，樊遲爲右。季孫曰：『須也弱。』有子曰：『就用命焉。』季氏之甲七千，冉有以武城人三百爲己徒卒。老幼守宫，次于雩門之外。五日，右師從之。公叔務人見保者而泣曰：『事充政重，上不能謀，士不能死，何以治民？吾既言之矣，敢不勉乎！』師及齊師戰於郊，齊師自稷曲。師不踰溝。樊遲曰：『非不能也，不信子也。請三刻而踰之。』如之，衆從之。師入齊軍。右師奔，齊人從之，陳瓘、陳莊涉泗。孟之側後入以爲殿，抽矢策其馬曰：『馬不進也。』林不狃之伍曰：『走乎！』不狃曰：『誰不如？』曰：『然則止乎？』不狃曰：『惡賢？』徐步而死。師獲甲首八十，齊人不能師。宵，諜曰：『齊人遁。』冉有請從之三，季孫弗許。孟孺子語人曰：『我不如顔羽，而賢於邴洩。子羽鋭敏，我不欲戰而能默。洩曰：「驅之。」』公爲與其嬖僮汪錡乘，皆死，皆殯。孔子曰：『能執干戈以衛社稷，可無殤也。』冉有用矛於齊師，故能入其軍。」未詳信否。邦衡胡氏曰：「辠魯不能反身辠己，而又見伐也。孟子謂：『行有不得者，皆反求諸己。』魯以入邾之故，吴、齊交伐，是我之辠。魯不反身自咎，又會吴伐齊以速國書之兵，是不知辠之在我也。」愚謂：齊有喪而伐人，辠亦可見。義又見《隱二年》「鄭伐衛」。〇貫道王氏曰：「邦分崩離析，師至輒入其國都。公室卑弱，私邑不相能，故無復預備也。」

夏，陳袁頗出奔鄭。袁，《左氏》、《穀梁》作轅。

《左氏》曰：「初，袁頗爲司徒，賦封田以嫁公女。有餘，以爲己大器。國人逐之，故出。道渴，其族轅咺進稻醴、梁糗、腵脯焉。喜曰：『何其給也？』對曰：『器成而具。』曰：『何不吾諫？』對曰：『懼先行。』」未詳信否。義見《僖二十八年》「元咺奔晉」。

五月，公會吴伐齊。甲戌，齊國書帥師及吴戰于艾陵，齊師敗績，獲齊國書。

孫氏曰：「戰不言公者，公與伐，不言戰也。」《左氏》曰：「爲郊戰故，公會吳子伐齊。五月克博，壬申，至於嬴。中軍從王。胥門巢將上軍，王子姑曹將下軍，展如將右軍。齊國書將中軍，高無丕將上軍，宗樓將下軍。陳僖子謂其弟書：『爾死，我必得志。』宗子陽與閭丘明相厲也。桑掩胥御國子。公孫夏曰：『二子必死。』將戰，公孫夏命其徒歌《虞殯》。陳子行命其徒具含玉。公孫揮命其徒曰：『人尋約，吳髮短。』東郭書曰：『三戰必死，於此三矣。』使問弦多以琴，曰：『吾不復見子矣。』陳書曰：『此行也，吾聞鼓而已，不聞金矣。』甲戌，戰於艾陵，展如敗高子，國子敗胥門巢。王卒助之，大敗齊師。獲國書、公孫夏、閭丘明、陳書、東郭書，革車八百乘，甲首三千，以獻於公。」木訥趙氏曰：「魯再會吳伐齊，招夷狄以攘中國，爲惡大矣。」劉氏曰：「戰而言及之者，主之者也。猶曰國書爲志乎此戰也云爾。夫以吳之無道犯間上國，涉數千里之地以伐人之邦，固求棄疾於人，與之俱靡焉爾。國書之用齊也，內不能安其君，外不能交鄰國，而輕與之戰，其不愛百姓也，不亦甚乎！」義又見《莊十年》「荆敗蔡師」。

秋七月辛酉，滕子虞母卒。

義見《隱三年》「宋公卒」。

冬十有一月，葬滕隱公。

義見《隱三年》「葬宋穆公」。

衛世叔齊出奔宋。

《左氏》曰：「衛大叔疾出奔宋。初，疾娶於宋子朝，其娣嬖。子朝出。孔文子使疾出其妻而妻之。侍人誘其初妻之娣，寘於犂，而爲之一宫，如二妻。文子怒，欲攻之。仲尼止之，遂奪其妻。或淫於外州，外州人奪之軒以獻。恥是二者，故出。」未詳信否。義見《僖二十八年》「元咺奔晉」。○高氏曰：「《春秋》書内外大夫出奔者凡五十有八，蓋君之股肱，治亂所寄，故重以書之。然春秋之末，何其出奔之多也！是時政在大夫，各欲自專，故始則相猜相忌，終乃相逐也。」

十有二年春，用田賦。

何氏曰：「田，謂一井之田。賦者，斂取其財物也。言用田賦者，若今漢家斂民錢以田爲率矣。不言井者，城郭里巷亦有井，嫌悉賦之。」《左氏》曰：「季孫欲以田賦，使冉有訪於仲尼。仲尼曰：『丘不識也。』三發，卒曰：『子爲國老，待子而行，若之何子之不言也？』仲尼不對，而私於冉有曰：『君子之行也，度於禮，施取其厚，事舉其中，斂從其薄，如是則以丘亦足矣。若不度於禮，而貪冒無厭，則雖以田賦，將又不足。且子季孫若欲行而法，則周公之典在。若欲苟而行，又何訪焉？』弗聽。」許氏曰：「先王之法，九夫爲井，四井爲邑，井邑未有賦也。四邑爲丘，丘十六井，乃有牛馬之賦。今以丘賦，爲不足也。於是更用田賦，籍井而取之，非禮也。古者田有税，丘有賦。税以足食，賦以足兵。」○朴鄉吕氏曰：「丘賦者，即丘十六井出戎馬一匹，牛三頭，是賦之常法也。所謂以田賦者，蓋於丘賦之外，又計田而出賦也。田出税，丘出賦。初税畝，則税且重矣。作丘甲，則益兵賦又重矣。今曰用田賦，則是丘既出賦，而田又出賦也。然賦有二，有軍賦、有財賦。四丘爲甸，甸出革車一乘，此軍賦也。《周禮》九賦之法，此財賦也。二者皆賦於民，故均謂之賦。所謂用田賦者，恐是計田而出財賦爾。孔子謂計丘而出軍賦矣，則又不應計田而出財賦也。」

夏五月甲辰，孟子卒。

《公羊》曰：「孟子者何？昭公之夫人也。其稱孟子者何？諱娶同姓，蓋吳女也。」康侯胡氏曰：「禮，娶妻不娶同姓，厚男女之别也。同姓從宗，合族屬。異姓主名，治際會。名著，男女有别矣。昭公不謹於禮，欲結好强吳，忍娶同姓以混男女之别，典禮之本喪矣。其失國也宜。故陳司敗問：『昭公知禮乎？』子曰：『知禮。』子退。揖巫馬期而進之曰：『吾聞君子不黨，君子亦黨乎？君娶於吳，爲同姓，謂之吳孟子。君而知禮，孰不知禮？』巫馬期以告。子曰：『丘也幸，苟有過人，必知之。』書『孟子卒』，雖曰爲君隱，而實亦不可掩矣。」○吕氏曰：「魯之君豈苟爲無禮，亂男女之别哉？迫於强吳之威，而欲自固其國也。欲自固其國，而不知以禮自防，以義爲上，徇目前之急，忘長久之慮，遂至流於夷狄禽獸而不辭也。」

公會吳于橐皋。橐，章夜切。一音託。

杜氏曰：「橐皋，在淮南逡遒縣東南。」張氏曰：「吳地。」《地譜》云：「逡遒故城在廬州慎縣東南。」《左氏》曰：「公會吳于橐皋。吳子使大宰嚭請尋盟。公不欲，使子貢對曰：『盟所以周信也，故心以制之，玉帛以奉之，言以結之，明神以要之。寡君以爲苟有盟焉，弗可改也已。若猶可改，日盟何益？今吾子曰，必尋盟。若可尋也，亦可寒也。』乃不尋盟。」師氏曰：「往年會于鄫，今又會于橐皋，一之爲甚，其可再乎？詳書者，譏公之會夷狄也。」義又見《成十五年》「會吳于鍾離」。

秋，公會衛侯、宋皇瑗于鄖。《公羊》作運。鄖音云。

杜氏曰：「鄖，發陽也。廣陵海陵縣東南有發繇亭。」《地譜》：「吴海陵即泰州城下。」義見《隱九年》「會于防」。○木訥趙氏曰：「吴夫差躬敗齊師于艾陵，魯故也。魯以爲惠，故會吴于橐皐，修鄫之好也。鄖在今泰州吴地。公既睦於吴，而吴將圖伯，故爲之會宋、衛于鄖，合宋、衛以從吴也。齊固晉之仇，今魯、宋、衛亦折而從吴，晉其殆哉！故明年爲黄池之會。晉好於吴，非争伯也，紓吴患也。然晉之屈，吴之雄，諸侯東向事吴者，皆魯爲之也。四書公會吴，繼書公會宋、衛，明年公會晉侯及吴于黄池，則魯之辠著矣。」未詳是否。

宋向巢帥師伐鄭。

《左氏》曰：「宋、鄭之間有隙地焉，曰彌作、頃丘、玉暢、嵒、戈、錫。子産與宋人爲成，曰：『勿有是。』及宋平、原之族自蕭奔鄭，鄭人爲之城嵒、戈、錫。九月，宋向巢伐鄭，取錫，殺元公之孫，遂圍嵒。十二月，鄭罕達救嵒。丙申，圍宋師。」未詳信否。義見《隱二年》「鄭伐衛」。○木訥趙氏曰：「宋、鄭之怨，於是十有三歲矣。雖其兵端啓於鄭罕達，然六年之間，宋四伐鄭，明年鄭罕達遂取宋師于嵒。逞兵不戢，亦可戒哉。」

冬十有二月，螽。《公羊》作蝝。

《公羊》曰：「何以書？記異也。何異爾？不時也。」愚謂：十二月，螽，雖不害穀，災異蓋甚於常時。夫百蟲既蟄，而惡氣殄。君臣蠹民，逆天陰陽，變常之象也。義又見《桓五年》。

十有三年春，鄭罕達帥師取宋師于嵒。五咸切。罕，《公羊》作軒。

孫氏曰：「宋向巢帥師伐鄭，鄭罕達帥師取宋師。取嵒報雍丘之師也。」案：九年宋皇瑗帥師取鄭，師于雍丘，二國復師以相償，報其惡如此。義又見《九年》「宋取鄭師」。

夏，許男成卒。成，《公羊》作戍。

義見《隱三年》「宋公卒」。

公會晉侯及吴子于黄池。

黎氏曰：「經書『及』，皆内及外，尊及卑，中國及夷狄。故凡中國與楚戰，或盟會，必書『及』。今書『公會晉侯及吴子于黄池』，是亦中國及夷狄也。謂之會兩伯，似非經意。」黄池，杜氏曰：「陳留封丘縣有黄亭，近濟水。」張氏曰：「晉地。《地譜》：東京開封縣有黄池。」木訥趙氏曰：「晉侯竧然在會，諸侯無一介從之，亦纔得魯而已，何以伯爲？晉之所以會吴者，非以爲伯，忌吴之强也。吴之所以會晉者，亦非爲伯也，交中國爾。」愚謂：晉主中國會盟百有餘年。自柏舉之戰，晉侯不見者二十四年，至此遂與吴會，而晉侯從之。中國之衰，蠻夷之强，至此極矣！此春秋之終也。

楚公子申帥師伐陳。

義見《莊十年》「荆敗蔡師」。

於越入吴。

孫氏曰：「『於越入吴』者，吴子方會，乘其無備也。」康侯胡氏曰：「吴自柏舉以來，憑陵中國。黄池之會，遂與晉敵，可謂强矣。而《春秋》繼書『於越入吴』，❶所謂因事屬辭，垂戒後世，而見深切著明之義也。曾子曰：『戒之戒之，出乎爾者反乎爾。』老子曰：『佳兵，不祥之器，其事好還。』吴嘗破越，遂有輕楚之心。及其破楚，又有驕齊之志。既勝齊師，復與晉人争衡，自謂莫之敵也，而越已入其國。《春秋》初書吴入楚，在柏舉之後。再書於越入吴，在黄池之後。皆因事屬辭，垂戒後世，見深著明之義也。」義又見《僖三年》「徐取舒」。

秋，公至自會。

義見《桓二年》「公至自唐」。

晉魏曼多帥師侵衛。《公羊》無「曼」字。陸氏曰：「脱也。」

義見《莊十年》「公侵宋」。

葬許元公。

義見《隱三年》「葬宋穆公」。

九月，螽。

義見《桓五年》。

冬十一月，有星孛于東方。

---

❶「入」，原作「又」，今據元刻本改。

高氏曰：「不言宿名者，董仲舒、劉向以爲不加宿也。文十四年，有星孛于北斗；昭十七年，有星孛于大辰，皆言所次，而此獨不言，則不加宿可知也。蓋著人事所召也。」義又見《文十四年》。

盜殺陳夏區夫。區，苦侯切。《公羊》作彄。

盜，見《襄十年》。高氏曰：「春秋之季，世變之甚。至於盜興而專殺國君及卿大夫，則亂已極矣。」○貫道王氏曰：「夏區夫，徵舒之裔也。徵舒爲逆，陳不能討而楚殺之，且有後於陳而執國政，陳無政矣。」未詳是否。

十有二月，螽。

義見《十二年》及《桓五年》。○呂氏曰：「前年十二月，螽。此年九月，又螽。十二月，又螽。陰陽錯亂之甚，當世君臣亦可以自省矣。」許氏曰：「自魯用田賦，而比年三螽，貪殘無已之應也。見其民力已窮，天命已去也。」

十有四年春，西狩獲麟。

蘇氏曰：「狩而不地，爲獲麟書，略之也。麟，陸璣曰：『麕身牛尾，黄色玄蹏，角端有肉，音中鍾吕，行中規矩，王者至仁則出。』」《左氏》曰：「西狩於大野，叔孫氏之車子鉏商獲麟，以爲不祥，以賜虞人。仲尼觀之，曰：『麟也。』然後取之。」愚謂：聖王在上，天下文明，則麟出爲祥。聖王不作，天下大亂，則麟出爲異。出而見獲，又異之甚者也。隱、桓，《春秋》之始也，諸侯會盟侵伐，蕩然無主。迨乎莊、僖，齊、晉既伯，天下知有伯主，不知有王，禮樂征伐自諸侯出矣。文、宣、成、襄，政歸大夫，禮樂征伐又自大夫出焉。歷昭、定、哀，陪臣柄國，此君臣之大亂也。蠻夷滑夏，亦始隱、桓。及乎莊公，荆楚又盛。桓、文既没，其勢益張，滅國殺君，遂主夏盟。晉悼引吴敵楚，楚暫沮而吴復興，此夷夏之大亂也。故二百四十二年之間，弑逆戕殺，入滅圍取，兵戈相尋，民無錯躬，先王之紀綱法度，遺風舊俗泯矣。人事悖常，則陰陽錯序。故日食、星隕、地震、山崩、水旱、霜雹、螽、螟、麋、蜚，靡所不見。而《春秋》以獲麟終焉，此天下後世之大異也。夫《春秋》即始見終，自微見著。始之不慎而紊於終，微之不戒而極於著，遂至無可奈何。聖人傷世之心，至此極矣。韓子曰：「麟之出，必有聖人在乎位。若麟之出不待聖人，則其謂之不祥也亦宜，而況於獲乎？」○程子曰：「《春秋》感麟而作。然麟不出，《春秋》亦必作。孔子之意，蓋有素矣。因是一事，則有感而作。故其書之成，則以此終，固必有發端者然也。如伏羲畫八卦，因於《河圖》。設無《河圖》，八卦寧不作乎？」

《儒藏》精華編選刊
即出書目（二〇二三）

白虎通德論
誠齋集
春秋本義
春秋集傳大全
春秋左氏傳賈服注輯述
春秋左氏傳舊注疏證
春秋左傳讀
道南源委
桴亭先生文集
復初齋文集
廣雅疏證

龜山先生語録
郭店楚墓竹簡十二種校釋
國語正義
涇野先生文集
康齋先生文集
孔子家語　曾子注釋
禮書通故
論語全解
毛詩後箋
毛詩稽古編
孟子正義
孟子注疏
閩中理學淵源考
木鐘集
群經平議

三魚堂文集　外集
上海博物館藏楚竹書十九種校釋
尚書集注音疏
詩本義
詩經世本古義
詩毛氏傳疏
詩三家義集疏
書疑　東坡書傳　尚書表注
書傳大全
四書集編
四書蒙引
四書纂疏
宋名臣言行録
孫明復先生小集　春秋尊王發微
文定集

五峰集　胡子知言
小學集註
孝經注解　温公易説　司馬氏書儀　家範
𨼆經室集
伊川擊壤集
儀禮圖
儀禮章句
易漢學
游定夫先生集
御選明臣奏議
周易口義　洪範口義
周易姚氏學